Gert Pickel · Kornelia Sammet (Hrsg.)

Religion und Religiosität im vereinigten Deutschland

Veröffentlichungen der Sektion Religionssoziologie
der Deutschen Gesellschaft fur Soziologie

Gert Pickel · Kornelia Sammet (Hrsg.)

Religion und Religiosität im vereinigten Deutschland

Zwanzig Jahre nach dem Umbruch

Bibliografische Information der Deutschen Nationalbibliothek
Die Deutsche Nationalbibliothek verzeichnet diese Publikation in der
Deutschen Nationalbibliografie; detaillierte bibliografische Daten sind im Internet über
<http://dnb.d-nb.de> abrufbar.

1. Auflage 2011

Alle Rechte vorbehalten
© VS Verlag für Sozialwissenschaften | Springer Fachmedien Wiesbaden GmbH 2011

Lektorat: Frank Engelhardt

VS Verlag für Sozialwissenschaften ist eine Marke von Springer Fachmedien.
Springer Fachmedien ist Teil der Fachverlagsgruppe Springer Science+Business Media.
www.vs-verlag.de

Das Werk einschließlich aller seiner Teile ist urheberrechtlich geschützt. Jede Verwertung außerhalb der engen Grenzen des Urheberrechtsgesetzes ist ohne Zustimmung des Verlags unzulässig und strafbar. Das gilt insbesondere für Vervielfältigungen, Übersetzungen, Mikroverfilmungen und die Einspeicherung und Verarbeitung in elektronischen Systemen.

Die Wiedergabe von Gebrauchsnamen, Handelsnamen, Warenbezeichnungen usw. in diesem Werk berechtigt auch ohne besondere Kennzeichnung nicht zu der Annahme, dass solche Namen im Sinne der Warenzeichen- und Markenschutz-Gesetzgebung als frei zu betrachten wären und daher von jedermann benutzt werden dürften.

Umschlaggestaltung: KünkelLopka Medienentwicklung, Heidelberg
Gedruckt auf säurefreiem und chlorfrei gebleichtem Papier
Printed in Germany

ISBN 978-3-531-17428-0

Inhalt

Einleitung

Gert Pickel und Kornelia Sammet
Einleitung: Religion und Religiosität zwanzig Jahre nach
dem Umbruch in Deutschland 11

I. Leitlinien und Grundfragen zur Entwicklung des Religiösen in Deutschland

Volkhard Krech und Markus Hero
Die Pluralisierung des religiösen Feldes in Deutschland
Empirische Befunde und systematische Überlegungen 27

Gert Pickel
Atheistischer Osten und gläubiger Westen?
Pfade der Konfessionslosigkeit im innerdeutschen Vergleich 43

Eberhart Tiefensee
Religiöse Indifferenz als interdisziplinäre Herausforderung 79

Peter Höhmann
Veränderungen kirchlicher Zugehörigkeit und Bindung
Eine Fallstudie aus der Region Darmstadt 103

II. Die Sondersituation in Ostdeutschland

Detlef Pollack und Olaf Müller
Die religiöse Entwicklungen in Ostdeutschland nach 1989 125

Monika Wohlrab-Sahr
Forcierte Säkularität oder Logiken der Aneignung repressiver Säkularisierung 145

Gert Pickel
Ostdeutschland im europäischen Vergleich
Immer noch ein Sonderfall oder ein Sonderweg? 165

Maria Widl
Die katholische Kirche in Mittel- und Ostdeutschland
Situation und pastorale Herausforderungen angesichts der Säkularität 191

Uta Karstein
Konflikt um die symbolische Ordnung
Überlegungen zum religiös-weltanschaulichen Feld der DDR
und zur Frage einer „typisch" katholischen Position 205

III. Religiosität und soziale Lagen

Anja Gladkich
Religiöse Vitalität und Religionslosigkeit bei jungen Erwachsenen
in Ost- und Westdeutschland nach der Wende 225

Kornelia Sammet
Religion und Religionskritik in Weltsichten von
Arbeitslosengeld-II-Empfängern in Ostdeutschland 245

Marliese Weißmann, Daniel Bergelt und Timmo Krüger
Arbeit als Sinnstiftung in prekären Lebenslagen in Ostdeutschland 263

Irene Becci
Religion im Aufbau der Haftentlassenenhilfe in Ostdeutschland 279

IV. Religion und Politik

Levent Tezcan
Konzeptionelle Überlegungen zur Gegenwartsgeschichte des Verhältnisses
zwischen Christentum und Islam in Deutschland 293

Jürgen Leibold und Andrea Kummerer
Religiosität und Vorurteile gegenüber Muslimen in Ost- und Westdeutschland
Zwischen Dialogbereitschaft und Bedrohungsphantasien 311

Alexander Leistner
„Kirche muss Probiergemeinschaft sein"
Typen des Verhältnisses von Religion und Politik
in den Biographien von Friedensaktivisten 325

Thomas Schmidt-Lux
Kirchenkampf und Aulastreit
Die Debatten um den Wiederaufbau der Leipziger Universitätskirche 343

Autoren 357

Einleitung

Einleitung – Religion und Religiosität zwanzig Jahre nach dem Umbruch in Deutschland

Gert Pickel und Kornelia Sammet

1 Einleitung: Die Entwicklung der Religion in Deutschland zwischen Optimismus und Pessimismus

Das Thema Religion erlebt in den letzten Jahren eine mediale Konjunktur.[1] Zahlreiche Zeitungen und Fernsehsender widmen der Religion Raum bzw. Sendezeit und verhandeln bisweilen aufgeregt die Frage, welche Gefahr Religion möglicherweise darstellen kann (in Form religiösen Fundamentalismus) und welche Ressourcen und Potentiale sie für die Integration der Gesellschaft wie für die Sinnstiftung des modernen Menschen birgt. Die Ergebnisse der religionsbezogenen Forschung und Theoriebildung in den letzten Jahren zeichnen ein widersprüchliches Bild. Scheint sich für die einen die Religion immer mehr aus Deutschland zu verabschieden und das Land durch religiösen Traditionsverlust sowie Säkularisierungsprozesse gekennzeichnet zu sein, so behaupten andere Stimmen eine *Rückkehr der Religionen*, des Religiösen und gar der Götter (Graf 2004; Riesebrodt 2001; Zulehner 2002). Aktuelle empirische Untersuchungen und Interpretationen des Entwicklungsprozesses religiöser Bindungen weisen in unterschiedliche Richtungen. Wird einerseits die Ausbreitung populärer Religiosität oder auch Spiritualität (Knoblauch 2009) konstatiert, belegen andere Ergebnisse eine zunehmende Säkularität und Entkirchlichung (Pollack 2003, 2009; Pickel 2010b; Wohlrab-Sahr 2008). Und auch diejenigen, die von einem Rückgang der Religion ausgehen, sind sich uneinig über seine Ursachen. Die Säkularisierungstheoretiker (Berger 1967; Bruce 2002; Dobbelaere 2002; Pollack 2003; Wilson 1982) begreifen ihn als Folge eines Spannungsverhältnisses zwischen Religion und Moderne, während Vertreter des religiösen Marktmodells ihn auf das unattraktive Angebot der existierenden Kirchen zurückführen (Iannaccone 1992; Finke/Stark 2006; Froese/Pfaff 2009; Stark/Finke 2000). Dieses Erklärungsmuster wird auch in Deutschland zunehmend rezipiert; so hat z. B. die Evangelische Kirche in Deutschland in neueren Verlautbarungen (zum Beispiel im Positionspapier „Kirche der Freiheit" von 2006) die Idee der Marktförmigkeit der Religion in ihre Argumentation aufgenommen (vgl. auch Huber/Friedrich/Steinacker 2006).

Diese gegensätzlichen Entwicklungsprognosen müssen in Deutschland in Hinblick auf ganz unterschiedlich geprägte Regionen differenziert werden. Das heißt, die unterschiedliche religiöse Struktur und Tradition in West- und Ostdeutschland muss bei den Diagnosen berücksichtigt werden. Sind auf der einen Seite (in den alten Ländern der Bundesrepublik) zwar erkennbare Verluste traditioneller christlicher Religiosität, aber doch auch noch breit

---

[1] Gerade in den Nachrichtenmagazinen „Spiegel" und „Focus" finden sich seit 1991 fast unzählige Beiträge, die das Thema Religion, aber auch Kirche aus unterschiedlichster Sicht beleuchten.

verankerte religiöse Traditionen und eine entsprechende Infrastruktur zu beobachten, gelten auf der anderen Seite die neuen Bundesländer gemeinhin als Paradebeispiel für den sozialen Bedeutungsverlust von Religion. Über 80 Prozent noch immer konfessionell Gebundenen in Westdeutschland stehen kaum mehr 25 Prozent in Ostdeutschland gegenüber. Offensichtlich hat weder die „Beendigung der Benachteiligungen von Christen im öffentlichen Leben und in der schulischen und beruflichen Ausbildung sowie die Entideologisierung der Erziehung" (Pollack/Pickel 2000: 9) noch die positive Rolle, die die Kirchen im Umbruchsprozess gespielt haben, zu einer Revitalisierung des traditionalen Christentums beigetragen. So steht auch zwanzig Jahre nach dem Umbruch einer Mehrheit von Kirchenmitgliedern auf der westdeutschen Seite eine Mehrheit von konfessionslosen Agnostikern, Atheisten, aber auch einfach religiös Indifferenten in den neuen Bundesländern gegenüber. Angleichungsprozesse finden, wenn überhaupt, auf der Seite der Westdeutschen aufgrund von verstärkten Säkularisierungstendenzen statt.

Allerdings werden in den letzten Jahren in der religionssoziologischen Forschung auch Prozesse beobachtet, die einer fortschreitenden Säkularisierung entgegenwirken: Zum einen wird eine Transformation des Religiösen in fluide Formen, Spiritualität und populäre Religiosität (Knoblauch 2009, Lüddeckens/Walthert 2010) konstatiert, die traditionale Formen abzulösen scheint. Außerdem ist eine Zunahme *religiöser Pluralität* in Deutschland kaum mehr zu leugnen, die eine Revitalisierung der Religion mit sich bringt. Der Anteil sowohl christlich-orthodoxer als auch muslimischer Menschen an der deutschen Bevölkerung steigt kontinuierlich, was durch Migrationsprozesse, aber auch durch höhere Geburtenraten bei bestimmten religiösen Gruppen bedingt ist.

Für die Religionssoziologie ist die vorrangige und in den letzten Jahren intensiv diskutierte Frage, ob man es in der Bundesrepublik mit einem weiter voranschreitenden Säkularisierungsprozess zu tun hat oder ob eher von einem *Traditionsverlust des Christentums* bei gleichzeitiger *Pluralisierung* subjektiver Religiosität zu sprechen ist. Daran schließen sich für unterschiedliche gesellschaftliche Akteure (wie Politik, Justiz, Medien, Kirchen usw.) wichtige Fragen an. Beispielsweise wäre näher zu klären, ob die beiden christlichen Kirchen in unterschiedlicher Weise von diesen Entwicklungen betroffen sind und welche Auswirkungen jeweils aktuelle öffentliche Ereignisse (z. B. der Rücktritt evangelischer Bischöfinnen oder die Missbrauchsskandale in der katholischen Kirche) auf die Mitgliedschaft haben. Großes öffentliches Interesse erregt die Diskussion über ein Neben- oder Miteinander der religiösen Kulturen in Deutschland und damit über den Umgang mit der zunehmenden religiösen Pluralisierung. Kann die Integration in eine multireligiöse Gesellschaft gelingen (wie es die deutsche Fußballnationalmannschaft in diesem Sommer in Südafrika vorzuleben scheint) oder ist – um mit dem Titel des Buchs von Samuel Huntington zu sprechen – in der Zukunft ein „Kampf der Kulturen" (Huntington 1996) zu erwarten?

Und wie ist es um das Verhältnis zwischen Kirche und Staat bzw. Religion und Politik in Deutschland zwanzig Jahre nach dem Umbruch bestellt? Machen nicht die jüngsten Debatten um die Berechtigung religiöser Argumente im öffentlichen Diskurs, wie sie Jürgen Habermas (2001, 2009) anregte, die bleibende Notwendigkeit einer Klärung dieser Beziehung in Demokratien deutlich? Haben die Veränderungen in den letzten zwei Dekaden in Deutschland möglicherweise zu einem anderen Umgang von Vertretern aus Religion und Politik geführt? Wie hat sich dieses Verhältnis in West- und in Ostdeutschland entwickelt?

Und schließlich: Haben wir es in Deutschland mit einer zunehmenden Islamophobie zu tun oder ist eine Kritik der Islamkritik unangemessen?

Angesichts dieser vielfältigen Aspekte, Tendenzen und Thesen erscheint es zwanzig Jahre nach dem Umbruch sinnvoll, eine *Zusammenführung* der Diskussionen zur religiösen Lage in Deutschland anzugehen. Der vorliegende Band soll daher einen Überblick über die Entwicklung von Religion und Religiosität in Deutschland zwanzig Jahre nach der politischen Wende liefern, der Antworten auf die oben aufgeworfenen Fragen anbietet. Dies umfasst empirische Bestandsaufnahmen der religiösen Situation in Deutschland genauso wie Beiträge zu Debatten, die derzeit um Religion, ihre Stellung in der Gesellschaft und ihre Bedeutung für die Politik geführt werden. Das Buchprojekt schließt an einen früheren Band (Pollack/Pickel 2000) an, der sich zum Ziel gesetzt hatte, die religiöse Situation in Ostdeutschland zehn Jahre nach dem Umbruch zu beschreiben. Daher soll nun auch überprüft werden, inwieweit sich damals gezogene Schlüsse als treffend oder unzutreffend erwiesen haben.

Die Herausgeber haben Wert darauf gelegt, dass die verschiedenen, derzeit in der Religionssoziologie diskutierten theoretischen Erklärungsansätze Eingang in den Band finden. Nur so ist über eine reine Momentaufnahme hinaus eine Beurteilung der derzeitigen religiösen Entwicklungen und ein Blick in die Zukunft möglich. Dass daher in einzelnen der vorliegenden Aufsätze gelegentlich einander widersprechende Positionen eingenommen werden, ist aus unserer Sicht der Betrachtung der komplexen Situation von Religion und Religiosität in Deutschland nur angemessen. Damit ist bereits ein weiteres Anliegen dieses Bandes angesprochen: Es soll nicht allein die Situation und Entwicklung der organisierten Religion betrachtet werden. Häufiger noch stehen die persönliche Religiosität der Individuen, ihre Motivationen und die sich daraus ergebenden Konsequenzen im Zentrum der Betrachtungen. Dies soll in einer hinreichenden Differenziertheit geschehen, um den – durchaus manchmal auch widersprüchlichen – Entwicklungstendenzen des Religiösen in Deutschland gerecht zu werden.

2 Das Buch

Die aktuelle religiöse Landschaft in Deutschland stellt sich – das sollten die einleitenden Bemerkungen deutlich gemacht haben – als ein Forschungsfeld dar, in dem noch viele Fragen unbeantwortet und prinzipielle Einschätzungen umstritten sind. Damit ein solches Spektrum von Fragestellungen angemessen bearbeitet werden kann, haben sich die Herausgeber dieses Bandes entschlossen, eine Reihe von profilierten FachkollegInnen und NachwuchsforscherInnen in die Veröffentlichung einzubeziehen.[2] Die Idee zu diesem Buch geht auf eine vom 20. bis 22. November 2009 an der Universität Leipzig durchgeführte Tagung der Sektion Religionssoziologie der Deutschen Gesellschaft für Soziologie (DGS) zurück. Eine Auswahl der dort gehaltenen Vorträge bildet den Grundstock für den vorliegenden Band, der dann gezielt durch weitere eingeworbene Beiträge ergänzt wurde. Dabei war es uns wichtig, eine Mischung aus theoretisch weiterführenden und empirisch fundierten Beiträgen zusammen-

---

2 Die Herausgeber bedanken sich ganz herzlich bei Frau Anne-Marie Liskowsky sowie Frau Claudia Götze für Durchsicht, Korrekturarbeiten und Formatierung der Beiträge des Bandes und Franz Erhard für Korrekturarbeiten an einigen Texten.

zustellen. Dies gilt auch für die methodischen Zugänge: Sowohl auf quantitativen als auch qualitativen Methoden der Sozialforschung basierende Beiträge wurden integriert.

Den ersten Teil bilden konzeptionelle Beiträge, die das theoretische Spektrum auf der Basis empirischen Materials auffächern und die zentralen Entwicklungsstränge des Religiösen in Deutschland aufgreifen. In ihrem Zentrum stehen zwei Grundfragen der derzeitigen Religionssoziologie: zum einen die aus dem Kontrast zwischen West- und Ostdeutschland resultierende Frage nach dem Gegensatz von Konfessions- bzw. Religionslosen und konfessionell Gebundenen bzw. Gläubigen, zum anderen die neuen Debatten zum Wandel der religiösen Landschaft in Deutschland aufgrund einer zunehmenden religiösen Pluralisierung.

Markus Hero und Volkhard Krech beschäftigen sich ausführlich mit dem Phänomen der *religiösen Pluralisierung.* Aus ihrer Sicht kann ohne Zweifel von einer kontinuierlichen Zunahme der religiösen Vielfalt gesprochen werden. Mehr noch als dieser Tatbestand seien die Konsequenzen dieses Prozesses zu beachten, können doch Auseinandersetzungen in der Gesellschaft die Folge sein – was jedoch nicht zwingend sei. Die religiöse Pluralisierung eröffne einen Markt für individuelle religiöse Bedürfnisse und damit auch für das Phänomen der Bastelreligiosität. Allerdings bleibe die traditionale religiöse Sozialisation häufig die Grundlage für die Formulierung solcher Bedürfnisse und die Ausbildung von säkularen Gruppen ein Begleitmoment. Unstrittig ist, dass religiöse Pluralisierung einen Prozess darstellt, der in Zukunft noch an Bedeutung für die europäische und deutsche Debatte um das Verhältnis von Religion, Politik und Gesellschaft gewinnen dürfte.

Ein weiteres Merkmal religiöser Pluralisierung ist die zunehmende Anzahl an *Konfessionslosen*. Sie stellen keine geschlossene und in sich homogene Gruppe dar, was sie in vielerlei Hinsicht nicht wesentlich von den Mitgliedern der großen Religionsgemeinschaften in Deutschland unterscheidet. Trotzdem sind die Konfessionslosen eine der Gruppen, die seit der Wiedervereinigung in der deutschen öffentlichen Debatte mit am stärksten in den Blick gerückt worden ist.[3] Sowohl politische Bezüge als auch manches Unverständnis zwischen West- und Ostdeutschen können hier angeschlossen werden.

Die Konfessionslosen setzen sich, so *Gert Pickel* in seinem Beitrag, aus Anti- und Areligiösen zusammen. Definieren sich erstere durch Ablehnung von und Widerstand gegen christliche Religiosität, so spielen religiöse Inhalte bei der zweiten Gruppe keine Rolle für die Lebenspraxis. Während die Konfessionslosigkeit in den neuen Bundesländern bisweilen als Identitätsmerkmal fungiere, habe sie dagegen für die meisten Deutschen eher marginale Bedeutung im Alltagsleben, weshalb eine eigenständige Interessenvertretung der Konfessionslosen, wie sie der „neue Atheismus" einfordert, für sie kaum nötig erscheine. Daneben fänden sich Hinweise auf eine weitere Pluralisierung der Konfessionslosen hinsichtlich ihrer Motive. Dabei komme den gesellschaftlichen Rahmenbedingungen die zentrale Bedeutung für die Konfessionslosigkeit zu, einzelne spezifische Punkte wie die Kirchensteuer dienten eher als punktueller Anreiz, den schon längere Zeit bestehenden Wunsch zur Abkehr von einer Kirche nun konkret zu vollziehen. Angesichts der derzeitigen gesellschaftlichen Entwicklung sei mit einer weiteren Steigerung der Konfessionslosenzahlen im vereinigten Deutschland zu rechnen.

---

3   Die Kampagnen der „neuen Atheisten" in den letzten Jahren haben diese Sichtbarkeit sogar noch einmal deutlich erhöht.

Peter Höhmann geht in seiner Detailanalyse der langfristigen Entwicklung der religiösen Bindungen in der Region Darmstadt nach. In seinen empirischen Analysen kann er spezielle Kombinationen der Säkularisierung identifizieren, die auch einen verallgemeinerbaren Charakter besitzen. Interessant ist, dass auf der einen Seite quasi durchgehend Prozesse der Säkularisierung und Individualisierung festzustellen sind, sich dabei aber historisch bestehende, konfessionell voneinander getrennte Räume auch heute noch in ihren Ausprägungen religiöser Vitalität unterscheiden. Es handele sich um langfristig angelegte und auf unterschiedlich tiefe Verankerungen treffende Entwicklungsprozesse. Früher wie heute sind die Unterschiede zwischen Ballungsräumen und ländlichen Gebieten signifikant. Neben den Differenzen in den vorherrschenden normativen Orientierungen und ihrer Befolgung sei es vornehmlich die höhere Chance zu konkreter Interaktion, welche in den ländlichen Gebieten die religiöse Vitalität stärker am Leben erhalte – und gelegentlich sogar neu ausforme.

Einleitend zu den spezifischeren Betrachtungen zur ostdeutschen Situation untersuchen *Detlef Pollack und Olaf Müller*, warum es in den neuen Bundesländern Deutschlands – entgegen vieler Erwartungen – nach dem Umbruch nicht zu einer Rückkehr des Religiösen gekommen ist. Dabei kommen sie zu einer mehrdimensionalen Erklärung. Zum einen seien mit dem Umbruch Fragen der sozioökonomischen Absicherung des Lebens für die Ostdeutschen wesentlich wichtiger als Glaubensfragen geworden. Zum anderen habe die jahrzehntelange Politik der DDR-Führung dahingehend Wirkungen gezeigt, als eine religiöse Sozialisation unterbunden worden war und viele Neubundesbürger dadurch bereits in der zweiten Generation konfessionslos waren. Nur unter diesen Rahmenbedingungen haben die zusätzlichen Belastungen durch die Kirchensteuer weitere Kirchenaustritte in den neuen Bundesländern bewirken können. Generell schlagen Pollack und Müller bei der Gegenüberstellung des Erklärungspotentials der drei derzeit dominierenden Ansätze der Religionssoziologie eine Mischung aus säkularisierungstheoretischen und individualisierungstheoretischen Elementen (bei Zurückstellung des weniger plausibel scheinenden Marktmodells des Religiösen) vor.

Monika Wohlrab-Sahr stellt Thesen zur Nachhaltigkeit der Säkularisierungsprozesse in Ostdeutschland vor. In einer konflikttheoretischen Perspektive zeigt sie, dass eine kritische Haltung gegenüber der Religion in Ostdeutschland nicht nur Resultat der repressiven Religionspolitik der SED war, an die sich die Bevölkerung anpasste, sondern dass auch hinsichtlich der gesellschaftlichen Rolle der Kirche zentrale Konflikte in der DDR von Seiten des Staates für weite Teile der Bevölkerung plausible Alternativen zu den Kirchen durchgesetzt werden konnten. In diesen Konflikten ging es um Mitgliedschaft, Weltanschauung bzw. Weltdeutung und Moral. Die ungünstige Umwelt der Kirchen im SED-Staat schloss an vorgelagerte Traditionen der Religionskritik als auch ungünstige Erfahrungen aus dem Nationalsozialismus an. Der Begriff „forcierte Säkularisierung" bezeichnet dabei nicht nur den äußeren Druck und die Konflikte in der Gesellschaft, sondern auch eine daraus erfolgte Übernahme der Haltung des Individuums zur Säkularität im Prozess familialer Tradierung. Diese spezifische Haltung „forcierter Säkularität" stelle damit auch einen wichtigen Bestandteil der ostdeutschen Identitätsbildung dar und bestimme auch die zukünftige Position der Individuen zu Religion und Religiosität.

Die Nachhaltigkeit der durch die repressive Politik des DDR-Staats vorangetriebenen Prozesse der Entkirchlichung und Säkularisierung macht auch der Beitrag von *Kornelia Sammet* deutlich. Sie analysiert auf der Basis von biographischen Interviews mit Empfängern von Arbeitslosengeld II in Ostdeutschland das Nachwirken der staatlich propagierten Religionskritik und dem damit verknüpften wissenschaftlichen Weltbild. Sie arbeitet heraus, dass auf Muster atheistischer Religionskritik mit Verweis auf die eigene Sozialisation Bezug genommen wird, sich jedoch auch vereinzelt Öffnungen zu religiöser Semantik finden, wenn Erfahrungen thematisiert werden, die der eigenen Kontrolle entzogen und die von der wissenschaftlichen Weltdeutung nicht erfasst werden können, wenn also Kontingenzerfahrungen angesprochen werden. Allerdings fungieren religiöse Formeln und Traditionen für die Befragten meist als eine Deutungsmöglichkeit neben anderen: Sie machen sie sich selten zu eigen. Zudem haben antiklerikale Motive in Form einer gegen die christlichen Kirchen gerichtete Kritik große Beharrungskraft, da sie auf vor die DDR-Zeit zurückreichende Traditionen und einer inzwischen ererbten und weiter tradierten Religionslosigkeit beruhen.

Entsprechend ist es nicht überraschend, dass *Eberhart Tiefensee* in seinem Beitrag zu dem Schluss kommt, dass Religionslosigkeit in den neuen Bundesländern nicht nur ein weit verbreitetes, sondern auch recht stabiles Phänomen darstellt. Aus seiner Sicht ist es notwendig, die Konfessions- und Religionslosen dort einer detaillierteren Untersuchung aus interdisziplinärer Perspektive zu unterziehen. Daraus könnten umgekehrt viele Erkenntnisse für das Verständnis der Christen gewonnen werden, da gerade Selbstverständlichkeiten auf einmal zur Diskussion gestellt sind. Aus Tiefensees Sicht bietet sich ein Modell des Umgangs an, welches man als „Ökumene der dritten Art" bezeichnen könnte. Es ermögliche am ehesten einen Dialog auf Augenhöhe zwischen Kirchen und Konfessionslosen. Nicht klassische Missionierung, sondern eine Diskussion auf gleicher Ebene scheine der Situation in Ostdeutschland am dienlichsten. Dabei könnten auch die Christen aus dieser Situation lernen, stellten sie doch deren Bezug zu Gott in Frage und stünden einer Instrumentalisierung Gottes oder der Religion in dieser Gruppe entgegen.

Gert Pickel stellt in seinem Beitrag zur Sondersituation der neuen Bundesländer im europäischen Vergleich die Frage, inwieweit Ostdeutschland im europäischen Vergleich einen Sonderfall darstellt. Dabei ist bereits die Frage, was ein Sonderfall tatsächlich ist, nicht so einfach zu klären. Deutlich wird, dass Ostdeutschland insofern als Sonderfall bezeichnet werden kann, als dort ganz besonders ungünstige Rahmenbedingungen für Religion und Religiosität zusammengefunden haben. Dies – und nicht etwa eine unerklärliche Spezifität Ostdeutschlands – sei der Grund für die dort, ähnlich wie in Estland, besonders niedrige Religiosität. Insbesondere Prozesse der Säkularisierung, verbunden mit einer geringeren Resistenzkraft des Protestantismus gegenüber der politischen Repression, bedingten dabei die derzeitige Lage. Diese wiederum unterliege teils konträr zueinander verlaufenden Prozessen. Verblasse mit der Zeit die ideologische, antireligiöse und antikirchliche Hinterlassenschaft des DDR-Regimes, so bringe die beschleunigte Modernisierung manifeste Säkularisierungseffekte in das weitgehend entkirchlichte und seiner kommunalen Basis beraubte Gebiet der neuen Bundesländer ein. Entsprechend sei mit einer Wiederkehr der christlichen Religionstradition vorerst nicht zu rechnen.

Maria Widl nimmt die spezifische Entwicklung der katholischen Kirche in Ostdeutschland und ihre Reaktionen auf diese Situation darauf in den Blick. Aus ihrer Sicht hat sich für die katholische Diasporasituation eine spezielle Problemlage entwickelt, die man aus christlicher Perspektive als kulturelles Wertevakuum bezeichnen könnte. Daraus ergäben sich Konsequenzen für die Praktische Theologie, müsse man doch in den neuen Bundesländern auf eine spezifische Situation von Gottesvergessenheit und immer stärker in den Vordergrund tretender „Religionsanaloga" reagieren. Missionarische Projekte in Ostdeutschland seien insbesondere dann erfolgreich, wenn sie an den Familienkontext anschlössen und auf der persönlichen Ebene Kontakte zwischen Gläubigen und Nichtgläubigen ermöglichten.

Uta Karstein untersucht – in der Tradition von Pierre Bourdieu – die Ausbildung eines spezifisch religiösen Feldes in Ostdeutschland. Dabei nimmt sie Wahrnehmungs-, Bewertungs- und Denkschemata, vor allem jedoch die entsprechenden Praktiken von Akteuren in den Blick, die sich in den „Auseinandersetzungen über die symbolische Ordnung der Gesellschaft" positionieren und sich dabei von anderen Akteuren abgrenzen. Bei einer solchen Analyse seien nicht nur die hauptamtlichen Mitarbeiter der Kirchen, sondern auch die religiösen Laien zu berücksichtigen. Am exemplarischen Fall einer katholischen Familie arbeitet sie eine Sphärentrennung zwischen Glaubensfragen und lebenspraktischen Entscheidungen heraus, die sich als verantwortungsethische Haltung von einer Gesinnungsethik abgrenze, und sich nicht nur im Katholizismus, sondern auch im Protestantismus und darüber hinaus in der ganzen DDR-Gesellschaft, aber auch in derselben Familie finden lasse.

Eine erste Differenzierung hinsichtlich der sozialstrukturellen sowie sozialen Abhängigkeiten und Folgen von Religiosität oder Areligiosität unternimmt *Anja Gladkich* in ihrem Beitrag. Sie untersucht die Differenzen zwischen „der Jugend" und den Erwachsenen in Deutschland und kommt zu dem Schluss, dass die meisten der verfügbaren empirischen Ergebnisse auf einen generationalen Säkularisierungsprozess hindeuten, was aber kleinere lebenszyklische Entwicklungen nicht ausschließe. Der scheinbare Aufschwung religiöser Überzeugungen in der jüngsten Alterskohorte dürfe nicht überbewertet werden, könne dieser doch bei langfristiger Betrachtung als ein einfaches lebenszyklisches Phänomen bewertet werden. Die soziale Umgebung – in diesem Fall die Eltern – führe dazu, sich religiöser und kirchlicher zu verhalten, als man eigentlich sei. Man folge der sozialen Erwünschtheit und löse sich erst mit der beginnenden Eigenständigkeit (Auszug aus dem Elternhaus, finanzielle Selbstständigkeit, Berufsbeginn) von der Kirche. Selbst wenn eine lebenszyklische Rückkehr religiöser Bedürfnisse nicht vollständig auszuschließen sei, dürfte über die Zeit gesehen der generationale Prozess der Säkularisierung in Deutschland, und dort in West wie in Ost, dominieren.

Marliese Weißmann, Timmo Krüger und Daniel Bergelt präsentieren Analysen aus einem aktuell laufenden Forschungsprojekt zur „Sinnstiftung durch Arbeit in prekären Lebenslagen in Ostdeutschland". Sie arbeiten durch die Rekonstruktion dreier Fälle von Arbeitslosengeld-II-Beziehern heraus, dass Arbeit für ostdeutsche Arbeitslose, obwohl sie ihnen kaum erreichbar erscheint, eine zentrale Quelle von Sinnstiftung ist. Neben der Arbeit durchaus auch zugeschriebenen instrumentellen Momenten – wie der durch sie ermöglichten Unabhängigkeit von staatlichen Leistungen und ihren positiven Rückwirkungen auf das Zusammenleben in Familie und Partnerschaft – wird sie vor allem als Medium der Verankerung in einer Gemeinschaft gesehen: in einem „Team" oder „Kollektiv" und darüber hinausweisend durch eine dem Gemeinwohl dienende Aufgabe, d. h. eine gesellschaftlich nützliche Arbeit, in der Gesellschaft. Diese zivilreligiöse Idealisierung von Arbeit begreifen die AutorInnen als ein kulturelles Erbe der DDR.

Irene Becci arbeitet, ebenfalls an qualitativem Datenmaterial, die spezielle Situation der Straffälligenhilfe in Ostdeutschland nach dem Umbruch heraus. Dabei kann sie zwei

Entwicklungen konstatieren: Lösten sich die Hilfsangebote der evangelischen Kirche quasi in der säkularen Sphäre auf, so scheint sich auf der Gegenseite das konfessionelle Bewusstsein der katholischen Kirche in den Beratungsgruppen eher verstärkt zu haben. Doch auch hier lasse sich für Ostdeutschland ein säkularer Rahmen erkennen, der nicht nur keine Missionserfolge größeren Umfangs in dieser besonderen Untersuchungsgruppe zulasse, sondern sogar in Teilen dazu führe, dass diese Mission gar nicht mehr in größerem Umfang unternommen werden, um nicht den sozialen Zweck der Straffälligenhilfe zu konterkarieren.

Der Themenbereich Religion und Politik nimmt zwei wichtige Themenkomplexe auf: einerseits die Debatten über Islamophobie sowie das *Verhältnis von Christentum und Islam*, andererseits den politischen *Umgang mit Religion in den neuen Bundesländern*. Die beiden Beiträge zum Islam in Deutschland haben weniger die Situation oder die Religiosität von Muslimen im Blick als vielmehr seine Wahrnehmung durch die Mehrheitsgesellschaft, und zwar durch die deutsche Bevölkerung (im Beitrag von Leipold und Kummerer) und die deutsche Politik (im Beitrag von Tezcan).

Levent Teczan stellt einige grundsätzliche Überlegungen zu einer Gegenwartsgeschichte des Islam in Deutschland und insbesondere zu den Beziehungen zwischen Islam und Christentum an. Ausgehend von der Beobachtung, dass Zuwanderer muslimischen Glaubens in homogenisierender Weise als Muslime adressiert und damit von einheimischen Nicht-Muslimen abgegrenzt, also in erster Linie religiös (und nicht ethnisch oder sozial) kategorisiert werden, untersucht er den „Dialog" mit dem Islam in Deutschland, wobei sowohl der christlich-islamische Dialog als auch die Islam-Konferenz der Bundesregierung in Hinblick auf ihre Interaktionsformen und Ziele betrachtet werden. Dieser Dialog sei im Rahmen des „Kampfs der Kulturen" verortet, der der Bedrohung durch den Islam ein diffuses, national konnotiertes Kulturchristentum entgegenstelle. Tezcan geht es vor allem um die Frage, inwiefern und mit welchen Konsequenzen durch eine Integrationspolitik, die als Islampolitik betrieben werde, Muslime als Bürger bzw. Muslime integriert werden. Er plädiert dafür, einer pauschalisierenden „Islamisierung der Einwanderer" entgegenzuwirken und den Blick für Differenzen, spezifische Kontexte und vielfältige Lebensbezüge zu schärfen.

Jürgen Leipold und Andrea Kummerer identifizieren anhand umfangreichen quantitativ-empirischen Materials die derzeitigen Grundbestände an Islamophobie in Ost- und Westdeutschland und ihren Zusammenhang mit Religiosität. Als Islamophobie begreifen sie „eine entindividualisierende und depersonalisierende Sichtweise" auf Muslime, ihre Symbole und religiösen Praktiken. Während weder die Konfessionszugehörigkeit noch die subjektive Einschätzung der eigenen Religiosität in signifikantem Zusammenhang mit Islamophobie stünden, resultierten islamophobe Tendenzen dagegen aus religiösem Fundamentalismus durch den damit verbundenen Überlegenheitsglauben und gingen mit einer Neigung zu sozialer Dominanzorientierung islamophobe Tendenzen einher.

Thomas Schmidt-Lux rekonstruiert in seinem Beitrag die Debatten um den Wiederaufbau der Universitätskirche St. Pauli am Augustusplatz in Leipzig und zeigt daran exemplarisch das Bestehen von Konfliktlinien zwischen religiösen und säkularen Akteuren. In diesen Debatten habe die Chiffre „Rekonstruktion" verschiedene Bedeutungszuschreibungen erfahren. Während in einer ersten Phase eine politische Konfliktlinie dominiert habe, bei der Fragen politischer Erinnerungskultur, vor allem wie angemessen mit der DDR-Vergangenheit umzugehen sei, verhandelt worden seien, rückten zunehmend Fragen einer kollektiven Identität und als dritte Konfliktlinie die zwischen Religiösem vs. Säkularem in den Vordergrund, wobei schließlich die Architektur als (vermeintlicher) Konfliktlöser fungierte.

Alexander Leistner schließlich untersucht in seinem Beitrag, welche Fortsetzung das christlich motivierte Engagement von Mitgliedern der unabhängigen Friedensbewegung nach dem Ende der DDR in den letzten 20 Jahren fand. Für die DDR konstatiert er eine Verbindung von Religion und Politik im Engagement, einer „kontextuellen Politisierung von Religion", die sich in zwei verschiedenen Typen von Aktivistenidentitäten ausprägte: zum einen einer funktionalen Verflechtung beider Bereiche, zum anderen einer identitären Verflechtung. Während bei letzterer eher ein Festhalten am Engagement zu beobachten sei, habe bei Aktivisten mit einer funktionalen Verflechtung nach dem Umbruch eine Entflechtung der Sphären stattgefunden. Leistner macht in seinem Beitrag die Bindungskraft biographischer Pfadabhängigkeiten bei der Ausbildung von Aktivistenidentitäten und die dabei entscheidenden semantischen Anschlüsse deutlich.

3 Zusammenfassung – und Ausblick

Auch der vorliegende Band kann die Frage, ob hinsichtlich Deutschland von Säkularisierung oder Individualisierung der Religion zu reden ist, nicht endgültig entscheiden. Er kann unseres Erachtens nach jedoch zeigen, dass sich die *Situation des Religiösen in Deutschland in einem tiefgreifenden Wandel* befindet. Die hier präsentierten Ergebnisse religions- und kirchensoziologischer Forschung bestätigen durchgehend den Befund eines *Traditions- und Bedeutungsverlusts* des bislang weit verbreiteten und volkskirchlich geprägten katholischen und protestantischen Christentums.[4] Diese Entwicklungen dürften auch in der nahen Zukunft angesichts der gesellschaftlichen Rahmenbedingungen kaum in eine Wiederkehr der christlichen Religionen umschlagen. Darin sind sich fast alle Autoren des Bandes einig. Wie tradierungsfähig das volkskirchliche „belonging without believing" oder – wie Grace Davie (2002) neuerdings formuliert – die „vicarious religion" sein kann, muss sich noch erweisen. Zum momentanen Zeitpunkt muss dies mit einer gehörigen Portion Skepsis gesehen werden. Für die volkskirchlich organisierten Kirchen stellt sich vor diesem Hintergrund immer drängender die Frage, ob sich die Erosion der Mitgliedschaftszahlen fortsetzen wird. Ist das territorial begründete Parochialsystem aufrechtzuerhalten oder wird sich längerfristig ein Modell von Wahlgemeinden (wie z. B. in den USA) durchsetzen?

Inwieweit andere religiöse Sinnmuster oder nicht-religiöse Kontingenzbewältigungspraktiken an die Stelle des bislang verfügbaren christlichen Systems der Weltdeutung treten, lässt sich noch nicht absehen. Konstatieren die einen in der Ausbildung einer zunehmend *individualisierten Religiosität* eine Kompensation der kirchlichen Religiosität und sprechen dabei von einer Transformation oder gelegentlich sogar von einer Revitalisierung des Religiösen, verweisen die anderen auf die Einbettung der Individualisierungsprozesse in breitere Säkularisierungstendenzen. Selbst überzeugte Säkularisierungstheoretiker sehen dabei eine Zunahme individualisierter Formen von Religiosität als Folge der allgemeinen gesellschaft-

---

4 Dabei handelt es sich um langfristige Prozesse (vgl. Liedhegener 1997), wie beispielsweise der Beitrag von Höhmann in diesem Band zeigt.

lichen Individualisierungsprozesse. Gleichzeitig reichen diese Alternativen jedoch nicht dazu aus, die Bestände traditional-kirchlicher Religiosität in Deutschland zu kompensieren.[5] Größere „Gottesvergessenheit", Areligiosität, Atheismus und insbesondere religiöse Indifferenz scheinen derzeit die plausibleren Alternativen zur Kultur christlichen Religiosität zu sein.

Parallel zum Traditionsverlust des Christentums ist eine *Pluralisierung der religiösen Landschaft* zu konstatieren. Die zunehmenden Anteile von Muslimen und Christlich-Orthodoxen in der Bevölkerung wurden schon erwähnt. Sie bringen zum einen eine erhöhte Sichtbarkeit von Religion in der Öffentlichkeit mit sich, führen zum anderen aber auch dazu, dass die Tatsache, Deutschland als Einwanderungsland verstehen zu müssen, nicht mehr geleugnet werden kann. Die deutsche Bevölkerung wird sich darauf einstellen müssen, in der Öffentlichkeit und im Alltagsleben mit Menschen umzugehen, die in Hinblick auf Religion und kulturelle Herkunft sehr unterschiedlich sind. Dies betrifft muslimische Ministerinnen, Journalisten indischer Herkunft und nicht zuletzt eine multikulturell und multireligiös erscheinende Fußballnationalmannschaft. Welche Faktoren und Bedingungen das Zusammenleben befördern oder erschweren können, bleibt weiter zu untersuchen. Überhaupt scheint weniger die Zunahme der religiösen Pluralität an sich, als vielmehr ihre Konsequenzen den Kern der weiteren religionssoziologischen Forschungsanstrengungen zu bilden.[6] So ist weiterhin offen, ob religiöse Pluralisierung eher Konflikte erzeugt oder nicht viel stärker zur Integration in multikulturellen und -religiösen Gesellschaften beitragen kann.

Daneben ist auch die mit der Wiedervereinigung ein Drittel der Deutschen umfassende – allerdings in sich ebenfalls heterogene – Gruppe der *Konfessionslosen* zu berücksichtigen. Religionsfreiheit erscheint für sie nicht als Freiheit des Glaubens, sondern vielmehr als Freiheit vom Glauben. Das hat zur Folge, dass nicht nur unterschiedliche religiöse Kulturen ihren eigenen und legitimierten Platz in der Öffentlichkeit beanspruchen, auch das Nebeneinander religiöser und säkularer Gruppen in modernen (häufig durch eine Trennungen von Kirche und Staat geprägten) Gesellschaften erfordert eine politische Berücksichtigung in der Gesellschaft (vgl. Habermas 2009). Dies betrifft die Vertretung in Gremien, wie z. B. den Rundfunkräten, vor allem jedoch den Religionsunterricht an öffentlichen Schulen. Wie der Staat dabei auf die zunehmend unterschiedlichen Interessen der verschiedenen Gruppen reagieren wird, bleibt eine zentrale Frage moderner Gesellschaften.

Doch nicht nur auf der politischen Ebene der institutionalisierten Auseinandersetzung mit religiöser Pluralisierung zeichnen sich zunehmend Felder ab, die nicht immer einfache politische Entscheidungen erfordern, auch die *politische Kultur der Gesellschaft* ist betroffen. Phänomene wie Islamophobie[7] und religiöser Fundamentalismus lassen sich nicht alleine durch politische Appelle an das Zusammenleben in multikulturellen und auch multireligiösen Gesellschaften lösen. Sie erfordern neben politischen Begleitmaßnahmen auch eine wissenschaftliche Bestandsaufnahme der Integrationskraft und Konflikthaftigkeit religiöser Identität und der davon ausgehenden Wirkungen. Dies gilt für die Frage, ob Moscheebauten samt der sie begleitenden bisweilen sehr kontroversen Debatten die Integration von Muslimen in die

---

5 Siehe beispielsweise die Beiträge von Pollack/Müller, Wohlrab-Sahr, Gladkich, Karstein und Pickel in diesem Band.
6 Siehe hierzu Krech/Hero in diesem Band.
7 Siehe die Beiträge von Leipold/Kummerer und Tezcan in diesem Band.

Gesellschaft vorantreiben können oder ob die Grenzziehungen von Seiten der diese Bauten kritisierenden Vertreter der Mehrheitsgesellschaft nicht vielmehr Ausgrenzung und Parallelgesellschaften verstärken (vgl. Hüttermann 2006). Ähnliches lässt sich über die symbolische Wirkung des Kopftuchs junger Musliminnen sagen (Klinkhammer 2000; Wohlrab-Sahr 2003). Ist es Ausdruck einer sich von den Werten der westlichen Gesellschaft abgrenzenden Frauenunterdrückung oder steht es nicht eher häufig für das Selbstbewusstsein und die Bildungsambitionen junger Frauen, die sich nicht den Selbstpräsentationsstilen und den Körpernormen einer Gesellschaft unterwerfen wollen, in der die Gleichstellung von Frauen in vielen Bereichen noch nicht durchgesetzt ist?

Das zeigt, dass neben interreligiösen Konfliktzonen auch eine politisch-kulturelle Spannungslinie virulent wird, die im Zeitalter der Säkularisierung im öffentlichen Sektor quasi als obsolet angesehen wird – die *Spannungslinie zwischen religiösen und areligiösen* (oder genauer noch atheistischen) Personen und Positionen. In verschiedenen Bereichen der Gesellschaft können sich entsprechende – häufig schon als überwunden eingeschätzte – Konflikte relativ schnell und teilweise sehr heftig manifestieren.[8] Zunehmende Säkularisierung muss nicht in einer Auflösung der Konflikte münden, sondern kann auch die Gegensätze zwischen den Gruppen intensivieren – und damit vielleicht sogar eine Eskalation heraufbeschwören. Wahrnehmungen der Bedrängung der eigenen Identität und Prozesse der Polarisierung sind die Gründe hierfür. Gerade Ostdeutschland scheint hier einige Beispiele für diese Konfliktkonstellationen bereitzuhalten, doch auch in den alten Bundesländern konturieren sich Kontrastpositionen schärfer.

Überhaupt ist und bleibt die Differenz zwischen der religiösen *Situation in den alten und den neuen Bundesländern* ein wesentliches Merkmal der religiösen Landschaft in Deutschland. Im Kontrast zu den konfessionellen Differenzen zwischen dem protestantischen Norddeutschland und dem eher katholischen Süddeutschland handelt es sich hier um Unterschiede, die politisch und ideologisch tief in den Bevölkerungen verankert sind.[9] Nicht selten ist Konfessionslosigkeit ein wesentliches Identifikationsmerkmal der Ostdeutschen, stellt es doch eine der wenigen klaren Unterscheidungen gegenüber den Westdeutschen dar und erreicht somit eine politische wie auch identitätsstiftende Position.[10] Dies hat sowohl für die oben angesprochenen Konflikte als auch in vielen anderen Sektoren des öffentlichen Lebens Konsequenzen und markiert auch 20 Jahre nach dem Umbruch immer noch eines der stärksten Kontrastmerkmale zwischen beiden Teilen Deutschlands.

Insgesamt dürfte sich die religiöse Zukunft Deutschlands entlang verschiedener Kontrastlinien entwickeln, die die Stellung des Religiösen neu konturieren. Dabei kommt den *sozialen Rahmenbedingungen* – dies zeigen verschiedene Beiträge dieses Bandes – eine hohe Bedeutung zu. Ob Modernisierung, Akteurskonstellationen im religiös-politischem Feld oder kulturelle Erfahrungshorizonte: sowohl die Stellung der institutionalisierten Religion als auch die individuelle Religiosität sind nicht ohne ihre Rückbindung an die soziale Realität in anderen Lebensbereichen zu verstehen. Wenn man mit Woodhead (2004) davon ausgeht, dass in Europa der Wohlfahrtsstaat mit seinem Bekenntnis zu Gleichheit und Soli-

---

8 Siehe hier den Beitrag von Schmidt-Lux in diesem Band.
9 Siehe die Beiträge von Tiefensee und Pollack/Müller in diesem Band.
10 Siehe den Beitrag von Pickel zur Konfessionslosigkeit in diesem Band.

darität einige Funktionen der Religion übernommen hat, dann ist zu fragen, ob der aktuelle Wandel des Sozialstaats und die durch die Prekarisierung von Beschäftigungsverhältnissen zunehmende biographische Unsicherheit dazu führen können, dass Religion wieder an Bedeutung gewinnt. Dies schließt an Überlegungen der Deprivationsthese an, wie sie Norris/Inglehart (2004), aber auch Stolz (2009) aufgriffen und neu formulierten. Umgekehrt wirkt die subjektive *Religiosität auch als unabhängige Variable*, die zum Beispiel den Umgang des Einzelnen mit sozialen Problemen bestimmt.[11] Dabei spielen die Rahmenbedingungen wie auch erlernte Haltungen zu Religion und Kontingenzbewältigung eine wesentliche Rolle.

Religion und Religiosität stehen entsprechend auch in der Moderne nicht jenseits der Gesellschaft, sondern sind mit ihr in vielfältiger Weise verbunden; sie sind stets zu kontextualisieren. Aussagen über die weitere Entwicklung des Religiösen in Deutschland können daher nur vor dem Hintergrund des stetigen sozialen und ökonomischen Wandels getroffen werden. Ob dies eine „Wiederkehr des Religiösen" zur Folge hat, in weitere Säkularisierung mündet oder eine Transformation des Religiösen beinhaltet wird sich zeigen müssen. Sicher ist, dass zwanzig Jahre nach dem Umbruch die Situation in Ostdeutschland vielfältiger, aber vielleicht auch komplizierter geworden ist, als sie dies noch in den vorangegangenen Jahrzehnten war.

4 Literatur

Berger, Peter L. (1967): The Sacred Canopy. Elements of a Sociological Theory of Religion. New York.
Brocker, Manfred/Behr, Hartmut/Hildebrandt, Mathias (Hrsg.) (2002): Religion und Politik. Wiesbaden.
Bruce, Steve (2002): God is Dead. Secularization in the West. Oxford.
Casanova, José (1994): Public Religions in the Modern World. Chicago.
Casanova, Jose (2009): Europas Angst vor der Religion. Berlin.
Davie, Grace (1994): Religion in Britain since 1945: Believing without Belonging. Oxford.
Denz, Hermann (Hrsg.) (2002): Die europäische Seele. Leben und Glauben in Europa. Wien.
Dobbelaere, Karel (2002): Secularization: An Analysis on three Levels. Brussels.
Engelhardt, Klaus/Loewenich, Hermann von/Steinacker, Peter (Hrsg.) (1997): Fremde Heimat Kirche. Die dritte EKD-Erhebung über Kirchenmitgliedschaft. Gütersloh.
Finke, Roger/Stark, Rodney (2006): The Churching of America 1776–2005. Winners and Losers of Our Religious Economy. New Brunswick.
Froese, Paul/Pfaff, Steven (2009): Religious Oddities: Explaining the Divergent Religious Markets of Poland and East Germany. In: Pickel/Müller (Hrsg.): 123–144.
Gärtner, Christel/Pollack, Detlef/Wohlrab-Sahr, Monika (Hrsg.) (2003): Atheismus und religiöse Indifferenz. Opladen.
Graf, Friedrich-Wilhelm (2004): Die Wiederkehr der Götter. Religion in der modernen Kultur. Bonn.
Habermas, Jürgen (2009): Zwischen Naturalismus und Religion: Philosophische Aufsätze. Frankfurt/Main.
Hüttermann, Jörg (2006): Das Minarett: Zur politischen Kultur des Konflikts um islamische Symbole. Weinheim, München.
Huber, Wolfgang/Friedrich, Johannes/Steinacker, Peter (Hrsg.) (2006): Kirche in der Vielfalt der Lebensbezüge. Gütersloh.
Huntington, Samuel P. (1996): The Clash of Civilizations. New York.
Klinkhammer, Gritt Maria (2000): Moderne Formen islamischer Lebensführung. Eine qualitativ-empirische Untersuchung zur Religiosität sunnitisch geprägter Türkinnen der zweiten Generation in Deutschland. Marburg.
Liedhegener, Antonius (1997): Christentum und Urbanisierung: Katholiken und Protestanten in Münster und Bochum 1830–1933. Paderborn.
Luckmann, Thomas (1967): The Invisible Religion. The problem of Religion in modern Society. New York.

---

11 Siehe hierzu die Beiträge von Sammet und Weißmann/Bergelt/Krüger in diesem Band.

Lüddeckens, Dorothea/Walthert, Rafael (Hrsg.) (2010): Fluide Religion: Neue religiöse Bewegungen im Wandel. Theoretische und empirische Systematisierungen. Bielefeld.

Meulemann, Heiner (2009): Religiosity in Europe and in the Two Germanies: The Persistence of a Special Case – as revealed by the European Social Survey. In: Pickel/Müller (Hrsg.): 35–48.

Müller, Olaf/Pollack, Detlef/Pickel, Gert (2002): Werte und Wertewandel religiöser Orientierungsmuster in komparativer Perspektive: Religiosität und Individualisierung in Ostdeutschland und Osteuropa. In: Brocker/Behr/Hildebrandt (Hrsg.): 99–125.

Nassehi, Armin/Schroer, Markus (2003) (Hrsg.): Der Begriff des Politischen. Soziale Welt Sonderband. Opladen.

Norris, Pippa/Inglehart, Ronald (2004): Sacred and Secular: Religion and Politics Worldwide. Cambridge.

Pickel, Gert (2003): Areligiosität, Antireligiosität, Religiosität – Ostdeutschland als Sonderfall niedriger Religiosität im osteuropäischen Rahmen? In: Gärtner/Pollack/Wohlrab-Sahr (Hrsg.): 247–270.

Pickel, Gert (2010a): Religionssoziologie – Eine Einführung in zentrale Themenbereiche. Wiesbaden.

Pickel, Gert (2010b): Religiosität versus Konfessionslosigkeit. In: Glaab/Weidenfeld/Weigl (Hrsg.): 447–484.

Pickel, Gert/Müller, Olaf (Hrsg.) (2009): Church and Religion in Contemporary Europe. Results from Empirical and Comparative Research. Wiesbaden.

Pollack, Detlef (2003): Säkularisierung – ein moderner Mythos? Tübingen.

Pollack, Detlef (2009): Rückkehr des Religiösen? Studien zum religiösen Wandel in Deutschland und Europa 2. München.

Pollack, Detlef/Pickel, Gert (2000): Religiöser und kirchlicher Wandel in Ostdeutschland 1989–1999.

Riesebrodt, Martin (2001): Die Rückkehr der Religionen. Fundamentalismus und der „Kampf der Kulturen". München. (2. Auflage)

Stark, Rodney/Finke, Roger (2000): Acts of Faith: Explaining the Human Side of Religion. Berkeley.

Stolz, Jörg (2009): Explaining religiosity: towards a unified theoretical model. In: British Journal of Sociology 60/2: 345–376.

Wilson, Bryan (1982): Religion in Sociological Perspective. Oxford.

Wohlrab-Sahr, Monika (2003): Politik und Religion. „Diskretes" Kulturchristentum als Fluchtpunkt europäischer Gegenbewegungen gegen einen „ostentativen" Islam. In: Nassehi/Schroer (Hrsg.): 273–297.

Wohlrab-Sahr, Monika (2008): Das stabile Drittel: Religionslosigkeit in Deutschland. In: Bertelsmann Stiftung (Hrsg.): 151–168.

Wohlrab-Sahr, Monika/Karstein, Uta/Schmidt-Lux, Thomas (2009): Forcierte Säkularität. Religiöser Wandel und Generationendynamik im Osten Deutschlands. Frankfurt/Main.

Woodhead, Linda (2004): An Introduction to Christianity. Aldershot.

Zulehner, Paul M. (2002): Wiederkehr der Religion? In: Denz (Hrsg.): 23–42.

I. Leitlinien und Grundfragen zur Entwicklung des Religiösen in Deutschland

Die Pluralisierung des religiösen Feldes in Deutschland
Empirische Befunde und systematische Überlegungen

Markus Hero und Volkhard Krech

1 Religiöse Pluralisierung – Neue Forschungsfragen und öffentliche Diskussionen

Eine der einflussreichsten Theorien, mit der seit Mitte des zwanzigsten Jahrhundert versucht worden ist, den Zusammenhang von Religion und Modernisierung zu beschreiben, ist die Säkularisierungsthese. Sie besagt bekanntlich im Grundsatz, dass die Modernisierung der Gesellschaft mit einem Rückgang von Religion verbunden ist. Ein fraglos akzeptiertes, allgemein vorausgesetztes Paradigma ist Säkularisierung heute keineswegs mehr (vgl. von Braun/Gräb/Zachhuber 2007). Durch die der Säkularisierungsthese immanenten Verlust- oder Niedergangsrethorik kommen Erscheinungen nicht ins Blickfeld, welche den gegenwärtigen religiösen Wandel in entscheidendem Maße prägen. Mit der fortwährenden Beschleunigung und raum-zeitlichen Ausdehnung der sozialen Beziehungen (vgl. Rosa 2006) kommt es in der modernen Gesellschaft zu einem neuen, vielfältigeren Nebeneinander von unterschiedlichen religiösen Organisationen und Ideen – und vor allem zu einem gesteigerten Bewusstsein von der religiösen Vielfalt. Was in den Einwanderungsländern Nordamerikas traditionell selbstverständlich ist, wird in Europa spätestens seit der Nachkriegszeit zur gesellschaftlichen Realität (vgl. Casanova 2006).

Nicht nur in Deutschland ist das religiöse Feld seit Mitte des zwanzigsten Jahrhunderts vor allem durch Migration, aber auch durch Religiosität ohne Zugehörigkeit, das Aufkommen neuer Religionen und die Etablierung verschiedener Milieus und Strömungen in den christlichen Großkirchen vielfältiger geworden. Die Gleichzeitigkeit und das spannungsreiche Nebeneinander höchst disparater religiöser Strömungen hat die Thematik der religiösen Pluralisierung zu einem eigenen Forschungsbereich innerhalb der Religionssoziologie werden lassen. Neben der Frage des „Mehr oder Weniger" von Religion in der modernen Gesellschaft richtet sich das Interesse nun verstärkt auf Prozesse der Differenzierung des Religiösen. Dabei beschränkt sich die Diskussion längst nicht mehr auf deskriptive Bestandsaufnahmen, welche die steigende Vielfalt des Religiösen in einzelnen Regionen zu beschreiben oder zu quantifizieren suchen. Die Debatte um die *Konsequenzen religiöser Pluralisierung* geht – unabhängig von theoriepolitischen Lagerbildungen – von der starken Annahme aus, dass die Pluralisierung religiöser Angebote zu den treibenden Kräften religiösen Wandels gehört.[1]

Mit der fortschreitenden Pluralisierung hat die Aufmerksamkeit gegenüber dem Thema Religion nicht nur in der Wissenschaft, sondern auch in der öffentlichen Diskussion zugenommen. Nicht von ungefähr ist in letzter Zeit häufig von der „Wiederkehr des Religiösen", von der „Wiederverzauberung" oder – im Anschluss an Jürgen Habermas – von der „post-

---

1 Vgl. unten Abschnitt 3.

säkularen Gesellschaft" die Rede. Gerade im „Faktum des Pluralismus" (Rawls 1998) ist einer der Gründe zu sehen, warum das *Sprechen über Religion*, in Form des politischen, rechtlichen und journalistischen Diskurses, zugenommen hat. Die pluralistische Situation, d. h. das Nebeneinander unterschiedlicher religiöser Strömungen erzeugt eine neue gesellschaftliche Aufmerksamkeit. Während auf der politisch-rechtlichen Ebene die Eingrenzung von interreligiösen Konfliktpotentialen, Fragen der politischen Integration und der Beziehung von staatlicher und religiöser Macht im Vordergrund stehen, kommt in der gesellschaftlichen Öffentlichkeit ein Bedürfnis nach Information über fremde Religionen und zugleich ein Bewusstsein für die Besonderheit und Relativität der eigenen religiösen Prägung auf. Offensichtlich ruft die religiöse Pluralität dabei ein breites Band von Assoziationen hervor. Das Spektrum reicht von Fremdenfeindlichkeit über Gleichgültigkeit bis hin zur affirmativen Bekräftigung des religiösen Pluralismus und seiner bereichernden Potentiale. Die „Wiederkehr der Religion" kann somit als Begleiterscheinung, wenn nicht sogar als Effekt ihrer Pluralisierung verstanden werden, als eine gesteigerte Reflexion und einen verstärkten Diskurs über Religion, der vor allem über die Medien in Gang gesetzt wird.

2 Dimensionen und Bestandsaufnahmen religiöser Pluralisierung

Pluralisierung bezeichnet einen Vorgang der Vervielfältigung, einen Prozess der Zunahme des Nebeneinanders von in gewisser Hinsicht Vergleichbarem (vgl. Wolf 1999: 321). Religiöse Pluralisierung meint dann „einen Prozess, in dessen Verlauf sich die Vielfalt des Religiösen vermehrt" (Wolf 1999: 321). Da sich das „Religiöse" in unterschiedlichen Dimensionen manifestiert, lässt sich auch seine Pluralisierung an unterschiedlichen Merkmalen nachweisen. Dazu gehört auf einem höheren Aggregationsniveau die Diversifizierung von religiösen Traditionsgeflechten und Organisationen (Abschnitt 2.1), auf einem niedrigeren Aggregationsniveau die Diversifizierung von individuellen Bindungen und Präferenzen (Abschnitt 2.2).[2]

2.1 Die Pluralisierung von religiösen Organisationen und Mitgliedschaftsverhältnissen

Im deutschsprachigen Raum tauchen seit Mitte der 1990er Jahre eine Reihe von Abhandlungen auf, die den bisherigen Wissensstand im Hinblick auf die Differenzierung der religiösen Landschaft zu erweitern suchen. Dazu gehört zunächst die Ebene der religiösen Organisationen und der von ihnen vertretenen Ideen. Bestandsaufnahmen, die eine erste Einschätzung der Lage erlauben, liegen bisher nur bezüglich einzelner Regionen vor. So hat eine Reihe von lokalen Initiativen die Vielfalt der religiösen Organisationen in bestimmten Städten oder regionalen Großräumen dokumentiert. Dazu gehören für Deutschland die Städte Berlin (Grübel/Rademacher 2003), Hamburg (Grünberg u. a. 1995), Hannover (Franke 2005), Bremen (Meier-Hüsing/Otten 2003), Essen (Genzel u. a. 1994), Wuppertal (Christen 2007), Bonn (Ostenrath/Schneemelcher 2003), Freiburg (Bleisch u. a. 2005; Körbel u. a. 2000) und das

---

2   Wolf (1999: 321) unterscheidet analog zwischen einem „sozialstrukturellen" und einem „subjektiven" Aspekt religiöser Pluralisierung.

Bundesland Nordrhein-Westfalen (Hero/Krech/Zander 2008). Aus den genannten regionalen Bestandsaufnahmen zur religiösen Pluralisierung geht hervor, dass sich auf der organisatorischen Ebene bundesweit mindestens 230 verschiedene Strömungen differenzieren lassen (vgl. Hero/Krech/Zander 2008: 232 ff.). In der Schweiz wurde die religiöse Landschaft unter anderem in den Stadtgebieten Basel (Baumann 2000) und Zürich (Humbert 2004) unter die Lupe genommen; mittlerweile liegt zusätzlich eine Abhandlung zur religiösen Vielfalt im gesamten Land vor (Baumann/Stolz 2007). Für England sind insbesondere die Arbeiten von K. Knott (2005) in der Umgebung von Leeds hervorzuheben.

Dem disparaten Nebeneinander unterschiedlicher religiöser Traditionsgeflechte und Organisationsformen auf regionaler Ebene entspricht in der Aggregation der Mitgliedschaftsverhältnisse eine zwar immer noch vorhandene, aber abnehmende Dominanz der christlichen Großkirchen.[3] Rund 62 % der Wohnbevölkerung gehören einer der beiden großen christlichen Kirchen an, die Mitglieder anderer christlicher oder dem Christentum nahestehender Religionsgemeinschaften machen rund 2,5 % aus. Der Islam stellt mit vier% die drittgrößte Religion dar, gefolgt von 0,3 % Buddhisten, etwa 0,2 % Juden und 0,12 % Hindus. Neureligiösen Gemeinschaften und Strömungen sowie dem esoterischen Spektrum sind etwa 0,8 % der deutschen Wohnbevölkerung zuzurechnen. Rund 29 % der deutschen Bevölkerung gehören keiner Religionsgemeinschaft oder religiösen Strömung an – eine im Weltmaßstab weit über dem Durchschnitt (16,5 %) liegende Größenordnung.

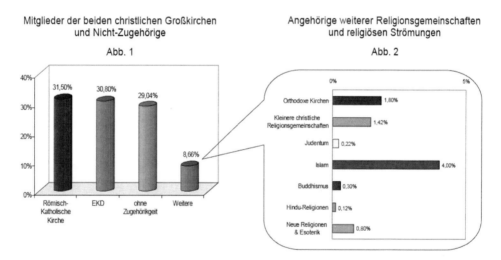

Quelle: eigene Zusammenstellung; www.remid.de.

Im historischen Vergleich wird deutlich, dass die Diversität der religiösen Zugehörigkeitsverhältnisse im Verlaufe des zwanzigsten Jahrhunderts zugenommen hat. Setzt man das

---

3   Wenn nicht anders angegeben, stammen die Daten vom *Religionswissenschaftlichen Medien- und Informationsdienst*, Marburg (Stand 2006; siehe www.remid.de).*

Nebeneinander der Mitgliedschaftsverhältnisse in Bezug und berechnet man über den Diversitätsindex[4] die Heterogenität der Religionszugehörigkeit, so zeigt sich seit den 1970er Jahren ein signifikanter Anstieg (vgl. Wolf 1999: 326). Diese Tendenz wird durch die oben aufgeführten Mitgliedschaftsverhältnisse aus dem Jahr 2006* weiter untermauert.

Tabelle 1   Diversität der Mitgliedschaftsverhältnisse im Zeitverlauf[5]

	1939	1950	1961	1970	1987	2006
Mitgliedschaftsdiversität	0,56	0,54	0,54	0,57	0,62	0,71

Quelle: Wolf (1999: 326), eigene Berechnungen.

2.2 Die Pluralisierung von Bindungsgraden und individuellen Präferenzen

Wie bereits P. L. Berger und T. Luckmann (1966: 74) sowie K. Gabriel (1991) ausgeführt haben, muss die Untersuchung religiöser Pluralisierungsprozesse neben der inter- oder intraorganisatorischen Diversifikation auch die Ebene individuell verschiedener religiöser Bindungen und Präferenzen in den Blick nehmen. Entsprechende Erhebungen zur inter- bzw. intra-individuellen Diversifikation liegen bisher nur aus dem Bereich der Kirchenmitgliedschaftsuntersuchungen vor. Die beiden christlichen Großkirchen stellen jedoch – gemessen an der Mitgliedschaft – das weitaus größte Segment im religiösen Feld Deutschlands dar. Die folgenden Ausführungen beziehen sich auf Befunde der vierten Kirchenmitgliedschaftserhebung der Evangelischen Kirche in Deutschland. Es steht jedoch zu vermuten, dass sie *cum grano salis* auch für den Römischen Katholizismus gelten. In der Auswertung der Daten wurde unter anderem eine Typologie der Kirchenmitgliedschaft entworfen, die fünf Typen folgendermaßen charakterisiert (vgl. Höhmann/Krech 2006):[6]

a) Der erste Typ ist das hoch integrierte Kirchenmitglied. Er macht rund 16 % aller Kirchenmitglieder aus und entspricht aus der kirchenorganisatorischen Perspektive dem klassischen Erwartungsmuster: Er teilt die traditionellen christlichen Glaubensvorstellungen, die sich zugleich in seiner lebensweltlichen Erfahrung widerspiegeln. Außerdem hat er ein ausgeprägtes Verbundenheitsgefühl gegenüber der Kirche, besucht regelmäßig den Gottesdienst und beteiligt sich zumindest gelegentlich am kirchlichen Leben.

---

4   Der Diversitätsindex (auch Herfindahl-Hirschmann-Index) setzt die quadrierten prozentualen Anteile der einzelnen religiösen Strömungen zueinander in Beziehung. Er steht für die Wahrscheinlichkeit, dass zwei zufällig ausgewählte Menschen unterschiedlichen religiösen Strömungen angehören.
5   Die Werte von 1939 bis 1987 beruhen auf den Ergebnissen der jeweiligen Volkszählungen, die von Wolf (1999: 326, 349) zur Berechnung der religiösen Diversität in folgende Religionszugehörigkeiten unterteilt wurden: Evangelische Kirche in Deutschland, Evangelische Freikirchen, Römisch-Katholische Kirche, Jüdische Religionsgemeinschaft, andere Religionsgesellschaften, gemeinschaftslos. Die Berechnung der religiösen Diversität für das Jahr 2006 erfolgt nach dem gleichen Schema.
6   Siehe auch den Beitrag von Höhmann in diesem Band.

b) Der zweite Typ mit etwa 6% aller Kirchenmitglieder ist einerseits am christlichen Glauben orientiert, andererseits aber organisatorisch vergleichsweise schwach gebunden. Er teilt zwar die traditionellen christlichen Glaubensvorstellungen, die sich zudem in seiner alltäglichen Erfahrung widerspiegeln. Seine Verbundenheit gegenüber der Kirche ist jedoch geringer als beim ersten Typus. Er besucht nur gelegentlich den Gottesdienst und beteiligt sich überwiegend nicht an den kirchlichen Angeboten.

c) Der dritte Typ, der knapp 9% aller Kirchenmitglieder repräsentiert, ist einerseits vergleichsweise stark in die Kirchenorganisation integriert: Er fühlt sich gegenüber der Kirche verbunden, hegt keine Austrittsneigung, besucht vergleichsweise häufig den Gottesdienst und nimmt gelegentlich an kirchlichen Veranstaltungen teil. Andererseits teilt er nicht den traditionellen christlichen Gottesglauben, so dass die Religiosität im Vergleich zu den beiden ersten Typen schwach ausgebildet ist.

d) Wie auch in anderen Typisierungsversuchen ist der vierte, nämlich der mittlere Typ mit 49% am stärksten vertreten. Hier fehlen die eindeutigen positiven wie negativen Positionierungen bei christlichen Glaubensvorstellungen ebenso wie bei der Kirchenbindung.

e) Der fünfte Typ, der rund 20% aller Kirchenmitglieder repräsentiert, stellt den Kontrast zum ersten Mitgliedschaftstyp dar. Er ist weder an die Kirchenorganisation angebunden, noch ist er in nennenswertem Ausmaß am christlichen Glauben orientiert.

Abbildung 3 Typologie der Mitgliedschaft

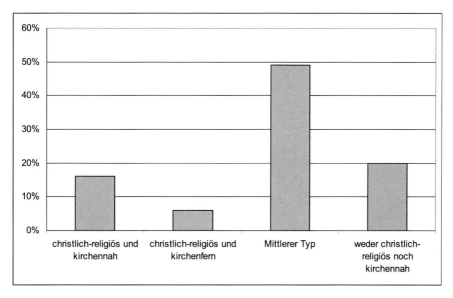

Quelle: eigene Berechnungen.

Neben der „inter-individuellen" Ausdifferenzierung von Bindungsgraden lässt sich der Prozess der religiösen Pluralisierung auf der Mikroebene der Akteure noch in einem weiteren Punkt nachvollziehen, nämlich anhand der „intra-individuellen" Differenzierung der religiösen Präferenzen. Was in den qualitativen Studien zur religiösen Befindlichkeit der Kirchenmitglieder mit dem Typus des „spirituellen Wanderers" (vgl. Gebhardt/Engelbrecht/Bochinger 2005) bezeichnet wird, zeigt sich bei einem nicht unbeträchtlichen Anteil der Bevölkerung als Praxis der religiösen Bricolage. Sie verweist auf die Kombination unterschiedlicher Inhalte und Formen von Religiosität. Um das Ausmaß der „Patchwork-Religiosität" festzustellen, wurde im Bertelsmann Religionsmonitor (vgl. Krech 2008: 39 f.) das folgende Statement zur Beantwortung gestellt: „Ich greife für mich selbst auf Lehren verschiedener religiöser Traditionen zurück". Insgesamt mischen rund 22 % der deutschen Bevölkerung in ihrer religiösen Praxis Bestandteile unterschiedlicher religiöser Traditionen.[7] Die individuelle Amalgamierung unterschiedlicher religiöser Ideen bleibt dabei noch weit hinter der pluralistischen Disposition zurück, sich gegenüber verschiedenen religiösen Traditionen offen zu zeigen: Nur 28 % derjenigen, welche der im Religionsmonitor genannten Aussage „Ich finde, man sollte gegenüber allen Religionen offen sein" zustimmen, praktizieren tatsächlich eine „Patchwork-Religiosität". Die Offenheit gegenüber anderen Religionen ist in absoluten Zahlen relativ hoch, während die faktische Inanspruchnahme unterschiedlicher religiöser Ideen in „synkretistischer" Absicht nur bei rund einem Viertel der Befragten auszumachen ist. Die Diskrepanz zwischen Einstellung und Praxis mag ein Hinweis darauf sein, dass der ideellen Bereitschaft, sich gegenüber unterschiedlichen Religionen zu öffnen, bisher noch keine praktische Gelegenheitsstruktur gegenübersteht.

Insgesamt zeigt der Blick auf die Diversifikation der individuellen Bindungsgrade und Präferenzen, dass der Prozess der religiösen Pluralisierung nicht nur als Diversifikation von Organisationen beschrieben werden kann. Die religiöse Pluralisierung setzt sich auch in den Überzeugungen der Individuen fort. Mit der sichtbar gewordenen Differenzierung der organisatorischen Landschaft haben sich auch bei Individuen die Opportunitäten zur Ausbildung einer Patchwork-Religiosität vergrößert. Inwieweit diese Möglichkeit tatsächlich genutzt wird, kann, wie bereits angedeutet, von der zur Verfügung stehenden Gelegenheitsstruktur abhängen. Wie im Folgenden ausgeführt wird, ist es dabei vor allem der städtische Raum, der den Akteuren Zugang zur religiösen Vielfalt bietet.

2.3 Die Stadt als Verdichtungsraum religiöser Vielfalt

Obwohl die bisherigen europäischen Abhandlungen zur religiösen Pluralisierung eher einen deskriptiven Charakter haben, bestätigt sich in ihnen ein Trend, auf den bereits in verschiedenen US-amerikanischen Erhebungen hingewiesen worden ist (vgl. u. a. Christiano 1987). Die Ballungsräume religiöser Pluralität finden sich vor allem in dichtbesiedelten, urbanen Regionen. Die religiöse Vielfalt korreliert unmittelbar mit der Bevölkerungsdichte; sie ist in den städtischen Zentren am höchsten, im ländlichen Raum am geringsten (vgl. Wolf 1999: 328; Krech 2008a: 38). Zu den historischen Bedingungen, welche sich für die „Religionsproduktivität" der Stadt verantwortlich zeichnen, sind in erster Linie soziale Wanderungsbewegungen

---

7   Wie Ziebertz (2008: 50 f.) herausstellt, lassen sich hinsichtlich der Praxis des „religiösen Synkretismus" kaum relevante Altersunterschiede ausmachen.

zu nennen. Bereits im 19. Jahrhundert haben die europäischen Städte einen enormen Wachstumsschub erfahren, der vor allem durch die Einwanderung von Landbewohnern verursacht wurde, die wegen des hohen Geburtenüberschusses über kein Land verfügten und damit kaum Erwerbsmöglichkeiten auf dem Lande hatten. Im 20. Jahrhundert wurde die Migration in die Städte durch Arbeitsmigration aus anderen Ländern Europas weiter vorangetrieben.[8] Der anhaltende Zuzug von Menschen nicht-christlicher Herkunft eröffnet vielfältige Möglichkeiten der Wahrnehmung und Aufnahme unterschiedlicher religiöser Ideen und Praxisformen.

Die religiöse Diversität der Stadt verdankt sich jedoch nicht nur der Zuwanderung. Wie bereits die soziologischen Klassiker analysiert haben, verändert der städtische Lebensraum die zwischenmenschlichen Beziehungen und produziert eine größere soziale Diversität. Nach Wirth (1938) und Fischer (1975a, 1975b) steigt mit der Bevölkerungszahl und der Bevölkerungsdichte die Diversität der kulturellen Praxis. Damit wird die Stadt-Land-Differenz nicht nur quantitativ, sondern auch qualitativ bestimmbar. Wie bereits Simmel (1998) ausgeführt hat, stimuliert die Vielfalt des Gebotenen die Lust am Wählen und Ausprobieren von kulturellen Alternativen und bringt eine größere Offenheit für Neuigkeiten und Fremdes hervor. Zugleich gewährleistet die höhere Besiedlungsdichte der Stadt eine größere Anonymität. Als „Experimentierfeld des Religiösen" (John 2005: 221) gestattet sie das Hin- und Herbewegen zwischen verschieden religiösen Alternativen, ohne dass mit der Kontrolle und Kritik durch die soziale Umgebung gerechnet werden muss.

Die Stadt ist zugleich der Ort, an dem sich die Gründung von religiösen Organisationen am ehesten lohnt, denn der städtische Lebensraum erlaubt „Subkulturen", eine kritische Masse zu erreichen und sich zu organisieren (vgl. Wolf 1999: 328). Dies gilt vor allem für neureligiöse und „exotische" Strömungen (vgl. Hero 2008a: 171). Für deren Etablierung dürfte neben der größeren Heterogenität der städtischen Bevölkerung von besonderer Wichtigkeit sein, dass in der Stadt die Eintrittsbarrieren ins religiöse Feld wesentlich geringer sind. Die urbane Infrastruktur bietet etwa der jüngeren Esoterikszene eine Vielzahl von Absatzwegen, die in einer ländlichen Umgebung nicht vorhanden sind. Dazu gehören die städtischen Kommunikations- und Informationsmedien ebenso wie die vorhanden kulturellen Einrichtungen. So werden die neuen Heilsangebote nicht nur über die Seminarszenerie vermarktet, sie haben auch in den klassischen Institutionen der Kulturvermittlung, etwa bei den Institutionen der Erwachsenenbildung (Volkshochschulen, Bildungszentren), einen beträchtlichen Anteil erlangt.

Die über den städtischen Lebensraum bereitgestellte Verfügbarkeit des Religiösen sollte jedoch nicht dazu verleiten, hier einen Motor der „Wiederverzauberung der Welt" im Sinne einer sozial nachhaltigen Aktivierung religiöser Überzeugungen zu sehen. Wie bereits Wolf (1999: 329) konstatiert, wird „mit steigender Ortsgröße [...] einerseits das Angebot an religiösen Organisationen, der Markt der religiösen Möglichkeiten [...]größer, andererseits wird die Gruppe derjenigen größer, die sich gegen die Mitgliedschaft in einer Religionsgemeinschaft entscheiden." Dieser Befund wird auch durch nachfolgende Untersuchungen unterstrichen: Die höhere religiöse Diversität des urbanen Raumes geht mit geringeren religiösen Mitgliedschaftsraten einher (vgl. Krech 2008a: 41).

---

8   Zum Zusammenhang von Migration und religiöser Pluralisierung vgl. auch Casanova (2007).

3 Religiöse und außerreligiöse Konsequenzen

Der zeitgenössische Diskurs um den Prozess der religiösen Pluralisierung bleibt nicht bei einer deskriptiven Erfassung des Phänomens stehen, sondern versucht, theoretische Deutungen zu entwickeln, welche die Ausdifferenzierung der religiösen Landschaft in ihren Ursachen und Wirkungen zu benennen erlauben.

3.1 „Säkularisierung" versus „Vitalisierung"

Unter den religionssoziologischen Arbeiten, die sich mit dem Phänomen der religiösen Pluralisierung befassen, nimmt die Debatte um die quantitativen Folgewirkungen eine besondere Rolle ein. Dabei lassen sich im Wesentlichen zwei Positionen voneinander unterscheiden. Während der erste Ansatz (vgl. Berger 1967) einen gesamtgesellschaftlichen Rückgang religiösen Engagements annimmt, prognostizieren die Vertreter des zweiten Ansatzes (Finke/Stark 1988; Warner 1997) eine Zunahme der religiösen Aktivität als Folge von Pluralisierungsprozessen. Die unterschiedlichen Hypothesen sind der Tatsache geschuldet, dass beide Ansätze bei ihrer Analyse verschiedene Schwerpunkte setzen: Im Gegensatz zur „Nachfrageseite" der religiösen Laien betont der zweite Ansatz die „Angebotsseite" der religiösen Organisationen.

Die Debatte um die „säkularisierenden" oder die „vitalisierenden" Effekte religiöser Pluralisierung hat im Verlaufe der letzten zwei Jahrzehnte eine Vielzahl von empirischen Arbeiten hervorgebracht. Es zeigt sich jedoch, dass die genannten Theorien keinen allgemeinen Gültigkeitsanspruch behaupten können (vgl. Chaves/Gorski 2001). So konnten etwa die von der *rational choice-Theorie* konstatierten stimulierenden Effekte des Pluralismus auch in den jüngsten europäischen Untersuchungen nicht bestätigt werden (vgl. Pollack 2008; Stolz 2005). Wie die Ergebnisse in Nordrhein-Westfalen (vgl. Krech 2008a: 40) zeigen, ist gerade in den städtischen Gebieten, wo die religiöse Diversität am höchsten ist, auch der Anteil der Bevölkerung am größten, die keiner religiösen Organisation zugehören. Zumindest auf der aggregierten Ebene der Mitgliedschaftsverhältnisse ergibt sich damit kein Hinweis auf die vitalisierenden Effekte einer pluralistischen Angebotsstruktur. Dieser negative Zusammenhang zwischen religiöser Pluralität und religiöser Vitalität bleibt auch erhalten, wenn man auf das in der Literatur (vgl. Voa/Olson/Crocket 2002) angemahnte Messproblem eingeht: Die üblicherweise durchgeführte Korrelation des Diversitätsindex von Herfindahl/Hirschmann mit Mitgliedschaftszahlen erzeugt ein mathematisches Artefakt, weil in dieser Anordnung beide Seiten der Korrelation arithmetisch nicht unabhängig voneinander sind. Um dieses Problem zu umgehen, wurden die unterschiedlichen regionalen Diversitätswerte von 22 nordrhein-westfälischen Städten und Kommunen[9] mit einem neuen Maß für religiöse Vitalität in Beziehung gesetzt. Anstelle von Mitgliedschaftszahlen wurde über die Zentralitätsskala (Huber 2008) erfragt, wie sehr religiöse Ideen das Denken und Handeln der Akteure prägen.

---

9   Es handelt sich dabei um die sieben Stadtbezirke Duisburgs und um die fünfzehn Gemeinden des Märkischen Kreises.

Tabelle 2   Korrelationen Diversität – Zentralität[10]

Diversität	Zentralität
Diversität der religiösen Mitgliedschaftsverhältnisse	−0,05*
Diversität der religiösen Organisationen	−0,06**

Quelle: eigene Berechnungen.

Die Korrelationen von regional unterschiedlicher Diversität und den Werten der Zentralitätsskala sind zwar schwach, aber immerhin signifikant und zeigen einen negativen Zusammenhang: Die ökologische Diversität religiöser Angebote geht mit einer Schwächung religiöser Denk- und Handlungsschemata in der Bevölkerung einher. Die Ergebnisse deuten damit der Tendenz nach eher auf die „säkularisierenden" Effekte von Pluralisierungsprozessen hin (vgl. dazu auch Stolz 2005). Doch auch bei dieser Interpretation ist Vorsicht geboten. Eine quantitative Betrachtung der Auswirkungen religiöser Pluralisierung ist problematisch. Quantitative Effekte machen sich nur über einen längeren Zeitraum bemerkbar. Kurzfristig wird eine Pluralisierung der Angebotsstruktur keine unmittelbaren zahlenmäßigen Wirkungen hervorrufen, weil die bestehenden religiösen Dispositionen der Akteure einem Trägheitseffekt unterliegen. Dieser verhindert, dass sich Änderungen in der Angebotsstruktur unmittelbar in den religiösen Präferenzen der Akteure niederschlagen – einerlei ob als Mobilisierung oder als Rückgang von Religiosität. Aus diesem Grunde ist es problematisch, die unterschiedliche religiöse Vitalitätsraten in unterschiedlichen Regionen auf Pluralisierungseffekte zurückzuführen. Die bestehenden Erhebungen deuten vielmehr darauf hin, dass anderen Faktoren wie Geschlecht, Bildung und Alter eine weitaus größere Erklärungskraft für Schwankungen der religiösen Vitalität zukommt (Stolz 2005: 218). Damit ist nicht gesagt, dass Pluralisierungsprozesse für den religiösen Wandel bedeutungslos bleiben, jedoch muss die bisherige Theoriebildung durch ein differenzierteres Hypothesenset ergänzt werden.

3.2 Der Wandel individueller Einstellungsmuster

Angesichts der Unschärfen einer Theoriebildung, die den Vorgang der Pluralisierung direkt mit Prozessen der „Säkularisierung" oder „Vitalisierung" in Verbindung bringt, ist eine Rückkehr zur analytischen Bescheidenheit angezeigt. Deshalb dürfte es zunächst erfolgversprechend sein, auf der Mikroebene zu bleiben, um von dort aus die Auswirkungen religiöser Pluralisierung auf individuelle Einstellungsmuster zu untersuchen. Dabei geht es stärker um die sozialpsychologischen Implikationen religiöser Pluralisierung: Wenn Menschen mit anderen religiösen Überzeugungen als den ihren in Kontakt kommen, können sie auf verschiedene Weise reagieren. Dabei lassen sich unterschiedliche „options for viewing the

---

10 In den angeführten Korrelationen wurde die Variable „Bevölkerungsdichte" kontrolliert, um auszuschließen, dass es nicht die Unterschiede der städtischen und ländlichen Umgebung sind, welche die potentiellen „Säkularisierungs-" oder „Vitalisierungseffekte" hervorrufen.

other" (Smith 2007: 336) ausmachen, deren Charakteristika und empirische Bedeutung im Folgenden besprochen werden soll.

Exklusivismus bezeichnet ein Einstellungsmuster, welches die Überlegenheit der jeweils eigenen religiösen Tradition behauptet. Die Heilsfindung steht demnach nur denjenigen offen, die Mitglied der eigenen religiösen Tradition sind. Der Exklusivismus birgt offensichtlich ein hohes soziales Konfliktpotential, indem er soziale Abgrenzungsprozesse forciert und eine positive Identitätsbildung durch Distanz oder gar Abwertung anderer religiöser oder kultureller Traditionen herbeiführt. „Ich bin davon überzeugt, dass in religiösen Fragen vor allem meine eigene Religion Recht hat und andere Religionen Unrecht haben." „Ich bin davon überzeugt, dass vor allem die Mitglieder meiner eigenen Religion zum Heil gelangen." Mit der Zustimmung zu diesen Aussagen wurde im Religionsmonitor die Ausprägung einer exklusivistischen Position erfragt. Während diese Aussagen von der überwiegenden Mehrheit der Nichtreligiösen oder der Religiösen abgelehnt werden,[11] stimmen 60% derjenigen, für die Religion eine zentrale Bedeutung hat, diesen Aussagen eher oder stark zu. Das Ausmaß der exklusivistischen Einstellung hängt somit von der Zentralität religiöser Einstellungsmuster ab, also von der Bedeutung, die Religiosität für das Fühlen, Denken und Handeln der Menschen hat: Hoch religiöse Menschen neigen eher dazu, ihren Glauben als exklusiv zu verstehen.

Die *Offenheit* oder *Toleranz* gegenüber anderen Religionen wurde im Religionsmonitor anhand der Zustimmung zu folgenden Aussagen erhoben: „Für mich hat jede Religion einen wahren Kern." „Ich finde, man sollte gegenüber allen Religionen offen sein." Menschen, die nichts von Religion halten, teilen diese Auffassungen in einem geringeren Maß als religiöse Menschen. Religiöse stimmen dagegen diesen Aussagen mit nahezu 100% etwas oder sehr zu, bei den Hochreligiösen sind es 90%. Eine hohe Religiosität muss somit nicht mit religiöser Intoleranz einhergehen. Zudem zeigt sich bei den Religiösen, dass ein gewisser Orientierungsbedarf besteht. Immerhin geben 19% von ihnen an, dass sie in religiösen Fragen „etwas" auf der Suche sind, 8% sind es sogar „ziemlich" oder „sehr".

Die Konfrontation mit der pluralistischen Situation lässt eine weitere Reaktionsweise auf individueller Ebene wahrscheinlich werden. Mit *Reflexivität* sei die Einstellung bezeichnet, sich mit der eigenen Religiosität auseinanderzusetzen: „Wie oft setzen Sie sich kritisch mit religiösen Lehren auseinander, denen Sie grundsätzlich zustimmen" „Wie oft überdenken Sie einzelne Punkte Ihrer religiösen Einstellungen?" „Wie wichtig ist es für Sie, religiöse Themen von verschiedenen Seiten aus zu betrachten?" Anhand der Ergebnisse bei diesen im Religionsmonitor genannten Fragen wird deutlich, dass insgesamt zwei Drittel der Deutschen dazu neigen, ihre eigene Religiosität etwas oder stark zu hinterfragen. Der in diesem Zusammenhang wichtigste Befund lautet, dass Menschen, für die Religiosität in ihrem Denken, Fühlen und Handeln zentral ist, auch eine vergleichsweise hohe Bereitschaft an den Tag legen, sie zu infrage zu stellen. Während sich von den Menschen, für die Religiosität in ihrem Leben eine eher untergeordnete oder keine Rolle spielt, nur jeder Dritte mit ihr auseinandersetzt, tun dies 40% der Hochreligiösen besonders stark.

---

11 Auch Anhand der Kirchenmitgliedschaftsuntersuchungen wird deutlich, dass sich der Großteil der Kirchenmitglieder in Deutschland dialogbereit und tolerant gegenüber fremdreligiösen Aktivitäten äußert (vgl. Krech 2008b: 77 ff.).

Wie die bisherigen Forschungsergebnisse nahe legen, führt die entstehende religiöse Pluralität nicht zwangsläufig zu Konflikt- und Abgrenzungsmechanismen, sondern kann sich auch in anderen Bahnen gestalten. Um den Wissenstand in dieser Hinsicht zu vergrößern, ist es für zukünftige Untersuchungen von großer Bedeutung, diejenigen Faktoren zu bestimmen, welche bestimmte Einstellungssyndrome in Bezug auf religiöse Pluralisierung hervorrufen.[12]

4 Die Entstehung eines religiösen Marktes?

Unter den theoretischen Deutungen, welche der religiöse Pluralismus moderner Gesellschaften hervorgerufen hat, nimmt das Paradigma des „religiösen Marktes" eine besondere Rolle ein. In der Folge von Peter L. Berger (1963; 1967) gehen viele Autoren, wenn sie von religiöser Pluralität sprechen, davon aus, dass ein religiöser Markt vorhanden ist. In seinem Aufsatz *A Market Model for the Analysis of Ecumenicy* argumentiert Berger, dass die wechselseitigen Beziehungen religiöser Institutionen – zumindest in den Vereinigten Staaten – zunehmend die Gestalt eines Marktes annehmen. Im Hinblick auf die einzelnen Denominationen und Kirchen prägte er die Formel von der „quality through competition". Im Wechselspiel von Angebot und Nachfrage hänge die Durchsetzungskraft religiöser Ideen entscheidend davon ab, wie sehr letztere auf die Bedürfnisse der Rezipienten abgestimmt seien. Je intensiver der Wettbewerb auf dem religiösen Markt, desto stärker müsse jede einzelne religiöse Organisation die Vorzugswürdigkeit ihrer Ideen propagieren.

Mit dem Aufkommen des „New Paradigm" erlebte die Idee, den religiösen Pluralismus in Marktmetaphern zu erfassen, in den 1990er Jahren einen erneuten Aufschwung. Wie bereits erwähnt, konnte die Hypothese von den vitalisierenden Wirkungen eines forcierten religiösen Wettbewerbs bisher nicht durchgehend bestätigt werden (vgl. Olson 2007). Neben den in der Literatur angemahnten Messproblemen dürfte die Konfusion um die Konsequenzen eines angenommenen „Supermarktes der Religionen" im Wesentlichen darauf zurückzuführen sein, dass das Marktparadigma seine eigenen soziokulturellen Voraussetzungen bisher nicht angemessen reflektiert hat. Während die Wettbewerbshypothese für den Denominationalismus der amerikanischen Mittelschichten durchaus Plausibilität beanspruchen kann, hat sich etwa in Europa bislang keine Kultur des Wählens im Bereich des Religiösen ausgebildet (vgl. Bruce 2006: 44). Die religiösen Traditionen sind in Europa nach wie vor sehr eng mit der jeweiligen länderspezifischen Kultur und Geschichte verknüpft und bilden dort einen Teil des nationalen Gedächtnisses (vgl. Davie 2000; Hervieu-Leger 1993). So wünscht sich auch

---

12 Eine solche Faktorenanalyse wurde unter anderem von Smith (2007) anhand des US-amerikanischen *Religion and Politics Survey* durchgeführt. Was das Spektrum von Exklusivismus und Offenheit anbelangt, lässt sich zunächst feststellen, dass der *faktische Zugang* zu anderen Religionen ein wesentlicher Determinationsfaktor im Hinblick auf die Einstellung zum religiösen Pluralismus ist. Wie bereits Griffith (2001) herausstellt, sind es insbesondere der persönliche Kontakt zu Angehörigen fremder religiöser Traditionen und die subjektiv geschätzte Anerkennung und Vertrauenswürdigkeit dieser Personen, welche eine Haltung der Offenheit herbeiführen können. Im Gegensatz dazu neigen Menschen, die in relativ geschlossen Religionsgemeinschaften agieren und dementsprechend weniger in Kontakt zu anderen religiösen Strömungen stehen, eher zu exklusivistischen Einstellungsmustern. Auch verstärkt der Bindungsgrad, d.h. die Häufigkeit, mit der die Angehörigen der verschiedenen Denominationen Veranstaltungen wie Gottesdienste oder Bibelstunden besuchen, exklusivistische Einstellungen.

in Deutschland nur ein geringer Teil der Bevölkerung eine größere religiöse Vielfalt, um aus einem breiteren Angebot auswählen zu können (vgl. Pollack 2009: 171). Im Gegensatz dazu wechseln Amerikaner in ihrem Leben häufiger die Denomination (vgl. Hodge u. a. 1995). Weil die religiösen Anbieter damit in einem Wettbewerb um die Gunst der Bevölkerung stehen, ist es zumindest für den US-amerikanischen Kontext möglich, von einem religiösen Markt sprechen. Mit dieser sozio-historischen Eingrenzung ist nicht gesagt, dass das Marktmodell für die Erschließung religiösen Wandels in Europa bedeutungslos bliebe, jedoch muss die bisherige Theoriebildung durch differenziertere Annahmen bezüglich der sozialstrukturellen Vorraussetzungen „religiöser Märkte" ergänzt werden.

Um die Markthypothese für die weitere Pluralisierungsforschung fruchtbar zu machen, sind zunächst detaillierte, komparatistisch orientierte historische Analysen erforderlich, die sich auf einzelne Segmente des religiösen Feldes beziehen. Ein Wettbewerb unter religiösen Anbietern kommt nur dort zustande, wo *erstens* eine ausreichend große Anzahl von religiösen Angeboten in der Wahrnehmung potentieller Interessenten präsent ist und wo *zweitens* die Wechselbarrieren zwischen den verschiedenen Sinnstiftungsofferten auf ein Minimum reduziert werden. Dies mag in der Landschaft des nordamerikanischen Denominationalismus bisweilen der Fall sein. Dessen besondere Voraussetzungen dürfen aber keinesfalls unhinterfragt auf andere sozio-historische Kontexte übertragen werden.

Als Forschungsfeld im europäischen Kontext bietet sich das neureligiöse Spektrum in den westeuropäischen Staaten an. Die Szene hat sich im Verlaufe der letzten vier Jahrzehnte zusehends von festen Zugehörigkeitsbeziehungen wegbewegt. Mit den auf Unverbindlichkeit ausgelegten Veranstaltungsformen (Workshops, Seminaren, Therapiesitzungen, Vorträgen) bieten sich den Interessenten ständige Eintritts- und Austrittsoptionen zu religiösen Angeboten unterschiedlichster Provenienz (vgl. Hero 2008b, 2009). Mit dieser institutionell geschaffenen Möglichkeit zur Improvisation bahnt sich die aus anderen Bereichen der modernen Konsumgesellschaft längst bekannte Kultur des Wählens ihren Weg auch in den Bereich des Religiösen. Die Vielzahl der neureligiösen Sinnstiftungsofferten relativiert nicht nur die Geltung der etablierten religiösen Deutungsangebote, die neuen Heilsanbieter wetteifern vor allem auch untereinander um die Gunst der Klienten. Als solche sind sie gezwungen, die religiösen Importe aus aller Welt „marktgerecht" anzubieten und aktiv auf die institutionellen Rahmenbedingungen des Geschäfts mit dem Seelenheil einzuwirken.

Am Fallbeispiel der neureligiösen Szenerie kann der Frage nachgegangen werden, welche soziohistorischen Bedingungsfaktoren das Aufkommen religiöser Märkte prägen und wie sich Marktbeziehungen in der Semantik religiöser Deutungsmuster niederschlagen. Insbesondere durch das Aufkommen eines neureligiösen Unternehmertums hat die Szene seit den 1980er einen erheblichen Pluralisierungsschub durchlaufen. Die pluralistische Konstellation führt dazu, dass kaum mehr ein einzelner Anbieter in der Lage ist, dauerhaft einen bestimmten Interessentenkreis ideologisch zu binden. Um potentielle Interessenten nicht durch Gruppenzwang, hierarchische Strukturen, hohe Eintrittsbarrieren oder ein etwaiges „Sektenimage" abzuschrecken, greift die Vielzahl der modernen Esoterikanbieter auf flexiblere und offenere Organisationsstrukturen zurück. Den religiösen Interessen einer emanzipierten Kundschaft kommen solche Organisationsformen entgegen, die eine freiwillige, temporäre und jederzeit kündbare Mitgliedschaft ermöglichen. Dieses Maximum an Souveränität wird durch episodenhafte Interaktionsformen ermöglicht, die man im Gegensatz zu klassischen religiösen Mitgliedschaftsverhältnissen als kunden- oder klientenorientierte Form des Religiösen bezeichnen kann. So hat sich der größte Teil neuer Religiosität abseits fester, dauerhafter Gemeinschafts- und Organisationsstrukturen etabliert. Veranstaltungsformen wie Seminare, Workshops oder Wochenendkurse zur persönlichen Heilsfindung zeichnen sich durch ihre freie Wählbarkeit und relative Unverbindlichkeit aus. Da die verschiedenen Veranstaltungen unabhängig voneinander – jeweils für sich – wahrgenommen werden können, bieten sie den Interessierten die Gelegenheit, sich ihre persönlichen Heilsvorstellungen nach eigenen Vorlieben und Nöten zusammenzubasteln.

Die Konsequenzen der pluralistischen Angebotsstruktur schlagen sich unverkennbar auf der semantischen Ebene der religiösen Ideen nieder. Letztere müssen in pragmatischer Weise auf die situativen und lebensweltlichen Bedürfnisse der jeweiligen Kunden und Klienten zugeschnitten sein. Inhaltlich orientiert sich der neureligiöse Verbraucherwille vorrangig an den Belangen der individuellen Privatsphäre. Für die neuen Heilsdienstleistungen ist kennzeichnend, dass mit ihnen in der Regel Erwartungen verbunden sind, die sich auf ein persönliches Wohlbefinden, eine erhöhte Lebenszufriedenheit und eine verbesserte Lebenstüchtigkeit richten. Dies tritt besonders deutlich in den stereotypen Vermarktungsstrategien der Angebote zu tage, die auffallend häufig die Begriffe „Selbst" und „Persönlichkeit" enthalten: „Selbstfindung", „Selbsterfahrung", „Selbstsicherheit", „Persönlichkeitstraining", „Persönlichkeitsschulung", „Persönlichkeitsfindung" usw. (vgl. Hero 2008a: 172). Insgesamt hat der Wettbewerb um die Gunst der Kunden in der neureligiösen Szenerie einem Anthropozentrismus, einer stärkeren Diesseitsorientierung, einem ethischen Individualismus und einer Erlebnisorientierung in der Heilsvermittlung den Weg gebahnt.

Ob die geschilderten Marktorientierungen neuer religiöser Anbieter allerdings zu einer Wiederkehr des Religiösen führen werden, bleibt fraglich. Denn nach wie vor gilt: „Diejenigen, die mit traditioneller christlicher Religiosität gebrochen haben, scheinen auch ansonsten weniger Bedarf an religiösen Angeboten, an religiöser Sinngebung zu haben." (Wolf 1999: 341; vgl. auch Pollack 2003). Umgekehrt formuliert, lässt sich festhalten: Ein Großteil des „Marktpotentials" der alternativreligiösen Szenerie geht aus der traditionell kirchlichen Sozialisation hervor. So lassen sich etwa diejenigen evangelischen Kirchenmitglieder, die ein Interesse an neuen oder alternativen Formen des Religiösen zeigen, in erster Linie den „hochintegrierten" und „stark-christlich" geprägten Kirchenmitgliedern zuordnen (Krech 2008b: 81). Demnach kann der alternativ-religiöse Markt in naher Zukunft nur mit bescheidenen Wachstumsraten rechnen. Angesichts der anhaltenden Austrittszahlen und der nachlassenden Bedeutung des kirchlichen Lebens für große Teile der Bevölkerung geht sukzessive auch die Basis der religiös Sozialisierten zurück, welche eine Disposition für alternative Formen und Vermittlungen des Religiösen aufweisen.

5   Literatur

Baer, Harald/Glasper, Hans/Müller, Joachim/Sinabell, Johannes (2005): Lexikon neureligiöser Gruppen und Weltanschauungen. Orientierungen im religiösen Pluralismus. Freiburg/Basel/Wien.
Banchoff, Thomas (Hrsg.) (2007): Democracy and New Religious Pluralism. Oxford.
Baumann, Christoph Peter (2000): Religionen in Basel-Stadt und Basel-Landschaft. Basel.

Baumann, Martin/Behloul, Samuel-Martin (Hrsg.) (2005): Religioser Pluralismus. Empirische Studien und analytische Perspektiven. Bielefeld.
Baumann, Martin/Stolz, Jörg (2007): Eine Schweiz – viele Religionen. Risiken und Chancen des Zusammenlebens. Bielefeld.
Berger, Peter L. (1963): A Market Model for the Analysis of Ecumenicity. In: Social Research 30: 77–93.
Berger, Peter L. (1967): The Sacred Canopy. Elements of a Sociological Theory of Religion. New York.
Bertelsmann Stiftung (Hrsg.) (2008): Religionsmonitor 2008. Gütersloh.
Bleisch Bouzar, Petra/Rey, Jeanne/Stoffel, Berno/Walser, Katja (2005): Kirchen Wohnungen Garagen. Die Vielfalt der religiösen Gemeinschaften in Freiburg. Freiburg.
Braun, Christina von/Gräb, Wilhelm/Zachhuber, Johannes (2007): Säkularisierung. Bilanz und Perspektiven einer umstrittenen These. Münster.
Bruce, Steve (2006): Les Limites du marche religieux. Social Compass 53: 33–48.
Casanova, José (2006): Religion, Europe secular identities and European Integration. In: Katzenstein/Byrnes (Hrsg.): 65–92.
Casanova, José (2007): Immigration and New Religious Pluralism. A European Union/United States Comparison. In: Banchoff (Hrsg.): 59–85.
Chaves, Mark/Gorski, Philip (2001): Religious Pluralism and Religious Participation. In: Annual Review of Sociology 27: 261–281.
Christen, Ulrich T. (2007): Atlas der christlichen Glaubengemeinschaften in Wuppertal. Ein Projekt der Bergischen Universität Wuppertal. Wuppertal.
Christiano, Kevin J. (1987): Religious Diversity and Social Change. American Cities, 1890–1906. Cambridge et al.
Davie, Grace (1994): Religion in Modern Europe. A Memory Mutates. Oxford
Finke, Roger (1997): The Consequences of Religious Competition. In: Young (1997): 46–65.
Finke, Roger/Stark, Rodney (1988): Religious Economies and Sacred Canopies. Religious Mobilization in American Cities, 1906. In: American Sociological Review 53: 41–49.
Fischer, Claude S. (1975a): The Effect of Urban Life on Traditional Values. In: Social Forces 53: 420–532.
Fischer, Claude S. (1975b): Toward a Subcultural Theory of Urbanism. In: American Journal of Sociology 80: 1319–1341.
Franke, Edith (2005): Fremd und doch vertraut. Eindrücke religiöser Vielfalt in und um Hannover. Marburg.
Friedrichs, Jürgen/Jagodzinski, Wolfgang (Hrsg.) (1999): Soziale Integration. Opladen.
Gabriel, Karl (1991): Modernisierung und Transformation der Religion in der Gesellschaft der Bundesrepublik. In: Glatzer (Hrsg.): 831–833.
Gabriel, Karl/Höhn, Hans-Joachim (Hrsg.) (2008): Religion heute – öffentlich und politisch. Provokationen, Kontroversen, Perspektiven. Paderborn.
Gebhardt, Winfried/Engelbrecht, Martin/Bochinger, Christoph (2005): Die Selbstermächtigung des religiösen Subjekts. Der „spirituelle Wanderer" als Idealtypus spätmoderner Religiosität. In: Zeitschrift für Religionswissenschaft 2: 133–152.
Genzel, Chistian/Kimmeskamp, Wolfgang/Ventur, Ralf (1994): Religiöse Gemeinschaften in Essen. Die religiöse Landschaft neben den großen Kirchen, Marburg.
Glatzer, Wolfgang (Hrsg.) (1991): 25. Deutscher Soziologentag 1990. Die Modernisierung moderner Gesellschaften. Opladen.
Grübel, Nils/Rademacher, Stefan (2003): Religion in Berlin. Ein Handbuch. Ein Überblick über das religiöse Leben in Berlin. Berlin.
Grünberg, Wolfgang/Slabaugh, Dennis L./Meister-Karanikas, Ralf (1995): Lexikon der Hamburger Religionsgemeinschaften. Religionsvielfalt in der Stadt von A bis Z. Hamburg.
Hero, Markus (2008a): Auf dem Weg zum religiösen Markt? Neue Religiosität und Esoterik. In: Hero/Krech/Zander (Hrsg.): 165–177.
Hero, Markus (2008b): Religious Pluralization and Institutional Change. In: Journal of Religion in Europe 2: 200–226.
Hero, Markus (2010): Das Prinzip Access. Zur institutionellen Infrastruktur zeitgenössischer Spiritualität. In: Zeitschrift für Religionswissenschaft 2 (i. D.).
Hero, Markus/Krech, Volkhard/Zander, Helmut (2008): Religiöse Vielfalt in Nordrhein-Westfalen. Empirische Befunde und Perspektiven der Globalisierung vor Ort. Paderborn.
Hero, Markus/Krech, Volkhard (2007): Interkulturelle Verständigung und ihre religiöse Dimension – Probleme und Chancen. In: Schilling (Hrsg.).
Hervieu-Leger, Daniele (1993): La religion pour memoire. Paris.
Hoge, Dean R./Benton Johnson/Luidens, Donald A. (1995): Types of Denominational Switching among Protestant Young Adults. In: Society for the Scientific Study of Religion 34: 243–258.

Höhmann, Peter/Krech, Volkhard (2006): Das weite Feld der Kirchenmitgliedschaft. Vermessungsversuche nach Typen, sozialstruktureller Verortung, alltäglicher Lebensführung und religiöser Indifferenz. In: Huber/Friedrich/Steinacker (Hrsg.): 143–195.
Huber, Stefan (2008): Aufbau und strukturierende Prinzipien des Religionsmonitors. In: Bertelsmann Stiftung: Religionsmonitor 2008: 19–32.
Huber, Wolfgang/Friedrich, Johannes/Steinacker, Peter (Hrsg.) (2006): Kirche in der Vielfalt der Lebensbezüge. Die vierte EKD-Erhebung über Kirchenmitgliedschaft. Gütersloh.
Humbert, Claude-Alain (2004): Religionsführer Zürich. Zürich.
John, Ottmar (2005): Cityreligion. In: Baer/Glasper/Müller/Sinabell (Hrsg.): 221–224.
Katzenstein, Peter/Byrnes, Timothy (Hrsg.) (2006): Religion in an expanding Europe. Cambridge.
Knott, Kim (2005): Researching Local and National Pluralism. Britain's New Religious Landscape. In: Baumann/Behloul (Hrsg.).
Körbel, Thomas/Lampe, Albert/Valentin, Joachim (2000): Heilssuche und Erlösungssehnsucht. Esoterische und christliche Landschaften exemplifiziert am Raum Freiburg. Münster.
Krech, Volkhard (2008a): Bewegungen im religiösen Feld. Das Beispiel Nordrhein-Westfalens. In: Hero/Krech/Zander (Hrsg.): 24–43.
Krech, Volkhard (2008b): Zwischen hohem Engagement und Religion bei Gelegenheit. In: Hero/Krech/Zander (Hrsg.): 67–83.
Krech, Volkhard (2008c): Exklusivität, Bricolage und Dialogbereitschaft. Wie die Deutschen mit religiöser Vielfalt umgehen. In: Bertelsmann Stiftung (Hrsg.): 33–43.
Meier-Hüsing, Peter/Otten, Dirk (2003): Handbuch der religiösen Gemeinschaften in Bremen. Bremen.
Ostenrath, Krischan/Schneemelcher, Wilhelm-Peter (2003): Glaubenssache. Religion in Bonn. Bonn.
Olson, Daniel V. A. (2007): Empirical Evidence Favouring and Opposing the Religious Economies Model. In: Pollack/Olson (Hrsg.): 95–114.
Pollack, Detlef (2003): Säkularisierung – ein moderner Mythos? Studien zum religiösen Wandel in Europa. Tübingen.
Pollack, Detlef (2008): Die Pluralisierung des Religiösen und ihre religiösen Konsequenzen. In: Gabriel/Höhn (Hrsg.): 9–36.
Pollack, Detlef (2009): Rückkehr des Religiösen? Studien zum religiösen Wandel in Deutschland und Europa. Tübingen.
Pollack, Detlef/Olson, Daniel V. A. (Hrsg.) (2007): The Role of Religion in Modern Societies. London.
Rawls, John (1998): Politischer Liberalismus. Frankfurt/M.
Rosa, Hartmut (2005): Soziale Beschleunigung. Die Veränderung der Zeitstruktur in der Moderne. Frankfurt.
Schilling, Konrad A. (2007): Kulturmetropole Ruhr. Perspektivenplan II. Essen.
Simmel, Georg (1998): Soziologische Ästhetik. Bodenheim: 119–134.
Smith, Buster G. (2007): Attitudes Towards Religious Pluralism. Measurements and Consequences. In: Social Compass 2: 333–354.
Stark, Rodney/Iannaccone, Lawrence R. (1994): A supply-side Reinterpretation of the „Secularization" of Europe. In: Journal for the Scientific Study of Religion 33: 230–252.
Stolz, Jörg (2005): Wie wirkt Pluralität auf individuelle Religiosität? Eine Konfrontation von Wissenssoziologie und Rational Choice. In: Baumann/Behloul (Hrsg.): 197–222.
Voas, David/Olson, Daniel/Crockett, Alasdair (2002): Religious Pluralism and Participation. Why Previous Research is Wrong. In: American Sociological Review 67: 212–230.
Warner, R. Stephen (1993): Work in Progress Toward a New Paradigm for the Sociological Study of Religion in the United States. In: American Journal of Sociology 98: 1044–1093.
Warner, R. Stephen (1997): Convergence Towards the New Paradigm. A Case of Induction. In: Young (Hrsg.): 87–104.
Wirth, Louis (1938): Urbanism as a Way of Life. In: American Journal of Sociology 44: 1–24.
Wolf, Christoph (1999): Religiöse Pluralisierung in der Bundesrepublik Deutschland. In: Friedrichs/Jagodzinski (Hrsg.): 320–349.
Young, Lawrence (Hrsg.) (1997): Rational Choice Theory and Religion. Summary and Assessment. New York.
Zieberts, Heinz-Georg (2008): Je alter, desto frömmer? Befunde zur Religiosität der älteren Generation. In: Bertelsmann Stiftung (Hrsg.): 44–53.

Atheistischer Osten und gläubiger Westen?
Pfade der Konfessionslosigkeit im innerdeutschen Vergleich

Gert Pickel

1 Einleitung: Konfessionslose – immer noch ein unbekanntes Phänomen?

Debatten um die Zukunft der christlichen Religion in Deutschland werden quasi immer mit Blick auf die zurückgehenden Zahlen an Konfessionsmitgliedern geführt. Sie stellen die Referenzgröße für den Abbruchs- und Erosionsprozess christlicher Religiosität dar, der gemeinhin als Abbildung des Säkularisierung verwendet wird. Monika Wohlrab-Sahr (2009: 151) hat in einem jüngeren Aufsatz darüber hinausgehend sogar von einem „stabilen Drittel" der Religionslosigkeit gesprochen und damit eine Erweiterung der Sichtweise vorgeschlagen, die interpretativ über die reine Fassung von Konfessionslosen als Nichtmitglieder einer Kirche hinausreicht. In der Regel sind die Bezüge dieser Nichtmitglieder auch zu anderen Formen religiöser Aktivität und religiösen Denkens eher gering (Grabner 2008: 140; Pickel 2000: 222–223). Ohne Frage findet man auch religionslose Kirchenmitglieder und religiöse Konfessionslose, doch die größte Gruppe liegt in der Überschneidung von Konfessions- und Religionslosigkeit (Wohlrab-Sahr 2009: 159–161; siehe auch Pollack 2009: 126–132). Bei den Konfessionslosen handelt es sich aber trotzdem nicht um eine homogene und in sich geschlossene Gruppe.[1] Zum einen setzen sie sich aus Personen zusammen, die nie Mitglied in einer Kirche waren, zum anderen aus Menschen, die in den letzten Jahren (möglicherweise ganz bewusst) der Kirche den Rücken gekehrt haben. Sowohl die Motive für einen Austritt wie auch die Haltungen gegenüber Kirche und Religion variieren bei den Konfessionslosen. So sind zumindest religiös indifferente bzw. areligiöse Personen von (oft eine expressive Darstellung bevorzugenden) „bekennenden Atheisten" zu unterscheiden (siehe Gärtner/Pollack/Wohlrab-Sahr 2003; Pickel 2000).

Speziell über die konkreten Motive für die Konfessionslosigkeit besteht trotz einiger mittlerweile vorliegender Betrachtungen (vgl. z. B. Hermelink/Latzel 2008; Pollack 2003; Pickel 2000) noch Erkenntnisbedarf. Bislang sind unterschiedliche und teils konkurrierende Annahmen über die Beweggründe zu finden. Die globalen Hinweise auf die Bedeutung der Kirchensteuer für den Kirchenaustritt sind dabei zwar tragfähig, greifen aber hinsichtlich einer tieferen Erklärung für Kirchenaustrittsprozesse wahrscheinlich doch zu kurz. Dies belegt schon die bislang unbeantwortete Frage, warum größere Personengruppen bei unveränderter Kirchensteuer zu bestimmten Zeitpunkten austreten, zu anderen Zeitpunkten

---

1 Hier bestehen Ähnlichkeiten zum Phänomen des Nichtwählers, welcher in der Politikwissenschaft lange Zeit den Status eines „unbekannten Wesens" einnahm. Auch Nichtwähler zeichnen sich durch Heterogenität, unterschiedliche Beweggründe und variierende Sozialmilieus aus, stimmen aber in einem Punkt überein – der Nichtwahl.

dagegen nicht. Möglicherweise ist sie ja der viel zitierte „Tropfen auf den heißen Stein", der sowieso bereits von den christlichen Kirchen losgelöste Menschen zum Vollzug ihres Austrittes bewegt (siehe Pickel 2000: 232). Ähnliches mag für Reaktionen von Kirchenmitgliedern auf Skandale (z. B. die jüngsten Missbrauchsskandale in der katholischen Kirche) gelten. Auch ihnen dürfte im Regelfall eine eher langfristige Entfremdung von der Kirche vorangegangen sein. Inwieweit Diskrepanzen zwischen dem (moralischen) Anspruch der Kirchen und ihrer Wirklichkeit im Einzelfall die Austrittsentscheidung über die bereits generell enttäuschten „Randmitglieder" hinausgreifen lässt, ist bislang eher Gegenstand von Vermutungen als wissenschaftlich erforscht.

Die empirische Betrachtung des Phänomens „Konfessionslose" wird nicht zuletzt dadurch erschwert, dass zwischen den sozialen Rahmenbedingungen der Konfessionslosen in Deutschland maßgebliche Unterschiede bestehen: Ist in Westdeutschland der Übergang zur Konfessionslosigkeit ein Schritt, der gegen die vorherrschende Kultur der Konfessionsmitgliedschaft (vgl. Pickel 2000: 207) vollzogen werden muss, stellt Konfessionslosigkeit in Ostdeutschland ein Verharren in einem in diesem Gebiet weit verbreiteten und überwiegend legitimierten Zustand dar. Dies ist maßgeblich Folge der antikirchlichen Position der DDR-Führung (Pollack 1994; Gabriel u. a. 2003) und deren Maßnahmen, die eine „Kultur der Konfessionslosigkeit" (Pickel 2000: 207) auf dem Gebiet Ostdeutschlands verankert haben.[2] Nicht nur, dass dort vier von fünf Nachbarn die eigene Konfessionslosigkeit und damit ein entsprechendes Einstellungsgebilde mit dem Betroffenen teilen, sondern auch die Nichtzugehörigkeit zu einer Kirche ist bereits eingelebte und sozialisierte Alltagswirklichkeit. Möglicherweise sind diese Unterscheidungen auf der religiösen Ebene sogar prägend für Differenzen in der politischen Kultur zwischen den neuen und alten Bundesländern (vgl. Pickel 2000: 228).

Da zwanzig Jahre nach dem Umbruch nun eine neue Generation von ostdeutschen Bürgern nachgewachsen ist, die nur noch mittelbar von den politischen Repressionen des DDR-Sozialismus betroffen sein können, scheint es angebracht, sich im Folgenden erneut näher mit den Konfessionslosen in Deutschland auseinanderzusetzen. Sie stellen nicht nur eine wachsende Größe im deutschen religiösen Pluralismus dar, sondern nehmen in den letzten Jahren auch vermehrt – im Gewand des „neuen Atheismus" (vgl. u. a. Dawkins 2008; Dennett 2008; Schmidt-Salomon 2009) – eine sichtbare Position in der öffentlichen Diskussion ein.[3] Will man auf Fragen nach dem Vertretungsanspruch entsprechender Organisationen (z. B. Humanistischer Verband Deutschlands, Giordano Bruno Stiftung), Rückkehrpotentialen für die christlichen Kirchen oder einfach Perspektiven der zukünftigen Entwicklungen sinnvolle Antworten geben, muss zuerst eine Bestandsaufnahme der Konfessionslosigkeit und ihrer Entwicklung vorausgehen, die eine breitere Bestimmung der Gründe und Motive für Konfessionslosigkeit nach sich zieht.

---

2   Siehe hierzu auch die Beiträge von Pollack/Müller, Tiefensee, Widl, Karstein und Wohlrab-Sahr in diesem Band.
3   Siehe zum religiösen Pluralismus den Beitrag von Hero/Krech in diesem Band.

2 Bestände und Entwicklung der Konfessionslosigkeit in Deutschland

Betrachtet man die Diskussionen, so stellt Konfessionslosigkeit quasi immer eine Residualgröße zu Kirchenmitgliedschaft dar. Damit bezieht sie sich auf eine *organisatorisch* (rechtlich und finanziell) fassbare Größe, die oft auch eine große Vielfalt an Prozessen und Verhaltensweisen (wie z. B. Taufe, Riten, Beteiligung an sozialen Einrichtungen, finanzielle Unterstützung usw.) umfasst (Latzel 2008: 14). Ist ein Mensch konfessionslos, so ist zumeist auch zu erwarten, dass er nicht oder nur in extrem geringem Umfang an entsprechenden kirchlichen Gemeinschaftsriten teilnimmt. Aber weder eine derartige Beteiligung noch religiöse Überzeugungen oder Glaube sind bei Konfessionslosen auszuschließen . Und selbst die eindeutig scheinende organisatorisch-institutionelle Zuordenbarkeit ist nicht überall gegeben. So ist das für Deutschland klar abgrenzbare Modell der kirchlichen Zugehörigkeit weder in allen Kulturen der Welt noch in allen Religionen gleich gut nutzbar. Für die Bundesrepublik Deutschland lassen institutionelle Bestimmungen (feste Zugehörigkeit und Kirchensteuer) allerdings eine explizite Feststellung zu.

Dort konzentrierte sich in den letzten Jahrzehnten die Betrachtung auf die Zugehörigkeiten zu einer der beiden großen christlichen Konfessionen – und den Restkategorien der Konfessionslosen und Mitgliedern anderer religiöser Gemeinschaften. Während des 20. Jahrhunderts stand dabei vorrangig der Gegensatz zwischen der Mitgliedschaft in der evangelischen und der katholischen Kirche im Fokus des Interesses. Spätestens seit den 1960er Jahren trat dann verstärkt zu den Kirchenmitgliedern, die bis dahin durchgehend über 90 Prozent der Westdeutschen ausmachten, die Gruppe der Konfessionslosen hinzu.[4] Mittlerweile ist im Umfeld von Einwanderung und Migration auch eine steigende Zahl an muslimischen (ca. 5–6 Prozent der deutschen Bevölkerung) und orthodox-christlichen (ca. 1–2 Prozent der deutschen Bevölkerung) Bürgern den Konfessionslosen zur Seite zu stellen, woraus sich eine Steigerung des religiösen Pluralismus ergibt.[5]

Ein guter Ausgangspunkt ist die Aufnahme der Bestände und der Entwicklung der Konfessionslosigkeit in Deutschland in den letzten zwanzig Jahren. Legt man die Daten der Allgemeinen Bevölkerungsumfrage der Sozialwissenschaften (Allbus) zugrunde, kann eine kontinuierliche Erhöhung der Anzahl an Konfessionslosen sowohl in West- wie auch in Ostdeutschland seit 1990 (respektive 1980 in Westdeutschland) verzeichnet werden (siehe Abb. 1). 2008 sind demnach ein Drittel der Deutschen konfessionslos. Jeder Sechste in Westdeutschland und Drei von Vieren in Ostdeutschland geben an, keiner Konfession anzugehören. Dabei handelt es sich in den alten Bundesländern seit 1980 um fast eine Verdreifachung der Konfessionslosen. Angesichts des doch recht übersichtlichen Zeitraums muss von einer doch massiven Bewegung gesprochen werden.[6]

---

4 In der ehemaligen DDR war aufgrund der politischen Rahmenbedingungen ein deutlich anderer Verlauf zu erkennen, der durch eine politisch beschleunigte Säkularisierung quasi eine „forcierte Säkularität" (Wohlrab-Sahr/Karstein/Schmidt-Lux 2009; siehe auch Wohlrab-Sahr in diesem Band) erzeugte.
5 Hierzu ausführlich der Beitrag von Krech/Hero, aber auch von Teczan in diesem Band.
6 Diese Entwicklung liegt im Trend der westeuropäischen Nachbarländer. In den Niederlanden übersteigt die Zahl der Konfessionslosen bereits die der Konfessionsmitglieder. Siehe hierzu auch den Beitrag von Pickel zu Ostdeutschland als Sonderfall in diesem Band.

Abbildung 1   Entwicklung Konfessionslosigkeit von 1980 bis 2008 nach Umfragedaten

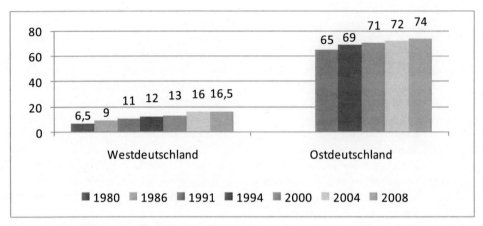

Quelle: Eigene Berechnungen; Allgemeine Bevölkerungsumfrage der Sozialwissenschaften (Allbus) 1980–2008; Anteil der Konfessionslosen in Prozent.

Dabei wird gleich an dieser Stelle deutlich, dass die Ausgangskonstellation in *West- und Ostdeutschland* nach 1990 sehr unterschiedlich ist.[7] Finden wir auf der einen Seite eine *„Kultur der Konfessionslosigkeit"* (Pickel 2000: 207), so zeichnet Westdeutschland auch heute noch eine *Kultur der Konfessionsmitgliedschaft* aus. Stellt im ersten Falle Konfessionslosigkeit in Ostdeutschlands so etwas wie einen Normalfall und „Common Sense" in dieser räumlichen Gemeinschaft dar, so ist sie in den alten Bundesländern immer noch etwas besonderes und eine „Abweichung von der volkskirchlichen Tradition" (Pittkowski 2006: 91).[8] Diese „Kulturen" – denn darum handelt es sich nach dem Wegfall der strukturell-institutionellen Unterschiede im Umgang der politisch Herrschenden mit Religion und Kirche – werden in ihrer Differenz bestärkt, wenn man die kirchlichen Aktivitäten mit in die Betrachtung einbezieht. So finden sich massive Unterschiede zwischen den Westdeutschen und Ostdeutschen hinsichtlich ihrer durchschnittlichen Aktivitäten in der Kirche. Der Hauptunterschied liegt dabei zwischen der Gruppe der Randmitglieder in den alten Bundesländern und den Konfessionslosen in den neuen Bundesländern. Setzt man die Kirchgänger in Relation zu den Mitgliedern, wird klar erkennbar, dass es maßgeblich die Zugehörigkeit zu einer (christlichen) Kirche ist, welche die Differenzen zwischen West- und Ostdeutschland erzeugt (siehe Abb. 2). Sowohl in den alten als auch den neuen Bundesländern ist kirchliche Mitarbeit oder die Teilnahme am Gottesdienst mittlerweile eher der Ausnahme- als der Regelfall, nur dass die Westdeutschen noch Mitglied, die Ostdeutschen aber nicht sind.

---

7   Siehe auch den Betrag von Pollack/Müller in diesem Band.
8   Diese Normen sind in den jeweiligen Gebieten stark inkulturiert und besitzten eine dauerhafte Prägekraft, die die Landesteile unterscheidet.

Abbildung 2 Typologie der Kirchlichkeit 1992 – 1998 – 2008

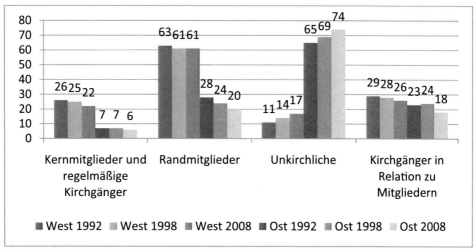

Quelle: Eigene Berechnungen auf Basis der Allgemeinen Bevölkerungsumfrage der Sozialwissenschaften (Allbus) 1992, 1998, 2008; Kernmitglieder und regelmäßige Kirchgänger = Gottesdienstbesuch einmal im Monat oder mehr; Randmitglieder = Gottesdienstbesuch unter einmal im Monat aber Mitglied einer Kirche; Unkirchliche = Konfessionslose ohne Gottesdienstbesuch; Kirchgänger in Relation zu Mitgliedern = Anteil der Kernmitglieder und regelmäßigen Kirchgänger an den Konfessionsmitgliedern; jeweils Anteile in Prozent.

Wie kommt es zu der starken Differenz zwischen beiden Gebieten? Die Frage ist einfach zu beantworten: Die Differenzen zwischen West- und Ostdeutschland sind vornehmlich auf die unterschiedlichen politischen Systeme vor 1990 und deren Folgen zurückzuführen (Pollack 1994). Ohne Frage hat die überwiegend protestantische Prägung Ostdeutschlands auch einen Beitrag zu dieser Diskrepanz geleistet, zentral war ist jedoch die politische *Repression* in der ehemaligen DDR.[9] Sie hat dafür gesorgt, dass die kommunale Basis des Religiösen in den neuen Bundesländern weitgehend erodiert ist. Diese *Erosion der kirchlich-religiösen Wurzeln* dürfte auch der zentrale Grund sein, warum es in den neuen Bundesländern nach dem Umbruch nicht zu einer weitgehenden Rückkehrbewegung zu den christlichen Kirchen gekommen ist. Im Gegenteil, nach 1990 musste nicht nur die westdeutsche, sondern auch die ostdeutsche katholische und evangelische Kirche weitere Mitgliederverluste hinnehmen. Damit gibt es trotz der bestehenden Unterschiede zumindest eine *Gemeinsamkeit zwischen West- und Ostdeutschland* – den weiteren kontinuierlichen *Mitgliederverlust*.

Diese Entwicklung wird auch durch die amtlichen Statistiken der christlichen Großkirchen bestätigt (Abb. 3). So ist die Zahl der Protestanten wie der Katholiken in Deutschland seit den 1960er Jahren beständig abnehmend. Dieser Trend hat sich nach dem Umbruch und der Jahrtausendwende fortgesetzt. Diese Abbruchprozesse der beiden christlichen Großkirchen sind zwar kontinuierlich, verlaufen aber nicht unbedingt immer linear. Sowohl eine

---

9 Siehe auch den Beitrag von Pickel zu Ostdeutschland als Sonderfall in diesem Band.

gewisse Abnahme in den Größenordnungen der Abbrüche in bestimmten Zeiträumen als auch gelegentliche Wellenbewegungen sind zu beobachten.

Abbildung 3 Amtliche Statistiken zur Mitgliedschaft der katholischen und evangelischen Kirche

	Katholische Kirche			Evangelische Kirche		
	Mitglieder	Taufen	Trauungen	Mitglieder	Taufen*	Trauungen
1960 (1963)	24710	473	214	28796	476	204
1970	27190	370	164	28378	346	156
1980	26720	258	125	26104	222	94
1989	26746	282	113	25132	252	101
1990	28252	300	116	25156	257	104
2000	26817	233	65	26614	230	70
2002	26466	213	54	26211	213	59
2004	25986	201	49	25630	204	55
2005	25870	196	50	25386	200	56
2006	25685	188	50	25101	189	55
2007	25461	186	49	24832	184	54
2008	25177	185	48	24514	184	53

Quelle: Statistisches Bundesamt, Datenreport 2006: 174–175; Datenreport 2008: 389–390, www.ekd.de/statistik, www.dbk.de; Angaben in 1000; 1960–1989 (katholische Kirche); 1963–1990 (evangelische Kirche) nur alte Bundesländer; * = nur Kindertaufen.

Für die sinkende Zahl an Mitgliedern werden drei nebeneinander wirkende Effekte verantwortlich gemacht. Zum einen (1) der *demographische Wandel*, welcher die Zahl der potentiellen Mitglieder verringert, zum zweiten (2) die *zurückgehende Taufbereitschaft* und damit der Traditionsverlust, der sich in einer geringeren Sozialisation widerspiegelt und drittens (3) die hohe Zahl an aktiven *Kirchenaustritten*.

Eine wichtige Rolle für den Mitgliederrückgang wird in *demographischen Effekten* gesehen. In einer permanent schrumpfenden Bevölkerung kann auch die Zahl der Kirchenmitglieder nicht konstant bleiben. Dabei erfolgen manche Wirkungen zeitverzögert. So hat aus Sicht von Latzel (2008: 18) „die evangelische Kirche mehr mit den demographischen Folgen der Kirchenaustritte früherer Jahre zu kämpfen als mit aktuellen Mitgliedschaftsentscheidungen", sterben ihr doch mehr Mitglieder weg, als in der Alterspyramide zuwachsen. Zudem sind die Mitgliederstrukturen sowohl der evangelischen als auch der katholischen Kirche im Vergleich zur Gesamtbevölkerung deutlich überaltert, was die sowieso ungünstige Entwicklung noch verstärkt. Dieser Effekt eines *„verstärkten kirchendemographischen Wandels"* kann allerdings nur begrenzt über die internen Problemlagen hinweghelfen, die den sinkenden Mitgliedschaftsraten zugrunde liegen. So wirkt sich der demographische Wandel zwar auf die absoluten Zahlen der Kirchenmitglieder aus, die (sich ebenfalls verschlechternden) relationalen Bestandgrößen der Kirchenmitglieder zur Gesamtbevölkerung werden dadurch aber nicht erklärt.

Für die Anteilsverluste im Vergleich zur Gesamtbevölkerung sind vornehmlich die kontinuierlich hohen Austrittsquoten, sinkende Taufraten und eine durch Immigration bedingte zunehmende *Pluralisierung* der religiösen Landschaft in Deutschland verantwortlich zu machen. Der letzte Faktor kann implizit mit dem demographischen Wandel in Verbindung gebracht werden. So führt die Zuwanderung, die ja den durch den demographischen Wandel erzeugten Bevölkerungsverlust entgegenwirkt, nicht zu einer „Blutauffrischung" der traditional etablierten katholischen und evangelischen Kirche, sondern erhöht die Anteile der muslimischen und der orthodox-christlichen Bevölkerung. Demzufolge arbeiten die angesprochenen demographischen Effekte letztlich gegen die christlichen Großkirchen in Deutschland, da die stattfindenden Verluste infolge des Gesamtbevölkerungsschwundes nur unterdurchschnittlich – wenn überhaupt – ersetzt werden.

Doch auch jenseits dieser Verschiebungen auf der Bevölkerungebene nimmt die Zahl der Konfessionslosen weiter zu. Dabei kommt der abbrechenden Weitergabe der christlichen Traditionen eine wesentliche Rolle zu. Selbst wenn in Westdeutschland fast 90 Prozent der Befragten noch angeben, sie würden ihre Kinder in Zukunft gerne *taufen* lassen bzw. dies in der Vergangenheit bereits getan haben, ist die faktische Zahl der durchgeführten Taufen in beiden Großkirchen sinkend (Abb. 3). Obwohl sich der Abbruch der Taufbereitschaft in den letzten Jahren merklich verlangsamt hat und in der evangelischen Kirche sogar ein Aufschwung der Erwachsenentaufen zu konstatieren ist, der mittlerweile (2008) mit über 20.000 mehr als ein Zehntel der Taufen ausmacht (vgl. auch Pollack 2009: 137), sinkt dieses Element der Weitergabe christlicher Traditionen jedoch weiterhin langsam ab.

Diese Entwicklung wird flankiert durch eine schwindende Absicherung durch dem christlichen Ritus verbundenen Eltern. Bei der Trauung handelt es sich um denjenigen der christlichen Übergangsriten, der in den letzten Jahrzehnten den bei weitem stärksten Abstieg hat hinnehmen müssen. Eine steigende Zahl konfessionsverschiedener Ehen und Verbindungen mit mindestens einem konfessionslosen Ehepartner stellen eine schwankendere Grundlagen für eine Glaubenstradierung dar, als dies früher konfessionshomogene Ehen taten.

Den stärksten und öffentlich am meisten diskutierten Effekt auf die Mitgliedschaftszahlen haben die *Austritte aus der Kirche*. Sie sind eine Komponente, die ein hohes Maß an Aktivität und Entscheidung bei den Individuen voraussetzt. Zwar sind diese Zahlen in den letzten Jahren in ihrer Dramatik etwas rückläufig, die Relationen zwischen Austritten und Eintritten sind aus der Perspektive der Kirchen aber weiterhin ungünstig. Selbst wenn für die evangelische Kirche in Deutschland mittlerweile eine doch beträchtliche Zahl an Eintritten festgestellt werden kann, liegen diese Gewinne im Vergleich zu den Austritten noch immer deutlich zurück. Das Eintritts-Austritts-Verhältnis ist zwischen beiden Kirchen recht unterschiedlich: Ergibt sich für die evangelische Kirche ein Verhältnis von 1 : 2,2 zwischen Eintritten und Austritten, steht dem eine Relation für die katholische Kirche von 1 : 8 gegenüber. Allem Anschein nach kehren evangelische Gläubige doch öfter in ihre Kirche zurück bzw. die evangelische Kirche ist für Außenstehende (ob Konfessionslose oder Angehörige anderer Religionen oder Konfessionen) attraktiver als oft angenommen. Gleiches kann für die katholische Kirche nicht behauptet werden. Nur wenige suchen den Weg in die katholische Kirche.

Seit sich ihr Vorteil der über Jahrzehnte besseren „Haltequoten" ihrer Mitglieder (geringere Austrittszahlen) mit den späten 1980er Jahren reduziert hat, verschlechtert sich ihre Position gegenüber anderen Glaubensgemeinschaften nun sogar in einem gesteigerten Ausmaß.

Abbildung 4 Kirchenaustritte in Deutschland nach Großkirchen

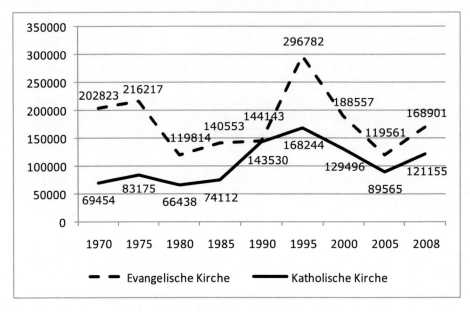

Quelle: Eigene Zusammenstellung auf Basis der Statistiken der EKD und der katholischen Kirche sowie REMID (www.remid.de); Zahlen der Deutschen Bischofskonferenz (www.dbk.de); Kirchenamt der EKD (www.ekd.de); Zahlen evangelische Kirche bis 1991, katholische Kirche bis 1989 nur Westdeutschland, danach Gesamtdeutschland.

Die Austrittsprozesse sind durch zwei Elemente gekennzeichnet: Zum einen verweisen die recht gleichmäßigen Entwicklungskurven der katholischen und der evangelischen Kirche auf eine Abhängigkeit von *grundsätzlichen gesellschaftlichen Entwicklungen* und weniger auf spezifische Probleme der jeweiligen Kirchen. Die Austrittszahlen werden von einem Basistrend der Austritte bestimmt. Dieser deutet auf eine frühere Sensibilität der evangelischen Kirchenmitglieder für die Abkehr von der Institution Kirche im Vergleich zu den katholischen Mitgliedern hin. Zum anderen ist eine gewisse Responsivität der Austritte auf wirtschaftliche Krisen zu sehen (Ölpreisschock 1974; Solidaritätszuschlag 1992; Finanzkrise 2008).[10] Die Austrittszahlen gewinnen in Zeiten, in denen die Kirchen aufgrund spezifischer Ereignisse

---

10 Diese Abhängigkeit von gesellschaftlichen Rahmenbedingungen stellt natürlich auch die Überlegungen zu kurzfristigen gesellschaftlichen Aktivitäten der Kirchen zur Disposition.

ein besonders schlechtes Image in der Bevölkerung erzielen[11], an Schwung. Umgekehrt flauen solche Wellen auch gelegentlich wieder ab. Neben einem kontinuierlichen Moment sind also auch unregelmäßige Austrittsbewegungen feststellbar.

Für die kontinuierlichen Entwicklungen werden insbesondere Aspekte des gesellschaftlichen Wertewandels verantwortlich gemacht (Pollack 2009: 243). Dieser befördert Werte der Selbstentfaltung und Individualisierung sowie eine Abkehr von Institutionen und (konservativen) Traditionen. Zu letzterem werden aber in der Regel die beiden christlichen Großkirchen gezählt. Daraus sind zum Teil auch die Unterschiede in den Verlaufskurven zwischen der evangelischen und der katholischen Kirche abzuleiten, kann doch die größere Responsivität der per se mit einem individualistischeren Selbstverständnis ausgestatteten Protestanten als ein Grund für ihre früheren Verluste dienen. Fakt ist: Die evangelische Kirche wurde bereits in den 1970er Jahren vehement von einer größeren Austrittswelle getroffen und verlor seitdem immer mehr Mitglieder als die katholische Kirche. Diese geringere „Haltekraft" trat besonders deutlich zu den Zeitpunkten der Austrittsspitzen zutage. Die katholische Kirche konnte sich, auch aufgrund ihres höheren Verpflichtungscharakters mit kirchlichen Riten, längere Zeit gegen diesen Trend stemmen (ohne letztendlich Verluste grundsätzlich verhindern zu können) – um dann Mitte der 1980er Jahre ebenfalls diesem Druck zu erliegen. Dieser Effekt einer gegenüber dem Protestantismus *zeitverzögerten Reaktion des Katholizismus*[12] ist mittlerweile auch in einer Vielzahl anderer europäischer Länder (Luxemburg, Belgien) zu beobachten (Pickel 2009).

Dieser Anpassungsprozess im Austrittsverhalten wird für die katholische Kirche dadurch prekär, dass scheinbar die eingangs erfolgreichere „Strategie", die eigenen Mitglieder durch eine konservative Haltung zu halten, nun auf dem sich öffnenden religiösen Markt mit Menschen, die sich ihre religiösen Institutionen eher selbst suchen, merklich an Attraktivität verliert. Darauf deutet die extrem schlechtere Quote an Eintritten und Wiedereintritten der katholischen gegenüber der evangelischen Kirche hin. Kurz gesagt: Der katholische „Ex"-Gläubige, der seine Kirche verlässt, kehrt kaum mehr zurück und wird bei einem weiteren Interesse an einem religiösen Angebot wahrscheinlich sogar eher die evangelische „Konkurrenz" wählen.

3 Gründe für den Kirchenaustritt – Gründe der Konfessionslosigkeit?

3.1 Übersicht potentieller Gründe für Konfessionslosigkeit

Die Gründe für eine Konfessionslosigkeit können vielfältig sein. Um eine Ordnung zu erhalten und nicht leichtfertig einzelnen Ad-Hoc-Erklärungen zu erliegen, bietet es sich an, verschiedene Erklärungsmuster aus den gängigen Theorien der Religionssoziologie abzuleiten

---

11 Dies gilt z. B. für die Missbrauchsskandale in der katholischen Kirche im Jahr 2010, die in der vorliegenden Grafik noch keinen Eingang finden konnten. Allerdings deuten verschiedene Einzelstatistiken auf ganz erhebliche Zuwachsraten bei den Austritten aus der katholischen Kirche in der Folge der öffentlichen Missbrauchsdebatte hin.
12 Der Effekt zeigt sich zumeist erst einmal auf der Ebene der religiösen Aktivitäten und der Teilnahme an kirchlichen Riten.

und diese dann durch spezifische Gründe, die in der Diskussion stehen, zu ergänzen. Von zentraler Bedeutung für die Erklärung von Konfessionslosigkeit und Abwendung von der Kirche sind die Annahmen der Säkularisierungstheorie (Berger 1967; Bruce 2002; Martin 1978; Pickel 2009; Pollack 2003, 2009; Wilson 1982). Sie betonen eine *Diskrepanz zwischen Moderne und Religion*, die als zentral für deren sozialen Bedeutungsverlust der existierenden Religionen angesehen wird. Insbesondere die schwierige Vereinbarkeit des in der Moderne zusehends rationaler organisierten Alltagslebens mit religiösen und transzendenten Lebensdeutungen sowie der Gegensatz zwischen individualisierter Entscheidung und eher Konformität fordernden kirchlichen Vorgaben auf der Werteebene sind für die Stellung der Menschen zur Institution Kirche von zentraler Bedeutung. Diese Konfliktlinien sind aus Sicht der *Säkularisierungstheorie* überwiegend die Folge soziostruktureller Prozesse, die sich unter dem Begriff der *Modernisierung* zusammenfassen lassen. Da es sich eher um langfristige Prozesse handelt, ist Konfessionslosigkeit Resultat eines generationsübergreifenden Distanzierungsprozesses der Individuen zur Kirche (aber auch Religion allgemein) in modernen Gesellschaften.

Ein für die religiöse Entwicklung entscheidendes Kernmerkmal der Modernisierung ist die Zunahme des *sozioökonomischen Wohlstandes*, der beim Individuum immer weniger ein Bedürfnis nach Kompensation für das bedrängte Alltagsleben entstehen lässt (vgl. Norris/Inglehart 2004).[13] Ein anderes ist die Steigerung der Bildung und des Wissens, welche die religiösen Vorgaben „entzaubert". Konfessionslose müssten also häufiger bei wohlhabenderen und besser gebildeten Menschen zu finden sein, die zudem stärker zu individualisierten Werten neigen. In der Regel handelt es sich bei Säkularisierungsprozessen auch um Entwicklungen, die eine längere Zeitspanne – zumeist über Generationen – in Anspruch nehmen.[14] Es ist eine schleichende Abwendung von der Kirche, die sich durch einen *Traditionsabbruch* und eine fehlende Weitergabe von den Eltern auf die Kinder ausdrückt. Jüngere Alterskohorten dürften somit mehr Konfessionslose als ältere Alterskohorten aufweisen. Mit dieser Überlegung verbunden ist die besondere Bedeutung einer *Folgekonfessionslosigkeit*, die sich aus früheren Entscheidungen der Eltern ergibt. Konfessionslosigkeit wird dann für Individuen zur *Gewohnheit* – und tradiert sich wahrscheinlich wiederum weiter. Eine solche Erklärung kann insbesondere für die neuen Bundesländer mit ihren Abbruchprozessen in jüngerer Vergangenheit (Pollack 1994) ins Feld geführt werden. Für die *ostspezifische Entwicklung* ist dann der Austritt der Elterngenerationen Auslöser jetzt zu beobachtender Verteilungen. Hintergrund für diese Austritte waren zurückliegende Erfahrungen politischer Repression und der Wunsch nach der Vermeidung persönlicher Nachteile für sich und auch die eigene Familie.

Eher dem Erklärungsmuster der Privatisierungs- und *Individualisierungsthese* des Religiösen (Luckmann 1991; Knoblauch 2009) folgt die Differenzierung zwischen einem persönlichen Glauben und der Kirche. Dies gipfelt in der Aussage, dass man auch ohne Kirche oder eine religiöse Organisation religiös sein kann – eben individuell und möglicherweise im Sinne einer aus verschiedenen religiösen Aspekten (und Traditionen) zusammengesetzten Bastelreligion. Aus Sicht der Individualisierungstheorie ist die Mischung aus Kirchendistanz

---

13   Hier handelt es sich um Überlegungen, die gemeinhin unter dem Schlagwort der Deprivationstheorie zusammengefasst werden (siehe auch Stolz 2009).
14   Siehe auch den Beitrag von Gladkich in diesem Band.

und bestehender religiöser Überzeugung der zentrale Bestandteil einer in der Moderne stattfindenden „*Transformation des Religiösen*". Konfessionslose müssten sich entsprechend durch eine scharfe Unterscheidung zwischen ihrer eigenen persönlichen Religiosität und ihrer Einschätzung der Kirche ausweisen. Insbesondere die Empfindung von *Kirchen als Herrschaftsinstitutionen*, welche dem Einzelnen eher einschränkend und bevormundend gegenüberstehen, kann mit einer solch bewussten Differenzierung in Beziehung stehen. „Believing without belonging" (Davie 1994) ist dann die Konsequenz. Trotzdem sind auch die Folgen der Indivdualisierung für die Mitgliedschaften die gleichen, wie die seitens der Säkularisierungstheorie skizzierten – Austritte. Im Gegensatz zur Säkularisierungstheorie besteht aber eine bessere Chance auf ein Potential für Wiedereintritte, wenn sich die Kirche wandelt.

Neben diesen eher langfristigen Entwicklungsperspektiven können auch *aktuelle Ereignisse* eine Auswirkung auf den Austritt aus der Kirche besitzen. Insbesondere auf diese kurzfristigen Reaktionen wird in der öffentlichen Debatte hingewiesen. Hier zu nennen sind zum Beispiel Skandale und unbequeme Äußerungen der Kirchen oder aber religiös-politische Problemdiskussionen zu Gesetzen, die in das Leben des Einzelnen eingreifen. Gleichzeitig kann die Konfessionslosigkeit aus spezifischen Enttäuschungen über Mitarbeiter der Kirche oder deren Äußerungen resultieren. Eine besondere Stellung nimmt außerdem die Kirchensteuer (als Austrittsgrund) ein. Sie stellt eine „rationale Argumentation" bereit, die eine individuelle Entscheidung gegen die Kirche beinhaltet und damit den Schritt des Austrittes erklärt. Insbesondere die bereits angesprochenen Koinzidenzen zwischen ökonomischen Krisenphasen und Kirchenaustrittswellen weisen auf einen potentiellen Zusammenhang hin. Betrachtet man die vorgeschlagenen Begründungsfaktoren, so sind sie in langfristige Entwicklungen (Säkularisierung, Modernisierung, Wertewandel) und kurzfristige Prozesse (Kirchensteuer, Skandale, Unmut über Äußerungen der Kirche und ihrer Vertreter) zu unterscheiden. In einem früheren Aufsatz (Pickel 2000: 214–215) habe ich zwischen sechs potentiellen Gründen für Konfessionslosigkeit unterschieden:

(1) Konfessionslosigkeit als Folge *gesellschaftlicher Rahmenbedingungen*, die in voranschreitende Individualisierung und Wertewandel münden
(2) Konfessionslosigkeit als Folge der Wahrnehmung einer *Wertediskrepanz* zwischen rationaler Moderne und (irrationaler) Religion (quasi als Säkularisierungsfolge)
(3) Konfessionslosigkeit aufgrund einer einfach *fehlenden Relevanz* von Religion für das alltägliche Handeln des Individuums
(4) Konfessionslosigkeit aus Gewohnheit und Folge konfessionsferner *Sozialisation*
(5) Konfessionslosigkeit aus *ideologischen Gründen* und einer sozialistischen Vergangenheit
(6) Konfessionslosigkeit aufgrund der gestiegenden finanziellen Belastungen seitens der Kirchensteuer

Gemeinhin kann man die Punkte 1, 2, 3 und teilweise auch 4 dem langfristig angelegten Erklärungsmodell der Säkularisierungstheorie zuordnen. Allerdings passt Punkt 1 auch zum individualisierungstehoretischem Modell einer Transformation der Religion, da Individualisierung und Wertewandel sowohl in Säkularisierung als auch in eine Transformation hin zu individualisierter Religiosität münden kann. Die Punkte 4 und 5 bilden Begründungen ab, die besonders in Ostdeutschland von Relevanz sind. Nur Punkt 6 nimmt kurzfristige Gründe auf.

Den vorherigen Überlegungen nach müsste man diese Punkte um konkrete Enttäuschungen mit dem Kirchenpersonal oder den offiziellen Verlautbarungen der Kirche bzw. konkreten Ereignissen und Skandalen ergänzen:

(7) Konfessionslosigkeit aufgrund kirchlicher Äußerungen und Handlungen bzw.
(8) Konfessionslosigkeit infolge negativer Erfahrungen mit kirchlichen Bediensteten

Abbildung 5   Faktorenanalyse selbst genannte Austrittsgründe Konfessionsloser 2002

Dimension	Indikatoren	D1	D2	D3	D4	D5	D6
Säkularisierung (D1)	Weil ich in meinem Leben keine Religion brauche	.79					
	Weil ich mich eher an humanistisch-ethischen Werten orientiere als an christlichen	.70					
	Weil mir die Kirche gleichgültig ist	.64					
	Weil ich mit dem Glauben nichts mehr anfangen kann	.61					
	Weil ich die Kirche unglaubwürdig finde	.61	.40				
	Weil die Kirche an Gewalt und Ungerechtigkeit beteiligt war	.60	.34				
Konkrete Gründe (D2)	Weil ich mich über kirchliche Stellungnahmen geärgert habe		.86				
	Weil ich mich über kirchliche Mitarbeiter geärgert habe		.85				
Ostspezifische Gründe (D3)	Weil ich meinen Kindern unnötige Auseinandersetzungen ersparen wollte			.82			
	Weil ich politisch unter Druck gesetzt wurde			.88			
	Weil es in meinem Umfeld normal ist, nicht in der Kirche zu sein			.45		−.46	−.44
Kirchensteuer (D4)	Weil ich dadurch Kirchensteuer spare				.89		
Individualisierte Distanzierung (D5)	Weil ich auch ohne Kirche christlich sein kann					.86	
Kirchendistanz (D6)	Weil mir die Kirche fremd geworden ist						−.61
	Weil ich eine andere religiöse Überzeugung gefunden habe						−.69

Quelle: Eigene Berechnungen auf Basis der KMU 2002; Abgebildet Faktorladungen; Hauptkomponentenanalyse mit schiefwinkliger Rotation.

Wie sieht es nun aus, wenn man Konfessionslose hinsichtlich ihrer Begründungen für den vollzogenen Austritt direkt befragt? Dies hat man in den letzten beiden Kirchenmitgliedschaftsuntersuchungen der evangelischen Kirche Deutschlands (vgl. Pittkowski 2006: 94–95; Hermelink 2008) getan. Um die Vielzahl der erhobenen Fragen hinsichtlich der Hintergrunddimensionen zu bündeln, hilft das Verfahren der Faktorenanalyse weiter. Es zeigt die Strukturierung der verschiedenen Antwortvorgaben entlang der latenten Hintergrunddimensionen – oder einfacher gesagt, es spiegelt ein gemeinsames Antwortverhalten bezüglich der verschiedenen Indikatoren wider.

Bereits beim ersten Blick wird erkennbar, dass sich sowohl der Grund „Kirchensteuer" (Dimension 4) als auch ein Austritt aus Gründen religiöser Individualisierung eindeutig von den anderen Antwortvorgaben unterscheidet. Beide spannen jeweils eigene Dimensionen der Austrittsbegründung auf. Daneben lässt sich auch der (ostspezifische) Faktor der Reaktion auf politische Unterdrückung und befürchteter Benachteiligung identifizieren. Völlig plausibel spielt dabei die Aussage, dass es „in dem eigenen Umfeld normal ist, nicht in der Kirche zu sein" in diese Dimension mit hinein, sind es doch überwiegend Ostdeutsche, die diese Einstellungsbündel aufweisen und beschäftigen. Allerdings ist die „Umfeld-Aussage" nicht eindeutig einer einzelnen Dimension zuordnbar, ergibt sich doch keine Einfachstruktur und finden sich gleichzeitig noch relevante Faktorladungen in der Dimension 5 (individualisierte Distanzierung) und der Dimension 6 (Kirchendistanz). Der Bezug auf das (konfessionslose) Umfeld stellt also auch einen Gegenpart zur individualisierten Begründung dar und ist mit einer kirchendistanzierten Haltung verknüpft. Die Dimension 2 bezieht sich auf konkrete Gründe, die sich vornehmlich aus Ärger oder Enttäuschung über kirchliche Mitarbeiter und Verlautbarungen sowie Handlungen speisen. Hier ist bemerkenswert, dass dieser Faktor und die Begründung des Austritts aufgrund der Kirchensteuer scheinbar weitgehend voneinander unabhängig sind. Möglicherweise ist das Motiv „Austritt aufgrund der Kirchensteuer" weniger eine aktuell getroffene Kurzfristentscheidung als vielmehr die Bündelung komplexerer Überlegungen des Einzelnen. Die meisten Indikatoren bündeln sich in der Dimension 1 (Säkularisierung). Dabei fallen ungünstige Beurteilungen der Institution Kirche mit einer generellen Distanz zu Religion zusammen. Scheinbar werden Aussagen der Abgrenzung zur Kirche stark mit einer geringen Bedeutung von Religion für den Lebensalltag verbunden gesehen. Darauf deuten auch die Beziehungen zwischen der Dimension Kirchendistanz und Säkularisierung hin, wie sie die Korrelationen zwischen den Dimensionen in Abbildung 6 abbilden. Traditionsverlust und Säkularisierung gehen in dieser Dimension Hand in Hand.

Abbildung 6 Binnenkorrelationen der Austrittsdimensionen 2002

Dimension	Konkrete Gründe	Ostspezifische Gründe	Kirchensteuer	Individualisierte Distanzierung	Kichendistanz
Säkularisierung	.10	.11	.13	−.19	.24
Konkrete Gründe		.09	−.08	.16	.24
Ostspezifische Gründe			n. s.	n. s.	.22
Kirchensteuer				n. s.	n. s.
Individualisierte Distanzierung					n. s.

Quelle: Eigene Berechnungen auf Basis der KMU 2002; Pearsons-r-Korrelationen; n. s. = nicht signifikant.

Eine individualisierte Distanzierung steht dabei im Gegensatz zu den Gründen der Dimension „Säkularisierung". Der Gedanke eines „believing without belonging" deckt sich nicht mit einer generellen Ablehnung von Kirche und Religion. Allerdings wird eine individualisierte Distanzierung häufig mit der konketen Benennung von Negativerlebnissen mit der Kirche (konkrete Gründe) verbunden. Sie stellen gelegentlich den Grund für die Distanz zur Kirche bei bleibender Religiosität dar. Auffällig ist die relative Autonomie der Kirchensteuer als Austrittsgrund. Allein mit den Skularisierungsargumenten besteht eine deutlichere Beziehung. Dies spricht aber in gewisser Hinsicht gegen die Annahme als völlig unabhängig wirkendes Austrittsmotiv.

3.2 Kirchensteuer versus Säkularisierung? – Potentielle Gründe des Kirchenaustritts und der Konfessionslosigkeit

Nun ist die Identifikation der Erklärungsdimensionen hilfreich, um die unterschiedlichen Motivlagen einmal voneinander unterscheiden zu können. Die Ergebnisse sagen aber noch nichts über deren gesellschaftliche Bedeutung aus, denn es ist gut möglich, dass verschiedene der Gründe von nur kleinen Personengruppen genannt werden.

Abbildung 7   Selbst genannte Austrittsgründe für Konfessionslosigkeit 1992 und 2002

		West		Ost	
		1992	2002	1992	2002
Säkularisierung	Weil ich in meinem Leben keine Religion brauche	33	35	57	57
	Weil ich mich eher an humanistisch-ethischen Werten orientiere als an christlichen	44	29	48	51
	Weil mir die Kirche gleichgültig ist	53	44	56	41
	Weil ich mit dem Glauben nichts mehr anfangen kann	35	29	55	48
	Weil ich die Kirche unglaubwürdig finde	36	49	26	32
	Weil die Kirche an Gewalt und Ungerechtigkeit beteiligt war	-	31	-	32
Konkrete Gründe	Weil ich mich über kirchliche Stellungnahmen geärgert habe	42	32	17	16
	Weil ich mich über kirchliche Mitarbeiter geärgert habe	16	16	9	13
Ostspezifische Gründe	Weil das Leben in der DDR und die Zugehörigkeit zur Kirche nicht zu vereinbaren waren	-	-	21	-
	Weil ich meinen Kindern unnötige Auseinandersetzungen ersparen wollte	-	3	-	6
	Weil ich politisch unter Druck gesetzt wurde	-	2	12	4
	Weil es in meinem Umfeld normal ist, nicht in der Kirche zu sein	-	12	-	38
Kirchensteuer	Weil ich dadurch Kirchensteuer spare	58	67	46	62
Individualisierte Distanzierung	Weil ich auch ohne Kirche christlich sein kann	52	58	31	32
Kirchendistanz	Weil mir die Kirche fremd geworden ist	-	34	-	47
	Weil ich eine andere religiöse Überzeugung gefunden habe	9	4	3	2
Fallzahlen:		174	290	218	170

Quelle: Eigene Zusammenstellung: Engelhardt u. a. (1997: 327); eigene Berechnungen auf Basis KMU 2002; Prozente in Zustimmung auf einer Skala mit sieben Ausprägungen (6 und 7).

Und in der Tat bestehen teilweise erhebliche Unterschiede in der Relevanz der Austrittsgründe. Interessant ist dabei, dass es zwar einige Unterschiede zwischen *West- und Ostdeutschland* gibt, sich allerdings die Reihenfolge der Gründe in ihren Zustimmungsgraden sehr ähnelt. Rein strukturell unterscheiden sich die Motivlagen für den Austritt nach dem Umbruch zwischen den neuen und alten Bundesländern erstaunlich wenig, glaubt man den Äußerungen der Ausgetretenen. In den neuen Bundesländern finden Aussagen, die auf eine generelle Distanz zu Religion abzielen (Dimension 1 – Säkularisierung) und die Aussage, dass es im Umfeld normal sei, nicht in der Kirche zu sein, erkennbar mehr Zustimmung als in den alten Bundesländern, während die Dimension „individualisierte Distanzierung" zur Kirche in Westdeutschland auf höhere Zustimmung als Begründung trifft. Aspekte der Individualisierung scheinen also eher in den alten Bundesländern zu greifen, was grundsätzlich den Überlegungen der Individualisierungstheorie folgen würde (Beck 2008).

Ohne Zweifel können ganz *konkrete Erfahrungen* einen Austritt bewirken. Kirchliche Stellungnahmen werden immerhin von einem Drittel der Westdeutschen als Austrittsgrund genannt und auch spezifische Ereignisse wirken förderlich für eine Austrittsentscheidung. So erhöhte sich im Umfeld der Missbrauchsfälle in der katholischen Kirche die Zahl der Austritte aus der katholischen Kirche, wie auch die Debatten um die Pius-Bruderschaft ebenfalls nicht folgenfrei blieben. Eine konkrete Verärgerung über kirchliche Mitarbeiter ist aber eher selten der Grund für eine Abkehr von der Kirche (vgl. Hermelink 2008: 109). Für Verstimmung sorgen schon eher kirchliche Stellungnahmen, die dann zum Anlass des Austritts genommen werden. Dies trifft immerhin auf ein Drittel der westdeutschen Konfessionslosen zu. In Ostdeutschland findet sich eine wesentlich geringere Relevanz dieses Motivs.

Der Spitzenreiter bei den auf direkte Nachfragen genannten Gründen ist die *Kirchensteuer.* Diese rationale Begründung für den Vollzug des Schrittes eines Kirchenaustrittes besitzt sowohl in West- wie auch in Ostdeutschland eine hohe Beliebtheit und wird von über der Hälfte der Konfessionslosen genannt. Das Motiv Kirchensteuer scheint zudem in den zehn Jahren zwischen 1992 und 2002 an Bedeutung gewonnen zu haben. Auch Pittkowski (2006: 95) kann zeigen, dass gerade diejenigen, welche nach 1990 ausgetreten sind, überdurchschnittlich häufig auf diese Begründung zurückgreifen. Kann es aber wirklich sein, dass profane ökonomische Gründe den kontinuierlichen Mitgliedschaftsverlust der christlichen Kirchen in Deutschland bewirken?

Gemeinhin muss angenommen werden, dass bereits vor dem Vollzug des Austrittes eine Loslösung vom kirchlich inspirierten Glauben stattgefunden hat. Dies lässt sich aus zwei anderen Aussagen ableiten: So ist zum einen die Zahl der Ausgetretenen, welche eine strukturelle Unterscheidung zwischen Glauben und Kirchenmitgliedschaft betonen, recht hoch. Insbesondere in den alten Bundesländern verweisen mehr als die Hälfte der ehemaligen Kirchenmitglieder darauf, auch ohne Kirche christlich sein zu können. Und immerhin noch jeder dritte Ostdeutsche, der der Kirche den Rücken gekehrt hat, betont diesen aus eigener Sicht fundamentalen Unterschied. Hier scheinen Beobachtungen der *Individualisierungsthese* des Religiösen zu greifen, deren Anhänger Religiosität als anthropologische Konstante begreifen, aber einen Formenwandel und insbesondere eine Privatisierung als Trend der Moderne erkennen wollen (Luckmann 1991; Davie 1994; Knoblauch 2009). Inwieweit dies allerdings einen trifftigen Austrittsgrund darstellt, bleibt fraglich, unterscheiden sich doch Konfessionslose und Konfessionsmitglieder kaum hinsichtlich dieser Aussage. Jeweils ca. 80 Prozent der Befragten sehen die Kirche und eine Zugehörigkeit zu ihr als nicht zwingend für die persönliche Religiosität an (vgl. Pollack/Pickel 2003). Folglich ist dieses Argument zwar eine wichtige Hintergrundbedingung im Sinne eines mittlerweile gesellschaftlich verbreiteten Werteverständnisses von Individualisierung (Beck 2008), aber kaum als ein „wahrer" konkreter Auslöser für einen Kirchenaustritt anzusehen.

Noch mehr zu denken geben muss den Kirchen eine andere, seitens der Befragten gerne gewählte Aussage: 1992 wie 2002 gaben ein Drittel der Ausgetretenen in den alten und fast 60 Prozent dieser Gruppe in den neuen Bundesländern an, für ihr Leben einfach keine

Religion zu benötigen.[15] Dies deutet auf einen sozialen Bedeutungsverlust von Religion für das Alltagsleben hin, wie es die Säkularisierungstheorie (Wilson 1982; Bruce 2002; Pollack 2009) als Erklärungsmodell vorschlägt. Wie die vorangegangene Dimensionsanalyse (Abb. 5) zeigt, werden von den Konfessionslosen Aspekte der mangelnden Alltagsrelevanz der Kirche für den Einzelnen mit der weitergehenden Aussage eines Bedeutungsverlustes des Glaubens und der Religion verknüpft. Dabei kommt es zu einer Mischung aus ungünstigem Image der Kirche als Herrschaftsinstitution, die sich in der Vergangenheit einiges zu Schulden kommen lassen hat (siehe zum Beispiel die Nennung der Kirchen als Beteiligte an Gewalt und Unterdrückung), mit einer grundsätzlichen Distanz zum Glauben bzw. einer Skepsis hinsichtlich religiöser Überzeugungen überhaupt.

Die säkularisierungstheoretische Deutung wird durch die Verankerung in den sozialen Strukturen der Bevölkerung gestützt. Es sind in der Regel nicht die finanziell schwächer gestellten Menschen, die der Kirche überdurchschnittlich den Rücken kehren, sondern eher diejenigen mit einer höheren Bildung und einer (selbstbekundeten) besseren wirtschaftlichen Situation. So kann man, wie Abbildung 8 zeigt, für die alten Bundesländer einen klaren Bezug zwischen *Bildungs*niveau und Konfessionslosigkeit ausmachen. Je höher der Bildungsstand, desto eher ist der Befragte nicht (mehr) Mitglied in einer Kirche. In den neuen Bundesländern ist dieser Zusammenhang nicht ganz so eindeutig. Hier finden sich die meisten Konfessionslosen in der Gruppe der Personen mit einer mittleren formalen Bildung. Allerdings gilt sowohl für die alten als auch die neuen Bundesländer, dass Menschen mit einem niedrigeren Bildungsstand überdurchschnittlich häufig Mitglied in einer Kirche sind.

Abbildung 8   Sozialstrukturelle Verteilung von Konfessionslosen

Bildungsniveau	West	Ost	Ortsgröße	West	Ost	Siedlungstyp	West	Ost
Formal niedrig	9	65	–2000	14	68	Großstadt	31	82
Formal mittel	19	81	2.000–5.000	10	66	Vorstadt/ Großstadt	20	77
Formal hoch	23	75	5.000–20.000	11	75	Mittel- und Kleinstadt	13	75
			20.000–50.000	15	74	Ländliches Gebiet (Dorf)	10	68
			50.000–100.000	13	-			
			100.000–500.000	21	81			
			>500.000	31	81			

Quelle: Eigene Berechnungen auf Basis Allbus 2008; jeweils Anteile der Konfessionslosen in der entsprechenden sozialstrukturellen Gruppe.

---

15   Hier muss man beachten, dass es sich ja bei dieser Gruppe um die Ausgetretenen, also nicht die in den neuen Bundesländern ebenfalls sehr große Gruppe der bereits in der zweiten Generation Konfessionslosen handelt, in der eine solche Aussage wahrscheinlich kaum überraschend sein dürfte.

Für den *Urbanisierungs*grad – ebenfalls ein Merkmal für Modernisierung und damit der Säkularisierungstheorie – sind in Abbildung 8 ähnliche Bezüge festzustellen. In der anonymeren Lebenswelt der Städte, scheint eine Lösung von den Kirchen einfacher zu sein als auf dem Land oder in Kleinstädten. In letzteren ist die soziale Kontrolle durch Nachbarn, Verwandte und Bekannte zumeist stärker ausgeprägt. Entsprechend sind in Großstädten signifikant mehr Menschen konfessionslos als in Mittel- und Kleinstädten oder gar im ländlichen Siedlungsraum. Dabei stellen die Vororte der Großstädte quasi so etwas wie ein Übergangsgebiet zwischen Großstadt und ländlichem Gebiet dar.

Nun kann es sein, dass der Urbanisierungs- und der Bildungsprozess interagieren und möglicherweise im Grunde allein der hohe Bildungsstand der großstädtischen Bevölkerung die beobachteten Ergebnisse hervorruft. Eine einfache wechselseitige Kontrolle beider Faktoren belegt aber ihre jeweils eigenständigen Wirkungsmechanismen. Sie verstärken sich gegenseitig in ihrem Effekt. So sind die hoch Gebildeten in den Großstädten häufiger nicht mehr Mitglied in einer Kirche als zum Beispiel die Bewohner der Vororte dieser Großstädte oder gar ihre Mitbürger im kleinstädtischen oder ländlichem Bereich (Abb. 9). Folglich kann man sowohl Rahmenbedingungen ausmachen, die Konfessionslosigkeit scheinbar befördern, als auch welche, die sie hemmen. Scheint in den (westdeutschen) ländlichen Strukturen die soziale Kontrolle immer noch wirksam zu sein und dazu zu führen, dass man in der Kirche bleibt, untergraben die unpersönlicheren und weniger kontrollierten Beziehungsstrukturen in den Städten – und dort insbesondere Großstädten – die kommunale Basis des Religiösen. Dies steht im Einklang mit Überlegungen und (empirischen) Erkenntnissen der Säkularisierungstheorie (Bruce 2002), die den Folgen der Urbanisierung und Migration in Westeuropa eine fast genauso hohe Relevanz für die Säkularisierung zuerkennt wie Prozessen der Rationalisierung auf der Ebene der Werte.

Abbildung 9   Das Zusammenspiel von Bildung und Urbanisierung

	Großstadt			*Vorstadt-Großstadt*			*Mittel- und Kleinstadt*			*Ländliche Region (Dorf)*		
	hB	mB	nB	hB	mB	nB	hB	mB	nB	hB	mB	nB
West												
	39	36	20	26	25	10	18	15	9	16	12	6
Ost												
	76	92	83	88	81	59	73	82	69	73	74	52

Quelle: Eigene Berechnungen auf Basis Allbus 2008; jeweils Anteile der Konfessionslosen in der entsprechenden Gruppe; nB = formal niedriges Bildungsniveau, mB = formal mittlere Bildungsniveau, hB = formal hohes Bildungsniveau.

Bislang ausgespart blieb der Aspekt der ökonomischen Lage. Allerdings scheint sich die Annahme, mit wachsender Einkommenssituation steige auch die Konfessionslosigkeit an, zuerst nicht – oder nur begrenzt – zu bewahrheiten.: Zwar sind in den alten Bundesländern Personen mit einem höheren Einkommen im Durchschnitt eher konfessionslos, in den neuen Bundesländern finden sich dagegen jedoch keine signifikanten Unterschiede bezüglich der ökonomischen Ressourcen zwischen Konfessionslosen und Konfessionsmitgliedern. Dies ändert sich, wenn man die subjektive Wahrnehmung der ökonomischen Situation in die Analyse einbezieht. Zwischen der Einschätzung der eigenen wirtschaftlichen Lage und der Konfessionslosigkeit besteht für beide Untersuchungsgebiete ein sehr hoher Zusammenhang (Pearsons r = .31 für 2008). Diejenigen, welche sich selbst als wirtschaftlich besser gestellt einschätzen, kehren der Kirche überdurchschnittlich häufig den Rücken. Diejenigen aber, die sich in einer – gerade auch im Vergleich zu ihrem Umfeld – ungünstigeren wirtschaftlichen Lage sehen, haben weit häufiger an ihrer Konfessionsmitgliedschaft festgehalten – in West- und in Ostdeutschland. Eine bessere sozioökonomische Situation scheint sich somit nicht nur auf der Makroebene, wie es Norris und Inglehart (2004) aufzeigen konnten, ungünstig für die Tradierung von Religiosität und Kirchlichkeit zu erweisen, sondern auch innerhalb von (modernen) Gesellschaften nimmt mit zunehmender sozialer Absicherung der Bedarf an religiöser Welterklärung ab. Selbst wenn aufgrund der hohen Binnenbeziehungen zwischen Bildungsstand und Einkommen nicht klar zu identifizieren ist, ob es die Deprivation oder nicht doch ein Effekt der Bildung ist, der die Differenzen zwischen Konfessionslosen und Konfessionsmitgliedern erzeugt, ist der *starke Einfluss der Sozialstruktur* auf die Mitgliedschaft in einer religiösen (Groß)Vereinigung zweifellos vorhanden.

Abbildung 10   Beziehungen zwischen ökonomischer Lage und Konfessionslosigkeit

	Haushaltseinkommen	Einschätzung Wirtschaftslage des Landes	Einschätzung eigene Wirtschaftslage	Formaler Bildungsstand
West	.14	.20	.31	.16
Ost	n. s.	.15	.31	.10

Quelle: Eigene Berechnungen auf Basis Allbus 2008; pearsons r Produkt-Moment-Korrelationen.

Fasst man diese Ergebnisse zusammen, so spricht vieles für eine einzelne Detailerklärungen übergreifende – *gesellschaftliche* – Begründung der Entwicklung von Konfessionslosigkeit. Es scheinen Prozesse der Säkularisierung zu sein, welche die Verbreitung der Konfessionslosigkeit befördern – und diese sind im Zeitverlauf maßgeblich mit Prozessen der sozioökonomischen und sozialstrukturellen Modernisierung verkoppelt. Da man davon ausgehen muss – dies zeigen die verschiedensten Indikatoren sozioökonomischer Entwicklungen (siehe exemplarisch Statistisches Bundesamt 2008) –, dass alle die Säkularisierung begünstigenden gesellschaftlichen Entwicklungen nicht in absehbarer Zeit enden werden, muss aus dieser Blickrichtung konsequenterweise mit einer weiteren Ausbreitung von Konfessionslosigkeit gerechnet werden.

Also ist es doch nicht die Kirchensteuer, die Konfessionslosigkeit vorantreibt? Wahrscheinlich nicht als alleinig treibende Kraft. Vielmehr wird eine vorherige Distanzierung zur Kirche (und teilweise auch Glauben) benötigt. Allerdings bietet die Kirchensteuer eine gute, weil rationale und überwiegend akzeptierte Begründungsstrategie. Diese erleichtert dem bereits Austrittswilligen den konkreten Schritt zum Kirchenaustritt. Es handelt sich überwiegend um eine *Rationalisierungsstrategie,* die zudem den Vorteil hat, dass sie in modernen Gesellschaften sozial akzeptiert ist (vgl. auch Hermelink 2008: 109).[16] So klingt ein Austritt aufgrund der Kirchensteuer wesentlich plausibler und ist zudem anderen gegenüber einfacher zu begründen, als auf die eigene Distanz zum Glauben zu verweisen. Letzteres würde möglicherweise die Nachfrage seitens der Gesprächspartner mit sich bringen, warum man gerade jetzt austrete und nicht schon früher ausgetreten sei, wenn man doch schon so lange Zeit diese Distanz zu Kirche und Glauben besitze. Dann gilt es für den Gefragten, rationale Gründe für den Austrittszeitpunkt zu benennen, oder aber eben seine vielleicht doch nicht so sichere Kraft der Selbstentscheidung und Individualität zugeben zu müssen.

Trotzdem bleibt die Fragen, warum dann die *Austrittswellen* so überdurchschnittlich häufig in sozioökonomischen Krisenphasen stattfinden. Den religionssoziologischen Theorien zufolge müsste eigentlich gerade hier eher eine Rückbesinnung auf die kontingenzbewältigende Kraft der Kirchen stattfinden. Sie ist aber als kurzfristiger Faktor allem Anschein nach kaum von Belang. Diesen theoretischen Überlegungen zufolge kann Religion nur langfristig ihre Wirkung entfalten. Dies impliziert neben der ökonomischen Krisenphase auch deren Eindringen in die Identität der Menschen und damit der Erkenntnis von „Deprivation". Kurzfristige Erkenntnisse erinnern einen aber daran, etwas lange Anstehendes nun endlich zu vollziehen. Da gibt die Entrichtung der *Kirchensteuer* einen recht guten *Anlass* für den Austritt. Zum ersten kann die Zusatzbelastung durch die Kirchensteuer der vielbeschworene „Tropfen auf den heißen Stein" sein, der nach langem Hadern mit der Kirche zum Vollzug des Austritts führt. Zum zweiten bietet eine stärkere Belastung durch die Kirchensteuer einen Anknüpfungspunkt für die oben dargestellte Rationalisierungsstrategie. Zum dritten kann es durch seine zusätzliche oder erstmalige Belastung im Lebenszyklus – zum Beispiel beim Eintritt ins Arbeitsleben, bzw. Ablösungsprozessen vom Elternhaus[17] – als konkreter Auslöser wirken.[18]

Selbst wenn *lebenszyklische Prozesse* für die langfristige Entwicklung der Konfessionslosenzahlen nur eine untergeordnete Bedeutung besitzen, geben sie doch Auskunft über besonders günstige oder ungünstige *Phasen* im Lebenslauf für die Entscheidung zum Kirchenaustritt. Bestimmte Ereignisse im Lebenslauf liefern den Anlass, um dieses – bereits schwellende – Vorhaben umzusetzen. Besonders häufig korreliert es mit dem Übergang ins Erwachsenenalter und den damit verbundenen Übergängen wie dem Berufseintritt (Birkelbach 1999: 146–148). Teilweise spielen hier Kosten-Nutzen-Erwägungen der Kirchenmitgliedschaft eine Rolle (Hermelink 2008: 103). Dies gilt zum Beispiel, wenn durch die Kirchensteuer dem jungen Familiengründer zusätzliche finanzielle Belastungen entstehen, die dann verbunden mit dem Entzug der elterlichen sozialen Kontrolle die Entscheidung für einen Austritt komplettieren.[19] Ausgangspunkt ist allerdings auch hier eine bereits vorhan-

---

16   Auch die Position gegenüber der Kirche wurde rationalisiert: Ging die Zahl derer zurück, denen die Kirche generell gleichgültig ist (auch wenn diese Gruppe beachtlich viele Ausgetretene umfasst), so hat die Zahl derer zugenommen, welche die Unglaubwürdigkeit der Kirche als zentralen Grund für den Austritt nennen.
17   So tritt die Zahlung der Kirchensteuer mit einem eigenen Verdienst erstmalig ins Blickfeld vieler Menschen.
18   Wie die Ergebnisse in Abbildung 7 zeigen, gewann die Begründungsstrategie „Kirchensteuer" in Ostdeutschland nach dem Umbruch an Relevanz und hat zwischen 1992 und 2002 einen Sprung zum am meistgenannten Grund vollzogen. Dies spiegelt ein wenig den periodenspezifischen Effekt wider, der in der ersten Erfahrung mit einer Kirchensteuerzahlung überhaupt nach dem politischen Umbruch verbunden ist.
19   So zeigen Ergebnisse von Jugendstudien, dass über Jahrzehnte feststellbare höhere Werte zur Kirchenmitgliedschaft der jüngsten Alterskohorten gegenüber den über 25-Jährigen nicht als Umkehrung eines

dene distanzierte Haltung zu Religion sowie Kirche und damit eine latente Bereitschaft, sich von dieser stützenden Sozialform abzusetzen. Fasst man alles zusammen, dann bestimmt der Grund *„Kirchensteuer" möglicherweise den Zeitpunkt des Austritts, kann Konfessionslosigkeit aber nicht ursächlich erklären.*

4 Konfessionslosigkeit als Dauerphänomen?

Interessant ist nun, dass im sozioökonomisch immer noch benachteiligten Ostdeutschland die Konfessionslosigkeit auch nach dem Umbruch weiter verbreitet ist als in den alten Bundesländern. Hierfür ist – wie bereits dargestellt – die jüngere Geschichte verantwortlich zu machen, die eine weitgehende Entkonfessionalisierung Ostdeutschlands bis 1989 mit sich brachte. Die Konfessionslosigkeit hat sich auf die nachfolgenden Generationen übertragen *(Folgekonfessionslosigkeit)*, wodurch die Konsequenzen aus den früheren Entwicklungen in das neue Jahrtausend hineinreichen. Dies ist anschlussfähig an die religionssoziologische Theoriedebatte, kommt doch der *Sozialisation* in der Säkularisierungstheorie die tragende Bedeutung zu. Mit einer ausbleibenden religiösen Sozialisation fehlt aber nicht nur das religiöse Wissen bzw. die Glaubenspraxis, sondern jegliche Form religiöser Argumentation verliert für das Alltagsleben an Bedeutung. Dadurch ergibt sich ein innerdeutscher Gegensatz: Finden wir auf dem Gebiet der alten Bundesländer einen durch die Veränderung der gesellschaftlichen Rahmenbedingungen initiierten Zuwachs an Konfessionslosen, ist die heutige Situation in den neuen Bundesländern dagegen Folge der Mischung aus gesellschaftlicher Tradierung von Konfessionslosigkeit und jetzt stattfindender (westlicher) Säkularisierung. Dabei werden in den alten Bundesländern noch überwiegend, wenn auch schrumpfend, religiöse Traditionen , religiöses Wssen und eine religiöse Lebensweise weitergegeben, während in den neuen Bundesländern zumeist Konfessions- und auch Religionslosigkeit vermittelt werden. Dieser Tradierungsprozess wird erkennbar, wenn man einen Blick auf die wichtigste Sozialisationsinstanz, die Eltern, richtet[20]: Bereits bei *einem* konfessionslosen Elternteil erhöht sich die Wahrscheinlichkeit, dass das Kind ebenfalls konfessionslos ist, erheblich. Es ist vor allem die Mutter, welche die zentrale Prägekraft für die Kinder besitzt. Selbst im noch weitgehend konfessionsgebundenen Westdeutschland sind bei Konfessionslosigkeit der Mutter zwei Drittel der Befragten auch konfessionslos. Sind beide Elternteile nicht Angehörige einer Konfession, so ist mit fast hundertprozentiger Sicherheit davon auszugehen, dass auch das Kind konfessionslos ist (vgl. auch Pittkowski 2006: 96). „Die Beziehungslosigkeit zur Kirche wurde schon im Elternhaus als Normalfall erlebt" (Grabner 2008: 137).

---

generationalen Säkularisierungstrends zu deuten sind, sondern wohl eher auf der sozialen Kontrolle durch die Eltern in der Kindheit bzw. während des Lebens im elterlichen Haushalt zu erklären sind.

20 Der Einfluss anderer Sozialisationsinstanzen (Freundeskreise, Schule) wird bei Nachfrage wesentlich seltener genannt (vgl. auch Pittkowski 2006: 97).

Abbildung 11 Vererbung der Konfessionslosigkeit

	Beide Eltern in einer Konfession	Mutter Konfessionslos	Vater Konfessionslos	Beide Eltern konfessionslos
West	11	64	29	88
Ost	58	100	79	99

Quelle: Eigene Berechnungen auf Basis Allbus 2008; Angaben in Prozent der jeweiligen Befragungsgruppe.

Es handelt sich also bei der Konfessionslosigkeit um einen *Fortschreibungsprozess.* Ausgehend von der jetzigen Situation dürfte dieser kaum in näherer Zukunft sein Ende erreichen. Die Tradierung der Konfessionslosigkeit kann nur durch die bewusste Entscheidung von Personen, in die Kirche einzutreten, ausgeglichen werden. Dies ist, wie wir bereits in den vorangegangenen Abschnitten gesehen haben, bislang bei weitem nicht der Fall, denn die dominanten Gründe für Konfessionslosigkeit liegen hauptsächlich in einem langsamen, aber kontinuierlichen sozialen Bedeutungsverlust von Religion in der Gesellschaft, der sich im Austritt aus der Kirche, geringeren Wiedereintritten und einer relativ hohen Konstanz der Konfessionslosigkeit ausdrückt. Fasst man die Erklärungsansätze noch einmal zusammen und führt Regressionsanalysen durch, um die verschiedenen Faktoren zueinander in Relation zu setzen, so erklären ein fehlender Glaube an Gott bzw. eine fehlende subjektive Religiosität, ein nicht bestehendes Vertrauen in die Kirche wie auch die Konfessionslosigkeit der Eltern und dabei insbesondere der Mutter, ob jemand konfessionslos ist oder nicht. Das Gros anderer Gründe, inklusive sozialstruktureller Faktoren, greift neben diesen unabhängigen Variablen dann nicht mehr.

Abbildung 12 Regression auf Konfessionslosigkeit

	Allbus 2008			Glauben 92		
	Gesamt	West	Ost		West	Ost
Gottesglauben	−.32	−.17	−.45	Religion besitzt eine Bedeutung für mein Alltagsleben	−.17	−.19
Vertrauen in die Kirche	.18	.23	n.s.	Glaube an Gott oder ein höheres Wesen	−.16	−.16
Konfessions- losigkeit Mutter	.27	.32	.25	An Altem festhalten versus Neues versuchen (Traditionalismus)	n.s.	−.07
Wirtschaftslage				Kirchensteuer ist zu hoch	.09	.07
Alter/Geschlecht/ Einkommen	n.s.	n.s.	n.s.	Man kann auch ohne Kirche glauben (Individualisierung)	n.s.	−.06
				Konfessionelles Umfeld	−.06	−.10
R2	.46	.26	.32			

Quelle: Eigene Berechnungen auf Basis Allbus 2008, Glauben 92 (siehe auch Pickel 2000: 229); n.s. = nicht signifikant; Hauptkomponentenanalyse, ausgewiesen standardisierte beta-Werte der Regression.

Auch andere Berechnungen (Pickel 2000: 229) oder Terwey (2004: 141) stützen diese Ergebnisse. Leider sind die verfügbaren Erklärungsfaktoren in den meisten Umfragen begrenzt. In der zeitlich etwas zurückliegenden Spiegel-Umfrage „Glauben 92" wurden eine größere Zahl an Indikatoren erfasst.[21] Hier ist das Ergebnis noch klarer: Es ist die fehlende Bedeutung der Religion für das Alltagsleben des Einzelnen, welche noch vor dem fehlenden Glauben an Gott oder ein höheres Wesen den Status als Konfessionslosen bestimmt. Andere Aspekte wie die Kirchensteuer und speziell die Individualisierung treten gegenüber diesen Faktoren deutlich in den Hintergrund.[22] *Die Abwendung von der Kirche und ihren Traditionen sowie bereits diffuse* (wenn nicht gar indifferente) *Glaubensvorstellungen sind die Grundbedingungen für Konfessionslosigkeit.* Über die Zeit mündet diese Entfremdung von der Institution und ihren sozialen Bindungsstrukturen auch in einen Verlust der spezifischen Religiosität und Glaubensvorstellungen.

Weil die religiöse Sozialisation der zentrale Erklärungsfaktor für eine bestehende Mitgliedschaft in einer der christlichen Kirchen ist (auch Pittkowski 2006: 96–97), besteht in der religionsfreien Sozialisation mittlerweile der zentrale Grund für die Konfessionslosigkeit. Berücksichtigt man die Stellung der westdeutschen Konfessionsmitglieder, die sich insbesondere durch eine große Menge an Randmitgliedern (siehe Abb. 2) und damit durch eine nur geringe Bindung an die Kirche auszeichnen, dann dürften die Abbruchsprozesse in näherer Zukunft kaum enden. Es finden sich weiterhin erhebliche *Potentiale für einen Austritt*, die zu spezifischen Anlässen (gesellschaftlichen Entwicklungen, Skandalen in der Kirche) einen Austritt forcieren. Wie sieht es umgekehrt mit den gelegentlich seitens der Kirchen thematisierten *Potentiale* außerhalb ihrerselbst aus? Immer wieder wird auf die bestehende subjektive Religiosität auch bei großen Gruppen von Konfessionslosen verwiesen und der Austritt als ein temporärer, möglicherweise bei einer Verbesserung der kirchlichen Angebotssituation revidierbarer Schritt angesehen. Bei genauerer Ansicht scheint das Potential für Wiedereintritte unter den Konfessionslosen allerdings begrenzt. Dies drückt sich bereits bei einer einfachen Gegenüberstellung von Ausgetretenen und Personen, die nie Mitglied in einer Kirche waren, aus (siehe Abbildung 13).

Bei den Ausgetretenen finden sich zwar gelegentlich noch Rudimente des christlichen Glaubens, teilweise sogar (wenn auch wenige) Personen mit einem noch relativ tiefen Glauben, in der Regel ist jedoch sowohl der Glaube als auch die Tendenz zur Beschäftigung mit Religion begrenzt. Mit zunehmender Distanz zur Kirche nimmt auch die persönliche Religiosität ab. Dies belegt die höhere Distanz der immer Konfessionslosen zu den Ausgetreten sowie die Beziehung zwischen dem Zeitpunkt des Kirchenaustrittes und dem Gottesglauben von r = .33 (Pearsons-r-Produkt-Moment-Korrelation). Je länger der Austritt zurück liegt, desto geringer sind Spuren der einmal erfahrenen religiösen Traditionen erhalten. Sind Personen erst einmal aus einer Kirche ausgetreten, wird es mit dem Voranschreiten der Zeit außerhalb der Kirche immer unwahrscheinlicher, dass sie zurückkehren – oder in eine andere

---

21 Trotz der zeitlichen Distanz dürfte sich die systematische Ordnung der Gründe kaum verschoben haben, handelt es sich doch um ein strukturelles und weniger zeitlich gebundenes Ergebnis.
22 Die Wirkung von Individualisierung ist für Ostdeutschland zwischen den Gruppen der Ausgetretenen und der noch nie in einer Konfession gewesenen Personen unterschiedlich (Pickel 2000: 229–230). Besteht bei denen, die diesen Schritt selbst bestimmt haben, ein positiver Zusammenhang zum Individualisierungsitem, ergibt sich bei den seit jeher Konfessionslosen ein negativer Zusammenhang.

Glaubensgemeinschaft eintreten. Der zentrale Grund ist, dass – entsprechend den Gedanken der Säkularisierungstheorie – mit größerer Entfernung zum Austritt ohne rituelle Einbindung und kommunale Rückbindung zu einer Gemeinde auch der Glaube schwindet, wenn dies nicht bereits vor dem Austritt der Fall war.

Abbildung 13 Glaubensdifferenzen Ausgetretene/Immer Konfessionslose

	West		Ost	
	Nie	Austritt	Nie	Austritt
Glaubensvorstellungen				
Ich glaube, dass es einen Gott gibt, der sich in Jesus Christus zu erkennen gegeben hat.	3	8	2	2
Ich glaube an Gott, obwohl ich immer wieder zweifle und unsicher werde.	6	9	4	10
Ich glaube an eine höhere Kraft, aber nicht an einen Gott wie ihn die Kirche beschreibt.	24	47	18	23
Ich glaube weder an Gott noch an eine höhere Kraft.	33	24	32	37
Ich bin überzeugt, dass es keinen Gott gibt.	34	12	44	28
Gottesdienstbesuch				
Gottesdienstbesuch: Nie	74	66	79	64
Gottesdienstbesuch gelegentlich	21	28	17	27
Gottesdienstbesuch an Feiertagen (häufig und gelegentlich)	13	15	15	25
Reden über religiöse Themen	29	32	28	37

Quelle: Eigene Berechnungen aus Basis KMU 2002; Prozente in Zustimmung; Nie = nie Mitglied in einer Kirche gewesen; Austritt = aus der Kirche ausgetreten.

Selbst wenn die Frage, ob zuerst der Glaubensverlust oder die Distanzierung zur Sozialform der Religion eintritt, nicht endgültig geklärt werden kann, scheint doch zumindest eine soziale Einbettung des Glaubens und der Religiosität von wesentlicher Bedeutung für die Persistenz subjektiver Religiosität zu sein (vgl. auch Pollack/Pickel 2003).[23] Dieser Befund spricht gegen die Hoffnung der Kirchen auf die Existenz einer großen Gruppe individualisiert religiöser Konfessionsloser, die vielleicht irgendwann einmal später (wieder) für eine Rückkehr in die Kirche zu gewinnen sind. So ist wohl auch in näherer Zukunft ein für die beiden christlichen Kirchen ungünstiges Ungleichverhältnis zwischen Eintritten und Austritten zu erwarten.

Folgt man der Individualisierungstheorie des Religiösen, könnten sich die religiös Suchenden auch jenseits von sich selbst als religiös einschätzenden und traditionalen Glaubensvorstellungen folgenden Menschen befinden. Andere Formen der Religiosität dienen in diesem

---

[23] In die gleiche Richtung zeigt ein anderes Ergebnis empirischer Analysen: Von Geburt an Konfessionslose glauben im Vergleich zu erst kürzlich Ausgetretenen wesentlich seltener an einen Gott bzw. ein höheres Wesen oder schätzen sich selbst als religiös ein.

Falle als Ersatz oder Äquivalent der traditionellen Religiosität.[24] An dieser Stelle wird oft auf den angeblich weit verbreiteten Wunsch der Menschen nach *Spiritualität* verwiesen, der sich gerade bei den mit den existierenden Sozialformen der Religion unzufriedenen Menschen auffinden lässt. Doch ist dies wirklich so?

Abgesehen von der durchaus fraglichen Vorstellung, Personen, die ein Bedürfnis nach Spiritualität besitzen, strebten zurück in die traditionellen Institutionen der christlichen Kirchen, liegen „kaum Indizien für eine verbreitete alternative Spiritualität unter Konfessionslosen" (Pittkowski 2006: 103) vor.[25] Selbst wenn man die zur Prüfung individueller oder alternativer Religiosität verwendeten Messinstrumente als nicht besonders tauglich erachtet, kann man doch nicht abstreiten, dass die Tendenz der Konfessionslosen eher in die entgegengesetzte Richtung – unterdurchschnittliches Interesse an alternativen Formen der religiösen Äußerung – zielt. So finden Konfessionslose in West- wie in Ostdeutschland Amulete seltener als Konfessionsmitglieder als hilfreich und glauben weniger an Astrologie. Die Ablehnung ist dabei in den neuen Bundesländern etwas stärker als in den alten Bundesländern, scheint sich dort doch eher eine allgemeine Abneigung gegenüber allem Jenseitigen und Transzendenten ausgebildet zu haben.

Abbildung 14 Neigung zu alternativer Religiosität und Spiritualität bei Konfessionslosen

	Amulete hilfreich	Magie	Astrologie	Spiritueller Mensch	Pluralisierung	Synkretismus
West						
Konfessionslos	n. s.	n. s.	n. s.	−.19	−.12	−.17
Religiös Indifferent	−.06	−.08	−.09	−.23	−.13	−.20
Bekennender Atheist	−.11	−.05	n. s.	−.18	n. s.	−.14
Ost						
Konfessionslos	−.10	n. s.	−.07	−.35	−.25	−.34
Religiös Indifferent	−.19	−.14	−.06	−.24	−.14	−.22
Bekennender Atheist	−.14	−.14	−.22	−.23	−.14	−.22

Quelle: Eigene Berechnungen auf Basis Church and Religion in an enlarged Europe (C&R) 2006; Pearsons r-Produkt-Moment-Korrelationen, ausgewiesen nur signifikante Werte bei p<.05, n. s. = nicht signifikant; Amulete hilfreich = „Ich glaube, dass Amulete, Edelsteine und Kristalle hilfreich sein können"; Magie = „Ich glaube an die Wirkung von Magie, Spiritualismus oder Okkultismus"; Astrologie = „Ich glaube an Astrologie oder Horoskope"; Spiritueller Mensch = Frage: „Egal ob Sie sich als religiös oder nicht ansehen, würden Sie sich als spiritueller Mensch bezeichnen"; Pluralisierung = „Ich würde mir eine größere Breite an religiösen Organisationen und Gruppen in meiner Nachbarschaft wünschen, sodass ich zwischen ihnen auswählen könnte"; Synkretismus = „Ich fühle mich frei, meine Überzeugungen aus verschiedenen Lehren zusammenzustellen" .

---

24 Ein Hintergrund hierfür ist die Annahme einer quasi anthropologischen Notwendigkeit von Religiosität oder zumindest Kontingenzbewältigung.
25 Vermutlich wird nicht nur Religiosität sondern auch Spiritualität als relativ stark im Bezug zum christlichen Denken bzw. dem Denken anderer Großreligionen gesehen.

Noch prägnanter als diese Ergebnisse sind drei andere Berechnungen. Die Konfessionslosen in beiden Gebieten sehen sich überwiegend nicht als spirituelle Menschen, selbst wenn sie dies von einer Eigeneinstufung als religiös getrennt halten sollen. Da auch der Hang zur Bastelreligion, die sich aus verschiedenen Quellen des Religiösen speist, bei den Konfessionslosen und Atheisten wesentlich geringer ausgeprägt ist als bei den Konfessionsmitgliedern und sie sich zudem seltener ein größeres religiöses Angebot wünschen, scheinen die Konfessionslosen weniger „potentiell Suchende" als vielmehr *„innerweltlich Distanzierte"*. Keine Überraschung ist es dabei, dass die Unterschiede zwischen konfessionsgebundenen und konfessionslosen Ostdeutschen kräftiger ausfallen als in Westdeutschland. Die Differenz hat sich über die Zeit verfestigt und beinhaltet mittlerweile auch ein stärkeres Desinteresse an allen Formen von Religiosität oder Spritualität als in den alten Bundesländern, wo die Abbruchprozesse zeitlich kürzer zurückliegen und das Umfeld noch weitgehend kirchlich geprägt ist. Vermutlich werden die religiös Suchenden noch ungebundenere (auch unsichtbare) Formen der Religiosität bevorzugen (Knoblauch 2009), die bei den vorgestellten Betrachtungen teilweise außerhalb des Blickes blieben. Sicher ist dies aber nicht. Wahrscheinlich finden sich Interessen an Spiritualität und alternativer Religiosität eher bei gleichzeitig kirchlich gebundenen Personen.[26] Gleichwohl weist auch hier nichts auf große Potentiale für eine Wiederbelebung der Konfessionsmitgliedschaft der evangelischen und der katholischen Kirche in Deutschland hin. Ohne die Suche nach einer religiösen Heimat und einem religiösen Grundinteresse scheint eine Rückkehr zur Kirche doch recht unwahrscheinlich.

5 Konfessionslose Lebensstile – Neuer Atheismus?

Nun sind Konfessionslose nicht unbedingt gleich. Wie es keine „Partei der Nichtwähler" in einem Staat gibt, kann man auch nicht von einer „Konfession der Konfessionslosen" sprechen. Vielmehr findet sich eineVielfalt der Konfessionslosen, die sich zwar in ihrem Status der Konfessionslosigkeit gleichen, aber sonst eine weitläufige *Heterogenität* aufweisen. Dies ist nicht besonders überraschend, stammen sie doch, wie auch die Konfessionsmitglieder, aus unterschiedlichen Sozialmilieus und weisen verschiedene Lebensstile auf (vgl. auch Benthaus-Apel 2006: 238).[27] Zudem zeigten bereits die Gründe für die Konfessionslosigkeit, dass von Personengruppe zu Personengruppe ganz unterschiedliche Motive zum Tragen kommen können.

Für die neuen Bundesländer konnten zum Zeitpunkt 1992 sieben Typen von Konfessionslosen voneinander unterschieden werden (Abb. 15), unter denen allerdings die Gruppen mit einer geringen Alltagsrelevanz von Religion die Mehrzahl der Personen beinhaltete (durchschnittliche Konfessionslose, volldistanzierte Religionslose, traditionalistische Konfessions-

---

26 Es glt anzumerken, dass für neuere Formen alternativer Religiosität (ZEN-Meditation, New Age) auch leicht gegensätzliche Befunde festzustellen sind (vgl. Pollack/Pickel 2003). Da die Nachfrage nach beiden alternativen Formen aber gering ausfällt, können diese nicht als Kompensation oder Substitution gelten.

27 Benthaus-Apel (2006) identifiziert für die Konfessionslosen wie auch für die evangelischen Konfessionsmitglieder sechs Lebensstile, die sich in vielen Punkten decken, sich aber auch in Nuancen unterscheiden. Dabei betont die Autorin, dass es eher die Ost-West-Differenzen sowie Generationenunterschiede als die Unterscheidung Konfessionslose-Konfessionsmitglieder sind, welche zu Lebensstildifferenzen beitragen.

lose; zusammen 65 Prozent der Befragten). Daneben existieren zwar auch andere Gruppen, sie vereinen aber jeweils nur eine begrenzte Zahl an Personen auf sich. In den alten Bundesländern kann man – neben der geringeren Zahl an Konfessionslosen – zwar Verschiebungen zwischen den Gruppengrößen annehmen, substantiell andere Typen als hier ermittelt sind aber auch im Jahr 2010 nicht zu erwarten. Die angesprochene Frage nach der Homogenität der Konfessionslosen wird mittlerweile an einer gesellschaftspolitischen Stelle hochrelevant. So nehmen gerade in den letzten Jahren verschiedene Gruppen des *„neuen Atheismus"* das Recht für sich in Anspruch, für alle Konfessionslosen zu sprechen (vgl. Schmidt-Salomon 2009; siehe auch Harris 2006, 2008). Ein solches Vorgehen setzt nun gerade die Homogenitätsannahme der Konfessionslosen voraus, die obige Ergebnisse in Frage stellen. Es erfolgt eine Gleichsetzung von Konfessionslosigkeit, Religionslosigkeit und Atheismus, die empirisch gesehen problematisch ist. Da dieser Anspruch in manifeste politische Forderungen mündet, lohnt es, dieser Annahme noch etwas mehr Aufmerksamkeit zu widmen. Dem Phänomen Atheismus kann durch eine Frage nach dem persönlichen Glauben nachgegangen werden, die eine Differenzierung zwischen Konfessionslosen, für die Religion einfach keine Bedeutung für das Alltagsleben besitzt, und Konfessionslosen, die sich in klarer Abgrenzung gegenüber Religion und religiösen Personen definieren, herausarbeitet. Es wird dabei die einfachste, aber oft effektivste Vorgehensweise – die der Selbstzuschreibung – gewählt.

Abbildung 15 Typen der Konfessionslosigkeit

Typ	Zentrale Identifikationsmerkmale	In %
Durchschnittliche Konfessionslose	Kaum Alltagsrelevanz, geringe Beschäftigung mit Religion, geringe Sozialisationsbindung und eher konfessionslose Milieubindung	40,5
Volldistanzierte Konfessionslose	Keine subjektive Religiosität/kein Glaube, keine Alltagsrelevanz, ideologisch linke politische Position, Kirchensteuer zu hoch eingeschätzt, Bindung an konfessionslose Milieus	20,5
Nichtgläubige rechte Konfessionslose	Keine subjektive Religiosität/kein Glaube, keine Bindung an konfessionelle Milieus, ideologisch rechte politische Orientierung	14,8
Herkunftschristliche Konfessionslose	Kommen aus konfessionellen Milieus, aus der Kirche ausgetreten, Religion wird thematisiert, Kirchendistanz, aber Rudimente subjektiver Religiosität	8,7
Individualistische Konfessionslose	Ideologisch linke politische Orientierung, individualisierte Religiosität	5,4
Traditionalistische Konfessionslose	Traditionalisitsche Wertemuster, keine individualisierte Religiosität, keine Alltagsrelevanz von Religion, keine subjektive Religiosität	5,3
Gläubige Konfessionslose	Subjektive Religiosität und Glaube, leicht individualisierte Religiosität, Religion wird als wichtig angesehen, Kirchendistanz	4,8

Quelle: Eigene Berechnungen auf Basis Glauben 92 (siehe auch Pickel 2000: 232); n = 992.

Die Gruppe der *„bekennenden Atheisten"* findet sich vornehmlich in den neuen Bundesländern (siehe Abb. 16). Hier haben sich klare ideologische Positionen niedergeschlagen, die die Zeiten der antikirchlichen Staatsdoktrin der DDR überdauert, sich aber auf der Ebene der Einstellungen festgesetzt und tradiert haben. So stufen sich seit 2000 konstant jeweils mehr als ein Viertel der ostdeutschen Befragten als „Atheisten" ein. Die gleiche Gruppengröße bekundet, „nicht an Gott zu glauben".[28] In den alten Bundesländern finden sich dagegen nur fünf Prozent „bekennende Atheisten", dafür aber 16 Prozent, die nicht an Gott oder eine höhere Macht glauben. Diese vorgenommene Selbsteinschätzung dürfte angesichts der vorhandenen Antwortmöglichkeiten eine belastbare und nicht nur zufällige Aussage im Verhältnis der Befragten zu Religion abbilden. Handelt es sich bei den „bekennenden Atheisten" um Menschen, die sich bewusst in Opposition zu Religion und Kirche positionieren, so dürften die Personen, welche nicht an Gott oder eine höhere Macht glauben, eine Auseinandersetzung mit Religion weitgehend für irrelevant erachten. Für eine bessere Unterscheidung von den „bekennenden Atheisten" charakterisiert die Bezeichnung *„religiös Indifferente"* diese Personen am besten, deren Haltung zur Frage nach Gott durch Gleichgültigkeit, Desinteresse und Unentschiedenheit gekennzeichnet ist (Pollack 2003). Für die Interpretation einer Differenz spricht, dass sich in den alten Bundesländern mit fünf Prozent nur wenige „bekennende Atheisten" finden, während das Gros der Nichtgläubigen einfach keinen Glauben zu besitzen äußert. Die Restgruppen der Konfessionslosen in den neuen Bundesländern bestehen bei den „Zweiflern" und gelegentlich noch an ein höheres Wesen glaubenden Personen.

Abbildung 16 Atheismus im innerdeutschen Vergleich

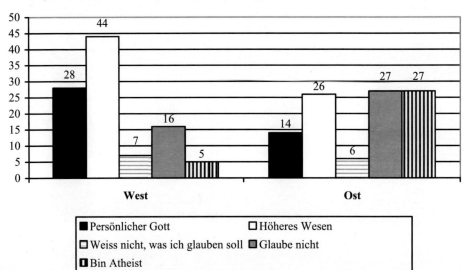

Quelle: Eigene Berechnungen auf Basis von Church and Religion in an enlarged Europe (C&R) 2006; Angaben in Prozent.

---

28 Die neuen Bundesländer machen mit immerhin über einem Viertel ihrer Bürger den im europäischen Vergleich höchsten Anteil an selbsterklärten Atheisten aus. Nur Estland und Russland mit 15 respektive 10 Prozent kommen hier überhaupt in die Nähe. Die Gruppe der Konfessionslosen insgesamt ist aber mit drei Vierteln der ostdeutschen Bevölkerung wesentlich größer. Diese teilen sich dann auf religiös Indifferente und Personen auf, welche eine unklare, zweifelnde oder nur lose Beziehung an irgendeine Form des Glaubens aufweisen. Das diese Differenzierung dabei kein Zufallsprodukt ist, zeigen die dahinter stehenden Einstellungsmuster wie auch die sozialstrukturellen Prägungen.

Abbildung 17 Haltungen „bekennender Atheisten" und „religiös Indifferenter" zur Religion

	Glaube an Gott	Glaube höheres Wesen	Weiß nicht, was ich glauben soll	Glaube nicht	Bin Atheist
Sozialstruktur und Religionsfreiheit (Differenzen zum Landesmittel)					
Formal niedrige Bildung	+2	+5	+2	−4	−6
Frauen	+3	+4	0	−3	−4
Religions- und Glaubensfreiheit sollten gewährleistet werden	+13	+11	−6	−12	+5
Bezug zu religiöser und spiritueller Verankerung					
Selbst erfahrene religiöse Erziehung	78	71	53	27	20
Wichtigkeit religiöser Erziehung	90	77	55	30	19
Kein spirituelles Leben (6+7 auf Skala von 1 bis 7)	38	42	72	80	85
Aussagen zur funktionalen Differenzierung von Religion und Gesellschaft					
Zustimmung: „Religiöse Führer sollten Wahlen nicht beeinflussen."	61	69	68	74	80
Zustimmung: „Schule sollte frei von Religion sein."	28	35	28	53	70
Zustimmung: „Verbot religiöser Symbole an den Schulen"	39	44	48	56	71
Zustimmmung: „Religiöse Normen sollten die Wissenschaft nicht beeinflussen."	64	61	57	39	38

Quelle: Eigene Berechnungen auf Basis von Church and Religion in an enlarged Europe (C&R) 2006; Angaben in Prozent.

Dass sich beide Selbsteinschätzungsgruppen substantiell unterscheiden zeigt sich, wenn man verschiedenen *Haltungen zu Religion und Kirche* nachgeht. Nicht nur, dass „bekennende Atheisten" in geringerem Umfang eine religiöse Sozialisation erfahren haben, sie sind auch wesentlich seltener als die „religiös Indifferenten" bereit, diese für ihre Kinder in Anspruch zu nehmen. Zudem treten sie signifikant häufiger für eine rigidere Trennung von Kirche bzw. Religion und Staat ein. So sollen Schulen frei von Religion sein und religiöse Normen keinesfalls die Wissenschaft beeinflussen. Sozialstrukturell sind die Atheisten weniger in den formal niedriger gebildeten Bevölkerungsschichten anzutreffen und eher Männer. Interessant ist die Haltung zum staatlichen Diktum der Religionsfreiheit. Sowohl die „religiös Indifferenten" als auch die „Glaubenszweifler" stehen diesem wesentlich skeptischer gegenüber als die Gläubigen. Sie sehen vermutlich in der Religionsfreiheit ein Schutzrecht für die bestehenden Religionen und empfinden es in modernen Gesellschaften als nur noch begrenzt notwendig. Anders ist dies bei den „bekennenden Atheisten". Sie treten überdurchschnittlich häufig für

Religionsfreiheit ein. Vermutlich sehen sie diese Paragraphen aber eher als einen Schutz vor zuviel Religion und als Sicherung einer säkularen Form der Regelung des Umgangs unterschiedlicher religiöser und nichtreligiöser Gruppen untereinander an. Damit folgen sie Überlegungen, die auch Habermas (2009) in einem anderen Zusammenhang thematisiert hat – der Position des Staates als neutralem Mittler zwischen verschieden Gruppen auf dem religiös-säkularen Feld.

6 Zusammenfassung – Konfessionslosigkeit als Norm der Zukunft

Will man eine zusammenfassende Aussage für die Entwicklung der Konfessionslosigkeit in Deutschland zwischen 1990 und 2010 treffen, so kann diese nur heißen: Es gibt viele Konfessionslose aus unterschiedlichen Gründen und es werden immer mehr.

Die Konfessionslosen, betrachtet man sie einmal als eine geschlossene Gruppe, unterscheiden sich durch *sozialstrukturelle Merkmale* von Konfessionsmitgliedern: Entsprechend der Annahmen der Säkularisierungstheorie sind es im Durchschnitt eher jüngere und formal höher gebildete Menschen, die keiner Kirche angehören. Auch Männer sind in der Überzahl. Besonders auffällig ist aber das stärker ausgeprägte Gefühl ökonomischer Deprivation. Fühlt man sich wirtschaftlich in Not, dann scheint nicht nur der Glauben sondern auch die Mitgliedschaft in einer religiösen Gemeinschaft und Kirche einem Halt zu geben. Oder man hofft zumindest darauf. Rationalisierung (über Bildungsgewinne) und Wohlfahrtsgewinne scheinen Schlüsselkomponenten für die gesellschaftliche Ausbreitung von Konfessionslosigkeit zu sein – und dies in West- wie auch in Ostdeutschland (auch Norris/Inglehart 2004).

Allerdings muss dabei auch festgehalten werden, dass sich die „Gruppe der Konfessionslosen" intern hinsichtlich ihrer Motive genauso ausdifferenziert wie die Mitglieder der verschiedenen Kirchen. *Den* Konfessionslosen oder *den* Atheisten gibt es so nicht. Besonders deutlich ist die Unterscheidung zwischen Konfessionslosen, die man gemeinhin als „religiös indifferent" bezeichnen kann, und „bekennenden Atheisten". Ist für die erste Gruppe Religion für den Alltag ohne Relevanz, definiert sich die zweite Gruppe oft in Abgrenzung und im Gegensatz zu Religion. Feindbilder sind dabei insbesondere die organisierten Sozialformen der (christlichen) Kirchen. Da sich auch die Motivlagen der Konfessionslosen in vielfältigen Kombinatoriken unterscheiden, steht der selbst formulierte Geltungsanspruch, den verschiedene Verbände, die man unter der Sammelbezeichnung *„neuer Atheismus"* zusammenfasst, formulieren, auf einem schwachen Fundament. Trotz ihrer hohen Medienpräsenz können sie keinesfalls als politischer Vertreter aller Konfessionslosen gelten.

Zeitliche Betrachtungen zeigen für die Bundesrepublik (aber auch darüber hinaus in den meisten Staaten Europas) die Beständigkeit der *Zunahme* der Konfessionslosen in den letzten Jahrzehnten. Dabei handelt es sich um einen Prozess, der weder nur kontinuierlich linear verläuft, noch in absehbarer Zeit ein Ende finden dürfte. Diese Annahme ist aus den *Ursachen* für den Prozessverlauf abzuleiten. Gemeinhin erklären die klassischen Faktoren, die seitens der Säkularisierungstheorie benannt werden (Rationalisierung, Urbanisierung, Migration, Wertewandel), eine Zugehörigkeit zum Status der Konfessionslosigkeit recht gut. Fakt ist: Der sich vollziehende Wandel in den *gesellschaftlichen Rahmenbedingungen* evoziert die Zunahme der Konfessionslosigkeit in Deutschland. Dafür sprechen auch die erstaunlich parallelen Entwicklungsmuster der Kirchenaustritte der beiden großen christlichen Kirchen über die letzten dreißig Jahre. Aus Sicht vieler austrittswilliger und kirchenferner Bürger wird zwischen der Institution der evangelischen Kirche und der katholischen Kirche kaum mehr differenziert, bzw. eine solche Differenzierung besitzt nur eine untergeordnete und temporäre Bedeutung.

Gleichzeitig wird bei Sicht auf die Austrittsentwicklung deutlich, dass der gesellschaftlich bedingte Traditionsabbruch in der Mitgliedschaft der katholischen und evangelischen Kirche durch eine gesteigerte *kritische Haltung der Menschen gegenüber der Institution Kirche* befördert wird (auch Hermelink 2008). Selbst dieser Prozess ist in modernen Demokratien insoweit eine gesellschaftliche Entwicklung, als dass alle Großinstitutionen unter einem Legitimitätsverlust (Pharr/Putnam 2000) leiden. Allerdings scheint gerade den (europäischen) christlichen Kirchen ein besonders ungünstiges *Image* anzuhaften, welches sich durch medienträchtige Skandale (z. B. Kindesmissbrauch, Geldveruntreuung) und diskursive Rückgriffe auf eine herrschaftsinstitutionelle Vergangenheit (mit Hexenverfolgung und Kreuzzügen) in den Köpfen der Bürger zu verfestigen scheint. Mit einem solchen Renommee wird auch die eigene Zugehörigkeit des seinen Mitmenschen gegenüber immer schwerer begründbar – und umgekehrt der Austritt aus der Institution Kirche immer einfacher vermittelbar. Damit verkehrt sich die in den alten Bundesländern bislang vorherrschende kulturhistorische Situation langsam, aber stetig: War es früher kaum ohne soziale Sanktionen möglich und nur schwer begründbar, aus der Kirche auszutreten, ist es zwischenzeitlich nicht nur (zumindest in den stadtnahen Gegenden) kaum mehr problematisch, sondern teilweise sogar schon „schick" oder modern, diesen Schritt zu vollziehen (und dann zu kommunizieren). In den neuen Bundesländern unterliegt man sowieso bereits einem umgekehrten (rationalen) Begründungszwang. Dort Mitglied in einer der großen christlichen Kirchen zu sein, stellt ohnehin eher eine individualistische Haltung dar als die weit verbreitete Konfessionslosigkeit. Möglicherweise können solch persönliche Begründungsstrukturen vor dem Hintergrund der weiter voranschreitenden Individualisierung eine Rückkehr oder Zuwendung zur Religion wieder erleichtern.

Auf der anderen Seite muss man sich für *Ostdeutschland* gewahr sein, dass Konfessionslosigkeit genauso über die Generationen weitersozialisiert wird, wie es auch die Kirchenmitgliedschaft seit frühen Zeiten wurde – nur mit dem Unterschied, dass sich die Gruppe aufgrund des Überhangs an Austritten gegenüber Eintritten stetig vergrößert und die Zahl derer, welche eine Konfessionsmitgliedschaft weitervererben können, über die Generationen stetig abnimmt. Die in der Säkularisierungstheorie betonte Sozialisationsthese greift hinsichtlich ihres Entwicklungsprozesses damit in beide Richtungen. Entsprechend sind die *Konfessionslosen in Ausgetretene*, welche die Entscheidung zur Kirchenferne selbst getroffen haben, und *Konfessionslose der zweiten Generation* zu unterscheiden. Beide Gruppen trennt ein unterschiedlicher Erfahrungshorizont: Hat die erste Gruppe bewusst oder zumindest mit einer rationalisierten Begründung die Kirche verlassen, aber noch religiöse Erfahrungen gemacht, fehlen sie in der zweiten Gruppe schon fast völlig. Da ist es nicht verwunderlich, wenn mit wachsender zeitlicher Entfernung zum Kirchenaustritt oder gar zu einer religiösen Sozialisation in der Familie auch individuelle religiöse Bezugnahmen (religiöses Wissen, Glaube) erheblich zusammenschrumpfen. Die *Folgekonfessionslosigkeit* ist der Kern für ihre weitere Ausbreitung.

Kurzfristige Ereignisse sowie das immer wieder betonte Argument der *Kirchensteuer* sind deswegen nicht gänzlich ohne Relevanz, stellen allerdings nur den zusätzlichen Bedingungsfaktor neben der bereits bestehenden Distanz zu Kirche und Religion dar. Sie können jedoch für den Zeitpunkt des Austritts Bedeutung besitzen. Für die Kirchensteuer ist dies der Fall, wenn sie bei jungen Erwachsenen erstmals das Gehalt mindert. Ansonsten dient das Kirchensteuerargument oft als *Rationalisierungsstrategie*, die es dem Einzelnen erleichtert, die individuelle Entscheidung anderen Mitbürgern zu erklären. Man kann sagen: *Langfristige gesellschaftliche Entwicklungen bestimmen die Abwendung von der Kirche, lebenszyklische Erfahrungen mit der Kirchensteuer und kirchenpolitische Skandale den Zeitpunkt.*

Vor diesem Hintergrund sieht die *Zukunft für die großen christlichen Kirchen* nicht so rosig aus, erfolgt doch verstärkt eine Weitergabe religionsloser Überzeugungen (insbesondere in Ostdeutschland). Gleichzeitig schwächt sich – wie andere Indikatoren zu kirchlichen Riten, Gottesdienstbesuch oder individueller religiöser Praxis zeigen – die Bindung an die Kirchen immer weiter ab.[29] Es wird aufgrund des kontinuierlichen Wegbrechens der Randmitglieder in modernen Gesellschaften für die christlichen Kirchen immer schwieriger werden, die Abbruchprozesse zu stoppen. Aufgrund der gesellschaftlichen Bedingtheit des Verlustprozesses und der damit verbundenen sinkenden Bedeutung einer Bindung an die Institution Kirche in modernen Gesellschaften wie der Bundesrepublik erscheinen dann stark am religiösen Marktmodell orientierte Forderungen wie die der Evangelischen Kirche nach einem „Wachsen gegen den Trend" in ihrem Papier „Kirche der Freiheit" eher wenig hoffnungsvoll.[30] Auch Hoffnungen auf eine bessere Positionierung der Kirche auf dem religiösen Markt (Graf 2004) oder überhaupt eine „Selbstregulierung" des religiösen Marktes im Sinne einer Umorientierung der „religiös Suchenden" auf andere Anbieter (Finke/Stark 2006; Froese/Pfaff 2001, 2009; Iannaccone 1991; Stark/Finke 2000) scheinen weitestgehend unangebracht.[31] Hat man früher auf eine Angleichung zwischen West- und Ostdeutschland im Sinne eines Aufschwungs in den neuen Bundesländern gehofft, so nimmt die Entwicklung derzeit eher Kurs auf eine Angleichung der Konfessionsmitgliedschaft auf einem niedrigen Basisniveau noch jenseits der in den neuen Bundesländern bislang erreichten Tiefstwerte (vgl. Pickel 2010b).

So handelt es sich bei der Säkularisierung weniger um einen Mythos, denn eher um nackte Realität, die ohne Zweifel ihre Weiterverbreitung auch der *öffentlichen Wahrnehmung der Gesellschaft als säkular* geschuldet ist. Die Prozesse der funktionalen Differenzierung mit der Betonung verschiedener Lebensbereiche als säkular und die in Europa relativ breit

---

29 Selbst sozialstrukturelle Gegenprozesse, wie zum Beispiel, dass Konfessionslose in der Regel höher gebildet sind als Konfessionsmitglieder und dementsprechend im Durchschnitt weniger Kinder bekommen, wirken dem skizzierten Abbruchprozess nur in geringem Umfang entgegen.

30 Dabei darf allerdings das Anliegen der Evangelischen Kirche hier nicht grundlegend als falsch angesehen werden, sind doch Zugewinne nur durch aktives Handeln zu erreichen. Verbesserungen des eigenen Images, anknüpfen an die positiv bewerteten Bereiche sozialer Fürsorge und Offenheit für gesellschaftlich indizierte Probleme von Menschen in modernen Gesellschaften sind nicht generell von Misserfolg bedroht. Diskutabel sind die zu begehenden Wege hinsichtlich des Zugewinns oder Haltens von Mitgliedern.

31 Dabei ist es angebracht an dieser Stelle darauf zu verweisen, dass eine einseitige Adaption des Marktmodells hier kaum voranführen wird. So werden gelegentlich die Möglichkeiten der aktiven Reaktion auf den religiösen Markt betont, ohne dabei die weitere Prämisse des religiösen Marktmodells – eine zunehmende religiöse Pluralisierung – zu berücksichtigen.

erfolgte Trennung zwischen Kirche und Staat haben dazu genauso beigetragen wie die Rationalisierung des Alltagslebens. Die steigende Institutionenskepsis wie auch die eher kritische Sicht auf die Kirche als Herrschaftsinstitution befördert dabei Konfessions- wenn nicht sogar Religionslosigkeit (siehe auch Wohlrab-Sahr 2008). Welche Folgen dies für die Zukunft der deutschen Gesellschaft hat (politische Kultur, Integration der Gesellschaftsmitglieder, Wertevermittlung), muss anderen Analysen vorbehalten bleiben. Momentan sieht es zumindest so aus, als werde Konfessionslosigkeit in den nächsten Jahrzehnten im gesamten Bundesgebiet eher zur Norm anstatt noch eine Besonderheit darzustellen.

7   Literatur

Beck, Ulrich (2008): Der eigene Gott: Von der Friedensfähigkeit und dem Gewaltpotential der Religionen. München.
Benthaus-Apel, Friederike (2006): Lebensstil und Lebensführung. In: Huber/Friedrich/Steinacker (Hrsg.): 203–246.
Bergmann, Jörg/Hahn, Alois/Luckmann, Thomas (Hrsg.) (1993): Religion und Kultur. Sonderheft der Kölner Zeitschrift für Soziologie und Sozialpsychologie. Wiesbaden.
Berger, Peter L. (1967): The Sacred Canopy. Elements of a Sociological Theory of Religion. New York.
Bertelsmann Stiftung (Hrsg.) (2008): Woran glaubt die Welt? Analysen und Kommentare zum Religionsmonitor 2008. Gütersloh.
Birkelbach, Klaus (1999): Die Entscheidung zum Kirchenaustritt zwischen Kirchenbindung und Kirchensteuer. Eine Verlaufsdatenanalyse in einer Kohorte ehemaliger Gymnasiasten bis zum 43. Lebensjahr. In: Zeitschrift für Soziologie 28: 136–153.
Bruce, Steve (Hrsg.) (1992): Religion and Modernization: Sociologists and Historians Debate the Secularization Thesis. Oxford.
Bruce, Steve (2002): God is Dead. Secularization in the West. Oxford.
Casanova, José (1994): Public Religions in the Modern World. Chicago.
Davie, Grace (1994): Religion in Britain since 1945: Believing without Belonging. Oxford.
Davie, Grace (2008): From Believing without Belonging to Vicarious Religion: Understanding the Patterns of Religion in Modern Europe. In: Pollack/Olson (Hrsg.): 165–176.
Dawkins, Richard (2008): Der Gotteswahn. Berlin.
Dennett, Daniel C. (2008): Den Bann brechen: Religion als natürliches Phänomen. Berlin.
Dobbelaere, Karel (2002): Secularization: An Analysis on three levels. Brüssel.
Domsgen, Michael (Hrsg.) (2005): Konfessionslos – eine religionspädagogische Herausforderung. Studien am Beispiel Ostdeutschlands. Leipzig.
Engelhardt, Klaus/Loewenich, Hermann von/Steinacker, Peter (Hrsg.) (1997): Fremde Heimat Kirche. Die dritte EKD-Erhebung über Kirchenmitgliedschaft. Gütersloh.
Finke, Roger/Stark, Rodney (2006): The Churching of America 1576–2005: Winners and Losers in our Religious Economy. New Brunswick.
Froese, Paul/Pfaff, Steven (2001): Replete and desolate markets: Poland, East Germany and the New Religious Paradigm. In: Social Forces 80: 481–507.
Froese, Paul/Pfaff, Steven (2009): Religious Oddities: Explaining the Divergent Religious Markets of Poland and East Germany. In: Pickel/Müller (Hrsg.): 123–144.
Gabriel, Karl/Pilvousek, Josef/Tomka, Miklos/Wilke, Andrea/Wollbold, Andreas (Hrsg.): Religion und Kirchen in Ost(Mittel)Europa: Deutschland-Ost. Wien.
Gärtner, Christel/Pollack, Detlef/Wohlrab-Sahr, Monika (Hrsg.) (2003): Atheismus und religiöse Indifferenz. Opladen.
Glaab, Michaela/Weidenfeld, Werner/Weigl, Michael (Hrsg.) (2010): Deutsche Kontraste 1990–2010: Politik – Wirtschaft – Gesellschaft – Kultur. Frankfurt/Main.
Grabner, Wolf-Jürgen (2008): Konfessionslosigkeit: Einstellungen und Erwartungen. In: Hermelink/Latzel (Hrsg.): 133–152.
Graf, Friedrich-Wilhelm (2004): Die Wiederkehr der Götter. Religion in der modernen Kultur. Bonn.
Habermas, Jürgen (2009): Zwischen Naturalismus und Religion: Philosophische Aufsätze. Frankfurt/Main.
Harris, Sam (2006): The End of Faith. Religion, Terror and the Future of Reason. London.
Harris, Sam (2008): Letter to a Christian Nation. New York.

Hermelink, Jan (2008): Kirchenaustritt: Bedingungen, Begründungen, Handlungsoptionen. In: Hermelink/Latzel (Hrsg.): 95–116.
Hermelink, Jan/Latzel, Thorsten (Hrsg.) (2008): Kirche empirisch. Ein Werkbuch. Gütersloh.
Huber, Stefan (2003): Zentralität und Inhalt. Ein neues multidimensionales Messmodell der Religiosität. Opladen.
Huber, Wolfgang/Friedrich, Johannes/Steinacker, Peter (Hrsg.) (2006): Kirche in der Vielfalt der Lebensbezüge. Gütersloh.
Iannaccone, Laurence R. (1991): The Consequences of Religious Market Structure: Adam Smith and the Economics of Religion. In: Rationality and Society 3: 156–177.
Jagodzinski, Wolfgang (2000): Religiöse Stagnation in den Neuen Bundesländern: Fehlt das Angebot oder fehlt die Nachfrage? In: Pollack/Pickel (Hrsg.): 48–69.
Jagodzinski, Wolfgang/Dobbelaere, Karel (1993): Der Wandel kirchlicher Religiosität in Westeuropa. In: Bergmann/Hahn/Luckmann (Hrsg.): 69–91.
Knoblauch, Hubert (2009): Populäre Religion. Auf dem Weg in eine spirituelle Gesellschaft. Frankfurt/Main.
Latzel, Thorsten (2008): Mitgliedschaft in der Kirche. In: Hermelink/Latzel (Hrsg.): 13–34.
Luckmann, Thomas (1991): Die unsichtbare Religion. Frankfurt/Main.
Martin, David (1978): A General Theory of Secularization. New York.
Meulemann, Heiner (2009): Religiosity in Europe and in the Two Germanies: The Persistence of a Special Case – as revealed by the European Social Survey. In: Pickel/Müller (Hrsg.): 35–48.
Müller, Olaf (2009): Religiosity in Central and Eastern Europe: Results from the PCE 2000 Survey in Comparison. In: Pickel/Müller (Hrsg.): 65–88.
Müller, Olaf/Pickel, Gert/Pollack, Detlef (2005): Kirchlichkeit und Religiosität in Ostdeutschland: Muster, Trends, Bestimmungsgründe. In: Domsgen (Hrsg.): 23–64.
Norris, Pippa/Inglehart, Ronald (2004): Sacred and Secular: Religion and Politics Worldwide. Cambridge.
Pharr, Susane J./Putnam, Robert (Hrsg.) (2000): Disaffected Democracies: What's troubling the trilateral countries. Princeton.
Pickel, Gert (2000): Konfessionslose in Ost- und Westdeutschland – ähnlich oder anders? In: Pollack/Pickel (Hrsg.): 206–235.
Pickel, Gert (2003): Areligiosität, Antireligiosität, Religiosität – Ostdeutschland als Sonderfall niedriger Religiosität im osteuropäischen Rahmen? In: Gärtner/Pollack/Wohlrab-Sahr (Hrsg.): 247–270.
Pickel, Gert (2009): Secularization as an European Fate? Results from the Church and Religion in an enlarged Europe Project 2006. In: Pickel/Müller (Hrsg.): 89–122.
Pickel, Gert (2010a): Religionssoziologie – Eine Einführung in zentrale Themenbereiche. Wiesbaden.
Pickel, Gert (2010b): Religiosität versus Konfessionslosigkeit. In: Glaab/Weidenfeld/Weigl (Hrsg.): 447–484.
Pickel, Gert/Müller, Olaf (Hrsg.) (2009): Church and Religion in Contemporary Europe. Results from Empirical and Comparative Research. Wiesbaden
Pittkowski, Wolfgang (2006): Konfessionslose in Deutschland. In: Huber/Friedrich/Steinacker (Hrsg.): 89–109.
Pollack, Detlef (1994): Kirche in der Organisationsgesellschaft: Zum Wandel der sozialen Lage der evangelischen Kirchen in der DDR. Stuttgart.
Pollack, Detlef (2003): Säkularisierung – ein moderner Mythos? Tübingen.
Pollack, Detlef (2009): Rückkehr des Religiösen? Studien zum religiösen Wandel in Deutschland und Europa 2. München.
Pollack, Detlef/Pickel, Gert (1999): Individualisierung und religiöser Wandel in der Bundesrepublik Deutschland. In: Zeitschrift für Soziologie 28: 465–483.
Pollack, Detlef/Pickel, Gert (Hrsg.) (2000): Religiöser und kirchlicher Wandel in Ostdeutschland 1989–1999. Wiesbaden.
Pollack, Detlef/Pickel, Gert (2003): Deinstitutionalisierung des Religiösen – Religiöse Individualisierung oder Säkularisierung in West- und Ostdeutschland. Kölner Zeitschrift für Soziologie und Sozialpsychologie 3: 455–482.
Pollack, Detlef/Pickel, Gert (2007): Religious Individualization or Secularization? Testing Hypotheses of Religious Change – the Case of Eastern and Western Germany. In: Britisch Journal of Sociology 58/4: 603–632.
Pollack, Detlef/Olson, Daniel V. A. (Hrsg.) (2008): The Role of Religion in Modern Societies. New York.
Putnam, Robert (2000): Bowling Alone. The Collapse and Revival of American Community. New York.
Schmidt-Salomon, Michael (2009): Jenseits von Gut und Böse: Warum wir ohne Moral die besseren Menschen sind. München.
Stark, Rodney/Finke, Roger (2000): Acts of Faith: Explaining the Human Side of Religion. Berkeley.
Stolz, Jörg (2009): Explaining Religiosity: Towards a Unified Theoretical Model. In: British Journal of Sociology 60/2: 345–376.
Statistisches Bundesamt (2006): Datenreport 2006. Ein Sozialbericht für die Bundesrepublik Deutschland. Bonn.

Statistisches Bundesamt (2008): Datenreport 2008. Ein Sozialbericht für die Bundesrepublik Deutschland. Bonn.
Wilson, Bryan (1982): Religion in Sociological Perspective. Oxford.
Wohlrab-Sahr, Monika (2008): Das stabile Drittel: Religionslosigkeit in Deutschland. In: Bertelsmann Stiftung (Hrsg.): 151–168.
Wohlrab-Sahr, Monika/Karstein, Uta/Schmidt-Lux, Thomas (2009): Forcierte Säkularität. Religiöser wandel und Generationendynamik im Osten Deutschlands. Frankfurt/Main.

Religiöse Indifferenz als interdisziplinäre Herausforderung

Eberhard Tiefensee

0 Einleitung

Im Jahr 2004 erschien ein Dokument des Päpstlichen Rates für die Kultur, das unter der Federführung von Kardinal Paul Poupard entstanden war und in Deutschland so gut wie unbekannt geblieben ist. In der Originalfassung trägt es den Titel „Où est-il ton Dieu? La foi chrétienne au défi de l'indifférence religieuse". Es registriert eine stillschweigende Distanzierung ganzer Bevölkerungen von religiöser Praxis und von überhaupt jedem Glaubensbezug. Die Kirche sei heute mehr mit Indifferenz und praktischem Unglauben konfrontiert als mit Atheismus, weshalb diese Phänomene, ihre Ursachen und Konsequenzen zu verstehen und Methoden zu erkennen, sie mit Gottes Hilfe zu bewältigen, zweifelsfrei eine der bedeutendsten Aufgaben für die Kirche von heute sei (Päpstlicher Rat für die Kultur 2009)[1].

Nur wenige Jahre zuvor schrieb der Innsbrucker Philosph Emerich Coreth: „Es ist doch ein merkwürdiges, im Grunde erstaunliches Phänomen: die Macht des Religiösen in der Menschheit. Religion ist ein allgemein menschliches und spezifisch menschliches Phänomen. Wir kennen keine Kultur, mag sie noch so alt und fremd oder uns nahe vertraut, noch so primitiv oder hochentwickelt sein, in der es keine Religion gäbe oder gegeben hätte. Das ist geschichtlich bezeugt. Sicher gab es immer auch Zweifel und Unglaube an der konkreten Religion und Kritik an ihrer kultischen Praxis. Aber eine Kultur ohne Religion gibt es nicht. Wir wissen auch, dass Religion nicht auszurotten ist, weder durch theoretische Religionskritik (Feuerbach, Marx u. a.) noch durch politische Gewalt (atheistische Diktatur); das haben wir in unserer Zeit eindrucksvoll erlebt. Muss das nicht im Wesen des Menschen liegen, dass seine Transzendenz, sein Bedürfnis nach Religion nicht zu ersticken ist, sondern zäh am Leben bleibt oder immer neu zum Leben erwacht?" (Coreth 1998: 100).

Die Spannung zwischen den beiden Aussagen ist unübersehbar: Das römische Dokument bezeichnet die religiöse Indifferenz ganzer Bevölkerungen als eine der größten Herausforderungen der Kirche heute. Coreth dagegen vertritt die These, dass Religion in kulturgeschichtlicher und anthropologischer Hinsicht unausrottbar sei. Die meisten Religionsphilosophen dürften ihm zustimmen, was übrigens sogar für den zuerst zitierten Text gilt: Das Dokument meint, eine intime Paar-Beziehung zwischen den neuen Formen des Unglaubens und der „neuen Religiosität" wahrzunehmen, was die tiefe Sehnsucht nach Gott demonstriere. Wer in den neuen Bundesländern zu Hause ist, wird diese Aussage mit Vorsicht betrachten: Kommen die beiden wirklich „oft" oder doch eher nur „zuweilen" als ein Paar einher? Noch mehr wird er die optimistische sozialanthropologische These Coreths anzweifeln: Gibt es tatsächlich keine Kultur und kein Menschsein ohne Religion?

---

1 Im gleichen Sammelband erschien auch eine Vorfassung des vorliegenden Artikels (Kranemann/Pilvousek/Wijlens 2009: 155–185).

Im Folgenden soll nicht vorrangig diese Frage selbst in Angriff genommen, sondern eine Baustelle begangen werden. Denn die Religionswissenschaften – die Religionsphilosophie eingeschlossen – und die Theologie beginnen erst, sich dieser konkreten Herausforderung an die Kirche von heute zu stellen. Impliziert ist dabei die Kritik, dass das theologische Geschäft noch immer zu wenig Bezug auf die jeweiligen kulturellen Gegebenheiten nimmt. Eine solche Akzentuierung ist aber angemessen nur interdisziplinär zu erreichen, wobei jede Fachkultur das profiliert Ihrige beizutragen hat. Gerade die hier zu verhandelnde Frage erfordert diese Interdisziplinarität. Als Orientierung werden die drei bekannten Leitbegriffe Sehen – Urteilen – Handeln dienen: Um sich einer Herausforderung zu stellen, muss sie überhaupt erst einmal wahrgenommen werden (1). Die Situation dann angemessen auf den Begriff zu bringen, erfordert eine weitere Anstrengung (2), die aber notwendig ist für strategische Überlegungen (3).

1 Sehen: Eine kurze Geschichte der Wahrnehmung bzw. Nicht-Wahrnehmung des Phänomens der religiösen Indifferenz

Wie erfasst man ein Phänomen, das eigentlich ein Nicht-Phänomen ist (vgl. Wohlrab-Sahr 2002)?[2] Alle Denotationen sind negativ: Konfessionslosigkeit, praktischer Atheismus, Areligiosität, religiöse Indifferenz etc. Eine Geschichte der Wahrnehmung – bzw. genauer: der Nichtwahrnehmung – existiert noch nicht, weshalb hier nur eine Skizze versucht werden kann. Während nämlich der Atheismus als quasi-dogmatische Position der Gottesleugnung schon seit Anselms Zeiten im Visier der philosophisch-theologischen Auseinandersetzung war, ist unser Thema erst in den 90er Jahren des letzten Jahrhunderts richtig in den Blick gekommen. Freilich hat es schon zuvor Hinweise auf so etwas wie einen Gewohnheitsatheismus gegeben – so z. B. in Bonhoeffers berühmten Brief vom 30. April 1944 aus dem Gefängnis (Bonhoeffer 1980: 303–308),[3] welcher Ausgangspunkt des Gott-ist-tot-Diskurses und verschiedener theologischer Interpretationen der Säkularisierung war.

Eine umfassende und systematische Beschäftigung mit dem Phänomen der religiösen Indifferenz *in nun anthropologischer Perspektive* – d. h. im Blick auf den „homo indifferens" oder „areligiosus" – begann aber erst nach 1989. Nach dem Ende des Staatssozialismus verzog sich allmählich der Pulverdampf der ideologischen Scharmützel mit dem Marxismus-Leninismus, und hervor trat der ostdeutsche Normalbürger als das gleichermaßen für die Religionswissenschaften und die Theologie bisher unbekannte Wesen. Als erste machte die evangelische Kirche Ostdeutschlands die schmerzliche Erfahrung, dass eine Wiederkehr der ursprünglichen Volkskirche nach dem Ende der staatlichen Repressionen eine Illusion bleiben wird.[4] Viele Kinder im nun schulischen Religionsunterricht zeigten sich als für religiöse Themen so gut wie unansprechbar, noch mehr galt das für deren Eltern und das sonstige soziale Umfeld. Dass nach dem anfänglichen Schock die wissenschaftliche Neugier geweckt

---

2 Siehe auch die Beiträge von Wohlrab-Sahr und Pickel in diesem Band.
3 Siehe auch URL: http://gaebler.info/oekumene/christentum.pdf (Stand 31.3.2010). – Vgl. Körtner (2006: 31), der im gleichen Werk (2006: 54) auch auf Heideggers Rede vom „Fehl Gottes" verweist.
4 Vgl. gewissermaßen als Fazit dieser Erkenntnis: „Wenn sie auch der Kirche massenhaft verloren gegangen sind, so werden sie doch nur je einzeln zurückzugewinnen sein." (Krötke 1997: 167).

wurde, ist vor allem Verdienst der Studien- und Begegnungsstätte Berlin, die 1991 von der EKD gegründet wurde und sich als Arbeitsschwerpunkt „die Wahrnehmung und Analyse der ostdeutschen Konfessionslosigkeit in ihrer besonderen Prägung durch die Geschichte der DDR und die Bestimmung der Aufgaben der Kirchen in den neuen Bundesländern heute" (Demke 1997: 15–16) setzte.[5] Eine erste soziologisch relativ solide Studie, allerdings noch stark gezeichnet von den vergangenen ideologischen Grabenkämpfen, lag 1996 in E. Neuberts kleinem Heft mit dem bezeichnenden Titel „gründlich ausgetrieben" vor (Nachdruck: Neubert 1997).[6] Neubert war es auch, der für die dramatische Entwicklung nach 1945 in der ehemaligen DDR den nicht übertriebenen Ausdruck „Supergau von Kirche" prägte (vgl. Deutscher Bundestag 1995: 130), hatte sich doch der Anteil der Konfessionslosen im kurzen Zeitraum von 1946 bis 1989 mehr als verzehnfacht.[7] Zeitgleich reagierte auch die EKD: „In der dritten repräsentativen Kirchenmitgliedschaftsuntersuchung der Evangelischen Kirche in Deutschland von 1992 ist erstmals (!) besonderes Augenmerk auf die Konfessionslosen gerichtet worden. In West- und Ostdeutschland wurden ihre Lebensorientierungen, ihre Einstellungen und Verhaltensdispositionen zu Kirche und Glauben in einem teilweise gesonderten Fragebogenkomplex erhoben" (Schloz 2000: 21).

Inzwischen lässt sich auf eine fast unüberschaubare Menge von religionssoziologischen und pastoraltheologischen Veröffentlichungen zum Thema „Konfessionslosigkeit" – so der im evangelischen Raum vorherrschende Terminus – oder „religiöse Indifferenz" – so der bevorzugte Begriff in der Religionswissenschaft – verweisen.[8] Katholischerseits wurde auf das Thema verhältnismäßig spät reagiert, was u. a. an der Diasporasituation in den neuen Bundesländern und dem daraus resultierenden Mangel an religionswissenschaftlichem Forschungspotential liegen mag.[9] Das oben zitierte römische Dokument zeigt aber, dass es sich bei dem besagten Phänomen nicht nur um eine interdisziplinäre, sondern auch um eine interkonfessionelle und globale Herausforderung handelt: Global, weil sie Westeuropa insgesamt und weltweit zumindest die sogenannten Mega-Citys betrifft, wie die vatikanische Umfrage verdeutlicht;[10] interkonfessionell, weil es ein Problem mehr oder minder aller Kirchen ist oder werden wird. Die globale Perspektive ist von daher zweigeteilt. Einerseits richtet sich das internationale Interesse auf die spezielle konfessionelle Entwicklung in Ostdeutschland, wobei derzeit noch der Eindruck von Exotik vorherrscht, welche die wissenschaftliche Neugier und

---

5   Die Einrichtung wurde 1996 wieder geschlossen.
6   Vgl. auch die ebenfalls 1996 begonnene Studie von H. Kiesow (2003) (URL: http://www.db-thueringen.de/dissOnline/FSU_Jena_Kiesow_Hartwig; Stand 30.07.2008).
7   Siehe dazu detailliert unter 1.2., das erste Charakteristikum.
8   Zur Terminologie siehe 2.1. – Einschlägig sind im religionssoziologischen Bereich die zahlreichen Publikationen aus der Universität Frankfurt/Oder: Vgl. Pollack (2003) und weitere Publikationen. Für den religionspädagogischen Bereich vgl. Domsgen (2005). Der Sammelband bietet eine soziologische Analyse der ostdeutschen Situation und Überlegungen, wie ihr in Familie, Gemeinde, Schule und Medien zu begegnen ist. Einbezogen sind auch der katholische Raum sowie mitteleuropäische Erfahrungen.
9   Sieht man einmal von dem Wiener Pastoraltheologen P. M. Zulehner ab, der ebenfalls schon in den 1990er Jahren verschiedene ost-mitteleuropäische Studien angeregt hat. Federführend war jeweils das „Pastorale Forum Wien e. V.": Zulehner/Denz (1993); Tomka/Zulehner (2000). – Weitere Studien dieser Reihe folgten unter dem Titel „Religion und Kirchen in Ost(Mittel)Europa".
10 Das römische Dokument basiert auf einer weltweiten Umfrage unter den katholischen Bischöfen. Von daher sind seine empirischen Aussagen mit Vorsicht zu rezipieren.

auch missionarische Initiativen von außerhalb anzieht, andererseits fokussiert es sich jedoch schnell auch auf den jeweils eigenen kulturellen Kontext, wo sich ähnliche Tendenzen zeigen.

1.1 Der „homo areligiosus" unterhalb der wissenschaftlichen Wahrnehmungsschwelle

Dies alles darf jedoch nicht darüber hinwegtäuschen, dass der „homo areligiosus" nach wie vor weitgehend unterhalb des wissenschaftlichen „Radarschirms" bleibt, so vor allem in laufenden religionswissenschaftlichen Forschungsprojekten. Ein signifikantes Beispiel stellt das Projekt „Religion plural" der Ruhr-Universität Bochum dar. Die Auflistung religiöser Optionen und Gemeinschaften in Nordrhein-Westfalen ist beeindruckend. Nur tauchen in der Statistik ca. 25 % der Bevölkerung überhaupt nicht auf.[11] Der Koordinator Volkhard Krech bezeichnet die Konfessionslosen expressis verbis als „Restkategorie" (vgl. Krech 2005: 123 f.).

Wie ist dieser „blinde Fleck" zu erklären? Im ostdeutschen Kontext wäre eine Antwort darauf relativ leicht zu finden: Bis 1989 war das sozialistische Lager für die Religionssoziologen weitgehend terra incognita. Über Jahrzehnte stand die Auseinandersetzung mit der marxistisch-leninistischen Staatsdoktrin im Zentrum der Theologie. Dass jedoch der größte Teil der Bevölkerung der ehemaligen DDR weder aus Marxisten noch aus Atheisten bestand und besteht, wissen wir erst heute: Etwa ein Viertel der Bevölkerung Ostdeutschlands deklariert sich als Atheisten (vgl. World Values Survey 1995–1997, zit. n. Froese/Pfaff 2005: 397 f.), ein Drittel als Christen. Was ist mit dem „Rest" (vgl. Wohlrab-Sahr 2009: 168)?

Der eigentliche Grund des Wahrnehmungsdefizits dürfte aber die sententia communis sein, der Mensch sei „unheilbar religiös" (A. Sabatier[12]), so dass es einen „homo areligiosus" eigentlich gar nicht geben dürfte. Religion nehme nur neue Formen an und werde so für eine auf das Konfessionelle fixierte Wahrnehmung unsichtbar (vgl. Luckmann 1991). In den neuen Bundesländern drängt sich jedoch das angebliche Unsichtbarwerden der Religion in einer Weise auf, dass es das wissenschaftliche Geschäft fast aller in den relevanten Bereichen Lehrenden und Forschenden zumindest hintergründig beeinflusst – die Akzentuierungen sind freilich je nach Fachkultur und institutioneller Umgebung verschieden. Ohne daraus eine zu starke Regel machen zu wollen: Die Skeptiker hinsichtlich eines bloßen Unsichtbarwerdens durch Transformation oder sogar hinsichtlich einer „Wiederkehr der Religion" finden sich besonders unter den in der ehemaligen DDR Geborenen bzw. bei den sich seit der Wiedervereinigung in dieser Region schwerpunktmäßig Verortenden (vgl. Tiefensee (2006) und dezidiert in diese Richtung zielend Pickel/Müller (2004: 65)). Außerhalb dieser Region scheint das Phänomen der religiösen Indifferenz weiterhin unterhalb der Wahrnehmungsschwelle einer konfessionell geprägten Kultur zu liegen, selbst wenn diese inzwischen eigentlich

---

11 Religion plural (Religiöse Vielfalt lokal – regional – global) (URL: http://www.religion-plural.org/; Stand 31.3.2010).
12 Die These, dass der Mensch unheilbar religiös sei, wird gewöhnlich dem russischen Religionsphilosophen Nikolai A. Berdjajew zugeschrieben, ohne jemals verifiziert worden zu sein. Mein wiederholter Hilferuf in dieser Sache wurde erhört – den entscheidenden Hinweis gab Gunnar Anger (Freiburg): Die Formulierung stammt in Wahrheit von A. Sabatier (1898: 3). – Vgl. auch das Coreth-Zitat oben.

stark säkularisiert ist.¹³ So registrierte Monika Wohlrab-Sahr folgendes Erlebnis eines ostdeutschen Studierenden: „Als er sich in Zürich polizeilich melden wollte, rief er offenbar großes Erstaunen hervor, als er auf die Frage nach der Konfession mit ‚nein' antwortete. Das wiederum erstaunte ihn" (Wohlrab-Sahr 2001: 153). Eine solche Konstellation gegenseitiger Überraschung ist geradezu kabarettreif; einer weniger vorbereiteten Beobachterin – Wohlrab-Sahr ist Soziologin in Leipzig – wäre sie wahrscheinlich gar nicht aufgefallen.¹⁴

1.2   Charakteristika des Phänomens der religiösen Indifferenz

Schon diese Andeutungen zeigen, dass die derzeitige Diskussionslage die Aufmerksamkeit für das hier zu verhandelnde Phänomen nicht gerade fördert. Um den Diskurs über den „homo areligiosus" überhaupt in Gang zu bringen, dürfte also ein intensiverer Blick auf die Situation in den neuen Bundesländern hilfreich zu sein. Dafür, dass diese Art von Säkularisierung ausgangs des zwanzigsten Jahrhunderts von neuer Qualität ist, sprechen meines Erachtens drei Charakteristika:

Das erste ist ein quantitatives Merkmal: Die Konfessionslosigkeit hat in dem fraglichen Teil Europas Dimensionen angenommen, die weltweit einmalig sind. In den neuen Bundesländern lassen sich mehr als zwei Drittel der Bevölkerung keiner irgendwie als religiös zu bezeichnenden Lebensoption zuordnen, wobei es sich um Durchschnittswerte handelt, die regional noch erheblich höher liegen. Eine Umkehrung dieser Tendenz zur Entkonfessionalisierung ist nicht in Sicht – bestenfalls eine Abschwächung.¹⁵

Das zweite Charakteristikum ist darin zu sehen, dass eine ganze Kultur betroffen zu sein scheint: Religiöse Indifferenz ist „normal" geworden. Dabei kann aufgrund der schon mehrere Generationen prägenden Entwicklung von einer Art „Volksatheismus" analog zum „Volkskatholizismus" oder „Volksprotestantismus" andernorts gesprochen werden. Das meint eine weitgehend unaufgeregte Beheimatung in einem sozialen Umfeld, in dem es zur regionalen Identität gehört, sich mit religiösen Fragen nicht weiter zu befassen – geistesgeschichtlich ein bemerkenswerter Kulturbruch. Offenbar war angesichts einer durchgehend konfessionell

---

13   Auch säkulare Gesellschaften werden nie Gesellschaften ohne Religion sein. Es ist deshalb zu unterscheiden ob man sich analytisch auf der anthropologischen Ebene bewegt – hier die die Möglichkeit individueller religiöser Indifferenz offenbar gegeben – oder auf der einer allgemeinen Kulturanalyse wie z. B. Charles Taylor, der glaubt, „dass die ... religiöse Sehnsucht – die Sehnsucht nach einer über das Immanente hinausgehenden Transformationsperspektive und die Reaktion auf diese Perspektive – auch in der Moderne eine starke, unabhängige Quelle der Motivation bleibt" (Taylor 2009: 887). – Vgl. auch den dahingehend vehementen Widerspruch gegen S. Bruces These von einer zu erwartenden Areligiosität bei Taylor (2009: 726–730, 985 f.). Eine Kultur ohne jeglichen religiösen Bezug – und sei er ex negativo – wäre nicht mehr als unsere wiederzuerkennen (vgl. 2009: 457 f.; 996 f.). – Siehe dazu jedoch unten Anm. 47 zur Möglichkeit einer Kultur der Konfessions- und Glaubenslosigkeit und auch Pickel in diesem Band.
14   Die Merkwürdigkeit, dass die Begebenheit im säkularisierten Zürich spielt, wird von Wohlrab-Sahr allerdings nicht kommentiert, was wiederum verwundert.
15   Die Religionssoziologie liefert hierfür eine hinreichende Menge Material. Einige detaillierte Zahlenangaben in. Tiefensee (2000). In den ehemals sozialistischen Ländern zeigen nur Polen und Ostdeutschland einen Rückgang an Religiosität (vgl. Froese/Pfaff 2001: 482 ff.). – Es sei schon hier auf die in 2.2. noch einmal explizierte Feststellung hingewiesen, dass eine starke Unterscheidung von Nichtkirchlichkeit bzw. Nichtkonfessionalität und Areligiosität zumindest in den neuen Bundesländern keinen Sinn macht, weshalb im Folgenden das eine für das andere stehen kann.

definierten Gesellschaft zumindest bis zum Ende des Ersten Weltkriegs Konfessions- oder sogar Religionslosigkeit undenkbar. Vereinzelt gab es zu allen Zeiten Konfessionslose, die in Europa aber heimatlos waren, galten doch schon die Juden als Außenseiter. Wahrscheinlich wurde erst mit dem Ende des protestantischen Summepiskopats die Leugnung jeder Art von Religiosität „salonfähig". Das betraf allerdings noch nicht den weltanschaulichen Bereich als solchen, in den sich nun die konfessionellen Auseinandersetzungen verlagerten. Diese Konstellation der ersten Hälfte des letzten Jahrhunderts lässt sich gut an den heutigen Kämpfen um den schulischen Religionsunterricht im Berlin-Brandenburger Raum nachvollziehen, bei denen ein Humanistischer Verband als „eine Weltanschauungsgemeinschaft im Sinne des Grundgesetzes" die Vertretung aller Nichtreligiösen beansprucht und sogar eigene Schulen fordert, was wie anachronistische Nachhutgefechte einer vergangenen Epoche anmutet.[16] Der Einheitsdrang zu irgendeiner Weltanschauung dürfte sich in einer Gesellschaft, die es postmodern lernt, fraktioniert und mit Patchwork-Identitäten zu leben, zunehmend verflüchtigen.

Einige Illustrationen für dieses zweite Charakteristikum seien genannt: Ostdeutsche Jugendliche antworteten, als sie gefragt wurden, ob sie sich als Christen, als religiös oder als areligiös einstufen würden: „Weder noch, normal halt." (Wohlrab-Sahr 2001: 152; 2002: 11). Sie sind – nach einer treffsicheren Charakterisierung des Budweiser Religionspädagogen Michal Kaplánek – nicht dem Christentum „Entfremdete", sondern vom ihm „Unberührte" (vgl. Kaplánek 2006: 88 f.). Eine Mecklenburgerin, im Gespräch dazu gedrängt, sich angesichts der obengenannten Negativbezeichnungen positiv zu definieren, reagierte erbost: Sie lehne es ab, sich ein weltanschauliches Label umzuhängen, und wenn sie unbedingt antworten müsste, würde sie eben sagen: „Ich bin sportlich."[17] Der in der DDR aufgewachsene Schriftsteller Erich Loest charakterisiert sich in seiner Autobiographie ab dem Tag der Konfirmation als „Untheist", nicht als „Atheist": „Religion oder Nichtreligion wurden ihm nie wieder zum Problem."[18] Solche Stimmen sind nicht auf die neuen Bundesländer beschränkt: Beispielsweise legt Marcel Reich-Ranicki Wert auf die Feststellung: „Einer jüdischen Maxime zufolge kann ein Jude nur mit oder gegen, doch nicht ohne Gott leben. Um es ganz klar zu sagen:

---

16 Vgl. dessen Internetauftritt unter http://www.humanismus.de/ (Stand 30.3.2010). Ähnlich anachronistisch mutet der militante Atheismus bei R. Dawkins (2007) an.
17 T. W. aus Mecklenburg-Vorpommern in einer E-Mail: „Wieso haben Sie ... uns gefragt, was wir dann wären, wenn nicht religiös? Liberal? Humanistisch? Feministisch? Rationalistisch? – weiß ich doch nicht. Und ist das nicht irgendwie zu einfach gefragt? Sie sagen, Sie sind religiös, genauso gut hätte ich sagen können, ich bin sportlich. Auf meiner Seite gab es da ursprünglich keine Differenzen. Wie Ihre Jugendlichen vom Bahnhof (siehe oben Wohlrab-Sahr 2001: 152; 2002: 11) hätte ich früher auch mit ‚normal' geantwortet. Muss ich mich überhaupt positionieren? Ohne Religion muss ich mich doch nicht zwangsläufig bei einer bestimmten Weltanschauung positionieren. Für wen ist denn das wichtig? Ich brauche kein Label der Weltanschauung zur Identitätsfindung."
18 „Er war in einem lässlich evangelischen Christentum aufgewachsen, mit fünf betete er abendlich, mit sieben quälte ihn schlechtes Gewissen, wenn er es eine Woche lang vergessen hatte. ... (D)ie Konfirmation war eine tiefe Enttäuschung, und vom nächsten Tag an war er Atheist. Besser: Er war Untheist. Gott existierte für ihn nicht mehr, kein Glaube gab ihm Kraft; Religion oder Nichtreligion wurden ihm nie wieder zum Problem. Eine Zeitlang allerdings beneidete er die, die einen Gott besaßen, das war viel später, als er im Zuchthaus in Bautzen ganz allein war, da hätte er Gott brauchen können. Aber kurzfristig lässt Gott sich nicht aufbauen, und er versuchte es auch nicht erst" (Loest 1999: 36).

Ich habe nie mit oder gegen Gott gelebt. Ich kann mich an keinen einzigen Augenblick in meinem Leben erinnern, an dem ich an Gott geglaubt hätte" (Reich-Ranicki 2000: 56 f.).[19]

Die hier aufgeführten Beispiele sind nur von begrenzter Signifikanz, weil sie sich immerhin wenigstens am Rand auf Fragen nach der religiösen Option beziehen – für die meisten dürfte auch diese Art von Fragestellung so gut wie vollständig ausfallen.[20] Dementsprechend reagierte ein Chefmanager der Telekommunikationsbranche, der im Interview auf Religion, Spiritualität oder Philosophie angesprochen wurde: „Wenn ich noch nicht mal weiß, was Sie mit dieser Frage meinen, dann bin ich wohl nicht spirituell. Es entspricht nicht meiner Fokussierung."[21] Areligiöse sind für sich selbst ebenso wenig „Areligiöse" wie andere für sich „Nicht-Reiter", solange diese Negation nicht durch irgendetwas provoziert wird.

Das dritte Charakteristikum verlässt die reine Beobachtung: Trotz der verschiedentlich angekündigten „Wiederkehr der Religion", die wohl mehr eine „Wiederkehr des *Themas* Religion" – und damit vor allem ein Produkt des Feuilletons – sein dürfte, als dass es der Wahrnehmung des ostdeutschen Normalbürgers entspricht, scheint es sich bei diesem „Volksatheismus" nicht um ein Intermezzo von kurzer Dauer zu handeln, sondern um eine veritable „Gottesfinsternis" (M. Buber), die sich im übrigen in Nietzsches „tollem Menschen" schon lange angekündigt hat und die – nun aber anders als bei Nietzsche völlig unaufgeregt – viel stärker ein Wesensmerkmal der modernen Gesellschaft darstellt, als zuweilen vermutet. Da wir im Unterschied zum die Metapher liefernden astronomischen Ereignis bisher zu wenig über so fundamentale kulturelle Veränderungen wissen, wie sie sich in diesem Fall zeigen, sind verlässliche Prognosen kaum möglich.

2   Urteilen: Die Frage nach dem Phänomen der religiösen Indifferenz als wissenschaftliches Problemfeld

Die Religionswissenschaften (Religionsphilosophie inklusive) und die Theologie haben sich seit dem neunzehnten Jahrhundert in einer Weise spezialisiert, dass es nicht verwundert, welch unterschiedliche Gestalten das skizzierte Phänomen annimmt, sobald es in deren Blickfeld rückt. Dass sich aus dieser Multiperspektivität ein einigermaßen scharfes Bild ergibt, kann bisher schwerlich behauptet werden. Dafür ist vermutlich die Wahrnehmung historisch noch zu frisch und das Phänomen zu komplex. Einige offene „Baustellen" seien im Folgenden schlaglichtartig vorgestellt.

---

19 Er fährt fort: „Die Rebellion des Goetheschen Prometheus – ,Ich dich ehren? Wofür?' – ist mir vollkommen fremd. In meiner Schulzeit habe ich mich gelegentlich und vergeblich bemüht, den Sinn des Wortes ,Gott' zu verstehen, bis ich eines Tages einen Aphorismus Lichtenbergs fand, der mich geradezu erleuchtete – die knappe Bemerkung, Gott habe den Menschen nach seinem Ebenbild geschaffen, bedeute in Wirklichkeit, der Mensch habe Gott nach seinem Ebenbild geschaffen. ... Dank Lichtenbergs effektvoll formulierter Einsicht fiel es mir noch leichter, ohne Gott zu leben."
20 Vgl. eine frappierend an 1 Sam 3,1–21 erinnernde Szene bei Ch. Wolf (2003: 372): „Mitten in der Nacht schreckte ich hoch und setzte mich kerzengerade auf. Jemand hatte laut und deutlich meinen Namen gerufen. Ich konnte, auch nachträglich, die Stimme nicht ausmachen. Es war eine Männerstimme. Ich dachte: Ich bin gerufen worden." (Eintrag zum 27. September 1984; mit ihm endet die Passage ohne weiteren Kommentar.)
21 „was bewegt ... Eckhard Spoerr?", in: „Die ZEIT" vom 1. September 2005, 28.

2.1 Terminologische Probleme

Fraglich ist schon die exakte Benennung der hier interessierenden Personengruppe, was seine Ursache darin hat, dass sie in sich äußerst plural ist und sich Kategorialisierungen immer aus dem gewählten Blickwinkel ergeben. Folgende Klassifizierung ist hilfreich, die zunächst eher spekulativ ist, aber durch bestimmte religionssoziologische Hinweise gestützt wird (vgl. Meulemann 2003: 272 ff.). Den Theisten als denjenigen, die Gottgläubige sind, stehen die Atheisten als Gottesleugner gegenüber – beides selbstverständlich jeweils sehr plurale Gruppen. Als dritte Position können die Agnostiker gelten, die sich in der Gottesfrage enthalten, man könnte sie auch als in religiösen Fragen Unsichere bezeichnen.[22] Daneben gibt es aber noch die vierte Gruppe der religiös Indifferenten, die in der Gottesfrage weder wie Atheisten mit Nein noch wie Agnostiker mit Enthaltung votieren, sondern die Frage als solche nicht verstehen bzw. sie schlicht für irrelevant halten. Diese Gruppe scheint weniger zur agnostischen Unsicherheit in religiösen Fragen zu tendieren, so dass sie eine besonders starke Form des Atheismus darstellt, ist doch dieser wenigstens *ex negativo* mit der Gottesfrage befasst und so gesehen sogar als irgendwie noch religiös einzustufen (vgl. Wohlrab-Sahr 2002: 20)[23.] Jene aber haben – nach einer Formulierung K. Rahners – vergessen, dass sie Gott vergessen haben (vgl. Rahner 1969).[24] Oder um eine krasse Aussage des Tübinger Religionswissenschaftlers G. Kehrer zu zitieren: „Die berühmten Fragen nach dem Woher und Wohin und Wozu beunruhigen sehr viele ebenso wenig wie die Fragen, woher die Löcher im Käse kommen" (Kehrer 2006: 208).

Wie bereits angedeutet, gibt es im Wesentlichen bisher nur negative Bezeichnungen für diese Gruppe. Religionssoziologische Untersuchungen in Berlin ergaben eine eigene Kategorie der Unentschiedenen.[25] Für Österreich werden als Weltanschauungstypen u. a. Atheismus und Anomie unterschieden sowie im Bereich der Kirchlichkeit auch eine Gruppe der Unreligiösen ermittelt.[26] Direkter auf das Ziel steuern Detlef Pollack und Gert Pickel in Frankfurt/Oder zu, indem sie eine klar profilierte Gruppe der Areligiösen abheben, allerdings wieder mit einem konfessionellen Unterton, dessen aktivistische Komponente nur bedingt

---

22 Zum Agnostizismus moderner Prägung gehört der niederländische „Ietsisme": „Etwas [iets] ist besser als nichts [niets]". Diese Hoffnung auf ein „Mehr" jenseits der naturwissenschaftlichen Lebensvisionen dürfte eine Reaktion auf die Unerfreulichkeiten darstellen, welche durch Rationalität und säkularisierte Utopien provoziert wurden, und gegen den Nihilismus der postsäkularisierten Gesellschaft gerichtet sein (vgl. Boeve 2005: 43). Ob es sich hier um den letzte Schritt aus jeder Art von Religion heraus oder den ersten wieder hinein handelt, wird im Allgemeinen schwer zu prognostizieren sein. Ähnliches ist vielleicht von den modernen Paganismen wie z. B. den Esoterikern zu sagen, die zwischen den drei genannten Gruppen changieren. – Ausführlich zu den verschiedenen auch nichtreligiösen Formen, mit dem „Unbehagen an der Moderne" bzw. „der Immanenz" umzugehen, die sich in einer Art „Nova" explosionsartig seit dem neunzehnten Jahrhundert vervielfältigt haben, vgl. Taylor (2009: 507–630).
23 Wohlrab-Sahr verweist auf ein unveröffentlichtes Manuskript von U. Oevermann; vgl. aber auch Oevermann (2003: 374 ff., 386 f.).
24 „Er [der Mensch ohne Gott] hätte das Ganze und seinen Grund vergessen und zugleich vergessen (wenn man noch so sagen könnte), dass er vergessen hat." (Rahner 1969: 18).
25 Außerdem: Gottgläubige, Transzendenzgläubige und Atheisten (vgl. Jörns 1998).
26 Bei letzteren sind wohl eher Atheisten gemeint (vgl. Zulehner/Hager/Polak 200: bes. 79 und 131).

zutreffen dürfte: „In dieser Gruppe werden alle Formen von Religiosität abgelehnt, sowohl traditionale Kirchlichkeit als auch individuelle christliche und außerkirchliche Religiosität."[27]

Eher begriffsanalytisch erzeugte Einteilungen kennen auch die Religionsphilosophie und die Theologie: W. Brugger bezeichnet das bis zum Extremfall der völligen Religionslosigkeit gehende Vergessen oder Nichtbegreifen der Gottesfrage bzw. die Unkenntnis Gottes als negativen Atheismus, wobei mit „negativ" ein Mangel an jeglicher, auch indifferent bleibender Stellungnahme markiert wird (vgl. Brugger 1979: 242 ff.). H. Waldenfels unterscheidet mit ähnlicher Intention zwischen (passivem) „Gottesfehl" und (aktiver) „Gottesleugnung" (Waldenfels 1985: 118–129; 118 f.). Auch die Bezeichnung „Neue Heiden" kommt vor – neu, weil sie nachchristlich und im Unterschied zu den „alten Heiden" ohne jede Art von Religion sind.[28]

Wohl wegen der kirchensoziologischen Konnotation des Terminus „Konfessionslosigkeit" bevorzugt die Religionswissenschaft die Bezeichnung „religiöse Indifferenz", die das zitierte Vatikanpapier übernimmt, indem es mehrfach vom „homo indifferens" spricht (vgl. Päpstlicher Rat für die Kultur 2009: Einleitung Nr. 1 u. ö.). Selbst wenn dieser Terminus weniger diffamierend daherzukommen scheint als die anderen,[29] ist er in anderer Weise problematisch, steht er doch eigentlich in einem zunächst religionspolitischen Kontext, bezogen auf die Neutralität des Staates gegenüber allen Religionen. Diese wurde auf andere kulturelle Bereiche wie z. B. auf die Naturwissenschaften und deren methodischen Atheismus ausgeweitet, so dass es zwar christliche Naturwissenschaftler oder Politiker, aber keine christliche Naturwissenschaft oder Politik gibt. Das hier zur Verhandlung stehende Phänomen betrifft jedoch nicht nur bestimmte gesellschaftliche Sektoren, in denen Menschen unbeschadet ihrer religiösen Grundeinstellung handeln, als hätten sie diese nicht – „etsi deus non daretur" –, sondern diesmal sind Menschen umfassend in ihrem Selbstverständnis betroffen. Dass es inzwischen auch eine verzweigte Indifferentismus-Forschung gibt, welche besonders das Schwanken zwischen verschiedenen christlichen Konfessionen im siebzehnten und achtzehnten Jahrhundert ins Visier nimmt, macht die terminologische Frage nicht einfacher (vgl. Mulsow 2003).

2.2 Geschichtliche Wurzeln des Phänomens

Die genetische Frage nach dem „homo areligiosus" ist Teil der Kirchen-, näherhin der Konfessionsgeschichte unseres Teils Europas. Auch in historischer Perspektive ist das Phänomen vielgestaltig und im Detail erst unzureichend erforscht. Der konstatierte ostdeutsche „Supergau von Kirche" legt zunächst eine Erklärung nahe, welche den staatlichen und ideologischen Druck während der Zeit der Sowjetischen Besatzungszone bzw. der DDR in Anschlag bringt (vgl. Neubert 1997). Doch greift sie – bei aller Berechtigung – im Blick auf andere ehemals sozialistische Länder zu kurz, in denen eine oft erheblich restriktivere Religionspolitik – in der Sowjetunion sogar über einen längeren Zeitraum hinweg und in Albanien mit

---

27 Weitere Gruppen sind Durchschnittschristen, Sozialkirchliche, außerkirchlich Religiöse, engagierte Christen und Synkretisten (vgl. Pollack/Pickel 1999: 466).
28 Die Bezeichnung ist wenig hilfreich, weil sie unzureichend Neopaganismen wie z. B. keltische oder Hexenkulte ausschließt.
29 Areligiöse bezeichnen sich selbst wohl deshalb ungern als „areligiös", sondern eher als „religionsfrei".

zuweilen tödlichem Ausgang für Dissidenten – nicht annähernd solche Folgen für Kirche und Konfessionalität hervorgerufen hat. Die Differenz zwischen den Teilen der vormaligen Tschechoslowakei macht das augenscheinlich: Tschechien ist weitgehend säkularisiert, für die Slowakei gilt das nur mit Einschränkungen, obwohl die kommunistische Religionspolitik jeweils dieselbe war. Die Ursachen müssen also tiefer liegen.

Ostdeutschland liegt inmitten eines „atheistischen Halbkreises", der in Europa grob gezeichnet von den baltischen Staaten über die nordischen Länder – allen staatskirchlichen Residuen zum Trotz – bis nach Böhmen reicht. Ein diesbezüglicher Erklärungsversuch verortet auf diesem Hintergrund die Wurzeln des Problems in der Zeit der frühmittelalterlichen Christianisierung. F. Höllinger vertritt die zumindest für Deutschland plausible These, dass solche Regionen einen höheren Grad der Entkirchlichung aufweisen, die frühmittelalterlich nicht mehr im Strahlbereich der christlich gewordenen römischen Kultur gelegen hatten und in denen deshalb eine Missionierung „von oben" vorherrschte, die sich bei der Einführung der Reformation und den anschließenden Religionskriegen fortsetzte (vgl. Höllinger 1996).[30] Das derzeit signifikantere West-Ost-Gefälle in Sachen der Religion in Deutschland verdeckt demnach ein eigentliches Süd-Nord-Gefälle, das sich übrigens auch in den Parteienpräferenzen bei Wahlen bemerkbar macht.

Die damals grundgelegte und seit der Reformation verstärkte spezifisch deutsche Verbindung von Thron und Altar beengte den Spielraum der Kirchen bei politischen und gesellschaftlichen Umbrüchen, so dass es nach 1918 mit der Abschaffung des Summepiskopats anlässlich des Endes des Kaiserreich) und ab den 1940er Jahren mit dem Nationalsozialismus zu großen Kirchenaustrittswellen kam (Hölscher 2001) – ein Vorgang, der sich nach 1945 in Ostdeutschland auf Dorfebene wiederholte, als die oft auch kirchlich einflussreiche Gutsherrschaft vertrieben wurde und infolgedessen ganze Ortschaften fast vollständig jede Art von Kirchlichkeit aufgaben. Hinzu kam schon vorher die forcierte Industrialisierung Deutschlands, welche mobilitätsbedingt die bereits geschwächten Kirchenbindungen lockerte. Die Großstadt-Seelsorge war angesichts der explodierenden Zuzüge bereits im neunzehnten Jahrhundert personell und institutionell überanstrengt und reagierte wahrscheinlich zu träge, z. B. durch ein verspätetes Kirchenbauprogramm in Berlin, deren bekanntestes Ergebnis die Kaiser-Wilhelm-Gedächtniskirche war. So kamen dort 1893 auf „einen Geistlichen der Zionskirche (...) 23 000 Seelen", wie ein Bericht das damalige pastorale Chaos verdeutlicht.[31] Die sozialistische Arbeiterbewegung bildete nun eine volksnähere und strukturell hoch anpassungsfähige Konkurrenz zur etablierten, aber völlig überforderten evangelischen Kirche – ähnlich wie neuerdings in Lateinamerika die US-amerikanischen Sekten im katholischen Umfeld, allerdings war damals die Alternative eben dezidiert atheistisch (vgl. Froese/Pfaff 2005).

Hinzu kommt als weitere Ursache die Nach-„Wende"-Identitätskrise, die sich als Teil der permanenten deutschen Selbstverunsicherung beschreiben lässt. In diesem Kontext

---

30 Erste Vermutungen in dieser Richtung finden sich schon beim Leipziger Kirchengeschichtler K. Nowak (1995). Natürlich sind die Ursachen komplexer, wie der Blick z. B. auf die Schweiz zeigt. So spielte auch unter anderem das gehäufte Vorhandensein von Fürsterzbistümern in den Limes-nahen Regionen Deutschlands eine Rolle.
31 Aus dem Bericht von Ursula Kästner anlässlich des 100jährigen Bestehens der Gethsemanegemeinde in Berlin (zitiert nach Motikat 1994: 16).

wird „religionsfrei sein" nun offenbar von den Ostdeutschen als zu ihrer Identität gehörig empfunden und festgehalten: So sind wir, und so wollen wir auch bleiben. Das lässt unter anderem die empirisch relevante Vermutung zu, dass sich in Umfragen ehemalige DDR-Bürger eher als „areligiös" oder „atheistisch" darstellen, als sie es in Wirklichkeit sind; im Westen Deutschlands liegt der Fall wohl umgekehrt.[32]

Es muss also noch einmal unterstrichen werden, dass das Phänomen sehr komplexe und schwer zu entwirrende Ursachen hat und sich von daher eine einfache Erklärung verbietet.[33] Dies vorausgesetzt, ist auf zwei Merkwürdigkeiten eigens hinzuweisen.

Erstens muss zwischen einer sozialen und einer politischen Säkularisierung unterschieden werden. In Westeuropa und speziell in den alten Bundesländern stellt sich die Entkirchlichung vor allem als Emanzipationsbewegung dar, die nicht unbedingt zu einer Entchristlichung oder zu einem Verlust jeder Art von Religiosität führen musste, sondern – wenigstens bei einigen Teilen der Kirchenfernen – eine florierende Religiosität mit Collagecharakter induzierte, die sich auf dem Markt der Angebote bedient. Für viele wäre demnach die Unterstellung, sie wären, weil nichtkirchlich, auch nichtchristlich oder sogar nichtreligiös, eine Beleidigung. Im Einflussbereich des Staatssozialismus und speziell in den neuen Bundesländern handelt es sich aber um eine politisch gewollte und also erzwungene Säkularisierung, die sich wahrscheinlich wegen ihrer effektiven Kopplung mit einer starken Propagierung eines Glaubens an die Wissenschaft, genannt „historischer Materialismus", zu einer stabilen und inzwischen als authentisch geltenden Haltung verfestigt hat (vgl. Meulemann 2000: 228 f.; 2001: 566; Wohlrab-Sahr 2002: 18). Sie ist dadurch gekennzeichnet, dass weltanschauliche Fragen überwiegend nicht als Gegenstand existentieller Auseinandersetzung und persönlicher Entscheidung gelten. Gleichzeitig wird die Unterscheidung von Religiosität, Christlichkeit und Kirchlichkeit in den neuen Bundesländern obsolet, da es dort keine nennenswerte außerkirchliche Religiosität gibt: Ostdeutsche fahren auch nicht zum Dalai Lama.[34]

Die von der politischen bisher überdeckte soziale Säkularisierung macht sich nun paradoxerweise dadurch bemerkbar, dass die jüngere Generation in dieser Region nicht einfach das Schwinden der Religiosität von Generation zu Generation fortsetzt, wie es in den alten Bundesländern zu beobachten ist, sondern sich verstärkt wieder religiösen Fragestellungen öffnet (vgl. Meulemann 2003) – dies natürlich auf entsprechend niedrigem Niveau und ohne erkennbaren Effekt für die Kirchen. Es handelt sich bei dieser „Rückkehr des religiösen Zweifels" – so ein treffender Ausdruck von H. Meulemann (Verweis darauf bei Wohlrab-Sahr 2002: – 24) bzw. des „Unbehagens an der Immanenz", um mit Charles Taylor (2009) zu sprechen, kaum um eine „Wiederkehr der Religion" im emphatischen Sinn, sondern offenbar nach dem Wegfall des politischen Drucks um eine Annäherung an die westeuropäische Form

---

32 Auf dieses Problem einer möglichen Verzeichnung bei Umfragen wird verschiedentlich hingewiesen (vgl. besonders Wohlrab-Sahr 2009: 160 f.).
33 Weitere Ursachen-Hypothesen bei Tomka (2003: 361–367); Pickel/Müller (2004: 66 f.).
34 Man könnte ergänzen: Relativ wenige Deutsche fahren zu Weltjugendtreffen und noch weniger Ostdeutsche; vgl. die etwas hilflose – nämlich hauptsächlich ostdeutsche Medienberichte referierende – Darstellung „Der Jugendtag ging am Osten nicht vorbei" nach dem Kölner Treffen in: FAZ vom 24. August 2005 (zu erreichen über URL: http://www.seiten.faz-archiv.de/faz/20050824/fd220050824334394.html; Stand 30.3.2010).

der Säkularisierung mit der sie – und besonders die Jugendkultur – charakterisierenden Patchwork-Religiosität oder Spiritualität (vgl. Wohlrab-Sahr 2002: 21 f.).[35]

Eine zweite Merkwürdigkeit ergibt sich aus dem Vergleich der ehemals zum sozialistischen Lager gehörenden Länder. Es ist auffällig, dass der Zusammenbruch der Kirchlichkeit vor allem die ehemals volksprotestantischen Regionen wie Estland, Lettland, Tschechien – hier vor allem Böhmen – und die DDR betrifft. Bei aller Vorsicht, die Multikausalität unzulässig zu reduzieren, scheinen besonders die Länder der Reformation unter den Folgen der erzwungenen Säkularisierung zu leiden.[36] Inwieweit die Gründe hier bei den Kirchen selbst liegen, wird unter dem Thema „Selbstsäkularisierung" (Wolfgang Huber) diskutiert.[37] Dann beträfen sie erstens den höheren Individualisierungsgrad im Protestantismus, welcher die Kirchgemeinden und die einzelnen Gläubigen ungeschützter den Angriffen einer weltanschaulichen Gegenpropaganda aussetzte,[38] zweitens dessen stärkere Tendenz zur „Selbstunsicherheit durch Dauerreflexion" (Michael Beintker) (vgl. Deutscher Bundestag 1995: 65 f.) sowie drittens die schon genannte unselige Verbindung von Thron und Altar bis 1918 (vgl. Storch 2003: 239, Anm. 6, mit Verweis auf Höllinger 1996).

2.3 Der Religionsbegriff

Eine mögliche Abwesenheit von jeglicher Art Religion zu konstatieren, erfordert freilich deren präzisen Begriff. Hier ist jedoch inzwischen so viel Falschgeld unterwegs, dass man versucht ist vorzuschlagen, den Terminus „Religion" als solchen aus dem diskursiven Verkehr zu ziehen. Es ist hier nicht der Ort, dem vor allem zwischen einem substantiellen und funktionalen Religionsbegriff hin und her gehenden Pendel zu folgen. Die in der Religionssoziologie seit É. Durkheim und N. Luhmann bevorzugte funktionale Begriffsbestimmung hat sich weder für die Präzision des Begriffs als dienlich erwiesen, noch ist sie logisch sauber. Einerseits wird der Begriff nämlich so sehr ausgeweitet, dass er jegliche Trennschärfe verliert und sich außerdem unverhältnismäßig vom Alltagsverständnis entfernt, andererseits stellt sich der Rückschluss, was eine bestimmte Funktion erfülle, sei Religion, als klassischer Paralogismus heraus, falls nicht von vornherein Äquivalenz gesichert ist. Beispielsweise dient Religion fraglos auch der praktischen Kontingenzbewältigung, weshalb jedoch nicht jede Kontingenzbewältigungspraxis Religion sein muss. S. Bruce nennt dieses Verfahren sarkastisch das *„football is really a religion"*-Argument (vgl. Bruce 2002: 200–203). Es ist

---

35 Zur analogen Teilrevitalisierung von Religiosität in einigen osteuropäischen Staaten vgl. Pickel (2003: 266 f.). Siehe hierzu auch den entsprechenden Beitrag von Pickel in diesem Band. Zu Jugendreligiosität siehe auch die Ausführungen von Gladkich in diesem Band.

36 „So wirkt sich die Zugehörigkeit zum protestantischen Kulturkreis durchgehend negativ auf alle untersuchten Indikatoren der Religiosität und Kirchlichkeit aus und begünstigt die Durchschlagskraft eines – wie auch immer ausgelösten – Säkularisierungsprozesses" (Pickel 2003: 262).

37 Als „nur sehr beschränkt plausibel" bezeichnet die These D. Pollack in: Foitzik/Pollack 2006: 342. Trotzdem kann sich K. Storch (2003: 239) ausdrücklich auf ihn berufen.

38 Das gilt auch prognostisch: „Es ist kaum von einem dauerhaften Überleben subjektiver Religiosität ohne kirchlich geprägten Hintergrund auszugehen – darauf verweisen die immer noch extrem hohen Binnenbeziehungen zwischen subjektiver Religiosität und Kirchlichkeit auch in Osteuropa" (Pickel 2003: 267).

aber trotz wachsender Distanz zum funktionalen Religionsverständnis (vgl. Homann 1997) noch allenthalben zu finden.

Dass ein angemessen präziser Religionsbegriff nicht zu erhoffen ist, zeigen Studien des Leipziger Theologen M. Petzold, welche nicht die Funktionen von Religion, sondern die des Religions*begriffs* analysieren (vgl. Petzoldt 2006). Einerseits müsste er wie jeder Begriff ein bestimmtes semantisches Unterscheidungspotential bieten, um auch operativ verwendbar sein zu können (z. B. in der Gesetzgebung), andererseits erwartet man aber von ihm eine semiotische Weite, die es möglich macht, bisher nicht als religiös qualifizierte Phänomene als solche zu kennzeichnen und zu erfassen. Ist dieser Spagat schon schwer zu erreichen, kommt nun noch ein sprachpragmatisches Problem hinzu. Der Religionsbegriff bewegt sich nämlich einerseits normativ zwischen Authentizität und Täuschung – wenn es um das Thema Pseudoreligion geht –, andererseits deskriptiv zwischen oft nichtreligiösem Selbstverständnis – welches in der Nachfolge K. Barths auch schon das Christentum betreffen kann – und Fremdwahrnehmung, z. B. beim Thema Kryptoreligion. Es ist also das Problem von Sein oder Schein einerseits und Innenperspektive und Außenperspektive andererseits. Jeder Versuch einer Begriffsbestimmung von Religion stellt sich somit als die hermeneutische Quadratur des Kreises heraus.

Als Faustregel dürfte m. E. aber gelten: Es muss eine Trennlinie möglich sein zwischen Ersatzreligion und Religionsersatz. Letzterer ist nicht mehr Religion; diese Grenze darf also nicht verwischt werden. Außerdem ist die Innenperspektive hinreichend zu würdigen, um nicht Religion zu unterstellen, wo es dem Selbstverständnis der fraglichen Personengruppe deutlich widerspricht – das würde jede Kommunikation mit ihr von vornherein erschweren. Die zweite Faustregel könnte also lauten: Nur wo der Bezug auf ein Absolutes thematisiert wird und nicht so implizit bleibt, dass er nur dem religiös geprägten oder religionswissenschaftlich geschulten Beobachter sichtbar wird, kann legitim das Vorhandensein von Religion und Religiosität unterstellt werden.

2.4 Die religionspsychologische Perspektive

Die Frage, wie so etwas wie Religiosität entsteht bzw. ausfallen kann, öffnet ein neues Untersuchungsfeld. Religionspsychologen, insbesondere wenn sie entwicklungspsychologisch arbeiten, erörtern ausführlich die Entstehung von so etwas wie religiösen Überzeugungen in den verschiedenen Altersstufen, aber selten die Frage, wie z. B. eine natürliche Religiosität im Kindesalter alsbald komplett verschwinden kann.[39] Hier gibt es sogar so etwas wie Gegenbekehrungen, entweder spontan oder im Ringen um die Ablösung von religiösen Kindheitsmustern; eindrückliche Zeugnisse lassen sich dafür unschwer finden (vgl. Kurzke/Wirion 2005: 222 f.). Die vielen sich aufdrängenden Problemkreise[40] seien hier versuchshalber auf

---

39 Kein über Andeutungen hinausgehendes Problem ist das für A. A. Bucher (2007: u. a. 63). Er moniert lediglich das Fehlen europaspezifischer Studien, die meisten kommen nach wie vor aus den speziell religiös geprägten USA (vgl. 2007: 169).
40 Vgl. zum ganzen Komplex der „religiösen Überzeugung" und besonders zu den Bedingungen für das Entstehen und den Wechsel von „Cardinal Convictions" eines Menschen Th. Schärtl (2008) sowie die Beiträge von D. Pollack, F. Ricken, B. Irlenborn und Th. M. Schmidt im selben Sammelband (Bormann/Irlenborn 2008).

den Begriff der „religiösen Erfahrung" konzentriert, wobei deren epistemischer Status – das Thema der „religious epistemology" – als für unsere Fragestellung nachrangig ausgeklammert sei, da es im Folgenden um diese Erfahrung als solche geht.

Was charakterisiert eine Erfahrung als religiös? Handelt es sich um ein spezielles Erlebnis zum Beispiel des Ergriffenseins, und hat dann dieses *eo ipso* religiöse Qualität, oder erhält es diese erst im Zirkel von Artikulation und Interpretation (vgl. Joas 2004: 50–62)?[41] Hier wäre noch einmal zu unterscheiden, ob es sich um die Eigen- oder die Fremdinterpretation handelt, könnten doch Menschen religiöse Erfahrungen machen, ohne sie selbst als solche zu erkennen. Oder handelt es sich überhaupt nicht um spezifische Erlebnisse, sondern um Interpretationen ganz alltäglicher Erfahrungen im Transzendenz-Kontingenz-Schema? Dann wäre es wohl von der jeweiligen Sozialisation abhängig, ob solche Alltagserlebnisse religiös oder nicht religiös verstanden werden, womit sich wieder ein Übergang zur Religionssoziologie zeigt (vgl. Ricken 2004).[42] Anders gesagt: Existiert erst Religion als Kontext und dann die entsprechende Erfahrung – oder umgekehrt?

Alle Varianten, die hier in verschiedenen Abstufungen denkbar sind, müssten auf mögliche „Ausfallstellen" hin analysiert werden, was in den entsprechenden religionsphänomenologischen Diskursen bisher nur andeutungsweise geschieht. Auch hier ist wieder ein Blick auf die Faktenlage in den neuen Bundesländern hilfreich: In der Regel beten Areligiöse auch in Grenzsituationen nicht, was wohl beweist, dass Not nur diejenigen beten lehrt, die es schon einmal gelernt hatten (vgl. Müller/Pickel 2007: 170 f.). Die hermeneutische Krisenbewältigung bewegt sich bei Areligiösen stattdessen vornehmlich im naturwissenschaftlich geprägten Kategorienschema, das Gleiche gilt von der Interpretation der sogenannten „Flow-Erlebnisse" (M. Csikszentmihalyi) (vgl. Jossutis 2004: 32). Im konzeptionellen Rahmen eines umfassenden Naturalismus gerät alles religiöse Erleben unter den Verdacht, Symptom einer momentanen Lebenskrise zu sein, das mit deren Überwindung wieder verschwindet. Auch die sich wohl jedem Menschen irgendwann stellende Frage nach dem Sinn des Lebens wäre folglich nicht als solche einer Antwort zuzuführen,[43] sondern das Interesse müsste sich darauf richten, die sie auslösenden Konstellationen zu verhindern oder zu bereinigen. Sogar die sogenannten Nahtoderlebnisse scheinen im Osten anders zu sein als im Westen: Selten ist Licht am Ende des Tunnels (vgl. Schmied 2000).

---

41   Die im Titel genannten Erfahrungen dürften andere als „spirituell" deklarieren und nicht „religiös" im engeren Sinne – ein weiterer Bereich, der Klärung benötigt(vgl. Comte-Sponville (2008).
42   Eine bemerkenswerte kleine Studie dazu hat H. J. Adriaanse (1992) vorgelegt.
43   Ganz abgesehen davon, dass „Warum" oder „Wozu"-Fragen oft als „Wie"-Fragen interpretiert werden. Vgl. die interessante Beobachtung von H.-J. Fraas (1993: 64): „In einer technisch-naturwissenschaftlich bedingten Umwelt ... findet das Kind auf die Frage ‚wozu' wenig Antwortbereitschaft; viel eher neigt der Erwachsene dazu, kausale Erklärungen im Sinn wissenschaftlicher Weltbetrachtung abzugeben. So verlernt das Kind die Sinnfrage – die entsprechende Haltung wird dadurch abgebaut (extinguiert), dass sie durch das Umweltverhalten nicht bestätigt wird –, während seine kausale Denkrichtung gleichzeitig verstärkt wird. Es ist charakteristisch für die Gegenwartssituation, dass in der Religionspädagogik häufig davon die Rede ist, die ursprüngliche Fragehaltung des Schülers erst neu hervorrufen zu müssen."

2.5 Die philosophische Anthropologie

„Es scheint, soweit wir wissen, keine Menschen ohne ‚Religion' zu geben – wie immer man dieses Phänomen im Einzelnen zu bestimmen sucht." Der Sammelband, aus dessen Einleitung dieses einleitende Zitat stammt, trägt den Titel „Homo naturaliter religiosus" (Stolz 1997: 9). Aus der titelgebenden anthropologischen Bestimmung folgt, dass Menschen ohne Religion undenkbar sind. Das ist offenbar die Basisannahme der meisten Religionswissenschaftler und Theologen, was hieße: Wenn nur hinreichend lange gesucht wird, findet sich Religion auch bei angeblich Areligiösen. Die daraus resultierenden Wahrnehmungs- und Kommunikationsblockaden wurden schon angesprochen.

In philosophischer Perspektive stellt sich hier die Frage nach der Differenz von normativer und deskriptiver Anthropologie und nach der Differenz von Aussagen zum Wesen des Menschen und zum konkreten Menschsein – beide Differenzen werden in der zitierten Aussage ebenso verwischt wie in dem Eingangszitat von Coreth. Anders gesagt: Oft wird nicht zwischen universalmenschlicher religiöser Disposition und tatsächlicher Religiosität unterschieden; letztere kann nämlich auch fehlen.[44]

Es muss an dieser Stelle vielleicht eigens erinnert werden, dass alle Wesensbestimmungen des Menschen – z. B. als geschichtlich, vernunft-, sprachbegabt und zur Freiheit fähig – Dispositionsbegriffe sind. Entsprechend ist also zwischen der gattungsmäßigen Eignung oder Anlage einerseits und der jeweils erworbenen Fähigkeit bzw. dem Charakter, die Ergebnis eines Sozialisationsprozesses sind, und noch einmal der nun streng individuellen Fertigkeit, d. h. dem tatsächlichen Gebrauch je nach konkreter Situation, andererseits zu unterscheiden.[45] Im Diskurs geht das oft durcheinander. Die Disposition, also eine religiöse Anlage oder ein religiöses Apriori zu ermitteln, wäre Sache von Religionsphilosophie und Theologie, die tatsächliche Religiosität im Sinne einer Fähigkeit oder sogar Fertigkeit zu eruieren – und erst diese macht einen Menschen „religiös" –, Sache der empirischen Religionswissenschaften. „Gottlosigkeit" ist so gesehen bestenfalls eine deskriptiv-religionswissenschaftliche Kategorie, nicht aber eine theologische, „denn keinem von uns ist er fern" (Apg 17,27).[46] Das schiedliche Nebeneinander der Perspektiven ruft jedoch nach einer Vermittlung, in der sich wieder einmal bestätigt: Menschsein lässt sich nur typologisch definieren. Dass in den jeweiligen Charakterisierungen eines „typischen Menschseins" dann aber eine gewisse geschichtliche Willkür unvermeidlich ist, dürfte unbestritten sein. So ist zu vermuten, dass Aussagen z. B. über die religiöse Natur des Menschen, die gern im Gewand der zeitlosen

---

44 Vgl. den strukturellen Religionsbegriff, der die Notwendigkeit von Religion an allgemeinen Bewährungssituationen festmacht, von U. Oevermann (2003) . Demgegenüber macht M. Wohlrab-Sahr (2003) deutlich, dass eine Bewältigung solcher Situationen auch nichtreligiös (z. B. hedonistisch oder pragmatisch) erfolgen kann.

45 „Natura facit habilem, ars potentem, usus vero facilem." (Marius Victorinus 4. Jh. zugeschrieben) – mit Dank für diesen Hinweis an Hans Kraml (Innsbruck).

46 Ein typisches Beispiel für eine unreflektierte Vermischung transzendentaler und empirischer Argumentationen bietet S. Knobloch, (2006) , der – bei der transzendentalphilosophischen Begründung der Religiosität des Menschen im Sinne von K. Rahners unthematischen Vorgriff auf das Unendliche ansetzend – den Bezug Gottes zum Menschen (Knobloch 2006: 16) und dessen Religionsfähigkeit (als konstitutive Verwiesenheit auf Gott, vgl. z. B. Knobloch 2006: 122 f.) mit dem Bedürfnis nach Religion und wiederum dieses mit tatsächlicher Religiosität (z. B. religiös gesetzten Akten oder religiösem Tun, vgl. Knobloch 2006: 43) verwechselt.

Gültigkeit daherkommen, stärker kulturell eingefärbt und damit lokal und temporal begrenzt sind, als zumeist bewusst gemacht wird. Die philosophischen und theologischen Konsequenzen dieser Verunsicherung wären eigens zu diskutieren.

„Areligiosität" wird denkbar und zeigt sich dann z. B. im Blick auf die neuen Bundesländer auch als hinreichend häufig exemplifiziert.[47] Alle Versuche, diese Personengruppe als „irgendwie doch religiös" zu charakterisieren, wären also nicht zwingend nötig, wenn sie auch zuweilen hilfreich sein mögen und sogar einsichtig sind. Zumeist ist also weniger Religion vorhanden, als – theologisch oder philosophisch – gedacht, allerdings oft auch mehr, als faktisch – religionssoziologisch – festgestellt (vgl. Wohlrab-Sahr 2009).

Wer nicht riskieren will, dass der Religionsbegriff am Ende unverständlich oder dass den „Areligiösen" ihr Menschsein abgesprochen wird oder wenn die Basisannahmen der philosophischen und theologischen Anthropologie zum „homo naturaliter religiosus" erhalten bleiben sollen (wofür zunächst zu plädieren wäre), gibt es wohl nur diesen Weg: Da jeder Mensch kein bloßer „Fall von Menschsein" ist, weil er wesentlich (!) anders ist als alle anderen und deshalb um so mehr Mensch, je mehr er anders ist, muss besonders in einem Bereich von so hoher anthropologischer Relevanz wie der Religiosität mit ihren starken individuellen Momenten genau unterschieden werden. Menschsein ohne Religion wäre dann zwar defizitäres Menschsein – ähnlich wie Menschsein ohne Vernunftbegabung oder Sprachfähigkeit –, für den konkreten Menschen gilt das jedoch nicht. Ein „Areligiöser" ist nicht weniger Mensch als ein Christ – sondern anders Mensch. Diese Andersheit des Anderen wäre zu respektieren, womit diese Überlegungen auf relativ kurzem Weg bei Maximen angekommen wären, wie missionsstrategisch mit der religiösen Indifferenz umzugehen ist.

3   Handeln: Missionstheologie zwischen Defizienz- und Alteritätsmodell

Die Frage nach dem „homo areligiosus" ist selbstverständlich von hoher missionstheologischer Brisanz. Die Situation eines areligiösen Milieus ist für den Sendungsauftrag der Kirche bisher einmalig – das gilt in historischer und in globaler Perspektive, ist doch die christliche Verkündigung bisher immer auf ein irgendwie religiös vorgeprägtes Gegenüber getroffen: Bonifatius konnte wirkungsvoll heilige Bäume fällen, aber was bietet sich heute an? Junge Mormonen, die kurz nach der Öffnung des Eisernen Vorhangs nach Leipzig kamen, sollen dort einem evangelischen Jugenddiakon auf der Straße um den Hals gefallen sein, weil er der Erste war, der überhaupt verstand, was sie wollten. Hier zeigt sich, dass jede Art von „Mission" immer auch einen Lernprozess der Missionierenden darstellt. So manche mit der Erwartung schneller Erfolge nach 1989 in den neuen Bundesländern gestartete missionarische Initiative wurde alsbald enttäuscht abgebrochen – oft ohne eingehende Analyse dieses Scheiterns. Ein Grund könnte in einem Wahrnehmungsdefizit liegen, womit sich der Rundgang auf

---

47   Vgl. Pickel/Müller 2004: 66, Anm. 7: „Damit wird (...) natürlich eine weit grundsätzlichere Annahme hinterfragt: Dass jeder Mensch per se auf die eine oder andere Weise religiös sein *müsse*. Es scheint sehr wohl möglich – dies zeigt sich auch in Gesprächen mit ostdeutschen Bürgern immer wieder –, dass es Menschen gibt, denen jeglicher Transzendenzgedanke absonderlich vorkommt: Religion taucht im Alltagsleben einfach nicht auf – ein Tatbestand, der vor dem Hintergrund einer Kultur der Konfessions- und Glaubenslosigkeit in Ostdeutschland zumindest aus soziologischer Sicht durchaus nachvollziehbar ist."

unserer „Baustelle" schließt.⁴⁸ Hier ist offenbar das explorative Moment, das jedem dieser Versuche eignen sollte, unterbestimmt und damit die Chance einer rückwirkenden Selbstveränderung in Theorie und Praxis verpasst worden.⁴⁹

Zunächst stellt sich also die Frage nach dem „Anknüpfungspunkt" in aller Schärfe. Die religiös Indifferenten können ohne Gott gut und auf hohem moralischem Niveau leben, sie verfügen über eine eigene stabile Feierkultur, z. B. die Jugendweihe, die keine Rückgriffe auf religiöse Traditionen nötig macht. Pragmatisch-nüchtern gestalten sie ihr Leben und sind aufgrund ihrer eher naturalistischen Sozialisation für metaphysische Fragen kaum ansprechbar, gelten doch Sinnfragen und der in Grenzsituationen vielleicht hier und da aufkeimende Wunsch, sich einer höheren Instanz auszuliefern, als Krisenphänomene, die mit der Krise wieder verschwinden. Unterscheidet man geschlossene und offene Formen des Unglaubens (vgl. Marty 1964), so neigen Areligiöse im Unterschied zu bekennenden Atheisten, überzeugten Wissenschaftsgläubigen (Szientisten), Vertretern eines selbstgenügsamen, jegliche Transzendenz ausgrenzenden Humanismus (nach Ch. Taylor) oder solchen, welche die Weltgeschichte oder die Nation quasi-pantheistisch verherrlichen, eher zu den offenen Varianten, die allerdings auf der christlichen Seite eine spiegelgleiche Offenheit erfordern würde. Denn in der Regel beeindruckt die vorsichtige Neugier der „Unberührten" in religiösen Fragen und findet der Austausch mit ihnen schneller zu Kernfragen als bei den oft aggressiv auftretenden „Entfremdeten", die sich gern an eher nebensächlich erscheinenden Kirchen-Interna aufreiben. Vergleicht man jedoch die religiös Indifferenten mit den nachdenklicheren und auch eher unsicheren Agnostikern oder „bekümmerten" Atheisten, z. B. H. Schnädelbach (2008), so verfügen sie mit ihrem Normalitätsbewusstsein über ein stabileres Selbstbild als diese, was die Ansprechbarkeit wieder reduziert. Summa summarum ist hier von Fall zu Fall differenziert zu urteilen und zu handeln.

3.1 Defizienz- und Alteritätsmodell

Aus strategischer Perspektive ließe sich stark vereinfacht ein Defizienz- von einem Alteritätsmodell unterscheiden. Das Defizienzmodell hat als Leitfrage: „Was fällt bei der anderen Seite aus?", das Alteritätsmodell: „Was ist dort anders?" In analytischer Perspektive unterscheiden sich beide Modelle darin, dass jenes eher normativ, dieses eher deskriptiv problematisiert. Das Defizienzmodell impliziert die Vorstellung eines Weges zu einem Soll, den die anderen entweder noch nicht gefunden oder den sie vergleichsweise noch nicht weit genug zurückgelegt haben. Bei dem zweiten Modell entsteht die Vorstellung sehr verschiedener Wege – vielleicht zum selben Ziel, vielleicht nicht einmal dieses.

Bezüglich der religiösen Indifferenz wäre das Defizienzmodell das sowohl biblisch, eschatologisch wie auch wahrheitstheoretisch im Sinne des substantiellen Religionsbegriffs

---

48 Siehe oben 1.
49 „Muss nur ich mich bewegen?", erwiderte mir einmal eine areligiöse „Kontrahentin". Die ekklesiologischen Implikationen dieser vorwurfsvollen Frage wage ich kaum auszumessen. Erinnert sei daran, dass die Pastoralkonstitution des letzten Konzils einen Artikel zu dem Thema enthält: „Die Hilfe, welche die Kirche von der heutigen Welt erfährt" (Gaudium et spes 44).

(Religion als Glauben an ...) am besten begründete.[50] Mission und Religionspädagogik inklusive sind so gesehen zumindest als Therapie oder Belehrung zu interpretieren, wenn nicht sogar als „Gericht" über das defiziente oder falsche Menschsein auf der anderen Seite. Dementsprechend feuert auch das eingangs zitierte römische Dokument die gesamte Breitseite der bekannten Kritikpunkte gegen den „homo indifferens" ab: Nihilismus in der Philosophie, Relativismus in Werten und Moralität, Pragmatismus, zynischer Hedonismus, Subjektivismus, Selbstzentriertheit, Egoismus, Narzissmus, Konsumismus etc. (vgl. Päpstlicher Rat für Kultur 2009: Kapitel I.2.2. u. ö.). Darin zeigt es sich wenig irritiert durch soziologische Studien, die auffällige Unterschiede in der Lebenseinstellung und in den Wertvorstellungen von Christen und Konfessionslosen nicht ermitteln konnten (vgl. Zulehner/Denz 1993; Allbus 2002[51]): Religiosität und Moralität sind offenbar schwächer korreliert, als mancher Wertediskurs vermutet, und Gottlosigkeit ist nicht gleich Sittenlosigkeit.[52]

Es dürfte schwer bis unmöglich sein, auf der anderen Seite noch etwas wahrzunehmen, das der eigenen Lebensoption fehlt, nachdem sie so gründlich diffamiert wurde. Vice versa geht es den Anderen wahrscheinlich genauso. Damit zeigt sich, dass das Defizienzmodell überwunden oder zumindest transformiert werden muss (siehe dazu unten), gilt doch auch im Umgang mit Areligiösen die Goldene Regel, die fordert, das Eigene immer auch vom Anderen her zu denken. Das Alteritätsmodell wäre demgegenüber weniger auf Belehrung und Überzeugungsarbeit denn auf Dialog und auf gemeinsame und vielleicht auch gegeneinander gerichtete Suche nach dem Ziel angelegt. Es entspricht der heutigen Pluralitätserfahrung und der daraus resultierenden Mindestforderung nach Toleranz. Aus Respekt vor der Andersheit des Anderen sind also Abwertungen möglichst zu vermeiden, was wegen der durchgängigen Negationen in unserem Fall („areligiös", „konfessionslos" etc.) zugegebenermaßen schwierig, aber nicht unmöglich ist. Das liegt auch in der Perspektive der sogenannten Philosophie der Differenz, die, in starkem Maße von der europäischen Unheilsgeschichte inspiriert (gipfelnd in der Shoah des 20. Jahrhunderts), nicht nur die Toleranz, sondern die Akzeptanz der Andersheit des Anderen, der jeweils unhintergehbaren Perspektivität und der unüberbrückbaren Differenzen einfordert.[53]

3.2 „Ökumene der dritten Art" – drei Thesen

Deshalb legt sich missionstheologisch ein Plädoyer für eine „Ökumene der dritten Art" – anders, aber strukturanalog zur Ökumene zwischen den Kirchen (erste Art) und zwischen den

---

50 Vgl. die klassische Stelle in Röm 1,19 ff.
51 URL: http://www.univie.ac.at/soziologie-statistik/multi/allbus2002_codebook.PDF; Stand 31.3.2010. Zentralarchiv für empirische Sozialforschung an der Universität Köln/Zentrum für Umfragen, Methoden und Analysen (ZUMA) (Hrsg.), Allgemeine Bevölkerungsumfrage der Sozialwissenschaften (Allbus 2002) (– Zum Vergleich der Wertvorstellungen Religiöse – Nichtkonfessionelle vgl. die (im Sinne der Konfessionslosen interessengelenkte) Auswertung der Umfrage durch die „Forschungsgruppe Weltanschauungen in Deutschland" (URL: http://fowid.de/; Stand 31.3.2010).
52 Die weitverbreitete gegenteilige Unterstellung, induziert durch bestimmte Übersetzungen der biblischen „reša'jm" mit „Gottlose" z. B. in der Lutherbibel, dürfte ein weiteres Motiv sein, auf keinen Fall Areligiosität bei einem Menschen anzunehmen, um ihn nicht zu diffamieren – eine unnötige Vorsichtsmaßnahme!
53 Hier stehen Namen wie Lévinas, Lyotard und Derrida.

Religionen (zweite Art) – nahe. Die Grundvoraussetzung ist jeweils die gleiche: Der Austausch geschieht auf Augenhöhe, und sein erstes Ziel ist nicht, die jeweils andere Seite zur eigenen herüberzuziehen, sondern gemeinsam einen Weg in eine Konstellation zu finden, die unter eschatologischem Vorbehalt steht – was heißt, dass „die letzten Antworten" nicht bei den Kontrahenten liegen –, wobei man gegenseitig als Impulsgeber fungiert: „Proposer la foi" – „Den Glauben anbieten" – lautet die entsprechende Maxime der französischen Bischöfe (vgl. Sekretariat der deutschen Bischofskonferenz 2000). Zu dieser Vorgehensweise gibt es so gut wie keine Alternative, das machen die derzeitigen Irritationen in der Ökumene der ersten und zweiten Art augenscheinlich. Wie Angehörige anderer christlicher Konfessionen und anderer Religionen wollen auch Areligiöse als gleichwertig akzeptiert und nicht im klassischen Verständnis „missioniert" werden. Die folgenden Thesen sollen das ansatzweise noch etwas entfalten, wobei sie sich an bekannten biblischen Bildern orientieren.

1. „Stückwerk ist unser Erkennen" (1 Kor 13,9): Das Alteritätsmodell induziert in der Regel reflexartig den Relativismusverdacht. Es gibt aber eine „Relativität ohne Relativismus" (vgl. Hogrebe 1998). Sie speist sich einerseits aus dem transzendentalen Wissen um ein Absolutum, das unserer Verfügungsgewalt letztlich entzogen ist, und andererseits aus dem unhintergehbaren Verwiesensein auf die Andersheit des Anderen. Als der eigentliche Ort der Wahrheit erweisen sich dann gerade die oft unüberbrückbaren Differenzen – beide Partner würden dementsprechend, allem wechselseitigem Unverständnis und allen Akzeptanzproblemen zum Trotz, für sich allein das je eigene Ziel verfehlen. Denn die Differenz als solche macht sie gegenseitig darauf aufmerksam, dass gilt: „Veritas semper maior" („Die Wahrheit ist immer größer"). Als Relativismus erscheint nur das, wenn sich jemand auf einen Quasi-Gottesstandpunkt erhebt und von dort das ganze Treiben je nach Temperament entweder distanziert und skeptisch betrachtet oder leicht angewidert doch eher zum Defizienzmodell tendiert. Jedoch hat nicht eine wie auch immer zu definierende absolute Wahrheit der einen oder anderen Seite das letzte Wort, sondern die Liebe – das macht der Kontext deutlich, in dem die Aussage des Paulus steht.

2. „Salz der Erde" (Mt 5,13): Unter diesem Titel gab Kardinal Ratzinger 1996 ein Interview, indem sich der Satz findet: „Vielleicht müssen wir von den volkskirchlichen Ideen Abschied nehmen"(Ratzinger 1996: 17). Man darf wohl dieses zaghafte Votum zunächst auf das schon erwähnte problematische Bündnis von Thron und Altar ausweiten – und es dann verstärken: Salz ist kein Grundnahrungsmittel, wie jeder weiß, der einmal einen Löffel davon in den Mund bekam (vgl. Jüngel 1978: 22 f.). Es benötigt also das Andere seiner selbst als Medium, um wirksam zu sein, soll es doch würzen und nicht versalzen. Von daher eignet sich ein areligiöses Milieu eher als ein volkskirchliches für einen explorativ angelegten Sendungsauftrag, dessen Ziel nicht sein sollte, sein Operationsgebiet zum Verschwinden zu bringen, sondern zunächst von der Andersheit des Anderen herausgefordert je neu zum Kern des Eigenen vorzustoßen – mit anderen Worten das Salz wieder würzig zu machen – und dann, wie gesagt, den Glauben anzubieten. Das weitere ist dann nicht mehr Sache dieses Auftrags, sondern Gottes Sache.

3. „Ein Leib und viele Glieder" (1 Kor 12,20): Man kann eine global vernetzte Weltgesellschaft durchaus als einen Organismus verstehen, auf welchen das paulinische Bild der Gemeinde als des einen Leibes Christi mit den vielen, aufeinander bezogenen Gliedern ausgeweitet werden muss, um zur wahren Ökumene zu finden.[54] Der Zeiten und Räume umgreifende globale Organismus stellt sich heute mehr denn je als hoch differenziert und hoch spezialisiert dar, was aber heißt, partielle Defizite akzeptieren zu müssen. Nicht jede und jeder kann alles. Auf diese Weise kommt sogar das ansonsten kritisch zu betrachtende Defizienzmodell zu seinem Recht: Offenbar gibt es Glaubende, die für die „religiös Unmusikalischen" mitglauben (und mitbeten),[55] während diese andere Fähigkeiten und auch andere Aufgaben haben. Die Fülle der verschiedenen Lebensoptionen muss also nicht permanent in Polemik und wechselseitige Diffamierungen münden, auch wenn sich genügend Reibungsflächen für solche Auseinandersetzungen anbieten. In konstruktiver Perspektive betrachtet, mahnen die religiös Indifferenten indirekt zu größerer Vorsicht: Wer sagt, er brauche keinen Gott oder keine Religion – ein Standardargument Konfessionsloser –, hat vielleicht mehr recht, als ihm selbst bewusst ist, insofern er sich gegen eine Instrumentalisierung Gottes oder der Religion stellt. Die Atheisten und noch mehr die religiös Indifferenten machen Christen so auf die Unerfahrbarkeit und Unbegreiflichkeit Gottes aufmerksam und konterkarieren damit die oft unvorsichtige Rede der Gläubigen von religiösen Bedürfnissen und „Gotteserfahrungen".

4   Literatur

Adriaanse, Hendrik Johan (1992): Vorzeichnung der religiösen Erfahrung in der Alltagserfahrung. Auszeichnung der Alltagserfahrung in der religiösen Erfahrung. In: Casper/Sparn (Hrsg.): 51–66.
Beintker, Michael/Jüngel, Ernst/Krötke, Wolfgang (Hrsg.) (1997): Wege zum Einverständnis. Leipzig.
BertelsmannStiftung (Hrsg.) (2007): Religionsmonitor 2008. Gütersloh.
BertelsmannStiftung (Hrsg.) (2009): Woran glaubt die Welt? Analysen und Kommentare zum Religionsmonitor 2008. Gütersloh.
Boeve, Lieven (2005): La théologie comme conscience critique en europe. Le défi de l'apophatisme culturel. In: Bulletin ET. Zeitschrift für Theologie in Europa 16. 1. 37–60.
Bonhoeffer, Dietrich (1980): Widerstand und Ergebung. Briefe und Aufzeichnungen aus der Haft. Hrsg. v. Eberhard Bethge. Gütersloh. (11. Aufl.)
Bormann, Franz-Josef/Irlenborn, Bernd (Hrsg.) (2008): Religiöse Überzeugungen und öffentliche Vernunft. Zur Rolle des Christentums in der pluralistischen Gesellschaft. Freiburg.
Brose, Thomas (Hrsg.) (1998): Gewagter Glaube. Gott zur Sprache bringen in säkularer Gesellschaft. Berlin.
Bruce, Steve (2002): God is dead. Secularization in the West. Oxford u. a.
Brugger, Walter (1979): Summe einer philosophischen Gotteslehre. München.
Bucher, Anton A. (2007): Psychologie der Spiritualität. Handbuch. Weinheim/Basel.
Casper, Bernhard/Sparn, Walter (Hrsg.) (1992): Alltag und Transzendenz. Studien zur religiösen Erfahrung in der gegenwärtigen Gesellschaft. Freiburg.
Comte-Sponville, A. (2008): Woran glaubt ein Atheist? Spiritualität ohne Gott. Zürich.
Coreth, Emerich (1998): Mensch und Religion. Philosophisch-anthropologische Grundlagen. In: Faulhaber/Stillfried (Hrsg.): 98–107.
Dalferth, Ingolf U./Grosshans, Hans-Peter (Hrsg.) (2006): Kritik der Religion. Zur Aktualität einer unerledigten philosophischen und theologischen Aufgabe. Tübingen.
Dawkins, Richard (2007): Der Gotteswahn. Berlin.

---

54 Vgl. hier besonders auch die kosmologisch-christologischen Visionen von P. T. de Chardin.
55 Die Religionssoziologie kennt seit G. Davie das Phänomen der „vicarious religion" (vgl. Knoblauch/Schnettler 2004: 9).

Demke, Christoph (1997): Zum Geleit. In: Motikat/Zeddies (Hrsg.): 15–16.
Deutscher Bundestag (Hrsg.) (1995): Materialien der Enquete-Kommission „Aufarbeitung von Geschichte und Folgen der SED-Diktatur in Deutschland". 12. Wahlperiode des Deutschen Bundestages. Frankfurt/Main.
Domsgen. Michael (Hrsg.) (2005): Konfessionslos – eine religionspädagogische Herausforderung. Studien am Beispiel Ostdeutschlands. Leipzig.
Doyé, Götz/Keßler, Hildrun (Hrsg.) (2002): Konfessionslos und religiös. Gemeindepädagogische Perspektiven. Leipzig.
Faber, Richard/Lanwerd, Susanne (Hrsg.) (2006): Atheismus. Ideologie, Philosophie oder Mentalität? Würzburg.
Faulhaber, Theo/Stillfried, Bernhard (Hrsg.) (1998): Wenn Gott verloren geht. Die Zukunft des Glaubens in der säkularisierten Gesellschaft. Freiburg.
Foitzik, Alexander/Pollack, Detlef (2006): „Nüchternheit ist vonnöten". Ein Gespräch mit dem Religionssoziologen Detlef Pollack. In: Herder Korrespondenz 60/7: 339–344.
Fraas, Hans-Jürgen (1993): Die Religiosität des Menschen. Ein Grundriß der Religionspsychologie. Göttingen. 2. Aufl.)
Froese, Paul/Pfaff, Steven (2001): Replete and desolate markets. Poland, East Germany, and the new religious paradigm. In: Social forces. An international journal of social research associated with the Southern Sociological Society 80/2: 481–507.
Froese, Paul/Pfaff, Steven (2005): Explaining a religious anomaly. A historical analysis of secularization in Eastern Germany. In: Journal for the scientific study of religion 44/4: 397–422.
Gabriel, Karl/Zulehner, Paul M./Tos, Niko (Hrsg.) (2003): Religion und Kirchen in Ost(Mittel)Europa. Deutschland-Ost. Ostfildern.
Gärtner, Christel/Pollack, Detlef/Wohlrab-Sahr, Monika (Hrsg.) (2003): Atheismus und religiöse Indifferenz. Opladen.
Greyerz, Kaspar von/Jakubowski-Tiessen, Manfred/Kaufmann, Thomas/Lehmann, Hartmut (Hrsg.) (2003): Interkonfessionalität – Transkonfessionalität – binnenkonfessionelle Pluralität. Neue Forschungen zur Konfessionalisierungsthese. Gütersloh.
Hogrebe, Wolfram (1998): Das Absolute. Bonn.
Höllinger, Franz (1996): Volksreligion und Herrschaftskirche. Die Wurzeln religiösen Verhaltens in westlichen Gesellschaften. Opladen.
Homann, H.-T. (1997): Das funktionale Argument. Konzepte und Kritik funktionslogischer Religionsbegründung. Paderborn u. a.
Hölscher, Lucian (Hrsg.) (2001): Datenatlas zur religiösen Geographie im protestantischen Deutschland. Von der Mitte des 19. Jahrhunderts bis zum Zweiten Weltkrieg. Berlin.
Horstmann, Johannes (Hrsg.) (2000): Katholisch, evangelisch oder nichts? Konfessionslose in Deutschland. Akademie-Vorträge/Katholische Akademie Schwerte 46. Schwerte.
Joas, Hans (2004): Braucht der Mensch Religion? Über Erfahrungen der Selbsttranszendenz. Freiburg i. Br.
Jörns, Klaus-Peter (1998): Was die Menschen wirklich glauben. Ergebnisse einer Umfrage. In: Brose (Hrsg.): 119–132.
Josuttis, Manfred (2004): Heiligung des Lebens. Zur Wirkungslogik religiöser Erfahrung. Gütersloh.
Jüngel, Eberhard (1978): Reden für die Stadt. Zum Verhältnis von Christengemeinde und Bürgergemeinde. München.
Kaplánek, Michal (2006): Entfremdete oder vom christlichen Glauben unberührte Jugend? In: Widl/Kaplánek (Hrsg.): 88–98.
Kehrer, Günter (2006): Atheismus light. Der lautlose Abschied von den Kirchen in den alten Bundesländern. In: Faber/Lanwerd (2006): 199–208.
Kiesow, Hartwig (2003): Jugendliche zwischen Atheismus und religiöser Kompetenz. Eine empirische Untersuchung zur Religiosität und zu Teilnahmemotiven für den Besuch des Evangelischen Religionsunterrichts unter 3889 Schülerinnen und Schülern der Klassen 8, 9 und 10 in Thüringen. Jena.
Knoblauch, Hubert/Schnettler, Bernt (2004): Die Trägheit der Säkularisierung und die Trägheit des Glaubens. In: Ziebertz (Hrsg.): 5–14.
Knobloch, Stefan (2006): Mehr Religion als gedacht! Wie die Rede von Säkularisierung in die Irre führt. Freiburg.
Körtner, Ulrich (2006): Wiederkehr der Religion? Das Christentum zwischen neuer Spiritualität und Gottvergessenheit. Gütersloh.
Kranemann, Benedikt/Pilvousek, Josef/Wijlens, Myriam (Hrsg.) (2009): Mission. Konzepte und Praxis der katholischen Kirche in Geschichte und Gegenwart. Mit einem Vorwort von Eberhard Tiefensee. Erfurter Theologische Schriften; 38. Würzburg.
Krech, Volkhard (2005): Kleine Religionsgemeinschaften in Deutschland. Eine religionssoziologische Bestandsaufnahme. In: Lehmann (Hrsg.): 116–144.

Krötke, Wolfgang (1997): Die christliche Kirche und der Atheismus. Überlegungen zu einer Konfrontation der Kirchen in den neuen Bundesländern mit einer Massenerscheinung. In: Beintker/Jüngel/Krötke (1997): 159–171.
Kurzke, Hermann/Wirion, Jacques (2005): Unglaubensgespräch. Vom Nutzen und Nachteil der Religion für das Leben. München.
Lehmann, Hartmut (Hrsg.) (2005): Religiöser Pluralismus im vereinten Europa. Freikirchen und Sekten. Göttingen.
Loest, Erich (1999): Durch die Erde ein Riß. Ein Lebenslauf. München. (4. Aufl.)
Luckmann, Thomas (1991): Die unsichtbare Religion. Frankfurt/Main.
Marty, Martin E. (1964): Varieties of unbelief. New York u. a.
Meulemann, Heiner (2000): Der lange Schatten der erzwungenen Säkularisierung. In: Noll/Habich (Hrsg.): 223–247.
Meulemann, Heiner (2001): Säkularisierung, Kirchenbindung und Religiosität. In: Schäfers/Zapf (Hrsg.): 563–573.
Meulemann, Heiner (2003): Erzwungene Säkularisierung in der DDR – Wiederaufleben des Glaubens in Ostdeutschland? Religiöser Glaube in ost- und westdeutschen Alterskohorten zwischen 1991 und 1998. In: Gärtner/Pollack/Wohlrab-Sahr (Hrsg.): 271–287.
Motikat, Lutz (1994): Volkskirche, Minderheitskirche, was sonst? Ost-West-Gespräch über Identität und Öffentlichkeit der Kirche. Begegnungen 9. Berlin.
Motikat, Lutz/Zeddies, Helmut (Hrsg.) (1997): Konfession: keine. Gesellschaft und Kirchen vor der Herausforderung durch Konfessionslosigkeit – nicht nur in Ostdeutschland. Ausgewählte Beiträge der Studien- und Begegnungsstätte Berlin. Frankfurt/Main.
Müller, Olaf/Pollack, Detlef (2007): Wie religiös ist Europa? Kirchlichkeit, Religiosität und Spiritualität in West- und Osteuropa. In: Bertelsmann-Stiftung (Hrsg.): 167–178.
Mulsow, Martin (2003): Mehrfachkonversion, politische Religion und Opportunismus im 17. Jahrhundert. Ein Plädoyer für eine Indifferentismusforschung. In: Greyerz/Jakubowski-Tiessen/Kaufmann/Lehmann (Hrsg.): 132–150.
Neubert, Ehrhart (1997): „gründlich ausgetrieben". Eine Studie zum Profil und zur psychosozialen, kulturellen und religiösen Situation von Konfessionslosigkeit in Ostdeutschland und den Voraussetzungen kirchlicher Arbeit (Mission). In: Motikat/Zeddies (Hrsg.): 49–160.
Noll, Heinz-Herbert/Habich, Roland (Hrsg.) (2000): Vom Zusammenwachsen der Gesellschaft. Analysen zur Angleichung der Lebensverhältnisse in Deutschland. Frankfurt/Main.
Nowak, Kurt (1995): Historische Wurzeln der Entkirchlichung in der DDR. In: Sahner/Schwendtner (Hrsg.): 665–669.
Oevermann, Ulrich (2003): Strukturelle Religiosität und ihre Ausprägungen unter Bedingungen der vollständigen Säkularisierung des Bewusstseins. In: Gärtner/Pollack/Wohlrab-Sahr (Hrsg.): 339–387.
Päpstlicher Rat für die Kultur (2009): Wo ist dein Gott? Der christliche Glaube vor der Herausforderung religiöser Indifferenz. In: Kranemann/Pilvousek/Wijlens (2009): 187–228.
Petzoldt, Matthias (2006): Überhaupt religiös? Zur Frage nach der Vorfindlichkeit von Religion. In: Dalferth/Grosshans (Hrsg.): 329–349.
Pickel, Gert (2003): Areligiosität, Antireligiosität, Religiosität. Ostdeutschland als Sonderfall niedriger Religiosität im osteuropäischen Rahmen? In: Gärtner/Pollack/Wohlrab-Sahr (Hrsg.): 247–269.
Pickel, Gert/Müller, Olaf (2004): Ostdeutschland – entkirchlicht, entchristlicht oder säkularisiert? In: Ziebertz (Hrsg.): 57–69.
Pollack, Detlef (2003): Säkularisierung – ein moderner Mythos? Tübingen.
Pollack, Detlef/Pickel, Gert (1999): Individualisierung und religiöser Wandel in der Bundesrepublik Deutschland. In: Zeitschrift für Soziologie 28: 465–483.
Pollack, Detlef/Pickel, Gert (Hrsg.) (2000): Religiöser und kirchlicher Wandel in Ostdeutschland 1989–1999. Opladen.
Rahner, Karl (1969): Meditation über das Wort „Gott". In: Schultz (Hrsg.): 13–21.
Ratzinger, Joseph (1996): Salz der Erde. Christentum und katholische Kirche an der Jahrtausendwende. Ein Gespräch mit Peter Seewald. Stuttgart. (4. Aufl.)
Reich-Ranicki, Marcel (2000): Mein Leben. München.
Ricken, Friedo (Hrsg.) (2004): Religiöse Erfahrung. Ein interdisziplinärer Klärungsversuch. Stuttgart.
Sabatier, Auguste (1898): Religionsphilosophie auf psychologischer und geschichtlicher Grundlage. Freiburg.
Sahner, Heinz/Schwendtner, Stefan (Hrsg.) (1995): Gesellschaften im Umbruch. Kongressband 2: Sektionen und Arbeitsgruppen. Kongreß der Deutschen Gesellschaft für Soziologie 27. Opladen.
Schäfers, Bernhard/Zapf, Wolfgang (Hrsg.) (2001): Handwörterbuch zur Gesellschaft Deutschlands. Opladen. (4. Aufl.)
Schärtl, Thomas (2008): Erfahrung, Exerzitium, Autorität und Einsicht. Überlegungen zur rationalen Verantwortung für religiöse Überzeugungen. In: Bormann/Irlenborn (Hrsg.): 132–173.

Schloz, Rüdiger (2000): Distanzierte Kirchenmitglieder und Konfessionslose in Ost und West. In: Horstmann (Hrsg.): 21–46.
Schmied, Ina (2000): Jenseits der Grenze. Todesnäheerfahrung in Ost- und Westdeutschland. In: Pollack/Pickel (Hrsg.): 294–309.
Schnädelbach, Herbert (2008): Der fromme Atheist. In: Striet (Hrsg.): 11–20.
Schultz, Hans Jürgen (Hrsg.) (1969): Wer ist das eigentlich – Gott? München.
Sekretariat der deutschen Bischofskonferenz (Hrsg.) (2000): Den Glauben anbieten in der heutigen Gesellschaft. Brief an die Katholiken Frankreichs von 1996. Bonn.
Striet, Magnus (Hrsg.) (2008): Wiederkehr des Atheismus. Fluch oder Segen für die Theologie? Freiburg.
Stolz, Fritz (1997): Einführung. In: Stolz (Hrsg.): 7–12.
Stolz, Fritz (Hrsg.) (1997): Homo naturaliter religiosus. Gehört Religion notwendig zum Mensch-Sein? (Studia religiosa Helvetica. Jahrbuch; 3). Bern.
Storch, Kersten (2003): Konfessionslosigkeit in Deutschland. In: Gärtner/Pollack/Wohlrab-Sahr (Hrsg.): 231–245.
Taylor, Charles (2009): Das säkulare Zeitalter. Frankfurt a. M.
Tiefensee, Eberhard (2000): „Religiös unmusikalisch"? Ostdeutsche Mentalität zwischen Agnostizismus und flottierender Religiosität. In: Wanke (Hrsg.): 24–53.
Tiefensee, Eberhard (2006): Auf in den Osten. Katholische Theologie in den neuen Bundesländern. In: Herder Korrespondenz 60. 11. 564–568.
Tomka, Miklós (2003): Religion in den neuen Bundesländern – im internationalen Vergleich. In: Gabriel/Zulehner/Tos (Hrsg.): 343–370.
Tomka, Miklós/Zulehner, Paul M. (2000): Religion im gesellschaftlichen Kontext Ost(Mittel)Europas. Eine Studie des Pastoralen Forums Wien. Ostfildern.
Waldenfels, Hans (1985): Kontextuelle Fundamentaltheologie. Paderborn.
Wanke, Joachim (Hrsg.) (2000): Wiedervereinigte Seelsorge. Die Herausforderung der katholischen Kirche in Deutschland. Tagungsband des Kolloquiums der Pastoralkommission der Deutschen Bischofskonferenz über „Deutsche Einheit und Katholische Kirche. Die Situation in den neuen Ländern als pastorale Herausforderung" vom 25.–26. November 1999 in Schmochtitz bei Bautzen. Leipzig.
Widl, Maria/Kaplánek, Michal (Hrsg.) (2006): Jugend – Kirche – Atheismus. Brückenschläge zwischen Ostdeutschland und Tschechien. Ceske Budejovice/Erfurt.
Wohlrab-Sahr, Monika (2001): Religionslosigkeit als Thema der Religionssoziologie. In: Pastoraltheologie 90. 152–167.
Wohlrab-Sahr, Monika (2002): Konfessionslos gleich religionslos? Überlegungen zur Lage in Ostdeutschland. In: Doyé/Keßler (Hrsg.): 11–27.
Wohlrab-Sahr, Monika (2003): Religiöse Indifferenz und die Entmythologisierung des Lebens. Eine Auseinandersetzung mit Ulrich Oevermanns „Strukturmodell von Religiosität". In: Gärtner/Pollack/Wohlrab-Sahr (Hrsg.): 389–399.
Wohlrab-Sahr, Monika (2009) Das stabile Drittel. Religionslosigkeit in Deutschland. In: Bertelsmann Stiftung (Hrsg.): 151–168.
Wolf, Christa (2003): Ein Tag im Jahr. 1960–2000. München.
Zieberts, Hans-Georg (Hrsg.) (2004): Erosion des christlichen Glaubens? Umfragen, Hintergründe und Stellungnahmen zum „Kulturverlust des Religiösen". Münster.
Zulehner, Paul M./Denz, Hermann (1993): Wie Europa lebt und glaubt. Europäische Wertestudie. Düsseldorf.
Zulehner, Paul M./Hager, Isa/Polak, Regina (2001): Kehrt die Religion wieder? Religion im Leben der Menschen 1970–2000. Ostfildern.

Veränderungen kirchlicher Zugehörigkeit und Bindung
Eine Fallstudie aus der Region Darmstadt

Peter Höhmann

1   Vorbemerkung

Analysen eines Wandels der Kirchenmitgliedschaft legen es nahe, sich an aktuellen Zahlen und besonderen Ereignissen und Einschnitten zu orientieren. So haben in den letzten Jahren neben den sinkenden Mitgliederzahlen auch die periodisch ansteigenden Austritte besondere Beachtung gefunden. Vernachlässigt werden dabei jedoch vielfach die verschiedenen fest verankerten Zugänge zur Kirche, deren Veränderungen sich nur sehr allmählich und wenig sichtbar vollziehen. So gründen aktuelle Krisendeutungen der Kirchenmitgliedschaft zuweilen in einer ungeprüften Koppelung von sinkenden Mitgliederzahlen und spezifischen Gesellschaftsinterpretationen. Solche Szenarien nutzen zudem die differenzierte Entwicklung in den Ballungsräumen und den ländlichen Regionen als schmale Basis für die Deutung eines linearen Entwicklungsvorgangs von der Stadt auf das Land.[1]

Die Existenz unterschiedlicher Bindungsmuster verbietet jedoch, die Wandlungsvorgänge als gleichförmig zu interpretieren. Die Aufmerksamkeit ist vielmehr auf die längerfristige Entwicklung der verschiedenen Verankerungsformen zu lenken. Vor diesem Hintergrund ist der Beitrag besonders mit der Frage befasst, in welcher Weise sich frühere deutlich voneinander getrennte Sozialräume verändert haben und welche Effekte dieser Wandel auf die Kirchenbindung nach sich gezogen hat. Die Konzentration auf den südhessischen Raum erfolgt zum einen aus praktischen Erwägungen. Für diese Region besteht die Möglichkeit, auf längerfristig dokumentierte Daten zurückgreifen zu können:

- Auf kommunaler Ebene konnten die Volkszählungsdaten seit der Zählung von 1861 herangezogen werden.[2]
- Mit der sogenannten Darmstadt-Studie wurde in den Jahren 1949 bis 1952 eine der ersten repräsentativen Bevölkerungsbefragungen durchgeführt. Ein Teilprojekt, die Erhebung

---

1   Die Vorstellung einer nachgezogenen Angleichung des Landes an die Stadtentwicklung wird in verschiedenen Facetten kirchenintern vertreten. Vgl. dazu z. B. H.C. Stoodt (1992). Sie ist zugleich Grundlage, Veränderungen im Religionssystem einer breiten Kulturkritik zu unterziehen. Als ein Beitrag, der kein einschlägiges Klischee auslässt, kann auf die Arbeit von Bolz (2008) verwiesen werden.

2   Vgl. dazu für die Zeit vor dem Ersten Weltkrieg vor allem die von der Grossherzoglichen Centralstelle herausgegebenen Beiträge zur Statistik des Grossherzogthums Hessen, und für die Zeit zwischen 1918 und 1939 die Mitteilungen des Hessischen Landesstatistischen Amtes zu Volkszählungen und Wahlergebnissen. Für die Nachkriegszeit wurde neben den Daten der Volkzählung von 1987 vor allem auf den statistischen Bericht über „Ausgewählte Strukturdaten über Bevölkerung und Erwerbstätigkeit in den hessischen Gemeinden 1950, 1961 und 1970" vom September 1988 zurückgegriffen. Diese Daten wurden auf den heutigen Gebietsstand bezogen.

zur öffentlichen Meinung, konnte durch die Unterstützung von Erwin Rose so aufbereitet werden, dass einschlägige religions- und kirchensoziologische Auswertungen möglich wurden.[3]
- Die Kirchenverwaltung der Evangelischen Kirche in Hessen und Nassau hat ihre kirchenstatistische Daten sowie neuere einschlägige Primärerhebungen regelmäßig dokumentiert. Diese Daten werden hier ebenfalls zugrunde gelegt.

Die Untersuchungsregion ist jedoch auch aus inhaltlichen Gründen gewählt. Der Entwicklungsverlauf in dem Gebiet war nicht untypisch. Er umfasst eine Region, die aus einer ökonomischen Randsituation heraus heute weitgehend in den Wirtschaftsraum Rhein-Main integriert ist und so den sozialen Wandel in einem städtischen und einem ländlichen Raum exemplarisch anzeigen kann. Zudem wies dieses überwiegend evangelische Gebiet eine ursprünglich fast homogene katholische Enklave im unmittelbaren Umfeld der Stadt Dieburg auf. Mittlerweile hat sich die konfessionelle Zusammensetzung der Bevölkerung überall erheblich verschoben. So erlaubt die ausgewählte Region zum einen die Darstellung von Veränderungen der überkommenen religiösen Räume im Zuge des sozialen Wandels. Zum anderen lässt sich hier prüfen, in welchem Maße sich im Untersuchungsraum charakteristische Unterschiede und Neuformungen der kirchlichen Bindungsmuster entwickelt haben.

Der Beitrag stellt zunächst sozialstrukturelle Veränderungen im Untersuchungsgebiet dar und geht sodann anhand der Darmstadt-Studie zur öffentlichen Meinung auf kirchliche Bindungsmuster in der Zeit unmittelbar nach dem Zweiten Weltkrieg ein. Das abschließende Kapitel arbeitet aktuelle Differenzen zwischen der Kirchenbindung im eigentlichen Ballungsraum und den Randregionen des Rhein-Main-Gebiets heraus.

2 Sozialstrukturelle Veränderungen in der Region Darmstadt-Dieburg

Der Blick auf die Einwohnerzahlen weist auf eine divergierende Entwicklungsdynamik in der Region Darmstadt-Dieburg hin. Während sich der städtische Raum sehr schnell verändert hat, verlaufen die Wandlungsvorgänge im Landkreis langsamer und mit einer zeitlichen Verzögerung. Zwischen 1861 und 1933 ist die Einwohnerzahl in der Stadt Darmstadt von 38 105 auf 112 844 Personen angestiegen und hat sich damit mehr als verdoppelt. Im heutigen Landkreis stieg die Wohnbevölkerung im gleichen Zeitraum erheblich langsamer von 67 976 auf 108 048 um 59 % an.[4] Hier fanden die Veränderungen mit Verzögerungen statt. Zwischen 1933 und März 2009 stieg die Einwohnerzahl im Landkreis markant um

---

[3] Das umfangreiche Gesamtprojekt des Darmstadt-Community-Survey wird in dem Forschungsprojekt der Universität Heidelberg über die Anfänge der Surveyforschung in Westdeutschland beschrieben. Die hier zugrunde gelegte Datei der Darmstadt-Studie zur öffentlichen Meinung wurde freundlicherweise vom Zentralinstitut der Universität Köln zur Verfügung gestellt. Der Datensatz wird in den beigefügten Ausschnitten der Arbeiten von K.-G. Grüneisen (1952) sowie von K. A. Lindemann (1952) genauer erläutert. Für die Voraussetzung für die hier vorgestellten Auswertungen möchte ich Erwin Rose sehr herzlich danken, ohne den es mir nicht möglich gewesen wäre, den Datensatz zu verstehen.

[4] Datengrundlage sind die Volkszählungen, die in diesen Jahren stattgefunden haben. Für das Jahr 2005 wurden die Daten aus der Hessischen Gemeindestatistik entnommen. Die Einwohnerzahlen wurden auf die heutigen Gebietsgrenzen umgerechnet.

267% auf 288 461 Personen. Im gleichen Zeitraum wuchs die Stadt lediglich um 26,2% auf 142 416 Personen.

Entscheidende Wachstumsimpulse erfolgten zunächst durch die Ausdehnung des sekundären Sektors im Zentrum Darmstadt, aber auch in einigen umliegenden Landregionen. Hier wurde die Entwicklung besonders durch den Ausbau des Eisenbahnnetzes vorangetrieben. In der Stadt Darmstadt waren nach Angabe der Volkszählung des Jahres 1861 bereits 42% der sogenannten „Selbstthätigen" im sekundären Sektor beschäftigt. Dieser Anteil stieg bis zum Jahr 1933 auf 55,7%.

Im Landkreis wurden für das Jahr 1861 48,3% der Beschäftigten in der Landwirtschaft und 33,8% im sekundären Sektor gezählt.[5] Dieser Prozentwert stieg über einen längeren Zeitraum kontinuierlich, aber kleinräumig unterschiedlich an. Nach der Volkszählung des Jahres 1933 war der Anteil der Erwerbstätigen in der Landwirtschaft in den Dörfern, die in der Nähe einer der ausgebauten Bahnlinien lagen, bereits bis auf 14,4% gesunken. Dagegen lag dieser Anteil in den übrigen Gebieten des Landkreises noch bei 39,3%.

Diese ungleichmäßige Entwicklung hat K.-G. Grüneisen in der Auswertung der Darmstadt-Studie auch für die Zeit nach dem Zweiten Weltkrieg besonders hervorgehoben. Er spricht von einer sukzessiven Umwandlung der Bauerndörfer in Arbeiter-Bauerndörfer (Grüneisen 1952: 10). Im Zuge dieses Prozesses stieg auch die Einwohnerzahl im Landkreis unterschiedlich stark an. Aus einem Vergleich zwischen Gemeinden, die nach der Statistik des Jahres 1933 einen überdurchschnittlichen bzw. einen unterdurchschnittlichen Beschäftigtenanteil im sekundären Sektor aufwiesen, errechnet sich für die erste Gruppe ein Wachstum der Einwohnerzahlen zwischen 1861 und 1933 um 84,9%. Bei einem unterdurchschnittlichen Beschäftigtenanteil lag der Anstieg der Einwohnerzahlen bei 36,8%. Insgesamt wurde so der Bevölkerungszuwachs im Landkreis sehr deutlich durch den ungleichmäßigen Ausbau des sekundären Sektors induziert. Dieser Prozess hat in der weiteren Nachkriegsentwicklung allerdings seine Prägekraft eingebüßt. So ist der Bevölkerungsanstieg im Landkreis seitdem weitgehend gleichförmig verlaufen.

Die angesprochene Entwicklung hat erkennbare Konsequenzen für die Kirchenzugehörigkeit und Kirchenbindung nach sich gezogen. Sie war besonders insofern bedeutsam, als dass sich in der ersten Hälfte des zwanzigsten Jahrhunderts deutliche Bindungsunterschiede nach Berufsstatus und politischer Gesinnung der Person nachweisen lassen. Insbesondere waren Arbeiter – auch unabhängig von ihrer politischen Haltung – speziell in der Evangelischen Kirche kaum integriert. Ganz auf der Linie der in dieser Phase bestehenden ungleichen Zugangsmöglichkeiten zur Kirche sowie eines differenzierten Ausschlusses liegen die schon in der Vorkriegszeit vergleichsweise hohen Zahlen der konfessionslosen Einwohner in Gemeinden mit einem höheren Arbeiteranteil. So weisen bereits nach der Volkszählung des Jahres 1933 die damals kleinen Arbeiter-Bauern-Orte Erzhausen mit einem Anteil von 11,6%, Wixhausen mit 7,4% oder Weiterstadt mit 5,6% einen deutlich höheren Anteil konfessionsloser Bewohner auf als die Stadt Darmstadt mit 2,5% (Landesstatistisches Amt Hessen

---

5   Vgl. Grossherzogliche Centralstelle für die Landes-Statistik 1864. Die Aufgliederung beschränkte sich auf die Anwesenden und wich in ihrer Gliederung von der späteren Zählung der Erwerbstätigen ab. Hierfür spricht auch, dass in Darmstadt 40,2% der Befragten einer Restkategorie zugeordnet wurden (Großherzogliche Verwaltung, Militär, Rechtspflege, ohne Berufsangabe). Gleichwohl liefert die Statistik einen ersten Bezugspunkt für die späteren Veränderungen.

1934: 155). Diese Orte bildeten allerdings eher Inseln eines Entkirchlichungsprozesses, der in der Folge des stark ansteigenden Industrie- und Landproletariats mit seiner Verschärfung der sozialen Frage auftrat. Rechtlich war ein Kirchenaustritt seit der zweiten Hälfte des neunzehnten Jahrhunderts möglich.[6]

Unter den katholischen Bewohnern stellt die starke Beziehung zwischen Kirchenbindung und einer Präferenz für die Zentrumspartei einen gesinnungsförmigen Gegenpol dar. Dieser ist an den Ergebnissen der Landtagswahlen des Jahres 1932 deutlich zu erkennen. In der Region um die Stadt Dieburg, die einen hohen katholischen Bevölkerungsanteil aufwies, wählten 44,2 % der Wahlberechtigten die Deutsche Zentrumspartei. Ihr Wähleranteil schwankte in den übrigen Gebieten zwischen 6,7 % in der Stadt Darmstadt und 0,9 % in den Odenwalddörfern. Umgekehrt war in der Dieburger Region der Anteil der NSDAP-Wähler mit 20,1 % am geringsten. Er stieg hingegen in den durchweg armen Dörfern des Odenwalds, wie überall in den ländlichen Regionen Hessens, deutlich an. Im Durchschnitt erzielte die NSDAP hier ein Ergebnis von 60,8 %. Die linken Parteien SPD und KPD waren schließlich in den bereits stärker industrialisierten Orten um die Stadt Darmstadt besonders stark. Sie erreichten hier ein Ergebnis von zusammen 55,1 %. Zugleich wiesen sie in den Odenwalddörfern (27,7 %) und in der Stadt Darmstadt (37,8 %) deutlich geringere Wähleranteile auf.[7]

Die Zahlen verweisen besonders auf die weitgehende Übereinstimmung zwischen der materiellen Lebenslage und der politischen Gesinnung, in die die Konfessionszugehörigkeit eingebunden ist. Mit den sozialstrukturellen Unterschieden zwischen einzelnen Teilregionen sowie den konfessionellen Differenzen treten zugleich scharf entgegengesetzte politische Orientierungen auf. Die Unterschiede in der Sozialstruktur sind jedoch für die Kirchenzugehörigkeit und Bindung weder determinierend gewesen, noch sind die Verschiebungen zeitlich parallel verlaufen. Die Sozialstruktur erzeugt eigene Rahmenbedingungen, die sich nur sehr vermittelt auf die Kirche beziehen. Diese relative Autonomie zeigt sich an unterschiedlichen Effekten. Zum einen wirken die früheren scharfen Differenzen in einzelnen Teilregionen des Landkreises, die sich sozialstrukturell inzwischen aufgelöst haben, bis in die Gegenwart in den kirchlichen Bindungsmustern nach.[8]

6　Die Möglichkeit eines Kirchenaustritts besteht in den althessischen Gebietsteilen mit dem „Gesetz, die bürgerlichen Wirkungen des Austritts aus einer Kirche oder Religionsgemeinschaft betreffend" seit dem September 1878.
7　Eigene Auswertungen auf der Grundlage von Daten des Landesstatistischen Amts Hessen 1932.
8　Hinzuweisen ist in diesem Zusammenhang auf eine langfristige Kontinuität von kirchlichen Daten, die unabhängig von den markanten sozialstrukturellen Veränderungen auch nach dem Zweiten Weltkrieg weiter besteht. Dies gilt großflächig, auf der Ebene der Dekanate, für den Gottesdienstbesuch (vgl. dazu z. B. Evangelische Landeskirche in Hessen 1926: 87 sowie P. Höhmann und A. Franke 2008: 65–72). In einer kleinräumigen Unterteilung des Landkreises Darmstadt-Dieburg, die nach der Erwerbsstruktur des Jahres 1933 vorgenommen wurde, spiegeln sich in den Daten der kirchlichen Statistik bis in die Gegenwart überkommene regionale Kultureinflüsse wider. So variieren trotz einer inzwischen fast gleichen sozialstrukturellen Zusammensetzung der Bewohner immer noch Gottesdienstbesuch und Austrittsraten zwischen den Gebieten, in denen die Industrialisierung früh und in denen sie später stattfand. Die Kirchenstatistik der Evangelischen Kirche in Hessen und Nassau (EKHN) gibt für die erste Region den Gottesdienstbesuch für die Jahre 1970, 1990 und 2005 mit 2,6 %, 2,6 % und 2,4 % an, für die zweite mit 5,9 %, 4,5 % und 4,8 %. Ähnlich unterscheiden sich auch die Austritte in diesem Zeitraum. Sie liegen für das Jahr 1970 bei 0,5 % gegenüber 0,29 % und für das Jahr 2005 bei 0,55 % gegenüber 0,38 %. Bemerkenswert sind in diesem Zusammenhang schließlich subjektive Unterschiede, die in Untersuchungen aus der Region geäußert werden. So weisen die evangelischen Mitglieder in verschiedenem Umfang auf die Bedeutung hin, die eine gemeinschaftliche Integration für sie

Zum anderen hat der Industrialisierungsprozess trotz einer starken Zunahme der Einwohnerzahlen bis in die Zeit nach dem Zweiten Weltkrieg nur sehr geringe Konsequenzen für die konfessionelle Zusammensetzung in der Region gehabt. Für die Stadt Darmstadt weisen die Daten die folgenden Veränderungen aus:

Abbildung 1 Zusammensetzung der Einwohner in der Stadt Darmstadt nach Konfessionen

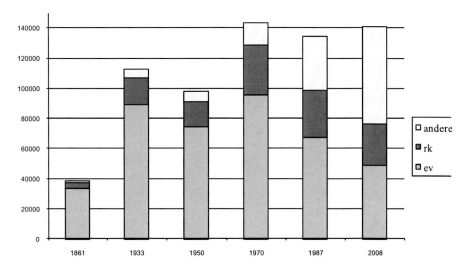

Quelle: Volkszählungsdaten 2008; Stadt Darmstadt

So hat sich die Dominanz der evangelischen Einwohner in der Stadt, wie die Daten der Volkszählungen zeigen, trotz leichter Veränderungen über fast einhundert Jahre im wesentlichen erhalten. Nach der ersten Zählung des Jahres 1861 lag der Anteil der Evangelischen in Darmstadt bei 86,3%, 10,8% der Bewohner waren katholisch, 2,9% gehörten dominierend anderen Religionsgemeinschaften an, für die die Statistik zwischen sonstigen Christen und Juden differenziert. Bis zum Jahr 1950 ist der Anteil der Evangelischen lediglich auf 75,7% der Einwohner zurückgegangen, der Anteil der katholischen Einwohner auf 17,6% gestiegen. Unter der übrigen Wohnbevölkerung ist der größte Anteil jetzt in der Stadt wie auch im Landkreis konfessionslos.[9]

---

hat. Dieses Verständnis wird vor allem in dem Gebiet betont, das erst relativ spät in die Modernisierungen des Rhein-Main-Gebiets einbezogen wurde. In einer Mitgliederstudie der EKHN aus dem Jahr 2000 ist für 50,9% der Befragten aus dieser Teilregion die gemeinschaftliche Zugehörigkeitsform sehr wichtig oder wichtig. In dem übrigen Gebiet geben dies lediglich 32,7% an. Die Unterschiede deuten darauf hin, dass eine gemeinschaftliche Integration zumindest teilweise von den jeweils bestehenden Lebenslagen abgelöst und für die Identitätssicherung der Mitglieder von Bedeutung ist. Dieser Zusammenhang wird unten weiter erörtert.

9 Hinzuweisen ist in diesem Zusammenhang auch auf die Kirchenaustritte in den dreißiger Jahren, die nur zum Teil durch die allerdings beachtliche Aufnahmezahl in der frühen Nachkriegszeit ausgeglichen wurde. In der Propstei Starkenburg, in der die Untersuchungsregion liegt, traten 1946 0,67% der Mitglieder in die

Erst seit den siebziger Jahren zeigt sich ein deutlich verändertes Bild. Die Zahl der Protestanten hat sich seitdem halbiert, ihr Anteil in der Stadt ist von 75,7% auf 34,2% gesunken. Protestanten und Katholiken bilden zusammen eine nur noch knappe Mehrheit. Eine ähnliche Entwicklung, die allerdings weniger dramatisch ausfällt, nahm die konfessionelle Zusammensetzung in den Gemeinden des Landkreises.

Tabelle 1 Die konfessionelle Zusammensetzung der Wohnbevölkerung im Landkreis Darmstadt-Dieburg seit 1861

Jahr	ev.		rk		andere		Einwohner
	abs.	%	abs.	%	abs.	%	
1861	55.211	81,2	10.577	15,6	2.188	3,1	67.976
1933	85.707	79,3	19.336	17,9	3.000	2,8	108.043
1950	108.035	70,2	41.603	27,1	4.359	2,7	153.993
1970	135.366	63,1	66.734	31,1	12.310	5,8	214.410
1987	137.043	55,1	73.051	29,2	38.889	15,7	248.983
2006*	122.211	42,1	75.500	26,0	92.274	31,9	289.985

* Anteil der katholischen Einwohner 2006 geschätzt

Quellen: Volkszählungsdaten, Hessisches Statistisches Landesamt, Kirchenstatistik der EKHN

In der Darstellung sind besonders zwei Sachverhalte interessant: Als erste Besonderheit zeigt sich für die konfessionelle Zusammensetzung in der Region ein ähnliches Grundmuster wie in der Stadt. Der Anteil der evangelischen Bevölkerung, der ursprünglich vorherrschte, geht auch hier kontinuierlich und nach dem Zweiten Weltkrieg verstärkt zurück. Er liegt gegenwärtig noch bei gut 40% der Wohnbevölkerung. Der gegenüber der Stadt etwas höhere Anteil katholischer Einwohner für das Jahr 1861 ist vor allem auf eine Entscheidung des Wiener Kongresses zurückzuführen, in dessen Folge ein ursprünglich Mainzerisches Gebiet zum Großherzogtum Hessen zugeschlagen wurde. In dieser Region lag der Anteil der katholischen Bevölkerung zunächst bei 80,9% und ist seitdem auf 47% im Jahr 2006 gesunken. Umgekehrt stieg hier der Anteil der Protestanten von zunächst 14,9% auf einen Höchststand von 28% im Jahr 1970. Er sank jedoch wie im Landkreis insgesamt auf zuletzt 24%. Bis 1970 sind diese Veränderungen vor allem durch Wanderungsbewegungen begründet. Dies gilt besonders für den starken Zuwachs der katholischen Bevölkerung zwischen 1933 und 1950, der in erster Linie auf Zuwanderungen aus den ehemaligen Ostgebieten zurückzuführen ist. Seit dieser Zeit gewinnen die kontinuierlichen Kirchenaustritte für die Bevölkerungszusammensetzung

---

Kirche ein. Gegenwärtig ist dieser Anteil mit 0,17% (2007) fast viermal geringer. Bereits im Jahr 1947 war der Anteil der Aufnahmen auf 0,28% der Mitglieder zurückgegangen (Statistik der Evangelischen Kirche in Hessen und Nassau).

an Bedeutung und – als indirekte Folge von Austritten in den unteren Altersgruppen – eine zunehmend abweichende Altersstruktur der Mitglieder innerhalb der Wohnbevölkerung.[10]

Die zweite Besonderheit bezieht sich auf das Bevölkerungswachstum im Landkreis. Durch den starken Anstieg der Einwohnerzahlen in der Nachkriegszeit scheint die Entwicklung der evangelischen Mitglieder im Verlauf der letzten fünfzig Jahre ungebrochen zu sein. Statt 108 035 Protestanten im Jahr 1950 oder 116 257 im Jahr 1961 wurden jetzt zuletzt 122 211 gezählt. Die isolierte Betrachtung der Mitgliederzahlen signalisiert Verluste in der Stadt und Stabilität in den Landregionen. Sie unterstützt damit eine Perspektive, die Brüche in der Kirchenmitgliedschaft auf die Stadt konzentriert und steht damit in guter Tradition mit einer gegen die Stadt gerichteten Kulturkritik.[11]

Insgesamt deutet die statistische Auswertung jedoch sowohl auf die langfristig stabilen Muster der Kirchenbindung als auch auf zumindest partiell eigenständige Entwicklungsverläufe hin. Die ökonomischen und sozialen Veränderungen vor dem Zweiten Weltkrieg haben nur sehr geringe Konsequenzen für die Mitgliedschaftsentwicklung in der Region nach sich gezogen. Dies gilt trotz der Auflösung staatlicher Stützen für die Evangelische Kirche zu Beginn des zwanzigsten Jahrhunderts, die H.-U. Wehler als einen markanten Bruch beschreibt: „Der deutsche Protestantismus sah sich 1918/19 mit einer bis dahin schlechterdings unvorstellbaren Zäsur konfrontiert. (…) Als jeder deutsche Fürst von seinem Thron floh, kollabierte nach rund 370 Jahren das landesherrliche Kirchenregiment in den protestantischen Territorien, wo der Monarch als Summepiskopus an der Spitze seiner evangelischen Landeskirche gestanden hatte" (Wehler 2003: 436). Auch wenn diesem Einschnitt gewiss eine hohe formal-rechtliche Bedeutung zukommt, so hat er die bestehenden Verankerungen der Kirchenmitglieder zunächst offenbar nur am Rande beeinflusst.

3 Kirchenbindung und Kirchenzugehörigkeit im Übergang: Eine Sekundäranalyse der Darmstadt-Studie zur öffentlichen Meinung

Die hohe Kontinuität der Kirchenzugehörigkeit in der Region gibt Anlass, genauer nach den gesellschaftlichen Integrationsformen der Bewohner in der Region zu fragen. Zunächst sollen die Daten einer der ersten Erhebungen nach dem Zweiten Weltkrieg, der Darmstadt-Studie zur öffentlichen Meinung, regionale Besonderheiten in der Kirchenbindung und mögliche Differenzen zwischen der Situation in Stadt und Land näher erhellen.

---

10 Für die Evangelische Kirche in Hessen und Nassau sind seit 2005 die Mitgliederverluste in der Folge demographischer Veränderungen systematisch stärker als die Verluste durch die Kirchenaustritte (vgl. Höhmann/ Franke 2008: 5–7).

11 In diesem Zusammenhang wird zugleich auf die angeblich stabile Sozialintegration in den Landregionen verwiesen. Seine subjektive Bedeutung als symbolische Ortsbezogenheit greift der vierte Abschnitt auf (der Begriff der symbolischen Ortsbezogenheit taucht dann aber erst im 5. Abschnitt auf!). Im Sinne stärkerer lokaler Kontakte zeigt eine Auswertung der ersten und der vierten Mitgliederstudie der EKD aus den Jahren 1970 und 2002, dass sich der Zusammenhang zwischen der Intensität dieser Kontakte und der Kirchenbindung wie auch der Austrittsbereitschaft in diesem Zeitraum markant verändert hat. Wiesen zunächst gerade die weniger integrierten Mitglieder eine stärkere Bindung und geringere Austrittsbereitschaft auf, so hat sich dieser Zusammenhang inzwischen umgekehrt. Erst seit den siebziger Jahren und dem Abbau einer relativ autonomen Entwicklung in der Landregion konzentriert sich die starke Kirchenbindung besonders auf den Kreis der integrierten Mitglieder (vgl. Höhmann 2009: 59–62).

Die Darmstadt-Studie hat besonders Angaben zu drei Merkmalen aufgenommen, auf die hier eingegangen wird: Die persönliche Lebenslage, gemessen über die berufliche Tätigkeit; die politischen Präferenzen, die bei den Protestanten besonders in einem weitgehenden Ausschluss sozialdemokratischer sowie gewerkschaftlicher Orientierungen und bei den Katholiken in der ursprünglich starken Anbindung an die Zentrumspartei und später an die CDU zum Ausdruck kommen; und schließlich drittens, als ein subjektiver Indikator vor dem Hintergrund einer hierarchischen und festgefügten Sozialstruktur, die Akzeptanz und Billigung ungleicher Bildungsziele im bestehenden System sozialer Ungleichheit. Während sich die Bindungsmuster der verschiedenen beruflichen Statusgruppen über die gesamte Nachkriegszeit allenfalls marginal verändert haben (vgl. Höhmann 2009: 47 ff.), erhält in der frühen Nachkriegszeit die Verknüpfung von Beruf und politischer Weltanschauung ein besonderes Gewicht. Die Daten der Darmstadt-Studie zeigen hierzu den folgenden Zusammenhang[12]:

Tabelle 2   Parteipräferenz nach Konfession, Beschäftigungsstatus und Region (in %)

	Darmstadt						Landkreis					
	Beschäftigte						Beschäftigte					
	Arbeiter		andere		nicht		Arbeiter		andere		nicht	
Partei-präferenz	Konfession		Konfession		Konfession		Konfession		Konfession		Konfession	
	ev	rk	ev	rk	ev	rk	ev	rk	ev	rk	ev	rk
SPD/KPD	55,6	33,3	28,4	25,0	23,8	27,3	56,1	31,0	33,0	30,8	37,6	24,3
CDU/Zentrum	0,0	6,7	6,4	25,0	8,5	18,2	3,0	24,1	10,3	46,2	12,7	29,7
andere	2,2	6,7	19,3	16,7	5,4	4,5	6,1	3,4	10,3	0,0	6,4	5,4
keine	42,2	53,3	45,9	33,3	62,3	50,0	34,8	41,4	46,4	23,1	43,3	40,5
N	45	15	109	24	130	22	66	29	97	13	157	37

Quelle: eigene Berechnungen; Darmstadt-Studie

Die Übersicht verdeutlicht die ungleichen politischen Präferenzen der einzelnen Gruppen. Sie zeigt insbesondere die Affinität der evangelischen Arbeiter zur politischen Linken sowie der katholischen Befragten zur CDU und zum Zentrum. Die unterschiedlichen Orientierungen der Konfessionen sind durchgängig, sie weisen zwischen Stadt und Landregion nur geringe Differenzen auf. In der Tabelle wird deutlich, wie stark die konfessionelle Zugehörigkeit auch nach dem Krieg in das soziale Leben der Person integriert ist und ihre Orientierungen beeinflusst. Im konfessionellen Vergleich sind wesentlich eindeutigere Parteipräferenzen der evangelischen gegenüber den katholischen Arbeitern zu erkennen. In Stadt und Landkreis liegen die Werte für SPD und KPD über 50%. Die Sympathien für die CDU und die Zentrumspartei können

---

12   In der Tabelle wurden die Präferenzen für SPD und KPD zusammen aufgeführt. Diese Parteien unterscheiden sich zwar gesinnungsförmig, was aber für die Exklusion der jeweiligen Anhänger, die auch nach dem Zweiten Weltkrieg noch bestand, nicht zentral ist.

dagegen vernachlässigt werden. Unter den Katholiken ist demgegenüber die politische Orientierung der Arbeiter kaum als eine auffällige Besonderheit dieser Berufsgruppe zu erkennen. Die Daten stehen überwiegend in Einklang mit den frühen Wahlergebnissen im Land. So bildet der vergleichsweise hohe Anteil der Unentschiedenen wohl auch die zunächst noch relativ geringe Beteiligung bei den ersten Landtagswahlen nach dem Krieg im Jahr 1946 ab, der erst bei den folgenden Wahlen zusammen mit den Prozenten der CDU und der liberalen LDP anstieg. Vor allem aber zeigt sich in den ersten Nachkriegswahlen die Stabilität der überkommenen Präferenzen. Zum einen erzielte die CDU in der katholisch geprägten Region um die Stadt Dieburg mit 53,8 % ihr bestes Ergebnis. Das Gebiet war zu diesem Zeitpunkt nur noch in einem vergleichsweise geringen Maße landwirtschaftlich geprägt und im ökonomischen Sinne modern. Zum anderen stimmte in dem wirtschaftlich ähnlich strukturierten und evangelisch geprägten Gebiet im Umfeld der Stadt Darmstadt 54,3 % der Wähler für die SPD und 21,5 % für die KPD. Während die regionalen Präferenzen für die CDU in den eher katholischen Gebieten weniger ausgeprägt bis zu den jüngsten Wahlen festzustellen sind, haben sie sich für die SPD, auch in der Folge der Bündnistaktiken dieser Partei, inzwischen weitgehend aufgelöst.

Insgesamt sprechen die Ergebnisse dafür, dass in der frühen Nachkriegszeit die überkommenen Integrationsmuster weiter Bestand hatten. Die evangelischen Arbeiter bildeten im Prozess der ökonomischen Umgestaltung des Gebiets immer noch eine eigenständige Gruppierung. Ebenso gilt dies für die katholischen Einwohner im Untersuchungsgebiet. Die Zugehörigkeiten waren so nach wie vor auf Ähnlichkeit und nicht auf Differenzerfahrung angelegt. Die Aufmerksamkeit hat sich bisher auf die Bedeutung der Kirchenzugehörigkeit im sozialen Alltag der Bewohner konzentriert, ist dabei jedoch noch nicht auf Unterschiede in der persönlichen Verbundenheit mit der Kirche eingegangen. Auf diese Ergänzung wird mit der folgenden Tabelle hingewiesen.

Tabelle 3 Anteil der starken Kirchenbindung nach Parteipräferenz, Konfession und Beschäftigungsstatus (in %)

	Arbeiter politische Präferenz für			andere Beschäftigte politische Präferenz für			nicht Beschäftigte politischer Präferenz für		
Starke Kirchenbindung	SPD/KPD	CDU Zentrum	andere/keine	SPD/KPD	CDU Zentrum	andere/keine	SPD/KPD	CDU/Zentrum	andere/keine
Evangelische Befragte	11,7	33,3	29,5	24,5	17,6	16,3	28,4	61,3	23,9
N	60	(3)	10	62	17	123	88	31	155
Katholische Befragte	30,8	28,6	19,0	10,0	75,0	46,7	26,7	71,4	20,7
N	13	(7)	21	10	12	15	15	14	29

Quelle: eigene Berechnungen; Darmstadt-Studie

Aus der Tabelle geht einmal eine fast durchgängig zu beobachtende höhere Kirchenbindung der nicht berufstätigen Befragten gegenüber den berufstätigen hervor, ein Befund, der bis in die jüngsten Mitgliedschaftsuntersuchungen der EKD Bestand hat. Auffällig sind weiter die besonders starken Differenzen zwischen den Berufstätigen und Nicht-Berufstätigen unter den Protestanten, die sich einer Partei verbunden sehen.[13] Bezogen auf die Kirchenbindung der Berufstätigen weisen die Ergebnisse unter den Evangelischen auf eine besonders hohe Distanz der Arbeiter mit einer politischen Präferenz für SPD oder KPD hin, von denen nur 11,7 % ihre Bindung an die Kirche als stark bezeichnen. Unter den wenigen Arbeitern mit anderen Orientierungen ist die Bindung an die Kirche deutlich höher.

Bei den katholischen Bewohnern stellt die starke Beziehung zwischen Kirchenbindung und einer Präferenz für CDU oder Zentrum einen gesinnungsförmigen Gegenpol dar, der im Landkreis besonders ausgeprägt ist. Zugehörigkeit und Ausschluss verläuft so zwischen den Beschäftigten der beiden Konfessionen eher gegenläufig. Unter den Katholiken bilden sich dominante Rollenelemente über die Konfessionszugehörigkeit heraus, unter den Protestanten eher über den Beruf. Als Konsequenz gerät hier der säkulare Berufsalltag in Distanz zum institutionalisierten Religionssystem. Diese Distanz kann als ein Ergebnis besonderer Weltdeutungen verstanden werden, wie bereits Max Weber hervorgehoben hat: „Das moderne Proletariat aber ist, soweit es religiös eine Sonderstellung einnimmt, ebenso wie breite Schichten der eigentlich modernen Bourgeoisie durch Indifferenz oder Ablehnung des Religiösen ausgezeichnet. Die Abhängigkeit von der eigenen Leistung wird hier durch das Bewusstsein der Abhängigkeit von rein gesellschaftlichen Konstellationen, ökonomischen Konjunkturen und gesetzlich garantierten Machtverhältnissen zurückgedrängt oder ergänzt" (Weber 1964: 381).[14]

Mit der Koppelung der Berufszugehörigkeit an die Kirchenbindung ist weiter zu fragen, ob und wie sich eine Verinnerlichung der verschiedenen Orientierungen, die an den Berufsstatus gekoppelt sind, im Antwortverhalten niederschlägt. Ein solches Orientierungsmuster hebt die innere Übereinstimmung mit jeweils besonderen Qualifikationserfordernissen unter der bestehenden Arbeitsteilung hervor. Die Darmstadt-Studie hat einschlägige Fragen zu diesem Thema im Rahmen ihres Bildungsschwerpunkts aufgenommen und Auffassungen zu verschiedenen Erziehungszielen erhoben, die in der Volksschule sowie im Gymnasium erreicht werden sollten. Schon aus einer ersten Auswertung geht hervor, dass die einzelnen Ziele in sehr verschiedener Weise zugeordnet werden. Das Ziel „Ordnung und gutes Benehmen" rangiert für die Volksschule mit 81,6 % Zustimmung auf Rang eins, für das Gymnasium mit 45 % Zustimmung auf Rang fünf unter sechs Zielen. „Verständnis für andere Menschen und Völker" erhält demgegenüber als ein Ziel, das in der Volksschule anzustreben sei, mit 23 % den letzten Rangwert, für das Gymnasium liegt dagegen diese Erziehungsaufgabe mit 58,2 % auf Rang zwei.

Insgesamt gilt für die Volksschule in erster Linie eine Ausrichtung auf Ordnung, gutes Benehmen und Praxis. Eigenständiges und selbst verantwortetes Handeln wird von den

---

13 Unter den berufstätigen Befragten der vierten Kirchenmitgliedschaftsuntersuchung der EKD wiesen nach eigener Auswertung 27,3 % eine starke Kirchenbindung auf, unter den nicht berufstätigen 47,9 %.
14 Der gesamte Abschnitt zum Thema „Stände, Klassen und Religion" könnte im methodischen Gewand und in der Ausdrucksweise zeitgenössischer Kirchenuntersuchungen auch als Gegenwartsbeschreibung herhalten.

Schülern – anders als von den Gymnasiasten – dagegen nicht erwartet. In dem Ergebnis spiegelt sich die Verinnerlichung einer hierarchisch gegliederten Gesellschaft, in der den einzelnen Mitgliedergruppen verschiedene Rollen zugewiesen werden. Insgesamt geht aus den Daten die weitgehende Akzeptanz dieses ständisch geprägten Zuweisungsvorgangs in der frühen Nachkriegszeit hervor. Eine weitere Auswertung lässt erkennen, inwieweit dieses verinnerlichte Verständnis für ein auf Ungleichheit angelegtes Erziehungssystem auch Konsequenzen für die Kirchenbindung aufweist.[15]

Tabelle 4   Kirchenbindung nach Übereinstimmung in Erziehungszielen für Gymnasiasten und Volkschüler, Konfession und Region (in %)

	Darmstadt			Landkreis		
	Übereinstimmung in Erziehungszielen			Übereinstimmung in Erziehungszielen		
Kirchenbindung	gering	mittel	stark	gering	mittel	stark
evangelischer Mitglieder						
stark	25,0	23,0	25,0	35,2	18,3	17,1
mittel	40,6	41,0	40,9	50,9	52,7	51,4
gering	34,4	36,1	34,1	13,9	29,0	31,4
N	64	122	88	108	131	70
katholischer Mitglieder						
stark	50,0	25,9	37,5	43,2	22,6	33,3
mittel	12,5	44,4	37,5	40,5	67,7	44,4
gering	37,5	29,6	25,0	16,2	9,7	22,2
N	16	27	16	37	31	9

Quelle: eigene Berechnungen; Darmstadt-Studie

Regional sind die Unterschiede in den Antwortmustern der evangelischen Befragten besonders auffällig. Die Angaben zu den Erziehungszielen für Volkschüler und Gymnasiasten stehen in der Stadt in keinem Zusammenhang mit der Kirchenbindung. Im Landkreis dagegen sind die Befragten, die für diese Jugendlichen in starkem Maße jeweils verschiedene Ziele benennen, besonders mit der Kirche verbunden. Für die katholische Bevölkerung deutet sich dieses Muster – allerdings weniger ausgeprägt – ebenfalls an. Die geringe Befragtenzahl schließt hier jedoch eine weitergehende Interpretation aus.

---

15   Für die Darstellung des Zusammenhangs wird geprüft, in welchem Umfang die Zuordnung der folgenden vier Ziele für die Erziehung in der Volksschule und im Gymnasium auseinander fällt: Ordnung und gutes Benehmen; Beibringen, was die Jugend im praktischen Leben braucht; eigene Urteilsfähigkeit; Verständnis für andere Menschen und Völker. Die Übereinstimmung in diesen Zielen für die beiden Schultypen wurde in drei Gruppen gegliedert.

Für die Stadtregion ist dieses Ergebnis als Element in einem Prozess der Enttraditionalisierung zu werten. „Basic rules des Verhaltens" (Dreitzel), die über gemeinsame oder ähnliche Lagen ihre Bindekraft entfalten, können in der Stadt ihre orientierende Funktion weniger behaupten. Während Nähe wie Distanz zur Kirche immer noch gemeinschaftlich in den je verschiedenen Alltag eingebunden ist, verliert dieser Zugang sozial an Bedeutung. Die Stadt, aber noch nicht die Landkreisregion, steht in diesem Prozess für einen Orientierungstyp, in dem über Nähe und Distanz zur Kirche immer weniger als über ein Element des Lebensalltags entschieden wird. Als Folge ist ein Bezug zur Kirche zu erwarten, den ein Mitglied über personal vertretene Normen als den gesinnungsförmigen Stützen für eine Entscheidung herstellen muss. Diese normativ geprägte Konsequenz deutet sich zwischen konservativen Moralvorstellungen und der Kirchenbindung an. Sie wird anhand eines Merkmals geprüft, das die Antworten zu drei Fragen der Darmstadt-Studie zusammenfasst: Einer Missbilligung des Zusammenlebens von Mann und Frau „ohne gesetzliche Eheschließung", einer Zurückweisung ärztlicher Schwangerschaftsunterbrechung, auch im Fall einer sozialen Indikation, sowie einer Ablehnung, die bestehenden Scheidungsregeln zu erleichtern.

Tabelle 5 Starke Kirchenbindung nach traditioneller Moral, Region und Konfession (in %)

	traditionelle Moral		
Protestanten	gering	mittel	Stark
Darmstadt starke Kirchenbindung	11,7	28,1	37,2
N	107	89	78
Landkreis starke Kirchenbindung	14,8	24,4	31,6
N	88	123	98
Katholiken Stadt und Landkreis starke Kirchenbindung	15,9	34,0	54,8
N	44	50	42

Quelle: eigene Berechnungen; Darmstadt-Studie

Die Erhebungsdaten zeigen einen deutlichen Zusammenhang zwischen den Moralvorstellungen und der Kirchenbindung an. Der Bezug zur Kirche ist dort besonders ausgeprägt, wo Abtreibung, Zusammenleben von Mann und Frau ohne förmliche Eheschließung sowie eine Erleichterung des bestehenden Scheidungsrechts abgelehnt werden. Dieser Zusammenhang ist unabhängig von Konfession und Wohnort etwa gleich stark. Ein normativer Zugang zur Kirche tritt so nicht neu an die Stelle der jeweils besonderen statusbezogenen Vergemeinschaftungen, sondern ist unter den Mitgliedern bereits präsent, während die früheren, durchaus eigenständigen Einflüsse verschiedener Statusgruppen an Bedeutung verlieren (vgl. Weber 1964: 375–404).

Nach den Ergebnissen der Darmstadt-Studie besteht ein breiter Konsens über die dort erhobenen Moralvorstellungen auch zwischen den Konfessionen. In den frühen fünfziger

Jahren stieß keine der inzwischen neu geregelten und breit akzeptierten Vorstellungen auf Zustimmung. Am ehesten wurde unter den Befragten der Stadt Darmstadt noch ein Zusammenleben von Mann und Frau außerhalb einer förmlichen Eheschließung toleriert. Im Landkreis wurde auch die im Fragebogen vorgegebene Möglichkeit, besondere Umstände des Zusammenlebens anzuerkennen, nicht akzeptiert. Die Mehrheit der Befragten antwortete mit der Vorgabe „billige das Zusammenleben überhaupt nicht". Die weitgehende Übereinstimmung in Fragen der Moral, die erst in den siebziger Jahren allmählich aufgeweicht wurde, ergänzt das Bild der gesellschaftlichen Situation in der frühen Nachkriegszeit. Erst zu einem wesentlich späteren Zeitpunkt standen diese Vorstellungen als rückwärts gewandter Mief der fünfziger Jahre besonders unter Kritik. Die spätere Ausdifferenzierung normativer Vorstellungen ist nicht nur für eine zunehmend selektivere Kirchenbindung von Bedeutung.[16] Sie steht zugleich für eine inzwischen breit akzeptierte Spezialisierung des Religionssystems als moralische Instanz, auf die sich die Kirche in ihren Äußerungen auch regelmäßig bezieht, zumal dort, wo sie ihre Autorität auf eine hohe Konformität mit sozialen Normen gegründet sieht.

Insgesamt ist der nach den Befunden der Darmstadt-Studie hohe Konsens in den Moralvorstellungen der Befragten aus ganz unterschiedlichen Lebenslagen auch in einer Varianzanalyse zu erkennen, die den Einfluss der Berufsposition, der politischen Gesinnung und des Lebensalters auf die jeweils vertretenen normativen Überzeugungen prüft.

Tabelle 6 Varianzanalyse multivariater Effekte des Lebensalters, der Berufsposition und der Parteipräferenz auf die Moralvorstellungen evangelischer und katholischer Befragter in Darmstadt und im Landkreis Darmstadt-Dieburg

Moralvorstellungen nach	Evangelische Befragte Darmstadt	Evangelische Befragte Landkreis	Katholische Befragte insgesamt
Beruf	0,16*	0,08	0,16*
Parteipräferenz	0,03	0,08	0,03
Alter	0,13*	0,00	0,04
Multiple Korrelation (R)	0,23	0,10	0,16
Interaktionseffekte	Beruf–Alter*	-	-

Quelle: eigene Berechnungen; Darmstadt-Studie; β-Koeffizienten; * signifikant auf dem 95%-Niveau.

In der Auswertung werden die noch durchgängig geringen Unterschiede in den Moralvorstellungen sichtbar, die zwischen Personen verschiedener Berufe, unterschiedlicher politischer Gesinnung sowie unterschiedlicher Altersgruppen bestehen. Allenfalls in der Stadt deutet sich eine Differenzierung an, die sich heute verstärkt und verallgemeinert hat. Neben einer liberaleren Haltung der Berufstätigen, die auch bei katholischen Befragten zu erkennen ist, zeigen sich kleinere Differenzen zwischen den jüngeren und den älteren Befragten. Im Land-

---

16 Als eine Konsequenz ist in diesem Zusammenhang auch auf das breite Interesse von Sozialwissenschaftlern zu verweisen, solche Differenzen in einem Milieukonzept genauer darzustellen. Vgl. dazu z. B. Benthaus-Apel (2006) oder auch in der praktischen Umsetzung: Institut für Fort- und Weiterbildung der Diözese Rottenburg-Stuttgart (2007).

kreis ist der Konsens in den Moralvorstellungen noch weitgehender als in der Stadt. Bei den Fragen des Zusammenlebens, einer Erleichterung des Scheidungsrechts sowie der Billigung einer Abtreibung unterscheiden sich die Jüngeren allenfalls marginal von den Älteren, die Berufstätigen kaum von den Personen, die keiner Berufsarbeit nachgehen und die Anhänger linker Parteien nicht wesentlich von den Konservativen.

Die Annahme eines allmählich einsetzenden Orientierungswandels wird am ehesten durch die erwähnten Altersunterschiede in der Stadt Darmstadt bestärkt. Die Jüngeren in der Stadt sind geringfügig liberaler als die Älteren. Im Prozentvergleich antworten immerhin 51,6 % der Personen unter vierzig Jahren bei mindestens zwei der drei Aussagen, dass sie die bestehenden Regelungen nicht verändern wollen, unter den älteren sind dies 64,7 %. Im Landkreis liegen die Vergleichswerte dagegen bei 71,5 % gegenüber 71,1 %.

Die Unterschiede zwischen den Befunden in der Stadt Darmstadt und im Landkreis Darmstadt-Dieburg weisen auf einen übergreifenden Differenzierungsvorgang hin, der jedoch offenbar nicht in einheitlicher Geschwindigkeit abgelaufen ist. In der Landregion haben die überkommenen Alltagsverankerungen immer noch einen weitreichenden Stellenwert. In der Stadt scheint die Kirche – stärker spezialisiert – eher als eine Instanz traditioneller Moral aufgefasst zu werden. Die folgende Varianzanalyse, in die die angesprochenen Merkmale eingehen, weist zusammenfassend auf die Differenzen hin.

Tabelle 7 Varianzanalyse multivariater Effekte des Lebensalters, der Berufsposition, der Parteipräferenz, der Akzeptanz unterschiedlicher Bildungsziele und traditioneller Moralvorstellungen evangelischer und katholischer Befragter auf die Kirchenbindung in Darmstadt und im Landkreis Darmstadt-Dieburg

Kirchenbindung nach	Evangelische Befragte Darmstadt	Evangelische Befragte Landkreis	Katholische Befragte insgesamt
Beruf	0,10	0,19**	0,15
Parteipräferenz	0,01	0,10	0,27**
Moralvorstellungen	0,26**	0,14*	0,28**
Billigung ungleicher Bildungsziele	0,03	0,18**	0,16
Alter	0,03	0,15**	0,24*
Multiple Korrelation (R)	0,30	0,38	0,44
Interaktionseffekte	-	Parteipräferenz–ungleiche Bildungsziele*	Parteipräferenz–Moralvorstellungen**

Quelle: eigene Berechnungen; Darmstadt-Studie; β-Koeffizienten; * signifikant auf dem 95%-Niveau , ** signifikant auf dem 99%-Niveau

Die Auswertung stützt noch einmal die Vermutung, die Bindung an die Kirche bei den evangelischen Befragten in der Stadt Darmstadt sei so gut wie ausschließlich auf die jeweils vertretenen Normen zu beziehen. Der Personenkreis, der eine starke Kirchenbindung aufbauen kann, ist hier durch eine eher restriktive Moral gekennzeichnet. Ein liberaleres Verständnis ist dagegen mit einer größeren Distanz verbunden. Die Dominanz der normativen Orientierungen kennzeichnet die städtische Situation. Sie überlagert die ungleichen Bindungsmuster der verschiedenen Berufsgruppen. Deren Effekt ist in der multivariaten Auswertung statistisch nicht signifikant.

Die Bedeutung der individuellen Sozialnormen für die Kirchenbindung wird auch in der Auswertung der katholischen Befragten sichtbar.[17] Kennzeichnend sind darüber hinaus weitere markante sozialstrukturelle Differenzen in dieser Gruppe. Zum einen ist die parteipolitische Präferenz für CDU und Zentrum markant mit einer starken Kirchenbindung verbunden. Die enge und nur sehr allmählich zurückgehende Verbindung wird über den signifikanten Interaktionseffekt noch einmal deutlich unterstrichen. Zum anderen fällt die Bedeutung des Lebensalters für die Kirchenbindung auf. Hier stehen die Jüngeren erheblich distanzierter zur Kirche als die Älteren.

Für evangelische und katholische Befragte im Landkreis kristallisieren sich jeweils ähnliche Bindungsmuster heraus. In beiden Fällen wird der Kirchenzugang über die Alltagsintegration und die normativen Orientierungen gestützt.

Insgesamt wird in der Darmstadt-Studie eine Übergangssituation dargestellt. Traditionelle Normen werden weithin geteilt und haben noch nicht in verschiedenen, nebeneinander stehenden Stilen eine eigene Bedeutung erhalten. Segmentäre Differenzierungsmuster sind auch in einer zunehmend industrialisierten Region weiterhin wirksam und beeinflussen die Kirchenbindung der evangelischen wie der katholischen Bevölkerung in einer je eigenen Weise. Hiervon ist die Ausweitung einer Entscheidung über die Kirchenzugehörigkeit selbst noch weitgehend unberührt. Sie bleibt zunächst auf den immer noch starken Ausschluss der sozialdemokratischen und sozialistischen Arbeiter beschränkt. Auffällig sind darüber hinaus die unterschiedlichen Bindungsmuster in der Stadt und im Landkreis. Im Landkreis ist die Kirchenbindung immer noch in verschiedener Stärke an die einzelnen Lebenslagen gebunden. In der Stadt wird Nähe und Distanz zur Kirche primär normativ und in Übereinstimmung mit den jeweils personal vertretenen Orientierungen begründet.

4   Moderne Muster der Kirchenbindung in städtischen und ländlichen Regionen

Die weitere Darstellung befasst sich mit regionalen Veränderungen in der Kirchenbindung, die im Zuge gesellschaftlicher Wandlungsvorgänge seit den fünfziger Jahren aufgetreten sind. Hierbei ist vor allem auf zwei Sachverhalte hinzuweisen.

Zusammen mit dem deutlichen Anstieg der Einwohnerzahlen in den hessischen Landregionen haben sich die früher bestehenden Unterschiede in der sozialstrukturellen Zusammensetzung der Bewohner deutlich verringert. So waren 1950 im gesamten Landkreis Darmstadt-Dieburg noch 23,7 % der Erwerbstätigen in der Landwirtschaft beschäftigt. Dieser Anteil ist bis 1987 auf 2,1 % zurückgegangen. Umgekehrt ist der Anteil der Erwerbstätigen im Dienstleistungssektor in diesem Zeitraum von 28,8 % mit sehr geringen Unterschieden zwischen einzelnen Teilgebieten auf durchschnittlich 53,2 % angestiegen. In der Stadt Darmstadt ist dieser Anteil von 51,9 % bis auf 64,9 % gewachsen. Insgesamt sind darüber die

---

17   Die geringe Zahl der befragten Katholiken lässt eine weitere regionale Aufgliederung nicht zu.

ursprünglichen regionalen Differenzen eingeebnet. Das frühere Zentrum und die frühere Peripherie gehen ineinander über.

Zum anderen geben Auswertungen der Frage, wie stark sich ein Mitglied mit der Kirche verbunden fühlt, keine Stadt-Land-Unterschiede zu erkennen (vgl. Höhmann 1997). Vor diesem Hintergrund konzentriert sich die Darstellung auf die Frage, ob einer Angabe über die Verbundenheit mit der Kirche regional eine unterschiedliche Bedeutung zukommt und sich die Mitglieder in diesem Fall trotz ähnlicher Bindungswerte in verschiedener Weise auf die Kirche beziehen.

Die Daten zu der angesprochenen Frage entstammen einer Befragung von Mitgliedern der Evangelischen Kirche in Hessen und Nassau. In dem Datensatz werden die Angaben der Befragten aus der Rhein-Main-Region von denen der südhessischen Landregion getrennt.[18] Die folgende Varianzanalyse weist zunächst auf regionale Unterschiede in der Kirchenbindung hin. Sie greift hierzu auf fünf Merkmale zurück: Lebensalter und Berufstätigkeit der Befragten, ihr politisches Interesse, Kirchennähe und Kirchendistanz der Eltern und schließlich ein konstruiertes Merkmal traditioneller Moralvorstellungen.[19]

Tabelle 8 Varianzanalyse multivariater Effekte des Alters, der Berufsposition, des politischen Interesses, der Kirchennähe der Eltern und traditioneller Moralvorstellungen evangelischer Befragter auf die Kirchenbindung im Rhein-Main-Gebiet und in den südhessischen Landregionen

Kirchenbindung nach	Evangelische Befragte Rhein-Main	Evangelische Befragte Landregion
Beruf	0,14	0,19**
Politischem Interesse	0,04	0,10
Moralvorstellungen	0,36**	0,11*
Kirchennähe der Eltern	0,26**	0,22**
Alter	0,03	0,12*
Multiple Korrelation (R)	0,53	0,47
Interaktionseffekte	-	Berufstätigkeit–politisches Interesse** Berufstätigkeit–Kirchennähe der Eltern*

Quelle. EKHN 2000, β-Koeffizienten * signifikant auf dem 95%-Niveau ** signifikant auf dem 99%-Niveau.

---

18 Ausgewertet werden die Daten einer repräsentativen Erhebung, die als Schwerpunkt nach der Akzeptanz und dem Nutzen einer kirchlichen Mitgliederzeitschrift gefragt hat. Die Daten wurden in unterschiedlichen Wellen erhoben, zunächst im Jahr 1995. Die hier vorgenommene Auswertung bezieht sich auf die Datenerhebung des Jahres 2000. Die Analyse ist auf die südhessischen Befragten mit insgesamt 964 Personen begrenzt. Datensatz und Auswertung wird bei J. Schmidt (1996) genauer beschrieben.

19 Das Merkmal „Moralvorstellungen" basiert auf den Antworten über die folgenden Normen: Männer und Frauen, die zusammenleben, sollten heiraten; in Familien sollten die Frauen nicht berufstätig sein. Zusätzlich ging in das Merkmal eine Vorliebe für „Altbewährtes" ein, das oft besser sei. Alle Merkmale wurden in zwei Gruppen geteilt.

Insgesamt geben in der Auswertung 36,4 % der Befragten aus dem Ballungsraum Rhein-Main und 35,6 % der Befragten aus der hessischen Landregion eine starke Kirchenbindung an. Der Unterschied ist statistisch nicht signifikant und die Höhe liegt auf dem Niveau das die vier Mitgliederstudien der EKD ermittelt haben (zusammenfassend Höhmann 2009: 43). Gleichwohl weisen die beiden Regionen leichte Differenzen in den Bindungsmustern auf, die durchaus noch in Kontinuität zu den Befunden der Darmstadt-Studie gesehen werden können. In der verstädterten Rhein-Main-Region entscheiden exklusiv familiäre Herkunft und traditionelle Moralvorstellungen, inwieweit eine Person eine Bindung zur Kirche aufbauen kann. In den ländlichen Gebieten fallen die Bindungsmuster, wie schon in den frühen fünfziger Jahren, differenzierter aus.[20] Neben den auch hier dominanten, allerdings deutlich schwächeren Zusammenhängen, die über Herkunft und Normen auf die Kirchenbindung wirken, bestehen weitere signifikante Zusammenhänge über Lebensalter und Berufstätigkeit der Befragten. Dieser Sachverhalt spricht für das Bestehen verschiedenartiger Bindungsmuster. Die Daten deuten auch weiterhin, trotz einer auffälligen Angleichung in der Sozialstruktur der Bewohner, auf verschiedene soziale Integrationsformen mit einem je eigenen Kirchenzugang hin. In der Stadt, und mehr noch im Landkreis, ist diese Bindung allerdings kaum mehr standesförmig ausgestaltet. Sie folgt eher aktuellen Chancen lokaler Integration. Hierfür spricht etwa der hoch signifikante Interaktionseffekt, hinter dem sehr unterschiedliche Verknüpfungen von Beruf und (lokal)politischem Interesse stehen. Eine ausgeprägt starke Kirchenbindung weisen besonders kleine und mittlere Angestellte auf, bei anderen Koppelungen geht die Kirchenbindung dagegen eher zurück.

Wenn sich die Kirchenbindung regional unterscheidet, so wird mit dieser Differenz eine allgemeine Vorstellung von Nähe oder Distanz zum Ausdruck gebracht. Jene muss aber keineswegs einschließen, dass eine Person die Kirche auch als Mittelpunkt ihrer persönlichen Orientierung versteht. Derartige jeweils verschiedene Bedeutungsinhalte sind in einem Pfadmodell zu erkennen, welche Einstellungen der Person auf ihre Bereitschaft hin untersucht, sich in religiösen Fragen auf die Kirche zu beziehen. Diese Orientierung wird im Hinblick auf drei Merkmale geprüft: Die Angabe über die subjektive Verbundenheit mit der Kirche, den Wunsch nach Gemeinschaft mit anderen Christen sowie die Angabe zum christlichen Glauben.[21] Das Auswertungsinteresse ist dabei auf die Frage gerichtet, welchen Einfluss der christliche Glaube, ein Gefühl der Verbundenheit und der Wunsch nach sozialer Integration auf die Orientierung an der Kirche hat und ob zwischen dem Ballungsraum und der Landregion Unterschiede zu beobachten sind.

In dem Modell werden Glaube und Verbundenheit mit der Kirche zunächst auf den Wunsch bezogen, sich in einer Gemeinschaft zu integrieren. In einem zweiten Schritt wird

---

20 Diese regionalen Unterschiede im starken normativen Bezug, zeigen sich auch darin, dass 50 % der kirchennahen Befragten im Ballungsraum, aber nur 19,2 % der distanzierteren der Aussage zustimmen, die Kirche helfe ihnen, ein guter Mensch zu sein. In der Landregion liegen die Vergleichswerte bei 34,3 % bzw. 35,5 %.

21 Als Grundlage für diese Orientierung dienen Angaben zu drei Fragen: „In Glaubensfragen soll man sich an kirchlichen Stellungnahmen orientieren", „die Kirche bedarf einer starken Organisation, um religiöse Werte durchzusetzen", „die Kirche vertritt Werte, die mir persönlich wichtig sind". Das Maß ist enger mit den unterschiedlichen kirchlichen Teilnahmeformen assoziiert als die Angabe über das Verbundenheitsgefühl mit der Kirche. Das Merkmal christlicher Glaube wurde aus zwei Fragen gebildet: Einer ersten, mit der eine Person gefragt wurde, welche Aussage ihren Gottesglauben zum Ausdruck bringt, und einer zweiten, in der nach der Stärke gefragt wird, mit der sich eine Person „in der Tradition christlicher Überlieferung" sieht.

sodann gefragt, wie diese Merkmale darauf einwirken, dass der Kirche eine Orientierungsfunktion zugeschrieben wird.

Die Abhängigkeit des Wunsches nach Gemeinschaft vom christlichen Glauben und der Kirchenbindung unterscheidet sich zwischen den Befragten in der Stadt und im Landkreis nur ganz geringfügig. Mitglieder, die sich als christlich religiös verstehen und die sich der Kirche verbunden fühlen, haben in gleichem Umfang den Wunsch, hier eine Gemeinschaft zu finden. Markante Unterschiede treten jedoch bei der Frage nach der kirchlichen Orientierungsfunktion auf. Sie ist im Ballungsraum ohne Einbeziehung des Gemeinschaftswunsches an das Glaubensverständnis und den Grad der Bindung gebunden. Sie ist demgegenüber in der Landregion davon abhängig, ob sich eine Person gemeinschaftlich integrieren will.

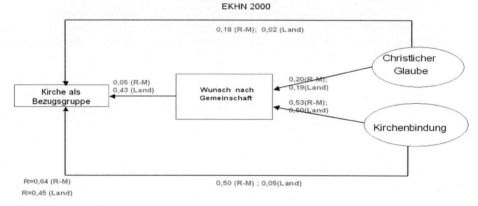

Der Ballungsraum und die Landregion repräsentieren so nicht nur in den fünfziger Jahren, sondern bis in die Gegenwart hinein unterschiedliche Integrationsweisen. Im Rhein-Main-Gebiet kann eine Minderheit durch Herkunft und Einstellung einen Zugang zur Kirche herstellen und ist über diese persönliche Wahl zugehörig. In der Landregion ist der Zugang zur Kirche zwar zunächst breiter gefächert. Hier sind jedoch soziale Integrationsmuster erheblich stärker, in die auch die Kirche als ein Teilelement einbezogen ist. Selbst wenn sozialstrukturell die früheren Stadt-Land-Differenzen ihre Bedeutung verloren haben, wirkt hier eine neue Integrationsidee, die Teilnahme- und Ausschlusschancen markant beeinflusst.[22]

---

22 Als ein isoliertes Resultat der hier ausgewerteten Mitgliedschaftsstudie der Evangelischen Kirche in Hessen und Nassau zeigt sich für die hessische Landregion, dass unter den Berufspendlern, die sich auf die Frage nach ihrem Glauben eher als unsicher oder distanziert sehen, 50% über einen Austritt aus der Kirche nachdenken, unter den Berufstätigen, die nicht pendeln, sind dies 24,3%.

5 Zusammenfassung

Die massiven Veränderungen in der Kirchenzugehörigkeit und -bindung sind nicht erst in den letzten Jahren offensichtlich geworden. Als allgemeiner Sachverhalt werden sie regelmäßig mit den Kategorien der Säkularisierung und Individualisierung beschrieben. Empirische Darstellungen verweisen hierbei auf ungleiche Verläufe und eine unterschiedliche Heftigkeit der Wandlungsvorgänge zwischen verschiedenen Regionen, die in diesem Beitrag innerhalb eines südhessischen Gebietes genauer in den Blick genommen wurden. Zunächst zeigen Daten über die Entwicklung der Kirchenmitgliedschaft, dass sich die ursprünglich bestehenden Grundmuster konfessionell voneinander getrennter Räume mit allenfalls leichten Abschwächungen über einen langen Zeitraum bis in die siebziger Jahre des letzten Jahrhunderts erhalten haben. In einzelnen Kommunen, deren Entwicklung als Übergang von einem Bauerndorf zu einem Arbeiter-Bauerndorf charakterisiert wurde, hatte vor dem zweiten Weltkrieg zwar ein beachtlicher Prozentsatz der Bewohner die Kirchenmitgliedschaft aufgegeben. Diese für einzelne Orte durchaus bedeutsamen Einschnitte haben allerdings in der gesamten Region die ursprünglich bestehende Situation allenfalls leicht modifiziert. Vor dem Hintergrund der späteren, weit massiveren Brüche fragte dieser Beitrag daher besonders nach den veränderten Integrationsformen der Kirchenmitglieder in der Nachkriegszeit, die im Zuge des regionalen Wandels auftreten konnten.

Im Ballungsraum und in der Landregion weisen die kirchlichen Integrationsmuster schon früh auf verschieden ausgeprägte Teilnahme und Bindungschancen hin. Diese gewinnen mit dem Verschwinden sozialer Kontrollen der Kirchenzugehörigkeit an Bedeutung und ermöglichen damit überhaupt erst Pluralität im Zugang zu einer kirchlich verfassten Religiosität sowie als Konsequenz auch die Möglichkeit zu einer abgestimmten Spezialisierung kirchlichen Handelns.

Im Ballungsraum werden die Voraussetzungen für die jetzt dominante Pluralität der Zugänge bereits in den fünfziger Jahren über unterschiedliche normative Orientierungen hergestellt, die für eine Person gelten und für die andere nicht. Die städtische Kultur ist in dieses Nebeneinander eingeübt. Die wachsende Bedeutung, die diesen Orientierungen zukommt, zeigt sich im Gewicht, das dieser Faktor inzwischen in den jüngeren Erhebungen zur Kirchenbindung einnimmt. Diese Bedeutung erstreckt sich u. a. auf die Zunahme milieuförmiger Schließungen, die in den fünfziger Jahren allenfalls ansatzweise zu erkennen waren.

In der Landregion wird der Zugang zur Kirche neben den auch hier wirkenden unterschiedlichen normativen Orientierungen weiter über die Chance zu konkreter Interaktion hergestellt. Die empirischen Daten enthalten Hinweise, dass dieser Zugang neu entstanden und nicht auf eine überkommene oder vormoderne Lebensweise zu beziehen ist. Erst mit der sozialstrukturellen Auflösung der früheren regionalen Differenzen integrieren sich die Einwohner durch einen Ortsbezug, der die Landkategorie als symbolische Identität einführt. Sie erzeugen Zugehörigkeit, soweit sie im Sinne eines einheitsstiftenden Alltags durch ihre sozialen Beziehungen und Kommunikationsmuster eine gemeinschaftsbezogene Landregion repräsentieren können, in die auch die Kirche als ein Bestandteil dieser Gemeinschaft einbezogen ist. Wie in der Stadt differenzieren sich so die kirchlichen Zugänge aus. Sie lassen dabei, geringfügig abgeschwächt, durch die sozial wirksame Unterscheidung von Zugehörigkeit und Nicht-Zugehörigkeit gleichlaufende Einschnitte in der Mitgliederentwicklung erwarten.

Gleichwohl wird jedoch die Illusion einer stabilen Landsituation nicht nur unter den Mitgliedern, sondern auch innerkirchlich aufrecht erhalten: „Gerade die Menschen auf dem Land wollen auf die Kirche im Dorf nicht verzichten, weil nur so das Dorf auch ihr Dorf ist" (Rat der EKD 2005: 26). Von der Vorstellung einer festen Gemeinschaft gehen, wie dargestellt, starke subjektive Bindungswirkungen aus. Zugleich kann die Statistik mit empirischen Belegen für diese Stabilität aufwarten. So sind die Mitgliederzahlen in der Folge einer bemerkenswerten Zunahme der Einwohnerzahlen nur wenig zurückgegangen.

Auch wenn das Land an den Grenzen der Rhein-Main-Region inzwischen nicht mehr – wie in der Vorkriegszeit – sozialstrukturell eine eigenständige und unterscheidbare Region bildet, so halten symbolische Repräsentationsformen (Wohl/Strauss 1958), die die Wohnsituation als ein Leben im ländlichen Raum deuten, einen eigenständigen Zugang zur Kirche offen.

6   Literatur

Bechinger, Walter/Gerber, Uwe/Höhmann, Peter (Hrsg.) (1997): Stadtkultur leben. Darmstädter theologische Beiträge zu Gegenwartsfragen. Band I. Frankfurt.
Benthaus-Apel, Friederike (2006): Lebensstil und Lebensführung. In: Huber/Friedrich/Steinacker (Hrsg.): 203–236.
Bolz, Norbert (2008): Das Wissen der Religion. München.
Dreitzel, Hans Peter (1968): Die gesellschaftlichen Leiden und das Leiden an der Gesellschaft. Stuttgart.
Evangelische Landeskirche in Hessen (1926): Ausschreiben Nr. 45. Darmstadt.
Grossherzogliche Centralstelle für die Landes-Statistik (1864): Beiträge zur Statistik des Grossherzogtums Hessen. Darmstadt.
Grüneisen, Karl-Guenther (1952): Landbevölkerung im Kraftfeld der Stadt. Darmstadt.
Höhmann, Peter (1997): Gesellschaftliche und kirchliche Bindungsmuster. Zusammenhänge und Sichtbarkeit in der Region. In: Bechinger/Gerber/Höhmann (Hrsg.): 91–110.
Höhmann, Peter (2009): Kirchenbindung im gesellschaftlichen Wandel. Frankfurt/Main.
Höhmann, Peter/Franke, Alicia (2008): Ergebnisse der Statistik über das kirchliche Leben in den Gemeinden 2007. Darmstadt.
Huber, Wolfgang/Friedrich, Johannes/Steinacker, Peter (Hrsg.) (2006): Kirche in der Vielfalt der Lebensbezüge. Gütersloh.
Institut für Fort- und Weiterbildung der Diözese Rottenburg-Stuttgart (2007): Sinus-Milieus und Missionarische Gemeindepastoral. Arbeitshilfe 01-2007. Rottenburg.
Kirchenleitung der Evangelischen Kirche in Hessen und Nassau (Hrsg.) (1992): Person und Institution. Frankfurt.
Landesstatistisches Amt Hessen (1934): Mitteilungen des Hessischen Landesstatistischen Amtes. Darmstadt.
Landesstatistisches Amt Hessen (1932): Ergebnisse der Landtagswahl am 19. Juni 1932 und der Reichstagswahl am 32. Juli 1932 im Volksstaat Hessen. Darmstadt.
Lindemann, Klaus A. (1952): Behörde und Bürger. Das Verhältnis zwischen Verwaltung und Bevölkerung in einer deutschen Mittelstadt. Darmstadt.
Rat der EKD (2006): Kirche der Freiheit. Perspektiven für die Evangelische Kirche im 21. Jahrhundert. Hannover.
Schmidt, Joachim (Hrsg.) (1996): Echt. Dokumentation und Bilanz eines kirchlichen Mitgliedermagazins. Frankfurt.
Stoodt, Hans Christoph (1992): Parochie zwischen Engführung und Öffnung. Ihre Grenzen und Chancen im städtischen Bereich. In: Kirchenleitung der Evangelischen Kirche in Hessen und Nassau (Hrsg.): 116–129.
Weber, Max (1964): Wirtschaft und Gesellschaft. Köln.
Wehler, Hans-Ulrich (2003): Deutsche Gesellschaftsgeschichte. Vierter Band 1914–1949. München.
Wohl, R. Richard/Strauss, Anselm L. (1958): Symbolic Representation and the Urban Milieu. In: American Journal of Sociology 63: 523–532.

II. Die Sondersituation in Ostdeutschland

Die religiöse Entwicklung in Ostdeutschland nach 1989

Detlef Pollack und Olaf Müller

0 Einleitung

Als 1989/90 der Staatssozialismus zusammenbrach, erwarteten viele eine Neubesinnung der Ostdeutschen auf Fragen von Religion und Kirche. Innerhalb von vierzig Jahren war aus der protestantischen Volkskirche, die 1949 noch mehr als 80 % der Bevölkerung umfasst hatte, eine Minderheitskirche mit einem Mitgliederbestand von etwa 26 % geworden (vgl. Pollack 1994). Die Zeiten der politischen und rechtlichen Unterdrückung der Kirchen, der sozialen Benachteiligung von Christen und der Stigmatisierung alles Religiösen in der Öffentlichkeit hatten Kirchlichkeit, Glauben an Gott und Religiosität zu Einstellungen werden lassen, die nur noch bei wenigen Akzeptanz fanden. Musste man nach dem Zusammenbruch des repressiven und kirchenfeindlichen Systems nicht mit einem neuen Interesse an religiösen Fragen, mit einer Rückkehr zu den einst ausgegrenzten Kirchen, mit einer neuen öffentlichen Sichtbarkeit von Religion und Kirche sowie mit einer Suche nach alternativen weltanschaulichen Orientierungen rechnen, die an die Stelle der untergegangenen Ideologie treten könnten? Inwieweit kam es nach 1989 in Ostdeutschland zu einer Rückbesinnung auf Religion und Kirche – das ist die leitende Frage dieses Beitrags.

Dabei steht die Religionssoziologie zur Beantwortung dieser Frage nicht mittellos da. Von einer Vielzahl theoretischer Prämissen her lassen sich begründete Hypothesen über die Tendenz des religiösen Wandels in Ostdeutschland aufstellen. Auf der Grundlage repräsentativer empirischer Daten ist es darüber hinaus möglich, derartige Hypothesen einer Überprüfung zu unterziehen. Die empirischen Daten können schließlich Anlass geben, theoretische Prämissen zu hinterfragen und eigenständige theoretische Erklärungsmuster zu entwickeln. In diesem Beitrag sollen zunächst einige Hypothesen formuliert werden, die sich aufgrund vorliegender Theorieansätze ergeben (1.). Nach einer kurzen Zwischenüberlegung zu den benutzten Erhebungsinstrumenten (2.) soll es dann darum gehen, die zentralen religiösen Wandlungsprozesse in Ostdeutschland nach 1989 empirisch zu erfassen (3.). Beschlossen werden soll der Beitrag mit einer kurzen Erörterung, welche der aufgestellten theoretischen Hypothesen die stärkste Erklärungskraft für sich beanspruchen kann und durch welche zusätzlichen Annahmen die vorliegenden Theoriemodelle ergänzt werden könnten (4.). In allen empirischen Beobachtungen, die im Rahmen dieses Beitrags angestellt werden, wird der religiöse Wandel in Ostdeutschland mit entsprechenden Tendenzen im Westen Deutschlands verglichen, da sich die Spezifik der religiösen Entwicklung in Ostdeutschland im Vergleich besser herausarbeiten lässt.

1 Hypothesen zum religiösen Wandel in Ostdeutschland

Zur Analyse der religiösen Veränderungsprozesse nach 1989 in Ostdeutschland können im Wesentlichen drei unterschiedliche theoretische Ansätze herangezogen werden, die in ihren Beurteilungen zu gänzlich unterschiedlichen Aussagen kommen. Die Säkularisierungsthese, die von einem negativen Einfluss von Modernisierungsprozessen auf die soziale Bedeutung religiöser Gemeinschaften, Praktiken und Überzeugungen ausgeht und unter den hier benutzten theoretischen Konzepten die längste Vorgeschichte hat, nimmt an, dass die soziale Relevanz des Religiösen in Ostdeutschland in Abhängigkeit vom Anlaufen nachholender Modernisierungsprozesse zurückgeht (vgl. Berger 1990 [1967]; Wilson 1969; Bruce 2002; Norris/Inglehart 2004). Unterstellt man, was angesichts der realen Entwicklung nicht ganz unrealistisch sein dürfte, für die Zeit nach 1989 eine Anhebung des Wohlstandsniveaus, einen Ausbau sozialstaatlicher Sicherungen, die Einführung der Demokratie sowie die Schaffung rechtsstaatlicher Verhältnisse in Ostdeutschland, dann wäre nach den Annahmen der Säkularisierungstheorie trotz der Liberalisierung des Verhältnisses des Staates zur Kirche ein weiterer Rückgang der Verankerung des Religiösen in der Gesellschaft das wahrscheinlichste Szenario des religiösen Wandels.

Aus der Perspektive des so genannten ökonomischen Marktmodells, das in den USA entwickelt wurde und von seinen Vertretern inzwischen auf alle Regionen der Welt, auch auf die postkommunistischen Staaten angewandt wird (Iannaccone 1994; Stark/Finke 2000; Froese 2004), wäre freilich eine völlig andere Entwicklung zu erwarten. Da dieses Modell davon ausgeht, dass der religiöse Markt umso vitaler ist, je pluraler er sich präsentiert, und sich religiöse Marktverhältnisse nur herausbilden, sofern der Staat bereit ist, in religiöse Belange nicht zu intervenieren, müsste man hier nach dem Zusammenbruch des kirchenfeindlichen Regimes mit einem Aufleben religiöser Kräfte rechnen (Froese/Pfaff 2001). In dem Maße, in dem staatliche Autoritäten darauf verzichten, religiöse Gemeinschaften zu bevorzugen oder zu benachteiligen, könnten sich faire Wettbewerbsbedingungen auf dem religiösen Markt herausbilden. Je weniger Staatsintervention, desto wahrscheinlicher sei die Entstehung eines pluralen religiösen Feldes, in dem unterschiedliche religiöse Gemeinschaften um die Gunst ihre Anhänger wetteifern; je mehr religiöser Wettbewerb, desto höher aber sei das Niveau der Religiosität (Finke/Stark 2003). Mit dem Zusammenbruch des kirchenfeindlichen Regimes in der früheren DDR und der damit eröffneten Möglichkeit eines fairen Wettbewerbs zwischen verschiedenartigen Religionsgemeinschaften müsste sich diesem Ansatz zufolge also die religiöse Vitalität in Ostdeutschland nach 1989 erhöhen. Aufgrund der religionsproduktiven Kraft von Wettbewerb und Konkurrenz wäre außerdem damit zu rechnen, dass die Marginalisierung der Kirchen und Religionsgemeinschaften in Ostdeutschland zu einer Erhöhung des kirchlichen Engagements der kirchlich gebundenen Minderheit führt und das Aktivitätspotenzial innerhalb der Kirchen und Religionsgemeinschaften daher im Osten Deutschlands prozentual größer ist als im konventionellen Kirchenchristentum des Westens.

Die Individualisierungsthese wiederum, die hier als dritter religionssoziologischer Ansatz zur Erfassung der religiösen Wandlungsprozesse in Ostdeutschland nach 1989 herangezogen werden soll, behauptet weder den Niedergang des Religiösen noch seinen Aufschwung, sondern den Wandel seiner dominanten Ausdrucksformen. Unter der Annahme, dass sich in modernen Gesellschaften Prozesse der Individualisierung und Privatisierung vollziehen, rechnet dieser

Ansatz mit einem Bedeutungsrückgang der institutionalisierten Sozialformen des Religiösen bei einem gleichzeitigen Aufschwung von Formen individualisierter Religiosität (Krüggeler/ Voll 1993; Davie 2002; Knoblauch 2009). Auch wenn die Kirchenbindung abnehmen sollte, müsse dies nicht bedeuten, dass Religion im Ganzen an Signifikanz verliert. Kompensatorisch zur Minorisierung der Kirchen verlagere sich vielmehr der Schwerpunkt des Religiösen von den Institutionen hin zum Individuum, so dass Religion nun einen stärker persönlich gefärbten, individuell verantworteten Charakter annehme. Es sei das Individuum, das mehr und mehr über seine religiöse Orientierung und Praxis entscheide. Aus der im Prozess der religiösen Individualisierung zunehmenden Vielzahl religiöser Angebote wähle der Einzelne diejenige religiöse Praxis und Haltung aus, die seinen persönlichen Bedürfnissen am besten entspreche. Daher sei es nicht verwunderlich, wenn Menschen in modernen Gesellschaften ihre religiöse Überzeugung zunehmend aus unterschiedlichen religiösen Traditionen zusammenstellen und individuell ganz verschiedenartig mischen (Luckmann 1991; Hervieu-Léger 2000). Für Ostdeutschland müsste man somit gemäß diesem Ansatz damit rechnen, dass sich die Kirchenbindung weiter abschwächt, dass dieser Prozess aber einhergeht mit einem sich verstärkenden Interesse an nichtkirchlichen Formen der Religion wie Spiritualismus, Esoterik, Okkultismus, Astrologie, Reinkarnation, Theosophie, New Age und allen anderen alternativreligiösen Formen einer mehr individualisierten Religiosität. Die sich aus den drei theoretischen Modellen ergebenden Alternativhypothesen lauten also, dass es in Ostdeutschland nach 1989

a) zu einem weiteren Rückgang der sozialen Relevanz von Religion und Kirche in Abhängigkeit von Prozessen der nachholenden Modernisierung, wie sie sich in Ostdeutschland vollziehen, kommen wird (Säkularisierungstheorie), oder aber
b) zu einem Aufschwung von Religiosität und Kirchlichkeit in Abhängigkeit von der Liberalisierung des Staat/Kirche-Verhältnisses und der damit einsetzenden Pluralisierung des religiösen Feldes sowie aufgrund der Minderheitssituation der Anhänger religiöser Gemeinschaften zu einer Intensivierung ihres Mitgliedschaftsverhältnisses (ökonomisches Marktmodell), oder
c) zu einem Rückgang der Kirchenbindung bei gleichzeitiger Stärkung der individualisierten und insbesondere kirchlich alternativen Spiritualität (Individualisierungsthese).

2 Methodologische Zwischenüberlegung

Um entscheiden zu können, welchem der drei hier aufgeführten religionssoziologischen Ansätzen die höchste Erklärungskraft zukommt, ist es zunächst erforderlich zu bestimmen, auf welche Weise sich Religion empirisch erfassen lässt. Diese Frage ist innerhalb der Religionssoziologie in einem hohen Maße umstritten. Zurückgegriffen werden soll hier auf einen multidimensionalen Ansatz in der Tradition von Ch. Glock, der sich in der empirischen Arbeit verschiedentlich bewährt hat (vgl. Glock 1954; 1962). In diesem Sinne sei hier der Vorschlag unterbreitet, zumindest drei verschiedene Religiositätsdimensionen zu unterscheiden. Eine Dimension sei die *Zugehörigkeitsdimension* genannt. Durch sie wird erfasst, wer sich überhaupt zu einer religiösen Gemeinschaft zählt, sich mit einer Religion oder Konfession identifiziert, in eine religiöse Gemeinschaft eintritt oder aus ihr austritt und sich mit ihr verbunden fühlt.

Die zweite Dimension ließe sich als *Dimension der religiösen Praxis* bezeichnen. Riten und kultische Vollzüge bilden häufig das Rückgrat einer Religion. Man wird daher gut beraten sein, bei der Messung von Religiosität diesen Aspekt nicht unberücksichtigt zu lassen. In Deutschland liegt es nahe, diese Dimension durch die Frage nach der Kirchgangshäufigkeit, der Gebetshäufigkeit, der Beteiligung am kirchlichen Leben, der Inanspruchnahme von lebenszyklischen Ritualen wie Taufe, Trauung, Beerdigung und ähnliche Merkmale zu erfassen.

Von der Zugehörigkeits- und der Praxisdimension zu unterscheiden ist die *Dimension der religiösen Erfahrung und des Glaubens.* Zur Abbildung dieser Dimension wird häufig nach dem Glauben an Gott, nach der Akzeptanz religiöser Vorstellungen wie Himmel und Hölle, Auferstehung und Wiedergeburt, aber auch nach religiösen Erfahrungen, etwa Konversionserlebnissen, gefragt. Häufig bedient man sich auch der Frage danach, inwieweit man sich selbst als religiös versteht, um diese Dimension zu erfassen.

Bei der Benutzung der Unterscheidung zwischen diesen drei Dimensionen muss stets beachtet werden, dass sie sich nicht nur auf das Christentum beziehen, sondern ebenso auf die außerchristlichen und außerkirchlichen Formen der Religiosität, auf die vor allem von Vertretern der Individualisierungsthese abgehoben wird. Bezüglich der Zugehörigkeitsdimension müsste also gefragt werden, inwieweit sich die Menschen nicht nur mit dem Christentum, sondern auch mit außerchristlichen Religionen identifizieren. Ebenso müssten auch außerkirchliche religiöse Praktiken und Vorstellungen untersucht werden. Dabei ist der Bereich der außerkirchlichen Religiosität so breit, dass es kaum möglich ist, diesen Bereich umfassend abzubilden. Außerdem lässt sich das Feld außerkirchlicher Religiosität nur schwer von den mehr traditionalen Formen der Religiosität abgrenzen und weist darüber hinaus fließende Grenzen zu Phänomenen wie der Verehrung von Individualität oder Nation, Fußballbegeisterung oder Starkult auf, von denen nicht klar ist, ob sie sich noch als religiös bezeichnen lassen oder nicht. Für Deutschland liegen aus den letzten Jahren stammende Befragungen vor, in die ein relativ breites Spektrum von Formen außerkirchlicher Religiosität aufgenommen wurde. Als Indikatoren zur Erfassung außerkirchlicher Religiositätsformen kommt der Glaube an Astrologie, Wunderheiler, Pendeln, Spiritualismus, Magie und Okkultismus ebenso in Frage wie der Glaube an die Wirksamkeit von Zen-Meditation, Edelsteinmedizin, Bachblütentherapie, Theosophie, Mystik oder die Botschaft des New Age und anderes.

Für die Erfassung der Formen und Inhalte der individuellen Religiosität ist es darüber hinaus erforderlich, danach zu fragen, welchen *Stellenwert* religiöse *Fragen im Leben* des Einzelnen überhaupt einnehmen. Nicht nur die Frage, welche religiösen Überzeugungen das Individuum akzeptiert, welche religiösen Handlungen es vollzieht und welchen religiösen Gemeinschaften es angehört, muss die religionssoziologische Analyse interessieren, sondern auch die Frage, wie zentral die religiösen Überzeugungen, Handlungen und Zugehörigkeiten im psychischen Haushalt des Einzelnen sind, welche Rolle sie für den Einzelnen spielen und welchen Einfluss sie auf sein Verhalten ausüben.[1]

Als Datengrundlage der Analyse dienen zum einen Repräsentativerhebungen wie die Allgemeine Bevölkerungsumfrage der Sozialwissenschaften (Allbus) von 1991 bis 2008, die von der VolkswagenStiftung geförderten Studie „Kirche und Religion im erweiterten

---

[1] Die Berücksichtigung der Relevanz des Religiösen im kognitiv-emotionalen System der menschlichen Persönlichkeit fordert S. Huber in seinen Veröffentlichungen immer wieder ein (vgl. Huber 2004).

Europa" (C&R), die 2006 am Lehrstuhl für vergleichende Kultursoziologie an der Europa-Universität Viadrina in Frankfurt (Oder) durchgeführt wurde, der European Social Survey (ESS) 2002/2003, das International Social Survey Programme (ISSP) von 1991, 1998 und 2008, der European Values Survey (EVS) von 1981 bis 2008 sowie der Mannheimer Eurobarometer Trend File von 1970 bis 1999. Zum anderen wird auf kirchliche Statistiken, die in regelmäßigen Abständen von den Kirchen und Religionsgemeinschaften herausgegeben werden, und dabei insbesondere auf die jährlich erstellten Statistiken des Kirchenamts der Evangelischen Kirche (EKD) und der Katholischen Bischofskonferenz zurückgegriffen.

3 Empirische Beobachtungen zur religiösen Entwicklung in Ostdeutschland

Zur Einordnung der religiösen Situation Ostdeutschlands sei zunächst ein Vergleich mit einigen ausgewählten Ländern Ost- und Westeuropas angestellt. Der Vergleich nimmt die soeben vorgestellte Unterscheidung der Dimensionen des Religiösen auf und führt für jeden der unterschiedenen Bereiche zentrale Indikatoren auf: für die Zugehörigkeitsdimension die Konfessionszugehörigkeit, für die Praxisdimension die durchschnittliche Kirchgangshäufigkeit pro Woche, für die Überzeugungs- und Erfahrungsdimension den Glauben an Gott sowie innerhalb dieser Dimension für die Formen außerkirchlicher Religiosität den Glauben an die Wirksamkeit von Astrologie und Spiritualismus. Außerdem ist mit einem weiteren Indikator die Bedeutsamkeit erfasst, die Religion für den Einzelnen hat.

Tabelle 1   Religiosität in ausgewählten Ländern Europas. Angaben in %

Länder	Konfessions-zugehörigkeit	Kirchgangs-häufigkeit	Glaube an Gott	Astrologie*	Spiritua-lismus*	Religion bedeutsam
Irland	88,6	44,3	91,8	17,8	19,6	67,3
Portugal	87,0	32,3	90,6	26,5	24,3	67,5
Spanien	75,9	18,5	78,0			38,9
Frankreich	50,5	6,9	54,4			37,8
Finnland*	89,0	2,9	74,4	15,8	9,3	
Dänemark	88,0	2,6	63,6			30,1
Niederlande	52,6	16,9	61,4			44,8
Westdeutschland	83,4	9,1	72,6	18,2	12,2	38,8
Ostdeutschland	22,7	3,5	20,7	16,3	8,1	14,3
Estland	33,9	4,4	51,1	30,9	17,3	24,4
Polen	95,5	51,7	96,1	19,6	8,2	75,1
Kroatien*	95,7	20,8	84,2	25,6	13,0	
Tschechien	30,6	8,9	37,1			19,6
Ungarn	53,5	8,4	70,3	32,2	12,4	40,4
Rumänien	98,0	30,4	97,7			87,8
Russland	64,0	5,8	78,8	31,1	15,9	51,6

Quelle: EVS 2008; * = VW-Projekt „Church and Religion in an Enlarged Europe" 2006.

Tabelle 1 lässt auf einen Blick erkennen, dass Ostdeutschland unter allen ausgewählten Ländern mit Abstand am stärksten säkularisiert ist. In keinem anderen Land sind der Bestand an Kirchenmitgliedern und der Anteil an Gottesgläubigen so gering. Auch die Bedeutung, die die Religion für das alltägliche Leben besitzt, erreicht in Ostdeutschland Werte, die nirgendwo anders unterboten werden. Doch betrachten wir die einzelnen religiösen Dimensionen gesondert, um ein detailliertes Bild zu gewinnen.

3.1 Zugehörigkeitsdimension

Heute gehören der evangelischen und katholischen Kirche in Ostdeutschland weniger als 25 % der Bevölkerung an. Im Westen Deutschlands machen die Kirchenmitglieder noch drei Viertel der Bevölkerung aus. Wenn man bedenkt, dass 1949, zum Zeitpunkt der Gründung der DDR, im Osten Deutschlands noch etwa 90 % der Menschen konfessionell gebunden waren, dann wird klar, wie einschneidend die Konsequenzen waren, die die vierzig Jahre währende kirchenfeindliche Politik des SED-Regimes nach sich zog. Angesichts dieser Ausgangssituation für die Zeit nach dem Zusammenbruch des kirchenfeindlichen Regimes eine Rückkehr zu den Kirchen zu erwarten, lag dementsprechend nahe. Zur Überraschung vieler blieb dieser Aufschwung jedoch weitgehend aus. Wie Grafik 1 zeigt, nahm der Anteil der am Ende der DDR ohnehin schon die Mehrheit ausmachenden Konfessionslosen im Osten Deutschlands nach 1989 vielmehr nochmals zu.[2]

Grafik 1   Konfessionslosigkeit in Ost- und Westdeutschland 1991 bis 2008

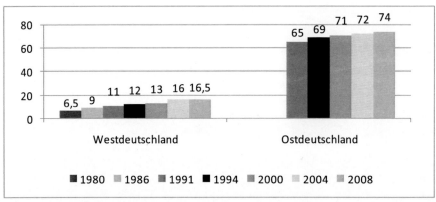

Quelle: Allbus 1991 bis 2008.

Tabelle 2 macht darüber hinaus deutlich, dass sich der Rückgang der Kirchenmitglieder auch in den nächsten Jahren weiter fortsetzen wird. Der Anteil der Kirchenmitglieder in den jüngeren Alterskohorten liegt deutlich unter dem Durchschnitt. Das bedeutet, dass der

---

2   Siehe hierzu auch den Beitrag zu Konfessionslosigkeit von Pickel in diesem Band.

kirchliche Mitgliederbestand durch den Tod von Mitgliedern stärker geschwächt wird, als er durch die Taufe kommender Generationen „nachwächst".

Tabelle 2   Konfessionszugehörigkeit nach Alter in Ost- und Westdeutschland (2008) in %

	Westdeutschland					Ostdeutschland				
	Gesamt	18–29	30–44	45–59	Älter 60	Gesamt	18–29	30–44	45–59	Älter 60
Katholisch	41,1	41,9	37,9	39,7	44,5	3,7	2,0	2,7	3,9	4,8
Evangelisch	34,3	28,7	29,1	35,3	40,2	19,5	12,9	12,3	16,8	28,0
Konfessionslos	16,3	20,2	19,4	17,3	11,2	74,3	83,9	80,5	77,3	65,2

Quelle: Allbus 2008.

Ist damit gesagt, dass es nach 1989 überhaupt keinen Revitalisierungseffekt gab, wie ihn das ökonomische Marktmodell unterstellt? Eine solche Behauptung ginge zu weit. Ein Blick auf die Entwicklung der Kircheneintritte in die evangelische Kirche in Tabelle 3 offenbart einen interessanten Trend. Während sich die Kircheneintritte bis zum politischen Umbruch über Jahrzehnte auf einem Niveau von 5.000 bis 7.000 Neumitgliedern pro Jahr bewegten, schnellen die Eintrittszahlen nach 1989 auf das Dreifache nach oben und erreichen im Jahr 1991 einen Wert von nahezu 24.000.

Tabelle 3   Aus- und Eintritte in die evangelische Kirche in Ostdeutschland 1950–2007

Jahr			Verhältnis Aus-/Eintritte
1950	Austritte	77.966	4,9 : 1
	Eintritte	15.936	
1970	Austritte	49.595	10,4 : 1
	Eintritte	4.752	
1989	Austritte	11.172	1,6 : 1
	Eintritte	6.848	
1991	Austritte	82.761	3,5 : 1
	Eintritte	23.980	
1992	Austritte	106.850	7,0 : 1
	Eintritte	15.237	
1993	Austritte	85.176	7,3 : 1
	Eintritte	11.680	
1994	Austritte	58.148	5,9 : 1
	Eintritte	9.866	
2000	Austritte	28.833	3,0 : 1
	Eintritte	9.711	
2007	Austritte	18.777	2,1 : 1
	Eintritte	9.106	

Quellen: Kirchenstatistiken der Kirchenämter und Konsistorien der evangelischen Landes- und Provinzialkirchen Ostdeutschlands.

Die Eintrittszahlen werden allerdings weit übertroffen durch die Austritte, die innerhalb von zwei Jahren, von 1989 bis 1991, auf das Siebenfache ansteigen und damit 1991 drei bis viermal höher liegen als erstere. Dominant war also nach der Entspannung des Verhältnisses zwischen Staat und Kirche die Abkehr von der Kirche, obschon auch in gewisser Weise der vom ökonomischen Marktmodell erwartete Rückkehreffekt eingetreten ist. Inzwischen ist sowohl die Zahl der Eintritte als auch die der Austritte deutlich zurückgegangen, wenn auch die Austritte noch immer deutlich über den Eintritten liegen.

Die Eintrittszahlen sind nicht der einzige Indikator, der auf eine Rückkehrbewegung zu den Kirchen hindeutet. In der Zeit unmittelbar nach dem Umbruch waren auch das Vertrauen in die Kirche sowie die Bereitschaft, der Kirche eine besondere soziale Kompetenz zuzuschreiben, außergewöhnlich hoch. 1991 erreichten die Vertrauenswerte in Ostdeutschland fast das Niveau von Westdeutschland (vgl. Tab. 4) – und das, obwohl im Osten Deutschlands die Mehrheit der Bevölkerung nicht der Kirche angehört. Insbesondere in sozialer Hinsicht wurde der Kirche in dieser Zeit eine hohe Kompetenz zugemessen. Dies wird deutlich, wenn man die Kompetenzzuschreibung in sozialen Fragen im Osten Deutschlands mit den Werten für die alten Bundesländer vergleicht (vgl. Tab. 5). Offenbar richteten sich nach dem Zusammenbruch aller staatlichen Institutionen und in einer Zeit des grundlegenden politischen, ökonomischen, rechtlichen und kulturellen Umbruchs an die Kirche besonders hohe Erwartungen, in dieser Phase der sozialen Unsicherheit gestaltend auf die Gesellschaft einzuwirken und an der Bewältigung der entstandenen Krise mitzuwirken. Langfristig hat die Kirche von dieser Funktionszuschreibung, wie sie typisch war für die Phase des Umbruchs, allerdings nicht profitiert. Das zeigt der Rückgang des Vertrauens in die Kirche schon bald nach 1991.

Tabelle 4   Vertrauen in die Kirche in Ost- und Westdeutschland 1991 bis 1995

	1991	1992	1993	1995
Ostdeutschland	0,51	−0,21	−0,39	−0,65
Westdeutschland	0,70	0,49	0,61	0,61

Quelle: IPOS; Angaben als Skalenmittelwerte (− 5 = gar kein Vertrauen, + 5 sehr hohes Vertrauen

Tabelle 5   Kirchliche Kompetenz in den Augen der Bevölkerung 1990 bis 2008 in %

Kirche kann Antwort geben zu	Westdeutschland		Ostdeutschland	
	1990	2008	1990	2008
moralischen Problemen	33,9	46,8	48,4	29,7
familiären Lebensproblemen	29,5	39,5	35,1	21,2
Sinnfragen	57,2	46,4	52,7	37,3
sozialen Problemen	27,2	27,9	49,0	23,0

Quelle: European Values Survey 1990, 2008.

Warum treten die Menschen aus der Kirche aus? Die Gründe für diesen Schritt liegen im Osten Deutschlands vor allem in der zunehmenden Entfremdung von der Kirche und dem Glauben insgesamt. Die Kirche sei ihnen fremd geworden bzw. gleichgültig, sagt eine Mehrheit der Ausgetretenen. Noch häufiger wird betont, dass man mit dem Glauben nichts mehr anfangen kann. Diese Austrittsmotive sind im Westen Deutschlands weitaus weniger oft zu finden, was einmal mehr verdeutlicht, unter welchem kulturellen Druck die Kirchen in Ostdeutschland stehen. Wenn sie die kirchliche Bindung ihrer Mittglieder stärken wollen, müssen sie dies gegen eine konfessionslose Mehrheitskultur tun. Glaubenslosigkeit, Desinteresse an religiösen Fragen und religiöse Unwissenheit gehören zu selbstverständlichen Merkmalen dieser Mehrheitskultur. Angesichts dieser mehrheitlich geteilten Indifferenz und Ignoranz in religiösen Fragen verwundert es nicht, wenn die Entfremdung vom Glauben ein wichtigerer Austrittsgrund ist als in einer kulturellen Landschaft, in der Glaube an Gott und Kirchenmitgliedschaft noch weithin akzeptiert sind. In einem solchen Umfeld ist es ein wichtiger Kirchenaustrittsgrund, dass man auch ohne Kirche christlich sein kann. Dieses Motiv spielt in der Mehrheitskultur der Konfessionslosigkeit kaum eine Rolle. Vielmehr ist man im Osten mehr als im Westen der Meinung, dass man Religion schlechterdings nicht brauche – und tritt auch deshalb aus der Kirche aus. Kaum eine Rolle spielt indes – weder im Osten noch im Westen –, dass man sich über den Pfarrer geärgert habe.

Die Entfremdung von der Kirche erfolgt also vorrangig nicht, wie das ökonomische Marktmodell annimmt, weil man mit den Leistungen der Kirche und ihrer Vertreter unzufrieden ist, sondern weil einem Glauben und Kirche schlichtweg nicht mehr so wichtig sind. Deshalb stellt es auch keinen Austrittsgrund dar, nach einer anderen religiösen Überzeugung zu suchen. Insbesondere im Osten Deutschlands sind die Konfessionslosen deutlich weniger religiös eingestellt als die Konfessionsangehörigen. Da ihnen der Glaube wenig bedeutet und die Kirche nicht viel geben kann, stellt die Kirchensteuer für sie eine Belastung dar, die sie ab einem bestimmten Punkt in ihrem Leben nicht länger tragen wollen. Auch wenn das Kirchensteuerersparnismotiv mit am häufigsten genannt wird, ist es doch offenbar erst der letzte Anstoß, um den Austritt aus der Kirche zu vollziehen, von der man längst entfremdet ist.

Tabelle 6   Gründe des Austritts aus der evangelischen Kirche in West- und Ostdeutschland

Ich bin aus der Kirche ausgetreten weil…	West MW	Ost MW
mir die Kirche gleichgültig ist	4,78	4,93
ich mich über Pastor/innen und/oder andere kirchliche Mitarbeiter/innen geärgert habe	2,96	2,35
ich dadurch Kirchensteuern spare	5,51	5,25
ich eine andere religiöse Überzeugung gefunden habe	1,67	1,51
ich auch ohne die Kirche christlich sein kann	5,58	3,88
ich in meinem Leben keine Religion brauche	4,42	5,44
ich mit dem Glauben nichts mehr anfangen kann	3,99	5,05
mir die Kirche fremd geworden ist	4,25	4,90

Quelle: Kirchenmitgliedschaftsuntersuchung 2002. Mittelwerte von 1–7 (1 = trifft überhaupt nicht zu, 7 = trifft genau zu).

3.2 Ritual- und Praxisdimension

Eine Analyse der Gottesdienstbesucherzahlen hält eine Überraschung bereit, denn anders als es das Marktmodell behauptet und als es die soziologische Intuition nahelegt, ist es im Osten Deutschlands trotz der dramatischen Minorisierung der kirchlichen Mitgliederbestände nicht zu einer Intensivierung des kirchlichen Engagements gekommen. Dabei spräche viel dafür anzunehmen, dass in dem Maße, wie sich die Zahl der Kirchenmitglieder verringert, die Bindung derjenigen erhöht, die in der Kirche bleiben. Die Mehrheit der Konfessionslosen müsste doch die Minderheit der Kirchenmitglieder geradezu herausfordern, ihre Kirchenmitgliedschaft bewusst zu leben und sich am kirchlichen Leben aktiver zu beteiligen als unter den Bedingungen einer Mehrheitskirche, in der der Kirchgang vielfach lediglich eine Frage der Gewohnheit und des guten Tones, nicht aber Ausdruck eines inneren Bedürfnisses und einer starken Kirchenbindung ist. Dieser Diasporaeffekt trat indes, wenn man auf die Kirchgangszahlen in der evangelischen Kirche im Osten Deutschlands unmittelbar nach dem Systemzusammenbruch blickt, nicht ein (vgl. Tab. 7). Im Gegenteil: Der Rand der sich nicht am Gottesdienst beteiligenden Kirchenmitglieder scheint in Ostdeutschland 1991, unmittelbar nach dem Ende der DDR, sogar etwas breiter gewesen zu sein als in Westdeutschland. Die gleiche Beobachtung kann 1991 auch für die Katholiken gemacht werden. Allerdings fiel hier in Ostdeutschland auch der Anteil der häufigen Gottesdienstbesucher höher aus als im Westen. Wahrscheinlich war es der doppelte Diasporadruck auf die Katholiken – einmal seitens der mehrheitlich Konfessionslosen, zum anderen seitens der größeren evangelischen Kirche –, der jene Intensivierung des kirchlichen Engagements ausgelöst hat.

Tabelle 7   Kirchgangshäufigkeit in West- und Ostdeutschland 1991. Angaben in %

	Römisch-katholisch	Evangelisch	Konfessionslos	Gesamt	Römisch-katholisch	Evangelisch	Konfessionslos	Gesamt
einmal pro Woche	27,0	4,1		14,6	28,7	4,1		3,5
Ein- bis dreimal pro Monat	12,6	9,3	0,6	9,8	19,5	6,5	0,1	3,3
Mehrmals im Jahr	20,7	28,6	1,9	21,8	10,3	32,3	1,7	11,3
Seltener	26,7	40,8	25,8	32,4	24,1	36,1	16,1	21,9
Nie	13,0	17,3	71,7	21,3	17,2	21,0	82,1	60,0
Gesamt	42,0	44,1	10,6	100	5,7	27.1	64,5	100

Quelle: Allbus 1991, Variable 315 und 316; alte Bundesländer (n = 1507); neue Bundesländer (n = 1531).

Inzwischen hat sich dieser Effekt jedoch wieder abgeschwächt. Die Gottesdienstbesucherzahlen in der Katholischen Kirche im Osten Deutschlands haben sich denen der Katholiken im Westen angeglichen und liegen heute kaum noch höher als dort (Katholische Bischofskonferenz 2009). In der evangelischen Kirche lässt sich zwar die entgegengesetzte Tendenz feststellen – hier ist die Kirchgangsrate im Osten inzwischen etwas höher als im Westen –, die Differenzen sind allerdings so gering, dass man nicht mit guten Gründen von einem Gegentrend sprechen kann. Während sich der Anteil der regelmäßigen Kirchgänger nach den Zählungen der Kirchen, die von den Befragungsergebnisse deutlich abweichen, bei den Evangelischen im Osten Deutschlands auf 4,6 % beläuft, macht er in der evangelischen Kirche im Westen Deutschlands nur noch 3,7 % aus (Evangelische Kirche in Deutschland 2009: 12). Dies stellt eine leichte Erhöhung gegenüber den Zahlen Anfang der neunziger Jahre dar, als die Kirchgangsrate bei den Evangelischen im Osten Deutschlands noch 4,3 % und 4,1 % im Westen ausmachte (Evangelische Kirche in Deutschland 2006: 14). Es dürfte aber wohl zu weit gehen, diese leichte Erhöhung als eine Folge des erwarteten Wettbewerbseffektes zu interpretieren.

In ländlichen Gegenden ist der Gottesdienstbesuch bei Evangelischen und Katholiken in der Regel höher als in Städten. Zudem sind es vor allem die Älteren, die in den Kirchen anzutreffen sind. Die geringe Kirchgangsrate wird sich daher aller Wahrscheinlichkeit nach auch in Zukunft noch verringern.

Allerdings gibt es in der Beteiligung an den Gottesdiensten im Osten Deutschlands auch gegenläufige Entwicklungen. Gottesdienste zu besonderen Anlässen, etwa Familiengottesdienste, sind heute stärker besucht als noch vor wenigen Jahren. Insbesondere trifft diese Entwicklung auf den Weihnachtsgottesdienst zu. Zu Weihnachten besuchen nach kirchlichen Angaben in Ostdeutschland 63 % der evangelischen Kirchenmitglieder die Gottesdienste der evangelischen Kirche. Im Westen liegt die Rate, obschon ebenfalls außergewöhnlich hoch, bei 37 % (Evangelische Kirche in Deutschland 2010: 13). Dabei ist die hohe Gottesdienstbeteiligung zu Weihnachten und Heilig Abend unter anderem darauf zurückzuführen, dass sich zu diesem Anlass auch viele derjenigen, die nicht der Kirche angehören, mit ihren Familienmitgliedern zur Feier in die Kirche begeben.

Was die Bereitschaft der Kirchenmitglieder angeht, ihre Kinder taufen zu lassen, so lässt sich feststellen, dass die Taufrate im Osten fast das gleiche Niveau erreicht wie im Westen. Außer bei den Kindern aus gemischt konfessionellen Ehen und bei allein erziehenden Müttern liegt sie bei etwa 75 % (Ahrens/Wegner 2006: 5 f.; Evangelische Kirche in Deutschland 2010: 7). Auch die Bestattungsziffern sind nach wie vor vergleichsweise hoch, wenn auch leicht fallend und etwas niedriger als im Westen (Allbus 1982, 2002). Trotz rückläufiger Entwicklungen sind Taufe und Bestattung also unter den Kirchenmitgliedern mithin stark nachgefragt; vor allem für kirchendistanzierte Kirchenmitglieder stellen sie ein starkes Motiv dar, die Kirchenmitgliedschaft aufrechtzuerhalten. Die Anzahl kirchlicher Trauungen ist dagegen in Ost wie West stark abgesunken. So lassen sich heute nur noch etwa 30 % der Kirchenmitglieder kirchlich trauen (Evangelische Kirche in Deutschland 2010: 9).

3.3 Erfahrungs- und Glaubensdimension

Die Dimension des individuellen Glaubens und der subjektiven Erfahrung wird von den Individualisierungstheoretikern als der Ort angesehen, an dem der vermutete religiöse Aufschwung stattfindet. Wenn auch die Bindung an die Kirche zurückgehe, in seinen subjektiven Überzeugungen und Vorstellungen bleibe das Individuum religiös.

Die Entwicklung des Glaubens an Gott bestätigt diese Vermutung für Ostdeutschland zunächst einmal nicht. Von 1991 bis 2008 hat der Anteil derjenigen, die angeben, schon immer an Gott zu glauben, ständig abgenommen und der Anteil derer, die angeben, sie hätten zwar früher nicht an Gott geglaubt, würden das aber heute tun, kaum zugenommen (vgl. Tab. 8). Zu allen drei Befragungszeitpunkten lag der Anteil derer, die vom Glauben Abstand genommen haben, deutlich über dem Anteil derjenigen, die früher nicht glaubten, aber inzwischen zum Glauben gekommen sind. Darüber hinaus hat sich der Anteil derer, die noch nie an Gott glaubten und dies auch heute nicht tun, im Laufe der letzten Jahre erhöht.

Tabelle 8   Zu- und Abnahme des Glaubens an Gott in West- und Ostdeutschland 1991 bis 2008. Angaben in %

Glaube an Gott	Westdeutschland			Ostdeutschland		
	1991	1998	2008	1991	1998	2008
Nie geglaubt	10	13	10,9	51	58	65,3
Jetzt nein, vorher ja	23	25	15,9	25	17	13,9
Jetzt ja, vorher nein	9	11	9,6	5	7	6,3
Immer geglaubt	58	52	63,6	20	18	14,5

Quelle: ISSP 1991, 1998, 2008.

Eine Differenzierung der religiösen Selbsteinschätzung nach Altersgruppen erbringt zunächst einmal ebenfalls keinen anderen Befund. Die Älteren betrachten sich selbst als deutlich religiöser als die Jüngeren (vgl. Tab. 9). Wenn man von diesen Altersunterschieden einen Trend ablesen will, dann muss man sagen, dass die subjektive Religiosität wohl auch in Zukunft eher sinken als steigen wird.

Tabelle 9   Religiosität nach Alter

	Westdeutschland					Ostdeutschland				
	Gesamt	18–29	30–44	45–59	Älter 60	Gesamt	18–29	30–44	45–59	Älter 60
Sehr religiös	12,7	8,3	15,1	9,6	15,4	3,1	0,0	2,9	3,4	4,3
Eher religiös	37,4	25,0	30,9	41,2	45,0	12,9	8,0	6,7	12,3	18,7
Weder noch	15,6	18,5	17,2	15,7	13,0	6,4	8,0	4,8	6,2	7,0
Eher nicht religiös	12,9	16,7	11,9	13,1	11,7	6,4	1,3	6,7	6,8	8,0
Gar nicht religiös	21,5	21,5	24,9	20,5	14,9	71,1	82,7	78,8	71,2	62,1

Quelle: Allbus 2008.

Anders sieht es allerdings aus, wenn Formen der außerkirchlichen Religiosität in Betracht gezogen werden. Sowohl an die Wiedergeburt als auch ans Nirwana glauben unter den Jugendlichen und jungen Erwachsenen deutlich mehr als im Bevölkerungsdurchschnitt (vgl. Tab. 10 und 11). Auch spirituelle Orientierungen scheinen unter den Jüngeren stärker ausgeprägt zu sein als in anderen Altersgruppen. Stellt man die Frage, ob man sich als religiös oder spirituell oder sowohl als religiös und spirituell bzw. als weder religiös noch spirituell einschätzt, fällt der Anteil derer, die sich nur als spirituell, aber nicht als religiös definieren – und damit der Prozentsatz derer, die in das Spektrum der neuen Religiosität einzuordnen sind –, in der jüngeren Befragtengruppe am höchsten aus (vgl. Tab. 12). Diese Daten deuten darauf hin, dass wir es in der Altersgruppe der unter 30-Jährigen tatsächlich mit einer stärkeren Zuwendung zu außerkirchlichen Formen der Religiosität zu tun haben. Wenn wir diese Altersunterschiede wiederum als einen Trend interpretieren, dann dürfte es nicht falsch sein zu behaupten, dass die Akzeptanz von *New Age*-förmiger Religiosität im Steigen begriffen ist.

Tabelle 10   Glaube an die Wiedergeburt nach Alter (2008). Angaben in %

Glaube an Wiedergeburt	Westdeutschland					Ostdeutschland				
	Gesamt	18–29	30–44	45–59	Älter 60	Gesamt	18–29	30–44	45–59	Älter 60
Glaube ganz sicher	8,9	6,5	14,5	9,9	4,7	2,5	5,4	3,0	2,3	1,1
Wahrscheinlich	18,4	22,9	16,4	23,8	13,0	7,7	16,2	6,1	4,6	7,3
Wahrscheinlich nicht	33,7	36,6	37,9	33,3	29,1	19,7	27,0	21,2	20,6	15,1
Sicher nicht	39,0	34,0	31,3	33,0	53,2	70,2	51,4	69,7	72,5	76,5

Quelle: Allbus 2008.

Tabelle 11   Glaube ans Nirwana nach Alter (2008). Angaben in %

Glaube ans Nirwana	Westdeutschland					Ostdeutschland				
	Gesamt	18–29	30–44	45–59	Älter 60	Gesamt	18–29	30–44	45–59	Älter 60
Glaube ganz sicher	2,9	5,3	3,3	3,4	1,1	0,7	0,0	2,2	0,8	0,0
Wahrscheinlich	8,3	12,1	10,3	7,7	5,4	3,5	9,2	5,6	2,5	0,7
Wahrscheinlich nicht	33,3	37,1	39,4	35,2	25,3	17,6	27,7	19,1	19,2	11,1
Sicher nicht	55,4	45,5	46,9	53,6	68,2	78,2	63,1	73,0	77,5	88,2

Quelle: Allbus 2008.

Tabelle 12 Religiosität und Spiritualität (2008). Angaben in %

	Westdeutschland					Ostdeutschland				
	Gesamt	18–29	30–44	45–59	Älter 60	Gesamt	18–29	30–44	45–59	Älter 60
Religiös und spirituell	12,6	6,8	12,9	14,5	13,7	4,1	4,2	4,2	3,6	4,5
Religiös, aber nicht spirituell	40,8	39,2	39,4	37,9	45,2	10,6	5,6	4,2	12,9	14,1
Spirituell aber nicht religiös	12,7	12,2	16,9	12,9	9,6	9,1	19,4	10,5	5,0	7,3
Weder religiös noch spirituell	33,8	41,9	30,9	34,8	31,5	76,2	70,8	81,1	78,4	74,0

Quelle: Allbus 2008.

Allerdings sollte diese Tendenz auch nicht überbetont werden, denn wie Tabelle 13 zeigt, bleibt die Zahl der Anhänger von Formen außerkirchlicher Religiosität insgesamt gering. In der Regel sind es im Osten Deutschlands weniger als 6%, die hier von entsprechenden Erfahrungen berichten. Und dort, wo solche Erfahrungen häufiger gemacht werden, geht diese Erfahrungszunahme nicht einher mit einer positiveren Einschätzung des Wertes dieser Phänomene.

Tabelle 13 Erfahrungen mit und Wertschätzung von außerkirchlicher Religiosität in Ostdeutschland (2002). Angaben in %

	Unbekannt	Erfahrung gemacht	Halte von		
			Viel	Etwas	Gar nichts
New Age	74,8	1,4	1,2	7,4	13,1
Anthroposophie, Theosophie	81,7	2,3	1,2	6,8	8,9
Zen-Meditation, Weisheiten	55,2	2,4	6,0	21,9	13,4
Reinkarnation	48,0	0,3	1,8	11,6	36,2
Edelsteinmedizin, Bachblüten	47,1	5,5	3,3	19,3	29,6
Mystik	31,4	2,3	2,4	21,3	43,1
Magie, Spiritismus, Okkultismus	19,9	3,4	1,0	14,8	63,2
Wunderheiler, Geistheiler	17,4	5,1	4,1	19,9	63,5
Pendeln, Wünschelruten	14,4	12,5	5,8	28,9	50,1
Tarot-Karten, Wahrsagen	16,7	7,9	2,3	14,4	66,1
Astrologie, Horoskope	10,2	19,9	7,1	40,0	42,2

Quelle: Allbus 2002.

Insgesamt lässt sich sagen, dass die unterschiedlichen Formen außerkirchlicher Religiosität entweder weitgehend unbekannt sind oder nicht hoch geschätzt werden. Hinzu kommt, dass Formen außerkirchlicher Religiosität zu Formen kirchlicher Religiosität wie Kirchenzugehörigkeit, Kirchgang oder Glaube an Gott nicht in einem Alternativverhältnis stehen (vgl. Tab. 14). Dies aber müsste der Fall sein, wenn, wie die Individualisierungstheorie annimmt, außerkirchlich-individuelle Religiosität in der Lage sein soll, die Verluste der institutionalisierten Religiositätsformen zu kompensieren. Religiosität und Kirchlichkeit sind natürlich nicht identisch, aber sie fallen auch nicht in dem Maße auseinander, wie das von den Vertretern der Individualisierungstheorie immer wieder behauptet wird.

Tabelle 14 und 15 Korrelationen zwischen Konfessionszugehörigkeit, Kirchgang, Glaube an Gott und außerkirchlicher Religiosität Ost- und Westdeutschland (2006)

Ostdeutschland	Kirchgang	Glaube an Gott	Spiritualismus
Konfessionszugehörigkeit	.27	.58	n. s.
Kirchgang		.23	n. s.
Glaube an Gott			.26
Westdeutschland	Kirchgang	Glaube an Gott	Spiritualismus
Konfessionszugehörigkeit	.12	.34	n. s.
Kirchgang		.22	n. s.
Glaube an Gott			.09

Quelle: VW-Projekt „Church and Religion in an Enlarged Europe", 2006.

In Ostdeutschland lässt sich sogar ein Zusammenrücken der unterschiedlichen Religiositätsformen beobachten. Wie die im Vergleich zu Westdeutschland höheren Korrelationsziffern in Ostdeutschland zeigen, besteht eine höhere statistisch signifikante Korrelation zwischen ihnen (vgl. Tab. 14 mit Tab. 15). Dies könnte ein Hinweis auf den sozialen Druck sein, der von der konfessionslosen Mehrheit auf die Minderheit der konfessionell Gebundenen und religiös Interessierten ausgeht. In diese Richtung weisen auch andere Untersuchungsergebnisse. Fragt man nach der Akzeptanz von Glaubensvorstellungen unterschiedlichster Art und differenziert die Antworten nach Kirchenzugehörigkeit und Kirchennähe, dann stellt sich der überraschende Befund ein, dass im Osten Deutschlands anders als im Westen die Ablehnung solcher Aussagen bei kirchlich distanzierten Kirchenmitgliedern zum Teil größer ist als bei den aus der Kirche Ausgetretenen (vgl. Tab. 16).[3] Offenbar grenzt sich die Gruppe der Kirchenmitglieder nicht scharf von den Konfessionslosen ab. Vielmehr wirken Haltungen, wie sie typischerweise den Konfessionslosen unterstellt werden, in den Raum der Kirche hinein und üben auf die Bindung der Kirchenangehörigen an die Kirche einen erodierenden Effekt aus.

---

3 Ebenso ist auch die Kritik an der Kirche unter den nicht mit der Kirche verbundenen Kirchenmitgliedern schärfer als unter den Ausgetretenen (vgl. Pollack 2000: 217).

Tabelle 16 Einstellungen zum Glauben nach Verbundenheit mit der Kirche, Evangelische und Konfessionslose in Deutschland West und Ost (in %)

		Evangelische					konfessionslose	
		sehr verbunden	Ziemlich	etwas	kaum	überhaupt nicht verbunden	ausgetreten	schon immer
Das Christentum ist für mich die einzig akzeptable Religion.	West	81	73	56	25	21	15	7
	Ost	85	67	43	22	5	10	7
Ich glaube, dass die Aussagen der Bibel und des Glaubensbekenntnisses wahr und gültig sind.	West	87	81	56	25	15	15	9
	Ost	94	75	40	21	5	9	7
Ich beschäftige mich nicht mit Glaubensfragen. Sie spielen in meinem Leben keine Rolle.	West	11	20	31	39	5	56	68
	Ost	9	10	27	46	65	56	65
Für mich ist in unserem wissenschaftlich-technischen Zeitalter Religion überholt.	West	8	15	22	36	46	47	67
	Ost	8	7	22	33	67	57	68
Ich meine, feste Glaubensüberzeugungen machen intolerant.	West	18	29	37	44	43	57	64
	Ost	17	19	31	40	57	37	46

Quelle: KMU II.

Träger der alternativen Religiosität sind nicht nur die Jüngeren, sondern auch höher Gebildete, Stadtbewohner und Frauen. Diese sozialen Gruppen machen bei den Anhängern der „neuen" Religiosität einen überdurchschnittlich hohen Anteil aus. New Age, Esoterik, Zen-Meditation, Energietraining und Bachblütentherapie sind, das wird anhand des sozialstrukturellen Profils der Trägergruppen deutlich, mit einem modernen städtischen Lebensstil also offenbar eher vereinbar als die kirchlich gebundene Religiosität. Dabei ist es interessant, dass die Zustimmung zu diesen alternativen Glaubens- und Praxisformen einer intensiven religiösen Sozialisation in der Kindheit nicht bedarf. Während es für die konventionelle Religiosität im Erwachsenenalter entscheidend ist, ob man als Kind religiös erzogen wurde oder nicht, hat die religiöse Erziehung keinen Einfluss auf die Bejahung außerkirchlicher Religiosität (vgl. Pollack/Pickel 1999; Müller 2006). Das bedeutet, dass mit diesen Religiositätsformen tatsächlich, genau wie es die Individualisierungstheorie behauptet, etwas Neues entsteht, auch wenn man die soziale Signifikanz dieser Entwicklung nicht überschätzen sollte. Insgesamt scheint es auch im Osten Deutschlands wie in vielen anderen mittel- und westeuropäischen Gesellschaften zu einer Verflüssigung der religiösen Glaubens- und Praxisformen zu kommen, so dass sich nicht nur die soziale Signifikanz des Religiösen verringert, sondern das religiöse Spektrum auch diffuser, institutionell instabiler und fragmentierter wird.

3.4 Die Bedeutung der Religion für den Einzelnen

Bis hierhin wurden mit den Dimensionen der Zugehörigkeit, der Praxis sowie der Erfahrung bzw. des Glaubens wichtige Bestandteile individueller Religiosität untersucht. Erst der Aspekt der Verankerung religiöser Überzeugungen im kognitiv-emotionalen Haushalt der Persönlichkeit vermittelt aber genauere Einsichten hinsichtlich der tatsächlichen Bedeutung von Religion für das alltägliche Denken und Handeln der Menschen. Will man etwas über die soziale Relevanz von Religion aussagen, dann ist es – neben der Erfassung der oben genannten Dimensionen des Religiösen – deshalb unumgänglich, auch deren Stellenwert in den Lebensentwürfen der Menschen in die Analysen einzubeziehen (vgl. Bruce 2002: 3; Huber 2004).

Tabelle 17 enthält die Antwortverteilungen auf die Frage, ob die Menschen Religion als „sehr wichtig" oder „ziemlich wichtig" für ihr eigenes Leben einschätzen, für die beiden Zeitpunkte 1990 und 2008. Sowohl was die Ost-West-Differenzen als auch was die Entwicklung in den neuen Bundesländern seit Beginn der 1990er Jahre betrifft, zeigt sich alles in allem das gleiche Muster, wie es schon bei den zuvor behandelten Indikatoren zur Kirchlichkeit und Religiosität vorzufinden war: Der Anteil derjenigen, welche der Religion eine hohe Bedeutung in ihrem Leben beimessen, ist in Ostdeutschland insgesamt niedriger als in Westdeutschland. Während die Unterschiede unmittelbar nach der Wiedervereinigung vor allem wegen der nahezu identischen Antwortverteilungen bei den jüngeren Altersgruppen noch moderat ausfielen (jeweils etwa 20 % Zustimmung bei den 18- bis 29-Jährigen und 24 % bei den 30- bis 44-Jährigen), hat sich die Kluft zwischen beiden Landesteilen in den letzten zwanzig Jahren noch einmal erheblich vergrößert. Während in Westdeutschland im Jahr 2008 etwa genauso viele Befragte angaben, dass Religion einen wichtigen Bestandteil ihres Lebens ausmache, wie schon zwei Dekaden zuvor (38 vs. 36 %), hat sich Zahl der diesbezüglich zustimmenden Personen in Ostdeutschland seit 1990 von 30 % auf 14 % halbiert. Die deutlichsten Veränderungen zeigen sich dabei bei den älteren Jahrgängen (von 33 % auf 13 % bei den 45- bis 59jährigen und von 47 % auf 18 % bei den über 60jährigen). Der Eindruck, dass sich die Ostdeutschen heute noch weiter von der Religion entfernt haben, als das schon zu Beginn der 1990er Jahre der Fall war, wird durch diesen Indikator noch einmal nachdrücklich belegt.

Tabelle 17 Religion als wichtiger Teil des Lebens nach Alter. Angaben in %

	Westdeutschland					Ostdeutschland				
	Gesamt	18–29	30–44	45–59	Älter 60	Gesamt	18–29	30–44	45–59	Älter 60
1990	36	19	24	39	59	30	20	24	33	47
2008	38	24	35	33	56	14	13	11	13	18

Quelle: EVS 1990, 2008; Anteil derjenigen, für die Religion „sehr wichtig" bzw. „ziemlich wichtig" ist.

4 Erklärungsmuster

Warum aber trat nach 1989 der vielfach erwartete religiöse Aufschwung in Ostdeutschland nicht ein, während er in anderen Ländern des Ostblocks nach dem Zusammenbruch des Staatssozialismus zustande kam? Dafür kann eine Vielzahl von Gründen angeführt werden. Zunächst einmal hat das Ausbleiben des religiösen Aufschwungs nach 1989 mit den besonderen Umstellungsproblemen zu tun, denen die Ostdeutschen im Übergang zur westlichen Ordnung ausgesetzt waren. Das gesamte Rechts-, Politik- und Wirtschaftssystem änderte sich über Nacht. Auf allen Ebenen, in allen gesellschaftlichen Bereichen mussten von heute auf morgen die Ostdeutschen Anpassungsleistungen erbringen, die sich in den anderen postkommunistischen Ländern auf einen längeren Zeitraum verteilten. Dabei ging es nicht nur um die Sicherung ihrer materiellen und beruflichen Existenz, um die Ausrichtung ihrer beruflichen Qualifikation auf westliche Standards und den Umgang mit neuen Wettbewerbsanforderungen, sondern auch um die Umstellung auf ein neues Versicherungs-, Renten- und Wohlfahrtssystem, ein neues Banken- und Finanzsystem, ein neues politisches und wirtschaftliches System sowie um die Anpassung an neue massenmediale Informationsmöglichkeiten, neue Diskursformen und neue kulturelle Gehalte. Angesichts dieser umfassenden Umstellungsanforderungen waren Fragen der religiösen Orientierung sekundär.

Hinzu kam, dass mit der Geldaufwertung Kirchenmitgliedschaft kostspieliger wurde. Viele traten nach 1989 aus der Kirche aus, weil ihnen die Kirchenmitgliedschaft offenbar nicht so viel wert war, dass sie für ihre Aufrechterhaltung bereit waren, hohe Kosten zu bezahlen. Damit hängt ein Weiteres zusammen. Aufgrund der kirchenfeindlichen Politik des DDR-Regimes waren mehr und mehr Bevölkerungsgruppen vom kirchlichen Leben und religiösen Fragen derart entfremdet, dass ihnen häufig schlichtweg der Anknüpfungspunkt fehlte. Teilweise waren die Familien bereits in der zweiten Generation konfessionslos. Weder hatten die Menschen in ihrem Freundes- und Bekanntenkreis viel Gelegenheit, mit Glaubensfragen konfrontiert zu werden, noch hatten sie eine religiöse Sozialisation erfahren. Sie waren von allen Glaubens- und religiösen Wissensbeständen so weit entfremdet, dass sie selbst, als es politisch leicht möglich gewesen wäre, keinen Weg zum Glauben oder zur Kirche zu finden vermochten.

Schließlich muss darauf hingewiesen werden, dass nach 1989 die Kirchen in Ostdeutschland die einzigen Großinstitutionen waren, die den Umbruch nahezu bruchlos überstanden. Damit gerieten sie zwangsläufig innerhalb kürzester Zeit auf die Seite der westdeutschen Siegerinstitutionen. Auf einmal standen sie nicht mehr wie noch 1989 auf der Seite des geknebelten und gedemütigten Volks, sondern ihm gegenüber. Viele nahmen sie daher als Herrschaftsinstitutionen wahr und wandten sich von ihnen ab. Das hohe Vertrauen, das sie unmittelbar in der Zeit des Umbruchs als Schutzschild der Opposition, als Moderatoren des Wandels und als mutige Verfechter der Wahrheit genossen hatten, schlug innerhalb eines Jahres um in wachsendes Misstrauen (vgl. oben Tab. 4). Die Vertreter der ostdeutschen Kirchen hatten diesen Stimmungsumschwung deutlich vor Augen und wollten jeden Anschein einer herrschaftlichen Bevormundung vermeiden. Sie sperrten sich teilweise gegen die Einführung des Religionsunterrichtes an den Schulen, strebten ein nichtstaatliches Finanzierungssystem der Kirchen an, verzichteten freiwillig auf die Angleichung ihrer Gehälter an das westliche Niveau und traten für die Aussetzung der Militärseelsorge ein. Nur im letzten Fall konnten sie einen Teilerfolg erzielen. In allen anderen Fällen wurde das westliche System in den Ostkirchen eingeführt. Die neue Sichtbarkeit der Kirchen in den Medien und in der Öffentlichkeit tat ein Übriges. Damit waren die Kirchen in den Augen vieler diskreditiert.

Welches der eingangs angeführten drei Erklärungsmodelle ist nun für die Erklärung des religiösen Wandels nach 1989 in Ostdeutschland am plausibelsten? Für die Individualisierungsthese spricht, dass es nach 1989 in den jüngeren Bevölkerungsgruppen tatsächlich zu einer stärkeren Besinnung auf außerkirchliche Religionsformen gekommen ist und dass die Entstehung dieser Religionsformen weitgehend unabhängig von der erfahrenen religiösen Sozialisation erfolgen kann. Gegen sie spricht, dass das Ausmaß der Akzeptanz dieser außerkirchlichen Religiosität gering bleibt, dass die Formen der individuellen Spiritualität keine Alternative zu den konventionellen religiösen Überzeugungen und Praktiken bilden und es kaum zu einem Wechsel zwischen den Konfessionen kommt.

Das Marktmodell erfährt eine gewisse Bestätigung durch die nach 1989 feststellbaren leichten Zuwächse in den Kircheneintrittszahlen und Taufzahlen und den beobachtbaren Anstieg des Vertrauens in die Kirche. Dominant aber sind die dem Marktmodell widersprechenden Tendenzen. Der kirchliche Abwärtstrend setzt sich trotz der Liberalisierung des Kirche-Staat-Verhältnisses und einer damit einhergehenden Pluralisierung auf dem religiösen Feld fort. Die Austrittszahlen liegen stetig über den Eintrittszahlen. Das Verhältnis der in der Kirche verbliebenen Mitglieder intensiviert sich nicht oder doch nur schwach. Obwohl sich das Angebot der Kirchen professionalisiert, sind sie nicht in der Lage, mehr Menschen als früher zu erreichen. Die Kirchen sind nicht durch andere religiöse Angebote herausgefordert, sondern durch eine weit verbreitete, teilweise habitualisierte religiöse Indifferenz.

Am stärksten wird durch die nach 1989 in Ostdeutschland beobachtbaren religiösen Entwicklungstendenzen die Säkularisierungsthese bestätigt. Es gibt kaum Relevanzzuwächse für Religion und Kirche nach 1989, und wo es sie gibt, fallen sie schwach aus. Trotz der Minorisierung der Kirchen bleibt Kirchenmitgliedschaft ein konventionelles Merkmal der individuellen Religiosität mit wenig Bereitschaft zum kirchlichen Engagement. Modernisierungsindikatoren wie Bildung, Urbanisierung und Alter haben einen negativen Einfluss auf die Verankerung des Religiösen in der Lebensführung der Individuen. Anscheinend stehen mit der Erhöhung des Wohlstands- und Konsumniveaus so viele nichtreligiöse Alternativen im Bereich von Mediennutzung, Freizeitgestaltung, Geselligkeit, Unterhaltung, Weiterbildung und Beratung zur Verfügung, dass die religiösen Angebote unter Wettbewerbsdruck geraten und sich gegenüber den säkularen Angeboten immer weniger zu behaupten vermögen. Einzig das leicht zunehmende Interesse an außerkirchlichen Religiositätsformen und deren Kompatibilität mit modernen Lebensformen sprechen gegen die Anwendbarkeit der Säkularisierungstheorie auf die Prozesse des religiösen Wandels in Ostdeutschland. Insofern dürfte es angebracht sein, den säkularisierungstheoretischen Ansatz der Religionssoziologie durch das Individualisierungstheorem zu ergänzen und beide komplementär aufeinander zu beziehen.

5 Literatur

Ahrens, Petra-Angela/Wegner, Gerd (2006): Ungebrochene Akzeptanz der Taufe bei verheirateten Eltern – erhebliche Taufunterlassungen bei Alleinerziehenden – Verbesserungen beim Taufvollzug. Hannover.
Berger, Peter L. (1990 [1967]): The Sacred Canopy. Elements of a Sociological Theory of Religion. New York.
Bruce, Steve (2002): God is Dead. Secularization in the West. Oxford.
Davie, Grace (2002): Europe: The Exceptional Case. Parameters of Faith in the Modern World. London.
Deutsche Bischofskonferenz (2009): Eckdaten des Kirchlichen Lebens in den Bistümern Deutschlands 2007. Homepage der Deutschen Bischofskonferenz.
Dillon, Michele (Hrsg.) (2003): Handbook of the Sociology of Religion. Cambridge.
Dubach, Alfred/Campiche, Roland J. (Hrsg.) (1993): Jede(r) ein Sonderfall? Religion in der Schweiz. Zürich/Basel.
Evangelische Kirche in Deutschland (2006): Statistik über die Äußerungen des kirchlichen Lebens in der EKD in den Jahren 1980 bis 2005. Hannover.
Evangelische Kirche in Deutschland (2009): Statistik über die Äußerungen des kirchlichen Lebens in der EKD im Jahr 2007. Hannover.
Evangelische Kirche in Deutschland (2010): Statistik über die Äußerungen des kirchlichen Lebens in der EKD im Jahr 2008. Hannover.
Finke, Roger/Stark, Rodney (2003): The Dynamics of Religious Economies. In: Dillon (Hrsg.): 96–109.
Froese, Paul (2004): After Atheism. An Analysis of Religious Monopolies in the Post-Communist World. In: Sociology of Religion 65/1: 57–75.
Froese, Paul/Pfaff, Steven (2001): Replete and Desolate Markets. Poland, East Germany, and the New Religious Paradigm. In: Social Forces 80: 481–507.
Glock, Charles Y. (1954): Toward a Typology of Religious Orientation. New York.
Glock, Charles Y. (1962): On the Study of Religious Commitment. In: Review on Recent Research Bearing in Religious and Character Formation: 98–110 (Research Supplement to Religious Education 57, July–August 1962).
Hervieu-Léger, Danièle (2000): Religion as a Chain of Memory. Cambridge.
Huber, Stefan (2004): Zentralität und Inhalt. Eine Synthese der Messmodelle von Allport und Glock. In: Zwingmann/Moosbrugger (Hrsg.): 79–105.
Knoblauch, Hubert (2009): Populäre Religion. Auf dem Weg in eine spirituelle Gesellschaft. Frankfurt/Main.
Krüggeler, Michael/Voll, Peter (1993): Strukturelle Individualisierung – ein Leitfaden durchs Labyrinth der Empirie. In: Dubach/Campiche (Hrsg.): 17–49.
Luckmann, Thomas (1963): Das Problem der Religion in der modernen Gesellschaft. Freiburg.
Müller, Olaf (2006): Religion in Central and Eastern Europe. A Phenomenon Mainly to Be Found among the Older Generations? In: Tomka/Yurash (Hrsg.): 89–99.
Norris, Pippa/Inglehart, Ronald (2004): Sacred and Secular. Religion and Politics Worldwide. Cambridge.
Pollack, Detlef/Pickel, Gert (2003): Deinstitutionalisierung des Religiösen und religiöse Individualisierung in Ost- und Westdeutschland. In: Kölner Zeitschrift für Soziologie und Sozialpsychologie 55: 447–474.
Stark, Rodney/Finke, Roger (2000): Acts of Faith. Explaining the Human Side of Religion. Berkeley.
Stark, Rodney/Iannaccone, Laurence R. (1994): A Supply-Side Reinterpretation of the ‚Secularization' of Europe. In: Journal for the Scientific Study of Religion 33: 230–252.
Tomka, Miklós/Yurash, Andrij (Hrsg.) (2006): Challenges of Religious Plurality for Eastern and Central Europe. Lviv.
Wilson, Bryan R. (1969): Religion in Secular Society. A Sociological Comment. Harmondsworth.
Zwingmann, Christian/Moosbrugger, Helfried (Hrsg.) (2004): Religiosität. Messverfahren und Studien zu Gesundheit und Lebensbewältigung. Neue Beiträge zur Religionspsychologie. Münster.

Forcierte Säkularität *oder* Logiken der Aneignung repressiver Säkularisierung

Monika Wohlrab-Sahr

1 Einleitung

Die Analyse der Wirkungen der Religionspolitik diktatorischer Regime steht vor einem doppelten Problem. Zum einen besteht die Gefahr, über der *Nachhaltigkeit* der unter diktatorischen Bedingungen entstandenen Haltungen deren *Entstehungsbedingungen* aus dem Auge zu verlieren, so als könne man aus der auch zwanzig Jahre nach dem politischen Umbruch dominanten Kirchenferne und Areligiosität der ostdeutschen Bevölkerung schließen, dass die Maßnahmen der SED nur etwas beschleunigt hätten, was schon mental vorbereitet war und sich früher oder später ohnehin vollzogen hätte. In diesem Zusammenhang wird die religiöse Lage im Osten Deutschlands dann häufig auch als ‚Zukunft des Westens' bezeichnet. Ein Prozess der Entkirchlichung und Säkularisierung wird dabei als Automatismus unterstellt.

Die andere – gegenläufige – Gefahr ist, den entstandenen Haltungen aufgrund ihrer diktatorischen Entstehungsbedingungen jede *innere Plausibilität* abzusprechen, so als seien die während der DDR-Zeit vollzogenen Entscheidungen und ihre Stabilisierung über den politischen Systemumbruch hinweg *ausschließlich* als Erzwungenes und insofern nur in negativen Kategorien zu Beschreibendes (so etwa Tiefensee 1997), und damit – im Unterschied zur Entwicklung im Westen Deutschlands – *per se* nicht als „authentische, genuine Säkularisiertheit" (Oevermann 2003: 386) zu bewerten.[1]

Das Zusammenspiel zwischen dem Handeln bzw. den Orientierungen der Akteure einerseits und den politischen Entscheidungen sowie der ideologischen Programmatik andererseits wird dabei entweder zur einen oder zur anderen Seite hin vereinseitigt. Im Anschluss an Margaret Archers Terminologie könnte man im ersten Fall von *Upwards conflation* (Archer 1996: 46 ff.), im zweiten von *Downwards conflation* (Archer 1996: 25 ff.) sprechen. Das Eine wird dann schlicht als *Folge* des Anderen betrachtet, das konkrete Ineinandergreifen der beiden Seiten – persönliche Haltungen und Praxis auf der einen sowie Politik und Ideologie auf der anderen Seite – bedarf keiner weiteren Betrachtung.

Dieser Aufsatz befasst sich mit einem Phänomen, das zweifellos zu den *Wirkungen* der DDR-Diktatur zu rechnen ist: mit dem rapiden Prozess der Entkirchlichung und subjektiven Säkularisierung, der sich in der DDR seit Mitte der 1950er Jahre vollzogen hat (vgl. Pollack 1994 uam.). Dieser steht mit den repressiven Maßnahmen der DDR-Regierung unbestritten in enger Beziehung, macht aber den Osten Deutschlands – den Zusammenbruch der DDR bei Weitem überdauernd – bis in die Gegenwart hinein zu einer in religiöser Hinsicht eigenen kulturellen ‚Landschaft' in Deutschland. Auch im weltweiten Vergleich kommt dem

---

[1] Siehe auch den Beitrag von Tiefensee in diesem Band.

Osten Deutschlands mit seinen Höchstwerten an Konfessionslosigkeit und selbst bezeugtem Atheismus eine herausgehobene, wenn auch nicht einzigartige Stellung zu. Vergleichbare Zahlen finden sich nur in wenigen Ländern wie der Tschechischen Republik, Estland oder den Niederlanden. Dies wirft die Frage auf, wie sich die Dominanz areligiöser Haltungen und Praxis über das Ende der Repression hinweg so konstant halten konnte, was also dazu geführt hat, dass das in vieler Hinsicht gescheiterte ‚Experiment DDR' im Hinblick auf seine antireligiöse Politik als nachhaltig erfolgreich angesehen werden muss. Anders formuliert: Es wirft die Frage auf nach der *Aneignung* des Prozesses, der von oben in die Wege geleitet wurde.

In der Studie, auf die ich mich hier beziehe (Wohlrab-Sahr/Karstein/Schmidt-Lux 2009), haben wir diese Spannung von diktatorischem Entstehungskontext und subjektiver Aneignung im Begriff der „forcierten Säkularität" zum Ausdruck gebracht. Dabei nutzen wir bewusst die Mehrdeutigkeit, die im Begriff der „Forcierung" steckt: Etwas kann von außen erzwungen – „forciert" – werden, es kann aber auch von innen in „forcierter Weise" vorangetrieben werden. Das, womit wir es heute im Osten Deutschlands in religionssoziologischer Hinsicht zu tun haben, ist nicht allein „erzwungene Säkularisierung" (Meulemann 2003), so als sei das säkulare Resultat *ausschließlich* Folge von Zwang. Es ist aber auch nicht einfach ‚moderne Säkularität', nach deren Ursprüngen gar nicht mehr zu fragen ist.[2] Der Begriff der „forcierten Säkularität" soll die *subjektive Aneignung des mit Zwangsmitteln Betriebenen* in den Blick rücken, aber auch die *subjektiven Grundlagen des durch repressive Maßnahmen Forcierten*. Zur *Erklärung* des Säkularisierungserfolges der SED-Politik gehört – so unsere Überzeugung – auch das *Verstehen* der Aneignungsprozesse und der Formen der Plausibilisierung, die damit einhergehen.

Der Säkularisierungsprozess war – was die Mittel der Durchsetzung angeht – ohne Zweifel ein repressiv induzierter und in diesem Sinne eine „erzwungene" Säkularisierung. Ohne Repression hätte er sich weder in der Geschwindigkeit noch in der Größenordnung durchgesetzt, wie es faktisch der Fall war. *Aber*: Der Säkularisierungsprozess in der DDR war, so die hier vertretene These, langfristig erfolgreich, weil er eine innere Plausibilität entfalten konnte, die von ihrem Durchsetzungskontext abgelöst werden konnte. Diese Plausibilität – so die These – beruht auf ihrem Anschluss an die Bestände der Aufklärung. Darüber partizipierte die ostdeutsche Entwicklung am Grundtenor der europäischen Moderne, zu der bekanntermaßen autoritäre Züge ebenso gehören wie freiheitliche. Dass es in anderen kommunistischen Ländern vergleichbare Ideologien mit – unmittelbar oder langfristig – geringerem Erfolg im Hinblick auf Säkularisierungsprozesse gegeben hat, etwa in Polen oder Russland, muss man dann auch vor dem Hintergrund der Frage diskutieren, welchen sozialen Rückhalt – z. B. über die Anbindung an entsprechende Milieus – und welche Plausibilität aufklärerische Ideologien in den jeweiligen Kontexten hatten und wie sich die dominanten Religionsgemeinschaften dazu verhielten. Unter Umständen gehen Urbanisierung und

---

2 Damit soll die Schlussfolgerung vermieden werden, es gäbe so etwas wie eine „Säkularität", deren Zustandekommen sich über das Attribut des Modernen von selbst erklärte. In diesem Sinne argumentiert etwa Oevermann, wenn er von einer „Konvergenz in Richtung unaufhaltsamer Säkularisierung" (Oevermann 2003: 386) ausgeht. „Moderne Säkularität" wird hier vielmehr als Chiffre behandelt, in der die Selbstverständlichkeit der Verbindung von Säkularität und Modernität unterstellt wird. Soziologisch allerdings gilt es, diese voraussetzungsreiche Verbindung erst zu erklären, und nicht, sie im Sinne eines Mythos moderner Gesellschaften einfach vorauszusetzen.

Protestantismus eine eigene „aufklärerische" Verbindung mit szientistischen Weltsichten ein, während stärker agrarisch geprägte Lebenswelten und der Katholizismus eine solche Verbindung nicht in gleicher Weise nahelegen. Die vielfach diskutierten Zusammenhänge von Säkularisierung und Urbanisierung auf der einen sowie Säkularisierung und Konfessionalität auf der anderen Seite bekämen so noch einen etwas anderen Akzent. Es wäre dann eine in spezifischer Weise „sinnhafte" Verbindung mit dem Themenkomplex der Aufklärung und gleichzeitig eine äußerst selektive Bezugnahme auf die Tradition der Aufklärung, die unter Umständen auch einen autoritär induzierten Säkularisierungsvorgang plausibel machen und zur genuinen „Haltung" werden lassen kann, selbst wenn die konkreten Entscheidungen – etwa über die Aufkündigung der Mitgliedschaft oder den Abbruch religiöser Beteiligung – aus ganz anderen Gründen gefallen sein mögen. An dieser Stelle wäre freilich eine komparative Analyse solcher Sinnfigurationen notwendig, die hier nur skizziert, nicht aber empirisch eingelöst werden kann.

Insgesamt möchte ich daraus das Plädoyer ableiten, Prozesse der Säkularisierung und die damit verbundenen Haltungen in ihrer spezifischen *Sinnstruktur* zu erfassen. Die Analyse der ostdeutschen Säkularität wird hier als Beispiel für eine solche Sinnstruktur vorgestellt, für die das Verhältnis von wissenschaftlicher Rationalität und Religion sowie die Art und Weise, wie dieses Verhältnis gesellschaftlich kommuniziert wurde, von besonderer Bedeutung ist. Verbunden ist damit das Anliegen, die ‚Exzeptionalismen', die seit einiger Zeit in der religionssoziologischen Diskussion reüssieren (z. B. Berger 1999; Davie 2002), zu überwinden und zu einer Analyse multipler Säkularitäten vorzustoßen (Burchardt/Wohlrab-Sahr 2010). Das Konzept der „Multiple Modernities" (Eisenstadt 2000), das die jakobinistischen und diktatorischen Entwicklungen in die Analyse der Vielfalt der Moderne mit einbezieht, kann hier als erste Orientierung dienen.

Mit dem Verweis auf die spezifischen Sinnstrukturen und auf die Aneignung von Säkularisierungsprozessen ist m. E. auch einem naheliegenden methodischen Einwand zu begegnen: Hat man es nicht bei der ex-post-Befragung über Vorgänge, die sich in einer Diktatur ereignet haben, mit *nachträglichen Rationalisierungen* zu tun, die mit den tatsächlichen Prozessen wenig zu tun haben? Zweifellos ist an dieser Stelle methodische Vorsicht angebracht. Die argumentative Logik, die aus der Gegenwartsperspektive heraus entfaltet wird, muss nicht der Dynamik entsprechen, aus der heraus Entscheidungen getroffen wurden. Das heißt, dass man sich neben den *Argumentationen* auch den *Konstellationen* widmen muss, in die konkrete Entscheidungen eingebettet waren. Als grundsätzlicher Einwand vorgebracht allerdings verkennt dieses Argument m. E. die Logik der Aneignung. Zustimmung und Akzeptanz setzen ja gerade voraus, *dass* Vorgänge plausibilisiert und rationalisiert werden können. Bloße Willkür verschließt sich der Aneignung. Insofern liegt im Aufschließen des „Sinn-Machens" m. E. auch ein Schlüssel zum Verständnis der subjektiven Aneignung diktatorischer Verhältnisse und der Nachhaltigkeit des Hervorgebrachten. Das heißt natürlich nicht, dass man Aneignungslogiken mit Tatsachenberichten verwechseln darf.

2 Das Projekt „Generationenwandel als religiöser und weltanschaulicher Wandel"

Das Projekt, auf dessen Ergebnisse ich mich hier beziehe, wurde von 2003 bis 2006 unter dem Titel „Generationenwandel als religiöser und weltanschaulicher Wandel: Das Beispiel Ostdeutschlands" an der Universität Leipzig durchgeführt und von der DFG gefördert.[3] Im Zentrum des Projektes stand die Frage, wie sich der Säkularisierungsprozess, der sich in der DDR vollzogen hat, aus der Perspektive der betroffenen Personen bzw. Familien darstellt, d. h., über welche Erfahrungen und Entscheidungen er sich im Alltag der Personen dokumentiert hat. Von Interesse waren dabei insbesondere generationenspezifische Erfahrungen mit Politik, Gesellschaft und Religion in der DDR sowie in der Zeit nach deren Zusammenbruch und die Frage, welche Dynamik damit innerhalb der Familien einherging. Es ging also auch darum, wie sich in der Auseinandersetzung mit Religion das Verhältnis von gesellschaftlichen und familialen Generationen konstelliert (vgl. dazu Karstein 2009).[4]

Befragt wurden 24 Familien und dieselbe Zahl von Einzelpersonen mittels Familieninterviews und narrativen Interviews. In den Familieninterviews waren in der Regel Vertreter dreier Familiengenerationen anwesend. Die Auswahl wurde, soweit es zu realisieren war, so getroffen, dass die jüngsten Familienmitglieder zum Ende der DDR Jugendliche im Alter von 13 bis 14 Jahren waren, so dass sie noch eine aktive Erinnerung an das Gesellschaftssystem der DDR hatten. Ihre Großeltern – die älteste befragte Familiengeneration – hatten den Nationalsozialismus und dessen Ende erlebt, so dass sich in ihren Biographien der Aufbau der DDR und der eigene biographische Neuanfang überlagerten. Für einen Teil war damit eine positive Identifikation mit dem sozialistischen Projekt verbunden, andere versuchten, ihre persönliche Überzeugung und Praxis dagegen zu behaupten oder zumindest private und gemeinschaftliche Reservate zu finden, in denen diese gepflegt werden konnten. Der überwiegende Teil der Repräsentanten dieser Generation war noch kirchlich sozialisiert und musste während der DDR-Zeit aktive Entscheidungen über die eigene kirchlich-religiöse Zugehörigkeit und Praxis und diejenige der eigenen Kinder treffen. In den Äußerungen dieser Interviewpartner dokumentieren sich die Konfliktlagen der DDR-Zeit am unmittelbarsten, in ihnen werden aber zum Teil auch Kontinuitäten zu religionskritischen Familientraditionen erkennbar, etwa in der Arbeiterbewegung, (vgl. McLeod 1986), oder es zeigt sich ein desillusionierter, religionskritischer Rekurs auf die Erfahrungen während Nationalsozialismus und Krieg.

Die Angehörigen der mittleren Generation dagegen wuchsen schon unter den Bedingungen der DDR heran. Entscheidungen, die kirchliche Belange betrafen, wurden oft von ihren Eltern stellvertretend für sie getroffen. Allerdings erlebten sie in den Schulen die oft repressive und benachteiligende Haltung gegenüber kirchlich gebundenen Schülern und wussten um die Bedingungen für die Erteilung von Privilegien. In ihren Erzählungen dokumentiert sich auch der Kampf um die Jugend, der zwischen den Kirchen und dem Staat ausgefochten wurde,: (a) etwa in der Erklärung der ‚Nichtvereinbarkeit' von Firmung bzw. Konfirmation und Jugendweihe von Seiten der Katholischen und zeitweise auch der Evangelischen Kirche, zu der sich die Jugendlichen verhalten mussten; (b) im religions- und kirchenkritischen

---

[3] Als Mitarbeiter waren am Projekt beteiligt: Uta Karstein, Thomas Schmidt-Lux und Mirko Punken. Studentische Hilfskräfte waren Anja Frank, Christine Schaumburg, Birgitt Glöckl, Jurit Kärtner und Katja Schau.
[4] Vgl. dazu auch den Aufsatz von Uta Karstein in diesem Band.

Begleitton im schulischen Unterricht, dessen Inhalte als „aufklärerische" oft übernommen wurden, auch wenn der Sozialismus als solcher keine Zustimmung fand; (c) und in der gesinnungsethisch-moralischen Zuspitzung des „Sag mir, wo du stehst!"[5], das jugendliche Positionierungen mit einer grundsätzlichen Parteilichkeit einfärbte.

Die Repräsentanten der jüngsten Familiengeneration wiederum hatten es nicht mehr mit dieser unmittelbaren Konflikthaftigkeit zu tun, sondern eher mit den kaum noch hinterfragten sozialisatorischen Wirkungen des Säkularisierungsprozesses, der sich in der DDR vollzogen hatte. Gleichzeitig aber überlagerten sich bei ihnen die biographische Öffnung der Adoleszenz und die politisch-weltanschauliche Öffnung, die sich mit dem Zusammenbruch der DDR vollzog. Religion kann für sie – jenseits der alten Konfliktlinien – wieder zum Thema werden. In unseren Familiengesprächen zeigte sich, dass Religion oft in Form von neugieriger Spekulation primär über diese Generation als Thema in die Familienkommunikation hineingetragen wird. Ein religiöses „Erwachen" oder gar Sich-Binden resultiert daraus allerdings selten. Es ist eher ein über die Immanenz Hinaus*denken* als ein Glauben, das sich in unseren Interviews mit den Angehörigen dieser Generation dokumentiert.

Die Gespräche, die wir mit den Familien führten, begannen als familiengeschichtliche Interviews, in denen im Zuge der Rekapitulation der Familiengeschichte auch die subjektive und familiäre Erfahrung mit dem Säkularisierungsprozess der DDR und die Art der Teilnahme an diesem Prozess erkennbar wurden. Die Gespräche mündeten am Ende in eine Art Gruppendiskussion, in der die beteiligten Familienmitglieder sich über verschiedene, für das Verhältnis von Religion und Säkularität relevante Themen auseinandersetzten, u. a. über die Frage: „Was glauben Sie, kommt nach dem Tod?" Sowohl in den erzählenden als auch in den argumentativen Passagen der Interviews zeigen sich das Verbindende und das Trennende zwischen den Generationen: der Versuch, über die divergierenden Lebenschancen hinweg die familiäre Einheit zu sichern, aber auch die Divergenz in den Orientierungen, die sich an der Haltung gegenüber der gesellschaftlichen Vergangenheit und der Gegenwart der neuen Gesellschaft ebenso zeigen kann wie an der Haltung gegenüber der Religion. „Forcierte Säkularität" ist eine Chiffre, die auf die beiden älteren Generationen zutrifft. Die Haltung der Jüngsten erfasst sie nicht mehr.

3 Säkularisierung als Konflikt

Die Säkularisierungsdiskussion der letzten 20 Jahre hat auch für westliche Länder die Aufmerksamkeit darauf gelenkt, dass Säkularisierungsprozesse sich nicht als selbstläufige, quasi-automatische Modernisierung oder funktionale Differenzierung vollziehen, sondern von Akteuren im Streit mit anderen Akteuren durchgesetzt werden. Der amerikanische Religionssoziologe Christian Smith (2003) geht soweit, im Hinblick auf die Säkularisierung des öffentlichen Sektors in den USA – man könnte auch sagen: im Hinblick auf die funktionale Differenzierung von Religion einerseits und Erziehung, Medien, Wissenschaft usw. andererseits – von einer „secular revolution" zu sprechen, im Zuge derer die alten protestantischen Eliten von säkularen Eliten abgelöst worden seien. Der Säkularisierungsprozess – hier

---

5 So der Text eines FDJ-Liedes.

bezogen auf die öffentlichen Funktionsbereiche – erscheint so primär als ein Machtkampf, in dem sich die Interessen verschiedener gesellschaftlicher Gruppen gegenüber stehen und die alten Eliten durch neue ersetzt werden.

Wichtig an Smiths Perspektive und den in seinem Band versammelten Beiträgen ist zweifellos die empirische Wendung, die in den Fragen enthalten ist, unter Beteiligung welcher Akteure Säkularisierung – im Sinne funktionaler Differenzierung – hervorgebracht wird und wer sich dabei im Kampf gegen wen durchsetzt. Fragwürdig allerdings scheint mir die bisweilen mitschwingende Implikation, Säkularisierung sei zu reduzieren auf einen – in seiner Stoßrichtung letztlich beliebigen – Machtkampf zwischen Interessengruppen. Dem wäre die Annahme gegenüberzustellen, dass Modernisierungsprozesse – und dazu gehört wesentlich auch funktionale Differenzierung – Spannungen erzeugen, die in Richtung einer Relativierung und Begrenzung des religiösen Einflusses auf die gesellschaftlichen Subsysteme wirken, unabhängig von der Frage, wie stark persönliche Religiosität in der Bevölkerung verbreitet ist (vgl. auch Chaves 1994). Diese Spannungen können zweifellos mehr oder weniger stark akzentuiert werden. Sie stehen aber als „Material" für die ideologische Zuspitzung zur Verfügung und können unter bestimmten Umständen zu einem grundlegenden Konflikt ausgebaut werden. Das, was Ahmet Kuru (2007) im Hinblick auf die Regelung des Verhältnisses von Politik und Religion als „assertive secularism" im Unterschied zum „passive secularism" bezeichnet hat, wäre dann auch in anderen gesellschaftlichen Teilbereichen anzutreffen.

Vor diesem Hintergrund betrachte ich im Folgenden den Säkularisierungsprozess in der DDR aus einer *konflikttheoretischen* Perspektive. Ich beziehe mich dabei auf das Konfliktmodell, das Giegel (1998) entwickelt hat. Eine latente Konfliktgrundlage wird danach erst durch Konfliktkommunikation in einen manifesten Konflikt überführt (vgl. auch Karstein u. a. 2006). In unseren Analysen stießen wir auf drei Felder in denen sich der Säkularisierungskonflikt dokumentiert:

a) einen Konflikt um Zugehörigkeit und Loyalität, der die Gestalt eines *Mitgliedschaftskonflikts* annimmt. Dabei geht es um Parteimitgliedschaft vs. Kirchenmitgliedschaft, aber auch um die Loyalitätsbekundung gegenüber dem Staat oder gegenüber der Kirche, etwa in Jugendweihe oder Firmung bzw. Konfirmation. Dieser Konflikt kann in den Interviews mehr oder weniger explizit zum Ausdruck kommen: als unmittelbarer Zusammenhang von Parteieintritt und Kirchenaustritt etwa im Hinblick auf das Einschlagen einer staatsnahen Karriere oder als beiläufig erwähnter Kirchenaustritt, wenn es um den Beginn einer Universitätslaufbahn oder um die standesamtliche Trauung geht.

Insbesondere für die mittlere von uns befragte Familiengeneration wird die Jugendweihe *de facto* zum Bekenntnisritual und von Staat und Kirchen auch als solches verstanden. Der Akt kann aber als persönliches Bekenntnis auch soweit in den Hintergrund treten, dass nur noch die Selbstverständlichkeit des Verordneten in Erscheinung tritt: „Jugendweihe war Pflicht. (…) Das war wie Impfen" (Familie 9).[6]

---

6 Aus Platzgründen werde ich im Folgenden Interviewzitate primär als beispielhafte Illustrationen verwenden. Nähere Interpretationen und die Kontextualisierung des Interviewmaterials finden sich in Wohlrab-Sahr/Karstein/Schmidt-Lux (2009). Die verwendeten Abkürzungen bedeuten Folgendes: M = Mutter, V = Vater, GV = Großvater, GM = Großmutter, T = Tochter, S = Sohn, I = Interviewer, *kursiv* = betontes Sprechen, ∟ = überlappendes Sprechen, (5) = Sekunden Pause, (…) = Auslassung.

Einer der ersten, der diese Ebene der Konflikthaftigkeit in literarischer Form bearbeitet hat, war Uwe Johnson (1992 [1985]). Er hat in dem Roman „Ingrid Babendererde. Reifeprüfung 1953" bereits in den Jahren 1956/57 die Auseinandersetzung um FDJ und Junge Gemeinde beschrieben, die in dieser Zeit als politischer Konflikt in die Schulklassen hineingetragen wurde. Im Zuge dieser Auseinandersetzung wurde die Frage der politischen oder religiösen Orientierung in einen Mitgliedschaftskonflikt überführt, in dem man sich zu entscheiden hatte.

Diese grundlegende Konflikthaftigkeit unterschied die Lage in der DDR grundlegend von derjenigen in Westdeutschland – mit bis heute anderen Konsequenzen. Die Wirkung dieser Konfliktlinie zeigt sich bis in die Gegenwart, wenn etwa in Auseinandersetzungen von Repräsentanten der Kirchen der Gegenseite religionsfeindlicher „Säkularismus" unterstellt wird. Es lässt sich meines Erachtens nur vor diesem Hintergrund erklären, dass sich an der Frage des Neubaus der Leipziger Aula an der Stelle der (im Auftrag Ulbrichts gesprengten) ehemaligen Universitätskirche oder an der Frage eines möglichen Wiederaufbaus eben dieser Kirche, und schließlich über der Frage, ob, wie und mit welchen Symbolen der Unterscheidung versehen, in diese Aula eine Universitätskirche integriert werden kann, weltanschauliche Grundsatzdebatten entzündeten Ansonsten bleibt unverständlich, warum diese Debatten Jahrzehnte andauerten, eine Universitätsleitung zu Fall brachten und sich währenddessen die Akteure nicht scheuten, die Symbolwelt konfessioneller Auseinandersetzungen von historischer Tragweite zu bemühen – so etwa, wenn zum Reformationstag „Thesen" an den Bauzaun angeschlagen wurden, die die Haltung zum Bau und seiner Ausgestaltung in die Nähe eines „status confessionis" rückten (vgl. dazu Richter/Schmidt-Lux 2009).[7]

b) Die zweite Konfliktdimension ist ein *Konflikt um Weltdeutung*, der sich in der Polarität „Wissenschaftliche Weltanschauung" vs. religiöse Weltdeutung artikuliert. Auch wenn diese Konfliktebene große Nähe zu den offiziellen ideologischen Programmen aufweist, erwies sie sich in unserem Material für die Frage nach der subjektiven Aneignung insofern als relevant, als sie – jenseits der politischen Programmatik – anschließt an die Perspektiven der Aufklärung und des alle Schranken überwindenden „Wissens", die für die befragten Personen auch subjektiv relevant waren. Man konnte im Verlauf des Studiums Atheist werden, *ohne* Kommunist zu werden:

M: Und äh, ja, dann *später* setzten dann die naturwissenschaftlichen Fächer bei mir ein in der Schule. Und dann kam das, das, da, ja das Wissen dazu, und dann sagt man sich „Nein". Weil ich ja den Glauben in dieser, in dieser kleinen einfachen Form kennen gelernt habe, dacht' ich mir: „Des is' ja alles Humbug. Das is' Humbug. Man kann alles erklären. Der Mensch wird *irgend*wann alles eh 'rausfinden", wie uns also die Genossen auch immer gesagt haben: ‚realistisches Menschenbild' und so weiter. Toll, ja. Also zum Kommunisten bin ich trotzdem nicht geworden, aber erst mal zum Atheisten. (Familie 2, 155–162)

Wie sich an diesem Fall im Verlauf des Interviews zeigt, konnte die religionskritische Perspektive in abgemilderter Form auch nach dem Ende des Kommunismus beibehalten werden,

---

7   Siehe auch den Beitrag von Schmidt-Lux in diesem Band.

indem zwar nicht mehr von „Humbug" die Rede ist, von den religiösen Schriften allerdings, die nun durchaus als „Kulturgut" gewürdigt werden, ganz selbstverständlich als „Mythen" und „Märchen" gesprochen wird, so dass sich ein skeptisch-säkularer Blick auf die religiöse Tradition fast selbstläufig auf die jüngste Generation überträgt. In der Interaktion zwischen Mutter und Tochter dieser Familie sieht dies dann beispielsweiseso aus:

M: Na du kamst ja auch nicht aus einem gläubigen Haus (…) wo dann also immer gebetet wurde vorm Essen oder so was. So wat war bei uns natürlich nicht der Fall. Wir ham zwar auch drüber geredet, und sie kennt viele, du kanntest viele Geschichten aus der Bibel. ⌈Die hatt'
T: ⌊Jaa schön ⌈verpackt (und immer) mit Fragezeichen
M: ⌊ich dir auch erzählt, aber immer als Geschichte Und als *Kulturgut* mehr als dass es also Glaubens.. äh sache gewesen wäre. Ja. (Familie 2)

Familienbiographisch schließt diese Perspektive oft an ältere religionskritische Traditionen an. In der Familie 2 etwa wird der verstorbene Großvater mit dem Satz zitiert: „Werft mich nach dem Tod auf den Misthaufen, dann bin ich wenigstens noch zu etwas nütze."

Es war offenbar eine Voraussetzung für die Anschlussfähigkeit der beschriebenen Spannung zwischen Religion und Rationalität, dass die SED diese Konflikthaftigkeit nicht erfunden hatte, sondern an Motive anschließen konnte, die gleichsam zum Grundbestand der europäischen Aufklärung und der westlichen Moderne gehören. Diese Konflikthaftigkeit ist sicher nicht auf einen einzigen – religionskritischen – Nenner zu bringen , vielmehr war das Verhältnis zwischen Religion und Wissenschaft im Zuge des Prozesses gesellschaftlicher Differenzierung zweifellos ein spannungsreiches, wenn auch nicht pauschal ein gegensätzliches. Der Konflikt zwischen Galileo Galilei und der Kirche, die ihn ursprünglich unterstützt hatte, ist in die europäische Wissenschafts- und Säkularisierungsgeschichte unauslöschlich eingeschrieben. Insofern konnte die SED an einen originären Diskurs der Moderne anschließen, den es natürlich auch in der Bundesrepublik und anderen westlichen Ländern gab. Gleichwohl wurde diese Spannung dort in der Regel nicht zum unversöhnlichen Gegensatz ausgebaut und nicht gesellschaftsweit, sondern eher in kleineren, intellektuellen Zirkeln thematisiert. Das Besondere an der DDR-Entwicklung war also nicht die Spannung selbst, sondern vielmehr die Konfliktkommunikation, mit der sie verstärkt und in einen unversöhnlichen Gegensatz von Irrationalität und Rationalität, rückwärtsgewandten und „progressiven" Kräften überführt wurde. Es ist diese Vorstellung des Gegensatzes von Religion und Wissenschaft, auf die man auch heute im Osten Deutschlands immer wieder stößt, und die das Ende des politischen Systems der DDR überdauert hat. In repräsentativen Umfragen kann man die Landesteile noch immer am Grad der Zustimmung zu einer Frage wie der folgenden identifizieren: „Man soll sich an das halten, was man mit dem Verstand erfassen kann und alles andere auf sich beruhen lassen." (Allbus 1991, 2002). Mit dieser zweiten Konfliktlinie ist ein grundlegender Vorgang der Delegitimierung religiösen Wissens verbunden, auf das man sich vor dem Hintergrund der beschriebenen Konfliktkommunikation nicht mehr beziehen kann, ohne sich der Gefahr der Lächerlichkeit auszusetzen.

c) Die dritte Konfliktlinie, die wir als *Konflikt um Ethik und Moral* bezeichnet haben, ist den ersten beiden nachgeordnet, insofern sie weniger direkt lebenspraktische Entscheidungen tangiert, sondern vielmehr einen Vorgang der Substituierung ethischer Bezugnahmen beschreibt. Dieser ist auf den ersten Blick als Universalismus verpackt. An verschiedenen Stellen unserer Interviews wird darauf hingewiesen, dass es in Christentum und Sozialismus – richtig verstanden – ja doch um die gleichen moralischen Prinzipien gehe. So etwa in folgender Äußerung des Vaters der Familie 17. Alle Mitglieder dieser Familie – Vater, Mutter und die beiden Söhne – gehörten der SED an und haben sich mit dem Staat identifiziert. Der Vater selbst war Parteisekretär:

V: Wobei ich noch einmal sage: Ich achte jeden Christen, der ehrlich zur Sache steht. A, da fang ich bei der Kirchensteuer an. Für mich is' kein Christ, (...) wer seine erste Pflicht nich' erfüllt, die Kirchensteuer, der muss nich' immer jeden Tach und äh oder jeden Sonntag in de Kirche rennen. Aber wenn de Christen, die ham denselben oder dieselbe Zielrichtung, wenn das richtig, so wie's vorgesehen is, wie's im Katechismus und in der Bibel und, und in' zehn Geboten, was mer alles, Gesangsbuch, nich', äh alles dazu nimmt, die Grundwerke, sin ja Grundwerke, dann unterscheiden se sich nicht viel, sondern nur wie se hingehen. Der eene geht eben zu Gott und denkt, der lenkt das alles, und die andern denken, Marx is' da oben da mit der Keule und so weiter. (...) Und aber ansonsten tun wi/ tun wir uns nich' viel beißen. (Familie 17)

Dieses Argument ist – obwohl es hier als Toleranz präsentiert wird – im Kern *kein* universalistisches, sondern eines, das letztlich auf die Überflüssigkeit der christlichen Prinzipien zielt, weil sie im Kommunismus ohnehin aufgehoben seien. Zudem wird das Christentum dort, wo es überhaupt ‚zu achten' ist, auf ein abstraktes Pflicht- und Moralsystem reduziert, dessen konkrete Glaubensaussagen gleichsam wegretouchiert werden und das sich so von anderen Pflicht- und Moralsystemen nicht mehr unterscheidet. Es kommt nicht von ungefähr, dass der hier zitierte Interviewpartner kurz vorher die Benachteiligung christlicher Schüler in der DDR damit legitimiert, dass der Staat gleichsam einen Anspruch auf die Gesinnungstreue seiner Bürger habe und entsprechend die Benachteiligung der Christen, die immer „in den Westen" geschaut hätten, gerechtfertigt sei. Es ist also nicht der tolerante Staat, der einen „common ground" zwischen Christen und Sozialisten sucht, der hier beschworen wird, sondern der Gesinnungsstaat, der ein Deutungs- und Gefolgschaftsmonopol behauptet.

Wenn wir also von einem Konflikt um Ethik und Moral sprechen, meinen wir damit nicht, dass der Einzelne – wie im Falle des Mitgliedschaftskonfliktes – vor einer Entscheidung zugunsten des einen oder anderen ethischen Referenzrahmens gestanden hätte. Es geht hier vielmehr um das Problem der gesellschaftlichen Delegitimierung des Referenzrahmens einer religiös begründeten Ethik, so dass sich diejenigen, die sich darauf berufen, der Gefahr der Marginalisierung aussetzen.

4 Konflikthaftigkeit der Selbstverortung: Deutungsmuster der Diktatur

Die Konflikthaftigkeit des Säkularisierungsprozesses in der DDR zeigt sich aber nicht nur an den drei genannten Konfliktlinien, sondern auch an ihrer semantischen Bearbeitung. In den beiden älteren von uns befragten Generationen stießen wir auf Deutungsmuster, in denen sich nicht nur das Verhältnis zwischen Selbst und Umwelt, Innen und Außen dokumentiert, sondern die gleichzeitig auf dieses Verhältnis bezogene *Legitimationsfiguren* enthalten. In ihnen wird artikuliert, warum man sich so und nicht anders positionieren musste oder konnte, warum die eigene Positionierung – im Vergleich zu anderen – legitim und vernünftig, lebensklug oder schlicht unvermeidlich war, oder warum man mit dem, wie die Verhältnisse sich entwickelt haben, nicht übereinstimmte. Die Semantiken schließen an ältere Deutungsmuster an und schaffen damit einen überhistorischen Rahmen, in dem frühere Konflikte nachklingen. Dieser Anschluss an historische Vorbilder kann die Positionierung in der Gegenwart dramatisieren und damit die Unhintergehbarkeit der eingenommenen Haltung untermauern. Er kann aber auch dazu dienen, die Unausweichlichkeit von Kompromissbildungen zu betonen, die sich solchem Heroismus gerade verweigern. In ihrer Kontrastivität zeichnen die Semantiken ein Bild der Rechtfertigungsverhältnisse der DDR.

Die Typologie, die ich im Folgenden vorstelle, ist eine idealtypische Konstruktion im Sinne Webers (1988 [1922]: 190 ff.). Das heißt, sie geht von empirischem Material aus, übersteigert aber die gefundenen Resultate in abstrahierender und theoretisierender Weise. Die Zitate allerdings, auch wenn sie erkennbar älteren Ursprungs sind, fielen mehrfach in den Interviews. Sie stehen für Formen der Deutung und der institutionellen Ordnung, die die Akteure im sozialen Raum und in der historischen Zeit verankern.

In den beiden ältesten Familiengenerationen fanden wir drei wesentliche Ausprägungen von Deutungsmustern: ein „exklusives", ein „integrationistisches" sowie eines, das auf „Sphärendifferenzierung" abstellt. Für das erste und das letzte finden sich religiöse und säkulare Varianten, das mittlere unterläuft per definitionem eine solche Unterscheidung. Dass diese Deutungsmuster auf die beiden älteren Familiengenerationen beschränkt sind, zeigt gleichzeitig, dass es sich um *Deutungsmuster der Diktatur* handelt, die unter demokratischen Verhältnissen ihre Funktion einbüßen. Auch die sozialen Grenzziehungen, die als Problemhorizont im Hintergrund von Deutungsmustern stehen, fallen unter diesen Bedingungen anders aus. Gleichwohl wirken bestimmte Motivlagen nach.

Es ist hier vorauszuschicken, dass die biographischen Erzählungen, in denen sich Entscheidungsprozesse dokumentieren, oft unterhalb der Schwelle expliziter Legitimation bleiben. Während Parteieintritte oder deren Verweigerung häufig Legitimationserzählungen provozieren, werden Kirchenaustritte oft beiläufig erwähnt. In vielen Fällen ist es der *Kontext* des Kirchenaustritts, aus dem dessen institutionelles Prozessiertwerden erkennbar wird: Typische Fälle sind die Anmeldung zur standesamtlichen Trauung oder die bevorstehende Anstellung in einem staatsnahen Beruf. Was ich bereits als grundlegende Konflikthaftigkeit des Säkularisierungsprozesses in der DDR bezeichnet habe, dokumentiert sich in vielen Fällen als nahezu selbstverständliche Unvereinbarkeit, deren Entscheidungsförmigkeit sich hinter dem institutionellen Vollzug verbirgt. Oft wird erst auf Nachfragen hin deutlich, dass es sich hier tatsächlich um eine *Entscheidung* handelte, und dass man um die möglichen Konsequenzen des Nichtentscheidens wusste. Insofern zeichnen sich die Deutungsmuster, mit denen ich mich im Folgenden beschäftige, durch ein Explizitwerden von Motivlagen aus, die in vielen Fällen in den Logiken institutioneller Prozeduren verborgen bleiben.

	Orientierung	
Deutungsmuster	Religiös	Säkular
Exklusion	„Man kann nur einem Herren dienen"	„Irgendwann musste dich bekennen"
Integration	„Religiosität und Sozialität!"	
Sphärendifferenzierung	„Gebt dem Kaiser, was des Kaisers ist, und Gott, was Gottes ist" *oder:* „Nicht mit der Kirchenfahne vorneweg"	„Wessen Brot ich ess', dessen Lied ich sing'" *oder:* „Nicht mit der Fahne vorneweg"

4.1 Exklusion: „Man kann nur einem Herren dienen" – „Irgendwann musste dich bekennen"

Das erste Deutungsmuster formuliert vor dem Hintergrund des Konfliktes zwischen dem politischen und dem religiösen System ein Exklusionsverhältnis. Das lebensgeschichtlich vollzogene Kappen der Bindungen zur jeweils anderen Sphäre wird in dieser Art der Typisierung normativ generalisiert. Wir fanden davon in unserem Material sowohl eine ‚christliche' als auch eine ‚sozialistische' Variante. Das Deutungsmuster entspricht im christlichen Kontext einer gesinnungsethischen Haltung, die sich aus der Erfahrung des Kampfes zwischen Staat und Kirche in den 1950er und frühen 1960er Jahren speist und eine Verbindung herstellt zu Erfahrungen im Nationalsozialismus. Der daraus entstehende Loyalitätsdruck, der zunächst von Seiten des Staates auf die noch kirchlich gebundene Bevölkerung, aber zeitweise auch von Seiten der Kirchen auf ihre Mitglieder ausgeübt wurde – exemplarisch dafür war die Auseinandersetzung um die Jugendweihe –, wird hier zur Handlungsmaxime. Dabei wird der Konflikt zwischen gesellschaftlichen Teilsystemen übersetzt in die kulturelle Symbolik einer grundlegenden Konflikthaftigkeit, in der man sich zwischen Kirche und Staat zu entscheiden hat, oft auf Kosten eigener Karriereambitionen oder der Chancen der eigenen Kinder. Dies zeigt sich in besonders deutlicher Weise im Fall der katholischen Familie 4:

GV: In der Schule mussten se dann ooch schon, ham äh anjegeben, ob se 'ne Lehrstelle kriejen oder nich', na dann ging das schon los /I: mhm/
V: *war so ja* (3)
GV: Und natürlich ooch immer dadurch, dat die Kinder äh gläubig erzojen wurden, schon Nachteile inne Schule, ja? /I: mhm/
I: Ja?
GV: *Ja ja*.
I: Also sie waren beide denn von der Konfession her katholisch, oder?
GM: Schon immer. /I: mhm/
GV: Ham se mir gesacht: Also der Junge
GM: Meine Eltern warn katholisch/
GV: ⌊der wir emol Schwierigkeiten kriejen, wird mal keine Lehrstelle bekommen und so weiter, ja?
I: Ihr Sohn?

GV: Und da hab' ich zu dem Lehrer jesacht: „Dat lass ma meine Sorje sein. Der wird schon 'ne Lehrstelle kriejen." Ja? (...)
GM: (...) Mein Mann und ich mussten hinkommen äh zum Schuldirektor und mussten äh/ er sollte äh Gerhard sollte, was war das? (2) Der sollte, äh, äh, äh (1) Jugendweihe!
I1: Jugendweihe.
GV: Ja, darum ging's ooch.
GM: Und da hab ich jesacht: „Das kommt für mich nicht in Fraje. Wir sind Christen", hab' ich jesacht, und: „Wir sind katholisch, und das gibt's bei uns nicht. Wir können nur einem Herre dienen", hab' ich jesagt /I: mhm/ (lacht) Da warn se ga/ „Ja dann wird er Schwierigkeiten ham", hat er jesacht. „Dann wird er Schwierigkeiten ham in der Lehre und alles". Da hab' ich jesacht: „Ham se mal keine Sorje. Der kriegt auch 'ne Lehrstelle." /I: mhm/ Und da ist es dann so geblieben. Und er hat auch dadurch/ naja vielleicht hat er auch ein bissel Schwierigkeiten gehabt dadurch.
GV: Ja, hat er Schwierigkeiten gehabt. /I: mhm/ (Familie 4)

Das Selbstbewusstsein, mit der die Großeltern in nahezu identischen Schilderungen dem Repräsentanten der staatlichen Schule, der verlangt, dass der Sohn an der Jugendweihe teilnimmt, gegenübertreten und diesem damit die Definitionsgewalt über den Werdegang des Sohnes streitig machen („Dat lass ma meine Sorje sein" und „Ham se mal keine Sorje"), dominiert das – fast beiläufige und in gewisser Weise widerwillige – Eingeständnis, dass für den Sohn daraus gleichwohl „Schwierigkeiten" resultierten.[8] Selbstverständlich gerahmt wird die hier erzählerisch dokumentierte Haltung durch das exklusionistische Deutungsmuster: „Wir können nur einem Herre dienen". Daraus leiten sich die grundlegenden Entscheidungen ab, von daher definiert sich auch die Relevanz der Folgen des eigenen Handelns. Wesentlich ist, dass man zur eigenen Überzeugung gestanden hat, dem nachgeordnet sind die daraus resultierenden Schwierigkeiten.

Die konträre Gegenposition, die gleichwohl in derselben Logik sich ausschließender Loyalitäten verbleibt, findet sich auf der Seite derer, die sich das politische Anliegen der SED zueigen machten und vor diesem Hintergrund die Loyalitätsforderungen des Staates verteidigten.

Hier kommt – wie im Fall des Vaters der Familie 17 – ein Deutungsmuster ins Spiel, das die Zugehörigkeit zur sozialistischen Partei zum *Gesinnungsakt* und zum *Loyalitätsbeweis* werden lässt, auf den der Staat gleichsam einen Anspruch hat.

V: Na Parteieintritte, also de Kinder sind schon, die drei Großen durch 'n Leistungssport. /M: hmm/ erst an der DHfK, auf der KJS gewesen, dann Leistungssport betrieben. Äh ham an für sich den Weg selber gefunden, also es hat, es hat keener gesagt denen: „tritt ein". (...) Ja und wir beide, äh also meine drei großen sind alle dreie in die SED eingetreten durch 'n Leistungssport, weil se bei Dynamo beziehungsweise weil se bei der DHfK waren. Aber ich kann auch, war ja auch in der, äh, in der Jugendkommission in der KJS „Ernst Thälmann", ich kann auch nich' saachen, dass den jemand gezwungen hätte dort einzutreten. Aber irgendwann musste dich ja bekennen. Also wir hatten ooch kirchliche Kinder in der KJS. Natürlich äh war's schwerer /I2: mhm/ 's is' klar. /I1: mhm/ Äh 's wär' dasselbe, als wenn de, wie ich vorhin gesagt habe, nach 'n Westen guckst und erzählst am nächsten Tach nur Westreklame /I2: mhm/ un' willst

---

8 Die Großmutter muss sich hier mitten im Satz korrigieren und wird darin dann vom Großvater bestätigt.

dann, dass de vielleicht dort noch 'ne große Förderung kriechst. Ja. das is' ge-j-jeder Staat liebt erstma' seine eigne Krämerware und und-und-und-und und ja, du kannst Meinung wohl sagen zu andern Problemen, aber jeder möchte ooch, dass du dann off dem Boden Deutschland stehst und nich' in der Türkei. Frau, du bist ooch in den Jahren eingetreten? (Familie 17)

Hier zeigt sich das institutionelle Prozessiertwerden („durch 'n Leistungssport") gleichermaßen wie die Betonung der Wichtigkeit des eigenen – exklusiven – Bekenntnisses. Zum Parteieintritt gezwungen zu werden, würde dieses Bekenntnis infrage stellen. Und gleichzeitig wird legitimiert, dass die „kirchlichen Kinder", die dem Staat das entsprechende Bekenntnis verweigern und hier pauschal mit einer „Westorientierung" identifiziert werden, vom Staat, dem sie das Bekenntnis verweigern, legitimerweise auch keine Förderung erwarten könnten.

4.2 Sphärendifferenzierung und geteilte Loyalitäten: „Gebt dem Kaiser, was des Kaisers ist, und Gott, was Gottes ist" – „Wessen Brot ich ess', dessen Lied ich sing"

Diese Form der Typisierung ist das Gegenmodell zum Exklusionsmodell und bringt wohl am charakteristischsten für die breite Bevölkerung die Bedingungen des Lebens in der DDR auf den Begriff. Das Deutungsmuster rekurriert auf die lebensweltliche Unterscheidung zwischen verschiedenen Sphären und die Akzeptanz ihrer spezifischen Loyalitätsanforderungen, ohne dass sich daraus exklusive Loyalitäten begründeten. Mit dieser Sphärendifferenzierung verbindet sich häufig die Unterscheidung von Bereichen „authentischen" und „inauthentischen" bzw. „ehrlichen" und „unehrlichen" Verhaltens.

In der kirchlichen Variante wird dabei oft ein konfessionelles Sozialisationsmilieu als Gegenmilieu ausgegrenzt. So wird etwa der Bereich der außerschulischen Sozialisation zum Prüfstein für die erfolgreiche Sphärentrennung. Solange dieser Bereich staatlicherseits unangetastet bleibt, bleibt die Sphärentrennung in der Balance. Die Befragten, die eine Sphärentrennung propagieren, erwähnen das Bekenntnismodell zum Teil explizit als Kontrasthorizont, von dem sie sich absetzen, etwa wenn die „Helden" und „Revoluzzer" oder diejenigen, die mit der „Kirchenfahne vorneweg" gelaufen sind, im Widerspruch zur eigenen Orientierung stehen. Im folgenden Fall des Vaters aus Familie 2 verbindet sich das Wissen um die eigene Privilegierung als Ärztesohn und darum, aufgrund des Geburtsjahrganges um bestimmte Entscheidungen wie z. B. dem FDJ-Eintritt herumgekommen zu sein, mit einem sehr genauen ‚Gespür' dafür, wie weit man sich jeweils nach vorn wagen kann. „Nicht mit der Kirchenfahne vorneweg" zu laufen, wird hier zum Deutungsmuster, mit dem man sich etwa von der oben skizzierten Haltung der Familie 4 abgrenzt:

V: Vielleicht noch mal so zu politischen Sachen. Ich bin bis 61 in Westberlin in die Schule gegangen. (1) Und dann aber auch wieder typisch DDR: Da meine Eltern Ärzte waren, bin ich danach hier, konnte ich hier weiter aufs/ auf die Oberschule gehen. /I1: hmh/ Und das war eigentlich *nich'* gang und gäbe. Also viele aus meiner Klasse damals, wo ich *einige* wirklich noch im, im, im Gesichtsfeld hab', die um *einiges* besser waren als, als ich also. Da hätte ich gar nicht weiter gehen dürfen, aber die kamen weiter, äh die kamen eben *nicht* weiter, ich, ich konnte es. Das waren natürlich so gewisse /I1: hmh/ Ungerechtigkeiten, die man damals dann, dann schon merkte. /I1: hmh/ Aber was man also doch an Erfahrungen da hatte, war *eigentlich,* dass ich aus meiner Haltung nie großen, äh (2) ja großes Verschweigen gemacht hatte. Ich war also nie so, dass ich jetzt mit der Kirchenfahne vorneweg lief. Aber wenn irgendwas war oder so, oder wenn es mal so Auseinandersetzungen gab /I1: hmh/ oder so, das war damals ja, ich mein', FDJ kam, das kam gar nicht in Frage, dadurch dass ich 61, ich bin 43 geboren, 61 war ich achtzehn gewesen, das, als ich dann hier wieder in die Oberschule kam, das war /I1: hmh/ witzlos.

Die Formulierung, nicht „mit der Fahne vorneweg" gelaufen zu sein, findet sich in identischer Weise im Gespräch mit völlig kirchenfernen Familien, hier jedoch im Kontrast zu denen, die sich mit dem Staat völlig identifiziert haben, aber auch zu denen, die als „Kirchliche" mit dem Staat in Konflikt gerieten.

Welche Konsequenzen die Haltungen hatten, hing nicht zuletzt von dem jeweiligen Kontext, von den eigenen Ressourcen und von den Möglichkeiten ab, auf ‚Nischen' zurückgreifen zu können. Das Ergebnis kann unter Umständen ähnlich sein: So fanden sich sowohl unter den Familien, die das erste, als auch unter denen, die das zweite Deutungsmuster für sich in Anspruch nahmen, welche, die ihre Kinder *nicht* an der Jugendweihe teilnehmen ließen. Dennoch ist die Motivation, die im Hintergrund steht, sehr unterschiedlich. Die Nichtteilnahme an der Jugendweihe ist im einen Fall Ausdruck einer gesinnungsethischen Position, die sich auch in anderen Bereichen dokumentiert, im anderen Fall markiert sie den Bereich, in den der Staat *nicht mehr* hineinregieren darf, wird aber ‚erkauft' mit anderen Anpassungsleistungen. Gerade im Familiengespräch werden, oft über die Nachfragen der Kinder, diese Kompromissbildungen deutlich.

Die Begründungen rekurrieren bisweilen auf verantwortungsethische, an Folgen orientierte und den sinnvollen Einsatz kalkulierende Motive. In anderen Interviews wird dies zu einem biblischen Deutungsmuster geteilter Loyalitäten gebündelt: „Gebt dem Kaiser, was des Kaisers ist, und Gott, was Gottes ist" (Mt. 12,17). Dies zeigt sich im folgenden Interviewausschnitt, in dem in die Begrüßung der neuen Freiheiten, die sich etwa in Auslandsaufenthalten der Enkel dokumentieren, und in das Bekenntnis zur „Wende" gleichwohl ein Deutungsmuster geteilter Loyalitäten eingewoben ist, dem zufolge auch der autoritäre Staat als „Vater Staat" Gefolgschaft beanspruchen darf:

GM: Wir waren froh, dass die Freiheit da, im ⌈Reden da war, das hat uns sehr beglückt /I: mhm/
GV: ⌊dass dies und jenes besser und schlechter war, ist schlecht und gut oder ganz normal. Aber so eine Diktatur, wie sie die SED war, die haben wir abgelehnt
GM: ⌊total
GV: ⌊und und wir ham uns loyal verhalten, weil man ja im Vater Staat leben musste. Und selbst die Kirche sagt, selbst unser Herrgott hat gesagt: Gebt dem Kaiser {klopft auf Tisch}, was des Kaisers ist, und Gott, was Gottes ist! /I: mhm/ So: also wir können den Vater Staat nicht *ablehnen* und wir sollen auch positiv /I: mhm/ für ihn arbeiten, aber er soll in gewisser Hinsicht seine, seine Bevölkerung schützen, hier ordentlich leben lassen und ein bisschen Freiheit mir gönnen. /I: mhm/ Und deswegen haben wir, das will ich also noch mal sagen, nicht nur 100, sondern 110 Prozent bejahen wir die große Wende, dass man den

diktatorischen Staat SED abgeschafft hat und wir jetzt in einem demokratischen Deutschland sind. /I: mhm/ Amen. (Familie 16)

Ein strukturell vergleichbares Muster der Sphärentrennung findet sich im säkularen Kontext bei Familien, die beruflich erfolgreich in den DDR-Staat integriert waren, diesen zum Teil auch ideologisch unterstützen, gleichwohl aber den Bereich der Sozialisation von Kindern oder andere nicht-öffentliche Binnenräume dem staatlichen Zugriff partiell entzogen.

„Wessen Brot ich ess, dessen Lied ich sing", entspricht als Deutungsmuster einer Haltung, die gleichzeitig strategische Loyalität und mentale Reserve zum Ausdruck bringt:

V: Und die Erfüllung der Lehrpläne war halt in hohem Maße geschuldet der Wissenschaft, das is' wirklich wahr. Und Staatsbürgerkunde, das war so des Anhängselding, da musste man halt mitmachen und bestimmte Dinge interpretieren, angefangen über Hegel hin über Marx, Engels, Lenin, hin bis zur Staatsdoktrin unserer führenden Leute Walter Ulbricht und damals ooch Erich Honecker speziell. /I1: mhm/ Wir mussten auch im Internat, das sag' ich ehrlich, äh wenn die Parteitage waren, saßen wir alle vorm Schwarz-Weiß-Fernseher, 'ner alten Möhre, und haben uns dort gemeinsam in einer Stunde die Reden reinziehen müssen. /I2: mhm/ Das war halt, o. k. nach dem Grundsatz: Wessen Brot ich ess', dessen Lied ich sing. (Familie 18)

Etwas später im Interview verlängert der Vater der Familie 18 diese Haltung in die Gegenwart hinein und macht sie so zu einer überzeitlichen Lebensmaxime, mit der er den konkreten Anpassungsvorgang während der DDR-Zeit entproblematisiert.

4.3 Integrationismus: „Sozialität und Religiosität"

Deutungsmuster, die in irgendeiner Weise auf das Spannungsverhältnis zwischen Religion und Politik verweisen und darauf bezogen unterschiedliche und miteinander konfligierende ‚Lösungen' präsentieren, treffen die Realität in der DDR sicherlich in besonders charakteristischer Weise. Allerdings gibt es auch andere, die auf die Spannung mit einer Integrationsfigur antworten, die auf die Verbindung von Christentum und Sozialismus abzielt. In unserem Sample tauchen solche integrationistischen Deutungsmuster nur vereinzelt auf. Aber zweifellos war diese Position in der DDR existent. Christliche Kreise wie der „Weißenseer Arbeitskreis" hatten sich diese Selbstbeschreibung schon Mitte der 1960er Jahre zu eigen gemacht und versuchten, christliches und sozialistisches Engagement in der DDR zu integrieren. Dieser Position entspricht in unserem Sample das Motto „Sozialität und Religiosität" und verbindet dezidierte Staatsnähe mit Kirchenbindung. In der Familie 8 etwa werden die beiden Seiten gewissermaßen arbeitsteilig von Großvater und Großmutter repräsentiert: Er war Abgeordneter in der Volkskammer und Mitglied der LDPD, trat aber nie aus der Kirche aus. Sie – eine Pfarrerstochter – kümmerte sich um die große Familie und gewährleistete die Bindung der Familie an die Evangelische Kirche, nicht ohne die staatlichen Sozialisationsangebote zu nutzen. Im Interview entwirft die Großmutter das Bild von der Familie als Keimzelle des Staates, und der Großvater propagiert am Ende des Gesprächs das Motto „Religiosität und Sozialität":

GV: Sie ham uns zu einem sehr interessanten Experiment verholfen, dass wir in unsrer Familie mal *so*, machen wir auch sonst so, aber dass so ein junger Mensch aus der Enkelgeneration diesen Blick hat, gell? /I1: mhm/ Ich kann dazu, ich kann nur zuhör'n jetzt. /I1: mhm/ Mit 83 Jahren, ich habe natürlich meine Vorstellungen, die sind natürlich, langsam treten die zurück. /I1: mhm/ Ich hab' in meinem Buch meiner Juchend äh das auf einen Begriff gebracht: Religiosität und Sozialität, das sind die tragenden Pfeiler einer Gesellschaft /I1: mhm/ Religiosität und Sozialität, ge. /I1: mhm/ He, das is' und das andre is', wer Freiheit fordert muss auch Freiwilligkeit anbieten, gell? /I1: mhm/ Die Leute schreien doch immer „Freiheit" vor a/ zum Teil isses reinster Egoismus, /I1: mhm/ ge, aber freiwillig? Sach mal: „nu mach doch mal das, /I1: mhm/ das fordert die Gesellschaft von dir!" Da sagen se schon, „macht kein' Spaß". Ich will das nich' übertreiben, „macht keen Spaß, int'ressiert mich nich', ich will meine Freiheit haben", und da steuert ein Teil uns'res deutschen Volkes in einer fürchterlichen Weise hinein, ge? (Familie 8)

Das Zitat zeigt als Grundmotiv der Verbindung von „Religiosität und Sozialität" und wohl auch des verwandten Mottos „Christentum und Sozialismus" einen im Kern antiindividualistischen Funktionalismus. Weit davon entfernt, eine befreiende Kraft zu sein, wird Religion hier als „sozialer Kitt" legitimiert.

5 Schluss

Lässt sich die religiöse Lage in Ostdeutschland angemessen als Resultat einer „erzwungenen Säkularisierung" (Meulemann 2003) interpretieren? Oder muss man angesichts der Langlebigkeit von Entkirchlichung und Religionslosigkeit heute nicht vielmehr von der Freiwilligkeit dieser Haltungen ausgehen? Was erfährt man heute noch aus dem Blick zurück in die DDR-Geschichte und darüber hinaus, wenn Konfessionslosigkeit und Atheismus längst in den Habitus vieler Ostdeutsche eingegangen sind?

Ich habe in diesem Text versucht, die subjektive Auseinandersetzung mit der Religionspolitik der SED und den dadurch geprägten Verhältnissen in der DDR und die Folgen dieser Auseinandersetzung zu rekonstruieren. In der Untersuchung, die diesem Text zugrunde liegt, zeigt sich, dass das Label der „erzwungenen Säkularisierung" zwar als Beschreibung der politischen Maßnahmen und ihrer Effekte angemessen sein mag, dass es den sozialen Prozess, der damit verbunden war, aber nur unzureichend erfasst. Auch in einer Diktatur setzen sich Menschen aktiv mit ihrer Umwelt auseinander. Sie eignen sich das, womit sie konfrontiert werden, auf je spezifische Weise an und finden – im Kontext von Familien, Gruppen und Institutionen – ihre eigenen Formen des Umgangs damit. Im Wissensvorrat der Gesellschaft liegt zudem eine Vielfalt von Deutungen bereit, an die sich anschließen lässt und mit denen sich die eigenen Positionierungen plausibilisieren und rechtfertigen lassen. Deutungen aus dem Fundus der Religionskritik gehören dazu ebenso wie solche aus dem religiösen Fundus und der sich auf das eine oder andere – oder beides – berufenden Bewegungen.

Die SED konnte positiv anschließen an Traditionen der Religionskritik und des Szientismus (Schmidt-Lux 2008), an desillusionierende Erfahrungen im Krieg, an den Drang, nach dem Nationalsozialismus in der ‚neuen Gesellschaft' auch die eigene Biographie neu aufzubauen oder die Laufbahn der Kinder nicht zu behindern. Es gelang ihr, durch Maßnahmen der Repression, aber auch durch solche der Überzeugung, die Perspektive einer grundlegenden Konflikthaftigkeit zwischen Religion und Politik sowie zwischen Religion und Wissenschaft zu verbreiten, die sich bis heute in den Erzählungen und Argumentationen ostdeutscher Interviewpartner dokumentiert. Die Orientierung an ‚Wissenschaftlichkeit' und ‚Rationalität' ist ein Motiv, das den Zusammenbruch der DDR überdauert hat und an das sich heute auch mit einer entpolitisierten Religionskritik anschließen lässt. Gleichwohl zeigt die Heftigkeit mancher Reaktionen, wenn es um den öffentlichen Einfluss der Kirchen geht, in welchem Maße diese Haltungen auch heute noch affektiv fundiert sind.

Es gelang der SED zudem, eine Mitgliedschaftslogik durchzusetzen, aus deren Blickwinkel selbst der unmissverständlich *erwartete* Kirchenaustritt als Konsequenz der eigenen Loyalität erscheint. Dass auch die Kirchen selbst der ‚Falle' dieser Mitgliedschaftslogik nicht entgingen, indem sie ihrerseits Unvereinbarkeitsbeschlüsse fassten, erscheint im Nachhinein als zusätzlicher Grund für das Sich-entscheiden-Müssen. Auch wenn der Staat, der diese Loyalität erwartete, nicht mehr existiert, erscheint vielen doch die Erwartung zum ‚Bekenntnis' auch im Nachhinein als legitim. Den Nachteil, den ein ‚falsches' Bekenntnis mit sich brachte, hat sich in dieser Logik jeder selbst zuzuschreiben.

Forcierte Säkularisierung wird zum Eigenen, zur Haltung der Säkularität auch im Prozess familialer Tradierung. Es käme einer völlig überraschenden ‚Erweckungsbewegung' gleich, wenn sich nennbare Anteile der konfessions- und oft auch religionslosen Bevölkerung der DDR heute wieder zu einer religiösen Form der Zugehörigkeit bekennen würden. Wo drei Viertel der Bevölkerung keiner religiösen Gemeinschaft angehören, setzt sich die Distanz zu Religion und Kirchen oft selbstverständlich fort, so wie auch religiöse Bekenntnisse meist in Familien tradiert werden.

Die Haltung der forcierten Säkularität verfügt aber auch über ihre eigenen Transzendenzen. So wie die Zigarettenwerbungen, die gesondert für ein ostdeutsches Publikum entworfen werden, Bildergeschichten eines unverkrampften Gemeinschaftslebens erzählen, tauchen Semantiken der *Gemeinschaft* und *Ehrlichkeit*, aber auch der *Arbeit* als idealisierende Bezüge in den Schilderungen unserer Interviewpartner immer wieder auf. So ‚(n)ostalgisch' solche Bezüge in vieler Hinsicht sind und so sehr sie die Vergangenheit der DDR mit ihren Zwangs- und Notgemeinschaften beschönigen, weisen sie doch in ebendieser Idealisierung auch Wertbezüge auf, an die sich in der Kommunikation in der Familie oder unter Freunden anschließen lässt. Zudem dienen sie der eigenen Verortung in einer Phase, die wir als „Phase des langen, schnellen Übergangs" (Wohlrab-Sahr/Karstein/Schmidt-Lux 2009: 290) bezeichnet haben. Lang ist dieser Übergang, weil er für viele der Ostdeutschen bereits einen großen Teil des eigenen Lebens ausmacht und weil für sie ein Ende des Übergangs noch nicht und vielleicht in der eigenen Lebensspanne auch nicht mehr abzusehen ist. Schnell ist der Übergang, weil er in relativ kurzer Zeit gesellschaftliche Verhältnisse und die selbstverständliche Orientierung in ihnen umgestoßen hat und damit fast zwangsläufig eine Haltung des Rückblicks und des Vergleichs – auch gegenüber den eigenen Kindern – erzeugt hat, wie sie unter ‚Normalbedingungen' erst im späteren Rückblick auf die eigene Kindheit aufkommt. In Relation dazu erscheinen die westdeutschen Verhältnisse in luxuriöser Weise stabil.

Die Semantiken des verlorenen Gemeinschaftslebens und der „ehrlichen" Haut, die sich dem Rollenspiel der kapitalistischen Gesellschaft verweigert, überbrücken die Abstände zwischen den Generationen, aber auch diejenigen zwischen Interviewpartnern, die im Hinblick auf die politische Bewertung der DDR Opponenten waren. Sie beziehen ihr Material aus dem idealisierenden Rekurs auf die Lebenswelt der DDR-Gesellschaft und auf einen stilisierten Habitus, der auf dieser Lebenswelt beruht. Es handelt sich um Semantiken ostdeutscher Identität, die zur Verbindung nach innen und zur Abgrenzung nach außen dienen: gegenüber einem gesellschaftlichen Wandel, der die alten Lebenswelten zersetzt; gegen eine Wirtschafts- und Konsumgesellschaft, die Anforderungen und Bewertungen ins Spiel bringt, denen mancher nicht gerecht werden kann oder will; aber immer wieder auch gegenüber den Menschen, die diese neuen Wertsetzungen repräsentieren und dazu beitragen, die Relevanzen der Lebenswelt der DDR zu entwerten. *Gemeinschaft*, *Arbeit* und *Ehrlichkeit* sind zu Identitätssemantiken geronnene Arten der Selbstbeschreibung und der idealisierenden Beschreibung des Vergangenen. Dass es sich dabei – gerade in ihrer Entpolitisierung der untergegangenen Gesellschaft – um ideologische Deutungen handelt, liegt auf der Hand. Als Identitätssemantiken, die auf der einen Seite Divergenzen überbrücken und auf der anderen Seite Kontraste setzen, sind sie soziologisch gleichwohl aufschlussreich. Zeigen sie doch, an welche Bestände sich in der langen Übergangssituation des deutschen Vereinigungsprozesses positiv anschließen lässt. Man kann diese Semantiken auch als Formen „mittlerer Transzendenz" (Luckmann 1985) oder, um mit Simmel zu sprechen, des „Religioiden" begreifen, mit denen das Leben in der DDR und der daraus hervorgehende Habitus überhöht werden. Gerade im Diskurs der Familien allerdings zeigt sich, dass die Einheitssemantiken *vor dem Hintergrund von Differenz* ins Spiel kommen. Sie versuchen zusammenzuhalten, was durch die Unterschiedlichkeit der Chancenstrukturen und der Orientierungen längst divergent geworden ist.

6   Literatur

Berger, Peter L. (Hrsg.) (1999): The Desecularization of the World. Resurgent Religion and World Politics. Washington.
Bohnenkamp, Björn/Manning, Till/Silies, Eva-Maria (Hrsg.) (2009): Generation als Erzählung. Göttingen.
Burchardt, Marian/Wohlrab-Sahr, Monika (2010): Multiple Secularities. Public Controversies in Comparison. Vortrag beim XVII. Kongress der International Sociological Association in Göteborg, Schweden, 18.7. 2010.
Chaves, Mark (1994): Secularization as Declining Religious Authority. In: Social Forces 72: 749–774.
Davie, Grace (2002): Europe: the Exceptional Case. Parameters of Faith in the Modern World. London.
Eisenstadt, Shmuel N. (2000): Multiple Modernities. In: Daedalus 129/1: 1–29.
GESIS (Hrsg.) (1991; 2002): Allgemeine Bevölkerungsumfrage der Sozialwissenschaften (Allbus). Köln.
Gärtner, Christel/Pollack, Detlef/Wohlrab-Sahr, Monika (Hrsg.) (2003): Atheismus und religiöse Indifferenz. Opladen.
Giegel, Hans Joachim (1988): Gesellschaftstheorie und Konfliktsoziologie. In: Giegel (Hrsg.): 9–28.
Giegel, Hans Joachim (Hrsg.) (1988): Konflikt in modernen Gesellschaften. Frankfurt/Main.
Jaschinski, Eberhard (Hrsg.) (1997): Das Evangelium und die anderen Botschaften. Nettetal.
Johnson, Uwe (1992 [1985]): Ingrid Babendererde. Reifeprüfung 1953. Frankfurt/Main.
Karstein, Uta (2009): Familiale Einheit und generationelle Differenz. Zur kommunikativen Konstruktion historischer Generationen am Beispiel ostdeutscher Familien. In: Bohnenkamp/Manning/Silies (Hrsg.): 53–71.
Karstein, Uta/Punken, Mirko/Schmidt-Lux, Thomas/Wohlrab-Sahr, Monika (2006): Säkularisierung als Konflikt? Zur subjektiven Plausibilität des ostdeutschen Säkularisierungsprozesses. In: Berliner Journal für Soziologie. 4: 441–461.
Koslowski, Peter (Hrsg.) (1985): Die religiöse Dimension der Gesellschaft. Tübingen.
Kuru, Ahmet (2007): Secularism and State Policies toward Religion. The United States, France, and Turkey. New York.
Luckmann, Thomas (1985): Über die Funktion von Religion. In: Koslowski (Hrsg.): 26–41.
McLeod, Hugh (1986): Religion in the British and German Labour Movement. A Comparison. In: Bulletin of the Society for the Study of Labour History 50: 25–36.

Meulemann, Heiner (2003): Erzwungene Säkularisierung in der DDR – Wiederaufleben des Glaubens in Ostdeutschland? In: Gärtner/Pollack/Wohlrab-Sahr (Hrsg.): 271–287.

Oevermann, Ulrich (2003): Strukturelle Religiosität und ihre Ausprägungen unter Bedingungen der vollständigen Säkularisierung des Bewusstseins. In: Gärtner/Pollack/Wohlrab-Sahr (Hrsg): 339–387.

Pollack, Detlef (1994): Kirche in der Organisationsgesellschaft. Zum Wandel der gesellschaftlichen Lage der evangelischen Kirchen in der DDR. Stuttgart.

Richter, Ralph/Schmidt-Lux, Thomas (2010): Wohin nach der sozialistischen Moderne? Der Streit um die Rekonstruktion der Leipziger Universitätskirche St. Pauli. In: dérive. Zeitschrift für Stadtforschung (im Erscheinen).

Schmidt-Lux, Thomas (2008): Wissenschaft als Religion. Szientismus im ostdeutschen Säkularisierungsprozess. Würzburg.

Smith, Christian (2003): The Secular Revolution. Power, Interests, and Conflict in the Secularization of American Public Life. Berkeley.

Tiefensee, Eberhard (1997): Gesellschaft ohne Religion. Das Erbe von 40 Jahren DDR. In: Jaschinski (Hrsg.): 55–86.

Wohlrab-Sahr, Monika/Karstein, Uta/Schmidt-Lux, Thomas (2009): Forcierte Säkularität. Religiöser Wandel und Generationendynamik im Osten Deutschlands. Frankfurt/Main.

Ostdeutschland im europäischen Vergleich – Immer noch ein Sonderfall oder ein Sonderweg?

Gert Pickel

1 Einleitung – Ostdeutschland als Sonderweg und nicht Sonderfall?

Immer wieder wird in der innerdeutschen Diskussion, aber auch darüber hinaus, auf die Sondersituation oder den Sonderfallstatus Ostdeutschlands auf dem Gebiet des Religiösen hingewiesen. Will man die Entwicklungen in einem Land oder einer Region aber richtig einordnen, so ist es sinnvoll, Vergleichsfälle zu Rate zu ziehen. Erst dann kann man eine Aussage darüber treffen, ob das untersuchte Gebiet wirklich besonders ist. Zudem eröffnet ein solcher *komparativer Zugang* die Möglichkeit, grundsätzliche Erklärungen für eine zu beobachtende Situation auszumachen. Gerade für die Betrachtung von Religiosität und Kirchlichkeit in Ostdeutschland scheint dies angebracht, wird die religiöse Situation doch dort in öffentlichen Verlautbarungen oft alleine auf „politisch-kulturelle" Hinterlassenschaften des SED-Regimes zurückgeführt – und mit dieser Begründung auf eine tiefergehende Analyse weitgehend verzichtet.

Ostdeutschland wird als *Sonderfall* deklariert, der sich nicht nur maßgeblich von den anderen Entwicklungen im postsozialistischen Europa unterscheidet, sondern sich in gewisser Hinsicht auch einer strukturellen Erklärung, wie sie verschiedene Theorien der Religionssoziologie vorlegen, in Teilen entzieht. Bereits in einem früheren Beitrag (vgl. Pickel 2003) habe ich versucht aufzuzeigen, dass die Situation in Ostdeutschland nicht unbedingt einen (unerklärlichen) Sonderfall darstellt, sondern höchstens dahingehend besonders ist, dass verschiedene spezifische Rahmenfaktoren gerade dort zusammenfallen. Dies verweist auf die Unterschiedlichkeit in der Begriffsverwendung *„Sonderfall"*: Wird der Begriff im ersten Fall als Bezeichnung für einen ganz speziellen – quasi kaum zu erklärenden – Zustand verwendet, so erhält er im zweiten Fall seine „Einzigartigkeit" aus besonderen – aber eben allgemein erklärbaren – Rahmenbedingungen.

20 Jahre nach dem Umbruch erscheint es mir angebracht, diese Fragestellung noch einmal aufzunehmen und empirisch zu prüfen, ob die neuen Bundesländer vielleicht doch einen Sonderfall religiöser Vitalität darstellen und in welcher Weise er dann als Sonderfall zu verstehen ist. Zudem stellt sich die Frage, ob nicht möglicherweise eine spezielle (Sonder)entwicklung dieses Gebietes auszumachen ist, oder ob sich Angleichungen in Situation und Entwicklungstrend zu den Länder finden, die vor 20 Jahren unter ganz ähnlichen Rahmenbedingungen in ein politisch geöffnetes Europa aufgebrochen sind. Somit ist einerseits der Status als Sonderfall, andererseits der davon erst einmal unabhängige dynamische Aspekt eines möglichen *Sonderwegs* zu überprüfen.

2 Theoretische Linien der Religionssoziologie

Damit eine vergleichende Untersuchung Ostdeutschlands nicht erratisch und doch wieder auf Besonderheiten einzelner Areale oder Länder zentriert bleibt, bietet es sich zur Strukturierung an, auf Modelle der Religionssoziologie zurückzugreifen. Hauptsächlich findet die Diskussion in der modernen Religionssoziologie derzeit mit Bezug auf *drei theoretische Ansätze* statt, die unterschiedliche Interpretationen für die gesellschaftliche Entwicklung von Religion bereitstellen.

Zuerst ist der klassische Ansatz der *Säkularisierungstheorie* zu nennen, der auf einen ungebrochenen *sozialen Bedeutungsverlustes* von Kirche und Religion in modernen Gesellschaften verweist (Berger 1967; Bruce 2002; Dobbelaere 2002; Pollack 2003, 2006, 2009; Wilson 1982; Voas 2008).[1] Entgegen aller Anfeindungen – der beiden noch vorzustellenden alternativen Deutungsansätze – wird die bereits frühzeitig im zwanzigsten Jahrhundert aufgestellte These aufrecht erhalten, dass Moderne, oder besser Modernisierung, und Religion nicht gut miteinander harmonisieren. Dieses *Spannungsverhältnis* beruht hauptsächlich auf den der Modernisierung innewohnenden Prozessen der *Rationalisierung* und der *funktionalen Differenzierung* moderner Gesellschaften. Religion wird verstärkt aus dem öffentlichen Leben verdrängt (*Privatisierung*) und für den Alltag der Menschen immer bedeutungsloser. Zudem verlieren die von Religionen gesetzten Normen und Werte für die Gesellschaftsmitglieder kontinuierlich an Bindekraft.[2] Immer mehr Bürger wenden sich von der Sozialform der Religion – den Kirchen – ab und treffen ihre Entscheidungen nach säkularen Prämissen. Die Konsequenz ist eine Auflösung religiöser Sozialmilieus und damit die bereits erwähnte sinkende Bedeutung von Religion für den Lebensalltag der Gesellschaftsmitglieder. Dieser Verlust der kommunalen Basis von Religion (Bruce 2002: 19–21) kann mit einer gewissen Zeitverzögerung zu einen Rückgang des Glaubens und der subjektiven Religiosität in den sich modernisierenden Gesellschaften führen, da die Mechanismen der Tradierung und Weitergabe von religiösem Wissen und Glaubensinhalten unterbrochen werden. Dieser Prozess, dies ist hier nur anzumerken, stellt allerdings nicht den Kern der Säkularisierungstheorie dar, sondern ist nur eine – wenn auch konsequente – Fortschreibung des sozialen Bedeutungsverlustes.

Die aus diesen Annahmen folgende Deutung der *ostdeutschen* Situation und Entwicklung ist die einer *vorweggenommenen Säkularisierung*. Die kommunale Basis des Religiösen ist im Sozialismus weitgehend erodiert und es ist kaum zu erwarten, dass sich vor diesem Hintergrund und bei einer gleichzeitig stattfindenden, beschleunigten Modernisierung der neuen Bundesländer eine religiöse Revitalisierung die Bahn bricht. Allerhöchstes kann es aus dieser Sicht zu zeitlich begrenzten und nur vorübergehenden Revitalisierungsbewegungen kommen, von denen aus die jeweiligen Länder relativ bald in den gesamteuropäischen Säkularisierungstrend einschwenken.[3]

---

1   Siehe auch den Beitrag von Pollack/Müller in diesem Band.
2   Inwieweit es zu einem Fortbestand von nicht-religiöser Religion in einer postsäkularen Gesellschaft kommt, soll hier nicht zur Diskussion stehen (siehe Höhn 2007: 11, 25–32).
3   Siehe hierzu auch die Beiträge von Wohlrab-Sahr und Tiefensee in diesem Band.

Abbildung 1   Grundlegende Überlegungsstränge der zeitgenössischen Religionssoziologie

	Säkularisierungstheorie	Individualisierungsthese des Religiösen	Religiöses Marktmodell Pluralisierungsthese
Vertreter	BRIAN WILSON STEVE BRUCE PETER L. BERGER	THOMAS LUCKMANN GRACE DAVIE HERVIEU-LEGER	RODNEY STARKE ROGER FINKE LAURENCE IANNACCONE
Grundannahme	Spannungsverhältnis zwischen Moderne und Religion	Individuelle religiöse Grundorientierung als anthropologische Konstante	Allgemeines, konstantes Bedürfnis des Individuums nach Religion
Bezugstheorie	„klassische Modernisierungstheorie"	Individualisierungstheorie	Angebotsorientierte Markttheorie und Pluralisierungsthese
Haupthypothese	Kontinuierlicher Bedeutungsverlust von Religion als sinnstiftender und sozialer Instanz	Bedeutungsverlust von institutionalisierter Religion; Weiterbestehen privater Formen von Religion	Angebot auf religiösem Markt bestimmt das gesellschaftliche Ausmaß an Religiosität und Kirchlichkeit
Prognose für Westeuropa	Weiterer kontinuierlicher Abwärtstrend aller religiösen Formen und Kirchlichkeit	Weiterbestehen privater religiöser Praktiken bei weiterem Rückgang der Zuwendung zu Kirchen	Entwicklung der Religiosität abhängig von religiösem Angebot und Pluralisierungsgrad in der Gesellschaft
Prognose für Osteuropa	Abwärtstrend aller Formen des Religiösen (ggf. nach einer temporalen Rückkehr auf einen dem jeweiligen Modernisierungsniveau entsprechenden Stand)	Ausdehnung privater religiöser Praktiken bei weiterem Rückgang der Zuwendung zu Kirchen	Revitalisierung von Religion nach Wegfall der Repression durch (Wieder-)Herstellung eines religiösen Marktes
Prognose für Ostdeutschland	Fortschreitende Säkularisierung und weiterer Rückgang aller Formen religiöser Vitalität	Weiterer Rückgang der Kirchenbindung bei gleichzeitiger Ausbreitung von alternativen Formen von subjektiver Religiosität	Zunahme aller Formen religiöser Vitalität aufgrund des Wegfalls politischer Repression und Öffnung eines religiösen Marktes

Quelle: Eigene Zusammenstellung; (siehe auch Müller 2009: 67)

Ein anderer Erklärungsansatz, das *Marktmodell des Religiösen*, sieht die Entwicklung von Religiosität und Kirchlichkeit eher ergebnisoffen. Die religiöse Vitalität eines Landes hängt im Marktmodell vorrangig vom Angebot der Religionsgemeinschaften (und Kirchen) und dem Grad der Regulation des Marktes ab (Finke/Stark 2003, 2006; Iannaccone 1991; Stark/ Bainbridge 1987). Monopolkirchen können dabei die immer weiter gestreuten Interessen der individualisierten Gläubigen nicht mehr hinreichend befriedigen. Ein Rückgang religiöser Vitalität in der Bevölkerung ist die zwingende Folge, wenn der religiöse Markt auf eben die etablierten, lange bestehenden Anbieter (Kirchen) reduziert bleibt. Erst das Aufkommen von *Konkurrenz* auf diesem religiösen Markt kann zu einer Belebung religiöser Vitalität führen. Die entscheidenden Abgrenzungen zur Säkularisierungstheorie liegen in den Annahmen, dass sich religiöser *Pluralismus* positiv auf religiöse Vitalität auswirkt[4], Modernisierung nicht zwingend zu einem sozialen Bedeutungsverlust von Religion führt und jeder Mensch zur Beantwortung der „letzten" Sinnfragen auf der Suche nach einem religiösen Angebot ist. Damit liegt dem Marktmodell die Annahme einer konstanten Nachfrage(seite) zugrunde. Dabei wird die Situation in den USA als Paradebeispiel der gesellschaftlichen Entwicklung von Religion und Religiosität angesehen und ganz Europa als historisch gewachsener Sonderfall ausgemacht (Iannaccone 1991).

Für *Ostdeutschland* verheißt das Marktmodell, verfolgt man konsequent dessen Erklärungsansatz, eine *Revitalisierung* aller religiöser Formen. So zeichnet sich doch die neue Marktsituation einerseits durch einen Wegfall der politischen Repression aus, andererseits ist der bislang durch die christlichen Kirchen reglementierte Markt von diesen Einschränkungen nunmehr weitgehend befreit. So wurden die traditionalen Bindungen an die christlichen Kirchen aufgebrochen und ermöglichen nun den nach religiösen Angeboten suchenden Gläubigen eine neue Vielfalt von religiösen Zugängen, was wiederum eine Steigerung der religiösen Pluralität wie auch Vitalität zur Folge haben müsste. Froese und Pfaff (2009: 137, auch 2001) schränken diese generelle Aussage ein: Aufgrund des Beitritts der neuen Bundesländer zum deutschen Staatenverband – und der ostdeutschen evangelischen Kirche zur Gesamtdeutschen – ist nur eine eingeschränkte Öffnung des religiösen Marktes eingetreten der zudem – beispielsweise durch die Einführung von Kirchensteuern – sogar eine Steigerung staatlicher Eingriffe mit sich brachte.[5]

Eine dritte, ebenfalls gegen die Säkularisierungstheorie gerichtete Position differenziert wiederum zwischen den Entwicklungen auf der persönlichen Ebene des Glaubens und der Bindung an die Kirche. Die sogenannte *Individualisierungsthese des Religiösen* wird dabei insbesondere im und für den europäischen Raum diskutiert (Davie 1994, 2002). Wie im Marktmodell wird individuelle Religiosität als eine anthropologische Konstante begriffen, die der Natur des Menschen innewohnt. Entsprechend kann der Wunsch nach Religiosität nie vollständig verschwinden. Dies trifft jedoch nicht in gleicher Weise für die öffentliche Erscheinungsform des Religiösen zu, kann doch die spezifisch in bestimmten Gegenden anzutreffende Sozialform des Religiösen sehr wohl an Bedeutung verlieren. Dann vollzieht die individuelle Religiosität einen Formenwandel (Luckmann 1991: 96–101), der sich sowohl in neuen Formen religiöser Praxis und Zugehörigkeit manifestieren kann, aber nicht zwingend muss. Im zweiten Fall kommt es somit zu einer *„unsichtbaren Religion"* – oder besser unsichtbaren Religiosität –, die den Eindruck eines Glaubensverlustes oder Verschwindens des Religiösen erweckt, ohne dass ein solcher Prozess aber wirklich stattfindet. Der Vorwurf

---

4   Im klaren Gegensatz dazu steht die Annahme Peter L. Bergers (1967: 127–154), dass religiöse Pluralisierung die Plausibilitätsstrukturen des (bei ihm christlichen) Glaubenssystems unterläuft und damit religiöse Vitalität vermindert.
5   Begleitend führen sie weitere spezielle Begründungen für ein Ausbleiben religiöser Revitalisierung in den neuen Bundesländern an, wie z. B. der bereits angeschlagene Ruf der Evangelischen Kirche seit dem Nationalsozialismus und die Verquickung einiger ihrer Akteure in politische Machenschaften des SED-Regimes (Froese/Pfaff 2009: 138). Daraus resultiert aus ihrer Sicht ein tiefergreifender Vertrauensverlust der ostdeutschen Bürger als er allein durch die politische Repression zu erklären ist. Damit wird die Marktstrategie teilweise untergraben. Allerdings muss kritisch angemerkt werden, dass diese Argumentationsstrukturen für die alternativen Anbieter nicht zutreffen und dort nur das Argument eines wieder weitgehend geschlossenen Marktes angewendet werden kann.

der Individualisierungsthese an die Säkularisierungstheorie ist deren zu starke Fixierung auf kirchensoziologische Fragen und einen substantiellen Religionsbegriff, welcher aufgrund seiner Verengung (überwiegend auf ein christliches Religionsverständnis) der Betrachtung moderner Gesellschaften nicht mehr gerecht wird.

Für *Ostdeutschland* wäre entsprechend der Individualisierungsthese eine Ausbreitung neuer Formen von Religiosität zu erwarten. Diese dürften wahrscheinlich stark ausdifferenziert sein und sich *eher privat* als in institutionalisierten Formen äußern. Allerdings auch neue religiöse Bewegungen sollten von den sich jetzt eröffnenden Möglichkeiten profitieren können. Entscheidend ist die Ausbreitung von Selbstbestimmungsrechten, welche zusammen mit der Lösung von den traditionalen Bindungen an die vorherrschenden christlichen Religionen (insbesondere dem Protestantismus) das Feld für religiöse Individualisierung bereitet.

Die beiden zuletzt genannten theoretischen Ansätze sind sich – verschiedenen Differenzen zum Trotz – in einem einig: in der Ablehnung der Säkularisierungstheorie als gültigem Erklärungsmodell religiöser Vitalität in modernen Gesellschaften. Die Annahme eines „natürlichen" Spannungsverhältnisses zwischen Moderne und Religion, verbunden mit einem quasi unabwendbaren und unumstößlichen Bedeutungsverlust der letzteren sei überholt und auch nicht der zu beobachtenden Realität im Weltvergleich angemessen. Nun müssen Säkularisierungsprozesse nicht linear verlaufen: Sie können durch alternative Erklärungsfaktoren und soziale Rahmenbedingungen gebrochen werden oder pfadabhängige Entwicklungen nehmen (siehe Martin 1978; Pickel 2009a; Voas 2008). Zudem scheint die Argumentation der Säkularisierungstheorie aufgrund ihrer Komplexität ein hilfreiches Analyseinstrument (Pickel 2009a; Stolz 2009).

So muss man zum Beispiel spätestens seit den Arbeiten von Dobbelaere (2002) und Casanova (1994, 1996) Säkularisierung als einen Prozess auf mehreren Ebenen begreifen. Für ein weiteres empirisches Vorgehen besonders hilfreich sind die Überlegungen von Karel Dobbelaere (1981, 2002). Er unterscheidet zwischen der „societal secularization" (gesellschaftlichen Säkularisierung), der „organisational secularization" (organisatorischen Säkularisierung) und der „individual secularization" (individuellen Säkularisierung). *Individuelle Säkularisierung* bezeichnet den Prozess einer steigenden Distanz der Menschen zu Religion. Dies umfasst den Rückgang religiöser Beteiligung genauso wie den Rückgang oder die Transformation der subjektiven Religiosität[6] (Dobbelaere 2002: 38–39, 137–140). Mit der *organisatorischen Säkularisierung* wird auf den Rückgang religiöser Gemeinschaften im Prozess der Rationalisierung eingegangen. Gleichzeitig wird Bezug genommen auf die innere Verweltlichung von Religion im Sinne des Wandels ihrer Sozialgestalt und des Selbstverständnisses der Kirchen. Damit ist diese Sicht vor allem auf die Organisation Kirche und deren Entwicklungen ausgerichtet. *Gesellschaftliche Säkularisierung* ist als Konsequenz der funktionalen Differenzierung moderner Gesellschaften zu verstehen (Dobbelaere 2002: 45–46). Verschiedene Subsysteme übernehmen in der Gesellschaft Funktionen, die ursprünglich von der Religion ausgefüllt wurden. Besonders hervorzuheben ist dabei die Rolle der sozialen Integration der

---

6   Dobbelaere (2002) verweist auf zwei mögliche Entwicklungsrichtungen: Einerseits besteht die Option eines generellen Rückgangs religiöser Überzeugungen und religiösen Glaubens, andererseits die einer Neukombination von religiösen Überzeugungen (Transformation). Allerdings stellt Dobbelaere auch heraus, dass beide Prozesse, der erste auf kürzere, der zweite auf längere Sicht, zu einem Bedeutungsverfall von Religion beitragen oder führen.

Gesellschaft über Normen und religiöse Vorgaben, ein Punkt, der für die Bürger moderner Gesellschaften immer mehr an Bedeutung zu verlieren scheint. Dabei ist zu beachten, dass alle drei Säkularisierungsprozesse untereinander verbunden sind und in Wechselwirkung zueinander stehen.

3 Länderauswahl und Messung für die empirische Analyse

Die vergleichende Betrachtung der aufgeworfenen Fragen, erfordert einen breiteren Datenzugang. Aus Platzgründen werde ich für die vorgestellten Betrachtungen überwiegend auf die Daten der Studie „Church and Religion in an enlarged Europe 2006 (C&R)" zurückgreifen. Sie umfasst neun europäische Länder und darunter eigenständige Stichproben zu West- und Ostdeutschland.[7] Die zentrale Idee der Studie war es, systematisch-vergleichend ausgewählte Länder hinsichtlich ihrer religiösen Strukturen sowie des religiösen Verhaltens und der religiösen Einstellungen ihrer Bevölkerung einander gegenüberzustellen und Aussagen bezüglich der Gültigkeit der Säkularisierungstheorie auf den angesprochenen drei Ebenen zu erhalten (vgl. Pickel 2009a: 96). Das zur Fallauswahl verwendete „Most-different-systemdesign" sollte helfen, Fehldeutungen zu vermeiden, die oft eine Konsequenz zufällig zusammengestellter regionaler Vergleichsstudien sind oder die durch eine zu starke Abstraktion von Einzelfallanalysen entstehen (vgl. Lauth/Pickel/Pickel 2009).

Die *Auswahlkriterien* für die Länder resultieren aus früheren Studien und konzeptionellen Überlegungen. Das erste Kriterium ist die *kulturell-religiöse Prägung* eines Landes, die sich aus dessen religiös-kultureller Tradition ergibt. Diese wird an der konfessionellen Ausrichtung der Bürger und dessen historischer Verankerung festgemacht. Der Gedanke hinter diesem Selektionskriterium ist die Annahme, dass die Zugehörigkeit der Bevölkerungen zu unterschiedlichen Glaubensrichtungen Differenzen in der religiösen Vitalität verursachen kann. Verschiedene Untersuchungen (Haller 1988; Pickel 1998; Martin 1978) verweisen z. B. auf eine höhere Bindekraft des Katholizismus für seine Mitglieder im Vergleich zum Protestantismus oder zur Orthodoxie. Das zweite Kriterium ist die *politische Situation in den letzten 50 Jahren*. Hier wird davon ausgegangen, dass der real existierende Sozialismus mit seiner religionsfeindlichen Ausrichtung in den Köpfen der Bürger Spuren hinterlassen hat. Diese Differenzlinien finden sich in Teilen in den Überlegungen von David Martin (1978) und wurden durch eigene Gedanken in früheren Aufsätzen ergänzt. Das dritte Kriterium ist der Grad *sozioökonomischer Modernisierung*, welcher als zentraler Kennzeichnungsindikator für Säkularisierungsprozesse verstanden wird (siehe Pickel 2009a: 95–97). Zusätzlich wurden mit Polen und Irland zwei Sonderfälle in die Untersuchung einbezogen, um das Bild der europäischen Entwicklung zu komplettieren. Selbst wenn aufgrund der Überschneidungen der verschiedenen Auswahlkriterien eine vollständig trennscharfe Umsetzung des „Most-

---

7 Die Referenzbefragung wurde im Herbst 2006 durchgeführt. Das Projekt wird von der Volkswagen Stiftung seit 2004 finanziert. Projektleiter sind Detlef Pollack (Universität Münster) und Gert Pickel (Universität Leipzig). Die Organisation des Projektes liegt bei Olaf Müller. Die internationalen Projektpartner sind Helena Vilaca (Portugal), Marat Shterin (Russland), Miklos Tomka und Gergely Rosta (Ungarn), Kati Niemelä und Kimmo Kääriäinen (Finnland); Sinisa Zrinscak und Krunoslav Nikodem (Kroatien); Karen Andersen und Tom Inglis (Irland); Tadeusz Doktor † und Dorota Hall (Polen); Eva-Liisa Jannus (Estland).

different-system-designs" nicht möglich war, bietet dieses Vorgehen eine gute Möglichkeit, die Position Ostdeutschlands im Vergleich zu anderen Regionen zu untersuchen.[8]

Um die Evidenz der drei theoretischen Modelle der Religionssoziologie überprüfen zu können, ist der Einbezug verschiedener *Indikatoren* mit Aussagekraft hinsichtlich religiöser Vitalität notwendig. Gerade für die Diskussion der Gegensätze zwischen der Individualisierungsthese und der Säkularisierungstheorie ist eine Unterscheidung zwischen Indikatoren, die Aussagen über die Integration in die Kirche ermöglichen, und Indikatoren, die sich auf den individuellen, subjektiven Glauben bzw. die Religiosität des Einzelnen ausrichten, notwendig. Die Gültigkeit der Säkularisierungstheorie kann gegenüber der Individualisierungsthese nur aufgrund der Entwicklung subjektiver Religiosität überprüft werden, da beide Ansätze sich hinsichtlich eines Rückgangs der Kirchenbindung relativ einig sind. Die Säkularisierung auf der gesellschaftlichen Ebene soll durch die Haltung der Bürger zur Differenzierung unterschiedlicher Teilbereiche des Lebens erfragt werden. Insbesondere der Trennung von Religion und Politik kommt hierbei eine zentrale Rolle zu. Aus Sicht der Säkularisierungstheorie ist es von Interesse, inwieweit die angenommene Spannung zwischen der „rationalen Moderne", festgemacht an den Wissenschaften, und der Religion seitens der Bürger gesehen wird. Finden sich hinsichtlich dieser Indikatoren hohe Zustimmungsgrade, die zudem mit dem Modernisierungsstand ansteigen, dann kann gesellschaftliche Säkularisierung vermutet werden.[9]

Um auch Überlegungen des Marktmodells zu berücksichtigen, wird die Frage gestellt, ob sich die Bürger überhaupt eine in religiöser Hinsicht aufgefächerte Landschaft wünschen. Ist dies nicht der Fall, dann ist kaum zu erwarten, dass eine steigende Zahl an religiösen Angeboten zu einer religiösen Vitalisierung beiträgt, würde doch einfach die seitens des Marktmodells unterstellte konstante Nachfrage fehlen. Für die Säkularisierungstheorie würde ebenfalls sprechen, wenn in Ländern mit einem höheren Grad an Pluralisierung eher eine geringe religiöse Vitalität besteht oder wenn die Bürger aufgrund eines steigenden religiösen Angebotes religiös inaktiv werden. Dies kann aufgrund der Länderkonzentration nur begrenzt überprüft werden, da diese Aussage auf der Makroebene liegt und eher ein breiteres Datenmaterial voraussetzt. Vor dem Hintergrund der Konzentration der Fragestellung auf Ostdeutschland erscheint ein solcher Zugang allerdings auch nur begrenzt interessant, würde er allein die Position Ostdeutschlands im Ländervergleich angeben. Die Evaluation einer Nachfrage gibt dagegen direkt auf die These einer möglicherweise gestiegenen Nachfrage vor dem Hintergrund der wegfallenden politischen Repression Auskunft.

Wird dagegen die Nachfrage evaluiert, kann die These einer möglicherweise gestiegenen Nachfrage infolge der wegfallenden politischen Repression direkt überprüft werden. Zur Stützung der auf Basis der C&R-Daten ermittelten Ergebnisse werden Datenzusammenstellungen herangezogen, welche auf verschiedensten Datenquellen beruhen. Diese Übersichtsdarstellungen sind einerseits dazu gedacht, die auf zehn Untersuchungsgebiete bezogenen Schlüsse

---

8   Zum einen existieren viele der idealtypischen Kombinationen der drei Auswahlvariablen real gar nicht, zum anderen überschneiden sich die verschiedenen Rahmenbedingungen (z. B. Modernisierungsgrad und sozialistische Vergangenheit), sodass ihre Effekte nicht voneinander unabhängig sind.
9   Dabei wird bewusst auf die Sphäre der Öffentlichkeit, wie sie Casanova (1994, 1996) thematisiert, verzichtet. Aus Sicht der Säkularisierungstheorie geben öffentliche Debatten nur begrenzt Auskunft über den Säkularisierungsgrad, werden sie doch von Eliten geführt und unterliegen Medienzyklen der Berichterstattung. Über die Verankerung der Religion und Religiosität in der Bevölkerung geben sie keine direkte Auskunft.

breiter einzuordnen, andererseits sind sie notwendig für die abschließenden systematischen Makroanalysen, können diese doch nur Stichhaltigkeit für sich beanspruchen, wenn sie möglichst die Gesamtheit der Vergleichsfälle berücksichtigen.

4 Religiosität und Kirchlichkeit 2006 im Vergleich

4.1 Säkularisierung auf der Gesellschaftsebene

Versuchen wir nun in einem ersten Zugriff die Situation der religiösen Vitalität in Ostdeutschland im europäischen Vergleich zu erfassen. Dies kann aus Platzgründen nur kursorisch anhand eines eher oberflächlichen Durchlaufs durch verschiedene Häufigkeitsverteilungen geschehen. Ein Augenmerk der Säkularisierungstheorie liegt auf Prozessen der *funktionalen Differenzierung*, also der gesellschaftlichen Säkularisierung. Diese drückt sich insbesondere in einem Bedeutungsverlust religiöser Normen, aber auch im Sinne eines Verlustes von Funktionen für die Gesellschaft aus, die zu einem früheren Zeitpunkt wahrgenommen wurden (z. B. Erziehung). Entscheidend für diesen Prozess ist die Ansicht bei den Bürgern, dass Religion in anderen Funktionsbereichen der Gesellschaft keine Bedeutung mehr besitzt oder besitzen darf. Dobbelaere (2002: 169–170) bezeichnet diese Überzeugungen als „compartmentalisation" oder Säkularisierung in den Köpfen der Menschen. Sie hat weitreichende Folgen, konstituiert sie doch auch den öffentlichen Raum als säkular und beschleunigt den Prozess der *Privatisierung* von Religion im Sinne von Berger (1967).

Abbildung 2 zeigt hier ein relativ klares Bild: *Gesellschaftliche Säkularisierung ist eine europäische Gemeinsamkeit*. Die Trennung zwischen Religion und Politik oder zwischen Kirche und Staat ist in den Köpfen der Bürger aller hier untersuchter Europäischer Staaten fest verankert. In der Politik, so die Aussagen, hat ein öffentlicher religiöser Einfluss nichts zu suchen. Die Variationen zwischen den Ländern sind dabei eher marginal – und auch *Ostdeutschland* sticht nicht besonders aus den Vergleichsländern hervor. Es scheint sich bei der Trennung zwischen Religion und Politik um eine Grundkonstante moderner Gesellschaften zu handeln, die seitens der Bürger weitgehend geteilt wird. Da überrascht es dann auch nicht, dass auch die konkrete Implementation eines Bezuges auf Gott in die Präambel der Europäischen Verfassung überwiegend keine große Zustimmung findet. Allerdings gehen bei diesem konkreten Punkt die Einschätzungen der katholischen und der nicht-katholischen Länder trotz aller Gemeinsamkeiten – selbst in diesen Ländern lehnen in der Regel die Hälfte der Bürger (und damit oft auch eine Vielzahl an Gläubigen und Kirchenmitgliedern) das Statement ab – nun doch auseinander. In Kroatien und Polen finden sich knappe Mehrheiten, in Portugal und Irland dagegen knappe Minderheiten, welche eine solche Einbringung des Gottesbegriffes in die Europäische Verfassung befürworten würden, während in Westdeutschland, Finnland, Estland und Ostdeutschland drei Viertel der Bürger dies ablehnen.

Abbildung 2: Indikatoren gesellschaftlicher Säkularisierung

	WD	Port	Irl	Fin	*OD*	Pol	Ung	Kro	Est	Rus
Religion und Politik										
„Religiöse Führer sollten Regierungsentscheidungen nicht beeinflussen"	70	75	67	62	*70*	73	68	73	80	75
„Die Europäische Verfassung sollte eine Referenz auf Gott beinhalten"	27	48	46	22	*20*	51	39	58	18	37
Religion und Wissenschaft										
„Wissenschaftliche Forschung sollte nicht durch religiöse Normen und Werte beeinträchtigt werden"	72	68	62	82	*74*	58	77	69	88	87
Religion und Schule										
„Die Erziehung an Schulen sollte frei von Religion sein"	42	31	30	34	*60*	27	29	36	64	42
„Religiöse Symbole wie Kreuze sollten an öffentlichen Schulen verboten werden"	31	27	20	11	*55*	16	13	30	28	33

Quelle: Eigene Berechnungen auf Basis C&R 2006; Anteil der positiven Antworten auf einer vierstufigen Antwortskala.

Auch hinsichtlich des Einflusses von *Religion auf Wissenschaft* ist die Haltung der Bürger recht eindeutig. Religiöse Normen und Werte sollen nach ihrer Ansicht wissenschaftliche Forschung nicht behindern. Zwar finden sich auch hier wieder leichte Differenzen zwischen den katholischen und den nicht-katholischen Ländern, aber in keinem Land kommt es zu einer Mehrheit, welche Religionen und religiösen Werten größeren Einfluss auf die Wissenschaften zugestehen will. Am geringsten ist die Zustimmung zu dieser Aussage mit immerhin noch zwei von 3 Bürgern in Irland und Polen. Interessanterweise ist es noch nicht einmal Ostdeutschland, welches die höchsten Zustimmungsraten für eine rigide Trennung von Religion und Wissenschaft aufweist, sondern Finnland, Russland und Estland.

Sind die Differenzierungen von Religion zu Politik und Wissenschaft relativ fest in den Überzeugungssystemen der europäischen Bürger verankert, so ist die Haltung zum religiösen Einfluss im *Bildungssystem* bei weitem nicht so eindeutig. Nicht nur, dass in der Regel nur Bevölkerungsminderheiten (wenn auch keine so geringen) eine Schulausbildung ohne religiöse Elemente befürworten, auch eine harte Trennung von Kirche und Staat im Sinne der Freihaltung von staatlichen Schulen von religiösen Symbolen trifft nur auf eine begrenzte Zustimmung. Hier scheint ein *gemeinsames christliches kulturelles Erbe* präsent zu sein. Wie schon bei den anderen Indikatoren zu sehen, findet sich auch bei der Einschätzung der gewünschten Beziehung zwischen Religion und Schule die übliche Länderverteilung: In den katholischen Ländern steht man einer Verzahnung wesentlich aufgeschlossener gegenüber als in den protestantischen Ländern. Auffällig ist die *ostdeutsche Situation*: Nur in einem anderen europäischen Land (Estland) ist die gesellschaftliche Säkularisierung hinsichtlich der Abkopplung des Bildungssystems von der Religion so weit vorangeschritten wie in Ostdeutschland. Da aber entsprechend der Überlegungen der Säkularisierungstheorie gerade der Zugang zur Sozialisation ein entscheidendes Kriterium für die Hinauszögerung der Säkularisierung darstellt, kann dies als erster beschränkter Hinweis auf eine besondere Stellung Ostdeutschlands aufgefasst werden.[10]

4.2 Säkularisierung auf der Individualebene

Folgt man den Überlegungen der Säkularisierungstheorie, so dürfte die festgestellte gesellschaftliche Säkularisierung auch Auswirkungen auf die Bedeutung von Religion für das Alltagsleben der Individuen besitzen. Bereits der erste Blick auf die Daten zeigt, dass Religion trotz der mehrheitlich seitens der Bürger gewünschten funktionalen Differenzierung nicht generell aus der Welt verschwunden ist. Auch 2006 sehen noch viele Menschen Religion als einen wichtigen Teil ihres Lebens an. Allerdings werden nun die Differenzen zwischen den Ländern wesentlich deutlicher sichtbar als dies noch bei den überwiegend geteilten Indikatoren der gesellschaftlichen Säkularisierung war.[11]

Die *Unterschiede* der sozialen Bedeutung von Religion im europäischen Vergleich stellen einen Hinweis dar, dass es möglicherweise divergierende Prozessverläufe gibt. Diese scheinen zu einem großen Teil abhängig von kulturellen Rahmenbedingungen zu sein. So bleibt gerade in den katholischen Ländern (hier exemplarisch Portugal, Irland, Kroatien, Polen) Religion von großer Relevanz für das Leben – und dies in West- wie auch in Osteuropa. Anders sieht es in den Vergleichsländern des protestantischen oder orthodoxen Kulturraums aus. Hier sehen wesentlich weniger Menschen Religion noch als einen wichtigen Bestanteil ihres Lebens an bzw. empfinden darin Präsenz von Gott. Insbesondere die Verbindung von protestantischer Prägung und sozialistischer (jüngerer) Vergangenheit scheint besonders negativ auf die soziale Bedeutung von Religion einzuwirken. Nicht nur in der Bevölkerung von *Ostdeutschland* (23 Prozent), sondern auch bei den Einwohnern von Estland (18 Prozent) finden sich die mit Abstand geringsten Raten derer, die Religion als einen wichtigen Teil ihres Lebens ansehen (siehe Pickel 2003: 253–254, auch Meulemann 2009). Zwar liegt auch innerhalb der westeuropäischen Staaten mit einer protestantischen Kulturhistorie der Bedeutungsgrad der Religion deutlich hinter den katholischen Staaten zurück, die Kombination aus Protestantismus und Sozialismus scheint aber die ungünstigste Konstellation für das

---

10 Vor diesem Hintergrund sind auch die in den neuen Bundesländern feststellbaren Debatten hinsichtlich der Einführung eines Faches Ethik und der Abschaffung bzw. Auslagerung des Religionsunterrichtes leicht zu verstehen.
11 Die Feststellung muss keineswegs eine Widerlegung der Säkularisierungstheorie darstellen, verweist diese doch auf einen *Rückgang* der sozialen Bedeutung von Religion im Sinne eines Prozessverlaufes und nicht auf eine Zustandsbeschreibung von „säkularen Gesellschaften" oder ein vollständiges Verschwinden der Religion. Keiner der Hauptvertreter der Säkularisierungstheorie prognostiziert ein vollständiges Verschwinden der Religion (Bruce 2002; Wilson 1982; Berger 1967). Vielmehr wird eher ein undefinierbarer Restbestand von pluraler Religiosität angenommen. Eine konsequente Fortschreibung der Kernmechanismen der Säkularisierungsthese (kontinuierlich fortschreitende Modernisierung, enge negative Verknüpfung von religiöser Vitalität und Modernisierung) könnte allerdings sehr wohl ein solches Szenario öffnen.

Überleben einer sozialen Bedeutung von Religion in einer Gesellschaft zu sein. Und diese gilt nicht nur für Ostdeutschland alleine.

Abbildung 3   Die individuelle soziale Bedeutung von Religion 2006

	WD	Port	Irl	Fin	*OD*	Pol	Ung	Kro	Est	Rus
Konfessionsmitgliedschaft										
2006	81	92	96	88	*29*	96	78	95	45	74
1999/2000	83	92	96	88	*29*	96	67	89	25	51
1990/1991	89	89	96	88	*35*	96	65	-	35	43
Gebetshäufigkeit										
Mindestens einmal die Woche	39	55	79	30	*17*	69	48	52	15	32
Nie	26	16	10	22	*65*	3	20	11	57	33

Quelle: Eigene Berechnungen C&R 2006.

Diese Zuschreibung der sozialen Bedeutung hat Folgen auf den Einfluss, den man der Religion und Gott auf das eigene Leben zugesteht. Der zweite in Abbildung 3 vorgestellte Indikator „Gott bestimmt das Leben" wird über die Länder in einer nahezu identischen Verteilung, aber jeweils mit geringeren Prozentraten befürwortet. Nur einer von sieben Bürgern in Ostdeutschland oder Estland sieht 2006 Gott als wichtigen Bestimmungsfaktor für das Alltagsleben an. Und auch in Westdeutschland und Russland ist dies gerade mal jeder Vierte. Einzig Finnland fällt etwas aus dem Rahmen (Pickel 2009a: 101): als einziges Land mit einer protestantischen Kulturgeschichte in der Untersuchung sind es hier knapp mehr als die Hälfte der Befragten, welche diesen Einfluss so sehen. Beide Indikatoren zeigen – und dies steht nun etwas im Gegensatz zur gesellschaftlichen Säkularisierung – *substantielle Differenzen der individuellen sozialen Bedeutung von Religion im europäischen Vergleich*. Ist die gesellschaftliche Säkularisierung ein über Europa geteiltes Phänomen, so scheinen sich auf dieser Ebene die kulturellen Pfade nun zu scheiden. Dabei stechen wiederum Ostdeutschland und Estland durch die besonders geringe Bedeutung von Religion für das Alltagsleben heraus. Dies bestätigt auch die vergleichende Betrachtung des durchschnittlichen Gottesdienstbesuches und der Mitgliedschaftsraten in den Kirchen. Abgesehen von den beiden „Problemfällen" Estland und Ostdeutschland existiert im europäischen Raum immer noch eine breite *Kultur der Kirchenzugehörigkeit*. In Ungarn und Russland (letzteres kann als Beispiel für die gesamte orthodoxe russische Region gelten) wie auch in Estland und Kroatien finden sich seit 2000 sogar Zuwachsraten in der Mitgliedschaft. In Russland, der Ukraine und Bulgarien fallen diese besonders drastisch aus (Pickel 2009b: 13). Der Wegfall der politischen Repression hat in den Ländern Osteuropas zumindest in den ersten Jahren nach dem Umbruch zu einer Rückkehr vieler Personen in die Kirche geführt (auch Tomka u. a. 1999).

Abbildung 4 Kirchliche Integration und religiöse Praxis

	WD	Port	Irl	Fin	OD	Pol	Ung	Kro	Est	Rus
Konfessionsmitgliedschaft										
2006	81	92	96	88	*29*	96	78	95	45	74
1999/2000	83	92	96	88	*29*	96	67	89	25	51
1990/1991	89	89	96	88	*35*	96	65	-	35	43
Gebetshäufigkeit										
Mindestens einmal die Woche	39	55	79	30	*17*	69	48	52	15	32
Nie	26	16	10	22	*65*	3	20	11	57	33

Quelle: Eigene Berechnungen auf der Basis C&R 2006.

Einzig in Ostdeutschland ist innerhalb der hier betrachteten Ländergruppe ein fortlaufender Rückgang der Kirchenmitgliederzahl festzustellen. Dabei handelt es sich um einen Befund, der in anderen Umfragen auch für Großbritannien und die Niederlande – ebenfalls Staaten mit einer gemischtkonfessionellen Kultur – festzuhalten ist (vgl. Pickel 2009b: 14). Weisen die meisten hier analysierten Länder mehr oder weniger stabile Mitgliedschaftsraten auf, so zeigen breiter angelegte Betrachtungen in Westeuropa eher einen Mitgliederschwund und für Osteuropa eher eine Zunahme der Mitglieder, die nach gewisser Zeit in divergierende Entwicklungsprozesse übergeht.

Da Mitgliedschaftsraten überwiegend Auskunft über eine eher relativ passive und dazu auch in großem Umfang kulturell durch Gewöhnung und soziale Erwünschtheit bedingte Bindung an die Kirchen geben und zudem nicht unerheblichen methodischen Erfassungsproblemen unterliegen[12], erscheint die Betrachtung des *Kirchgangs* als ein möglicherweise tragfähigerer Indikator, setzt dieser doch ein Mindestmaß an aktiver Beteiligung seitens der Personen voraus. Die Raten des durchschnittlichen Gottesdienstbesuches zeigen nun, dass sich in den postsozialistischen Staaten Ost- und Ostmitteleuropas die Hoffnung der Kirchen auf eine breite Welle der Rückkehr zur Religion nur bedingt erfüllt hat. Zwar kann, um es noch einmal zu betonen, in allen osteuropäischen Ländern *außer Ostdeutschland* – was einen gewissen Hinweis auf einen Sonderweg gibt – eine Zunahme der Mitgliedschaften konstatiert werden, die religiösen Aktivitäten, hier festgemacht am Gottesdienstbesuch, haben aber, nach einem Aufschwung direkt nach dem Umbruch eher wieder nachgelassen bzw. sich stabilisiert.[13] Hinsichtlich der aktiven Einbindung in die Kirchen sieht die Lage nüchterner aus: Obwohl auch hier gewisse Rückkehrtendenzen zur Kirche nicht zu übersehen sind, bleiben diese doch innerhalb sehr übersichtlicher Steigerungsraten, brechen teilweise schnell wieder

---

12 So zeigt der Vergleich unterschiedlicher Untersuchungen nicht unerhebliche Schwankungen in der Kirchenmitgliedschaft. Dies ist neben Problemen in der Stichprobenauswahl hauptsächlich ein kombiniertes Produkt des Instrumentes (unterschiedliche Fragestellungen) und des kulturellen Verständnisses von Mitgliedschaft in einer Religion (faktische Mitgliedschaft, gefühlte Mitgliedschaft usw.).

13 Aufgrund des Fehlens valider Umfragedaten kann die Rückkehr in die Kirchen im direkten Umfeld des Umbruchs nicht abgebildet werden. Einzig für Ungarn liegen für 1981 Werte vor. Diese bewegen sich auf einem geringeren Niveau (8 Gottesdienstbesuche auf das Jahr) als 1990. Allerdings sind Befragungen, die in unfreien bzw. nicht-demokratischen politischen Regimen durchgeführt wurden, immer mit einer gewissen Vorsicht zu behandeln, sind doch Effekte soziale Erwünschtheit seitens der Befragten nicht mit Sicherheit auszuschließen.

ab und betreffen nur bestimmte Länder und Ländergruppen. Möglicherweise handelt es sich bei vielen dieser Entwicklungen um Ausgleichsprozesse, durch die in den osteuropäischen Ländern eine Anpassung an die „*Normalität*" religiöser Vitalität im gesamteuropäischen Vergleich erfolgt (siehe Pickel 2009b): Die Zuwachsraten führen die osteuropäischen Länder auf einen Stand, den sie nach der Säkularisierungstheorie aufgrund ihres Modernisierungsgrades eigentlich einnehmen müssten, wäre die (unnatürliche) sozialistische Vergangenheit nicht gewesen. Den Vermutungen der Säkularisierungstheorie folgend, würden die Entwicklungen in den Ländern nach dem Erreichen des „*Umkehrpunktes*" auf einen gesamteuropäischen Prozess einschwenken. Eine solche Feststellung stellt nun den Zusammenhang zu einer an den sozialen Rahmenbedingungen orientierten Entwicklung her. Die Einordnung in bestimme Makrostrukturen und nicht ein „bunter Strauß" von Länderbesonderheiten erzeugt eine bestimmte religiöse Vitalität in einem Land.

Abbildung 5   Durchschnittlicher Gottesdienstbesuch im europäischen Vergleich

	1981	1990–1991	1995–1998	2003–2006		1990	1995–1998	2003–2006
Italien	23	23	21	20	Polen	38	32[b]	33
Portugal	-	23	22	17[f]	Litauen	-	12	10[e]
Spanien	24	18	17	11	Slowakei	20	-	20[e]
Zypern	-	-	11	11	Slowenien	15	14	12
Irland	45	43	38	34[f]	Ungarn	14	11	8[d]
Frankreich	7	7	8	6	Kroatien	-	15	16[f]
Luxemburg	23,5[a]	19[a]	15[a]	10[d]	Tschechische R.	4,5	6[b]	4,5[b]
Belgien	18	16	14	6,5[d]	*Deutschland (O)*	-	*3*	*3,5*[f]
Österreich	-	18	16	11	Lettland	4	6	5[b]
Niederlande	16	13	10	8	Estland	-	3,5	3,5[e]
Schweiz	-	16	10	8,5	Rumänien	13	-	17[e]
Deutschland (W)	13	12	11	10[f]	Bulgarien	4	6	6
Großbritannien	10	10	10	8,5[e]	Mazedonien	-	8	-
Nordirland	30	30	27	-	Serbien-Monten.	-	6	9,5
Schweden	5	4,5	4,5	3,5	Russland	2	3	4[f]
Dänemark	4	4	4,5	3,5	Weißrussland	3	5	-
Norwegen	5	5	4,5	4	Ukraine	-	7	7,5
Finnland	5	4	4	4[f]	Georgien	-	9	-
Island	3,5	3,5	-	4[d]	Moldawien	-	8	10
Griechenland	17[a]	16[a]	15,5[a]	17[d]	Albanien	-	-	-
Türkei	-	20	23	19,5	Bosnien-Herz.	-	19	-

Quelle: Eigene Berechnungen auf der Basis des World Values Surveys 1990, 1995–98, 1999/2000, 2005/2006; [a]=Eurobarometer/Central and Eastern Eurobarometer 1992; [b]=ISSP 1994, 2004; [c]=PCE-Studie 2000; [d]=ESS 2003; 2006; [e]=Candidate Countries Eurobarometer 2003; [f]=C&R 2006; Kirchgang = durchschnittlicher Kirchgang einer Person auf das Jahr umgerechnet.

In diese Richtung deutet die Feststellung einer komparativen Systematik in den Befunden. Die Verteilung der Kirchgangshäufigkeit wie auch die Frequenz des individuellen Gebetes oder die Mitgliedschaftsraten zeigen über die Länder ein *sehr ähnliches Muster* (siehe auch Müller 2009: 72). Dabei wird die *Unterscheidung zwischen den katholischen und den protestantischen Ländern* deutlich erkennbar. Die Bindung der Gläubigen an ihre Kirche im Sinne persönlicher Aktivitäten ist in hauptsächlich katholisch geprägten Ländern durchgängig höher als in protestantisch, gemischt konfessionellen oder auch christlich-orthodox geprägten Ländern. Folgt man der Einordnung religiöser Vitalität als religiöses Handeln, dann ist gerade für die protestantischen Staaten Europas eine recht geringe religiöse Vitalität zu verzeichnen, was auf eine starke kulturelle Prägung religiöser Vitalität hindeutet. Entsprechend ist es sinnvoll, Überlegungen *kultureller Pfadabhängigkeit* zu rein säkularisierungstheoretischen Annahmen hinzuziehen.

Das ist auch bei der Einordnung *Ostdeutschlands* in den Staatenvergleich hilfreich. So liegt die Rate des mittleren Gottesdienstbesuchs dort kaum hinter denen der anderen protestantischen Länder (Schweden, Norwegen) zurück. In dieser Verteilung stellt es somit keinen Sonderfall dar. Und auch der Entwicklungstrend dieses Indikators ist im Vergleich zu den protestantischen Vergleichsländern in Europa unauffällig. Erst wenn man die gelegentlich in Osteuropa zu beobachtenden Revitalisierungsschübe (zum Beispiel Bulgarien und Russland) als Relation zur Rate zieht, kann man eine gewisse Spezifität ausmachen, die eher auf dem Sektor eines Sonderweges zu liegen scheint. Wirklich sichtbar wird eine gewisse Sonderstellung Ostdeutschlands, wenn man seinen Blick auf Indikatoren der *subjektiven Religiosität* lenkt. Sowohl in der Selbstzuordnung als religiös als auch im Bekenntnis, an Gott oder eine höhere Macht zu glauben, nehmen die Einwohner der neuen Bundesländer die Schlussposition im europäischen Vergleich ein.

Abbildung 6   Formen subjektiver Religiosität 2006

	WD	Port	Irl	Fin	OD	Pol	Ung	Kro	Est	Rus
Selbstzuschreibung Religiosität										
Ich bin religiös nach den Lehren meiner Kirche	16	46	34	20	*9*	56	21	52	14	21
Ich bin nach meinem eigenen Weg religiös	61	45	56	58	*34*	39	59	37	41	49
Ich kann nicht entscheiden, ob ich religiös bin oder nicht	7	2	4	10	*4*	3	6	4	11	14
Ich bin nicht religiös.	16	7	6	12	*53*	2	14	7	34	16
Formen des Gottesglaubens										
Glauben an einen persönlichen Gott 2006	28	81	67	46	*14*	56	53	52	14	31
1999/2000	(38)	(79)	(67)	(47)	*(17)*	(65)	(42)	(38)	(18)	(27)
Glaube an ein höheres Wesen 2006	44	9	17	29	*26*	32	12	32	39	26
1999/2000	(36)	(15)	(23)	(34)	*(16)*	(23)	(17)	(51)	(45)	(32)
Glaube nicht, dass Gott existiert + Ich bin Atheist	21	5	6	13	*54*	2	16	6	28	14

Quelle: Eigene Berechnungen C&R 2006.

Die zu den Vorgaben der christlichen Kirchen konforme Aussage „es gibt einen persönlichen Gott" wird in Estland wie in Ostdeutschland gerade einmal von 14 Prozent der Befragten gewählt. Die Mehrzahl der ostdeutschen Bürger neigt entweder der Selbsteinschätzung als Atheist zu oder sieht sich selbst als nichtreligiös bzw. nicht gläubig an. Zum Vergleich: In Estland, welches bislang hinsichtlich der Indikatoren religiöser Vitalität fast immer auf dem gleichen Niveau wie Ostdeutschland lag, summieren sich diese beiden Gruppen zusammen zwar auch auf über ein Viertel der Bevölkerung, der größte Teil der Esten glaubt aber zumindest noch an ein höheres Wesen. Diese *diffusere Form des Glaubens* findet auch in den meisten anderen europäischen Ländern hohe Zustimmung. In Westdeutschland ist diese Gruppe die größte und selbst in Polen und Kroatien bekennen sich über 30 Prozent zu dieser allgemeinen Glaubensform. Der höchste Anteil an Gläubigen an einen persönlichen Gott findet sich in Portugal. Allerdings sind auch in Polen, Ungarn und Kroatien mehr als die Hälfte der Bevölkerungen noch in einem traditionalen christlichen Sinne gottesgläubig. Insgesamt scheint sich in vielen europäischen Ländern eine Tendenz zu einem diffuseren Gottesbild einzuschleichen – außer in Ostdeutschland, wo über die Hälfte der Befragten sich dezidiert als religionslos oder Atheisten einstufen. David Voas (2008: 39–41) verweist hier auf die Ausbreitung religiöser Indifferenz (siehe Gärtner/Wohlrab-Sahr/Pollack 2003; Wohlrab-Sahr 2008).[14]

In der Länderverteilung ähnlich sind auch die Zustimmungsraten zur Selbsteinschätzung der persönlichen Form der Religiosität: Ungefähr die Hälfte der Portugiesen, Kroaten und Polen sind ihren Antworten nach religiös entlang der wahrgenommenen Regeln ihrer Kirche. Dies bedeutet, dass sich hier eine traditionale Religiosität mit einer engen Bindung an die organisatorische Seite der Kirche findet. Bemerkenswert ist, dass die Aussage „Ich bin nach meinem eigenen Weg religiös" europaweit auf eine hohe Zustimmung trifft. In Westdeutschland, Finnland, Russland, Estland und Ungarn sind es teils überwältigende Mehrheiten der Bevölkerungen, welche diese Selbstbeschreibung der Religiosität wählen. Nun kann man dieses Ergebnis als Hinweis auf eine Zunahme der *Individualisierung* in den religiösen Überzeugungen gedeutet werden. Ist es doch aus der Sicht dieses Ansatzes notwendig sein Augenmerk stärker auf die *persönliche Religiosität* zu richten, gibt doch nur diese nach Luckmann (1991) Auskunft über das Stattfinden oder Ausbleiben eines übergreifenden Bedeutungsverlustes von Religion in der Gesellschaft.[15]

Da nun aber gerade in Osteuropa derzeit kaum eine zunehmende Individualisierung zu konstatieren sein dürfte[16] und zudem beobachtbare Glaubensgewinne von Revitalisierungen auch auf der Ebene der kirchlichen Integration begleitet werden, sind zumindest *Zweifel* an

---

14 Unter den in der C&R-Untersuchung erfassten Ländern ist in Ungarn und Kroatien ein deutlicher Trend in die entgegen gesetzte Richtung zu beobachten. Dies verweist zum einen auf eine Polarisierung in der Gesellschaft, zum anderen auf das Zusammenspiel von Religion mit nationalem Gedankengut in beiden Ländern. Die westeuropäischen Entwicklungen deuten dagegen recht konsistent auf einen schrittweisen Prozess des Glaubensverlustes hin.

15 Dabei ist es wichtig, Individualisierung als ein generelles soziales Phänomen zu verstehen, welches sich speziell in den westeuropäischen Wohlstandsgesellschaften ausgebreitet hat (Beck 2008: 123–124).

16 So zeigen alle Indikatoren für Individualisierung, Selbstentfaltung und Postmaterialismus (Norris/Inglehart 2004) extrem geringe Zustimmungsraten in den osteuropäischen Ländern. Dieser Befund ist aufgrund der dortigen materiellen Probleme und des gegenüber Westeuropa geringerem sozioökonomischen Wohlfahrtsstandes plausibel und es stellt sich eher die Frage, warum in einigen osteuropäischen Ländern die religiöse Vitalität vor diesem Hintergrund so niedrig verbleibt oder ist.

der Übertragung individualisierungstheoretischen Gedankenguts angebracht. So können Individualisierungsprozesse auch als Vor- oder Zwischenstufe eines Säkularisierungsprozesses gedeutet werden, der oftmals nicht Atheismus, sondern eher religiöse Indifferenz zur Folge hat. Recht hohe Übereinstimmung in den Verteilungen der Indikatoren der kirchlichen Integration und der subjektiven Religiosität sowie nur geringe Hinweise auf Individualisierung in Osteuropa entsprechen eher einem Bezug, so wie er in der Säkularisierungstheorie angenommen wird. So werden die Aussagen zur persönlichen Religiosität in den protestantischen Ländern zwar in gewisser Hinsicht wirklich individualisiert – im Sinne einer Unterscheidung zwischen Kirchenzugehörigkeit und eigener Religiosität – verstanden. Allerdings ist auch der Anteil derjenigen, die indifferent sind oder sich gar als dezidiert nichtreligiös einstufen, höher als in den nicht-protestantischen Vergleichsländern. Aus der Sicht der kulturellen Bindekraft von Konfessionen kommt man nicht umhin, den *Protestantismus* in der Breite im Nachteil gegenüber dem Katholizismus zu sehen.

Eine andere Option der Individualisierungstheorie sind Formen von Religiosität außerhalb der klassischen Sichtweise christlicher Religiosität (Pollack/Pickel 2003, 2008). Würde die Individualisierungsthese richtig liegen, dann sollten in Ländern mit einem sozialen Bedeutungsverlust traditionaler Religiosität Alternativen oder Substitute in Form alternativer Religiosität zu finden sein – also *funktionale Äquivalente* zur christlichen Religiosität. Selbst wenn es schwierig ist, diese quantitativ-empirisch zu erfassen, wird deutlich, dass nur eine geringe Nachfrage nach Religiosität, auch nach alternativen Formen, vorherrscht. Maximal ein Drittel der Bürger der untersuchten Länder gibt an, einer der vorgestellten Formen nahe zu sein. Zudem verläuft die Verteilung der Zustimmungswerte in eine andere Richtung, als es die Individualisierungsthese annimmt. Nicht die Länder, in denen wir den Bedeutungsverlust der traditionalen Religiosität und Kirchlichkeit feststellten, sind die mit den höchsten Anteilen alternativer Religiosität; vielmehr sind es die Länder, wo die christliche Religiosität stark ist (Irland, Portugal). Man kann also sagen: Die hier *ausgewählten Formen alternativer Religiosität dienen nicht als Ersatz für traditionale Religiosität.*

Abbildung 7 Außerkirchliche Religiosität

Ich glaube an ...	WD	Port	Irl	Fin	OD	Pol	Ung	Kro	Est	Rus
... Magie/Spiritualität/Okkultismus	12	24	20	9	8	8	12	13	17	16
... Astrologie/Horoskope	18	27	18	16	16	20	32	26	31	31
... Amulette, Steine und Kristalle können hilfreich sein	25	36	20	12	16	24	26	29	38	37

Quelle: Eigene Berechnungen C&R 2006; Zustimmende Antworten auf einer Skala mit vier Ausprägungen.

In dieser Hinsicht ist Ostdeutschland ein Paradebeispiel, welches gegen die Individualisierungsthese spricht. Betrachtet man die Zustimmungsraten in *Ostdeutschland*, so finden sich dort in der Regel die niedrigsten Zahlen eines Bekenntnisses zu alternativen Formen der Religiosität. Dies geht einher mit den bereits in Abbildung 6 aufgezeigten klaren Äußerungen zur persönlichen Religiosität. Selbst wenn bei diesen das Bild der christlichen Religiosität in den Köpfen steckt, ist doch eine massive Distanzhaltung zu allem Transzendenten bei der Mehrheit der ostdeutschen Bürger auszumachen. Dies unterscheidet sie nun auch von den bislang auf der gleichen Ebene von Konfessionsferne liegenden Esten. Mehr als in allen anderen europäischen Ländern scheint sich die *Säkularisierung über die kommunale Basis hinaus* in den privaten Bereich des Glaubens ausgebreitet zu haben. Die festgestellten empirischen Bezüge deuten dabei eher auf ein relativ geschlossenes Verständnis der Ostdeutschen hin, welches allen Formen nicht diesseitiger rationaler Erklärung mit Skepsis begegnet.[17] Der Großteil der Argumentationsstruktur des *Marktmodells* bezieht sich auf die Verteilung religiöser Vitalität und die Makroebene der Betrachtungen (Ianncone 1991). Die Ergebnisse für Europa (Pollack/Pickel 2009) sprechen hier gegen die Gültigkeit des Marktmodells, zumindest innerhalb dieser Region. In der Umfrage „Church and Religion in an enlarged Europe" wurde ein anderer Zugang gewählt, um die Grundlage dieses Ansatzes zu prüfen. Die Annahme bestand darin, dass zu einer Steigerung der religiösen Vitalität durch ein erhöhtes religiöses Angebot bzw. einen stärkeren Wettbewerb auf dem religiösen Markt zumindest ein gewisses Interesse der Nachfrageseite kommen müsste. Es sollte substantielle Gruppen in der Bevölkerung geben, welche überhaupt eine größere Pluralität an religiösen Anbietern wünschen, damit das Marktmodell Erfolg zeitigen kann. Einfach gesprochen: Jemand, der ein Interesse daran hat, ein anderes Angebot zu wählen, sollte auch für eine große Bandbreite an religiösen Angeboten im Land plädieren.

Abbildung 8 zeigt ein klares Ergebnis: In nahezu keinem der ausgewählten europäischen Staaten bevorzugen die Bürger eine größere Variationsbreite an Möglichkeiten auf dem religiösen Feld. Einzig in den katholischen Ländern Irland, Polen und Portugal sprechen sich mehr als 20 Prozent der Befragten für eine größere Breite an religiösen Organisationen und Gruppen aus. Dabei verstößt dieses Resultat gegen eine Grundannahme des religiösen Marktmodells: dem positiven Einfluss von religiöser Pluralität auf religiöse Vitalität. Denn gerade in Ländern mit einer geringen religiösen Vitalität ist der Wunsch nach religiösem Pluralismus besonders niedrig ausgeprägt. Es ist also nicht so, dass die religiös Indifferenten oder nur religiös Inaktiven auf der Suche nach einem neuen religiösen Platz in der Gesellschaft sind. Selbst vor dem Hintergrund der Anfälligkeit dieses Schlusses für verschiedene Gegenargumente des Marktmodells (Konflikt als Ersatz für Wettbewerb, interne Pluralität der katholischen Kirche, Fehlannahme eines ausbleibenden religiösen Interesses) scheint sich im europäischen Rahmen nur begrenzt ein Erklärungsspielraum für das Marktmodell des Religiösen zu ergeben. Sind die meisten Personen nicht interessiert an einem größeren religiösen Angebot, dann ist es auch nicht plausibel, dass ein relevantes Ansteigen an religiösen Gruppierungen zu der Konsequenz einer steigenden religiösen Vitalität führt.

---

17 Diese Argumente sind für eine endgültige Zurückweisung der Individualisierungsthese nicht ausreichend, sehen doch Luckmann (1967) und seine Anhänger noch eine Vielzahl weiterer Möglichkeiten für eine „unsichtbare Religion", die hier nicht berücksichtigt werden konnten. Viele sind aus seiner Sicht mit dem Instrumentarium der Umfrageforschung nicht zu messen. Dies mag richtig sein, trotzdem lassen die Ergebnisse Zweifel an der Stichhaltigkeit einer anthropologisch vorhandenen Religiosität, die sich nur durch Formenwandel abbildet, aufkommen und es plausibler erscheinen, die Möglichkeit religiös indifferenter wie auch unreligiöser Personen zuzulassen, die neben Personen ihren Platz finden, welche wirklich eine Transformation ihrer religiösen Überzeugungen zu einer anderen Form vollzogen haben (Dobbelaere 2002).

Abbildung 8 Nachfrage nach religiöser Variation

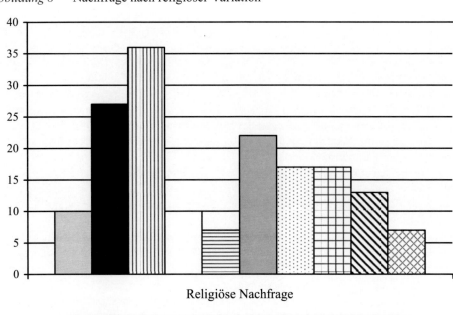

Quelle: Eigene Berechnungen auf Basis C&R 2006; Frage = „Ich würde mir eine größere Variation an religiösen Organisationen und Gruppen in meiner Nachbarschaft wünschen, weil ich dann zwischen verschiedenen Angeboten auswählen könnte"; zustimmende Antworten auf einer Skala mit vier Kategorien.

Und auch hier passt *Ostdeutschland* sehr gut in das Bild, da auch dort von allen Untersuchungsländern am seltensten eine größere Variation religiöser Organisationen und Gruppen gewünscht wird. So ist entsprechend auch keine Belebung des nach dem Umbruch nun offenen religiösen Marktes eingetreten, wie es seitens der Grundprämissen des Marktmodells zu erwarten gewesen wäre (siehe auch Froese/Pfaff 2009: 124–126). Es ist einfach so, dass die Nachfrage nach religiösen Anbietern fehlt (siehe auch Jagodzinski 2000: 66).

Bleibt letztendlich die Säkularisierungstheorie. Eine dort zentrale Annahme ist, dass der Verfall der sozialen Bedeutung von Religion ein langsamer, aber kontinuierlicher Prozess ist, der aus der Unterbrechung der Generationenweitergabe resultiert. Nicht beim Einzelnen kommt es zu einem dramatischen Verlust der Bindung an die Kirche und religiöser Indifferenz, vielmehr gehen diese Traditionen über die Generationen verloren. Eine besondere Bedeutung kommt in solch einem Entwicklungsablauf der *Sozialisation* zu. Abbildung 9 zeigt dann auch deren Wirkungsmächtigkeit: Die eigene religiöse Sozialisation korrespondiert hochgradig mit dem Grad religiöser Vitalität, sei es auf der Mikroebene oder der Makroebene. Der Transport religiösen Wissens, religiöser Erfahrungen und religiöser Praktiken stellt somit eine Nahtstelle zum Überleben einer vitalen Religion dar.

Abbildung 9   Religiöse Sozialisation im europäischen Vergleich

Sozialisation	WD	Port	Irl	Fin	*OD*	Pol	Ung	Kro	Est	Rus
Meine Eltern haben mich im Glauben erzogen (Sozialisation)	68	94	94	59	*38*	96	71	85	26	30
Ich denke, es ist wichtig, Kinder im Glauben zu erziehen (Weitergabeintention)	76	88	92	78	*38*	90	78	81	40	50
Korrelationen										
Sozialisation/ Weitergabeintension	.51	.50	.26	.46	*.58*	.49	.51	.63	.55	.51
Sozialisation/Glaube an Gott	.21	.34	.19	.34	*.31*	.19	.45	.34	.33	.23

Quelle: Eigene Berechnungen C&R 2006.

Und hier wird nun die Tragweite der sozialen Rahmenbedingungen sichtbar. So stellt *Ostdeutschland* das Gebiet dar, in welchem die europaweit geringste Intention der Weitergabe religiöser Glaubensinhalte vorherrscht. Dafür maßgeblich ist die ebenfalls hohe Zahl an Menschen, die sich selbst als nicht in einem Glauben erzogen einstufen. Bringt man die hohe Verbindung zwischen eigener Sozialisation und Intention der Weitergabe religiöser Traditionen mit diesem niedrigen Grad eigener Sozialisationserfahrung zusammen, so wird deutlich, warum es in den neuen Bundesländern zu keiner Revitalisierung des Glaubens kommt – und kommen kann:[18] Es erfolgt eine Weitergabe religionsferner, konfessionsloser und teilweise religionsfeindlicher Traditionen und Werte – also einer *Kultur der Religionslosigkeit*. Doch auch hier scheint es sich weniger um eine Sondersituation im Sinne einer Absonderlichkeit als vielmehr um ein über längere Zeit gewachsenes Zusammenwirken ungünstiger sozialer Rahmenfaktoren zu handeln.

5   Sonderfall oder Sonderweg oder einfach ungünstige Rahmenbedingungen?

Was können nun die Gründe sein, die zu Differenzen in der religiösen Vitalität der Länder führen – und warum ist die religiöse Vitalität gerade in den neuen Bundesländern der Bundesrepublik Deutschland so niedrig? Eigentlich müssten entsprechend einer engen, auf sozioökonomische Modernisierung ausgerichteten Säkularisierungstheorie die westeuropäischen Länder in der religiösen Vitalität durchweg hinter den osteuropäischen Ländern zurückliegen,

---

18 Interessant ist, dass die Zahl derer, die denken, dass ihre Kinder im Glauben erzogen werden sollten, etwas höher liegt als der Anteil derer mit eigener religiöser Sozialisationserfahrung. Es besteht also eine gewisse Offenheit gegenüber religiösen Wissen. Doch aus den positiven Bekundungen kann nicht direkt auf die Verhaltensweisen geschlossen werden, unterliegen die doch häufig zusätzlichen Restriktionen, welche den Anteil derer, die dann ihre Kinder wirklich mit Religion und Glauben in Berührung bringen, wieder reduziert.

da sie doch durchweg deutlich höhere Grade an sozioökonomischer Modernisierung aufwiesen. Wie die verschiedenen bereits präsentierten Daten, aber auch die erste Zeile in Abbildung 10 (Einfluss der sozialistischen Vergangenheit) belegen, ist dies aber faktisch-empirisch nicht der Fall. Die politische Repression des Sozialismus ist für sich alleine nicht hinreichend, um die Länderdifferenzen auf dem religiösen Sektor in Europa zu erklären. Zweifelsohne hat sich der politische Druck auf die Kirchen und die Religion ungünstig für die religiöse Vitalität in Osteuropa ausgewirkt, doch diese Effekte unterliegen Variationen: Einerseits war die Stärke der Repression – ein Faktor, der quantitativ empirisch nur sehr schwer zu bestimmen ist – unterschiedlich, andererseits ermöglichten oder behinderten unterschiedliche soziale Rahmenbedingungen die Durchsetzung der Repression. Hieraus ergaben sich spezifische Pfadabhängigkeiten der Säkularisierung im europäischen Vergleich.

Faktisch keine Bedeutung kommt für die Betrachtung der heutigen Werte religiöser Vitalität in Europa dem Grad *religiöser Regulation* zu. Im Gegenteil: Wenn der Regulationsgrad einen empirisch messbaren Effekt auf religiöse Vitalität zeigt, dann scheint dieser sich eher positiv auf die verschiedenen Indikatoren religiöser Vitalität auszuwirken. Oder anders gesagt: Ein harmonisches und verschränktes Kirche-Staates-Verhältnis wirkt sich für Religion und Religiosität (in Europa) eher günstig aus, eine starke Trennung zwischen Kirche und Staat dagegen – entgegen der Annahmen des religiösen Marktmodells – eher nicht.[19]

Ebenfalls konsistent zu den bisherigen Ergebnissen, egal ob man ihre Stellung mit allen europäischen Ländern vergleicht oder nur Osteuropa als Relation heranzieht, ist die niedrigere religiöse Vitalität Ostdeutschlands (siehe auch Meulemann 2009). Dies wird an den negativen Korrelationen der Dummy-Variable Ostdeutschlands mit allen Indikatoren der Religiosität ersichtlich. Wie ist diese niedrige Religiosität gerade in dieser Region nun aber erklärbar? Handelt es sich vielleicht wirklich um einen Sonderfall und/oder Sonderweg europäischer Entwicklung?

Abbildung 10 demonstriert recht eindeutig, dass es vornehmlich das *Zusammenspiel* dreier gesellschaftlicher Rahmenbedingungen ist, welches zu dem heute auffindbaren, niedrigem Grad an religiöser Vitalität geführt hat. So lassen sich zwischen Ostdeutschland und den anderen europäischen Staaten keine signifikanten statistischen Unterschiede mehr feststellen, wenn man die Erklärungsvarianzen von Modernisierungsgrad, sozialistischer Repression und protestantischer Prägung herauspartialisiert. Oder anders gesagt: Egalisiert man (auf statistischem Wege) die Wirkung der drei generellen Erklärungsstränge, dann ist Ostdeutschland keine Besonderheit mehr, was seinen Grad an religiöser Vitalität angeht. Berücksichtigt man dazu noch die Pauschalität der Verwendung der Zuordnung „politische Repression", welche ja undifferenziert – und sicher auch unberechtigt – für alle osteuropäischen Länder erst einmal gleich gesetzt wird, dann ist die Klarheit dieses Befundes umso bemerkenswerter. Die religiöse Situation in Ostdeutschland ist beileibe kein „unerklärlicher" Sonderfall, sondern eine Folge der besonders ungünstigen Rahmenbedingungen.

---

19 Hier kann es sich ohne weiteres um eine Diskrepanz zur Situation in anderen Teilen der Welt handeln. Dies schränkt allerdings die Erklärungskraft alternativer Modelle, wie der Säkularisierungstheorie, nicht ein, sondern verweist nur auf die Bedeutung historisch-kultureller Pfade.

Abbildung 10 Makroeffekte und Ostdeutschland[20]

	Kirchen-mitgliedschaft	Besuch Gottesdienst	Glaube an Gott	Subjektive Religiosität
Europa				
Sozialistische Vergangenheit	−.30	−.27	n. s.	n. s.
Modernisierungsgrad (UN Human Development Index)	n. s.	n. s.	−.48	−.37
Traditionell protestantisch geprägt	n. s.	−.39	−.54	−.50
Grad religiöser Regulation (Fox)	+.44	n. s.	+.35	+.25
Dummy-Variable Ostdeutschland	−.36	n. s. (−.16)	−.46	−.38
Untergruppe postsozialistische Länder (*Osteuropa*)				
Modernisierungsgrad	−.55	n. s.	−.64	−.43
Traditionell protestantisch geprägt	−.74	−.34	−.74	−.70
Grad religiöser Regulation (Fox)	+.43	n. s.	+.40	+.43
Dummy-Variable Ostdeutschland	−.45	n. s. (−.23)	−.59	−.47
Partiale Korrelationen Dummy-Variable *Ostdeutschland*				
Kontrolle für Modernisierungsniveau	−.40	n. s. (−.16)	−.45	−.37
Kontrolle für Sozialismus	−.36	n. s. (−.13)	−.45	−.38
Kontrolle für protestantische Prägung	−.36	n. s. (−.05)	−.36	−.26
Kontrolle für Modernisierungsniveau für protestantische Prägung	−.34	n. s. (−.03)	−.36	n. s. (−.25)
Kontrolle für Modernisierungsniveau für protestantische Prägung für Sozialismus	n. s. (−.23)	n. s. (+.09)	n. s. (−.21)	n. s. (−.18)

Quelle: Eigene Berechnungen auf Basis gepoolter Aggregatdaten: World Values Surveys, European Values Surveys; Eurobarometer; European Social Surveys; Regulationsgrad aus „Religion and State" Datensatz von Jonathan Fox; kombinierter Indikator für religiöse Regulation (Fox/Tabory, 2008: 251–255).

Was bedeutet dies inhaltlich? Im Prinzip nichts anderes, als dass unter der Kombination dieser drei Bedingungen die Kirche nicht in der Lage war, ihre Gläubigen dauerhaft zu binden. Doch dies ist nicht nur ein institutioneller Effekt; er hat auch manifeste Auswirkungen auf die subjektive Religiosität, fällt doch auch diese unter den gegebenen Bedingungen besonders niedrig aus. Es handelt sich also um eine eingangs *erzwungene Säkularisierung*, welche sich aber über die Zeit hinweg in den Köpfen der Menschen festgesetzt hat und von

---

20 Aufgrund der hohen Multikollinearität der unabhängigen Variablen ist kein statistisch sauberes Regressionsmodell zu bestimmen. Allerdings eignet sich hier eine systematische Serie partialer Korrelationen recht gut, um die Wirkungen unter variierenden Rahmenbedingungen zu testen.

diesen nun von Generation zu Generation weiter tradiert wird. Verbunden mit Aspekten der Identifikation mit Ostdeutschland, im Rahmen einer eigenen ostdeutschen Identitätsbewahrung (Pollack/Pickel 1998), wurde der Aspekt der Konfessions- und Religionslosigkeit auch politisch-kulturell gestützt.

Das Hinzutreten einer schnellen sozioökonomischen Modernisierung hat dann ihr übriges getan, um diese *vorweggenommene Säkularisierung* zu bestätigen und den Säkularisierungsprozess weiter voranzutreiben. Die gegen politische Repression weniger widerstandsfähige kulturelle Tradition des Protestantismus erwies sich dabei für die Durchsetzung dieser Prozesse als eher günstig denn hinderlich.[21] Damit kommt es zur Verbindung von Peter L. Bergers Gedanken zur immanenten Säkularisierung des Protestantismus mit der klassischen Säkularisierung aufgrund von sozioökonomischer Modernisierung und dem Wegfall der – bereits unter Karl Marx thematisierten – Kompensationsfunktion von Religion. Die heute feststellbare niedrige Religiosität und religiöse Vitalität in den neuen Bundesländern der Bundesrepublik Deutschland ist in diesem Fall nichts anderes als die Abbildung unglücklicher Rahmenbedingungen, wie sie – nur am Rande gesagt – sehr ähnlich in Estland wiederzufinden sind, dem anderen Land in Europa mit einer so geringen religiösen Vitalität.

7 Zusammenfassung

Die vorliegenden vergleichenden Ergebnisse zeigen, dass verschiedenen *kulturellen und historischen Prägungen* eine zentrale Bedeutung für die heute feststellbare religiöse Vitalität der europäischen Länder zukommt. Insbesondere die konfessionelle Prägung des Landes wirkt sich positiv oder negativ auf das *Tempo* des religiösen Traditionsverlustes aus. Schaffen es katholische Länder weit besser, die religiöse Vitalität ihrer Mitglieder aufrecht zu erhalten, so scheint dies in protestantischen Ländern weit weniger gut zu gelingen. Die innere Rationalität des Protestantismus sowie die gesellschaftliche Anbindung über Landeskirchen scheinen sich ungünstig auszuwirken. Vergleichbare Probleme weisen in der Regel die orthodoxen christlichen Kirchen auf. Gleichfalls eine hohe Bedeutung besitzen die *politischen Rahmenbedingungen*, insbesondere wenn sie sich gegen Kirchen und Religion richten. Sie unterwandern die Prozesse der Weitergabe religiöser Traditionen und religiösen Wissens und legen damit den Grundstock für vorgezogene Säkularisierungsprozesse. Fallen die Restriktionen weg, dann bietet sich für Länder – wie in Osteuropa zu sehen ist – die Möglichkeit, sich in Richtung ihres „wahren" Niveaus an religiöser Vitalität zu entwickeln. Die dabei beobachtbaren Revitalisierungsprozesse sind aber nicht als eine kontinuierliche Entwicklung zu deuten, da sie einem bestimmten Zeitpunkt, wenn sie eben auf die Effekte sozioökonomischer Modernisierung treffen, brechen. Setzen nämlich die kulturellen und politischen Rahmenbedingungen

---

21 So war der Protestantismus in den sozialistischen Ländern scheinbar weniger in der Lage, der politisch gewollten Zurückdrängung entgegenzutreten. Ein Grund hierfür dürfte die stärkere Verankerung des Protestantismus in der Gegenwartsgesellschaft sein, ein anderer, und diesen teilt er mit der orthodoxen Kirche, dass die landeskirchliche Organisationsstruktur sich weniger gegen politische Eingriffe erwehren konnte als der Katholizismus mit seinem Referenzpunkt außerhalb des sozialistischen Herrschaftsbereiches. So konnten die katholischen Kirchen durch ihre Bezugnahme auf eine externe Instanz in Rom möglicherweise politischen Repressionen besser ausweichen.

die Ausgangslagen oder Pfade der Entwicklungen, so entfalten *Modernisierungseffekte*, wie sie die Säkularisierungstheorie als zentral für einen Prozess des sozialen Bedeutungsverlustes von Religion ausmacht, eine globale dynamische Wirkung im Sinne eines sozialen Bedeutungsverlustes von Religion. Dieser betrifft alle europäischen Länder, wenn auch aufgrund der politischen und kulturellen Rahmenbedingungen in unterschiedlicher Art und Weise. Dabei ist zu beachten: Die *kulturellen Pfadabhängigkeiten* geben nicht nur den Resistenzgrad gegen die Säkularisierung vor, sondern können ebenfalls Wandlungen unterliegen (politischer Wandel, nationale Identitätsbildungsprozesse).

In *Osteuropa* treffen nun diese unterschiedlichen Effekte in der Zeit nach dem politischen Umbruch aufeinander: So wirken die Prozesse der Modernisierung, der Repression und der kulturellen Prägung teilweise gegenläufig zueinander oder verstärken sich. Dabei ist die Analyse deswegen so schwierig, weil sie zusätzlich zu den Wechselwirkungen mit der *Trägheit* der beobachteten Prozesse umgehen muss: Zum einen findet sich als Folge der sozialistischen Repression gegen die Kirche eine *ideologische Gegenposition* zu Religion, die nur langsam und über Generationen abnimmt, zum anderen eine *nachholende Modernisierung*. Gegenläufige Wirkungen von nachholender Modernisierung und Aufhebung der politischen Repression gegen Kirchen und Religion verschwimmen ineinander und erschweren die Identifikation des „wahren" Einflussgrades der einzelnen Erklärungsmodelle. So gilt für viele Länder in *Osteuropa*, dass sie rein modernisierungstheoretisch gesehen eine höhere religiöse Vitalität aufweisen müssten, als sie dies bislang tun. Die Folgen der sozialistischen Repression haben aber eine unnatürliche Situation erzeugt, die sich nunmehr langsam aufzulösen beginnt. Ist die kommunale Basis der Religionen nicht so nachhaltig zerstört, wie dies in Ostdeutschland oder auch in Teilen in Estland der Fall ist, dann sind hier eigentlich Revitalisierungseffekte zu erwarten. Diesen wirken aber die erheblichen Modernisierungsgewinne gerade der osteuropäischen EU-Mitgliedsstaaten entgegen.

Erschwerend kommen noch spezielle *kulturelle Faktoren* zum Tragen: In Irland und Nordirland sorgt der religiös aufgeladene politische *Konflikt* für eine überdurchschnittlich hohe religiöse Vitalität, in mehreren osteuropäischen Staaten tritt die Verbindung zwischen *Religion und Nation* verstärkt in den Vordergrund und steigert die religiöse Vitalität, wie die Beispiele Polen, Russland und Kroatien zeigen, und spezifisch historisch gewachsene Erfahrungen (wie in der Tschechischen Republik oder Frankreich) bedingen auch heute noch unterschiedliche Bindungen der Menschen an Religion und Religiosität.

Nach diesen Ausführungen wird deutlich, dass auch das *Säkularisierungsmodell* für sich alleine nicht ausreichend ist, um die aktuellen Entwicklungen religiöser Vitalität in Europa zu erklären. Vielmehr muss man für eine realitätsgerechte Analyse der Bestände und der Entwicklung religiöser Vitalität unbedingt die *Pfadabhängigkeiten* einzelner Länder oder Ländergruppen berücksichtigen. Vor dem Hintergrund dieser Pfade können allerdings die Annahmen der Säkularisierungstheorie sehr wohl verwendet werden. Das Hauptaugenmerk sollte dabei aber auf dem Spannungsverhältnis zwischen Moderne und Religion, nicht aber auf der Annahme einer unabänderlichen Säkularisierung liegen liegen. So ist es zum Beispiel denkbar, dass Modernisierungsprozesse auch in die umgekehrte Richtung verlaufen (Modernisierungsverluste) und durch andere Faktoren (politische Repression, Identitätsbildungs- und Identitätsfindungsprozesse, radikaler sozialer Wandel) konterkariert werden. Zumindest scheint aus europäischer Sicht die Säkularisierungsthese ein vielversprechenderes

Erklärungsmodell religiöser Vitalität als das in den USA bevorzugte Marktmodell zu sein. Für dessen Tragfähigkeit sind in Europa nur begrenzt Hinweise zu finden und auch die Erklärungsversuche für Osteuropa überzeugen wenig. Dies bedeutet nicht, dass nicht einzelne Elemente des Marktmodells als ergänzende Einflussfaktoren berücksichtigt werden sollten oder gar außerhalb Europas eine größere Bedeutung erlangen können.

Ähnliches gilt für die *Individualisierungsthese* des Religiösen. Für den Ländervergleich kann es nur eingeschränkt zusätzliche Informationen anbieten. So ist gerade in den osteuropäischen Ländern, welche ja in Teilen Revitalisierungstendenzen aufweisen, eine Wiederkehr von religiöser Vitalität im Sinne einer Zunahme des religiösen Bekenntnisses von einer Zunahme der religiösen Teilhabe flankiert. Die in der Individualisierungsthese aufgezeigte Differenzierung zwischen subjektiver Religiosität und kirchlicher Integration findet sich dann eher in Westeuropa. Doch auch dort sind Glaubensverluste zu konstatieren, wenn auch nicht in dem Umfang, wie sie auf dem gesellschaftlichen Sektor kirchlicher Integration vorherrschen. Inwieweit es sich aber dabei um eine Loslösung einer individualisierten Religiosität von der soziokulturellen Basis oder einen zeitverzögerten Prozess handelt, kann zum heutigen Zeitpunkt noch nicht entschieden werden. Da es aber der Säkularisierungstheorie um den sozialen Bedeutungsverlust der Religion geht, ist dies auch nur von einem begrenzten Interesse.

Was bedeutet dies für die Fragestellung eines *ostdeutschen Sonderweges* oder einer ostdeutschen Sondersituation? Nichts anderes, als dass Ostdeutschland keinen wirklichen Sonderfall darstellt, wenn man die Bezeichnung Sonderfall als überraschend, unwägbar oder unerklärlich versteht. Einen Sonderfall stellt es einzig hinsichtlich des Zusammentreffens der *besonders ungünstigen Konstellationen* dar, unter denen dort institutionalisierte als auch nicht-institutionalisierte Religiosität bestehen muss. Diese werden sich auch mittelfristig nicht zum Positiven hin ändern, haben doch die breiten Prozesse der sozioökonomischen Modernisierung bereits deutlich Fuß gefasst und ist doch die kommunale Basis des Religiösen weitgehend erodiert. So ist es wenig verwunderlich, wenn unter den Bedingungen einer massiven Wohlfahrtssteigerung keine religiöse Revitalisierung auftritt – zumindest, wenn man der Säkularisierungstheorie folgt. Gleichfalls wird deutlich: Wenn man Ostdeutschland unter diesen Umständen ungünstiger Rahmenbedingungen als Sonderfall akzeptieren kann, so beschreitet es *mitnichten einen Sonderweg*. Vielmehr folgt Ostdeutschland entsprechend seiner soziostrukturellen Rahmenbedingungen und Veränderungen in ganz ähnlicher Weise den allgemeinen europäischen Entwicklungstrend. Damit unterscheidet sich Ostdeutschland nicht von den anderen europäischen Staaten – die osteuropäischen eingeschlossen.

8 Literatur

Berger, Peter L. (1967): The Sacred Canopy. Elements of a sociological theory of Religion. New York.
Bergmann, Jörg/Hahn, Alois/Luckmann, Thomas (Hrsg.) (1993): Religion und Kultur. Sonderheft der Kölner Zeitschrift für Soziologie und Sozialpsychologie 3: 69–91
Bertelsmann Stiftung (Hrsg.) (2008): Woran glaubt die Welt? Analysen und Kommentare zum Religionsmonitor 2008. Gütersloh.
Brocker, Manfred/Behr, Hartmut/Hildebrandt, Mathias (Hrsg.) (2002): Religion und Politik. Wiesbaden.
Bruce, Steve (Hrsg.) (1992): Religion and Modernization: Sociologists and Historians Debate the Secularization Thesis. Oxford.
Bruce, Steve (1999): Choice and Religion: A Critique of Rational Choice Theory. Oxford.

Bruce, Steve (2002): God is Dead. Secularization in the West. Oxford.
Byrnes, Timothy A./Katzenstein, Peter J. (Hrsg.) (2006): Religion in an Expanding Europe. Cambridge.
Davie, Grace (1994): Religion in Britain since 1945: Believing without Belonging. Oxford.
Davie, Grace (2001): Patterns of Religion in Western Europe: An exceptional Case. In: Fenn (Hrsg.): 264–278.
Davie, Grace (2002): Europe: the Exceptional Case. Parameters of Faith in the modern World. London.
Denz, Hermann (Hrsg.) (2002): Die europäische Seele. Leben und Glauben in Europa. Wien:
Dobbelaere, Karel (2002): Secularization: An Analysis on three levels. Brüssel.
Fenn, Richard K. (Hrsg.) (2001): Sociology of Religion. Oxford.
Finke, Roger/Stark, Rodney (2003): The Dynamics of religious economies. In: Dillon, Michele (Hrsg.): Handbook of the Sociology of Religion. Cambridge: 96–109
Finke, Roger/Stark, Rodney (2006): The Churching of America 1576–2005: Winners and Losers in our Religious Economy. New Brunswick.
Fox, Jonathan, 2007: Do Democracies have Separation of Religion and State? In: Canadian Journal of Political Science 40/1: 1–25.
Fox, Jonathan/Tabory, Ephraim (2008): Contemporary Evidence Regarding the Impact of State Regulation of Religion on Religious Participation and Belief. In: Sociology of Religion 69/3: 245–272.
Froese, Paul/Pfaff, Steven (2001): Replete and desolate markets: Poland, East Germany and the New Religious Paradigm. In: Social Forces 80: 481–507.
Froese, Paul/Pfaff, Steven (2009): Religious Oddities: explaining the Divergent Religious Markets of Poland and East Germany. In: Pickel/Müller (Hrsg.): 123–144.
Gärtner, Christel/Pollack, Detlef/Wohlrab-Sahr, Monika (Hrsg.) (2003): Atheismus und religiöse Indifferenz. Opladen.
Glock, Charles Y. (1954): Toward a typology of religious orientation. New York.
Haller, Max (1988): Grenzen und Variationen gesellschaftlicher Entwicklung in Europa – eine Herausforderung und Aufgabe für die vergleichende Soziologie. In: Österreichische Zeitschrift für Soziologie 13/4: 5–19.
Höhn, Hans-Joachim (2007): Postsäkular. Gesellschaft im Umbruch – Religion im Wandel. Paderborn.
Huber, Stefan (2003): Zentralität und Inhalt. Ein neues multidimensionales Messmodell der Religiosität. Opladen.
Iannaccone, Laurence R. (1991): The Consequences of Religious Market Structure: Adam Smith and the Economics of Religion. In: Rationality and Society 3: 156–177.
Iannacone, Laurence R./Finke, Roger/Stark, Rodney (1997): Deregulation Religion: The Economics of Church and State. In: Economic Inquiry 35: 350–364.
Jagodzinski, Wolfgang (2000): Religiöse Stagnation in den Neuen Bundesländern: Fehlt das Angebot oder fehlt die Nachfrage? In: Pollack/Pickel (Hrsg.): 48–69.
Jagodzinski, Wolfgang/Dobbelaere, Karel (1993): Der Wandel kirchlicher Religiosität in Westeuropa. In: Bergmann/Hahn/Luckmann (Hrsg.): 69–91.
Landman, Todd (2000): Issues and Methods in Comparative Politics. An Introduction. London.
Lauth, Hans-Joachim/Pickel, Gert/Pickel, Susanne (2009): Methoden der vergleichenden Politikwissenschaft. Eine Einführung. Wiesbaden.
Luckmann, Thomas (1967): The Invisible Religion. The problem of Religion in modern Society. New York.
Martin, David (1978): A General Theory of Secularization. New York.
Meulemann, Heiner (2009): Religiosity in Europe and in the Two Germanies: The Persistence of a Special Case – as revealed by the European Social Survey. In: Pickel/Müller (Hrsg.): 35–48.
Müller, Olaf (2009): Religiosity in central and Eastern Europe: Results from the PCE 2000 Survey in Comparison. In: Pickel/Müller (Hrsg.): 65–88.
Müller, Olaf/Pollack, Detlef/Pickel, Gert (2002): Werte und Wertewandel religiöser Orientierungsmuster in komparativer Perspektive: Religiosität und Individualisierung in Ostdeutschland und Osteuropa. In: Brocker/Behr/Hildebrandt (Hrsg.): 99–125
Norris, Pippa/Inglehart, Ronald (2004): Sacred and Secular: Religion and Politics worldwide. New York.
Pickel, Gert (1998): Religiosität und Kirchlichkeit in Ost- und Westeuropa. In: Pollack/Borowik/Jagodzinski (Hrsg.): 55–85.
Pickel, Gert (2001): Moralische Vorstellungen und ihre religiöse Fundierung im europäischen Vergleich. In: Pickel/Krüggeler (Hrsg.): 105–134.
Pickel, Gert (2003): Areligiosität, Antireligiosität, Religiosität – Ostdeutschland als Sonderfall niedriger Religiosität im osteuropäischen Rahmen? In: Gärtner/Pollack/Wohlrab-Sahr (Hrsg.): 247–270.
Pickel, Gert (2009a): Secularization as an European Fate? Results from the Church and Religion in an enlarged Europe Project 2006. In: Pickel/Müller (Hrsg.): 89–122.
Pickel, Gert (2009b): Revitalization of Religion as Normalization? – Romania in Comparative European Perspective. In: Studia Sociologia 54/2: 9–36.

Pickel, Gert (2010): Säkularisierung, Individualisierung oder Marktmodell? Religiosität und ihre Erklärungsfaktoren im europäischen Vergleich. In: Kölner Zeitschrift für Soziologie und Sozialpsychologie 62: 219–245.
Pickel, Gert/Krüggeler, Michael (Hrsg.) (2001): Religion und Moral. Wiesbaden.
Pickel, Gert/Müller, Olaf (Hrsg.) (2009): Church and Religion in Contemporary Europe. Results from Empirical and Comparative Research. Wiesbaden.
Pollack, Detlef (1998): Religiöser Wandel in Mittel- und Osteuropa. In: Pollack/Borowik/Jagodzinski (Hrsg.): Religiöser Wandel in den postkommunistischen Ländern Ost- und Mitteleuropas. Würzburg: 11–52.
Pollack, Detlef (2001): Modifications in the religious Field of Central and Eastern Europe. European Societies 3/2: 135–166.
Pollack, Detlef (2003): Säkularisierung – ein moderner Mythos? Studien zum religiösen Wandel in Deutschland. München.
Pollack, Detlef (2009): Rückkehr des Religiösen? Studien zum religiösen Wandel in Deutschland und Europa 2. München.
Pollack, Detlef/Borowik, Irena/Jagodzinski, Wolfgang (1998): Religiöser Wandel in den postkommunistischen Ländern Ost- und Mitteleuropas. Würzburg.
Pollack, Detlef/Olson, Daniel V. A. (Hrsg.) (2008): The Role of Religion in Modern Societies. New York.
Pollack, Detlef/Pickel, Gert (1999): The Vitality of Religion-Church Integration and Politics in Eastern and Western Europe in Comparison. Arbeitsberichte des Frankfurter Institutes für Transformationsstudien 13/00.
Pollack, Detlef/Pickel, Gert (2007): Religious Individualization or Secularization? Testing hypotheses of religious change – the case of Eastern and Western Germany. In: British Journal of Sociology 58/4: 603–632.
Pollack, Detlef/Pickel, Gert (2008): Religious Individualization or Secularization: An Attempt to Evaluate the Thesis of Religious Individualization in Eastern and Western Germany. In: Pollack/Olson (Hrsg.): 191–220.
Pollack, Detlef/Pickel, Gert (2009): Church-State-Relations and the Vitality of Religion in European Comparison. In: Pickel/Müller (Hrsg.): 145–166.
Sherkat, Darren/Ellison, Christopher (1999): Recent Developments and Current Controversies in the Sociology of Religion. In: Annual Review of Sociology 25: 363–394.
Stark, Rodney/Finke, Roger (2000): Acts of Faith: Explaining the Human Side of Religion. Berkeley.
Tomka, Miklos (1995): The Changing Social Role of Religion in Eastern and Central Europe: Religion's Revival and its Contradictions. In: Social Compass 42: 17–26.
Tomka, Miklos/Zulehner, Paul M. (1999): Religion in den Reformländern Ost(Mittel)Europas. Wien.
Tomka, Miklos u. a. (2000): Religion und Kirchen in Ost(mittel)Europa: Ungarn, Litauen, Slowenien. Wien.
Voas, David (2008): The Continuing Secular Transition. In: Pollack/Olson (Hrsg.): 25–48.
Warner, Stephen (1993): Work in Progress toward a New Paradigm for the Sociological Study of Religion in the United States. In: American Journal of Sociology 9/5: 1044–1093.
Wohlrab-Sahr, Monika (2009): Das stabile Drittel: Religionslosigkeit in Deutschland. In: Bertelsmann Stiftung (Hrsg.): 151–168.
Zulehner, Paul M./Denz, Hermann (1993): Wie Europa lebt und glaubt. Europäische Wertstudie. Düsseldorf.

Die katholische Kirche in Mittel- und Ostdeutschland
Situation und pastorale Herausforderungen angesichts der Säkularität

Maria Widl

1 Die katholische Kirche in den neuen Bundesländern – eine kleine Minderheit

Nach der Reformation gab es im Raum zwischen Werra und Oder nur noch zwei katholische Gebiete: das Eichsfeld und Teile des Sorbenlandes (vgl. Pilvousek 1998; Niemczik 1996). Die heutigen katholischen Gemeinden gehen zumeist auf die Bevölkerungsströme zurück, die die Industrialisierung des neunzehnten Jahrhunderts mit sich brachte. In Thüringen etwa waren das meist Rheinländer und Franken, die in den vormals durchweg evangelischen Landgebieten katholische Gemeinden gründeten. Nach dem Zweiten Weltkrieg wurden sie durch den gewaltigen Zustrom an Katholiken aus Schlesien, Ostpreußen und dem Sudentenland ergänzt, die jedoch größtenteils schubweise weiter nach West- und Süddeutschland zogen.

Gegen das Drängen der DDR hatte die katholische Kirche die Teilung Deutschlands nie mitvollzogen und die Bistümer über die deutsch-deutsche Grenze hinweg aufrecht erhalten. Freilich kam es zu einem Eigenleben der östlichen Bistumsanteilen, jedoch in enger Anbindung an den Westen.[1] Dadurch konnten die geistigen, theologischen und pastoralen Entwicklungen des Westens mitvollzogen und sogar eine eigene Priesterausbildung in Erfurt ermöglicht sowie die finanzielle Lage stabil gehalten werden (vgl. Gabriel/Pilvousek/Tomka u. a. 2003). Nach der politischen Wende und mit der Einheit Deutschlands wurde dagegen die Jurisdiktion schnell geteilt, dies aber gerade nicht, um sich vom Westen abzusetzen, dem man nach wie vor eng verbunden bleibt. Vielmehr sollte die katholische Kirche im Osten wieder heimisch werden, wie Bischof Wanke ausführt:

> „Was die Gründung der Bistümer Magdeburg, Görlitz und Erfurt signalisieren möchte, ist der Wille unserer Kirche, sich in den östlichen Ländern wirklich zu verwurzeln, gleichsam einzupflanzen. Wir wollen und müssen zu der im Osten vorfindlichen kulturellen und gesellschaftlichen Wirklichkeit ‚dazugehören', und zwar so, wie wir sind, was nicht ausschließt, dass wir weiterhin auf die gesamtdeutsche Solidarität aller Katholiken angewiesen bleiben" (Wanke 2009: 3).

Spezifisch für die katholische Kirche im Osten ist aufgrund ihrer Geschichte eine deutliche Diasporasituation. Katholische Christen bilden eine Minderheit von regional unterschiedlich etwa 5 bis 7 % der Gesamtbevölkerung. Der enorme Säkularisierungsschub der letzten Jahrzehnte hat zugleich dazu geführt, dass auch die evangelische Kirche bei nur etwa 20 bis 25 % des Bevölkerungsanteiles liegt.

---

1   Nur Dresden, jetzt Dresden-Meißen, war seit 1921 selbstständiges Bistum sowie das geteilte Berlin.

Ein Blick auf die aktuelle Datenlage (vgl. Sekretariat der Deutschen Bischofskonferenz 2009) zeigt die typische Diasporasituation: sehr kleine Gemeinden bei großer Fläche, daher eine deutlich höhere Quote pastoraler Mitarbeiter, Kleriker wie Laien. Die Gottesdienstteilnahme ist deutschlandweit von 21,9 % im Jahr 1990 auf 13,7 % 2007 um ein Drittel zurück gegangen. Dagegen bleibt in der Diaspora des Ostens der Kirchenbesuch auf gut 20 % ziemlich stabil.[2]

Abbildung 1 Entwicklung der katholischen Kirche in den neuen Bundesländern

Kath. Kirche in den neuen Ländern	Katholiken je Gemeinde	Kleriker	Laien	Zahl der Katholiken in 1000	Taufen	Eintritte + Wiedereintritte	Bestattungen	Kirchenaustritte	Gottesdienstbesuch in %
	je 10.000 Katholiken			1990 2007					
Dresden-M.	1.357	11,2	3,9	187 145	1.466 1.110	102 104	2.520 1.322	9.860 654	24,3 21,3
Erfurt	986	9,1	4,0	229 161	2.287 1.290	116 52	2.486 1.455	5.309 420	31,9 23,0
Görlitz	938	14,5	4,5	45 31	375 238	12 16	518 287	3.540 99	26,2 22,0
Magdeburg	520	12,5	6,2	192 97	1.033 563	66 34	2.522 1.084	9.659 453	17,2 17,5
Berlin	3.658	6,5	2,1	417 395	2.434 2.297	220 395	4.217 2.278	14.573 3.047	14,6 11,7
Deutschland gesamt	2.076	5,1	2,7	28.252 25.461	299.796 185.586	8.888 15.088	297.860 251.405	143.530 93.667	21,9 13,7

Quelle: Eigene Zusammenstellung von Daten des Sekretariates der Deutschen Bischofskonferenz (2009); Laien = Laien in der Pastoral.

Trotz der kleinen Größe ist das caritative Leben reich entfaltet. Es gibt Kindergärten, Altersheime, Behindertenheime und -schulen, ebenso Krankenhäuser, aber auch andere spezielle Dienste (etwa Beratungsdienste) mit vielen Laienmitarbeitern, weithin durch öffentliche Gelder refinanziert. In Thüringen etwa gibt es zwei Krankenhausschulen, eine Sozialfachschule, eine Altenpflegeausbildung und zwei Gymnasien, letztere erst nach der politischen Wende wiedergegründet. Vieles davon konnte sich durch die DDR-Zeit halten, teilweise wegen der engen Einbindung der katholischen Kirche des Ostens in die des Westens, teilweise wegen der Beliebtheit ihrer Leistungen weit über die katholische Bevölkerung hinweg.

Dennoch ist die katholische Kirche weit davon entfernt, sich in einer west-ähnlichen Situation zu befinden, wie die Datenlage schon sehr eindrücklich gemacht hat. Bischof

---

2   Siehe hierzu auch die Beiträge von Pollack/Müller, Pickel, Wohlrab-Sahr und Tiefensee.

Wanke aus Erfurt analysiert die Situation unter dem Stichwort „beschleunigte Nachmodernisierung" wie folgt:

> „(1) Nachholbedarf: Es gibt angesichts der in der alten DDR-Entwicklung angestauten gesellschaftlichen Probleme jetzt einen Nachholbedarf an Modernisierung, der stärkste wirtschaftliche, aber eben auch kulturelle und geistige Turbulenzen auslöst. Der Individualisierungsschub, der auch im Westen erkennbar ist, greift im Osten noch drastischer (...)
> (2) Östliche Inferioritätskomplexe: ... Die östliche Grundgestimmtheit ist von einem tief eingefressenen Verdacht bestimmt, von den ‚Wessis' nicht ernst genommen zu werden, politisch, wirtschaftlich, wissenschaftlich, kulturell usw. Angesichts des West-Ost-Gefälles meint man sich immer wieder behaupten und verteidigen zu müssen (...)
> (3) Geistige Orientierungslosigkeit: An dieser Stelle ist zu sprechen von der Problematik, die meines Erachtens die schwerwiegendste Frage für uns im Osten war und ist: Wer wird das Vakuum ausfüllen, das durch den Zusammenbruch des alten ideologischen Systems entstanden ist? Dieses System hatte zwar zuletzt immer mehr an innerer Überzeugungskraft verloren, aber es hatte eine Mehrzahl von Menschen, die ihre religiöse Beheimatung in den evangelischen Landeskirchen bzw. auch im katholischen Glauben verloren hatten, mit einem merkwürdigen quasi-religiösen Welt- und Lebensbild aufgefangen, das – denken wir nur an das Ritual der Jugendweihe – nahezu Züge einer atheistisch grundierten Zivilreligion angenommen hatte. Diese, zum Teil auch durch Anleihen aus einem kleinbürgerlichen, sozialistischen Humanismus angereicherte Lebensphilosophie des alten DDR-Bürgers ist zusammengebrochen. Es zeigt sich nun, dass unter dem Firnis der sozialistischen ‚Kultur' oft keine echten tragenden Werte vorhanden sind. Meist ist es ein blanker Materialismus, der das Handeln und Urteilen bestimmt, manchmal sind es auch obskure, irrationale Heilslehren, die hier und dort Anhänger finden. Die innere Orientierungslosigkeit ist groß. Auch der Blick gen Westen ist da für nachdenkliche Menschen nicht sonderlich hilfreich. Erblicken die Menschen im Westen in unserer östlichen Situation oft ihre eigene Vergangenheit, sehen manche im Osten in der Situation drüben ihre Zukunft. Aber wenn man nicht gerade im steigenden Bruttosozialprodukt den Wertmesser für die innere Qualität einer Gesellschaft sieht, stimmt eine solche Einschätzung auch nicht gerade heiter!" (Wanke 2009: 5–7).

2 Kulturelles Wertevakuum – kirchliche Binnenorientierung

Daraus ergibt sich als spezielle Problemlage für die Kirche aus katholischer Sicht gemäß Bischof Wanke:

> „1. Die in der ostdeutschen Mentalität tief verwurzelte Kirchenferne
>
> (...) Wir müssen realistischerweise damit rechnen, dass die Breite der Bevölkerung in den neuen Bundesländern, verursacht durch Indoktrination, aber auch durch Gewöhnung an eine totale religiös-kirchliche Abstinenz, für absehbare Zeit kaum Zugang zu einem religiösen, geschweige denn kirchlich geprägten Gottesglauben finden wird (...) Das mag zum einen damit zusammenhängen, dass die Akzeptanz der westlichen Lebenswerte samt ihrer Träger ohnehin im Osten nachgelassen hat, zum anderen mag es auch eine gewisse Trotzhaltung sein, die sagt: Alles hat uns Ostleuten der Westen genommen – aber unseren Atheismus, den lassen wir uns nicht nehmen! (so eine These von E. Neubert „... gründlich ausgetrieben", Berlin 1996).

Das mag ein wenig überspitzt formuliert sein, aber ich halte diese Herleitung der ostdeutschen Religions- und Kirchenferne zumindest zum Teil für berechtigt. Der Atheismus ist bei uns im Osten schon seit drei bis vier Generationen biographisch vererbt, oft schon aus der Vorkriegszeit. Doch möchte ich hinzufügen: Der explizite Atheismus ist besonders nach der Wende durchsetzt von einem müden, zum Teil resignativen Skeptizismus oder Agnostizismus. Wirklicher Atheismus ist ja intellektuell viel zu anstrengend. Die Menschen im Osten sind weithin eher weltanschauliche ‚Lebenskünstler', die sich ihre Grundüberzeugungen, wenn sie überhaupt welche haben (wollen), selbst zusammenbasteln – aus Vorurteilen, aus eigenen biographischen Erfahrungen, aus Bildungsresten der alten DDR-Schule, aus Anleihen aus dem westlichen Positivismus usw. Wir Kirchen treffen im Osten beileibe nicht nur auf Ablehnung. Das auch. Aber daneben gibt es durchaus auch Neugier, Interesse, freundliche Anteilnahme – aber eben selten wirkliche Lebensumkehr aus dem christlichen Gottesglauben heraus.

2. Kirchlich-katholische Binnenorientierung

Damit meine ich eine durch die lange, zwei bis drei Generationen währende Kampfsituation der Gläubigen und der Kirche insgesamt sich herausgebildete katholische Haltung der ‚Einigelung'. Positiv könnte man dies nennen: ‚Schulterschlussgemeinschaft' – in ihr erträgt man ja leichter Benachteiligung und Schikanen, negativ muss man das aber deutlich als strukturelle Schwäche erkennen, eben als ‚Einigelung', die in der Gefahr steht, die umgebende gesellschaftliche Wirklichkeit nicht mehr richtig wahrzunehmen bzw. ihr gerecht zu werden.

Das zeigte sich schlaglichtartig nach der Wende, als es darum ging, bestimmte Lebensformen des im Westen gewachsenen katholischen Lebens im Osten zu übernehmen: Verbandsarbeit, schulischen Religionsunterricht, Medienpräsenz, Dialog mit Kultur und Wissenschaft usw. Sicherlich hat unsere mangelnde Kompetenz auf solchen Feldern, die den innerkirchlichen Lebensraum überschreiten, mit unserer fehlenden Erfahrung zu tun, auch z. T. mit unserer quantitativen Schwäche, aber auch und vor allem mit unserer geistigen und geistlichen Einstellung, die weniger auf Öffnung und Dialog mit der Umwelt aus war, als auf Abgrenzung und Selbstbewahrung.

Diese Stichworte bezeichnen, auf die Spitze und ins Extrem getrieben, eine pastoral-kirchliche Grundoption, die freilich so chemisch rein und isoliert nicht existierte. Es gab auch damals durchaus ein Hineinwirken der Kirche in die Gesellschaft, ich denke da allein an unsere caritativen Einrichtungen, auch an die öffentlichen Wallfahrten und Jubiläen, später dann vor allem an das Katholikentreffen 1987 in Dresden und nicht zu vergessen ist die katholische Mitbeteiligung an den drei Ökumenischen Versammlungen kurz vor dem Herbst 1989 in Dresden und Magdeburg.

Doch wollte ich einfach aufmerksam machen auf eine strukturelle und geistige Schwäche unseres östlichen Diasporakatholizismus: Wir sind zu wenig oder kaum ausgerichtet auf eine geistige und geistliche Präsenz, die angriffig ist, die anregen will, die auf andere abzielt, die mehr bewegen als bewahren will. Wir stellen nicht „‚das Licht auf den Leuchter' (so ein pastorales Schwerpunktthema vor einigen Jahren in unserem Bistum). Damit meine ich nicht unser eigenes Licht, sondern das Licht eines Gottesglaubens, das auch wir geschenkt bekommen haben, das uns – Gläubige wie Ungläubige – gemeinsam erleuchten will.

3. Kirchliche Umstellungsprobleme nach der Wende

Nach der Wende meinte ich noch etwas blauäugig, das kirchliche Leben bleibe doch weithin von den Turbulenzen der gesellschaftlichen Wende verschont. Wir mussten ja nicht unser Credo

ändern, und auch das Kirchenjahr blieb uns erhalten. Aber ich habe inzwischen mein Urteil gründlich revidiert: Auch unser kirchliches Leben ist mit hineingezogen in jene Umstellungen, die eine offene, demokratische, aber auch liberale Gesellschaft hervorruft. Ich verweise in diesem Zusammenhang einfach auf jene Lernprozesse, die uns die Übernahme der westlichen kirchlichen Strukturen bescherte: ein geordnetes, aber auch uns bindendes Staat-Kirche-Verhältnis, Militärseelsorge, Präsenz in den Schulen und in der Erwachsenenbildung, Verbandswesen, Caritas als eigenständiger öffentlicher Wohlfahrtsverband, der zwar öffentliche Gelder empfängt, diese aber auch abrechnen muss, überhaupt der heilsame Zwang, die Realität der Finanzierung des kirchlichen Lebens ernst zu nehmen (...)
Manches ist sehr erfreulich und auch schnell als Lernprozess gelaufen, etwa gerade im Caritasbereich, aber auch bei der Gründung von Schulen, im Gespräch mit der Politik (in der wir mehr Gewicht haben als unsere schmale Bevölkerungsbasis vermuten lässt), im Umgang mit den Medien u.a. mehr. Der ‚mdr' z.B. ist ein für kirchliche Belange erstaunlich offenes Medium, nicht zuletzt dank so mancher Christen, die dort Verantwortung tragen. Dennoch ist zu sehen: Wir haben gerade jetzt, in einer Situation des Umbruchs und des Neuanfangs, in einer Situation, in der gleichsam der gesellschaftliche Acker umgepflügt wird, mehr Möglichkeiten als wir wahrnehmen. Im gewissen Sinn gilt das natürlich für alle kirchenhistorischen Situationen. Aber die Nachwendesituation in den neuen Ländern ist weithin noch nicht so verfestigt und verkrustet, wie das z.T. im Westen der Fall ist. Hier ist noch manches ‚flüssig', geistig und auch strukturell beweglich, wenn wir denn wach sind und einsatzbereit (...)
Im Osten wird die Kirche die Kräfte entbinden müssen, die dem Evangelium in der postmodernen Gesellschaft neuen Glanz zu geben vermag. Aber damit meine ich eben nicht die kirchlichen Kräfte im Osten allein, sondern ich meine alle in Ost und West, die spüren, es sei an der Zeit, dass sich mit unserer Kirche und der Art, wie wir Kirche sind, etwas ändern muss. Die neuen Länder müssten für den deutschen Katholizismus, für seine besten Kräfte, noch stärker als Herausforderung in den Blick kommen (...)

4. Allgemeine Verunsicherung bezüglich unseres kirchlichen Auftrags

(...) Der Mensch ist verurteilt dazu, ohne Vorgaben leben zu müssen. Ihm schwinden die tragenden Fundamente, auf denen sich individuelles und soziales Leben aufbauen und entfalten kann (F.-X. Kaufmann: ‚Verlust der Zentralperspektive'). Zu diesen schwindenden Vorgaben gehört eben auch die christliche Tradition (...) Wir Kirchen dürfen uns das Recht zur ethischen Mahnung nicht nehmen lassen. Aber wir müssen damit rechnen, dass wir diese unseren Zeitgenossen nicht allein religiös begründen können. Hier liegt die Herausforderung der Stunde, auf die wir im Grunde noch keine Antwort wissen. Also doch ‚nicht-religiös' von Gott sprechen (Bonhoeffer)? Oder ‚steil von oben her' von Gott sprechen, so dass Gott nur als Negation einer zu verwerfenden Welt vermittelt wird (so evangelikale Wege)? Oder nur im Modus der Anknüpfung an menschliche Sehnsüchte und Ansprüche oder gar nur der Ausweitung und Ausreizung einer innerweltlich bleibenden Transzendenz des Menschen, wie es die neu-religiösen Bewegungen versuchen? Fragen über Fragen.
Dass es keine, zumindest derzeit schlüssigen Antworten gibt, macht mich weniger besorgt. Das ist ja ein Kennzeichen von Umbruchzeiten, in denen alte Horizonte versinken, aber die neuen noch nicht erkennbar sind. Was mich besorgt sein lässt, ist vielmehr die Ahnung der Möglichkeit, dass das religiöse Fragen überhaupt verstummt. Friedrich Nietzsche ist heute wohl aktueller als am Ende des vorigen Jahrhunderts (vgl. die Positionen von Sloterdijk), zumindest prophetischer als der Marxismus, der letztlich noch eine Zukunftsvision hatte, freilich rein innerweltlich, eine Art ‚Christentum ohne Gott'. Nietzsche dagegen sah schon den ‚blinzelnden' Menschen, der

alles durchschaut – bis er am Ende überhaupt nichts mehr sieht. Er sah den Menschen, der sich seine Lebenswohnung so mit den Produkten seiner Hände und seines Geistes voll gestellt hat, dass er Gottes nicht mehr ansichtig wird. Darum ist das die wahre Herausforderung unserer Kirche: nicht die Kirchenfrage, sondern die Gottesfrage" (Wanke 2009: 8–13).

3 Die Gottesfrage angesichts der Säkularität – zum Religionsbegriff

Während im Westen noch gern im Gefolge Thomas Luckmanns die Individualisierungsthese vertreten wird, laut der sich die Menschen zwar immer weniger an die Kirchen binden, jedoch zumindest zum Teil eine individuelle Form von Gottesglauben und Religion entwickeln, konnten D. Pollack und G. Pickel (2003) minutiös nachweisen, dass dies für den Westen nur sehr bedingt und für den Osten überhaupt nicht gilt.[3] Wir sehen uns hier einer von Grund auf säkularisierten Gesellschaft gegenüber. Das deckt sich mit der pastoralen Einschätzung der katholischen Ortskirche. Eberhart Tiefensee, Priester, Theologe und Lehrstuhlinhaber für Philosophie an der Katholisch-Theologischen Fakultät in Erfurt, differenziert diese Diagnose. Er spricht von den „neuen Heiden" und charakterisiert sie folgendermaßen[4]:

> „Was wir hier vor uns haben, sind keine Atheisten, da sie keine Position bezüglich der Gottesfrage einnehmen, und auch keine Agnostiker, die sich in dieser Frage aus bestimmten Gründen enthalten, sondern Menschen, die an der Abstimmung, ob es zum Beispiel Gott gibt oder nicht, schlicht nicht teilnehmen, weil sie zumeist gar nicht verstehen, worum es bei dieser Frage überhaupt gehen könnte" (Tiefensee 2006: 20).

Sie „Areligiöse" zu nennen, sei daher eine Fremdbezeichnung, die sie sich selbst nie geben würden. M. Kapláneks (2006) Vorschlag, sie als „religiös Unberührte" zu bezeichnen, sei wahrscheinlich angemessener. Die Gottesfrage verweist somit zunächst auf den Religionsbegriff. Dieser ist in der gegenwärtigen soziologischen Debatte entweder substantiell – meist im Anschluss an Ch. Glock (1954) – oder funktional bestimmt. Die substantielle Bestimmung hat das Problem, neue, nicht-kirchliche Formen von Religiosität kaum in den Blick bekommen zu können, außer sie werden nach dem Maßstab des Kirchlichen definiert, was diesen möglicherweise nicht gerecht wird. Der funktionale Ansatz steht vor dem Problem, u. U. völlig unbestimmt zu werden, da auch gemeinhin als nicht-religiös angesehene menschliche Verhaltensweisen (z. B. Sport) nun als religiös firmieren, weil z. B. Fußballfans in Stadien „Liturgien" feiern und so mancher Star als „Fußballgott" tituliert wird. D. Pollack (2003) widmet sich der Säkularisierungsdebatte sehr grundsätzlich und umfassend und diskutiert daher auch den Religionsbegriff. Er beschreibt seine notwendigen Leistungen durch vier Aspekte:

- Offenheit für religiöse Phänomene außerhalb verfasster Religionen,
- Überschreitung des Selbstverständnisses von Religionsangehörigen und dennoch Nachvollziehbarkeit für Gläubige,

---

3 Siehe auch die Beiträge von Pollack/Müller sowie Pickel in diesem Band.
4 Siehe auch den Beitrag von Tiefensee in diesem Band.

- Balance zwischen Religionskritik und wissenschaftlicher Neutralität sowie
- empirische Operationalisierbarkeit (Pollack 2003: 45).

Pollack folgt in der Konstruktion seines Religionsbegriffs im wesentlichen Luhmanns funktionalem Ansatz. Er stützt sich mit vielen anderen auf die Annahme, das Kontingenzproblem sei der grundsätzliche Bezugspunkt der Religion. Dieses ist ausschließlich durch Transzendenzbezug zu bewältigen, weil nur dort eine unhinterfragbare Sicherheit gegeben ist. Seine Relevanz muss jedoch sozial sichergestellt werden: durch Religion, Riten, Ämter usw. Ihre Reproduktion ist gefährdet, wenn die religiösen Antworten den Bezug zu den menschlichen Fragen verlieren, was z. B. durch Institutionalisierung eintritt. Damit ergibt sich für Pollack eine Kreuztabelle, die auf eine Kombination der funktionalen und der substantiellen Methode verweist (2003: 52).

Dieses Konstrukt hat einen gewissen Charme. Es kombiniert den funktionalen Ansatz beim Kontingenzproblem (Luhmann), der in die Säkularisierungsthese führt, mit dem Luckmann'schen Ansatz der Transzendierung, der zur Individualisierungsthese führt. Den in der Kreuztabelle erschlossenen Konsequenzen kann man praktisch-theologisch größtenteils folgen. Für die Entwicklung eines wie immer gearteten pastoralen Impetus erweist es sich dagegen als fatal: Eine Säkularität als Pragmatismus bleibt unberührbar. Das entspricht durchaus der Lageeinschätzung aus Ost-Perspektive, wie sie vielfach rezipiert wird.

Für die Entwicklung eines pastoralen Verständnisses, das sich damit nicht so einfach abfinden möchte, scheint der Religionsbegriff des katholischen Soziologen und Bielefelder Kollegen von Niklas Luhmann, Franz-Xaver Kaufmann, hilfreich (vgl. Kaufmann 1989: 87; 1999: 80 f.). Dieser unterscheidet aufbauend auf Luhmann und Parsons sechs Funktionen von Religion:

- Identitätsstiftung,
- Handlungsführung,
- Sozialintegration,
- Kontingenzbewältigung,
- Kosmisierung und
- Weltdistanzierung.

Pollack nimmt Kaufmanns Ansatz in seinen Überlegungen wahr, ohne ihn näher zu diskutieren. Von seiner Warte aus erscheint das nachvollziehbar, erfüllt Kaufmann doch Pollacks viertes Kriterium für einen Religionsbegriff nicht so leicht: die Operationalisierbarkeit, an der Kaufmann als Nicht-Empiriker auch nicht gearbeitet hat. Seinen anderen Kriterien wird er jedoch vermutlich sehr gut gerecht. Eine Praktische Theologie sieht sich von daher mehr als motiviert, an dieser Stelle vertiefend voran zu schreiten.

Religion wäre dann über Kaufmanns sechs Funktionen als Grundbestimmung des Menschseins beschrieben. Diese war in unserem Kulturkreis lange durch und durch „christentümlich" bestimmt, so dass die Grundbestimmung des Menschseins, das Christentum und die Religion in eins fielen. Die Neuzeit betreibt in Aufklärung und positiver Wissenschaft den konsequenten Willen zur Selbstbestimmung des Menschen, die zu einem konstruktivistischen Grundverständnis in Gesellschafts- wie Bildungstheorien führt. Dadurch werden immer mehr

Bereiche der Kultur säkularisiert, also der Macht der Kirchen entzogen: Wissenschaft, Schulwesen, Medizin, Philosophie, Kunst, Ethik, um nur einige zu nennen. Der Religionsbegriff reduziert sich damit auf jene Bereiche, die von einer fortschritts- und erfolgsbezogenen modernen Kultur gern den Kirchen überlassen werden: auf die Kontingenzbewältigung in der Caritas (in enger Abstimmung mit dem Sozialstaat) und auf den Transzendenzbezug im Kult – zumindest solange beide Bereiche den „anständigen Bürger" fördern.

In der Postmoderne verlieren nun die Kirchen das gesellschaftliche Monopol auf Religion im Sinne des Transzendenzbezugs, was sich in der „neuen außerkirchlichen Religiosität" konkretisiert, die die Religions- und Kultursoziologie gegenwärtig in ihre Forschungen aufnimmt. Das ist aber bei weitem noch nicht alles. Die Grundbestimmung des Menschseins, ehedem umfassend in Christentum und Kirche als Religion abgedeckt, geht völlig in die Selbstbestimmung des Menschen und die Selbstkonstruktion der Kultur über. Von daher müssen – so die hier verfolgte These – alle sechs von Kaufmann benannten Funktionen von Religion als völlig frei von Kirchen und Christentum bestimmbare Grundlagen des Menschseins angesehen werden. Religiöse Bildung hat auf dieses Phänomen und seine Entfaltungen zu reflektieren. Und eine Pastoraltheologie kann nur in dem Maß erfolgreich sein, wie sie diese Voraussetzungen ernst nimmt.

Erste Anzeichen dafür, dass die kirchliche Wahrnehmung sich darauf einzustellen beginnt, sind sichtbar. Vor der Wende hat man auf beiden Seiten des Eisernen Vorhangs postuliert, dass „Not beten lehrt". Daher würden im Osten nach dem Ende der kommunistischen Verfolgung und im Westen durch den Rückgang kapitalistisch machbaren Glücks die Menschen die Kirchen wieder füllen. Diese Hoffnung der Kirchen hat sich als ebenso falsch erwiesen wie die Hoffnung der atheistischer Aufklärung auf der einen und atheistischer Diktaturen auf der anderen Seite, den Glauben ausrotten zu können. Offenbar lässt sich der Glaube durch keine Macht besiegen; man kann aber auch ohne ihn zufrieden und anständig leben.

Vor diesem Hintergrund empfiehlt es sich, künftig deutlich zwischen Lebensgrundentscheidung und Religion zu unterscheiden. Erstere macht den Menschen zum Menschen; zweite ist in ihrer Identifikation damit historisch kontingent. Das hat Konsequenzen für andere wesentliche Bereiche desselben Bedeutungsfeldes: Nicht alle gläubigen Menschen, vielleicht sogar nur wenige, haben die Begabung, ein Transzendenzempfinden und damit eine Mystik zu entwickeln, und nur insofern hat Webers vielzitiertes Diktum vom „religiös Unmusikalischen" analytischen Wert. Umgekehrt gibt es aber auch Menschen, die ihr Bedürfnis nach Transzendierungserfahrungen auf völlig säkulare Weise befriedigen – entsprechend sind ekstatische Erfahrungen bei Sport, Sex oder Gewaltexzessen nicht grundlegend religiös. Und schließlich stehen Gläubige zu einem Bekenntnis. Doch machen die Erneuerungs- und Erweckungsbewegungen mehr als deutlich, dass Volkskirchlichkeit auch ohne Bekenntnis auskommen und sich mit Konvention und Sitte begnügen kann. Umgekehrt gibt es auch vitale und konsequente Bekenntnisse säkularer Art, etwa zum Atheismus, zur Wissenschaft oder zur Familie als Lebensgrundausrichtung.

4 Religionsanaloga – die religiöse Ausrichtung der religiös Unberührten

Das christliche Menschenbild geht nun davon aus, dass der Mensch von Grund auf religiös ist. Wenn es nun aber religiös unberührte Menschen in einem ehedem christlich geprägten Kulturkreis gibt, muss deren Art, mit ihrer religiösen Grundlage umzugehen, reflektiert werden. Stefan. Knobloch, emeritierter Pastoraltheologe aus Mainz und Kapuziner, hat seine Pastoraltheologie auf den großen Konzilstheologen Karl Rahner und das Zweite Vatikanische Konzil aufbauend als „Mystagogie" entwickelt. Jüngst unternahm er die Anstrengung, sie in den Rahmen gegenwärtiger religionssoziologischer Debatten im Dienste der Pastoraltheologie einzufügen. Es geht ihm um die Berufung des Menschen aus der und in die Gottesgegenwart, die des Menschen Würde einerseits und das Wesen biblischer Offenbarungsreligion andererseits ausmacht:

> „Vom Grund seiner Existenz, die deshalb eine unergründliche Existenz ist, hat der Mensch mit Gott zu tun (…) So kann man sagen (…) dass es der christlichen Religion, die institutionelle Gestalt angenommen hat, darum zu tun ist, dem einzelnen Menschen zu helfen, die eigene unvertretbare Bezogenheit auf Gott zu erschließen, ohne durch solche Erschließung Gott als Geheimnis des Menschen durchschaubar und letztlich geheimnisleer zu machen" (Knobloch 2006: 121 f.).

An diesem Punkt kommt man nicht umhin, den Missionsbegriff einzuführen. Auch hier wird der Unterschied zwischen Ost und West deutlich. Tiefensee muss sich gegen ein Missionsverständnis abgrenzen, das durch „Mitgliederwerbung", „Rückeroberung", „Defizienzmodell" und „katechetische Belehrung" umrissen ist. Die Westdebatte spricht dagegen seit Jahrzehnten von einer „Evangelisierung", in der Gläubige in der Begegnung mit Nicht-Glaubenden bei diesen ihren Gott – ganz unerwartet anders inkarniert – wiederfinden. Das ist der dialogischen wie eschatologischen Perspektive Tiefensees sehr nah (vgl. Widl 2009a). Allerdings impliziert der West-Ansatz eine weitergehende Perspektive:

> „Wenn wir einmal die Einschätzung übernehmen, dass die neuen Bundesländer areligiöse Länder, Landstriche praktisch ohne Religion sind, dann schließt das mit Ad Gentes Art. 7 keineswegs aus, dass Menschen hier gleichwohl glauben können und von Gott zum Glauben geführt werden, auf Wegen, die nur er kennt. Von Glauben zu reden aber ist die prägnanteste Umschreibung von Religiosität. Mag das aufgrund dieses Textes eher als ein Sonderfall, sozusagen als die große Ausnahme erscheinen, so wird es im Licht von Gaudium et spes Art. 22 zum ‚Normalfall'. Dort heißt es nämlich, dass sich der Sohn Gottes ‚in seiner Menschwerdung gewissermaßen mit jedem Menschen vereinigt' (‚incarnatione sua cum omni homine quodammodo Se univit'). ‚Cum omni homine', das heißt in der Tat, mit jedem einzelnen Menschen. Und in Art. 16 hebt Gaudium et spes das Gewissen als den Ort hervor, an dem Gott zu vernehmen ist: ‚Das Gewissen ist die verborgenste Mitte und das Heiligtum im Menschen, wo er allein ist mit Gott, dessen Stimme in diesem seinem Innersten zu hören ist' (GS Art.16). Auf der Basis dieses breitbezeugten biblisch-christlichen Menschenbildes fällt es schwer, bzw. es entzieht dem den Boden, einfach vom ‚homo areligiosus' zu sprechen. Da ist die berühmte Formel des Irenäus von Lyon viel eher an der Wirklichkeit des Menschen, auch heute, auch im Kontext unserer Gesellschaft, und zwar in beiden Teilen unseres Landes: ‚Gloria Dei vivens homo', der leben-

dige Mensch ist die Ehre Gottes. Ein konstitutives Element dieser seiner Lebendigkeit ist die tastende Suche nach Gott – auch in Schatten und Bildern, denen die empirische Forschung wenig oder keine religiöse Substanz zuerkennt" (Knobloch 2008: 20 f.; Zitat nach dem Manuskript).

Für ein praktisch-theologisches Verständnis bedeutet das: Jeder Mensch (und zwar als individuell Einzelner) hat allein durch seine Lebendigkeit eine Gottesbeziehung – und zwar von Gott her, der ihn erschaffen hat und am Leben hält. Diese von Gott her bestehende Beziehung kann der Mensch nun auf verschiedene Weise aktualisieren: durch ein gottgefälliges Leben, durch Teilhabe an und Bekenntnis zur Kirche, durch Reflexionen über sein Gottesverhältnis, durch Gestaltung einer nicht-christlichen Religion, soweit diese das dem Christlichen Gemeinsame lehrt und praktiziert – so die Lehre der Theologie und des Konzils und die Reflexion Rahners zum „anonymen Christen".[5]

Was bedeutet das konkret? Aus der West- und der Ostperspektive sehr Verschiedenes: Im Osten gibt es eine kleine, selbstbewusste Kirche, der die säkulare Kultur mit „vorsichtiger Neugier" begegnet (vgl. Tiefensee 2008: 157 f.).[6] Im Westen dagegen ist die Kirche depressiv, ihr anzugehören peinlich. Die Kirche im Osten ist eine Siegerkirche: Sie hat den Kommunismus überlebt und dieser ist tot. Gott steht auf ihrer Seite, komme was wolle. Die Kirche im Westen steht dagegen auf der Verliererseite: Die Aufklärung hat sich als weit stärker erwiesen als das Aggiornamento; die geforderten Kirchenreformen sind auf halbem Weg stecken geblieben und damit für die einen schon viel zu weit gegangen, für die anderen jedoch lang noch nicht weit genug. Die Gläubigen haben die Aufklärung internalisiert und die moderne Kultur mitverantwortet. Der Glaube ist darin zur nicht enden wollenden Suchbewegung geworden. Und es ist peinlich daran festzuhalten, obwohl man ihn nicht ausreichend rational begründen kann. Deshalb redet man nicht darüber, deshalb ist man nicht missionarisch. Und jedes selbstbewusste missionarische Vorgehen erscheint ideologisiert und sektoid, weil es argumentativ dem aufgeklärten Denken nicht standhält. Im Osten hat man diese Probleme nicht: Katholische Christen stehen der säkularen Kultur mehr gegenüber, als sie Teil von ihr sind. Der Glaube steht auf dem sicheren Boden der kirchlichen Gemeinschaft und ihrer (Denk-)Konventionen. Die anderen sind – zumindest in einem Teil, und nur mit dem pflegt man tunlichst den Dialog – freundlich-neugierig. Im Kommunismus hat man gelernt, auskunftsfähig zu sein über das, was man glaubt. Auf dieser Basis ist die Kirche einladend, und manche kommen gern und regelmäßig zu Besuch.

Wenn nun der Mensch grundsätzlich religiös ist, es zugleich aber die Möglichkeit säkularer Kulturentwicklungen gibt, muss die Grundbestimmung des Menschseins auf eine dem Religiösen analoge Weise auch anders gestaltbar sein. Die religionssoziologische Forschung beschreibt diesen Umstand als „Ersatzreligionen" oder „Religionsäquivalente" (vgl. Polak 2002; Widl 2002). Damit sind Bereiche im Blick, die auf phänomenologische Weise dem Reli-

---

5   Die Kritik an diesem Ansatz hat sich vor allem an der Befürchtung entzündet, es komme zu einer Vereinnahmung von Nicht-Christen. Dieses Problem ist in der praktisch-theologischen Debatte zum Glück mittlerweile überholt.
6   Tiefensee stellt die Vorteile der Ost-Situation in drei Punkten heraus: 1. Wo es keine religiösen Vorstellungen gibt, braucht man keine falschen Vorstellungen abwehren. 2. Christen werden sofort auf ihre Kernkompetenz von Christsein und Gott angesprochen und müssen sich nicht mit Randthemen (Zölibat, Frauenpriestertum) aufhalten. 3. Wir müssen die anderen nicht „zurückholen"; (vgl. Tiefensee 2006: 28 f. und in diesem Band).

giösen ähneln, ohne ihm aber gerecht zu werden, z. B. Fußball-Liturgien, Kaufhaus-Tempel, eine mystische oder okkulte Aura (vgl. Fechtner u. a. 2005). Hier soll dagegen von „Religionsanaloga" gesprochen werden als Bezeichnung für jene Bereiche unserer säkularen Kultur, die die Grundbestimmung des Menschseins in der christlichen Religion in einer dem funktionalen Verständnis analogen Weise tatsächlich zu erfüllen vermögen.

Als solche Religionsanaloga, die das eigene Leben umfassend bestimmen und erklären, können folgende Bereiche wirken: Sport und virtuelle Computerwelten, die Vergötterung des geliebten Du und die exakte Wissenschaft, für Jugendliche speziell die Freunde, die Mode und die Musik, aber auch der Mechanismus der Süchte und die Gewalt. Damit sind Phänomene im Blick, die die Lebenskultur der Menschen bestimmen und möglicherweise deren funktionierende Säkularität erklären.

5 Erfolgreiche pastorale Bündnisse

In Ostdeutschland scheinen drei Religionsanaloga besonders weit verbreitet und durchgesetzt: die Familie, die exakten Wissenschaften und der Pragmatismus des kleinen alltäglichen Glücks. Sie sind jene Bereiche, die den Menschen heilig sind, sofern sie es so nennen wollten, was sie in der Regel nicht tun. Die Kirche in der Diaspora ist soweit gefestigt, als sie sich erfolgreich mit ihnen verbündet (vgl. Widl 2009b). Was die Familie betrifft, fällt das der Kirche nicht schwer. Sie hat seit dem neunzehnten Jahrhundert die Familie sehr erfolgreich für die Verkündigung, die Glaubenstradierung und die soziale Sicherung des Kirchenbezugs in den Dienst genommen (vgl. Ebertz 2000). Die zentrale Bedeutung der Familie für die Lebenssicherheit und das Lebensglück unter diktatorischer Herrschaft hat auch zwanzig Jahre nach dem Ende der DDR nicht an Bedeutung eingebüßt und wird weiter tradiert. Die Erziehung basiert weit mehr auf Übernahme von Konvention und Sitte als auf Selbstbestimmung und Eigenverantwortung. Das kommt der Stabilisierung des Kirchenbezugs sehr entgegen (vgl. Domsgen 2005).

Auch das kleine Lebensglück, die Bescheidenheit und Anspruchslosigkeit, ein gewisses Grundvertrauen in das Leben und dass sich alles doch wieder irgendwie fügt, lassen sich gut in eine christliche Frömmigkeitspraxis integrieren. Sie widersprechen jedoch den durchaus hohen Ansprüchen einer postmodernen Konsumkultur und Genussgesellschaft, in die die jungen Menschen massenmedial vermittelt zunehmend hineinwachsen. Konsequenzen davon sind die hohe Abwanderung jüngerer Bevölkerungsschichten und die Wochenpendler in den die alten Bundesländer – beides Phänomene, die eine auf Ortsstabilität angelegte Kirchlichkeit nachhaltig stören.

Die exakte Wissenschaft schließlich kann mit dem Trick in den Glauben integriert werden, beide als Erklärungsweisen der Welt auf unterschiedlichen Ebenen zu verstehen. Die Wissenschaft erkläre demnach die Funktion, der Glaube den Sinn der Dinge. Da diese Spaltung der Wirklichkeit intellektuellen Ansprüchen nur begrenzt gerecht wird, verliert die Kirche im Osten wie im Westen in der gebildeten städtischen Bevölkerung rapide an Boden.[7]

---

[7] Allerdings sind dafür noch mehrere weitere Gründe zu nennen, die nicht weiter erläutert werden können.

Dieser Prozess wird jedoch im Osten durch die starke Familienbindung in die Konvention hinein deutlich gebremst.

Alle neuen missionarischen Projekte im Osten sind erfolgreich, weil sie sich an eine emotionale Stimmigkeit im Familienkontext binden. Aus Erfurter Perspektive sind primär jene Projekte zu nennen, die Weihbischof Reinhard Hauke (2009) so vielfältig entwickelt hat. Sie sind seit Jahren weit über Erfurt hinaus bekannt und hoch geachtet. Eine neue Idee, die nun drei Jahre erfolgreich gelaufen ist, entstand im Universitäts-Kontext als ökumenisches Adventprojekt am Weihnachtsmarkt (vgl. Widl/Schulte 2009). Sie alle können die gegenseitigen Schwellenängste zwischen Christen und Ungetauften mindern und eine gewisse Normalität der kirchlichen Landschaft als legitimen Teil einer säkularen Kultur erreichen. Der Gottesfrage nähern sie sich auf diakonische Weise: einladend, anteilgebend, ohne weitere Ansprüche, Verbindlichkeiten oder Zumutungen. Sie bringen mit dem Glauben in Berührung, ohne dass sein Gewicht spürbar würde.

6 Neue Optionen in der Säkularität – religiöse Bildung und pastorales Gespräch

Auf dem Hintergrund der Debatten um den Thüringer Bildungsplan für Kinder bis zehn Jahren (Kultusministerium des Freistaates Thüringen 2008) und der Neugestaltung der Lehrpläne nach einem Kompetenzmodell wurde es nötig, „religiöse Bildung" für den vorherrschend atheistischen Kontext neu zu konzipieren. Sie geschieht demnach zweifach: als funktionale und als konfessionelle Bildung. Erstere ist allen Formen der Erziehung implizit. Im Sinne der Bildungsoffensive besteht die Herausforderung, die implizite Ebene weitgehend ins reflexive Bewusstsein der in Bildung und Erziehung Tätigen zu heben, wie dies der Thüringer Bildungsplan bis 10 Jahre beschreibt: Religiöse Bildung konkretisiert sich entlang der sechs Funktionen von Religion:

- Identitätsstiftung, z. B. Begabungen entdecken und fördern; Charismen, Initiationen;
- Handlungsführung, z. B. Moral und Werte bilden; Ehrfurcht, Verhaltenscodizes;
- Sozialintegration, z. B. miteinander leben; Brauchtum und Rituale, Multikulturalität;
- Kontingenzbewältigung, z. B. trauern und trösten; Schuld und Versöhnung, Leid, Tod, Jenseits;
- Kosmisierung, z. B. Welt entdecken und erklären; Wissenschaft, Konfessionen, Gott;
- Weltdistanzierung, z. B. kritisch unterscheiden und wählen; Askese, Prophetie, Opfer.

Konfessionelle religiöse Bildung wird im Rahmen eines funktionalen Religionsverständnisses reflektiert. Sie entwickelt alle Bereiche auf dem Boden der Zivilreligion. Ihr Verständnis erschließt sich tiefer in Zusammenhang und Differenz der Bekenntnisse. Sie entwickelt eine kritische Unterscheidung im Verhältnis zu den Religionsanaloga. Damit nimmt religiöse Bildung im katholischen Religionsunterricht eine doppelte Aufgabe wahr:

- Sie erschließt getauften und kirchlich (zumindest bis zu einem gewissen Grad) sozialisierten Kindern die Themen und Inhalte des Glaubens so, dass sie im Kontext der Ökumene, des wissenschaftlichen Atheismus und einer säkularen Kultur in ihrer Be-

deutung und Kraft, wie in ihrer Infragestellung und Erklärungsbedürftigkeit erfahren und verstanden werden.
- Sie erschließt ungetauften Kindern mit den Themen und Inhalten auch die Erfahrungsschätze und Erlebnisqualitäten des kirchlichen Glaubens in einer Weise, dass eine qualifizierte Entscheidung dafür oder dagegen heran reifen kann.

Für die Positionierung der Kirche inmitten der Säkularität ist das Gespräch unter und mit Erwachsenen ausschlaggebend. Bischof Wanke sieht in der „Auskunftsfähigkeit" der Christen künftig die zentrale Herausforderung:

> „Die Zukunft von Kirche und Gottesglaube in Europa wird entscheidend davon abhängen, ob Christen als Einzelne und gemeinsam eine neue ‚Auskunftsfähigkeit' erlangen. Das ‚Verstummen des Glaubens im Alltag unseres Lebens' ist für mich die bedrängendste Erfahrung in der Seelsorge" (Wanke 2004: 180 f.).

Vielleicht gilt es in der Spur unserer Analyse zu den Religionsanaloga, das „pastorale Gespräch" unter Menschen im Alltag zu kultivieren. Es ist das „Reden über Gott und die Welt", das über die Lebensgrundausrichtungen, also die sechs Dimensionen der Religion, geführt wird. Worin in diesen Themenbereichen das unterscheidend Christliche liegt, wo die jeweiligen kulturellen Anknüpfungspunkte in der Zivilreligion liegen und welchen prophetischen Gehalt das Christliche einzubringen hat – all das wird unter den Bedingungen postmoderner Säkularität wohl erst neu entdeckt, formuliert und eingeübt werden müssen.[8]

7   Literatur

Austen, Georg/Riße, Günter (Hrsg.) (2009): Zeig draußen, was du drinnen glaubst! Missionarische Perspektiven einer Diaspora-Kirche. Paderborn.
Biesinger, Albert/Bendel, Herbert (Hrsg.) (2000): Gottesbeziehung in der Familie. Familienkatechetische Orientierungen von der Kindertaufe bis ins Jugendalter. Ostfildern.
Domsgen, Michael (2005): „Ne glückliche Familie zu haben, is irgendwo mein Ziel …". Die Familie als Lernort des Glaubens im ostdeutschen Kontext. In: Domsgen, Michael (Hrsg.): 65–122.
Domsgen, Michael (Hrsg.) (2005): Konfessionslos – eine religionspädagogische Herausforderung. Studien am Beispiel Ostdeutschlands. Leipzig.
Ebertz, Michael N. (2000): „Heilige Familie" – ein Auslaufmodell? Religiöse Kompetenz der Familien in soziologischer Sicht. In: Biesinger/Bendel (Hrsg.): 16–43.
Fechtner, Kristian/Fermor, Gotthard/Pohl-Patalong, Uta/Schroeter-Wittke, Harald (Hrsg.) (2005): Handbuch Religion und Populäre Kultur. Stuttgart.
Gabriel, Karl/Pilvousek, Josef/Tomka, Miklós u. a. (Hrsg.) (2003): Religion und Kirchen im Ost(Mittel)Europa. Deutschland-Ost (Gott nach dem Kommunismus). Ostfildern.
Gatz, Erwin (Hrsg.) (1998): Kirche und Katholizismus seit 1945. Band 1. Paderborn.
Hauke, Reinhard (2009): Herzlich eingeladen zum Fest des Glaubens. Projekte für Christen und Nicht-Christen. Leipzig.
Kaplánek, Michal (2006): Entfremdete oder vom christlichen Glauben unberührte Jugend? In: Widl/Kaplánek (Hrsg.): 88–98.
Kaufmann, Franz-Xaver (1989): Religion und Modernität. Sozialwissenschaftliche Perspektiven. Tübingen.
Kaufmann, Franz-Xaver (1999): Wo liegt die Zukunft der Religion? In: Krüggeler/Gabriel/Gebhardt (Hrsg.): 71–97.

---

8   Vgl. dazu den Ansatz einer „pastoralen Welttheologie" (Widl 2000).

Knobloch, Stefan (2006): Mehr Religion als gedacht! Wie die Rede von Säkularisierung in die Irre führt. Freiburg.
Knobloch, Stefan (2008): Wie steht es heute um die Chancen der Religion? Ein Beitrag aus praktisch-theologischer Sicht. In: Theologie der Gegenwart 51/1: 15–26.
Kranemann, Benedikt/Pilvousek, Josef/Wijlens, Myriam (Hrsg.) (2009): Mission – Konzepte und Praxis der katholischen Kirche in Geschichte und Gegenwart Würzburg.
Krüggeler, Michael/Gabriel, Karl/Gebhardt, Winfried (Hrsg.) (1999): Institution – Organisation – Bewegung. Sozialformen der Religion im Wandel. Opladen.
Kultusministeriums des Freistaates Thüringen (2008): Thüringer Bildungsplan für Kinder bis 10 Jahre. Erfurt.
Motikat, Lutz/Zeddies, Helmut (Hrsg.) (1997): Konfession: keine. Gesellschaft und Kirchen vor der Herausforderung durch Konfessionslosigkeit – nicht nur in Ostdeutschland. Ausgewählte Beiträge der Studien- und Begegnungsstätte Berlin. Frankfurt/Main.
Neubert, Ehrhart (1997): „gründlich ausgetrieben". Eine Studie zum Profil und zur psychosozialen, kulturellen und religiösen Situation von Konfessionslosigkeit in Ostdeutschland und den Voraussetzungen kirchlicher Arbeit (Mission). In: Motikat/Zeddies (Hrsg.): 49–160.
Niemczik, Günther (1996): Menschen auf dem Wege. Chronik der Caritasarbeit in Thüringen. Heiligenstadt.
Pilvousek, Josef (1998): Die katholische Kirche in der DDR. In: Gatz (Hrsg.): 132–149 .
Polak, Regina (Hrsg.) (2002): Megatrend Religion? Neue Religiositäten in Europa. Ostfildern
Pollack, Detlef (2003): Säkularisierung – ein moderner Mythos? Studien zum religiösen Wandel in Deutschland. Tübingen.
Pollack, Detlef/Pickel, Gert (2003): Deinstitutionalisierung des Religiösen und religiöse Individualisierung in Ost- und Westdeutschland. In: Kölner Zeitschrift für Soziologie und Sozialpsychologie 55. 3. 447–474.
Sekretariat der Deutschen Bischofskonferenz (Hrsg.) (2009): Katholische Kirche in Deutschland. Statistische Daten 2007. Bonn.
Tiefensee, Eberhard (2006): Ökumene der „dritten Art". Christliche Botschaft in areligiöser Umgebung. In: Tiefensee/König/Groß (2006): 17–38.
Tiefensee, Eberhard (2008): Vorsichtige Neugier. Glaubensvermittlung in radikal säkularen Kontexten. In: Theologisch-praktische Quartalschrift 156/2: 150–158.
Tiefensee, Eberhard/König, Klaus/Groß, Engelbert (2006): Pastoral und Religionspädagogik in Säkularisierung und Globalisierung. Münster.
Wanke, Joachim (2004): Auskunftsfähiges Christentum. Überlegungen zu einer missionarischen Präsenz der Kirche in Deutschland. In: Zeitschrift für Missionswissenschaft und Religionswissenschaft 88/2: 174–181.
Wanke, Joachim (2009): Diasporasituation und gesellschaftliche Umbrüche als seelsorgliche Herausforderungen der Kirche in den neuen Bundesländern. Vortrag in der Katholischen Akademie Berlin am 20. November 2009. In: www.bistum-erfurt.de/ Dokumentationen.
Widl, Maria (2000): Pastorale Weltentheologie – transversal entwickelt mit der Sozialpastoral. Praktische Theologie heute 48. Stuttgart.
Widl, Maria (2002): Megatrend Religion? Überlegungen zu einem gesellschaftlich und kirchlich angemessenen Religionsbegriff aus praktisch-theologischer Sicht. In: Polak (Hrsg.): 448–461.
Widl, Maria (2009a): Missionsland Deutschland – Beobachtungen und Anstöße aus pastoraltheologischer und religionspädagogischer Sicht. Skizzen einer Baustelle. In: Kranemann/Pilvousek/Wijlens (Hrsg.): 229–254.
Widl, Maria (2009b): Was dem Menschen heilig ist. Religionsanaloga im Osten Deutschlands und die Möglichkeiten des Christentums inmitten der Säkularität. In: Austen/Riße (Hrsg.): 224–231.
Widl, Maria/Kaplánek, Michal (Hrsg.) (2006): Jugend – Kirche – Atheismus. Brückenschläge zwischen Ostdeutschland und Tschechien. Ceske Budejovice/Erfurt.
Widl, Maria/Schulte, Andrea (2009): „Folge dem Stern!". Missionarische Projekte am Weihnachtsmarkt. Würzburg.

Konflikt um die symbolische Ordnung
Überlegungen zum religiös-weltanschaulichen Feld der DDR und zur Frage einer „typisch" katholischen Position[1]

Uta Karstein

1   Einleitung

In den Debatten um den Staat-Kirche-Konflikt in der DDR wird häufig von einer „katholischen" oder einer „evangelischen" Position gesprochen. Während demnach die katholische Kirche eine strikte politische Abstinenz und eine Abschottung nach Innen favorisierte, ging die evangelische Kirche stärker auf den Staat zu und zeigte sich verhandlungsbereiter. Sie agierte damit auch politischer. Allzu schnell wird aber übergangen wird, dass diese beiden Grundpositionen nicht über vierzig Jahre hinweg gleich bzw. unangefochten blieben. Vor allem die evangelische Kirche zeichnete sich durch einen inneren Pluralismus aus, der ein breites Spektrum an Positionen hervorbrachte, wobei zu unterschiedlichen Zeitpunkten auch jeweils andere Positionen als mehrheitsfähig galten und damit die offizielle Politik der Kirche gegenüber der SED-Führung bestimmten.[2] Auch die katholische Kirche war in dieser Hinsicht weniger monolithisch, als das gemeinhin angenommen wird. Auch hier fanden sich unter den Amtsträgern durchaus differierende Vorstellungen, was die bevorzugte Strategie gegenüber der SED anging. Vor diesem Hintergrund geht der folgende Beitrag der Frage nach, ob sich auch innerhalb der Laienschaft ein gewisses Spektrum an Positionen ausgebildet hat und in welchem Verhältnis die dort zu findenden Positionen zu den Positionen derjenigen hauptamtlichen Akteure stehen, die in den Staat-Kirche-Konflikt involviert waren. Dabei konzentrieren sich die Ausführungen auf die katholische Kirche und ihre Entwicklung in der DDR. Vor diesem Hintergrund wird diskutiert, ob sich unter den religiösen Laien eine „typisch" katholische Position herausgebildet hat. Dafür wird der Fall einer katholischen Familie exemplarisch interpretiert und einem kontrastierenden Vergleich unterzogen. Plädiert wird in diesem Zusammenhang für ein Verständnis des ostdeutschen Säkularisierungsprozesses, der

---

[1]   Der Aufsatz greift Befunde auf, die derzeit im Rahmen einer Dissertation an der Universität Leipzig erarbeitet werden. Zudem steht er im Kontext von Arbeiten, die im Zusammenhang mit dem von 2003 bis 2006 von der DFG geförderten Forschungsprojekt „Generationenwandel als religiöser und weltanschaulicher Wandel. Das Beispiel Ostdeutschland" entstanden sind (vgl. Karstein u. a. 2006; Wohlrab-Sahr/Karstein/Schmidt-Lux 2009 sowie Wohlrab-Sahr in diesem Band).

[2]   So wurde die Politik der evangelischen Kirche nach dem Zweiten Weltkrieg zunächst maßgeblich durch eine antisozialistische Haltung bestimmt, die dem neu entstehenden Staat jegliche Legitimation absprach. Zudem setzte sie ganz auf die Wiederherstellung ihrer alten Größe und Bedeutung sowie der damit einhergehenden volkskirchlichen Strukturen. Spätere Positionsbestimmungen wiesen demgegenüber vielfältige Unterschiede auf. Das betraf den Grad der Anerkennung des Staates ebenso wie die favorisierten Kirchenmodelle (vgl. Pollack 1994).

ihn als einen Konflikt um die symbolische Ordnung der Gesellschaft konzipiert. Theoretisch wird dabei vor allem an Pierre Bourdieu (1982, 1985, 1996, 1997, 1998, 2000) angeknüpft.

2 Ostdeutsche Säkularisierung als Konflikt um symbolische Ordnung

Bei der Erklärung des ostdeutschen Säkularisierungsprozesses hat man neben modernisierungstheoretisch argumentierenden Säkularisierungstheorien vor allem auf eine Argumentationsfigur zurückgegriffen, die hier als *Repressionsmodell* bezeichnet werden soll (Daiber 1988; Pollack 1994; Neubert 1998a u. a. m.). Dort wird der Rückgang von Kirchlichkeit und Religiosität vor allem auf die repressive Religionspolitik der SED zurückgeführt. Dieser Ansatz leistete einen wichtigen Beitrag zur Erklärung der Sonderentwicklung in der DDR, insbesondere des massiven Rückgangs der Kirchenmitgliedschaft in Phasen starker politischer Repression. Er hat jedoch die Tendenz, den Konflikt zwischen Staat und Kirchen vorrangig als einen von außen Auferlegten zu konzeptualisieren und die Abkehr eines Großteils der ostdeutschen Bevölkerung von Religion und Kirche als eine erzwungene Anpassung zu betrachten. Die Frage, die sich dabei stellt, ist, warum sich dann nicht alle anpassten – immerhin gab es ja weiterhin Gläubige, die trotz „hoher Kosten" an ihren religiösen Bekenntnissen festhielten. Auch kann im Rahmen des Repressionsmodells nicht das Vorhandensein überzeugter Atheisten erklärt werden, den diese gingen ja weit über die bloße Anpassung hinaus. Nicht zuletzt bleibt die Nachhaltigkeit des Säkularisierungsprozesses unverständlich. Denn wo etwas nur strategische Anpassung blieb, wäre doch nach dem Wegfall des Drucks durchaus eine Umkehr denkbar gewesen. Diese ist aber bekanntermaßen nicht eingetreten.[3]

Während für Ostdeutschland die religiös-weltanschaulichen Konflikte auf der institutionalisierten Ebene mittlerweile als relativ gut erforscht gelten können (vgl. Dähn 2003), besteht noch Forschungsbedarf, wie sich diese Auseinandersetzungen auf der subjektiven Ebene ausgewirkt haben. Auf welche Weise fanden sie dort ihren Widerhall und wurden damit reproduziert oder transformiert? Und welche Eigensinnigkeiten entwickelten sich hier im Umgang mit den institutionalisierten Deutungsangeboten von Staat und Kirche?[4] Die vorliegenden statistischen Untersuchungen in ihrer standardisierten Abfrage können hierüber nur begrenzt Auskunft geben. Viele Feinheiten bzw. Variationen in der Rezeption der marxistisch-leninistischen Weltanschauung oder in der von religiösen Lehren werden nur unzureichend erfasst. Die Aussagekraft statistischer Untersuchungen findet zudem meist da ihr Ende, wo es um Fragen der intergenerationellen Weitergabe von Glaubensbekenntnissen sowie religiösen wie weltanschaulichen Überzeugungen und um den Einfluss der jeweiligen Bekenntnisse auf die Organisation des Alltags geht. Doch bleibt der Erfolg der Religionskritik der SED und ihrer Versuche der Durchsetzung einer neuen, im Kern atheistischen Weltanschauung letztlich unverständlich, wenn man die Veränderungsprozesse in den subjektiven

---

3 Derzeit sind nur noch 25 % der ostdeutschen Bevölkerung Mitglieder einer christlichen Kirche. Gut 50 % hingegen beschreiben sich selbst explizit als Atheisten (vgl. Tomka/Zulehner 1999: 27).
4 So ist wiederholt darauf hingewiesen worden, dass es bislang noch an Erkenntnissen darüber fehle, welche Integrationskraft die von der SED und den von ihr kontrollierten staatlichen Instanzen propagierte Weltanschauung in der Bevölkerung tatsächlich entfaltet hat und welche Unterschiede es hier zwischen einzelnen sozialen Gruppen oder Generationen gab (Weber 2006: 212; Ihme-Tuchel 2003: 112).

Weltsichten und die Frage der Positionierung der Laien im Konflikt nicht mit berücksichtigt (vgl. dazu auch Wohlrab-Sahr/Karstein/Schmidt-Lux 2009).

Vor diesem Hintergrund erscheint es sinnvoll, die Frage nach den Weltsichten der Ostdeutschen und ihren Strategien im Umgang mit dem Staat-Kirche-Konflikt in einen weiteren Kontext herrschaftstheoretischer Überlegungen zu stellen und die Konflikte zwischen Staat und Kirche als eine Form der Auseinandersetzung um die *symbolische* Ordnung der Gesellschaft zu konzeptualisieren. Dem liegt die Annahme zugrunde, dass keine Herrschaft allein auf physischer Gewalt beruhen kann, wenn sie von Dauer sein will, sondern dass sie auch ein symbolisches Fundament braucht – die durch sie repräsentierten Werte und Ordnungsprinzipien also ein Mindestmaß an Anerkennung finden müssen. Denn die Chancen zur politischen Interessendurchsetzung hängen nicht zuletzt auch vom Vermögen der Akteure ab, Werte, Normen, Ideen und Ideale bei denjenigen zu mobilisieren, auf deren – passive oder aktive – Zustimmung sie angewiesen sind (Nedelman 1986). Es ist daher kritisch anzufragen, ob eine autoritäre Herrschaft auf lange Sicht tatsächlich vollkommen unabhängig vom Legitimitätsglauben der Bevölkerung existieren kann. In diesem Sinne geht beispielsweise R. Lepsius (1994) davon aus, dass die Konformität der DDR-Bevölkerung nicht notwendig ideologisch motiviert, sondern institutionell strukturiert war. Auch D. Pollack (1998) warnt davor, die Bedeutung der Ideologie als Integrationsmittel der Gesellschaft zu überschätzen. Er betont stattdessen den zweckrationalen Charakter der Anpassung an das System, der von der Mehrheit der Bevölkerung mit Blick auf drohende Strafen und Sanktionen vollzogen wurde. Diese Aspekte sind sicherlich nicht außer Acht zu lassen. Sie erklären allerdings nicht den großen Aufwand, den die SED von Anfang an betrieb, um „die sozialistische Idee in die Massen zu tragen" (zit. nach Hoffmann 2000: 157).[5] In dem Bemühen, eine völlig neue Gesellschaftsordnung samt einem entsprechenden neuen Persönlichkeitstypus zu etablieren und durchzusetzen, konnte sie – neben der politischen Revolution – auf eine symbolische Revolution nicht verzichten. Die Frage nach der symbolischen Ordnung und die damit einhergehende Frage nach der Legitimität von Herrschaftsverhältnissen ist daher auch und gerade für Diktaturen wie der DDR relevant. Die Etablierung einer neuen Weltanschauung sollte der symbolischen Legitimation der neuen Herrschaftsverhältnisse und ihrer selbsternannten Repräsentanten dienen (Thaa/Häuser/Schenkel u.a. 1992). Da dies nur in Abgrenzung von den alten Autoritäten und von den durch sie repräsentierten Denk- und Orientierungsschemata möglich war, kann man die Zeit der Sowjetischen Besatzungszone (SBZ) und den Beginn der DDR als einen zunehmend schärfer werdenden Klassifizierungskampf um die ‚richtige' Sicht der sozialen Welt, d.h. um die legitimen Teilungsprinzipien (Bourdieu 1985), begreifen. Nach der totalen Niederlage Deutschlands und dem Scheitern des Nationalsozialismus waren die Voraussetzungen für eine solche umfassende soziale und symbolische Neuordnung vergleichsweise günstig aber auch notwendig.

Prinzipiell waren von den Bemühungen um die Etablierung einer neuen symbolischen Ordnung weit mehr Gesellschaftsbereiche als nur der von Religion und Kirche betroffen. So beziehen sich die Ideen der „Planbarkeit", des „Fortschritts", der „Gleichheit" oder die Idee von der „führenden Rolle der Arbeiterklasse" – alles tragende Elemente der symbolischen

---

5 Nicht zuletzt Weber ([1920] 2005: 157) hatte festgestellt, dass jede Herrschaft früher oder später versucht, den Glauben an ihre Legitimität zu erwecken und zu pflegen.

Ordnung der DDR[6] – primär auf die Bereiche von Wirtschaft, Technik und Sozialstruktur. Allerdings legte die SED besonderen Wert auf die „Felder der symbolischen Produktion" (Bourdieu) wie Wissenschaft, Kunst und Religion und versuchte sie im Sinne der Durchsetzung ihres Gesellschaftsideals zu funktionalisieren. Dabei machte sie gerade Religion und Kirche zum Sinnbild für vieles, von dem man sich im Zuge der Entwicklung einer neuen Gesellschaft abgrenzte. So wurde beispielsweise Religion zum rückschrittlichen Aberglauben stilisiert und die Kirchen zu Repräsentanten und Stützen einer ungerechten sozialen Ordnung, die man ein für alle Mal zu überwinden trachtete. Spätestens ab den 1950er Jahren war die Entwicklung des sozialistischen Bewusstseins klar ein Kampf *gegen* religiöse Auffassungen und *für* die Verbreitung der materialistischen Weltanschauung (Hoffmann 2000: 157).

Will man wissen, welche Rolle die Konflikte auf der institutionellen Ebene für die religiös-weltanschauliche Positionierung der Laien spielten, welches Spektrum an Glaubensüberzeugungen sich dabei ausbildete und welche Schlussfolgerungen daraus für die (In-)Stabilität der symbolischen Ordnung der DDR gezogen werden können, so bietet es sich an, keine reine Diskursforschung zu betreiben. Vielmehr müssen die Akteure mit ihren – symbolisch vermittelten – Sinnzuschreibungen, Geltungsbehauptungen und Deutungskonflikten miteinbezogen werden und zwar nicht nur die Akteure auf der Experten-Ebene, also die (politischen, religiösen etc.) Spezialisten, sondern auch die ‚betroffenen' Laien. Herrschaft kommt damit als eine „soziale Praxis" (Lüdtke 1991) in den Blick, und ihr Prozess- und Interaktionscharakter wird gegenüber einem institutionellen, statischen Verständnis hervorgehoben. Dies vor allem deshalb, weil letzteres Verständnis das wechselseitige Abhängigkeitsverhältnis von Herrschenden und Beherrschten nur ungenügend wahrzunehmen vermag (Lindenberger 1999).

3   Das Konzept sozialer Felder – Zum Verhältnis von Experten und Laien

Einen geeigneten theoretischen Rahmen für den eben skizzierten Forschungsansatz stellen die theoretischen Konzepte Bourdieus dar. Seine Sensibilität gegenüber Fragen symbolischer Herrschaft spiegelt sich einerseits in der Anlage seiner Konzepte wie Habitus und Feld wider, andererseits in den spezifischen Themen, denen er sich widmete. In seiner Beschäftigung mit philosophischen Konzepten – allen voran der Theorie der symbolischen Formen Cassirers (1992) – ging es ihm dabei weniger um die Entwicklung einer eigenen Symboltheorie, sondern darum, Cassirers Philosophie der symbolischen Formen vom „Kopf auf die Füße zu stellen", d.h. zu soziologisieren und nach der sozialen Wirkungsmacht symbolischer Formen zu fragen. Dabei begreift Bourdieu die symbolischen Formen Cassirers[7] als Felder der Symbolproduktion, d.h. als strukturierte Kraftfelder, die eigenen Spielregeln gehorchen und in denen unterschiedliche Akteure und Akteursgruppen in eine Auseinandersetzung um die legitime Definition dessen treten, was der Fall ist. Im Gegensatz zu Cassirer, dem es hauptsächlich auf die Beschreibung der Symbolform als solcher ankam, betont Bourdieu die

---

6   Für einen ersten Überblick zu diesem Thema vgl. Ihme-Tuchel (2003), zu Einzelaspekten vgl. u. a. die Arbeiten von Schmidt (2003) und Hoffmann (2000).
7   Cassirer zählt den Mythos und die Religion, die Sprache, die Kunst und die Wissenschaft dazu.

Bedeutung, die den Akteuren und ihrer praktischen Logik für ein angemessenes Verständnis von Feldern zukommt.

Mit der Frage nach den Akteuren ist der entscheidende Link zu Bourdieus Theorie der *symbolischen Herrschaft* gegeben, denn nun stellt sich die Frage, was den Positionierungen im jeweiligen Feld der Symbolproduktion auf Seiten der Akteure entspricht. Sein Habitus-Konzept ist genau an diesem Punkt angesiedelt. Der Struktur des Feldes entsprechen demnach auf Seiten der Akteure inkorporierte Wahrnehmungs-, Bewertungs- und Handlungsschemata, die eine kulturelles Feld ebenso strukturieren wie sie von ihnen strukturiert werden – ohne dass es dafür eines besonderen Aktes der Bewusstwerdung bzw. einer bewussten Entscheidung bedarf. Über diesen Mechanismus erlangt die Ordnung eines Feldes tendenziell den Anschein des Natürlichen, Selbstverständlichen, Unhinterfragten – wird also *anerkannt* und in diesem Maße als willkürliche Ordnung *verkannt*.

Dies gilt prinzipiell für alle Felder. Das besondere an Feldern der Symbolproduktion ist, dass sie mehr als andere Felder in die Produktion von Klassifizierungen und Teilungsprinzipien involviert sind, mit Hilfe derer wir die Welt wahrnehmen und begreifen. Sie haben auf diese Weise (aktiv) teil an der Konstruktion von Welt. Für Bourdieu kommt dem religiösen Feld die Funktion zu, Rechtfertigungen für das Dasein und den eigenen Platz in der Welt anzubieten. Im Gegensatz zu säkularen Anbietern wie beispielsweise Heilpraktikern, Eheberatern und Psychoanalytikern tun dies religiöse Experten aber auf eine besondere, nur ihnen eigene Weise, indem sie die gesellschaftliche Teilung in eine „natürlich-übernatürliche" Struktur des Kosmos überführen (Bourdieu 2000: 49).[8] Trotz dieser relativ unspezifischen Bestimmung dessen, was Religion ist, wird mit dem Hinweis, sie leiste die „symbolische Überführung des Seins in ein Sein-Sollen" (Bourdieu 2000: 20), hinsichtlich der Frage symbolischer Herrschaft ein starker Akzent gesetzt – ist sie doch damit tendenziell für die Naturalisierung der gesellschaftlichen Verhältnisse verantwortlich. In seinen religionssoziologischen Aufsätzen hat Bourdieu vor allem diese Komplizenschaft des religiösen mit dem politischen Feld hervorgehoben, die durch eine Art Herrschaftsteilung miteinander verbunden sind. Allerdings ist natürlich auch der umgekehrte Fall denkbar: Nimmt man diese Komplizenschaft eher als historisch mögliche, aber keineswegs einzige Konstellation und berücksichtigt die relative Autonomie der Felder, dann wäre das religiöse Feld unter bestimmten Voraussetzungen auch der prädestinierte Ort, den gesellschaftlich vorherrschenden logischen und moralischen Konformismus über Strategien der Entnaturalisierung nachhaltig zu erschüttern. Die gesellschaftlichen Verhältnisse in der DDR können als ein solcher Fall beschrieben werden. Und tatsächlich war die Beziehung des religiösen Feldes zum politischen Feld in der DDR weniger durch Komplizenschaft als durch einen fundamentalen Konflikt gekennzeichnet. Der Staat trat mit seinen weltanschaulichen Angeboten nicht nur in Konkurrenz zum religiösen Feld, sondern wollte deren Akteure und Institutionen „beerben" und erhob seinerseits einen exklusiven Anspruch auf die Erfüllung ehemals religiöser Funktionen. Zwar wurde das religiöse Feld in der DDR nicht vernichtet. Es hatte sogar eine – im Gegensatz zu anderen sozialen

---

8 Bourdieu scheint sich hier an Webers Konzeption anzulehnen, der die Sphäre des Außerweltlichen als einen Bezugsgegenstand von Religion markierte und ihn als Reich der Seelen, Dämonen und Götter bestimmte (Weber 2005: 321). Wer eine gehaltvolle Definition von „Religion" erwartet, wird allerdings enttäuscht. Entsprechende Hinweise erfolgen durch Bourdieu nur sporadisch und erhalten in der Argumentation keinen systematischen Stellenwert.

Feldern – vergleichsweise große Autonomie, doch änderte sich ihre gesamtgesellschaftliche Position grundlegend. Da trotz dieses fundamentalen Konfliktes de facto nicht nur das politische Feld, sondern auch das religiöse Feld bestehen blieben, konstituierte sich eine Art Zwischenraum, der zum Austragungsort der Kämpfe wurde und *religiös-weltanschauliches Feld* genannt werden soll. Innerhalb dieses Zwischenraumes verfolgten Akteure beider Felder das gleiche Ziel, nämlich, „mittels eines bestimmten Typus von Praktiken und Diskursen eine besondere Kategorie von Bedürfnissen bestimmter gesellschaftlicher Gruppen (zu) befriedigen" (Bourdieu 2000: 11).[9]

Allerdings ist damit noch nichts über den Einfluss des Konfliktes auf die Laien gesagt. Bourdieu hatte sie in seinen Arbeiten zum religiösen Feld als zu dessen Kräftefeld zugehörig konzipiert. Dies ist in gewisser Weise auch gerechtfertigt. Denn stärker als in anderen Feldern ist die Stellung einzelner religiöser Experten(-gruppen) und Institutionen vom Zuspruch der Laien abhängig.[10] Diese stellen nicht nur ein ausdifferenziertes Publikum dar, an das sich die Kämpfe der Experten richten, sie sind es auch, die mit ihrer Anerkennung und Gefolgschaft den religiösen Spezialisten Macht und Autorität verschaffen. Allerdings lassen sich die Positionierungen, die die Laien mit Blick auf den Staat-Kirche-Konflikt vornehmen und die damit einhergehenden religiös-weltanschaulichen Welt- und Selbstdeutungen nicht allein dem Wirken feldinterner Kräfte zuschreiben. Wie Bourdieu (2000) selbst in Anlehnung an M. Weber betont, seien Legitimations- und Erlösungsbedürfnisse immer auch Ausdruck der jeweiligen sozialen Lage, in denen sich die entsprechenden Laien(-gruppen) befinden. Hinzu kommt im Falle der DDR, dass Fragen des Bekenntnisses ganz konkrete soziale Konsequenzen nach sich zogen: Karrierefragen waren immer auch eine Frage des ‚richtigen' Bekenntnisses. Entsprechende Positionierungen eröffneten Wege des Aufstiegs, nötigten zu Umwegen und Abstrichen oder hatten gar den sozialen Abstieg zur Folge.

Es macht daher meines Erachtens Sinn, von einem Feld *alltagsweltlicher Positionierungen* zu sprechen und es analytisch sowohl vom Expertenfeld im engeren Sinne als auch vom sozialen Raum zu unterscheiden. Mit dem Begriff des alltagsweltlichen Feldes wird ein Zusammenhang von sozialräumlicher Position und Positionierung gegenüber religiösen oder weltanschaulichen Angeboten nicht geleugnet, er lenkt aber die Aufmerksamkeit zunächst einmal auf das, was sich bei den Laien in Anbetracht verschiedener Positionen im Expertenfeld und der dort vorhandenen Konflikte einerseits und ihrer sozialen Position und damit verknüpfter Reproduktionsstrategien andererseits entwickelte.

---

9   Bei diesem Zwischenraum handelt es sich allerdings nicht um ein Feld im herkömmlichen (Bourdieu'schen) Sinne. Zwar agieren hier verschiedene Experten(-gruppen) mit einem im Grunde gleichen Ziel, die darüber hinaus den Glauben an den Wert der eigenen Einsätze und Kämpfe im Feld teilen, doch bleiben sie weiterhin maßgeblich ihren jeweiligen Herkunftsfeldern verpflichtet. Auf diese Weise bleiben auch die Kapitalsorten beider Felder relevant.
10   Auch wenn für die Kirche natürlich nicht jeder Austritt eines Mitgliedes gleich mit der Existenzfrage verknüpft ist.

4 Ausgangslage – das religiös-weltanschauliche Feld und die katholische Kirche nach 1945

Neben kleineren Religionsgemeinschaften wie den Zeugen Jehovas, den Freikirchen und den verbliebenen jüdischen Gemeinden waren die evangelische und die katholische Kirche die religiösen Hauptakteure im religiös-weltanschaulichen Feld der DDR. Während die Gebiete der DDR traditionell zum protestantischen Kernland gehörten – zum Zeitpunkt der Gründung der DDR waren ca. 80 % der Bevölkerung Mitglied der evangelischen Kirche an –, hatte die katholische Kirche durch die Flüchtlinge aus den ehemaligen Ostgebieten zeitweise an Größe gewonnen – 1949 betrug der Anteil an Katholiken ca. 11 % –, büßte aber bis zum Mauerbau 1961 einen Großteil der neugewonnenen Gemeindeglieder wieder ein.[11]

Wurden vor allem die beiden großen Volkskirchen unmittelbar nach 1945 noch aktiv beteiligt am Wiederaufbau des Landes[12] und galten als bevorzugte Ansprechpartner für die Alliierten, änderte sich dies in der sowjetischen Besatzungszone in dem Maße, wie sich die SED zu einer „Partei neuen Typs" wandelte und damit eine umfassende Sowjetisierung Ostdeutschlands einläutete. Zunächst fand der Kampf um die Verbreitung der materialistischen Weltanschauung vor allem in den eigenen Reihen statt, um die Partei zu einer „marxistisch-leninistischen Kampfpartei" zu formen. Anfang der 1950er Jahre wurde er auf die gesamte Gesellschaft ausgedehnt und eine breite naturwissenschaftlich-atheistische Propaganda in Gang gesetzt, die sich explizit gegen Religion und Kirche(n) richtete (Hoffmann 2000: 157). In der Folge wurde der Religionsunterricht behindert, die atheistische Propaganda in naturwissenschaftlichen Unterrichtsfächern ausgebaut, die evangelischen Jungen Gemeinden diffamiert, die Jugendweihe als Konkurrenz zu Konfirmation und Firmung eingeführt, die Zahlung staatlicher Zuschüsse an die Kirchen verweigert und durch eine gezielte Politik der Differenzierung ein Keil zwischen Kirchenfunktionären und Gläubigen zu treiben versucht (vgl. Pollack 1994; Raabe 1995; Maser 2000). Die Intensität der Auseinandersetzungen war dabei durchaus unterschiedlich. Ihren Höhepunkt hatten sie unbestreitbar in den 1950er Jahren, wohingegen sich das Staat-Kirche-Verhältnis beispielsweise in den 1970er Jahren vergleichsweise moderat gestaltete. Dennoch kann an der „dauerhaften Konfliktsituation, in der sich die Religion gegenüber den staatlichen Instanzen und dem ideologischen Anspruch des Marxismus-Leninismus befand, kein Zweifel bestehen" (Wohlrab-Sahr/Karstein/Schmidt-Lux 2009: 136).

Im Unterschied zur evangelischen Kirche zeichnete sich die katholische Kirche von vornherein durch ein einheitlicheres, geschlosseneres Auftreten gegenüber der SED und den staatlichen Stellen aus. Dies lag wesentlich an deren zentralistischen Aufbau, der eine innere Pluralität weit weniger zuließ als die evangelische Kirche mit ihrer dezentralen Struktur.

---

11 Die katholische Kirche befand sich nach 1945 auf dem Gebiet der späteren DDR in einer „doppelten Diasporasituation". Sie war in konfessioneller Hinsicht von einer protestantischen Mehrheit umgeben, aber zudem auch von einem kirchen- und religionsfeindlichen Staat (Kösters/Tischner 2005: 25).

12 Sie übernahmen in dieser Zeit eine Vielzahl von Ersatzfunktionen, die nicht eigentlich zu ihrem theologischen Auftrag gehörten (Pollack 1994: 85), beispielsweise die Versorgung mit Lebensmitteln und Brennstoffen, diakonische Wohlfahrtsaufgaben, Funktionen der Kriegsgefangenen- und Flüchtlingsbetreuung etc.

Beispielhaft dafür ist der „Preysing-Erlass"[13], der es rangniederen Kirchenangestellten untersagte, eigenständige Verhandlungen mit den staatlichen Organen zu führen (vgl. Tischner 2001: 91 ff.). Nicht zuletzt wirkte sich auch das spezifische Kirchenverständnis auf das Auftreten und die Strategien der katholischen Kirche in der DDR aus. Anders als bei der evangelischen Kirche wurde die zentrale Bedeutung, die der Kirche als Institution zukommt, nie ernsthaft in Frage gestellt.[14] Im Zentrum kirchenpolitischen Agierens standen von Anfang an vor allem die Sicherung von Amt und Seelsorge und die Aufrechterhaltung der kirchlichen Funktionen (Haese 1998: 20). Die beherrschende Maxime gegenüber der sich neu formierenden Diktatur war das „Handeln nach Kirchenraison", also der unbedingte Wille, zuallererst die Institution Kirche zu verteidigen und zu bewahren (Böckenförde 1973: 118). Dieses Anliegen hatte auch während der Zeit des Nationalsozialismus höchste Priorität. Die kirchliche Politik wies hier also eine unübersehbare Kontinuität auf. Als ureigenste Betätigungsfelder wurden dabei der Glaube und ethische Fragen, Erziehung und Bildung, Familie, die Caritas und die Religions- und Gewissensfreiheit angesehen (Haese 1998: 21). Vor allem, wenn diese „inneren Angelegenheiten" in Gefahr waren, setzte man sich zur Wehr, und die Kirche zeigte sich in ihrer Haltung unnachgiebig, wie im Falle des Umgangs mit der Jugendweihe. Anders als die evangelische Kirche, die ihre ablehnende Haltung nach den massiven Einbrüchen der Konfirmandenzahlen in den 1950er Jahren aufgab und eine Kombination von Jugendweihe und Konfirmation zuließ, behielt die katholische Kirche ihre strikte Haltung bei, nach der sich diese beiden Initiationsriten kategorisch ausschließen.

Während die Bedeutung der institutionellen Autonomie nie angezweifelt wurde, gab es – was die Haltung und die Strategien gegenüber der Sowjetische Militäradministration in Deutschland (SMAD) und der SED anging – durchaus verschiedene Positionen. Vor allem Konrad Kardinal von Preysing als Bischof von Berlin (1935–1950) zeichnete sich durch eine gegenüber der SED und späteren DDR strikt ablehnende Haltung aus. Er schwor seinen Klerus auf die Demokratie als einzig akzeptable Staatsform ein und legte ihnen nahe, für Menschenrechte und Gewissensfreiheit einzutreten. Er machte Konflikte mit der SMAD und später mit der SED öffentlich und verweigerte ihnen die Zusammenarbeit. Andere hochrangige Kirchenfunktionäre wie der Weihbischof Heinrich Wienken[15] oder der Meißner Bischof Petrus Legge (1932–1951) waren demgegenüber verhandlungsbereiter und legten sich nicht auf öffentliche Kritik am System fest (vgl. Tischner 2001). Dominierte Ende der 1940er Jahre die kompromisslose Linie Preysings, verschob sich mit seinem Tod 1950 die allgemeine kirchenpolitische Linie mehr und mehr in Richtung einer Taktik der Konfliktvermeidung durch die Konzentration auf seelsorgliche Aspekte bei weitgehender politischer ‚Abstinenz'.

Insgesamt blieb der Staat DDR für die katholische Kirche Zeit seines Bestehens ein „fremdes Haus", dessen tragende Fundamente man für falsch hielt. Der Meißner Bischof Otto

---

13 Als Reaktion auf die zunehmenden Versuche von Seiten der SED, einzelne Geistliche zu positiven Äußerungen über die politischen Verhältnisse in der SBZ zu motivieren, verfasste Ende 1947 der Berliner Kardinal Konrad zu Preysing ein Rundschreiben, in dem er dem Klerus jegliche eigenständige politische Äußerungen verbot. Diese waren fortan ausschließlich dem Diözesanbischof bzw. dem deutschen Episkopat vorbehalten (den genauen Wortlaut vgl. Tischner 2001: 109, Fußnote 313).
14 Innerhalb der evangelischen Kirche gab es in diesem Punkt durchaus unterschiedliche Standpunkte (vgl. Pollack 1994).
15 Heinrich Wienken war Ende der 1940er Jahre längere Zeit Leiter eines Kommissariats, das im Namen der Fuldaer Bischofskonferenzen Verhandlungen mit der SMAD und der SED führte.

Spülbeck (1955–1970) betonte 1956 auf dem 77. Katholikentag in Köln, dass die Kirche nicht an diesem „Haus" mitarbeiten werde, allerdings sei die Bereitschaft vorhanden, sich dafür einzusetzen, dass man auch in diesem Haus menschenwürdig und als Christen leben könne. Zwar gäbe es unüberbrückbare Gegensätze im Grundsätzlichen, allerdings schließe dies die Einigung in praktischen Fragen nicht aus, schließlich müsse man dieses Haus ja auch gemeinsam bewohnen (Haese 1998: 16). Diese Haltung kann als die in der katholischen Kirche in der DDR dominierende Position charakterisiert werden. Sie etablierte sich in den 1950er Jahren und änderte sich in den darauffolgenden Jahren kaum.[16]

5 Eine „katholische" Position im alltagsweltlichen Feld – gab es das?

Wendet man sich nun den Laien zu und damit der Frage, wie die innerkirchlichen Diskussionen und der Staat-Kirche-Konflikt auf dieser Ebene rezipiert wurden und welche Eigensinnigkeiten sich hier im Umgang damit herausbildeten, so liegt die Analyse ihrer Habitusformen nahe oder, besser gesagt, die Analyse ihrer jeweiligen Wahrnehmungs-, Bewertungs- und Denkschemata sowie der damit zusammenhängenden Praktiken. Speziell interessieren hier die religiös-weltanschaulichen Praktiken und Sichtweisen. Von eigensinnigen Umgangsformen mit dieser spezifischen gesellschaftlichen Situation ist schon deswegen auszugehen, weil diejenigen Bevölkerungsgruppen und Generationen, mit denen das „sozialistische Experiment" startete, keine ‚unbeschriebenen Blätter' mehr waren. Ihr Habitus unterlag anderen Entstehungsbedingungen, die mit dem nun Kommenden z. T. nicht mehr viel zu tun hatten. Und obwohl gerade der Beginn der DDR als ein großangelegter Versuch gesehen werden muss, der Bevölkerung mit Hilfe des Bildungs- und Erziehungswesens diese neue symbolische Ordnung aufzuzwingen, verlief dies keineswegs so geradlinig, wie erwünscht. Der Hysteresiseffekt, die Beharrungskraft des Habitus über die konkreten Entstehungsbedingungen hinaus, wird hier genauso in Rechnung zu stellen sein wie die Restrukturierungsprozesse, die keineswegs immer in der beabsichtigten Richtung verliefen. Ob sich dabei dennoch eine neue Doxa ausbilden konnte bzw. ob und in welchem Maße überkommene Sichtweisen und Praktiken tradiert werden konnten, bleibt dabei zunächst offenen Frage, obwohl es im Hinblick auf die Fragen des Umfangs des Säkularisierungsprozesses und dessen Nachhaltigkeit entscheidend ist.

Die folgenden Darstellungen widmen sich der katholischen Familie Kuntzig[17] und den Positionen, die die beiden während des Interviews anwesenden Familiengenerationen mit Blick auf den Staat-Kirche-Konflikt und die eigenen beruflichen Ambitionen eingenommen haben. Obwohl alle Familienmitglieder an einer Mitgliedschaft in der Kirche selbstverständlich festhalten, unterscheiden sie sich im Hinblick auf die Positionierung gegenüber dem Staat. Mit ihrem Festhalten an den religiösen Traditionen stellt die Familie Kuntzig

---

16 Diese Position, die vor allem vom späteren Berliner Bischof Alfred Bengsch (1961–1979) repräsentierte, blieb allerdings nicht unwidersprochen. Vor allem in den 1980er Jahren öffnete sich die katholische Kirche wieder stärker gesellschaftspolitischen Fragen (vgl. Kösters/Tischner 2005: 22).

17 Dieses Familiengespräch wurde zusammen mit dreiundzwanzig weiteren im Rahmen des Projekts „Generationenwandel als religiöser und weltanschaulicher Wandel: Das Beispiel Ostdeutschlands" erhoben (vgl. Fußnote 1). Der Name der Familie wurde geändert.

damit – betrachtet man die Entwicklungen im Mitgliederbereich der Kirchen insgesamt – eher eine Ausnahme dar. Sowohl statistische als auch mit Hilfe hermeneutisch-rekonstruktiver Verfahren gewonnene Befunde verdeutlichen vielmehr, in welch starkem Ausmaß die mit einer ausgeprägten Religionskritik einhergehende atheistisch-materialistische Propaganda der SED auch subjektiv an Plausibilität gewonnen hat (vgl. Meulemann 1996; Huber/Friedrich/Steinacker 2006; Wohlrab-Sahr/Karstein/Schmidt-Lux 2009). Umfragen wie der Allbus zeigen, dass Ostdeutsche Aussagen, die auf ein religiöses Bekenntnis hinaus laufen, mehrheitlich skeptisch gegenüber stehen. So lehnen über 70 % – und damit mehr als doppelt so viele wie im Westen – die Auffassung ganz oder überwiegend ab, dass das Leben nur Sinn habe, weil es einen Gott gäbe, und eine große Mehrheit – 73 % gegenüber 51,1 % im Westen – ist der Meinung, man solle sich an das halten, was mit dem Verstand zu erfassen sei und alles andere auf sich beruhen lassen (Allbus 2002: V 129; eigene Berechnungen). Befragt nach den Gründen für ihren Kirchenaustritt, antworten nur 4 %, dass ihre Entscheidung im Hinblick auf die repressive Politik der SED erfolgte, und nur 7 % antworten, sie hätten Ärger von ihren Kindern fern halten wollen. Der Hauptgrund – neben der Einsparung der Kirchensteuer (60 %) – war vielmehr die Ansicht, man brauche Religion nicht für das eigene Leben (56 %) (Huber/Friedrich/Steinacker 2006: 483). Daneben konnten Analysen von Interviews mit ostdeutschen Familien drei verschiedene und für das Verhältnis von Religion und Politik besonders charakteristische Konfliktdimensionen des Säkularisierungsprozesses identifizieren und rekonstruieren, auf welche Weise diese Konfliktlinien für die Familien zur subjektiven „Lebenswirklichkeit" wurden und staatliche Alternativen subjektive Plausibilität erlangten. Demnach trat Politik auf drei zentralen Gebieten in Konkurrenz zur Religion: auf dem Gebiet der Zugehörigkeit (Mitgliedschaft), auf dem Gebiet der Weltdeutung und auf dem Gebiet der ethischen Handlungsregulierung (vgl. Karstein u. a. 2006). Nicht zuletzt zeigen diese Interviews, wie sich im Laufe dieses Prozesses areligiöse Traditionen ausbildeten, die bis heute orientierungswirksam sind. Davon waren katholische Familien ebenso betroffen, auch wenn der Mitgliederbestand der katholischen Kirche in der DDR weit weniger dramatisch schrumpfte, wie das für die evangelische Kirche der Fall war.

Mit dem Beispiel der Familie Kuntzig kann diese Entwicklung gerade nicht illustriert werden, da sich hier entgegen dem ostdeutschen Trend religiöse Zugehörigkeiten tradiert haben. Es gelang dem Staat offensichtlich nicht, einen Entfremdungsprozess zu initiieren, an dessen Ende der Kirchenaustritt und die Hinwendung zum Atheismus standen. Vielmehr weisen sie mit ihren Positionierungen den umfassenden Geltungsanspruch der symbolischen Ordnung der DDR zurück. Was man mit diesem Fallbeispiel jedoch zeigen kann, ist, dass sich innerhalb der katholischen Laienschaft ein gewisses Spektrum an Positionen ausgebildet hatte, das mit dem bloßen Verweis auf die offizielle Haltung der katholischen Kirche nicht hinreichend erfasst werden kann. In den Analysen dieses und anderer Interviews zeigt sich vielmehr, dass es zwar eine Position im alltagsweltlichen Feld gab, die der offiziellen Position der katholischen Kirche am ehesten entsprach, diese Position jedoch nicht exklusiv von Katholiken besetzt wurde. Umgekehrt stellte diese Position auch keineswegs die einzige von Katholiken eingenommene dar.

5.1 Familie Kuntzig: „Gebt dem Kaiser was des Kaiser ist ..."[18]

Beide Großeltern wurden Mitte der 1920er Jahre geboren und stammen aus Schlesien. Die Großmutter wollte ursprünglich Landwirtschaftslehrerin werden, was durch den Krieg verhindert wurde. Der Großvater arbeitete zunächst als Steuerinspektor und wurde dann zum Kriegsdienst einberufen. Beide kamen nach 1945 als Flüchtlinge in die DDR. Ihre Eltern hingegen blieben in Schlesien. Die Großmutter jobbt zunächst in Mecklenburg-Vorpommern und absolvierte dann eine nachträgliche Ausbildung zur Laborantin. Der Großvater geht nach seiner Entlassung aus englischer Gefangenschaft 1947 zu einem Onkel in die Nähe von Leipzig und arbeitet beim Finanzamt. Dies scheint dem Großvater zunächst eine attraktive Wahl zu sein. Allerdings muss man sich dafür politisch positionieren, und der Großvater tritt in die CDU ein. Der Parteieintritt ist rein strategischer Natur, um weitergehenden politischen Zumutungen entgehen zu können – allerdings auch um den Preis eines beruflichen Aufstiegs. Mit seiner Verrentung 1989 tritt der Großvater wieder aus der Partei aus.

Der Großvater bedauert rückblickend, nicht nach Westdeutschland gegangen zu sein, da ihm die sich neu etablierende Gesellschaftsordnung in der DDR „an und für sich nicht gefallen hat". Zwar führt er einige relevante Gründe an, die ihn damals davon abgehalten haben, diesen Schritt zu gehen, z. B. die Nähe zu den Eltern, insgesamt bewertet er diese auf seine politische Unerfahrenheit zurückzuführende Entwicklung jedoch als „schlecht":

Gv: Ich muss sagen das war (.) schlecht. Mir wär lieber gewesen ich wär nach Westdeutschland gegangen. denn so wie sich das dann hier so entwickelt hat? (.) der Kommunismus (.) und (.) „hoch lebe die SED" „die Partei hat immer recht" und und und das war ne Situation (.) die mir an und für sich (.) nicht gefallen hat.

Damit ist allerdings noch nichts über die tatsächliche Alltagspraxis der Familie zu DDR-Zeiten gesagt, denn die Formulierung „an und für sich" birgt bei näherer Betrachtung eine Abschwächung des negativen Urteils und einen ersten Hinweis darauf in sich, dass die grundsätzliche Ablehnung des Gesellschaftsmodells beispielsweise nicht schon automatisch eine durchgängige oppositionelle Verhaltensweise im Alltag nach sich zieht. Wie noch zu zeigen sein wird, erweist sich diese sprachliche Wendung als typisch für die Charakterisierung der grundlegenden Orientierung und Alltagspraxis der älteren Generation. Sie unterscheiden zwischen weltanschaulicher Kritik und alltagspraktischen Erfordernissen und gestalten entlang dieser Unterscheidung ihr Leben in der DDR.

Die Familiengründung der Kuntzigs erfolgt spät. Die ersten Jahre nach dem Krieg sind zum einen geprägt durch die Trennung von den Eltern, die in Polen blieben, und zum anderen durch den beruflichen Neuanfang. Eine interkonfessionelle Heirat kommt für beide Befragten

---

18   Die Bezeichnung der Interviewteilnehmer orientiert sich an ihrer innerfamilialen Stellung, so werden die ältesten Familienmitglieder mit „Gv" (Großvater) und „Gm" (Großmutter) bezeichnet, deren Kinder, die mittlere Generation mit „V" (Vater) und „M" (Mutter) und die Enkelgeneration mit „S" (Sohn) bzw. „T" (Tochter). Folgende Transkriptionsregeln wurden verwendet: natürlich = auffällige Betonung; F/ = Konstruktions- oder Wortabbruch; sehr schön = auffällige Dehnung; [...] = Auslassung; ∟ = Einsetzen des nachfolgenden Sprechers (1) = Pause mit Sekundenangabe; (unv.) unverständliche Passage; (mit) = unsichere Transkription; *wirklich* = leise gesprochen.

nicht in Frage, obwohl der Großvater betont, dass es schwer gewesen sei, unter diesen Bedingungen jemanden kennen zu lernen. Sie treffen sich schließlich auf dem 77. Katholikentag in Köln 1956. Dort erübrigte sich „das Nachfragen, aus welchem Milieu" man stamme. Sie heiraten 1958 zunächst standesamtlich in der DDR und später kirchlich bei den Eltern in Polen.

Mit der Heirat wird die Verbindlichkeit des religiösen Glaubens und der Zugehörigkeit zur katholischen Kirche bestätigt und bestärkt. Die eheliche Verbindung ist zugleich eine Art Rückhalt in Glaubensfragen gegenüber der religionsfeindlichen Umgebung und erzeugt wiederum selbst ein Milieu, in dem es möglich ist, die religiöse Tradition zu leben und an die eigenen Kinder weiter geben, wie die folgende Textstelle illustriert:

Gv: […] ja (.) ich hab jedenfalls (.) ham ja an der kat/ am katholischen Glauben festgehalten (.) und da man hier immer wieder auch gegen die Kirche war (.) da bin is/ bin ich immer mal gerne in der Opposition gewesen (.) und das hat sagen wir meinen Glauben gestärkt (.) je mehr die Iwan Iwanowitsch oder SED sagen wir gegenüber der Kirche unfreundlich war (.) umso bewusster aktiver war ich religiös und ja das haben äh wir gut durchgesetzt/
Gm: ∟ wir haben unsere Kinder nicht zur/
Gv: ∟ (Traudel) war dann auch auch katholisch (.) so also zogen wir am gleichen Strang (.) und als es so weit war äh dass die Kinder zur Jugendweihe gehen sollten (.) da ham wir dem Lehrer gesagt (.) unsre Martina geht nicht zur Jugendweihe wir sind religiös gebunden
Gm: ∟ Ja
Gv: ∟ wir sind religiös gebunden und geht nicht
Gm: ∟ genauso beim Rainer gesagt
Gv: ∟ und der hat das akzeptiert (.) und blieb ihm nichts anderes übrig (.) und drei Jahre später um das jetzt kürzer zu fassen (.) ham wir das beim Sohn genauso gemacht (.) beim Rainer und die/ unsre Kinder sind _nicht_ zur Jugendweihe gegangen […]

Auf die Zeit in der DDR zurückblickend konstatiert der Großvater, dass er „am katholischen Glauben festgehalten" habe, ja mehr noch: Alle Versuche, die Kirche zu kritisieren, hätten ihn nur noch religiöser gemacht. Die Kuntzigs etablieren dem religionsfeindlichen Staat gegenüber eine gewisse Trotzhaltung, die einer „jetzt erst recht"-Logik folgt. Der Druck von Außen hat demnach nicht zu einem Aufweichen der Bindungen an die katholische Kirche und den Glauben geführt, sondern umgekehrt zu einem stärkeren Gefühl der Zugehörigkeit und zu einem bewussteren Bekenntnis. An der Art der Darstellung wird deutlich, dass sich der Großvater zu DDR-Zeiten nicht von vornherein als Oppositioneller begriffen hat, sondern durch die mal mehr mal weniger starke Kirchenkritik in diese Rolle hineingedrängt wurde – diese dann aber auch „gern" angenommen hat. Die Schuld am konflikthaften Verhältnis von Kirche und Staat wird damit eindeutig beim Staat verortet. Dieser hätte mit seiner Kirchenkritik die oppositionelle Haltung geradezu provoziert. Dies schließt jedoch ein, dass in Zeiten abflauender Kirchenkritik das Zusammenleben durchaus friedlich verlaufen könne.

Als Beweis für ihren ‚Erfolg' in Glaubensfragen sehen die Großeltern die Tatsache an, dass beide Kinder nicht zur Jugendweihe gegangen sind und man sich gegen den Druck von Seiten der Schule hat erwehren können. In Fragen des Bekenntnisses legen die Kuntzigs also eine unnachgiebige Haltung an den Tag. Dies schließt die Tatsache mit ein, dass die Kinder insoweit erfolgreich religiös sozialisiert wurden, dass sie selbst offenbar auch keinerlei Wunsch hegten, an der Jugendweihe teilzunehmen. Solche Ambitionen werden durch den Sohn auch tatsächlich an keiner Stelle erwähnt. Die entsprechende Erziehung wurde nicht zuletzt darüber abgesichert, dass die Großmutter nach der Geburt der Kinder zu Hause blieb.

Gm: [...] ich war von Anfang an (.) vom ersten Schuljahr bis zum letzten Schuljahr (.) ich hab nicht gearbeitet in dem Sinne (.) also so wie sie jetzt (.) äh ich war zu Hause und der Oskar wollte das nicht (.) lieber ham wir weniger Geld aber betreue die Kinder (.) nich? dass se hier mit Bändel rumlaufen zum Kindergarten (.) dass wollten wir nicht (.) und es war auch gut so (.) ich hab dafür aber von Anfang an /
(Jemand flüstert: Schlüsselkind)
Gm: ∟ {lacht} Schlüsselkind (.) von Anfang an bis zum Schluss immer wieder von der Schule geholt. (.) *„Frau Kuntzig können sie mitkommen zum Schwimmen (.) können sie mitkommen (.) da"* (.) Also ich war nur (.)
I: ∟eingespannt hmh
Gm: {lachend} im Elternaktiv eingespannt für die Schule. (.) Also man kannte mich und wusste auch welche Richtung wir gingen (.) das war s/
I: Das ist ja auch interessant ja (.) das man dass dann trotzdem
Gm: ∟ sehr akzeptiert
I: ja
Gv: Und sagen wir (.) nach zwei Jahren (.) vierzehn Jahre nicht zur Jugendweihe gegangen aber nach zwei Jahren als es Zehnklassenschule war (.) war das bei unserm Sohn auf jeden Fall <u>vergessen</u> und er durfte (.) Abitur mit Beruf machen. Das hat also dann geklappt /

Über die Beschränkung der Großmutter auf Haushalt und Familie drückt sich ein traditionelles Rollenverständnis aus, dass eine große Wertschätzung der familiären Sphäre mit einschließt. Dafür werden auch finanzielle Einbußen in Kauf genommen. Zugleich zeigt sich jedoch auch, dass sich die Kuntzigs nicht nur durch eine unnachgiebige Haltung auf der Bekenntnisebene auszeichnen. An den Ausführungen der Großmutter wird deutlich, dass sie sich zugleich an andere Stelle engagierten und auf diese Weise versuchten, einen Ausgleich herzustellen. Das Engagement der Großmutter in der Schule der Kinder soll deren fehlendes Bekenntnis gewissermaßen ausgleichen – nicht zuletzt, um ihnen damit gewisse Optionen im späteren (Berufs-)Leben offen zu halten. Den Erfolg dieser Strategie sieht die Großmutter darin, dass der Sohn trotz allem Abitur machen konnte.

Das Beharren auf der eigenen religiösen Identität geht hier einher mit dem Willen zur aktiven Gestaltung und einer positiven Einflussnahme auf das unmittelbare soziale Umfeld. Dies unterscheidet sie von anderen katholischen Familien, bei denen das Moment des (passiven) Erduldens und Erleidens der gesellschaftlichen Verhältnisse im Vordergrund steht. Grundlage dieses Gestaltungswillens ist die Überzeugung, dass man den Staat nicht einfach rundweg ablehnen könne. Auch wenn man mit dem System grundsätzlich nicht sympathisiert, hätte doch der Staat berechtigte Ansprüche an seine Bürger, denen auch ein Katholik nachkommen müsse. Wie das Beispiel des schulischen Engagements der Großmutter zeigt, war man hier prinzipiell um einen Ausgleich bemüht. Der Großvater betont:

Gv: „wire ham uns loyal verhalten weil man ja im Vater Staat leben musste. Und selbst die Kirche sagt (.) selbst unser Herrgott hat gesagt ‚Gebt dem Kaiser was des Kaiser ist und Gott was Gottes ist' [...] so also wir können den Vater Staat nicht ablehnen und wir sollen auch positiv für ihn arbeiten [...]".

Aufgrund dieser Einstellung hätten sie ihre Systemkritik nicht „aggressiv" artikuliert und daher keine übermäßigen Schikanen erdulden müssen. Die pejorative Begriffsverwendung deutet hier auf eine indirekte Abgrenzung gegenüber all denjenigen hin, die ihre Kritik allzu offensiv formuliert hätten.

Es gehört nicht viel dazu, in den Äußerungen der Großeltern eine Entsprechung der offiziellen kirchenpolitischen Interpretation des gemeinsamen „Hauses" zu sehen, dessen tragende Fundamente man zwar für falsch halte, diese Kritik einen jedoch nicht von der Pflicht – und Möglichkeit – entbinde, das Leben in diesem Haus zu gestalten. Eine solche Haltung findet sich auch in anderen katholischen Familien wieder: „Das, was das eigentliche Leben ausmacht, da engagieren wir uns", beschreibt eine andere Befragte ihre Maxime. Dabei handelt es sich immer um den alltagsweltlichen Nahbereich, in dem dieses Engagement stattfindet.

Auch in der nachfolgenden Generation ist die vorherrschende Haltung, dass man aus den gegebenen Umständen das Beste habe machen wollen – allerdings auch mit dem „Hintergedanken, wenn man das wirklich irgendwann gar nicht mehr aushält, durchaus einen Ausreiseantrag zu stellen". Der Sohn der Kuntzigs betont – nach seinen Erinnerungen die DDR-Zeit betreffend gefragt – zuallererst, dass er dank seiner Eltern „immer mit dem Gefühl groß geworden" sei, dass sich die gesellschaftlichen Verhältnisse in der DDR einmal ändern werden. Diese wurden nie als sakrosankt erfahren, sondern unterlagen immer wenn keiner offenen Kritik, so doch einer Kontrastierung mit alternativen (Denk-)Modellen und Ansichten.

V: [...] und für mich war eigentlich immer auch schon als Kind interessant und rückblickend natürlich auch äh (2) noch interessanter dass ich verschiedene Dinge schon immer mit mit von zwei Seiten aus betrachten konnte und das hat mir eigentlich geholfen auch (.) nich irgendwie frustriert oder regis/ äh äh resigniert irgendwie groß zu werden /I: mhm/ oder ängstlich oder irgendwas/

Auch die weitere Verwandtschaft in Westdeutschland und nonkonforme Freunde hätten zu dieser Relativierung des Anspruches auf absolute Deutungskompetenz von Seiten des Staates beigetragen und zu einer gewissen Autonomie im Denken geführt. Man hätte die Dinge aufgrund alternativer Informationen eben immer von „zwei Seiten" her betrachten können. Seine Frau bestätigt, welch große Rolle diese dadurch genährte Hoffnung auf Veränderung für die eigene Durchhaltekraft in der DDR gespielt habe.

Dem Vater und seiner Frau gelingt es während der DDR-Zeit, sich beruflich außerhalb des Mainstreams zu positionieren. Der Sohn, obwohl gelernter Anlagentechniker, will Schauspiel studieren und wartet insgesamt acht Jahre auf einen Studienplatz. In der Zwischenzeit jobbt er in einem Krankenhaus als Handwerker. Dort lernt er seine spätere Frau kennen, die aus einem evangelischen Elternhaus stammt und als Hebamme in diesem Krankenhaus arbeitet. Eine interkonfessionelle Heirat scheint in dieser Generation kein Problem mehr. Das

Krankenhaus wird als Nische beschrieben, in der viele untergekommen seien, die anderswo Schwierigkeiten hatten („Abtrünnige"). Dabei spielt die Tatsache der Zugehörigkeit zur katholischen Gemeinde in den Darstellungen des Vaters weniger als Basis religiöser Identität eine Rolle, sondern eher als Ausgangspunkt für die Möglichkeit „abweichenden Denkens" allgemein. Es ging weniger um die Bestätigung sicherer (religiöser) Wahrheiten als um eine Art Schulung im kritischen Denken. Stärker als die Großeltern bewegen sich seine Frau und er in einem oppositionellen Milieu und verleihen ihrer Kritik auch öffentlich Ausdruck, beispielsweise durch Demonstrationen gegen die Umweltverschmutzung und durch die frühzeitige Teilnahme an den Montagsdemos. Die von den älteren Familienmitgliedern favorisierte Strategie des Ausgleichs ist hier offenbar nicht mehr vorrangig. Die Haltung der jüngeren Generation ist konfrontativer und orientiert sich eher an einer Logik der Ausschließlichkeit, nach der man sich für eine Seite entscheidet.

Durch die offizielle Kirchenpolitik war eine solche Haltung nicht abgedeckt. Folgt man einschlägigen Deutungen (vgl. Neubert 1990; Rein 1990), ist man zunächst geneigt, diesen innerfamiliären Transformationsprozess als eine Form der „Protestantisierung" zu bezeichnen, durch die der Sohn der Kuntzigs – vermittelt über seine evangelische Frau – während der 1980er Jahre in ein Milieu eingeführt wird, deren Haltung zum Staat damals eher innerhalb der evangelischen Kirchen Heimat fand (Pollack 2000; Neubert 1997). Allerdings scheint die stärkere Hinwendung zu gesellschaftspolitischen Themen und Fragestellungen unter den katholischen Laien in den 1980er Jahren kein Einzelfall mehr gewesen zu sein. Es spricht daher auch einiges dafür, hierin den Hinweis auf einen Politisierungsprozess zu sehen, der von unten nach oben verlief (siehe Kösters/Tischner 2005: 29).

Innerfamiliär scheinen diese Differenzen in den Positionierungen und Strategien gegenüber dem Staat kein Problem darzustellen, da man sich in der grundlegenden Haltung einig weiß. Zudem eint diese beiden Familiengenerationen eine Ethik der Bescheidenheit, des Verzichts auf Luxuskonsum und der Gemeinschaft, wie sie im Gespräch vor allem mit Blick auf die heutige kapitalistische Wirtschaftsordnung formuliert wird.

5.2 Diskussion

Stellt man die Familie Kuntzig nun in den Kontext anderer Familien und deren Positionierungen im alltagsweltlichen Feld, fallen mehrere Aspekte auf. Zunächst einmal wird deutlich, dass die Kuntzigs wie andere auch gezwungen waren, sich mit den Anforderungen, wie sie die DDR als Bekenntnisstaat ihren Bürgern stellte, auseinander zu setzen und eine Lösung zu finden, die mit Blick sowohl auf ihre religiösen Überzeugungen als auch auf ihre soziale Position und auf damit verbundene berufliche Ambitionen tragbar war. Hierbei kommt es in den jeweiligen Familiengenerationen zu unterschiedlichen Positionierungen. Die ältere Generation zeichnet sich durch eine Haltung aus, die zwischen Glaubensfragen im engeren Sinne und lebenspraktischen Fragen trennt und insgesamt eine verantwortungsethische Position vertritt. Auf den Staat-Kirche-Konflikt reagieren sie damit auf eine Weise, die beiden Sphären gerecht zu werden versucht. Durch das wiederkehrende Ausbalancieren eigener Interessen und Überzeugungen mit den staatlichen Ansprüchen und Anforderungen ist es den Befragten sogar möglich, in gewissem Umfang Karriere zu machen oder doch zumindest anspruchsvollen beruflichen Aufgaben nachzugehen. Die Zugeständnisse in Bezug auf den eigenen Job finden allerdings da eine Grenze, wo es um die Mitgliedschaft in der SED oder in ihr nahestehenden Organisationen geht.

Diese Position befindet sich in der Nähe zu anderen verantwortungsethisch fundierten Haltungen, die sich durch den Grad an Zugeständnissen dem Staat gegenüber unterscheiden und deren gemeinsamer Nenner ist, dass die weitere Mitgliedschaft in der Kirche nicht in Frage gestellt wird.[19] Diese Positionen nun befinden sich im Kontrast zu solchen, die durch eine gesinnungsethische Grundausrichtung gekennzeichnet sind. Solche Positionen finden sich sowohl unter Kirchenmitgliedern als auch unter Angehörigen der SED, und sie wird im Grunde auch von der jüngeren Familiengeneration der Kuntzigs vertreten. Charakteristisch für diese Positionen ist, dass ihr Bekenntnis gleichzeitig explizit eines *gegen* alternative Angebote ist – die Positionierung also einer Logik des „entweder-oder" folgt und um dieser Positionierung willen auch Ärger und Benachteiligungen in Kauf genommen werden. Im Falle der religiösen Ausschließlichkeitsposition wird dem Staat dabei nicht nur das Bekenntnis verweigert, ihm wird tendenziell auch die Legitimität abgesprochen.

Solch einer Haltung gegenüber äußerte sich nun Großvater Kuntzig verhalten kritisch, weil sie mit beträchtlichen Kosten für die eigene Person und für die Familie verbunden sind. Demgegenüber habe man selbst die Kritik am System nicht „aggressiv" artikuliert und genau deswegen auch keine übermäßigen Schikanen erdulden müssen. Die Ablehnung beruht jedoch auf Gegenseitigkeit, und so finden sich insbesondere bei Vertretern der religiösen Ausschließlichkeitsposition Äußerungen, die nun ihrerseits die auf Ausgleich bedachte Haltung kritisieren, die ihnen im Grund unaufrichtig und anbiedernd erscheint. Über die Analyse solcher Distinktionsbemühungen erhält man einen aufschlussreichen Eindruck von den Konfliktlinien des Feldes, von denen es noch mehr als diese beiden gibt. Sie zeigen zudem, dass es sich bei den Vertretern bestimmter Positionen nicht um Einzelfälle handelt, sondern um Typen von Akteuren, die sich im Feld verorten und dabei immer auch die ‚anderen' im Blick haben.

Interessant ist nun, dass im Falle der Kuntzigs Vertreter gerade derjenigen Positionen zusammen sitzen, denen in anderen Fällen eine ausgeprägte gegenseitige Abneigung eigen ist. Während des Gespräches kommt es jedoch zu keiner kontroversen Diskussion oder auch nur zur nachdrücklichen Verdeutlichung der jeweils unterschiedlichen Standpunkte. Dies kann einerseits der spezifischen Situation während des Interviews geschuldet sein, in der die Familien im Allgemeinen bestrebt waren, sich als *Familien* zu präsentieren. Kontroverses rückt dann tendenziell in den Hintergrund. Allerdings scheint es nicht unplausibel, hierin auch einen Ausdruck der familialen Bindungskräfte zu sehen, die – gerade in der Konfrontation mit einem religionsfeindlichen Staat – interne Differenzen zugunsten einer Abgrenzung vor den äußeren Zumutungen zurücktreten lassen.

Insgesamt lässt sich sagen, dass es sich insbesondere bei der Position der Großeltern der Familie Kuntzig um eine typisch katholische Position in dem Sinne handelt, dass sie der durch die katholischen Amtsträger über lange Jahre favorisierten offiziellen Haltung

---

19 Es muss jedoch hinzugefügt werden, dass sich verantwortungsethische Positionen nicht nur unter Kirchenmitgliedern fanden. Die Praxis der Sphärentrennung fand sich auch bei konfessionslosen DDR-Bürgern, die dem Staat reserviert gegenüber standen.

unmittelbar entspricht. Allerdings zeigen weitere Analysen von Interviews mit Ostdeutschen, dass auch Protestanten eine solche Position des Ausgleichs vertreten. Umgekehrt finden sich auch Katholiken am gesinnungsethischen Pol des alltagsweltlichen Feldes. Sie weisen sich damit durch eine explizit gesellschaftskritische Haltung aus, die jedoch gemeinhin eher Protestanten zugesprochen wird. Damit zeigt sich, dass das Bild möglicher Positionen im Staat-Kirche-Konflikt unvollständig bleibt, wenn man die Laien nicht mit berücksichtigt. Denn während sich innerhalb der katholischen Laienschaft in den 1980er Jahren ein Prozess der Politisierung beobachten lässt, fehlt einer solchen Haltung die institutionelle Entsprechung auf Seiten der Kirchenoberhäupter.

6 Literatur

Böckenförde, Ernst-Wolfgang (1973): Kirchlicher Auftrag und politische Entscheidung. Freiburg.
Bourdieu, Pierre (1982): Die feinen Unterschiede. Kritik der gesellschaftlichen Urteilskraft. Frankfurt/Main.
Bourdieu, Pierre (1985): Sozialer Raum und „Klassen". Leçon sur la leçon. Zwei Vorlesungen. Frankfurt/Main
Bourdieu, Pierre/Wacquant, Loïc J.D. (1996): Reflexive Anthropologie. Frankfurt/Main.
Bourdieu, Pierre (1997): Meditationen. Zur Kritik der scholastischen Vernunft. Frankfurt/Main.
Bourdieu, Pierre (1998): Praktische Vernunft. Zur Theorie des Handelns. Frankfurt/Main.
Bourdieu, Pierre (2000): Das religiöse Feld. Texte zur Ökonomie des Heilsgeschehens. Konstanz.
Cassirer, Ernst ([1944] 1992): Versuch über den Menschen. Einführung in eine Philosophie der Kultur. Frankfurt/Main.
Daiber, Karl-Fritz (1988): Kirche und religiöse Gemeinschaften in der DDR. In: Kaufmann/Schäfers (Hrsg.): 75–88.
Daiber, Karl-Fritz (1992): Religion unter den Bedingungen der Moderne. Die Situation in der Bundesrepublik Deutschland. Gütersloh.
Dähn, Horst (2003): Die Kirchen in der SBZ (1945–1989). In: Eppelmann/Faulenbach/Mählert (Hrsg.): 205–216.
Eppelmann, Rainer/Faulenbach, Bernd/Mählert, Ulrich (Hrsg.) (2003): Bilanz und Perspektiven der DDR-Forschung. Paderborn.
Gärtner, Christel/Pollack, Detlef/Wohlrab-Sahr, Monika (Hrsg.) (2003): Atheismus und religiöse Indifferenz. Opladen.
Haese, Ute (1998): Katholische Kirche in der DDR. Geschichte einer politischen Abstinenz. Düsseldorf.
Hoffmann, Alfred (2000): „Mit Gott einfach fertig". Untersuchungen zur Theorie und Praxis des Atheismus im Marxismus-Leninismus der Deutschen Demokratischen Republik. Leipzig.
Huber, Wolfgang/Friedrich, Johannes/Steinacker, Peter (Hrsg.) (2006): Kirche in der Vielfalt der Lebensbezüge. Die vierte EKD-Erhebung über Kirchenmitgliedschaft. Gütersloh.
Ihme-Tuchel, Beate (2003): Marxistische Ideologie – Herrschaftsinstrument und politische Heilslehre. In: Eppelmann/Faulenbach/Mählert (Hrsg.): 107–112.
Kaelble, Hartmut/Kocka, Jürgen/Zwahr, Hartmut (Hrsg.) (1994): Sozialgeschichte der DDR. Stuttgart.
Karstein, Uta/Schmidt-Lux, Thomas/Wohlrab-Sahr, Monika/Punken, Mirko (2006): Säkularisierung als Konflikt? Zur subjektiven Plausibilität des ostdeutschen Säkularisierungsprozesses. In: Berliner Journal für Soziologie 4: 441–461.
Kaufmann, Franz-Xaver/Schäfers, Bernhard (Hrsg.) (1988): Religion, Kirchen und Gesellschaft in Deutschland. Opladen.
Kösters, Christoph/Tischner, Wolfgang (2005): Die katholische Kirche in der DDR-Gesellschaft. Ergebnisse, Thesen, Perspektiven. In: Kösters/Tischner (Hrsg.): 13–34.
Kösters, Christoph/Tischner, Wolfgang (Hrsg.) (2005): Katholische Kirche in SBZ und DDR. Paderborn.
Lepp, Claudia/Nowak, Kurt (Hrsg.) (2001): Evangelische Kirche im geteilten Deutschland (1945–1989/90). Göttingen.
Lepsius, Rainer (1994): Institutionenordnung als Rahmenbedingung der Sozialgeschichte. In: Kaelble/Kocka/Zwahr (Hrsg.): 17–30.
Lindenberger, Thomas (1999): Herrschaft und Eigensinn in der Diktatur: Studien zur Gesellschaftsgeschichte der DDR. Köln.
Lüdtke, Alf (1991): Herrschaft als soziale Praxis. Historische und sozial-anthropologische Studien. Göttingen.
Maser, Peter (2000): Die Kirchen in der DDR. Bonn.

Meulemann, Heiner (1996): Werte und Wertewandel. Zur Identität einer geteilten und wieder vereinten Nation. Weinheim.
Nedelmann, Birgitta (1986): Das kulturelle Milieu politischer Konflikte. In: Neidhardt/Lepsius/Weiß (Hrsg.): 397–415.
Neidhardt, Friedhelm/Lepsius, Rainer/Weiß, Johannes (Hrsg.) (1986): Kultur und Gesellschaft. Sonderheft 27 der Kölner Zeitschrift für Soziologie und Sozialpsychologie. Opladen.
Neubert, Ehrhart (1990): Eine protestantische Revolution. Berlin.
Neubert, Ehrhart (1997): Geschichte der Opposition in der DDR 1949–1989. Berlin.
Pollack, Detlef (1994): Kirche in der Organisationsgesellschaft. Zum Wandel der gesellschaftlichen Lage der evangelischen Kirchen in der DDR. Stuttgart/Berlin/Köln.
Pollack, Detlef (2000): Politischer Protest. Politisch alternative Gruppen in der DDR. Opladen.
Pollack, Detlef (2001): Kirchliche Eigenständigkeit in Staat und Gesellschaft der DDR? In: Lepp/Nowak (Hrsg.): 178–205.
Pollack, Detlef (2003): Säkularisierung – ein moderner Mythos? Studien zum religiösen Wandel in Deutschland. Tübingen.
Rein, Gerhard (1990): Die protestantische Revolution 1987–1990. Ein deutsches Lesebuch. Berlin.
Schmidt, Thomas (2003): Vom Bürger zum Werktätigen. Arbeiterliche Zivilreligion in der DDR. In: Gärtner/Pollack/Wohlrab-Sahr (Hrsg.): 315–336.
Weber, Hermann (2006): Die DDR. 1945–1990. München.
Weber, Max ([1920] 2005): Wirtschaft und Gesellschaft. Frankfurt.
Thaa, Winfried u. a. (1992): Gesellschaftliche Differenzierung und Legitimitätsverfall des DDR-Sozialismus. Das Ende des anderen Weges in die Moderne. Tübingen.
Tischner, Wolfgang (2001): Katholische Kirche in der SBZ/DDR 1945–1951. Die Formierung einer Subgesellschaft im entstehenden sozialistischen Staat. Paderborn.
Tomka, Miklos/Zulehner, Paul M. (1999): Religion in den Reformländern Ost(Mittel)Europas. Ostfildern.
Wohlrab-Sahr, Monika/Karstein, Uta/Schmidt-Lux, Thomas (2009): Forcierte Säkularität. Religiöser Wandel und Generationendynamik im Osten Deutschlands. Frankfurt/M..

III. Religiosität und soziale Lagen

Religiöse Vitalität und Religionslosigkeit bei jungen Erwachsenen in Ost- und Westdeutschland nach der Wende

Anja Gladkich

1 Einleitung

Die Frage nach der religiösen Vitalität in modernen Gesellschaften und nach der sozialen Bedeutung von Religion ist in den letzten Jahren vermehrt in die wissenschaftliche aber auch in die öffentliche Debatte zurückgekehrt. Nachdem der Befund einer fortschreitenden Säkularisierung das Thema Religion in den 1990er Jahren weitgehend uninteressant und wenig zukunftsträchtig erscheinen ließ, sind gerade nach dem 11. September 2001 Fragen nach der gesellschaftlichen Bedeutung von Religion in das öffentliche Blickfeld gerückt. Nicht selten kommt es dabei zu einer Diagnose der „Wiederkehr der Religion" oder der „Wiederkehr der Götter" (Graf 2004; Gäbler 2005; Körtner 2006). Obwohl sie in den Medien mit großem Interesse aufgenommen werden (z. B. „Die Zeit" 2005), sind solche Diagnosen in der wissenschaftlichen Diskussion umstritten. So gibt es noch immer empirische Hinweise auf einen Rückgang von kirchlicher Bindung und Religiosität.

Aufgrund seiner spezifischen historischen Situation ist hier der Blick auf Deutschland von besonderem Interesse. So finden wir dort moderne Lebensumstände vor, die durch Prozesse der funktionellen Differenzierung, Rationalisierung und Individualisierung gekennzeichnet sind. Gleichzeitig kann man in den ostdeutschen Bundesländern auch 20 Jahre nach der Wiedervereinigung noch immer von einer Kultur der Konfessionslosigkeit sprechen. Dies ist vor allem auf die sozialistische Vergangenheit und die damit verbundene Repression des Staates gegen die Kirchen zurück zu führen (Pollack 1998, 2003). Vergleicht man die Daten Ostdeutschlands mit denen anderer Länder des vereinten Europas, so ist hier die Säkularisierung am weitesten vorangeschritten. Der nach der Wende von vielen erwartete Aufschwung des Religiösen ist bislang ausgeblieben. Die Vermutung liegt nahe, dass der Traditionsabbruch der christlichen Kirchen im Zuge der staatlich verordneten Säkularisierung soweit fortgeschritten ist, dass sich auch keine latenten Strukturen bei den Bürgern halten konnten, wie es in anderen europäischen Ländern der Fall war (z. B. Bulgarien, Slowakei) (Pollack/Pickel 2000; Pollack 2003, 2008).[1] Ein Anstieg des Religiösen könnte jetzt nur noch aus den jüngeren Generationen kommen (Wohlrab-Sahr 2009).

Diese sind vermehrt in einer „neuen" Gesellschaft sozialisiert, in der Religion nicht mehr stigmatisiert und an den Rand gedrängt wird, sondern durchaus gesellschaftlichen Einfluss ausübt und öffentliches Medieninteresse genießt. Auch sind neue, kleine Religionsgemeinschaften in ihrer Missionierung längst nicht mehr so beeinträchtigt, wie dies zu Zeiten der

---

[1] Siehe auch die Beiträge von Pickel zu Ostdeutschland als Sonderfall bzw. zur Konfessionslosigkeit und von Wohlrab-Sahr in diesem Band.

DDR der Fall war. Sie könnten also auf dem offenen Markt ostdeutscher Religionslosigkeit ihr Publikum finden. Können diese Bedingungen die kulturelle Distanz zu den Kirchen untergraben und doch zu einer Wiederkehr des Religiösen auch in Ostdeutschland führen?

Die drei derzeit prominentesten Erklärungsansätze zu der Entwicklung religiöser Vitalität[2] in der Moderne prognostizieren drei unterschiedliche Muster von religiöser Vitalität in den jüngeren Generationen Deutschlands. Nach dem von Stark u. a. und Iannaccone vertretenen Rational-Choice-Modell zur Erklärung religiösen Verhaltens (vgl. Stark/Finke 2000; Stark 2004; Iannaccone 1991, 1998) erscheint der bei den älteren Generationen fehlende religiöse Aufschwung im Ostteil der Republik insofern logisch, als dass hier das religiöse Kapital nur sehr gering ausgeprägt ist und eine Erwerbung neuen religiösen Kapitals mit dem Alter immer unwahrscheinlicher wird. Für die jüngeren Generationen wird eine verstärkte Zuwendung zu religiösen Angeboten allerdings wahrscheinlich, da sie noch gewillt und fähig sind, neues religiöses Kapital aufzubauen und da sie, im Gegensatz zu ihren Eltern, in einem freieren religiösen Markt mit mehreren und differenzierteren religiösen Angeboten sozialisiert werden. Im Westen Deutschlands ist hingegen eher Kontinuität bzw. eine leichte Abnahme der religiösen Vitalität wahrscheinlich, da die religiöse Konkurrenz als eher gleichbleibend eingeschätzt wird.[3]

Sowohl bei der Säkularisierungsthese als auch bei der Individualisierungstheorie geht man eher von Prozessen der Entkirchlichung aus. Dabei wird der religiösen Sozialisation ein großer Einfluss zugesprochen. Als Kernannahme wird weniger ein Gesinnungswandel der Menschen selbst zugrundegelegt. Vielmehr bewirke eine beständig verminderte Traditionsweitergabe, dass jede Generation sukzessive weniger (kirchlich-)religiös sei als die vorherige. Mit dem „Ausscheiden" älterer, religiöser Jahrgänge aus der Gesellschaft und deren Ersetzung durch neue, immer weniger religiöse Generationen ergibt sich dann das gesamtgesellschaftliche Absinken von Religiosität (Generationen- bzw. Kohorteneffekte) (Bruce 2002, 2005; Wilson 2002; Pickel 2010; Voas 2005, 2006; Luckmann 1993). Dem entgegen oder aber auch unterstützend können kulturspezifische Ereignisse wirken, die gesamtgesellschaftliche, zeitlich begrenzte Einbrüche oder Zunahmen religiöser Vitalität zur Folge haben (Periodeneffekte). Beispiele hierfür wären die ausgeprägte staatliche Repression von Religion in sozialistischen Staaten (Einbruch) oder ausgeprägte wirtschaftliche Krisen (Anstieg).

Bei beiden Modellen kann also unter den Jugendlichen Ostdeutschlands keine Rückkehr zu den Kirchen angenommen werden. Auch im Westteil der Republik wäre solch eine Entwicklung eher unwahrscheinlich, da von einer langsam zunehmenden religiösen Indifferenz bzw. Kirchenferne der Elterngenerationen ausgegangen wird. Der Unterschied zwischen den beiden Theorien liegt vor allem in der Deutung der Konsequenzen dieser Entkirchlichung. Vertreter der Säkularisierungstheorie sehen dadurch auch die persönliche Religiosität der Menschen gefährdet (vgl. Bruce 2002, 2005, Pollack 1998, 2008). Die Individualisierungstheorie hingegen bezweifelt, dass dies einen generellen Bedeutungsverlust

---

2 Dabei ist zu bedenken, dass sich religiöse Vitalität auf verschiedenen Ebenen äußern kann. Angelehnt an Glock (1962), der fünf Dimensionen von Religiosität unterscheidet, werden in diesem Beitrag zwei Dimensionen religiöser Vitalität – Kirchlichkeit und subjektive Religiosität – betrachtet werden.
3 Im internationalen Vergleich, gerade mit den USA, wird das Level der Konkurrenz auf dem religiösen Markt Deutschlands darüber hinaus als eher gering eingeschätzt. Als Grund dafür wird vor allem die Bevorzugung der beiden christlichen Großkirchen seitens des Staates vor anderen Anbietern angesehen.

von Religion oder gar deren Verschwinden zur Folge habe. Vielmehr stellt die Loslösung von den Kirchen lediglich einen Formenwandel von Religion dar. Sie wird individualisiert und privatisiert. Neue religiöse Formen wie *New Age* oder die Übernahme einiger fernöstlicher Glaubensvorstellungen nehmen zu und gleichen den Verlust traditioneller religiöser Formen aus. Dabei ist diese Individualisierung vor allem in den jüngeren Generationen, die in weniger starren Gesellschaftsstrukturen aufgewachsen sind, vorangeschritten (Davie 1994, 2000, 2002; Luckmann 1993). Je nachdem, ob sich in beiden Teilen Deutschlands also vermehrt individuelle religiöse Praktiken finden lassen oder wirklich von Religionslosigkeit gesprochen werden muss, spräche dies dann eher für die Individualisierungstheorie oder aber für die Säkularisierungsthese.

2 Fragestellung und Operationalisierung

In der folgenden Analyse soll untersucht werden, ob es Anhaltspunkte für eine zunehmende religiöse Vitalität der jüngeren Generationen gibt. Ein besonderes Augenmerk soll dabei auf die Religionslosigkeit und Kirchenferne in Ost- und Westdeutschland gelegt werden. Lassen sich hier unterschiedliche Strukturen finden und bestehen diese auch im Zeitverlauf über die letzten 18 Jahre? Oder kann vielmehr von einer Angleichung der kirchlichen und religiösen Strukturen in Ost- und Westdeutschland in den jüngeren Generationen gesprochen werden? Wie stabil und konsistent zeigen sich diese Muster von Religionslosigkeit, und in welche Glaubensmuster sind sie eingebettet?

Dabei findet sich eine zweifache Kontrastierung in der Fragestellung: Zum Ersten gilt es die unterschiedlichen „Religionskulturen" von West- und Ostdeutschland zu berücksichtigen. Zum Zweiten müssen die Ergebnisse der Jugend mit denen der älteren Generationen kontrastiert werden. Interessanter als die reine Trennung nach Ost- und Westdeutschen ist der im zweiten Aspekt angesprochene intergenerationelle Wandel. Es ist zu erwarten, dass die bis zum Umbruch erlernten und gelebten Verhaltens- und Wertemuster die in der DDR sozialisierten Generationen auch heute noch prägen. Wie sieht es aber in den nach der Wende sozialisierten, heutigen Jugendlichen aus? Hier sind Ost- und Westdeutsche von viel ähnlicheren Erfahrungen und äußeren Umständen geprägt – sollte sich dies nicht auch in einer Annäherung der Umfragewerte in Ost und West zeigen? Gleichzeitig sollte den Theorien nach ein generationeller Wandel ja nicht nur in Ostdeutschland, sondern auch im Westteil der Republik sichtbar werden.

Neben den Unterschieden zu vorherigen Jugendgenerationen sind auch die Gemeinsamkeiten zu betrachten. Da Religion eng mit dem Aufbau einer eigenen Weltanschauung und damit Identität verknüpft ist, steht zu vermuten, dass der Lebensbereich Religion eine besondere Rolle in der Adoleszenz (und Postadoleszenz) spielt. Immerhin wird diese Lebensphase innerhalb der Jugendsoziologie als entscheidend im Prozess der Identitätsfindung und der Verfestigung von Weltanschauungs- und Wertemustern angesehen (Ziebertz/Kalbheim/Riegel 2003; Scherr 2009). So wäre zum Beispiel eine nicht geradlinige Entwicklung denkbar, bei der Jugendliche zunächst stark von der religiösen Praxis des Elternhauses geprägt sind, um sich dann im Zuge der Abnabelung und Selbstfindung davon zu distanzieren und schließlich einen eigenen Zugang zu Religion und Kirche zu finden.

Die Muster religiöser Vitalität in den jüngeren Generationen können dann vorsichtige Prognosen für die zukünftige religiöse Vitalität in Deutschland zulassen. Gleichzeitig muss von vornherein auf eine notwendige Begrenztheit der Untersuchung und der Ergebnisse hingewiesen werden. Gerade in der Streitfrage zwischen einem fortschreitenden, eher generellen Bedeutungsverlust von Religiosität oder einer Hinwendung zu individuellen Formen von Religiosität lassen die vorliegenden Daten keine abschließende Beurteilung zu. Erst in den letzten Umfragen seit 2002 werden auch alternative religiöse Phänomene näher abgefragt, so dass ein Zeitvergleich kaum möglich ist.

In Folgenden werden die jüngsten Kohorten der ISSP-Fragekomplexe zum Schwerpunkt Religion aus den Erhebungsjahren 1991, 1998 und 2008 verglichen. Des Weiteren werden auch die DJI Jugendsurveys[4] von 1992, 1997 und 2003 in die Untersuchung einbezogen. Gerade in den ersten beiden Durchgängen gibt es zwar nicht sehr viele Fragen zum Thema Religion, jedoch ist die Stichprobe hier auf Jugendliche begrenzt, so dass man diese Gruppe genauer untersuchen kann, als dies mit den ISSP-Daten der Fall ist. Ergänzend dazu werden auch einige ausgewählte Ergebnisse aus der Shell-Jugendstudie 2006[5] diskutiert.

Als Lebensphase „Jugend" werden hier Altersgruppen zwischen 16 (bzw. 18) und 29 Jahren betrachtet.[6] Als Indikatoren für Kirchlichkeit werden Konfessionszugehörigkeit und Kirchgangshäufigkeit betrachtet. Als Abbildung für regelmäßigen Kirchgang, wurde hier die Kategorie „bis 1x pro Monat" gewählt, da bei einem monatlichen Kirchgang noch von Gottesdienstbesuchen auch außerhalb der wichtigsten Kirchenfeiertage und somit von einer gewissen Verankerung des Kirchgangs im Alltag ausgegangen werden kann. Freilich finden sich die meisten der Befragten auch tatsächlich in der Untergruppe derer, die ein bis dreimal monatlich zur Kirche gehen. Eine Vorstellung über Religiosität in einem allgemeineren Sinne geben der Glaube an Gott sowie die Selbsteinschätzung als religiöse Person. Im zweiten Abschnitt der Analyse soll speziell für die Jugendphase das Zusammengehen von Kirchlichkeit mit Faktoren subjektiver Religiosität betrachtet werden. Dabei wird es auch darum gehen konkrete, individuelle Glaubensvorstellungen unter den nicht religiös geprägten Jugendlichen zu suchen. Hierbei handelt es sich einerseits um spezifisch christliche Glaubensvorstellungen, wie der Glaube an Engel und Satan. Aber auch nichtchristlich deutbare, zumindest aber spirituell belegte Vorstellungen, wie der Glauben an ein Leben nach dem Tod, Schicksal,

---

4   Das Deutsche Jugendinstitut e. V. entstand 1963 auf Beschluss des Deutschen Bundestages. 1992, 1997 und 2003 wurde der DJI-Jugendsurvey durchgeführt. Zwar liegt das Hauptinteresse bei der Erhebung gesellschaftlicher und politischer Orientierungen Jugendlicher, allerdings sind in allen Surveys, besonders in der Studie von 2003, Fragen zum Thema „Religion" enthalten, die mit denen der ISSP-Fragekomplexe vergleichbar sind.
5   Die Shell-Jugendstudien werden im Abstand von zwei bis vier Jahren mit wechselnden Themenschwerpunkten durchgeführt. Der Themenschwerpunkt Religion wurde im Jahr 2006 aufgenommen. Leider werden einige Fragen in den verschiedenen Durchgängen geändert oder gestrichen, so dass hier kein wirklicher Zeitvergleich möglich ist. So fehlt zum Beispiel 2006 eine Frage nach der Kirchgangshäufigkeit.
6   Die DJI-Daten werden in fünf Geburtskohorten, die je fünf Jahrgänge enthalten, geteilt. Lediglich die jüngste Kohorte umfasst angesichts der Lücke zwischen den beiden letzten Befragungszeitpunkten sechs Jahrgänge. Die Allbus/ISSP-Daten wurden in Zehnerkohorten aufgeteilt. Die „Jugendkohorte" beinhaltet das Alter von 18–27 Jahren. Eine Ausnahme bildet die jüngste Alterskohorte in der ISSP-Studie von 1998. Um zu gewährleisten, dass sich die Kohorten im Zeitvergleich nicht überschneiden, umfasst diese nur sieben Jahrgänge (18–24).

Telepathie oder Astrologie werden Eingang in die Analyse finden. Die Basis dafür wird aber zunächst mit einer Betrachtung von Kirchlichkeit und Religiosität gelegt.

3 Kirchlichkeit und Religiosität im deutsch-deutschen Vergleich

Zunächst soll hier die Kirchenbindung der Deutschen seit 1991 betrachtet werden. Dabei werden die Alterskohorten getrennt aufgezeigt.[7] In Abbildung 1 ist die Konfessionszugehörigkeit dargestellt. Der Unterschied zwischen Ost und West ist hier sehr deutlich. Während im Schnitt 85% der Westdeutschen einer Konfession angehören, bewegt sich die Zahl bei den Ostdeutschen nur um die 30%-Marke.

Abbildung 1   Konfessionszugehörigkeit, nach Kohorten

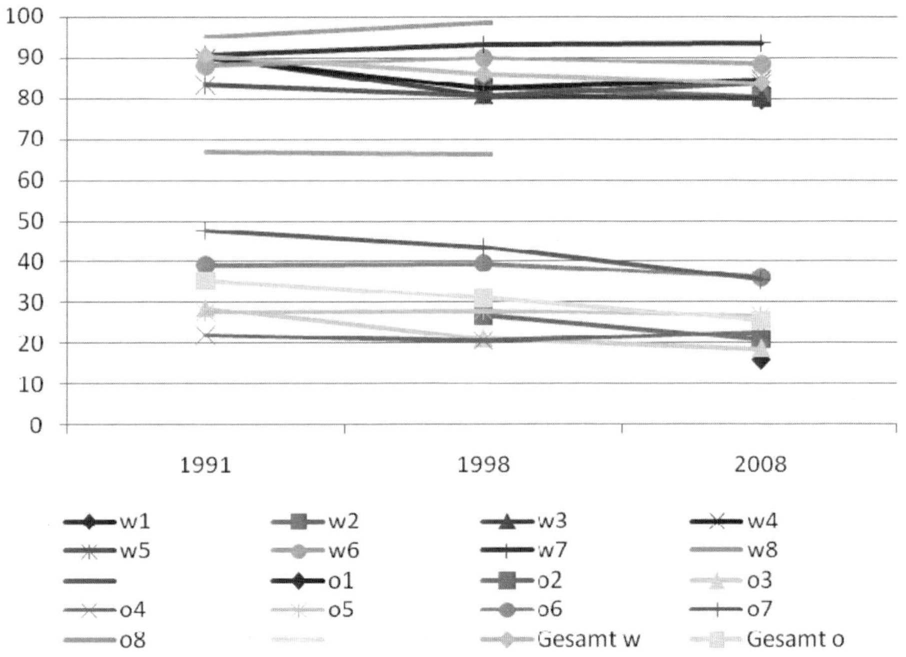

Quelle: Allbus/ISSP 1991, 2008; Allbus 1998. Eigene Berechnungen. Angaben in %.

---

7 Da in dem 1998er ISSP-Datensatz die Geburtsjahre nicht enthalten sind, wurden die Kohorten für alle Berechnungen einheitlich über das Alter zum Befragungszeitraum berechnet. Dabei haben die Alterskohorten (angegeben: Alter in 2008) in etwa folgende Entsprechung in Geburtsjahrgängen: K1 – 18–27, 1981–1990; K2 – 28–35, 1974–1980; K3 – 36–45, 1964–1973; K4 – 46–55, 1954–1963; K5 – 56–65, 1944–1953; K6 – 66–75; 1934–1943; K7 – 76–85, 1924–1933; K8 – 85+, bis 1923.

In beiden Landesteilen ist eine generationelle Abstufung der Konfessionszugehörigkeit erkennbar, die sich auch in einem sinkenden Gesamtbevölkerungsdurchschnitt wiederspiegelt. Die Generationenunterschiede sind in den östlichen Bundesländern stärker ausgeprägt. Auffällig ist hier besonders die älteste Generation der bis 1923 Geborenen, die deutlich 20 % über der nächstjüngeren Kohorte liegen. Zweifellos wird hier der durch die staatliche Repression ausgelöste Bruch mit den religiösen Traditionen in der DDR am deutlichsten sichtbar. In beiden Landesteilen lässt sich eine Besonderheit bei der zweiten und dritten Kohorte beobachten: Beide steigen als jüngste Kohorte auf etwas höherem Niveau ein und sinken bis zum nächsten Befragungszeitpunkt ab. Die Betrachtung von Kohorte drei lässt vermuten, dass sich die Gruppen im späteren Verlauf auf dieser Ebene stabilisieren werden.

In den DJI-Jugendsurveys haben wir die Gelegenheit, die Gruppe der 16 bis 29-Jährigen differenzierter zu betrachten (Abb. 2). Der oben gewonnene Eindruck eines hohen Einstiegs mit einem späteren Absinken bestätigt sich hier – besonders gut ist dies bei den westdeutschen Jugendlichen zu erkennen. Es scheint auch, als würde dieser Prozess über die gesamte Phase der Adoleszenz und Postadoleszenz anhalten. Wie sieht dieses Bild bei der kirchlichen Partizipation aus?

Abbildung 2   Konfessionszugehörigkeit Jugendliche

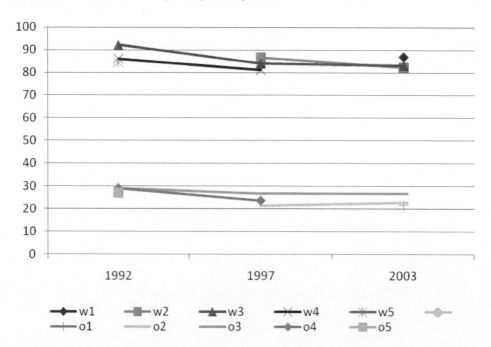

Quelle: Kumulierter Jugendsurvey 1992–2003. Eigene Berechnungen. Angaben in %.

Erwartungsgemäß liegt die Zahl der regelmäßigen Kirchgänger deutlich unter der der Konfessionszugehörigen (Abb. 3). Hier sind die Unterschiede zwischen den Kohorten vor allem im Westen des Landes sehr ausgeprägt, während in den östlichen Bundesländern der Kirchgang allgemein eher niedrig ist. Insgesamt gibt es etwas stärkere Schwankungen innerhalb der Kohorten als dies in Abb. 1 zu sehen war, aber auch hier ist eine recht klare Abfolge von den älteren zu den jüngeren Kohorten hin zu beobachten. Entsprechend stellt sich auch der gesamtgesellschaftliche Trend (v. a. in der letzten Dekade) als sinkend dar. In den mittleren und jüngeren Generationen lassen sich schwerlich einheitliche Muster finden.

Abbildung 3 Regelmäßiger Kirchgang (bis einmal pro Monat), nach Kohorten[8]

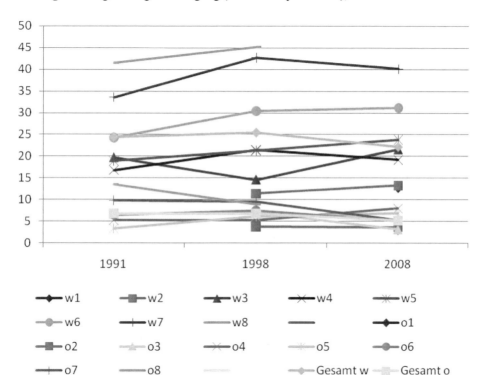

Quelle: Allbus/ISSP 1991, 2008; Allbus 1998. Eigene Berechnungen. Angaben in %.

---

8 Aus Gründen der Stichprobengröße und der Übersichtlichkeit ist hier keine Kategorisierung nach einzelnen Konfessionen aufgeführt. Das Erkenntnisinteresse des vorliegenden Beitrags liegt an dieser Stelle weniger in der Analyse absoluter Zahlen, als in der zeitlichen Entwicklung. Dafür sind strukturelle Kirchgangsunterschiede der beiden großen Konfessionen in Deutschland eher irrelevant. Die hier beschriebenen Generationenunterschiede finden sich aber auch innerhalb der beiden deutschen Großkirchen. Für die westdeutsche katholische Kirche ist der Effekt besonders klar zu beobachten.

Die Daten aus den Jugendsurveys in Abbildung 4 können hier leider nur bedingt Licht auf die Situation der Jugendgenerationen werfen, da hier die Kirchgangshäufigkeit nur in Zusammenhang mit der Konfessionszugehörigkeit abgefragt wurde.[9]

Abbildung 4 Regelmäßiger Kirchgang (bis einmal pro Monat), Jugendliche

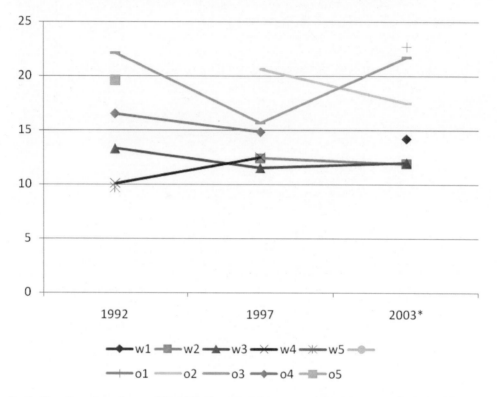

Quelle: Kumulierter Jugendsurvey 1992–2003. Eigene Berechnungen. Angaben in % von Konfessionszugehörigen.

Dennoch lohnt sich der Blick durchaus. Im Gegensatz zu den anderen Grafiken sind die ostdeutschen Jugendlichen hier einmal *über* den entsprechenden westdeutschen Altersgruppen zu finden. Diejenigen, die in den ostdeutschen Bundesländern kirchengebunden sind, scheinen in ihrem Glauben also deutlich aktiver zu sein. Eine Gegenüberstellung der entsprechenden Variablen bestätigt dies auch für die vier jungen und mittleren Generationen in den ISSP/Allbus-Daten. Angesichts der sie umgebenden Kultur der Konfessionslosigkeit scheinen ostdeutsche Gläubige in der Gemeinde eine Bestätigung ihrer gewählten Religion suchen.

---

9   Im letzten Durchgang der Jugendsurvey wurde diese Verknüpfung aufgehoben. Um eine Vergleichbarkeit mit den vorigen Jahren zuzulassen, wurden jedoch für diese Grafik nur die konfessionsgebundenen Jugendlichen betrachtet.

Umgekehrt bringt in den westlichen Ländern die stark ausgeprägte Norm der Konfessionszugehörigkeit auch viele „Mitläufer" mit sich. Auch in den DJI-Daten ist der Kirchgang weniger geradlinig ausgeprägt als die Konfessionszugehörigkeit. Dennoch kann man auch hier das Muster eines etwas höheren Einstiegs der jüngsten Altersgruppe mit einem leichten Absinken in der Folge wiederfinden. Es scheint also tatsächlich so wie eingangs vermutet, dass sich in der Identitätsbildung der Jugendphase das religiöse Verhalten zunächst am erlebten Vorbild des Elternhauses orientiert und sich erst mit dem Abschluss des dritten Lebensjahrzehnts – zumeist auf einem niedrigeren Niveau – stabilisiert.

Wenn wir uns nun eher allgemeinen religiösen Werten zuwenden, so sieht das Bild aus religiöser Sicht wieder etwas positiver aus. Wie Abbildung 5 zeigt, bekennen sich knapp 50 % der Westdeutschen und fast ein Fünftel aller Ostdeutschen zum Glauben an Gott. Durch nahezu alle westdeutschen Kohorten zieht sich ein deutlicher Anstieg des Gottesglaubens während der letzten Dekade, der sich auch im Gesamtbevölkerungsdurchschnitt widerspiegelt. Besonders die zweite Kohorte ist hier betroffen, während sich die jüngste Gruppe deutlich unter den älteren Kohorten befindet.

Abbildung 5   Gottesglaube, nach Kohorten

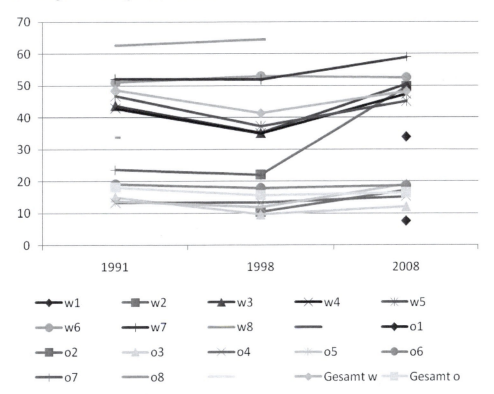

Quelle: ISSP 1991, 1998, 2008. Eigene Berechnungen. „Ich weiß, dass es Gott wirklich gibt und habe daran keine Zweifel" + „Obwohl ich Zweifel habe, meine ich, dass ich doch an Gott glaube". Angaben in %.

Im ostdeutschen Raum ist dieser Effekt sehr gemäßigt, aber auch hier findet sich für alle Gruppen ein zumindest leichter Anstieg. Dieser wird im Durchschnitt dann aber durch den Generationenaustausch zwischen der ältesten und der jüngsten Kohorte ausgeglichen, so dass das Bevölkerungsmittel im Osten stabil bleibt. Bei der Religiosität in Abbildung 6 hingegen zeigt sich das Bild etwas differenzierter und weist im Bevölkerungsmittel einen Negativtrend auf. In den westlichen Bundesländern finden wir fast dasselbe Bild wie bei der Gottesgläubigkeit. Entsprechend steigt hier auch der Bevölkerungsdurchschnitt. Allerdings lassen sich diese Befunde eines sich über mehrere Generationen erstreckenden Anstiegs subjektiver Religiosität in dieser Stärke mit anderen Daten nicht bestätigen.[10] Dies legt die Vermutung nahe, dass dieser Anstieg in der Durchführung der 2008er ISSP/AllBus Studie begründet liegt.

Abbildung 6   Religiosität, nach Kohorten

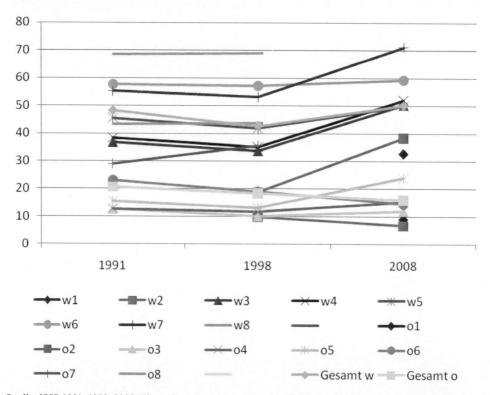

Quelle: ISSP 1991, 1998, 2008. Eigene Berechnungen. „Als wie religiös würden Sie sich selbst beschreiben?" – „Tief religiös" + „Sehr religiös" + „Eher religiös". Angaben in %.

---

10   Dazu wurde dieselbe Untersuchung mit Daten aus der World Values Survey (WVS) reproduziert.

Genau um diesen Zusammenhang zwischen Kirchlichkeit und persönlicher Religiosität – im christlichen wie auch nichtchristlichen Sinne – wird es im zweiten Teil der Analyse gehen. Dabei werden nun ausschließlich Jugendliche betrachtet. Besonderes Augenmerk liegt auf den eher kirchenfernen Jugendlichen: Sind sie wirklich nicht religiös oder haben sie ganz eigene Formen von Religion entwickelt? Hegen auch sie transzendente Glaubensvorstellungen und wenn ja, welche? Wäre daraus eventuell eine Rückkehr zu den Kirchen möglich?

4 Kirchlichkeit und Religiosität bei Jugendlichen

Um die Kirchlichkeit der Jugendlichen abzubilden, wurde ein Index gebildet, der sich aus Konfessionszugehörigkeit und Kirchgangshäufigkeit zusammensetzt. Mit der hier getroffenen Differenzierung wird die Dimension der Kirchlichkeit abgebildet. Dabei liegt ein grundsätzlicher Filter in der Konfessionszugehörigkeit als öffentlichem Bekenntnis zu einer Kirche und damit zu Religion. Innerhalb der beiden Gruppen – konfessionszugehörig oder konfessionslos – wird dann über den Gottesdienstbesuch differenziert.

Abbildung 7 Selbsteinstufung als religiös

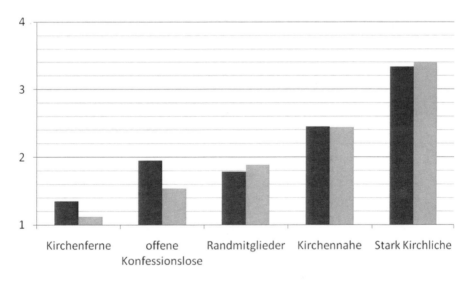

Quelle: DJI 2003. Eigene Berechnungen. „Unabhängig davon, ob Sie einer Religionsgemeinschaft angehören: Wie religiös sind Sie? Würden Sie sagen…" 4 = „… sehr religiös", 3 = „… etwas religiös", 2 = „wenig religiös", 1 = „gar nicht religiös". Mittelwerte.

Kirchenferne sind damit weder einer Konfession zugehörig noch im Gottesdienst zu finden. *Offene Konfessionslose* besuchen dagegen mindestens einmal im Jahr einen Gottesdienst.

Randmitglieder sind zwar Angehörige einer Konfession, nehmen kirchliche Aktivitäten aber nur am Rande wahr: Sie geben an, nie den Gottesdienst zu besuchen. *Kirchennahe* sind dagegen ein- bis mehrmals im Jahr im Gottesdienst zugegen und bei den *stark kirchlichen* Befragten mit einem mindestens einem monatlichen Gottesdienstbesuch kann man von regelmäßigen Kirchgängern sprechen.[11] Betrachten wir wie die verschiedenen Typen danach, inwieweit sie sich selbst als religiös einstufen (Abb. 7), so scheint die Kategorie „religiös" für die meisten Befragten eine klar kirchliche, eben an Kirchenmitgliedschaft und Gottesdienstbesuch orientierte Konnotation zu haben.[12] Schließlich entspricht die religiöse Selbsteinschätzung der Einteilung entlang der Kirchlichkeitsdimension: Kirchenferne schätzen sich als überhaupt nicht religiös ein, stark kirchliche Befragte eher bis sehr religiös. Während im Westteil des Landes die Abstufungen dazwischen sehr graduell ausfallen, fällt im Osten die überproportionale „Religiosität" der Randmitglieder auf.

Abbildung 8   Wichtigkeit Lebensbereich Religion

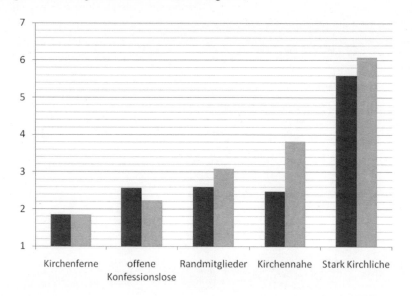

Quelle: DJI 2003. Eigene Berechnungen. „Wie wichtig sind für Sie persönlich die einzelnen Lebensbereiche auf dieser Liste? ... Religion". 1 = „überhaupt nicht wichtig", 7 = „sehr wichtig". Mittelwerte.

---

11   Hinsichtlich des Kirchgangs wird *nicht* zwischen Katholiken und Protestanten differenziert, auch wenn hier nachweislich ein klarer Unterschied zwischen den Konfessionen besteht. Denn dass Protestanten mit ihrer durchschnittlich geringeren Kirchgangshäufigkeit auf dieser Dimension entsprechend weniger kirchlich eingeordnet werden, entspricht der dortigen theologisch verankerten Betonung des Individuums. Gleichzeitig wird ja aber auch in der Evangelischen Kirche der regelmäßige Kirchgang der Gläubigen angestrebt, so dass die Verfasserin die überkonfessionelle Kategorisierung als sinnvoll ansieht. Im Erkenntnisinteresse dieses Abschnittes liegt es auch weniger die Kirchennähe in Relation zur Praxis der jeweiligen Konfession zu untersuchen, als vielmehr Parallelen oder Dissonanzen bezüglich Religiosität und Kirchlichkeit generell zu determinieren.
12   Dieser Befund ergibt sich auch bei der Betrachtung der Gesamtbevölkerung.

Es steht zu vermuten, dass das Bekenntnis zu einer Kirche in dem von Konfessionslosigkeit geprägten Umfeld Ostdeutschlands noch entscheidender ist als in Westdeutschland, wo Konfessionszugehörigkeit die Norm darstellt. Darüber hinaus fällt an der Grafik auf, dass die Einschätzung auf der kirchennahen Seite moderater ausfällt, während sich die Konfessionslosen – besonders die Kirchenfernen – eindeutig als überhaupt nicht religiös einstufen. Gerade im Ostteil des Landes sehen sich Kirchenferne – aber auch Konfessionslose generell – klar als nicht religiös. Wirft man einen Blick auf die Wichtigkeit, die sie dem Lebensbereich Religion zusprechen (Abb. 8), so ordnen nur die stark kirchlichen Jugendlichen Religion eindeutig als wichtig ein. Alle anderen Gruppen scheinen Religion keine oder nur mäßige Relevanz zuzusprechen. Während im Ostteil des Landes wieder eine Steigerung mit jeder Gruppe zu beobachten ist, finden sich im Westen die offenen Konfessionslosen, Randmitglieder und Kirchennahen auf nahezu der gleichen Höhe wieder: Sie stufen Religion im Schnitt als eher unwichtig ein.

Dies eröffnet die Frage, welche Relevanz religiöse Werte und Normen bei der Sinnsuche der Jugendlichen dann noch haben. Denkbar wäre, dass sich gerade diese Jugendlichen anderen Sinnangeboten gegenüber öffnen. Wenn auch offen bleibt, wie stark die Befragten Religion hier im klassisch-kirchlichen Sinne interpretieren, ist festzuhalten, dass Konfessionslose und insbesondere die kirchenferne Gruppe in ihrem Leben keinen Raum für sie sehen. Eine mögliche Begründung für diese Konsistenz von Kirchlichkeit und allgemein gefasster Religiosität erschließt sich in Abbildung 9.

Abbildung 9   Religiöse Erziehung

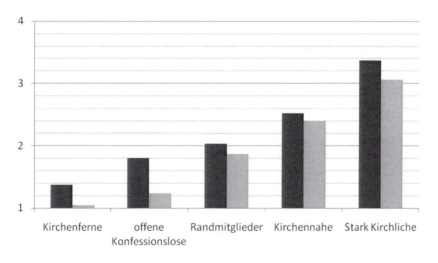

Quelle: DJI 2003. Eigene Berechnungen. „Wie religiös sind Sie zu Hause erzogen worden?" 1 = „gar nicht religiös", 2 = „wenig religiös", 3 = „etwas religiös", 4 = „sehr religiös". Mittelwerte.

Hier wird deutlich, dass gerade die ostdeutschen konfessionslosen Jugendlichen aus einem Umfeld stammen, in dem Areligiosität familiär tradiert wird. Auch bei den Randmitgliedern spielte die religiöse Erziehung in der Familie eine eher untergeordnete Rolle. Insgesamt ist festzuhalten, dass in allen Gruppen, besonders aber unter den Konfessionslosen, das Maß der religiösen Erziehung in Westdeutschland höher eingeschätzt wird als im Osten. Dies unterstützt die bereits angestellte Beobachtung, dass wir es im Westen mit einem generationellen Wandel im Sinne einer zunehmenden Abkehr der jüngeren Generationen von der Kirche zu tun haben. Im Osten lässt sich hier eher eine weitere Verfestigung der areligiösen Strukturen erwarten. Inwieweit beschäftigen sich aber Jugendliche – gerade kirchenferne Jugendliche – mit Transzendenz?

Um uns diesen Fragen anzunähern, betrachten wir zunächst die Beschäftigung mit der Frage nach dem Sinn des Lebens. Nach den bisherigen Ergebnissen, die doch deutliche Unterschiede zwischen den einzelnen Gruppen und auch zwischen Ost und West zeigen, ist es erstaunlich, dass sich alle Gruppen im gleichen (moderaten) Maße Gedanken um den Sinn des Lebens machen. Bei den kirchlich geprägten Jugendlichen wäre zu vermuten, dass sie ihre Sinnsuche vor allem innerhalb ihrer Religion betreiben. Wo jedoch suchen kirchenferne Jugendliche?

Abbildung 10 Gedanken um den Sinn des Lebens

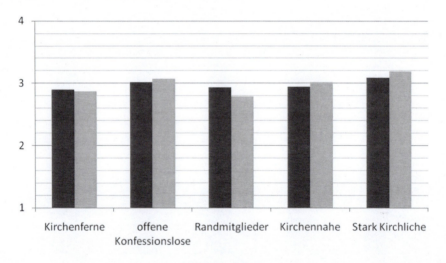

Quelle: DJI 2003. Eigene Berechnungen. „Machen Sie sich eigentlich manchmal Gedanken über den Sinn des Lebens?". 1 = „nie", 2 = „selten", 3 = „manchmal", 4 = „oft". Mittelwerte.

Fragt man verschiedene Glaubensvorstellungen ab, so finden sich die größten Differenzen zwischen Jugendlichen aus religiösem oder nichtreligiösem Umfeld[13] in dem Glauben an Gott oder eine übernatürliche Macht. Wenig überraschend bekennen sich in beiden Landesteilen 70 bis 85 Prozent der religiös geprägten Jugendlichen dazu. Erst wenn hier nur die – klassisch kirchliche – Vorstellung eines persönlichen Gottes betrachtet wird, zeigt sich eine deutliche Differenz zwischen Jugendlichen aus moderat und sehr religiösen Familien. Während drei von vier sehr religiös geprägten Jugendlichen diese klare Position vertreten, haben 30–40 Prozent der Jugendlichen aus moderat religiösen Familien ein diffuseres Gottesbild oder gar ernsthafte Zweifel. Zehn Prozent bekennen sich dazu, gar nicht an Gott oder höhere Macht zu glauben. Im Ost-West-Vergleich fällt auch hier wieder eine wesentlich stärkere Ablehnung unter den ostdeutschen, nicht religiös geprägten Jugendlichen auf. Drei von vier unter ihnen geben an, an keine der Gottesvorstellungen zu glauben. Im Westen sind es nicht einmal die Hälfte der Jugendlichen in dieser Gruppe. Während ein nicht religiöser familiärer Hintergrund in Westdeutschland also eher zu Zweifeln oder einem diffusen Gottesbild führen, kommt es im Osten eher zu einer totalen Ablehnung. Dies bestätigt die schon geäußerte Vermutung, dass die Abkehr von Religiosität und Kirchlichkeit in Ostdeutschland ein ganz eigenes – und permanentes – Phänomen darstellt. Wie aber sieht es aus, wenn nach anderen, nicht – oder nicht nur – den christlichen Kirchen zuzuordnenden Glaubensvorstellungen gefragt wird?

So kommen sich beim Glauben an ein Leben nach dem Tod die Vorstellungen in Ost und West sowie zwischen religiös und nicht religiös geprägten Jugendlichen deutlich näher. Bei allen Gruppen findet sich hier eine Zustimmung von über 50 Prozent, bei den religiös geprägten Jugendlichen liegen die Werte um die 80 Prozent. Damit erfährt dieses Item von allen abgefragten Glaubensvorstellungen die deutlich höchste Zustimmung. Daneben aber erhält – vom Gottesglauben abgesehen – nur der Glaube an Schicksal und Vorherbestimmung noch erhöhte Zustimmung. Allerdings tut sich hier in Ostdeutschland auch wieder eine deutliche Differenz auf: Fast doppelt so viele religiös geprägte Jugendliche wie Jugendliche aus nicht religiösem Elternhaus glauben daran. Im Westen hingegen glauben in allen Gruppen zwischen 45 und 55 Prozent der Jugendlichen an Schicksal und Vorbestimmung. Zwei weitere Bereiche, die ebenfalls mehr Zustimmung durch religiös geprägte Jugendliche erhalten als durch deren Altersgenossen sind einmal „Engel und gute Geister" sowie „Satan und böse Geister". Dies überrascht nicht, denn hier besteht eine enge Verbindung zu religiösen Lehren. Interessant ist, dass der Glaube an die positive Seite – also Engel und gute Geister – deutlich höher ausgeprägt ist als der an böse Mächte. Auch glauben über alle Gruppen hinweg wieder weniger ost- als westdeutsche Jugendliche.

---

13 Diese Berechnungen wurden mit den Daten der Shell-Jugendstudie 2006 durchgeführt, in der es leider keine Frage nach der Kirchgangshäufigkeit der Jugendlichen gibt, so dass die hier verwendete Kirchlichkeitsdimension nicht untersucht werden kann. Um trotzdem ein differenzierteres Bild als über die Konfessionszugehörigkeit zu erhalten, wird hier nach der Bewertung des Elternhauses als „religiös" oder „nicht religiös" differenziert. Wie in der vorangegangenen Analyse erkennbar wurde, spielt gerade die familiäre Traditionsweitergabe eine zentrale Rolle in der Öffnung für oder der Distanzierung zu kirchlichen Formen von Religion.

Abbildung 11   Zustimmung zu verschiedenen Glaubensfragen

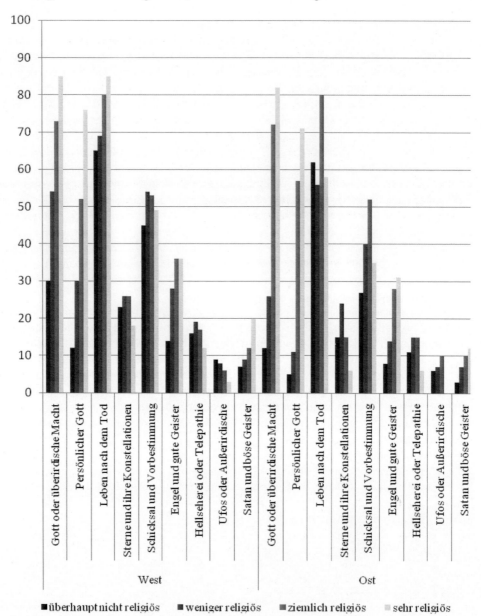

Quelle: Shell Jugendstudie 2006. Religiosität im Elternhaus und verschiedene Glaubensfragen. Zustimmung in Prozent.

Insgesamt gibt es nur eine Glaubensvorstellung, bei der die ostdeutschen nicht religiös geprägten Jugendlichen nicht die geringste Ausprägung zeigen: den Glauben an UFOs und Außerirdische. Hiervon sind Jugendliche aus sehr religiösen Elternhäusern überhaupt nicht überzeugt. Allerdings überschreitet der Glaube hieran bei keiner der Gruppen die 10-Prozent-Marke.

Zusammengefasst kann also festgehalten werden, dass es nur zwei Glaubensvorstellungen sind, die alle Jugendlichen gleichermaßen und vor allem auch nicht religiös geprägte Jugendliche in größerer Zahl bejahen: der Glauben an einem Leben nach dem Tod und der Glauben an Schicksal und Vorherbestimmung. Beide bewältigen Transzendenz sind dabei aber gleichzeitig sehr unbestimmt gehalten. Die konkreter gefassten Vorstellungen weisen wesentlich stärkere Differenzen zwischen religiös geprägten und nicht religiös geprägten Jugendlichen auf (Gott/überirdische Macht, Engel) oder erfahren generell weniger Glauben (Engel, Sterne, Telepathie, Satan, UFOs). Glaubensvorstellungen, die religiös geprägten Jugendlichen eher fremd sind, finden auch nur wenige Anhänger bei den Jugendlichen aus nicht religiösem Umfeld. Sie werden dann in den mittleren Kategorien am meisten bejaht. Im Gegenzug werden christlich-religiös konnotierte Vorstellungen unter den nicht religiös geprägten Ostdeutschen sehr klar abgelehnt.

5 Fazit

Der hier angestellte Zeitvergleich bestätigt einen intergenerationellen Wandel ab von Kirchlichkeit und – wenn auch in geringerem Maße – subjektiver Religiosität. Dies betrifft besonders Westdeutschland. In Ostdeutschland dagegen sind Kirchlichkeit und Religiosität generell geringer ausgeprägt. Damit sind die intergenerationellen Unterschiede zwar ebenfalls zu finden, aber insgesamt schwächer. Bei dem in Querschnittsanalysen häufig zu findenden „Aufschwung" religiöser Vitalität unter Jugendlichen handelt es sich allerdings um Lebenszykluseffekte. Denn betrachtet man jüngere Generationen im Zeitverlauf, so zeigt sich, dass Jugendliche zwar oft ein etwas höheres Niveau religiöser Vitalität aufweisen, allerdings sinkt dieses während der Adoleszenz und Postadoleszenz. Erst in der vierten Lebensdekade scheint das Verhältnis zu Religion weitgehend gefestigt – zumeist auf einem niedrigeren Niveau als bei der vorhergehenden Generation. Ein religiöser Aufschwung ist damit nicht zu erwarten.

Auch die detaillierter auf die Jugendphase ausgerichteten Untersuchungen bestätigen dieses Urteil. Danach werden nicht nur religiöse Traditionen familiär weitergegeben sondern auch – und das gerade im Osten Deutschlands – Areligiosität. Eine areligiöse Sozialisation äußert sich in Kirchenferne und der Ablehnung vieler – gerade christlich-religiös geprägter – Glaubensvorstellungen. Dennoch beschäftigen sich auch kirchenferne Jugendliche in Ost und West genau wie ihre Altersgenossen mit Fragen zum Sinn des Lebens. Dass sie nicht jegliche Transzendenz verneinen, zeigt sich in der moderaten bis hohen Bejahung des Glaubens an ein Leben nach dem Tod sowie an Schicksal und Vorbestimmung. Es ist jedoch mehr als fraglich, dass diese – sehr allgemeinen und diffusen – Vorstellungen einen Nährboden für eine Wiederkehr der Religion bilden könnten. Viel eher ist – vor allem im Westen Deutschlands – eine mit jeder neuen Generation fortschreitende Säkularisierung zu erwarten.

6 Literatur

Berger, Peter L. (1990): The sacred Canopy. Elements of a Sociological Theory of Religion. New York.
Berger, Peter L. (1992): Der Zwang zur Häresie. Religion in der pluralistischen Gesellschaft. Freiburg.
Bertelsmann Stiftung (Hrsg.) (2009): Woran glaubt die Welt? Analysen und Kommentare zum Religionsmonitor 2008. Gütersloh.
Bruce, Steve (2005): What does the secularization theory really say? Unveröffentlichtes Manuskript.
Bruce, Steve (Hrsg.) (1992): Religion and modernization. Sociologists and historians debate the secularization thesis. Oxford.
Bruce, Steve (1996): Religion in the Modern World. From Cathedrals to Cults. Oxford.
Bruce, Steve (2002): God is Dead. Secularization in the West. Oxford.
Chaves, Mark (1991): Family structure and Protestant church attendance: The sociological basis of cohort and age effects. Journal for the Scientific Study of Religion 30/4: 501–14.
Davie, Grace (2003): The Evolution of the Sociology of Religion. Theme and Variations. In: Dillon (Hrsg.): 61–78.
Davie, Grace (1994): Religion in Britain since 1945: Believing without belonging. Oxford.
Davie, Grace (2000): Religion in modern Europe: A memory mutates. Oxford.
Davie, Grace (2002): Europe: the exceptional case. Parameters of faith in the modern world. London.
Davie, Grace (2007): The Sociology of Religion. Los Angeles.
Deutsche Shell (Hrsg) (2006): Jugend 2006 – Eine pragmatische Generation unter Druck. 15. Shell Jugendstudie. Opladen.
Die Zeit (2005): Wiederkehr der Religion. Zu Hunderttausenden strömen Jugendliche zum Papst nach Köln. Ist Glauben wieder modern? 11.08.2005 Nr.33. http://www.zeit.de/2005/33/ReligionWiederkehr; Stand 10.10.2009
Dillon, Michele (Hrsg.) (2003): A handbook of the sociology of religion. Cambridge.
Dobbelaere, Karel (1981): Secularisation: A multidimensional concept. Current Sociology 29 (special issue).
Dobbelaere, Karel (2004): Secularization: An Analysis at three Levels. Brüssel.
Ebaugh, Helen Rose (Hrsg.) (2005): Handbook of Religion and Social Institutions. New York.
Esser, Hartmut (1999): Soziologie. Spezielle Grundlagen. Situationslogik und Handeln. Frankfurt.
Finke, Roger/Stark, Rodney (2003): The Dynamics of Religious Economies. In: Dillon (Hrsg.): 96–109.
Gabriel, Karl/Reuter, Hans-Richard (Hrsg.) (2004): Religion und Gesellschaft. Paderborn u. a.
Gäbler, Ulrich (2005): Wiederkehr der Religion? Rektoratsrede, gehalten an der Jahresfeier der Universität Basel am 25. November 2005. Basel.
Glock, Charles (1962): On the study of religious commitment. In: Review of current research bearing on religious and character formation: 98–110.
Graf, Friedrich Wilhelm (2004): Die Wiederkehr der Götter. Religion in der modernen Kultur. München.
Halman, Loek/Draulans, Veerle (2006): How Secular is Europe? In: The British Journal of Sociology 57/2: 263–288.
Iannaccone, Laurence R. (1991): The Consequences of Religious Market Structure. Adam Smith and the Economics of Religion. In: Rationality and Society 3/2: 156–177.
Iannaccone, Laurence R. (1998): Introduction to the Economics of Religion. In: Journal of Economic Literature 36: 1465–1496.
Körtner, Ulrich (2006): Wiederkehr der Religion? Das Christentum zwischen neuer Spiritualität und Gottvergessenheit. Gütersloh.
Krause, Neal (2005): Aging. In: Ebaugh (Hrsg.): 139–160.
Luckmann, Thomas (1993): Die unsichtbare Religion. Frankfurt/Main.
Mayer, Karl Ulrich (Hg.) (1990): Lebensverläufe und sozialer Wandel. Sonderheft 31 der Kölner zeitschrift für Soziologie und Sozialpsychologie. Opladen
Pace, Enzo/Berzano, Luigi/Giordan, Giuseppe (Hrsg.)(2009): Annual Review of the Sociology of Religion. I Youth and Religion. (Im Erscheinen)
Pickel, Gert (1995): Dimensionen religiöser Überzeugungen bei jungen Erwachsenen in den neuen und alten Bundesländern der Bundesrepublik Deutschland. In: Kölner Zeitschrift für Soziologie und Sozialpsychologie. 47/3: 516–534.
Pickel, Gert (2009): German Youth – Neither Participants nor Partakers in Religion? In: Pace/Berzano/Giordan (Hrsg.): (Im Erscheinen).
Pickel, Gert (2010): Religionssoziologie. Eine Einführung in zentrale Themenbereiche. (Im Erscheinen).
Pollack, Detlef (2003b): Säkularisierung – ein moderner Mythos? Tübingen.
Pollack, Detlef (2008): Religious Change in Europe: Theoretical Considerations and Empirical Findings. In: Social Compass 55/2: 168–186.

Pollack, Detlef/Borowik, Irena/Jagodzinski, Wolfgang (Hrsg.) (1998): Religiöser Wandel in den postkomunistischen Ländern Ost- und Mitteleuropas. Würzburg.
Pollack, Detlef/Pickel, Gert (2000): The Vitality of Religion-Church Integration and Politics in Eastern and Western Europe in Comparison. Fit Discussion Papers. No. 13/00.
Scherr, Alebert (2009) Jugendsoziologie. Einführung in Grundlagen und Theorien. 9. Erweiterte und umfassend überarbeitete Auflage. Wiesbaden.
Scherger, Simone (2007): Destandardisierung, Differenzierung, Individualisierung: Westdeutsche Lebensläufe im Wandel. Wiesbaden.
Stark, Rodney/Glock, Charles (1968): American Piety: The nature of religious commitment. Berkely.
Stark, Rodney (1999) Secularization RIP. In: Sociology of Religion 60: 249–273.
Stark, Rodney (2004): Exploring the Religious Life. Baltimore. Baltimore/London.
Stark, Rodney/Finke, Roger (2000): Acts of Faith. Explaining the Human Side of Religion. Berkeley.
Tilley, James (2003): Secularization and aging in Britain: Does family formation cause greater religiosity? In: Journal for the Scientific Study of Religion 42/2: 269–78.
Voas, David/Crockett, Alasdair (2005): Religion in Britain: Neither believing nor belonging. In: Sociology 39/1: 11–28.
Voas, David/Crockett, Alasdair (2006): Generations of Decline: Religious Change in 20th Century Britain. In: Journal for Scientific Study of Religion 45/4: 567–584.
Wilson, Bryan R. (2002): Religion in Sociological Perspective. Oxford.
Wippermann Carsten (1998): Religion, Identität und Lebensführung. Typische Konfigurationen in der fortgeschrittenen Moderne. Mit einer empirischen Analyse zu Jugendlichen und jungen Erwachsenen. Opladen
Wohlrab-Sahr, Monika (2009): Das stabile Drittel: Religionslosigkeit in Deutschland. In: Bertelsmannstiftung (Hrsg) 151–168.
Ziebertz, Hans-Georg (2003): Religiöse Signaturen heute. Ein religionspädagogischer Beitrag zur empirischen Jugendforschung. Gütersloh.
Ziebertz, Hans-Georg/Riegel, Ulrich (2008): Letzte Sicherheiten. Eine empirische Studie zu Weltbildern Jugendlicher. Freiburg.

Religion und Religionskritik in Weltsichten von Arbeitslosengeld-II-Empfängern in Ostdeutschland

Kornelia Sammet

1   Säkularisierung von Weltsichten in Ostdeutschland

Ostdeutschland gehört zwanzig Jahre nach dem Umbruch zu den weltweit am stärksten säkularisierten Regionen (vgl. z. B. Pollack/Pickel 2000; Pollack 2008; Pickel 2009; Inglehart/ Norris 2003: 54 f.; Wohlrab-Sahr/Schmidt-Lux 2003). Hier haben Prozesse weitgehender Entkirchlichung stattgefunden und religiöse Traditionen an Bedeutung verloren. So sind nach den Zahlen des Allbus 2008 in Ostdeutschland 77 % der Männer und 71 % der Frauen konfessionslos (im Westen Deutschlands dagegen nur 19 % der Männer und 14 % der Frauen); einen Gottesdienst besuchen ostdeutsche Männer durchschnittlich zwei- und Frauen dreimal im Jahr.[1] Die ostdeutsche Bevölkerung ist nicht nur nicht kirchlich gebunden, sondern auch in weiten Teilen nicht religiös. Im „Religions-Monitor" umfasst die Gruppe der „Nicht-Religiösen" in Ostdeutschland 63 %, in Westdeutschland dagegen nur 19 % der Befragten (Wohlrab-Sahr 2009: 149).[2]

Dass religiös gebundene Menschen im Osten Deutschlands eine Minderheit darstellen, ist Ergebnis eines dramatischen Rückgangs der Kirchenmitgliederzahlen in den 1950er Jahren, der durch Repression seitens der sozialistischen Staatsführung der DDR befördert wurde. Noch 1950 waren nur 8 % der DDR-Bevölkerung konfessionslos, und über 80 % waren evangelische Kirchenmitglieder. In den ersten Jahren nach der Gründung der DDR wurden hart umkämpfte Konflikte zwischen Staat und Kirche ausgetragen, die vor allem als ein Kampf um die Jugend geführt wurden. Sie entzündeten sich daran, dass die DDR-Regierung die Jugendweihe als sozialistisches Passageritual ins Erwachsenenleben und damit als Konkurrenz und Ersatz für die evangelische Konfirmation einführte und schließlich fast durchgängig durchsetzte (vgl. Pollack 1993: 249). Der säkularistische DDR-Staat konnte diesen Machtkampf nicht zuletzt deshalb gewinnen, weil der religiöse Glaube im Stammland der lutherischen Reformation schon an Plausibilität und Orientierungskraft verloren hatte. Der Prozess der Entkirchlichung hatte auf dem Gebiet Ostdeutschlands schon im neunzehnten Jahrhundert eingesetzt (vgl. z. B. McLeod 2000).

Die Konfessionslosen in Ostdeutschland sind dadurch gekennzeichnet, dass sie weniger durch eigene Austrittsentscheidung als vielmehr von Geburt an und durch eine atheistische Sozialisation keiner Kirche angehören. Während es sich im Westen Deutschlands fast durchgängig um eine selbst erworbene Konfessionslosigkeit handelt, lässt sich im Osten

---

1   Für den Hinweis auf die Allbus-Daten danke ich Gert Pickel.
2   Siehe hierzu die Beiträge von Wohlrab-Sahr, Pollack/Müller und Pickel zur Konfessionslosigkeit in diesem Band.

schon weitgehend eine ererbte bzw. „tradierte und im Generationentakt sedimentierte Konfessionslosigkeit" vorfinden (Pittkowski 2006: 109; vgl. auch Wohlrab-Sahr 2009). Nach dem Umbruch von 1989 gab es in Ostdeutschland zwar vereinzelt Kircheneintritte, diese wurden aber von den Kirchenaustritten um ein Vielfaches übertroffen (Pollack 2002: 378 f.). Kirchen und Religionsgemeinschaften konnten den Ostdeutschen in der Verarbeitung des Umbruchs und der Transformationsprozesse mit den persönlich krisenhaften Erfahrungen von Arbeitslosigkeit anscheinend keine plausiblen Angebote machen. In der Zeit der DDR sind die Ostdeutschen offensichtlich für religiöse Sinnstiftungen unempfänglich geworden. Dazu trugen auch die Sozialisation in den Schulen, aus denen der kirchliche Religionsunterricht hinausgedrängt worden war, und die Einführung der Jugendweihe bei. Diesen Institutionen kam die Aufgabe zu, ein atheistisches Weltbild zu vermitteln und den Einfluss der Religion weiter zu verringern.

Das atheistische Weltbild wurde als ein Ensemble von aufeinander bezogenen Ideen entworfen, die auf die Unvereinbarkeit von Sozialismus und Religion zielen. Es vereinigt verschiedene Elemente, die auch unabhängig voneinander Plausibilität beanspruchen. Religion wurde als ein von Menschen gemachtes unvernünftiges, überkommenes und gefährliches Konstrukt kritisiert, dem ein zeitgemäßes und fortschrittliches wissenschaftliches Weltbild entgegengestellt wurde. Die Delegitimation der Religion zielte auf ihre als irrational angesehenen Glaubensinhalte, aber ebenso auf ihre institutionelle Gestalt. Die Kirche wurde als Repressionsinstrument und ihre Repräsentanten als moralisch fragwürdig und doppelzüngig denunziert, da sie sich nicht an die von ihnen selbst propagierten ethischen Gebote halten würden.[3] Die atheistische Religionskritik richtete sich also erstens als Anti-Klerikalismus gegen die Institution, zweitens mit dem Entwurf eines szientistischen Weltbildes auf die Weltanschauung bzw. Weltdeutung sowie drittens mit der Propagierung einer überlegenen humanistischen bzw. sozialistischen Ethik auf die Moral (vgl. Wohlrab-Sahr/Karstein/Schmidt-Lux 2009: 117–167).[4]

Im Folgenden möchte ich der Frage nachgehen, wie auf die Elemente dieser Religionskritik zwanzig Jahre nach dem Ende der DDR Bezug genommen wird. Finden sich immer noch die durch die DDR-Sozialisation vermittelten Elemente, und wenn ja, auf welche Erfahrungen und Kontexte werden sie bezogen? In meinen Analysen nehme ich Menschen in den Blick, deren soziale Integration prekär und deren biographischer Verlauf sehr krisenhaft ist, die also besonders empfindlich für die Kontingenzen des Lebens sein sollten. Dies trifft in hohem Maße auf Bezieher von Leistungen nach dem zweiten Sozialgesetzbuch, also von Arbeitslosengeld II, zu.

Die zugrundeliegenden Interviews[5] wurden als biographisch-narrative Interviews mit einem auf die Biographie bezogenen Eingangsstimulus geführt, an den sich immanente und

---

3   Pointiert hat diese Kritik schon Heinrich Heine formuliert: „Ich weiß, sie tranken heimlich Wein und predigten öffentlich Wasser" (Deutschland. Ein Wintermärchen, Caput I).
4   Auch Wohlrab-Sahr in diesem Band.
5   Das Datenmaterial stammt aus dem seit 2008 am Kulturwissenschaftlichen Institut der Universität Leipzig laufenden DFG-Forschungsprojekt „Biographische Einbettung und soziale Bezüge von Weltsichten in prekären Lebenslagen. Fallrekonstruktive Analysen", in dem neben mir Marliese Weißmann als wissenschaftliche Mitarbeiterin sowie Daniel Bergelt, Timmo Krüger, Lena Dreier und Franz Erhard als studentische Hilfskräfte mitarbeiten. Material und Ergebnisse aus diesem Projekt präsentiert auch der Beitrag von Weißmann/Bergelt/Krüger in diesem Band.

exmanente Nachfragen anschließen (vgl. Schütze 1983; Hermanns 1991; Przyborski/Wohlrab-Sahr 2008: 92–101, 217–240). Unter den exmanenten sind einige Fragen, mit denen religiöse Kommunikation oder Kommunikation über Religion (vgl. Sammet 2006a) angestoßen werden soll. Dazu gehören folgende Fragen:

- Gibt es etwas oder jemanden, auf den Sie sich verlassen können oder auf das Sie bauen können im Leben? Daran schließt sich die *Nachfrage* an: Manche Menschen finden auch einen Halt in der Religion. Wie ist das bei Ihnen?
- Was, glauben/denken Sie, passiert nach dem Tod?

Die erste Frage hat das Problem der Bewältigung von Kontingenzerfahrungen zum Gegenstand, die Nachfrage fordert den Bezug auf oder die Abgrenzung von Religion bzw. religiöse(r) Semantik heraus, während die zweite Frage auf die Thematisierung von großen Transzendenzen zielt.

Ausgehend vom Befund, dass der staatlich propagierte Atheismus nachhaltige Wirkungen in Ostdeutschland hat (vgl. Wohlrab-Sahr/Karstein/Schmidt-Lux 2009)[6], möchte ich die These verfolgen, dass soziale Kontexte und biographische Erfahrungen darüber entscheiden, auf welche Momente der Religionskritik rekurriert wird. Dabei untersuche ich folgende Fragen: Welche Funktion von Religion unterstellen die Befragten in ihrer Thematisierung und Abgrenzung von Religion? Auf welche Frage gibt Religion für sie keine Antwort mehr, welche Aufgabe kann sie also biographisch oder sozial nicht erfüllen? Und schließlich: Lassen sich Themen oder Probleme identifizieren, an die sich positive Bezugnahmen auf Religion anschließen?

2 Säkularisierte Weltsichten und Bezüge auf Religion in der Deutung biographischer Probleme

2.1 Säkularisierung als Verlust von Bewältigungsformen

In einigen der in Ostdeutschland geführten Interviews finden sich in Zusammenhang mit Religion Verweise auf die eigene atheistische Erziehung, d.h. darauf, „so erzogen worden" zu sein. Dieser sozialisatorische Hintergrund bringt mit sich, dass Religion für die eigene Lebensführung keine Rolle spielt. Dies gilt auch für den Fall von Franzi Hoffmann.

2.1.1 Franzi Hoffmann: Religion als Mittel der Angstbekämpfung versus methodischer Arbeit an sich selbst

Franzi Hoffmann wurde Ende der 1970er Jahre in einer ländlichen Region in Ostdeutschland geboren. Sie stammt aus einem akademischen Elternhaus und besucht erfolgreich die Schule. Mitte der 1990er Jahre schließt sie als Jahrgangsbeste das Gymnasium mit dem

---

6 Siehe auch den Beitrag von Wohlrab-Sahr in diesem Band.

Abitur ab. Danach absolviert sie in der Nähe eine künstlerische Ausbildung – wiederum mit dem besten Ergebnis des Jahrgangs und mit einem Preis für ihre künstlerischen Leistungen. Auf die Ausbildung aufbauend beginnt sie ein Studium an einer Kunsthochschule, das sie bald darauf unterbricht und schließlich abbricht. Die nächsten Jahre sind geprägt von Jobs, freiberuflichen Tätigkeiten, politischem Engagement und einer Psychotherapie. Das ganze Interview ist geprägt von der Unsicherheit über ihre Ziele und einem Grübeln über ihre Lebensgeschichte. Die Probandin scheint in einer Dauerreflexion verfangen und dadurch fast gelähmt zu sein. Einerseits fühlt sie sich getrieben in der Suche nach ihrem „Traumberuf", in dem sie sich authentisch ausdrücken kann, wie sie es in ihrer Ausbildung zeitweise erlebt hat. Diesen Zustand möchte sie wiederfinden. Andererseits erlebt sie sich als zu Entscheidungen unfähig, da sie von Angst bestimmt sei: „zuviel Angst (...) wenn ich weniger Angst hätte, würde ich ne klare Entscheidung treffen". Bei der Frage, ob Religion ihr Halt geben könne, kommt sie zunächst wieder auf ihr biographisches Problem zu sprechen:

> F. H.: Also in mir das suche ich ja noch. Das ist es ja, wenn ich das *hätte*, dann hätte ich die Probleme nicht. Also wenn ich mich auf mich verlassen könnte. (...) Und dann, wenn mich irgendwas sehr beschäftigt oder ich irgendwie denke, das packe ich nicht oder so, das jetzt erstmal auszuhalten und selber mir da den Mut zusprechen und sagen, das kriege ich schon hin. Das übe ich grad. So weil ich weiß, dass da von mir ganz viel abhängt und dass es auch ganz viel damit zu tun hat, dass ich eben noch nicht irgendwie irgendwo gefestigt stehe.[7]

Die Probandin reagiert hier auf das Stichwort „Halt" und identifiziert ihn als das, was ihr im Leben fehle: Selbstsicherheit und Selbstgewissheit, also eine sichere, entschiedene und gefestigte Haltung gegenüber dem Problem der Kontingenz. Für die Bewältigung dieses Problems sieht sie sich selbst verantwortlich, und seine Lösung will sie in sich selbst finden, d. h. sie rechnet Problem und Lösung der eigenen Person zu. Das wahrgenommene Defizit versucht sie, mit methodischer Selbstbeobachtung und praktischer Arbeit an persönlichen Verhaltensmustern zu beheben. Sie hält allerdings auch beharrlich und bisweilen verzweifelt an ihrem Ideal des „Traumberufs" fest, auch wenn ihr zunehmend Zweifel daran kommen. Nachdem sie den ersten Teil der exmanenten Nachfrage in dieser Weise aufgenommen hat, geht sie anschließend auf das Stichwort „Religion" ein:

> F. H.: So das mit dem G- Religio- also ich bin Atheist, .. (seufzt) hab zwar immer das Gefühl, eigentlich suche ich so was auch irgendwie, aber ich wüsste nicht, brauch ich jetzt da direkt ne Religion, ne bestimmte, oder ich denke ja immer eher, wenn man's schafft, an sich zu glauben, dann braucht man das auch nicht mehr so. Ich kann mir das aber irgendwie in Ansätzen vorstellen, wie man sich *fühlt*, wenn man so'n Glauben *hat*. Das ich glaub schon, dass das echt viel .. einem Halt geben kann. Aber ich bin da so nicht aufgewachsen und das war noch nie so stark, dass ich jetzt mir das *gesucht* habe.

---

7   Die Interviews wurden wörtlich und im entsprechenden dialektalen Duktus transkribiert, für die Darstellung an dieser Stelle allerdings leicht geglättet. Betonungen der Sprechenden sind kursiv gesetzt, kurze Redepausen mit .. markiert, bei längeren Pausen ist die Dauer in Klammern gesetzt in Sekunden angegeben. Unverständliche Wörter oder Wortfolgen sind mit Fragezeichen eingeklammert.

In Hinblick auf Religion kategorisiert sich die Probandin als „Atheist" und damit als Person, die mit Religion nichts anfangen kann, was sie am Ende der Passage mit Verweis auf ihre Sozialisation begründet. Ihre Ablehnung der Religion ist also zunächst habituell. In den dazwischen angestellten Überlegungen bezieht sie Religion bzw. Glauben auf ihre biographische Unsicherheit und kommt zu dem Schluss, dass Religion zwar möglicherweise das leisten könnte, was ihr fehlt, jedoch für sie aus verschiedenen Gründen keine Option ist: zum einen wegen ihrer religionsfernen Sozialisation, zum anderen, weil sie versucht, ihr Problem anders, nämlich durch Reflexion und Arbeit an sich selbst zu lösen. Glauben und biographische Arbeit erfüllen demnach dieselbe Funktion, und welcher Weg gewählt wird, hängt von den persönlichen biographischen Voraussetzungen ab.

Ähnliche Argumentationen finden sich in verschiedenen Interviews, die wir in Ostdeutschland geführt haben. Es wird zwar durchaus zugestanden, dass Religion eine soziale oder biographische Funktion erfüllen kann bzw. in früheren Zeiten konnte, für die eigene Person stellt sie jedoch keine Option dar. Dabei wird – wie im Fall Franzi Hoffmann – auf die eigene atheistische Erziehung oder – dies zeigt sich in anderen Fällen – auf Prozesse der Aufklärung und Rationalisierung hingewiesen. Säkularisierung und Aufklärung werden als Prozesse wahrgenommen, die nicht umkehrbar sind und die das eigene Leben bestimmen. Durch diese geschichtlichen Entwicklungen ist eine Lücke entstanden, die mehr oder weniger schmerzhaft erlebt wird, z. B. als persönlich nicht verfügbare Option, die durch andere Wege ersetzt werden kann (wie bei Franzi Hoffmann), was mit spöttischer Distanz zu den immer noch Gläubigen, aber auch mit spürbarer Verzweiflung als Verlust von Hoffnung ermöglichenden und Kontingenz eröffnenden Kontrasthorizonten verbunden sein kann.

2.1.2 Helmut Zärner: Gott als Rächer der Enterbten versus die Hoffnungslosigkeit des aufgeklärten Menschen

Die nicht umkehrbare Aufklärung und der durch sie hervorgebrachte Atheismus ist auch wesentlich für die Identität Helmut Zärners.[8] Sein Leben zerfällt in zwei Teile, und der Umschlagpunkt zwischen beiden kann auf den Umbruch von 1989 datiert werden. Bis dahin hat er in der DDR – außer bei vereinzelten Rückschlägen – fast immer Erfolg gehabt: Er hat studiert, als Ingenieur gearbeitet und eine leitende Position eingenommen. Er war aufstiegsorientiert und ansonsten unauffällig. Nach dem Systemwechsel kann er seine Position noch eine gewisse Zeit halten, sie wird jedoch zuerst unmerklich, dann immer offensichtlicher prekär. Sein Arbeitsplatz wird zunehmend unsicher, bis er ihn 1997 schließlich verliert. Von da an setzt ein kontinuierlicher Abwärtsprozess ein, der mit Schützes Konzept der Verlaufskurve (Schütze 2006a) zutreffend beschrieben werden kann: Er verliert sein Haus, seine beruflich erfolgreiche Frau trennt sich von ihm, er lebt von Arbeitslosengeld I (ALG I) und später von ALG II. Auf der Suche nach einer Aufgabe verstrickt er sich immer mehr in einen Kampf mit Behörden und Vertretern der Politik, bis er schließlich als „Querulant" bekannt ist und der Staat mit Gewaltmaßnahmen auf ihn reagiert. Sein Kampf um Gerechtigkeit nimmt selbstzerstörerische, Kohlhaas'sche Züge an. In diesem Prozess des Erleidens, dem er mit

---

8   Zu diesem Fall vgl. auch den Beitrag von Weißmann/Bergelt/Krüger in diesem Band.

einem immer verzweifelteren Behaupten seiner eigenen Handlungsmächtigkeit zu trotzen versucht, verändert sich sein Selbst- und Weltverhältnis, was er positiv als Entwicklungsprozess beschreibt und darin seine Autonomie zu wahren versucht:

> H. Z.: Ich kannte mich auch nicht so richtig. Das hab ich erst jetzt so richtig leider festgestellt, wer ich eigentlich bin (lacht) und was ich alles was ich alles sozusagen auf die Beine stellen kann und wofür ich stehe. Das hab ich jetzt erst nachdem ich in Hartz IV fünf Jahre in Hartz IV bin, hab ich das so richtig begriffen. .. Das hat mich, .. das hat mich *so* entwickelt. Muss ich leider sagen. .. Man bleibt ja ooch, manche manche bleiben stehen, aber ich glaube, ich bin nicht stehen geblieben. Ich hab mich eher n- wirklich extrem weiter entwickelt.

Die verlaufskurvenhafte Entwicklung in der Biographie des Probanden hat Auswirkungen auf das Verhältnis zu anderen Menschen, das von Misstrauen geprägt ist und zu einer von seiner Seite eingeschränkten Reziprozität geführt hat. Er kann anderen Menschen gegenüber nicht in Vorleistung treten, sondern erwartet vielmehr Vorleistungen von anderen, bevor er sich auf sie einlässt: „Ich bestehe darauf, wer sich mit mir einlässt, dass ich mich uff den hundertprozentig verlassen kann. Weil uff mich kann sich auch jemand v- hundertprozentig verlassen". Dieses mangelnde Vertrauen führt zwangsläufig in Einsamkeit und Isolation.

Das Verhältnis des Probanden zur Religion wird an seiner Reaktion auf die schon genannte exmanente Nachfrage deutlich. Gefragt: „Nun gibt's ja auch manche Menschen, die finden halt Halt in der Religion. Wie ist es da bei Ihnen?", antwortet er:

> H. Z.: Nee, ist für mich keine Lösung, *ist* für mich keine Lösung, weil .. *Glauben*, Glauben heißt ja nicht *Wissen*, wissen Sie (Gelächter). Glauben heißt nicht Wissen.

Dass für ihn persönlich Glauben keine Option ist, begründet der Proband mit einem bekannten religionskritischen Topos, nämlich der Unterscheidung von Glauben und Wissen (vgl. Sammet 2006a: 370 ff.), was für ihn als Ingenieur nahe liegt. Dieses Argument führt er jedoch nicht weiter aus, sondern fährt fort, und zwar mit unvermittelter Leidenschaft:

> H. Z.: und ich muss sagen wenn ich manchmal so das Wort zum *Tag* hör .. am liebsten möcht ich ?da? anrufen und möchte sagen, Mensch *hört* bloß uff hier, *hört bloß endlich mal uff hier*. Der MDR bringt immer früh vor sechs .. spricht immer so'n Pfarrer. *Schöne* Beispiele aus'm Leben. Das ist ach das is *Blödsinn* ist das. Es ist *leider* Blödsinn, weil es *hilft* doch nichts, und es sind ja *Menschen*, die uns diesen Glauben oder dies- die Hoffnung vermitteln.

Diese mit Empörung vorgetragene Beschreibung vermittelt einen Eindruck davon, wie der Befragte sich schon beim Zuhören echauffiert. Dabei führt er drei Argumente an: Dass erstens Pfarrer schöne Reden hielten und dabei rhetorisch geschickt auf den Alltag zurückgreifen, seine Realität aber nicht treffen würden, dass zweitens die Ansprachen nicht helfen würden und dass drittens die Botschaft von Menschen komme bzw. von Menschen gemacht sei. Damit bringt der Proband zum Ausdruck, dass Vertreter der Kirche die Realität beschönigen und ihre ganz subjektive Botschaft zum Besten geben würden, wobei unterstellt wäre, dass es Gott nicht gibt. Aber auch dieser Gedanke wird nicht elaboriert, sondern nun wird Gott selbst ins Spiel gebracht:

H. Z.: Es ist ja nicht der liebe Gott selber. Ich mein, ich ich würd'n ich würd'n gern mal erleben wollen. Also für viele wär's, für *fast* alle Menschen wär's mal gut, wenn er .. wenn er sagt, na passt mal uff, hier bin ich. *Oh*, na dann würden ?wir? aber alle, *ui*, würden ?wir? aber alle gucken erstmal. Da würden einige das *Frack*sausen kriegen. 'S klingt jetzt lächerlich.

In dieser Sequenz wird indirekt an Gott der Vorwurf gerichtet, dass er sich nicht zeige, was unterstellen würde, dass es Gott gibt. Der Proband wird hier ganz konkret, fordert, dass Gott im Diesseits erscheinen soll. Damit müsste er nicht mehr geglaubt werden, sondern wäre dem Wissen zugänglich. Es geht dem Befragten aber offensichtlich nicht nur darum, dass er selbst Gottes Gegenwart erleben möchte, sondern vielmehr um die Wirkungen dieser Erscheinung auf andere Menschen: Sie würden dadurch eingeschüchtert. Das heißt, Gott könnte das erreichen, was ihm selbst nicht mehr möglich ist, nämlich als allgemein akzeptierte Autorität Respekt und Ehrfurcht zu erzeugen. Macht- bzw. Ohnmachtsverhältnisse würden zumindest zeitweise außer Kraft gesetzt, wodurch das zentrale biographische Problem des Probanden, das Problem mangelnder Anerkennung, gemildert würde, weil alle, die ihm Respekt verweigern, in ihre Schranken verwiesen würden. An dieser Stelle kippt die religionskritische Positionierung in eine Enttäuschung um, die der Proband weiter ausführt:

H. Z.: aber wie gesagt, *nee* also die Zeit ist ist *zu* aufgeklärt oder wir haben ebent zuviel Aufklärung ?gehabt?, 's wird keiner noch richtig an Gott glauben, also .. man man man sucht *Hoffnung* in etwas, *Hoffnung* ja. Aber .. Glauben in dem Sinne an Gott, nein das ist nicht für mich eine .. eine *so*genannte Ersatzdroge.

In dieser Sequenz wird nun der Aufklärung als Ursache zugeschrieben, dass der Glaube an Gott keine Option mehr ist, was dazu führt, dass die Hoffnung nicht mehr darauf gerichtet werden kann. Glauben ist nur noch „Ersatzdroge" – was wieder der aufgeklärte Mensch formuliert, der nicht einmal mehr Opium hat, sondern nur noch eine nicht zu betäubende Verzweiflung in seiner Hoffnungslosigkeit erlebt. Da es Gott nicht gibt, kann er auch nicht eine andere, bessere Realität versprechen. Wenn religiöse Formeln zur Kontingenzherstellung (vgl. Schütze 2006b) nicht mehr verfügbar sind, verliert die Welt ihre Kontingenz: Sie kann nur so sein, wie sie ist, und nicht anders.

2.2 Religionskritik als Behauptung von rationaler Selbststeuerung und eigenverantwortlicher Moral

In einigen Interviews wird Kommunikation über Religion (vgl. Sammet 2006a) in abgrenzender Weise dazu genutzt, die Zurechnung von Handlungen und Verantwortung auf die eigene Person hervorzuheben. Dies kann sich zum einen auf die Weltdeutung, zum anderen auf die Moral beziehen. An zwei Fällen will ich dies im Folgenden demonstrieren.

2.2.1 Fanny März: Rationale Selbststeuerung und die Verdiesseitigung des Himmels

Fanny März wurde 1980 in einer mittelgroßen ostdeutschen Stadt als Tochter einer Arbeiterfamilie geboren. Mit fünfzehn Jahren wird sie, kurz bevor sie die Schule abschließt, von ihrem einige Jahre älteren Freund schwanger, bricht die Schwangerschaft aber auf Druck von Freund und Mutter aus Vernunftgründen ab. Sie macht nach dem erfolgreichen mittleren Schulabschluss eine erste Ausbildung und daran anschließend noch eine weitere zur Friseurin. Mit zwanzig Jahren zieht sie nach der Trennung von ihrem ersten Freund sowie einer weiteren gescheiterten Beziehung in eine andere Stadt und arbeitet dort als Friseurin. Einige Jahre später wird sie von ihrem aktuellen Freund, mit dem sie nicht zusammenlebt, schwanger und trägt das Kind aus. Da nach der Erziehungszeit ihr Erwerbseinkommen nicht ausreicht, beantragt sie ergänzend ALG II zum Lebensunterhalt, sie ist also eine sogenannte „Aufstockerin". Sie bezeichnet sie sich selbst als „arme Friseurin". Das ganze Interview durchzieht die Betonung von Selbständigkeit, Selbstverantwortung und Reife. Die Probandin legt Wert darauf, dass sie ihr Leben selbst bestimme und sich nicht mehr – wie bei der Entscheidung zur Abtreibung – anderen unterordne. Von religiösen Semantiken grenzt sie sich explizit ab. Die Frage: „Es gibt ja Leute, die sagen würden, dass sie Halt finden in der Religion, wie ist denn das bei Ihnen?", verneint sie entschieden und erläutert auf Nachfrage:

> F.M.: *Gar* nicht. Also es ist einfach so für mich .. als Kind fand ich das vielleicht toll, es gibt 'n Weihnachtsmann et cetera (3) da ist es ja ooch okay. Aber als Erwachsener, was ich nicht sehe, gibt's für mich nicht (2). Gott, gibt's nicht, den hat irgendjemand mal irgendwann erschaffen hier an diesen (2) Kreuz, irgend 'n Mann mit nem Vollbart. Wo kommt der her? Und denn eben *das*, kommt aus dem Himmel, im Himmel gibt's keene Menschen. Also Vögel fliegen da rum, ich bin da einfach, ich bin da wieder viel zu realistisch. Ich hab zwar ooch mal so mit meiner Oma gesprochen, dass sie da, aber wie gesagt, das war so damals und (3).

Fanny März unterscheidet in dieser Passage eine reife von einer naiven Sicht auf die Welt, die sie als Kind hatte und in der der Glaube an Gott dem an den Weihnachtsmann gleichgesetzt ist. Später nennt sie darüber hinaus Märchen oder Fernseh-Serien wie „Star Trek", an die sie ebenfalls nicht glaube. Als Kind konnte sie noch mit der verstorbenen Großmutter reden und so die Trauer über deren Tod verarbeiten. Heute als Erwachsene zeichnet sie sich dagegen durch eine nüchtern-pragmatische Haltung zur Welt aus, die den Himmel nicht als Chiffre für große Transzendenzen, sondern ganz diesseitig als Lebensraum von Vögeln wahrnimmt. Dieser Weltsicht korrespondiert die Selbstdarstellung als nüchterne, zupackende und reife Person, die ihr Leben selbst in die Hand nimmt und sich nicht mehr von anderen bestimmen lässt.

Doch diese Selbstdarstellung einer rationalen selbstbestimmten Steuerung des eigenen Lebens weist Inkonsistenzen und Brüche auf. Es finden sich im Interview vereinzelt Passagen, in denen die Selbstdarstellung und das geschilderte Handeln sich widersprechen. So distanziert sich die Probandin explizit vom Glauben an Sternzeichen, um sich dann im nächsten Satz ganz praktisch darauf zu beziehen, indem sie Charaktereigenschaften und Wesenähnlichkeiten mit gemeinsamen Sternzeichen begründet:

F. M.: Also ich hab ne Salonleiterin, Chefin die ist super toll, die ist (2) sechs Jahre älter als ich (2) ooch hat 'n Tag vor mir Geburtstag, mein Sternzeichen, vielleicht hängt *da* manches zusammen, man weiß es ja nicht. Obwohl ich eigentlich nicht so bin und an Horoskope und so was glaube. Aber das ist einfach alles stimmig, wie wir denken, im *Allgemeinen*, übers *Arbeiten* (2). Wir ham ooch so'n bisschen denselben Stil und .. ja sie ist eigentlich ooch jetzt so mein Vorbild, wie sie das ooch durchzieht.

Die durch den Rekurs auf Sternzeichen begründete Gemeinsamkeit mit der Chefin zielt auf zwei Momente: Einerseits begründet sie eine persönliche Nähe durch ähnliche Arbeitsstile und Ansichten, wodurch die Probandin sich auf Augenhöhe mit der Vorgesetzten befindet; andererseits fungiert diese in Hinblick auf die Arbeit als Vorbild, dem sie nachstrebt. Vorher schon hat Fanny März erwähnt, dass alle ihre früheren Freunde und der aktuelle Lebensgefährte dasselbe Sternzeichen hätten. In Hinblick auf das berufliche Vorbild, an dem sie sich orientiert, wie in Hinblick auf Intimbeziehungen dienen Sternzeichen zur Kategorisierung von Menschen, die ihr nahestehen. Die Grundlage dieser Beziehungen ist das Sternzeichen; es begründet also Wahlverwandtschaften.

Im traditionellen christlichen Weltbild wird mit der Unterscheidung von „Himmel" und „Erde" die Unterscheidung von Immanenz und Transzendenz bezeichnet. In der oben zitierten Passage steht der „Himmel" für etwas, das für Fannys Weltsicht charakteristisch ist: Sie nimmt auch dem „Himmel" gegenüber eine rationale Perspektive ein, die einen naiven Kinderglauben hinter sich gelassen hat. Die durch die Sozialisation vermittelte Abgrenzung von der Religion unterstützt ihre Selbstdarstellung, die Nüchternheit, Selbstverantwortung und Reife betont. Der Bezug auf Sternzeichen, den sie mit einer expliziten Distanzierung verbindet, da er nicht in ihre diesseitige Weltsicht passt, ermöglicht ihr, Zusammenhänge ohne weitere Begründung zu plausibilisieren.

2.2.2 Sabine Junge: Selbstverantwortliche Moral und die Grenzen der Handlungssteuerung

In einem anderen Fall wird mit Verweis auf die eigene atheistische Erziehung die eigene Autonomie hervorgehoben, dabei aber der Akzent auf die Moral gelegt. Hier zeigen sich Anschlüsse an religiöse Semantiken.

Sabine Junge[9] wurde Anfang der 1970er Jahre geboren und stammt – wie sie betont – aus „normalen" Verhältnissen. Das heißt, die meisten ihrer Familienangehörigen haben eine gute Ausbildung und heute noch Arbeit. Im Jahr 1989 trifft sie mit siebzehn Jahren einige biographische Entscheidungen, die damals durchaus plausibel waren, sich im Nachhinein jedoch als biographisch fatal erweisen. Sie legen die Basis dafür, dass sie sozial absteigt und heute von ALG II lebt. Nach Abschluss der zehnten Klasse beschließt sie aus einer Protesthaltung heraus gemeinsam mit Klassenkameraden, nicht auf die Oberstufe zu gehen. Sie macht stattdessen eine Ausbildung, die sie kurz nach der Wende wegen einer Schwangerschaft unterbricht. Mit achtzehn Jahren bekommt sie ihr erstes Kind. Ein Jahr danach beginnt sie

---

9 Zu diesem Fall vgl. auch den Beitrag von Weißmann/Bergelt/Krüger in diesem Band.

eine andere Ausbildung, die sie auch abschließt. Da in diesem Beruf keine Frauen mehr eingestellt werden und sie sich immer viele Kinder gewünscht hat, bekommt sie in den nächsten Jahren drei weitere Kinder. Die Kinder besuchen früh die Krippe, und die Probandin versucht, eine weitere aussichtreichere Ausbildung zu machen, bekommt aber keinen Ausbildungsplatz. Abgesehen von einem Jahr, in dem sie als Krankheitsvertretung arbeiten konnte, war sie durchgängig arbeitslos. Vom Vater ihrer Kinder hat sie sich wegen seiner Alkoholprobleme und häuslicher Gewalt getrennt.

Sabine Junges Sicht aufs Leben ist von der Einsicht bestimmt, dass eigene Bemühungen für den Erfolg sehr wichtig sind, dass man aber nicht alles in der Hand hat, da noch andere Einflüsse wirken, wie z. B. die Entscheidungen von Arbeitgebern und Behörden. Auf die Frage nach der Bedeutung von Religion in ihrem Leben verweist sie als erstes auf ihre atheistische Sozialisation, auf die ihre Eltern und Großeltern Wert gelegt hätten und die sie selbst positiv bewertet:

> S. J.: Ich kann heute selber gucken, *wo* ich was Gutes finde. Und ich muss ehrlich sagen, ich habe mehr *Moral* oder Ethik anerzogen gekriegt oder mir ooch *selber* mitunter gesagt, das *will* ich einfach so haben, als meine Schwägerin zum Beispiel, und die ist *sehr* kirchlich, aber die hält sich dort an keine Regeln. Also was *soll* das dann mit Religion. Und ich gucke mir raus, was ich *glaubhaft* finde und was nicht und (2) da gibt's *da* mal was Gutes, *da* mal was Gutes.

Religion oder Atheismus ist für Sabine Junge vor allem eine Frage der ethischen Ausrichtung der Lebensführung. In ihrer persönlichen Umgebung kann sie am Beispiel ihrer Schwägerin beobachten, dass eine Kirchenzugehörigkeit nicht zu einer Orientierung an den kirchlich gepredigten Regeln führt. Die atheistische Sozialisation ermöglicht ihr nach eigener Einschätzung einen kritischen Blick auf die Glaubwürdigkeit der Umsetzung ethischer Forderungen in der Lebensführung und für sich selbst einen eklektizistischen Umgang mit den Ethiken: Sie kann sich demnach – im Gegensatz zu religiösen Menschen, die an die Regeln ihrer Religion gebunden sind (bzw. sein müssten) – überall etwas „Gutes" aussuchen. Damit verfügt sie in ihrer Sicht nicht nur über eine überlegene Moral,[10] sondern sie kann auch ethischen Forderungen gegenüber eine souveräne Haltung einnehmen, da sie diejenige ist, die Religionen und Ethiken bewertet und auswählt. Bestätigt werden die kritische Haltung gegenüber der kirchlichen Moral und die Infragestellung ihrer Glaubwürdigkeit durch „Geschichten", die ihr ältere Menschen, vor allem ihr Großvater, erzählt haben. Die Probandin berichtet auf Nachfragen von einer Bekannten ihres Großvaters, die als junges Mädchen in einem Nonnenkloster gearbeitet und dort im Keller versteckte Babygräber gefunden habe. Darüber hinaus verweist sie auf die Inquisition, auf die Hexenverbrennungen und auf Verbrechen der Kirche gegenüber den Indianern.

Das in DDR propagierte wissenschaftliche Weltbild wird von Sabine Junge geteilt. Sie glaube an das, „was die Wissenschaft erzählt", und auf die Frage danach, was nach dem Tod passiert, antwortet sie mit einem vage bleibenden Rückgriff auf naturwissenschaftliche

---

10 Dem entspricht, dass bei der Messung moralischer Striktheit Ostdeutsche in Hinblick auf die Bewertung fast aller abgefragten Tatbestände (mit Ausnahme der Bewertung von Schwangerschaftsabbrüchen) höhere Werte aufweisen als Westdeutsche (vgl. Meulemann 2000: 110).

Erklärungen, wonach Atome erhalten bleiben, während sich Stoffe in einem Naturkreislauf verwandeln:

S. J.: Na ja dass man wieder in ?einen? Kreislauf eingeht, wie ooch immer. Man ist ja nicht ganz weg. Die Atome bleiben ja, nicht wahr. Das ist die ewige Verwandlung ach (leise lachend) oder wie ooch immer .. irgendwie. Irgendsowas.

Die Probandin zeigt auch eine gewisse Offenheit für religiöse Inhalte. Sie ist dem Buddhismus und seinen Lebensregeln[11] gegenüber positiv eingestellt. Und sie versieht ihren Glaubens an die Wissenschaft mit einem Vorbehalt: „Ich glaube schon das, was die Wissenschaft erzählt, und da kann's immer noch ne höhere Macht geben." Sie verweist auf die Anonymen Alkoholiker, zu denen sie über eine Angehörigen-Gruppe Kontakt hatte:

S. J.: Da wird immer gesagt, irgendwas jem- jeder glaubt an irgendwas. Wir geben dem mal 'n Namen, höhere Macht, Schicksal, sonst was, die eigene Intuition kann das sein, die dich da leitet. Wo du sagst, das warst du aber nicht selber, das hat einer auf dich aufgepasst oder (seufzt) oder wa- wo man was abgeben kann, was man eh nicht ändern und bewältigen kann. Da ist das schon gut, wenn da was .. ist.

Religion wird auf ein Problem bezogen, das für Sabine Junge zentral ist und das ihre biographischen Erfahrungen bestimmt: das Problem der Kontingenz. Religionen können Begriffe für das liefern, was sich der eigenen Kontrolle oder Handlungssteuerung entzieht; religiöse Semantiken können das bezeichnen, was nicht der eigenen Person attribuiert werden kann. Mit solchen Einflüssen und Faktoren rechnet die Probandin wie erwähnt in ihrer Lebensführung, ihre Benennung bleibt allerdings unentschieden und beliebig.

2.3 Das Problem der Theodizee angesichts schwieriger Lebenserfahrungen

Einige der im Rahmen des Projekts interviewten Personen blicken auf sehr schwierige, teilweise dramatische biographische Verläufe zurück, die von einer von Vernachlässigung oder Gewalt geprägten Kindheit, einem Leben auf der Straße als Jugendliche und von mehr oder weniger intensivem Konsum von Alkohol und harten Drogen bestimmt sind. Dies gilt in besonderem Maße für Mark Peters und Stefanie Pohl. Beide Fälle stehen für einen jeweils unterschiedlichen Umgang mit Religion.

---

11 Diese Regeln formuliert sie folgendermaßen aus: „Keinem irgendwie das Leben schwer zu machen, dem übel mitzuspielen und so". Zum Buddhismus als Inbegriff der sanften und friedlichen Religion, der damit häufig als Kontrastfolie zum Islam fungiert, vgl. Sammet (2006b: 304 f.).

2.3.1 Mark Peters: Der leidende Mensch und die Hoffnung auf den barmherzigen Gott

Mark Peters wurde Anfang der 1980er Jahre in schwierige Verhältnisse hinein geboren. Seine Kindheit bezeichnet er selbst zwar als „gut behütet", um allerdings unmittelbar anschließend zu schildern, dass sein „sehr strenger" Stiefvater ihn geschlagen habe und er den ganzen Tag auf der Straße verbracht habe, weil er sich zuhause nicht „wohl gefühlt" habe. Der Proband ließ sich – wie er sagt – mit den „falschen Leuten" ein und hat schon früh die Weichen für eine Drogenkarriere gestellt: Mit neun Jahren beginnt er im Kreis seiner Freunde Zigaretten und Alkohol zu konsumieren, mit elf Jahren Haschisch, bis er über ein breites Spektrum anderer Drogen mit siebzehn Jahren bei Heroin gelandet ist. Seinen Drogenkonsum bereut er zwar im Nachhinein („ich wünsche's mir jetzt eigentlich nisch, dass ich das gemacht hätte"), doch er erinnert sich an seine Jugend auch positiv: Er habe Dummheiten (Autodiebstähle, Schlägereien) mit seinen Freunden gemacht, aber auch Spaß gehabt; beides gehöre zusammen. Die Schule hat der Proband mit dem Hauptschulabschluss abgeschlossen, eine erste Lehre abgebrochen, nach verschiedenen Entgiftungen, einer Drogentherapie und der Heroinsubstitution schließlich eine Ausbildung erfolgreich absolviert. Danach wechseln (zum Teil schlecht bezahlte) Arbeitsverhältnisse und Zeiten der Arbeitslosigkeit ab.

Dass sein „Leben *nisch* so gut abgelaufen" ist, rechnet er sich bis zu einem gewissen Grad selbst zu, er benennt aber auch Bedingungen und Umstände, die ihn zu seinem Verhalten gebracht haben: die Atmosphäre im Elternhaus, der schlechte Einfluss der Peers usw. Religion hat in seinem Leben nach eigener Aussage keine Bedeutung: „Ich glaube, bei mir gibt's so was nisch. (…) Ich hab mit Religion gar nix zu tun." Nach einer längeren Redepause fügt er an:

M.P.: (7) Wenn es Gott gäbe, würd der misch nisch so leiden lassen. (Gelächter) Dann würde der mir e Lottoschein zuspielen ja mit'n rischtschen Zahlen ⌐?nisch dass es?
I: ⌐Na 31 Millionen oder wie war das?
M.P.: Mhm (zustimmend) genau. Glei mit den rischtschen Zahlen, schon ausgefüllt, schon bezahlt. (I lacht) Und sagen, hier mei Guter. Lass es dir endlich mal gut gehen. (Gelächter) Ja man darf ja mal *träumen*.

Der Proband kommt hier auf einen Aspekt der Theodizee zu sprechen: die Barmherzigkeit Gottes. Er selbst sieht sich als leidenden Menschen, dem gegenüber Gott seine Existenz durch Barmherzigkeit beweisen würde. In diesem Gottesbild – und in seinem anschließenden Vorschlag, wie ihm zu helfen sei – unterstellt er dem (nicht existierenden) Gott implizit Allmacht und Allwissenheit, denn dieser Gott wüsste, wie ihm geholfen werden kann, und hätte die Macht dazu. Das gemeinsame Lachen von Interviewerin und Probanden wie der Nachsatz, dass man „ja mal träumen" dürfe, bringt zwar eine gewisse Distanz zum Anspruch auf Versorgung durch einen unverhofften Lottogewinn, zu dem man nicht einmal den Einsatz beigetragen hat, zum Ausdruck, die Passage zeigt dennoch, wofür der Glaube an Gott für den Befragten steht: für eine bedingungslose Fürsorge durch eine Instanz, die einem Gutes tun möchte und die Härten der eigenen Existenz vergessen lässt, also für das, was Mark Peters als Kind gerade nicht erlebt hat. Der Hinweis darauf, dass es sich um einen Traum handele, markiert, dass der Proband nicht erwartet, dies jemals tatsächlich zu erleben. Der Glaube an Gott, den er zugleich lächerlich macht, hat damit – ähnlich wie im Fall Fanny März – den

Charakter einer kindlich-naiven Einstellung zur Welt, die sich als nicht realitätstüchtig erweist, was hier mit einem gewissen Bedauern verbunden ist. Wie im Fall Zärner hätte Gott seine Existenz durch Handeln an den Menschen zu beweisen; wenn sie dennoch leiden, so schon die Argumentation in Dostojewskis „Brüder Karamasow", verdient Gott nicht, dass die Menschen an ihn glauben.

2.3.2 Stefanie Pohl: Gotik als Ausdruck und Bewältigung dramatischer Lebenserfahrungen

Auch wenn sich vereinzelt leichte Tendenzen einer Öffnung für religiöse Fragen konstatieren lassen, so haben die bisher vorgestellten Fälle gemeinsam, dass Religion insgesamt als eine Option erscheint, der für das eigene Leben keine Bedeutung zukommt. Dies stellt sich bei einem Fall im Sample ganz anders dar. Es handelt sich um den Fall Stefanie Pohl, deren Lebensgeschichte äußerst dramatisch verlaufen ist.

Stefanie Pohl wurde Mitte der 1980er Jahre in zerrüttete Familienverhältnisse hinein geboren. Ihren leiblichen Vater kennt sie kaum; sie wächst mit vier weiteren Geschwistern bei ihrer Mutter und dem Stiefvater auf, die beide Alkoholiker sind. Nach der Wende werden die Eltern arbeitslos und vernachlässigen die Kinder. Diese haben z. B. nichts zu essen, während die Eltern die Zeit in der Kneipe verbringen. Als Stefanie dreizehn Jahre alt ist, beginnt sie nach dem Tod eines engen Schulfreundes, auf der Straße zu leben. Mit siebzehn Jahren hat sie einen Freund, der sie in der Wohnung einschließt und vergewaltigt. Sie kann fliehen, ist allerdings schwanger und entscheidet trotz eines schon vereinbarten Abtreibungstermins schließlich, das Kind doch zu bekommen. Mit achtzehn Jahren zieht sie mit dem Kind in eine eigene Wohnung und ihr Leben stabilisiert sich. In den folgenden Jahren bekommt sie zwei weitere Kinder von verschiedenen Männern; mit dem Vater des dritten Kindes lebt sie in einer Partnerschaft, aber in verschiedenen Wohnungen. Zum Zeitpunkt des Interviews arbeitet sie in einem Ein-Euro-Job, um sich auf das Nachholen eines Schulabschlusses vorzubereiten.

Stefanie Pohls Sicht auf ihr Leben und ihre Position in der Gesellschaft ist geprägt von der Wahrnehmung als Außenseiterin. Sie bezeichnet sich selbst als „Assi" und berichtet von abschätzigen Blicken, wenn sie mit ihren Kindern in der Stadt unterwegs ist. Ihre Chancen auf eine Verbesserung ihrer Situation und auf gesellschaftliche Anerkennung schätzt sie als gering ein. Trotzdem oder gerade deshalb ist ihre Haltung gegenüber der Welt der Kampf, der vor allem auf bessere Chancen für ihre Kinder gerichtet ist.

In ihrer zerrütteten Herkunftsfamilie hat Stefanie Pohl weder eine religiöse noch eine anti-religiöse Sozialisation erfahren, und auch ihre Schullaufbahn war nur sehr kurz. Insofern wurde ihr weder in der Familie noch in der Schule eine atheistische Weltsicht vermittelt. Im Interview äußert die Probandin Interesse an religiösen Themen und bezeichnet sich als „vom Herzen her Gotiker", was sich auch an ihrer Kleidung zeigt: Sie ist schwarz gekleidet. Kontakt zur Szene der Gotiker bekam sie während ihres Straßenlebens. Was das „Gotiker"-Sein ausmacht, kann sie auf Nachfrage nur sehr diffus beschreiben:

S. P.: Ja ich sag mal, Gotiker sind halt, nicht alle, aber sehr ruhig. Und die sagen, was sie denken und die stehen zu Ihrer Meinung. Und das macht Gotiker aus find ich. Zu sagen, was man denkt, sich nicht unterkriegen zu lassen und für andere da zu sein natürlich. Das ist für mich Gotik. Ja, schwarze Sachen gehören natürlich auch dazu.

Gotiker werden hier als Menschen mit einem ausgeglichenen Wesen und einer authentischen, ethisch ausgerichteten Lebensführung dargestellt: Sie sind gute Menschen, Vorbilder in Hinblick auf die Lebensweise und -bewältigung. Die Zugehörigkeit zur Gruppe der Gotiker wird durch die schwarze Kleidung markiert. Darüber hinaus teilen sie – wie an anderen Stellen deutlich wird – ein Interesse an verschiedenen Themen: am Mittelalter, an der Natur, an Indianern, Ritualen und an Erfahrungen mit Geistern. Die Probandin liest Bücher über diese Themen, aber auch in der Bibel, die sie jedoch nicht verstehe. Ihr Glauben und ihre religiöse Praxis kombinieren unterschiedlichste Elemente aus verschiedenen Traditionen; sie zeichnen sich durch einen unsystematischen Eklektizismus aus. In erster Linie hilft ihr das Gotiker-Sein jedoch dabei, das Leben zu bewältigen: *„Die Gotik hat mir gut dabei geholfen."* Als Gotikerin sind für sie auch die großen Transzendenzen relevant. So haben Geister Einfluss auf ihr Leben, und auch an Gott glaube sie:

S. P.: Ich bin ein sehr gläubiger Mensch. Ja, ich man glaubt an das Gute im Menschen, ich glaube an Gott, ich glaube aber auch an das Gegenteil. Also das also ich bete jetzt niemanden an, außer Gott natürlich manchmal so. Ich quatsch ooch manchmal mit dem, ooch wenn das jetzt doof ist oder so. Aber es hilft ne, ich mein. Nur weil man Gotiker ist, ist es doch nicht verboten.

Der Gott, mit dem sie spricht und zu dem sie betet, ist explizit nicht der christliche Gott, sondern der *„gute Gott"*, der sie und ihre Kinder beschützen kann. Vom christlichen Gott grenzt sie sich dagegen ab, sie möchte auf keinen Fall eine Kirche betreten. Der Umgang mit den großen Transzendenzen erscheint ihr jedoch auch als gefährlich. Die Probandin hält entsprechend alles, was damit zu tun hat, von ihren Kindern fern. Sie berichtet in diesem Zusammenhang von einem konkreten Erlebnis: Unmittelbar nach einer spiritistischen Sitzung kam eine Beteiligte durch einen Unfall ums Leben, was Stefanie auf das Wirken von Geistern zurückführt: *„Ja das ist, also ich würde jetzt sagen, das war der Geist. Und ein anderer würde sagen, sie wollte sich das Leben nehmen"*. Religiöse Semantiken werden hier zur Formulierung von Erfahrungen der Kontingenz aufgegriffen.

Darüber hinaus hat das Gotiker-Sein für die Probandin neben der Kontingenzthematisierung auch eine soziale Funktion: Sie kann sich zu einer exklusiven Gruppe von Menschen zugehörig fühlen, diese Zugehörigkeit durch die schwarze Kleidung nach außen symbolisieren und ihre gesellschaftliche Marginalisierung auf diese Weise zugleich zum Ausdruck bringen und umwerten[12]. Wenn sie sagt: *„Gotik ist halt irgendwie was Besonderes in meinem Leben"*, dann weist die Gotik über ihren Alltag und ihre Lebensumstände hinaus und macht zugleich sie selbst und ihr Leben zu etwas Besonderem, das sie von ihrem Umfeld abhebt.

---

12 Die Selbstbeschreibung als Gotiker dient so zur umwertenden Selbststigmatisierung im Sinne von Lipp (1993).

3 Resümee: Bezug auf Religion bei der Bearbeitung von Kontingenzerfahrungen

In den Interviews mit ostdeutschen ALG-II-Empfängern spielte das Thema Religion aufgrund der lebensgeschichtlich-narrativen Ausrichtung insgesamt eine nachrangige Rolle. Die im exmanenten Teil gesetzten Stimuli konnten eine Reihe von Positionierungen hervorlocken, in denen über Religion in zumeist abgrenzender Weise kommuniziert wurde. Religion erscheint zunächst dafür zuständig, Vorgaben für eine ethische Lebensführung zu machen. Da es nach der Beobachtung von Interviewees (nicht nur von Sabine Junge) den Kirchen weder unter den Gläubigen noch unter den Virtuosen und schon gar nicht für sich selbst im Handeln als Organisation gelingt, die ethischen Prinzipien praktisch umzusetzen, ist die Glaubwürdigkeit der Kirchen in dieser Hinsicht massiv in Frage gestellt. Bei der Deutung der Welt und der eigenen Erfahrungen beziehen sich die ostdeutschen Interviewees vorrangig auf naturwissenschaftliche Erklärungen. Das wissenschaftliche Weltbild ist auch bei der Frage nach den großen Transzendenzen leitend, es lässt zumeist nur wenig Raum für nicht-diesseitige Erklärungen. Dies gilt auch und besonders für Personen ohne wissenschaftliche Ausbildung und mit geringer Bildung.[13]

Dennoch finden sich bei den meisten präsentierten Fällen Rückgriffe auf religiöse Deutungen. Bei Fanny März dient der Bezug auf Sternzeichen der Plausibilisierung von Nicht-Erklärtem bzw. Nicht-Erklärbarem, nämlich der zufälligen und doch persönlich überaus bedeutsamen Übereinstimmung von Charaktereigenschaften zwischen Menschen. Sabine Junge benutzt religiöse Begriffe zur Zurechnung des Nicht-Verfügbaren, benennt aber gleichzeitig säkulare Äquivalente (z.B. „persönliche Intuition"), die diese Funktion ebenfalls erfüllen können. Franzi Hoffmann nimmt dagegen eine größere Distanz zur Religion ein: Für sie könnte Religion theoretisch das leisten, was sie persönlich bewältigen möchte. Bei Stefanie Pohl, dem Ausnahmefall im Sample, bei der ein geringerer säkularer Einfluss in der Sozialisation wirksam war, haben die Zugehörigkeit zur Gothic-Szene und die ritualistische Praxis die Funktion, ihr soziale Zugehörigkeit und soziale Anerkennung zu verschaffen, vor allem aber ihr bei der Bewältigung ihres Lebens zu helfen. In ihrem Leben gibt es weite Bereiche, die sie nicht kontrollieren kann. Religion dient zur Thematisierung von Kontingenzerfahrungen, indem Geschehnisse auf das Wirken von Geistern zurückgeführt sowie Gefahren und Schrecken als Teil des Lebens gedeutet werden. Religion trägt aber auch zur Bewältigung von Kontingenzerfahrungen bei, wenn zum „guten Gott" gebetet wird. In den beiden präsentierten männlichen Fällen Zärner und Peters werden enttäuschte Erwartungen gegen den Glauben an Gott ins Feld geführt, als Beweis seiner Nicht-Existenz bzw. als Vorwurf der mangelnden Wirkung Gottes auf die Menschen.

Auf das Problem der Kontingenz kann mit religiösen Begriffen oder Konzepten Bezug genommen werden, wenn Erfahrungen thematisiert werden, die der eigenen Kontrolle entzogen und die von der wissenschaftlichen Weltdeutung nicht erfasst sind. Auf diese Weise ergeben sich Anschlussmöglichkeiten an religiöse Semantiken, die aber zumeist in Kommunikation über Religion und nicht in religiöse Kommunikation münden. Zudem kann der Bereich, auf den sich Kontingenzerfahrungen beziehen, einen ganz unterschiedlichen Umfang

---

13 Das zeigen auch quantitative Auswertungen von Items zu Weltsichten im Rahmen der vierten EKD-Kirchenmitgliedschaftsuntersuchung (vgl. Wohlrab-Sahr/Benthaus-Apel 2006).

haben: Während er bei Fanny März sehr gering ist, ist bei Stefanie Pohl beinahe das ganze Leben davon bestimmt. Bei Mark Peters und Helmut Zärner sind die Möglichkeitsräume für andere Erfahrungen angesichts ihrer enttäuschenden Lebensrealität fast vollständig verschlossen, auch wenn sie ohne Hoffnung Wünsche und Träume formulieren. Wenn in den Fällen vereinzelt auf religiöse Semantiken zurückgegriffen wird, bedeutet das nicht, dass die Interviewees sie sich zu eigen machen. Das zeigt sich sowohl bei Fanny März, die sich von dem Rekurs auf Sternzeichen, während sie ihn vornimmt, zugleich distanziert; es gilt auch für Sabine Junge, die neben religiösen auch nicht-religiöse Kontingenzformeln auflistet.

Die hier präsentierten Interviews mit armen und arbeitslosen Menschen in Ostdeutschland machen insgesamt die nachhaltige Wirkung der Diskreditierung und Delegitimierung vor allem der christlichen Religion auch noch zwanzig Jahre nach dem Ende des DDR-Staates deutlich. Christliche Religion wird mit Kinderglauben, Unglaubwürdigkeit, Enttäuschung sowie mit Verbrechen im Namen der Religion verbunden. Ein weiterreichendes Wissen über religiöse Glaubensinhalte oder Traditionen ist bei den Befragten kaum vorhanden – anders als bei kirchenkritischen Interviewees in Westdeutschland, die zumeist noch religiös sozialisiert wurden. Während sich an verschiedenen Stellen Öffnungstendenzen gegenüber Religion andeuten, die neben der wissenschaftlichen Weltanschauung noch andere, auch religiöse Weltdeutungen zulassen, gilt das nicht für die christlichen Traditionen. Denn die sich gegen die christlichen Kirchen richtende Kritik scheint – so der Eindruck aus den Interviews – große Beharrungskraft zu haben: als Kritik an der Kirche als Herrschaftsinstrument und vor allem als Kritik an einer moralisch fragwürdigen Lebensführung von kirchlichen Repräsentanten. Diese anti-klerikale Kritik kann sich auf vor die DDR-Zeit zurückreichende Traditionen, auf die von alten Menschen immer noch erzählten „Geschichten", aber auch auf immer neue Skandalisierungen durch die Medien stützen.

4 Literatur

Bertelsmann Stiftung (Hrsg.) (2009): What the World Believes. Analyses and Commentary on the Religion Monitor 2008. Gütersloh.
Flick, Uwe/Kardorff, Ernst von/Keupp, Heiner/Rosenstiel, Lutz von/Wolff, Stephan (Hrsg.) (1991): Handbuch Qualitative Sozialforschung. Grundlagen, Konzepte, Methoden und Anwendungen. München.
Gebhardt, Winfried/Zingerle, Arnold/Ebertz, Michael N. (Hrsg.) (1993): Charisma: Theorie, Religion, Politik. Berlin/New York.
Hermanns, Harry (1991): Narratives Interview. In: Flick u. a. (Hrsg.): 182–185.
Hermelink, Jan/Lukatis, Ingrid/Wohlrab-Sahr, Monika (Hrsg.) (2006): Kirche in der Vielfalt der Lebensbezüge. Die vierte EKD-Erhebung über Kirchenmitgliedschaft. Band 2: Analysen zu Gruppendiskussionen und Erzählinterviews. Gütersloh.
Huber, Wolfgang/Friedrich, Johannes/Steinacker, Peter (Hrsg.) (2006): Kirche in der Vielfalt der Lebensbezüge. Die vierte EKD-Erhebung über Kirchenmitgliedschaft. Gütersloh.
Inglehart, Ronald/Norris, Pippa (2003): Rising Tide. Gender Equality and Cultural Change around the world. New York.
Joas, Hans/Kohli, Martin (Hrsg.) (1993): Der Zusammenbruch der DDR. Frankfurt/Main.
Krüger, Heinz-Hermann/Marotzki, Winfried (Hrsg.) (2006): Handbuch erziehungswissenschaftliche Biographieforschung. Wiesbaden .(2. überarbeitete und aktualisierte Auflage)
Lipp, Wolfgang (1993): Charisma: Schuld oder Gnade. Soziale Konstruktion, Kulturdynamik, Handlungsdrama. In: Gebhardt/Zingerle/Ebertz (Hrsg.): 15–32.
McLeod, Hugh (2000): Secularisation in Western Europe – 1848–1914. London.

Meulemann, Heiner (2000): Moralische Striktheit und Religiosität in Ost- und Westdeutschland 1990–1994. Über den Einfluß unterschiedlicher Sozialverfassungen auf die Korrelationen zwischen Einstellungen. In: Pollack/Pickel (Hrsg.): 105–139.

Pickel, Gert (2009): Secularization as an European Fate? Results from the Church and Religion in an Enlarged Europe Project 2006. In: Pickel/Müller (Hrsg.): 89–122.

Pickel, Gert/Müller, Olaf (Hrsg.) (2009): Church and Religion in Contemporary Europe. Results from Empirical and Comparative Research. Opladen.

Pittkowski, Wolfgang (2006): Konfessionslose in Deutschland. In: Huber/Friedrich/Steinacker (Hrsg.): 89–110.

Pollack, Detlef (1993): Religion und gesellschaftlicher Wandel. Zur Rolle der evangelischen Kirche im Prozeß des gesellschaftlichen Umbruchs in der DDR. In: Joas/Kohli (Hrsg.): 246–266.

Pollack, Detlef (2002): The Change in Religion and Church in Eastern Germany After 1989. A Research Note. In: Sociology of Religion 63/3: 373–387.

Pollack, Detlef (2008): Religious Change in Europe. Theoretical Considerations and Empirical Findings. In: Social Compass 55/2: 168–186.

Pollack, Detlef/Pickel, Gert (Hrsg.) (2000): Religiöser und kirchlicher Wandel in Ostdeutschland 1989–1999. Opladen.

Przyborski, Aglaja/Wohlrab-Sahr, Monika (2008): Qualitative Sozialforschung. Ein Arbeitsbuch. München.

Sammet, Kornelia (2006a): Religiöse Kommunikation und Kommunikation über Religion. Analysen der Gruppendiskussionen. In: Huber/Friedrich/Steinacker (Hrsg.): 357–399.

Sammet, Kornelia (2006b): Die Wahrnehmung des Islam als Religion und als Kultur. Kommunikative Muster in den Gruppendiskussionen zur Frage des Moscheebaus. In: Hermelink/Lukatis/Wohlrab-Sahr (Hrsg.): 293–317.

Schütze, Fritz (1983): Biographieforschung und narratives Interview. In: Neue Praxis 3/3: 283–293.

Schütze, Fritz (2006a): Verlaufskurven des Erleidens als Forschungsgegenstand der interpretativen Soziologie. In: Krüger/Marotzki (Hrsg.): 205–237.

Schütze, Fritz (2006b): „Weltsichten" unter dem Gesichtspunkt von paradoxen Lebenserfahrungen und Existenzbedingungen. In: Huber/Friedrich/Steinacker (Hrsg.): 337–353.

Wohlrab-Sahr, Monika (2009): The Stable Third. Non-religiosity in Germany. In: Bertelsmann Stiftung (Hrsg.): 149–166.

Wohlrab-Sahr, Monika/Schmidt, Thomas (2003): Still the Most Areligious Part of the World. Developments in the Religious Field in Eastern Germany since 1990. In: International Journal of Practical Theology 7/1: 86–100.

Wohlrab-Sahr, Monika/Karstein, Uta/Schmidt-Lux, Thomas (2009): Forcierte Säkularität. Religiöser Wandel und Generationendynamik im Osten Deutschlands. Frankfurt/Main.

Arbeit als Sinnstiftung in prekären Lebenslagen in Ostdeutschland

Marliese Weißmann, Daniel Bergelt und Timmo Krüger

0   Vorbemerkungen

Im „Arbeiter- und Bauernstaat" der DDR hatte Arbeit bekanntermaßen einen herausgehobenen Stellenwert. Als Dienst *in* der und *für* die sozialistische Gemeinschaft wurde sie in den Rang einer transzendenten Instanz erhoben und erhielt durch ihre rituell-symbolische Aufladung den Charakter eines religiösen Surrogats bzw. einer Zivilreligion (vgl. Schmidt 2003; Schmidt-Lux 2006). In der DDR-Bevölkerung schlug sich dies in einer starken Arbeitsorientierung nieder: Die „DDR-Bürger definierten den Sinn ihres Lebens in starkem Maße über die Arbeit" (Pollack 1991: 384 f.). Diese Wichtigkeit von Arbeit ist auch nach dem politischen Systemwechsel noch in Statistiken abzulesen (vgl. z. B. Meulemann 1996: 289–306; Statistisches Bundesamt 2002).

In der DDR wie im vereinigten Deutschland ist Erwerbsarbeit nicht nur wesentliche Voraussetzung für die materielle Existenzsicherung, sondern auch eine bedeutsame Quelle der Anerkennung und Sinnstiftung (Fischer 2007). Sie gibt die Möglichkeit, im diesseitigen Leben einer Aufgabe nachzugehen und sich dabei zu bewähren (vgl. z. B. Oevermann 1995). In Zeiten anhaltend hoher Arbeitslosigkeit steht diese Möglichkeit einer großen Zahl von Langzeitarbeitlosen jedoch nicht zur Verfügung. Vor diesem Hintergrund werden wir im vorliegenden Aufsatz das Augenmerk darauf richten, wie Menschen in einer solchen sozialen Lage in unserer kapitalistischen Arbeitsgesellschaft mit ihrer Situation umgehen. Welche Bedeutung hat für sie Arbeit? Scheint hier ein kulturelles Erbe der DDR-Vergangenheit durch? Und schließlich: Wovon hängt es ab, ob alternative sinnstiftende Tätigkeiten jenseits von Erwerbsarbeit gefunden und fruchtbar gemacht werden können?

Bevor wir der Frage der Sinnstiftung anhand biographisch-narrativer Interviews nachgehen, werden wir zuerst einen Sprung in die Vergangenheit machen und auf die religiöse Aufladung der Arbeit in der DDR eingehen. Danach werden wir ebenso den Stellenwert von Arbeit in der heutigen Arbeitsgesellschaft darstellen.[1]

1   Die religiöse Aufladung der Arbeit in der DDR

Die große Bedeutung von Arbeit in der DDR spiegelt sich sowohl auf herrschaftsideologischer als auch auf individueller Ebene wider. Die DDR lässt sich als eine um Arbeit zentrierte Gesellschaft, also als eine „Arbeitsgesellschaft" charakterisieren (z. B. Kohli 1994; Mayer/

---

[1]   Wir danken Kornelia Sammet und Uta Karstein für ihre Anregungen sowie ihre große Unterstützung.

Diewald 1996: 10; Meulemann 1999). Gesellschaftliche Integration wurde maßgeblich über Arbeit geregelt, wobei die Betriebe als eine bedeutsame Lebenswelt bzw. Basisinstitution fungierten (vgl. Lutz 1995: 153). An den über Kollektive organisierten Arbeitsplatz wurden neben ökonomischen auch soziale und kulturelle Funktionen gekoppelt, die auf eine kollektive Vergemeinschaftung abzielten (vgl. Rehberg 2006: 219 f.). Es herrschte ein weites Arbeitsverständnis vor, nach dem jegliche Tätigkeit, auch nicht bezahlte, als Arbeit aufgefasst wurde. Z. B. wurden kulturelle Veranstaltungen als „Kulturarbeit" bezeichnet, und auch der Alterssitz in Gestalt des „Feierabendheimes" weist diesen Bezug auf (Wohlrab-Sahr/Karstein/Schmidt-Lux 2009: 282).

In der herrschenden Ideologie sollte nach dem Ideal einer „Gemeinschaft des werktätigen Volkes" jeder Bürger in den Produktionsprozess eingegliedert werden, um seinen Beitrag für den Aufbau des Sozialismus zu leisten. „Gewissenhafte, ehrliche, gesellschaftlich nützliche Arbeit" (Kleines Politisches Wörterbuch 1988: 582) galt als das „Herzstück der sozialistischen Lebensweise" (Kleines Politisches Wörterbuch 1988: 582). Nach der Verfassung von 1968 bestand sowohl ein Recht auf als auch die Pflicht zu einer „gesellschaftlich nützliche(n) Arbeit" (Artikel 24). Die Weigerung, „einer geregelten Arbeit" nachzugehen, wurde als Gefährdung der öffentlichen Ordnung interpretiert und konnte als asoziales Verhalten mit bis zu zwei Jahren Freiheitsstrafe verfolgt werden (§ 249 der Strafrechtsordnung). Der zentrale Stellenwert von Arbeit wurde ebenso in den zehn Geboten zur „sozialistischen Moral" festgeschrieben, die 1958 auf dem SED-Parteitag proklamiert und 1976 in einer gekürzten Fassung im Parteiprogramm als „sozialistische Lebensweise" verankert wurden.[2] Arbeit im und für das Kollektiv wurde als Dienst an der Gemeinschaft und den kommenden Generationen aufgeladen (Schmidt-Lux 2006: 416) und sollte „als Bindeglied zwischen einer real erfahrbaren und einer angestrebten künftigen Welt" (ebd.: 419) dienen. Gerade in dieser Idealisierung der Arbeit als Dienst für die sozialistische Gemeinschaft spiegeln sich eine Sakralisierung und transzendente Begründung von Arbeit wider, wenngleich ohne Bezug auf einen Gott. Th. Schmidt (2003) verweist in diesem Zusammenhang auf die Brauchbarkeit des Konzeptes der Zivilreligion, das die hohe Verehrung von Arbeit in der DDR-Gesellschaft einfangen könne.[3]

Für die Verwendung dieses Konzepts spricht nach Schmidt-Lux (2006) nicht nur die ideologische Wertschätzung und transzendentale Verankerung, sondern auch die Wirkung der hohen ideologischen Aufladung von Arbeit in der DDR-Bevölkerung. Die Erwerbsquoten, vor allem der Frauen, waren höher als in Westdeutschland (vgl. z. B. Kohli 1994: 39), und Arbeit wurde quer durch die Bevölkerung sehr hoch bewertet (Meulemann 1999: 128; Kasek 1990: 51 f.).[4] Repräsentativerhebungen des Zentralinstituts für Jugendforschung Leipzig aus den 1980ern belegen, dass ca. zwei Drittel der Befragten der Aussage zustimmten, dass Arbeit

---

2 In Bezug auf Arbeit wurde insbesondere im siebten sozialistischen Gebot eine hohe individuelle Arbeitsdisziplin in protestantischer Manier, verwoben mit dem Verweis auf die Bedeutung für die sozialistische Gemeinschaft, angemahnt: „Du sollst stets nach Verbesserung Deiner Leistungen streben, sparsam sein und die sozialistische Arbeitsdisziplin festigen" (Ulbricht 1958: 160 f.).
3 Diese These gilt bis in die 1970er Jahre hinein. Mit den jüngeren Arbeitergenerationen kam ein stärkerer Berufsbezug zur Geltung, durch den Arbeit stärker zu einem individuellen Wert wurde. Freilich geschah dies ohne grundlegende Abwendung von der Arbeit als kollektivem Wert (Schmidt-Lux 2006: 426).
4 Kohli (1994: 50) interpretiert die hohe Wertschätzung von Arbeit weniger als „Orientierung auf die Arbeitstätigkeit" als vielmehr als „Orientierung auf den Betrieb" und die dortigen Arbeitsbeziehungen. Auch

dem Leben Sinn verleihe (vgl. Pollack 1991: 384 f.). Mehrheitlich fand sich außerdem über alle Berufszweige hinweg ein Selbstverständnis als „Arbeiter" (Engler 2000: 197). Angesichts einer auch hierin abzulesenden allgemeinen gesellschaftlichen Omnipräsenz von Arbeit charakterisiert Engler (2000) die DDR als eine „arbeiterliche Gesellschaft".

Auch nach 1989 kommt Arbeit auf individueller Ebene weiterhin eine hohe Bedeutung zu. So wird beispielsweise nach dem Datenreport 2002 in Ostdeutschland dem Bereich Arbeit in den Jahren 1993, 1998 sowie 2001 durchweg eine sehr hohe Wichtigkeit zugeschrieben, die deutlich höher ausfällt als bei westdeutschen Bundesbürger und -bürgerinnen (vgl. Statistisches Bundesamt 2002: 454). Ähnliches konstatiert H. Meulemann (1996: 289–306, 1999: 128) angesichts der sehr hohen Zustimmung in Ostdeutschland zu Arbeit und Leistung. Die Ergebnisse der aktuellen Studie von M. Wohlrab-Sahr, U. Karstein und Th. Schmidt-Lux (2009: 291) zeugen von einer die DDR überdauernden Idealisierung des Wertes der Arbeit, die die Autoren „als Form mittlerer Transzendenz in der postsozialistischen Gesellschaft" interpretieren.[5] Diese Idealisierung tritt in den Interviews oft in Verschränkung mit einer Idealisierung der gemeinschaftlichen Integration über die Arbeit auf und dient als generationen- und milieuübergreifender gemeinsamer Sinnhorizont, der frühere und aktuelle (z. B. statusbezogene oder politische) Unterschiede überbrückt und identitätsstiftend wirkt (vgl. Wohlrab-Sahr/Karstein/Schmidt-Lux 2009).[6] Für unsere Fragestellung ist insbesondere die These interessant, dass die stark mit dem politischen System verwobene Arbeitsorientierung zwar angesichts der gesellschaftlichen Hinterfragung der Arbeitsproduktivität der DDR sowie der hohen Arbeitslosigkeit nach dem Systemwechsel unter Druck geriet, aber gerade dieser Druck durch die Überhöhung von Arbeit in Zeiten rasanten Wandels auf dem Arbeitsmarkt perpetuierte (Wohlrab-Sahr/Karstein/Schmidt-Lux 2009: 283). Rückblickend wird das Diskrepanzerleben des Transformationsprozesses durch Idealisierungen verarbeitet, was in besonderem Maß für die Arbeit gilt. Hier kann die Frage aufgeworfen werden, ob eine starke Arbeitsorientierung in Verbindung mit dieser Idealisierung auch bei Menschen auftritt, die sich ihre Existenz nicht eigenständig durch Erwerbsarbeit sichern können, oder ob sie sich eine Sinnstiftung in anderen Lebensbereichen suchen.

2 Der Stellenwert von Arbeit in der heutigen Arbeitsgesellschaft der Bundesrepublik Deutschland

Trotz der Diskussionen, dass der Gesellschaft die Arbeit ausgehe (z. B. Rifkin 1995), war und bleibt auch die Bundesrepublik Deutschland eine Arbeitsgesellschaft (z. B. Bonß 2006, Vobruba 1998). Als kapitalistische und lohnarbeitszentrierte Arbeitsgesellschaft (z. B. Castel 2000) ist sie auf bezahlte Arbeit, d. h. auf Erwerbsarbeit als zentraler Vergesellschaftungs-

---

   Böhmer (2005: 151) stellt die These auf, dass nicht die konkreten Arbeitsinhalte für die Sinnstiftung zentral waren, sondern „lediglich die Verpflichtung zur Arbeit" sozialisiert wurde.
5 Als weitere Formen mittlerer Transzendenzen wurden aus dem empirischen Material der Familieninterviews Gemeinschaft und Ehrlichkeit rekonstruiert (vgl. Wohlrab-Sahr/Karstein/Schmidt-Lux. 2009: 266–291).
6 Siehe auch den Beitrag von Wohlrab-Sahr in diesem Band.

instanz ausgerichtet (Postone 1996).[7] Durch die jüngsten Reformen am Arbeitsmarkt (Hartz I bis IV) kam es zu einer weiteren Fortschreibung dieser gesellschaftlichen Norm: „Getreu dem Leitsatz ‚Fordern und Fördern' zielt insbesondere Hartz IV darauf ab, die arbeitsbezogene Existenzweise zum gesellschaftlich dominanten Standardmodell zu machen" (Bonß 2006: 53). Die neue sozialpolitische Aktivierungspolitik brachte sogar eine Verschärfung bzw. Verengung auf eine Arbeitsgesellschaft mit sich, da nun noch mehr gilt, jede Arbeit sei besser als keine (Bonß 2006). ALG-II-Empfänger und -Empfängerinnen sind stärker zu einer Aufnahme oder Ausweitung von Erwerbsarbeit sowie zu Teilnahmen an Workfare-Maßnahmen wie Ein-Euro-Jobs verpflichtet, sonst drohen Sanktionen (vgl. Ludwig-Mayerhofer/Behrend/ Sondermann 2009: 20, 22 f.). Arbeit gilt auch dann als zumutbar, wenn sie mit geringer Bezahlung einhergeht und unter dem erreichten Qualifikationsniveau liegt. Eine Haltung, die Arbeitswilligkeit bezeugt, wird sozial gefordert und kontrolliert (Behrend 2008: 21; Nadai 2006), womit der Legitimationsdruck auf Arbeitslose gestiegen ist.[8] Nicht bezahlte Tätigkeiten, die auf das Gemeinwohl gerichtet sind, oder familiäres Engagement werden damit noch weniger als Äquivalente zur Erwerbsarbeit anerkannt (Fischer 2007: 155). Durch die Verschärfung des Arbeitszwangs werden alternative Lebenswege erschwert, z. B. die Konzentration auf Familienarbeit oder aber der Weg des Lebenskünstlers bzw. Lebenskünstlerin.

Im aktivierenden Regime des Forderns und Förderns hat sich das Verhältnis zwischen Staat bzw. Gesellschaft einerseits und Hilfeempfängern und -Empfängerinnen andererseits grundlegend geändert. Lessenich (2008) spitzt dies zu, indem er, in Anlehnung an Simmel, Wohlfahrt nunmehr auf ein Interesse für die Allgemeinheit fixiert sieht und einen Vorrang des Sozialen vor dem Individuellen attestiert. In Heitmeyers Langzeituntersuchung der „Deutschen Zustände" kommt dies z. B. in der hohen Zustimmung von 50,8 %[9] zu der Aussage: „Es ist empörend, wenn sich Langzeitarbeitslose auf Kosten der Gesellschaft ein bequemes Leben machen", zum Ausdruck (vgl. Heitmeyer/Endrikat 2007: 66).

In diesen aktuellen Entwicklungen scheinen unserer Ansicht nach Ähnlichkeiten mit der Arbeitsgesellschaft der DDR durch, insofern Arbeit dort in hohem Maß als Pflicht gegenüber der sozialistischen Gemeinschaft verankert war und heute mehr Eigenverantwortung zur Vermehrung des Gemeinwohls beitragen soll (vgl. Schröder 2000: 201). Im Unterschied zur DDR ist die Aktivierungspolitik also mit einer Ausweitung der Eigenverantwortung auf Seiten der Individuen versehen – und zwar ohne dass ein Rechtsanspruch auf einen Arbeitsplatz besteht. Tatsächlich steht der individuellen Pflicht zur Arbeit aufgrund der strukturell hohen Arbeitslosigkeit, gerade in Ostdeutschland,[10] nur ein begrenztes Angebot an Erwerbsstellen auf dem Arbeitsmarkt gegenüber.

---

7   Dies ist nicht unumstritten. Fischer (2007: 151 f.) merkt beispielsweise aus einer geschlechtertheoretischen Perspektive kritisch an, dass dieser Integrationsform die Vergemeinschaftung in der Familie und in das Gemeinwohl gleichwertig gegenüberständen.
8   Ein starker gesellschaftlicher Druck auf Arbeitslose zeigt sich z. B. in Gruppendiskussionen der Studie „Ein Blick in die Mitte. Zur Entstehung rechtsextremer und demokratischer Einstellungen in Deutschland" (Decker/Rothe/Weißmann/Geißler 2008: 168–173).
9   Die 50,8 % ergeben sich aus 32,7 % voller Zustimmung („trifft voll und ganz zu") und 28,1 % einfacher Zustimmung („trifft eher zu"). Nur 7 % lehnen diese Aussage ganz und gar ab, und 32,3 % lehnen sie eher ab (vgl. Heitmeyer/Endrikat 2007: 66).
10 Im Jahr 2009 lag die Arbeitslosenquote in der BRD im Jahresdurchschnitt bei 6,9 %, während sie in Ostdeutschland 13 % betrug (vgl. Bundesagentur für Arbeit 2010: 25).

Die Erwerbsarbeit bzw. der Erwerbsstatus wird zum Kriterium, an dem sich hauptsächlich festmacht, ob eine Person „als vollgültiges Mitglied des Gemeinwesens" (Fischer 2007: 157) angesehen wird. Im Unkehrschluss lässt sich sagen: Ein wesentliches Kennzeichen von Erwerbsarbeit ist die mit ihr verbundene bzw. durch sie vermittelte soziale Anerkennung sowie deren identitätskonstitutive Bedeutung (vgl. z. B. Holtgrewe/Voswinkel/Wagner 2000: 19 ff.).[11] Angesichts der Verwobenheit von Arbeit mit diesen zentralen gesellschaftlichen Gütern verwundert es kaum, dass trotz einer Ausdifferenzierung von Arbeitsverhältnissen und stärker verschwimmenden Grenzen zwischen Arbeit und Nicht-Arbeit (vgl. Bonß 2006) auf individueller Ebene der hohe Stellenwert von herkömmlicher Erwerbsarbeit in der Bevölkerung weiterhin ungebrochen ist (vgl. z. B. Statistisches Bundesamt 2002; Fischer 2007) und ihr als sinnstiftender Tätigkeit eine zentrale Rolle zukommt. Dies stellt insbesondere für Menschen ohne Erwerbsarbeit ein Dilemma dar. Sie sind mit der „Normalität der Erwerbsarbeit" und mit den gesellschaftspolitischen Forderungen konfrontiert, dass jegliche Arbeit besser als keine sei, während andere sinnstiftende Tätigkeiten wie Elternschaft oder Ehrenamt nicht dauerhaft als Legitimation einer Untätigkeit am Arbeitsmarkt anerkannt werden.

Für unsere Fragestellung nach der Sinnstiftung von Arbeit in prekären Lebenslagen ist neben dem gesellschaftlichen Zusammenhang in der DDR und deren kulturellem Erbe dieser heutige gesellschaftliche Kontext mit zu bedenken, in dem den gesellschaftlichen Erwartungen einer Integration über Erwerbsarbeit nur begrenzte Möglichkeiten gegenüberstehen, diesen zu entsprechen. Damit ergibt sich eine Diskrepanz zwischen Zielen und Mitteln des Zugangs, wie sie schon Merton (1995) beschrieben hat. Wenn man an die Idealisierungen von Arbeit und Gemeinschaft bei Ostdeutschen auch zwanzig Jahre nach dem Ende der DDR sowie an die starke Verinnerlichung des Wertes Arbeit denkt, kann man davon ausgehen, dass diese Diskrepanz gerade bei Arbeitslosen, die in ostdeutschen Bundesländern sozialisiert wurden und leben, besondere Wirkungen entfaltet. Damit stellt sich umso drängender die Frage nach dem Umgang mit dieser Diskrepanz. Halten Langzeitarbeitslose an Arbeit als Sinnstiftung trotzdem fest? Und wenn ja, wie gehen sie mit dem damit unweigerlich verknüpften Dilemma um? Wie kommen vor diesem Hintergrund alternative Formen der Sinnstiftung ins Spiel?

3   Sinnstiftung durch Arbeit?

Unsere Analysen stützen sich auf biographisch-narrative Interviews,[12] in denen biographische Verarbeitungsstrategien und Deutungsmuster in einer diachronen Perspektive rekonstruierbar sind. Für die Auswertungen der Interviews haben wir in Anlehnung an Oevermann (2003: 371 f.) drei Bereiche sinnstiftender Tätigkeiten als theoretisch sensibilisierende Kon-

---

11   Oevermann sieht im Rahmen seines Strukturmodells der Religiosität Arbeitsleistung als zentrale Möglichkeit der Bewährung an (2001: 35 f., 2003: 348). Er unterstellt hierfür allerdings ein universelles Bewährungsproblem für alle Menschen, das er anthropologisch-normativ und nicht empirisch begründet (vgl. die Kritik von Wohlrab-Sahr 2003).

12   Die Daten sind im Rahmen des DFG-Projekts „Religiöse und nicht-religiöse Weltsichten in prekären Lebenslagen" unter Leitung von Kornelia Sammet am Kulturwissenschaftlichen Institut der Leipziger Universität erhoben worden.

zepte (Strauss/Corbin 1996: 25) herangezogen.[13] Sozialität lässt sich, wie es bereits in den obigen Ausführungen durchschien, zum einen durch Arbeit, zum anderen durch Familie und drittens im Beitrag für das Gemeinwohl greifen (Gärtner 2006: 181–192). Wie sich in den Auswertungen der folgenden drei Fälle zeigt, sind diese Bereiche stark miteinander verwoben. Alle hier vorgestellten Fälle sind in der DDR sozialisiert und zurzeit arbeitslos oder befinden sich in öffentlichen Beschäftigungsmaßnahmen.

3.1 Sabine Junge: Arbeit – das wäre „wie 'n Sechser im Lotto"[14]

Sabine Junge ist zum Zeitpunkt des Interviews sechsunddreißig Jahre alt. Sieht zunächst noch alles nach einem sozialistischen Normallebenslauf aus – Kindergrippe und -garten, Besuch der POS –, ändert sich dies dramatisch kurz vor den Wendezeiten. Gemeinsam mit ihrer gesamten Schulklasse entscheidet sich Sabine Junge aus einer Protesthaltung heraus gegen den Besuch der Erweiterten Oberschule. Da ihr die gewünschte Ausbildung vom Staat verwehrt wird, wird sie von ihren Eltern in eine Facharbeiterausbildung „gesteckt", die sie inhaltlich nicht interessiert. Als sie noch zu Zeiten der DDR schwanger wird, bricht sie diese Ausbildung ab, arbeitet aber in ihrem Ausbildungsbetrieb – wie sie mit Stolz betont, sehr gut entlohnt[15] – bis kurz vor der Entbindung.

Nach der Wende bis zum Zeitpunkt des Interviews 2009 kann sie nur noch ein Mal knapp länger als ein Jahr eigenständig ihre Existenz sichern. Trotz Umschulungen und großer eigener Bemühungen fasst sie nicht mehr Fuß im ersten Arbeitsmarkt. Dies liegt nicht nur an den berufsbiografischen Entscheidungen vor der Wende, sondern auch an dem Umstand, dass sie sich in den folgenden Jahren angesichts der schlechten Arbeitsmarktsituation entscheidet, drei weitere Kinder in die Welt zu setzen.[16] Familie und Elternschaft sind für Sabine Junge ein wichtiger Lebensbereich, in dem sie Glück findet und sich bewähren kann. Dieses Glück beschränkt sich aber nur auf die Lebensphase, in der die familiäre Situation stabil und die Verantwortung für die Kleinkinder groß ist. Auf die Frage nach einer Zeit, als es ihr besonders gut ging, antwortet sie:

> „Ja wo ich die Schwanger..schaften .. Die Zeiten, wo wo die Kinder klein waren und so also wo ich schwanger war. Da das war die Zeit, da war ich .. glücklich. Da hat noch alles irgendwie funktioniert. (1) Da war man stolzer ein bissel oder .. man hat ne eigene Familie, man muss das bewältigen und .. *schafft's* ooch und .. das war .. eigentlich die schönste Zeit bisher in meinem Leben."[17]

---

13 Die Verwendung dieser Konzepte ist abgelöst vom Oevermann'schen Strukturmodell von Religiosität.
14 Die Namen der Interviewpartner und Interviewpartnerinnen wurden für den vorliegenden Aufsatz anonymisiert.
15 In diesem Zusammenhang idealisiert Frau Junge die DDR-Arbeitsgesellschaft, in der sie entsprechend der sozialistischen Leistungsideologie eine gerechte Entlohnung insbesondere schwerer körperlicher Arbeit realisiert sah: „Die, die 'n beschissenen Job hatten, die sich dreckig gemacht haben, die haben ooch .. besser bezahlt gekriegt als die, die .. im Büro sitzen oder weiß ich nicht, in irgend..nem Verkaufsding oder so."
16 Siehe hierzu ergänzend den Abschnitt zu Frau Junges Biographie im Beitrag von Kornelia Sammet in diesem Band.
17 Folgende Transkriptionsregeln kamen zur Anwendung: Auffällige Betonungen sind kursiv gesetzt, kurze Redepausen mit .. gekennzeichnet. Für längere Pausen sind in Klammern die Sekunden angegeben.

Mit dem Bruch der Partnerschaft und damit dem Auseinanderbrechen der Familie gerät Frau Junge in eine schwere Lebenskrise, die sie nur noch mit Tabletten bewältigen kann. Allein die Verantwortung für ihre Kinder hält sie, nach ihrer Erzählung, davon ab, sich umzubringen. Genau diese Verantwortung gegenüber den Kindern ist auch maßgeblich für ihre starke Arbeitsorientierung. Die Arbeitslosigkeit bringt sie aufgrund der prekären finanziellen Lage in das Dilemma, dass sie ihren Kindern nicht die gesellschaftliche Teilhabe bieten kann, die sie in der DDR selbst als „normal" erlebt hatte (z. B. Ausflüge, Klassenfahrten). Die Bedeutung von Arbeit für die Sicherung der eigenen Existenz und der ihrer Kinder zeigt sich beispielsweise in der Höherbewertung von Arbeit gegenüber Familie, die sich für sie folgerichtig aus der Verantwortung für die Kinder ergibt:

> „Es [Arbeit, die Verfasser] *kommt* noch *vor Familie*, wenn's man richtig .. betrachtet. Na ja, .. ob ich jetzt Familie habe oder nicht, ist egal, aber die Arbeit brauche ich trotzdem zum Leben. .. Ja mit Kindern natürlich noch mehr eigentlich."

Während sie früher noch vergeblich um ihre Wunschzweitausbildung gekämpft hat, geht es Frau Junge mittlerweile primär darum, die Unabhängigkeit vom Jobcenter zu erreichen:

> „Nu und da wäre mir ein richtiger Job, kann ja sechs Stunden sein .. und muss nicht mehr Geld sein, aber weg von dem Hartz IV. .. Das wäre schon's Beste, es wäre .. wie 'n Sechser im Lotto so."

Arbeit zu bekommen würde für sie ein großes Glück bedeuten. In der Gleichsetzung mit einem Lotto-Gewinn kommt zum einen der hohe, auch finanzielle Wert von Arbeit zum Ausdruck, der im Kontrast zu ihren niedrigen finanziellen Ansprüchen an die Arbeit steht, und zum anderen die geringe Wahrscheinlichkeit und damit weite Ferne dieses Ziels des Arbeitsmarkteinstiegs.

Ihr „Hauptziel", wieder in existenzsichernde Erwerbsarbeit[18] zu kommen, hat auch andere Gründe: Wie sie es in ihrer einzigen Arbeitsstelle nach der Wende erlebt hat, bedeutet Arbeit für sie auch Gemeinschaft. Frau Junge schätzt die soziale Integration im Team und die Weiterbildungen, die das Team „zusammenschweißen" und die sie nach altem DDR-Jargon „kollektivbildende(n) Maßnahmen" nennt. Frau Junge erhofft sich von einer Arbeit auch soziale Anerkennung und findet durch sie ihre Identität:

> „und die Leute, zu denen ich heimgefahren bin[19], die sagen ooch Danke. Die haben sich gefreut, dass man kommt. Man *hat* was zurückgekriegt. Das war wirklich das Gute [...] Und dort [während der Arbeit, die Verfasser] habe ich wirklich gemerkt, wie ich wirklich bin."

---

18 Die Möglichkeit, mit Hartz IV zusätzlich zum Arbeitseinkommen „aufzustocken", schließt sie aufgrund der so weiterhin bestehen bleibenden Abhängigkeit vom Jobcenter aus, die mit einem nervenaufreibenden Verwaltungsaufwand verbunden ist und viel Zeit kostet

19 Sie fährt im Rahmen ihrer Tätigkeit in der Sozialstation zu hilfebedürftigen Menschen nach Hause und versorgt sie.

Insbesondere aufgrund dieser positiven Erfahrungen und den erlebten guten Rückwirkungen auf das Familienleben[20] kämpft sie weiterhin für eine Stelle, obwohl sie ihre Chancen als gering einschätzt. Eine andere Sinnstiftung, z. B. ein Ehrenamt, kommt für sie nicht in Frage. Dies könnte auch an dem Druck liegen, mit dem sie nicht nur durch das Arbeitsamt, sondern auch durch ihre Familie und selbst durch ihre eigenen Kinder konfrontiert ist.[21]

3.2 Friederike Lange: „meine Tochter ist für mich mein Glück"

Friederike Lange wurde 1969 in einer Großstadt als drittes Kind geboren und wuchs behütet als „Nesthäkchen" auf. Im Unterschied zur DDR-Normalität entschied sich ihre (katholische) Mutter bei ihr für eine Betreuung zu Hause. Die enge Mutter-Kind-Beziehung erweist sich als charakteristisch für die Biographie Friederike Langes. Nach der zehnjährigen Schulbildung entschließt sie sich auf Anraten einer Bekannten ihrer Mutter, eine Schneiderlehre zu absolvieren, und arbeitet danach für kurze Zeit als Zuschneiderin in einem DDR-Betrieb.[22] Mit achtzehn Jahren nimmt sie sich eine eigene Wohnung, bleibt aber in engem Kontakt zur Familie.

Nach dem Systemwechsel 1990 ist Frau Lange gezwungen, sich auf andere Arbeitsfelder umzuorientieren. Kennzeichnend ist hierbei für sie, dass sie ihr Leben und damit auch ihre berufliche Karriere nicht plant, sondern Gelegenheiten nutzt, die sich – wie auch schon zu DDR-Zeiten – über soziale Kontakte ergeben. Arbeitet sie zunächst im Laden der Eltern ihres Freundes mit, kommt Friederike Lange nach der Trennung im Bistro ihres Bruders unter, bis sie sich schließlich 1996 mit einem Obst- und Gemüseladen selbständig macht. Die Selbständigkeit gibt sie aber, auch angesichts der geringen Lukrativität, ohne langes Zögern auf, als sie mit zweiunddreißig Jahren von ihrem neuen Freund schwanger wird. Wie ihre Mutter nimmt sie für ihr Wunschkind eine dreijährige Erziehungszeit in Anspruch. Seither hat sie mehrere Weiterbildungen und öffentliche Beschäftigungsmaßnahmen durchlaufen und über Bekannte vermittelte Nischen genutzt, ohne allerdings langfristig auf den ersten Arbeitsmarkt zurückzufinden. Neben der unsicheren Arbeitsmarktsituation stellt sie in ihrer Familie eine fragile Übergangslösung auf Dauer, indem sie nach der Trennung von ihrem Freund den Schein der funktionierenden Partnerschaft vor ihrem Umfeld inklusive ihrer Tochter aufrechterhält – nach eigener Aussage zum Schutz des Kindes.

Für Frau Lange werden die Tochter und die Gemeinschaft mit ihr zum Lebensmittelpunkt. Sie bezeichnet sich selbst sogar als „Glucke", was zum einen auf die Wertschätzung ihrer Beziehung zur Tochter und zugleich auf die Abwehr von fremden Einflüssen auf diese Gemeinschaft hinweist. Die Mutterschaft füllt Frau Lange aus: „Meine Tochter ist für mich

---

20 „Aber ich muss sagen, wo ich arbeiten war beim XY [Name der Sozialstation, die Verfasser], 's hat *besser* funktioniert. Ich habe Zettel hingelegt früh, das und das müsst ihr gemacht haben, wenn ich heimkomme und das *hat funktioniert*. Die sind *anders* damit umgegangen, jetzt ist Mutti da und .. nu und also das und das möchte ich gerne wieder haben. XY, das war wirklich ne geniale Zeit."

21 Sie erzählt von einem ihrer Söhne:„Und der hat kaf- kam ooch manchmal mit Sprüchen, ja wer geht'n hier arbeiten, du oder ich. .. Und da sag ich du pass mal auf, du lebst von einer Frau, die Hartz IV kriegt, also lebst du von meinem Hartz IV und so."

22 Sie spricht auch davon, dass sie staatlicherseits „berufsgelenkt" wurde, was sie positiv bewertet.

mein Glück", daher kann sie auch den Drang von Müttern, gleich wieder ins Berufsleben zurückkehren zu wollen, nicht nachvollziehen. Für sie ist die Betreuung zu Hause der Idealfall, von dem sowohl Kind als auch Mutter profitieren:

> „Ich kann das nicht verstehen, dass die M-*Mütter* dann gleich wieder arbeiten gehen wollen. Nee, es war ,n Wunschkind und ich wollte mit dem Kind .. die Zeit *genießen* .. und das hab ich auch *gemacht*."

Die Zeit mit dem Kind zu verbringen, bringt auch soziale Kontakte und gemeinschaftliche Unternehmungen mit anderen mit sich, was sie sehr schätzt, so beispielsweise Spaziergänge mit einer Freundin, die ebenso Mutter ist, oder die Zeit im Garten mit den Eltern. Frau Langes Wunsch, möglichst viel Zeit mit ihrer Tochter zu verbringen, kollidiert mit den Anforderungen des Arbeitsmarktes. Verschiedene potentielle Erwerbsmöglichkeiten – Verkäuferin, Altenpflegehelferin – schließt sie wegen der unregelmäßigen Arbeitszeiten aus. Dass eine Tagesmutter oder die Großeltern ihre Tochter betreuen, kommt für Friederike Lange nicht in Frage. Wenngleich Arbeit ein wichtiger Wert für sie ist und sie ihn mit Gesundheit und Familie auf eine Stufe stellt, ist die Familienorientierung am stärksten ausgeprägt. Nicht unwesentlich ist hierfür vermutlich ihre Erfahrung, dass sie sich auf ihre Familie, im Unterschied zur unsicheren Arbeit, verlassen kann.[23]

Wie in der Erziehung der Tochter die Gemeinschaft mit ihr und anderen Personen Frau Lange Sinnstiftung bietet, schätzt Frau Lange an Arbeit weniger den beruflichen Erfolg oder Selbstverwirklichung, sondern vielmehr die soziale Integration und Gemeinschaft. Wenn diese Rahmenbedingungen gegeben sind, arbeitet sie gerne. So führt sie eine als ABM angelegte Stelle nach der Kündigung vorübergehend ehrenamtlich fort.

In diesem Zusammenhang lassen sich auch Idealisierungen der Arbeit in Gemeinschaft aufspüren, so wie sie sie in ihrer Ausbildung und Arbeit als Schneiderin in der DDR erfahren hat:

> „Ja es hat mir auch Spaß gemacht so im Kollektiv, also da hatte ich noch nie Schwierigkeiten gehabt, .. das macht mir schon Spaß mit Menschen .. zu arbeiten."

Die erlebte Gemeinschaft von damals stellt sie in Kontrast zur individualisierten Gesellschaft heute:

> „Es ist wirklich so ja, der Zusammenhalt, der war ganz anders, wie es jetzt ist (2) jetzt hat jeder mit sich zu tun."

Die heutige Gesellschaft vergleicht sie auch insofern mit der DDR-Gesellschaft, als sie der Meinung ist, dass genügend Arbeit für alle Menschen vorhanden sei. „Es könnte jeder ar-

---

23 So antwortet Frau Lange auf die Frage, was Halt gibt im Leben: „Auf meine Eltern .. auf meine Familie kann ich mich *schon* verlassen. .. Also hundert *pro*. .. Also die würden *immer* .. zu mir stehen. [...] (7) Ja wenn ich jetzt Arbeit *hätte* .. (lacht) kann ich mich *nicht* drauf verlassen, dass ich das (lacht) bis ans Lebensende habe, ne. /Ja./ .. Das ist ja nun mal so. /Ja./ .. Die Zeit ist so schnelllebig und mhm (4) *ja*, was morgen ist weiß *keiner*."

beiten gehen. Weil es gibt wirklich genug Arbeit." Arbeit ist für sie kein knappes Gut. Im Gegenteil: Sie sieht einen großen gesellschaftlichen Bedarf z. B. für den sozialen Bereich (Betreuung von alten Menschen, Kinderbetreuung). Die vorhandene Arbeit, in einem sehr weiten Verständnis gesellschaftlich nützlich oder gemeinwohlfördernd, müsste auf die Arbeitslosen verteilt werden, damit diese aus ihrem moralischen Dilemma entkommen, Geld ohne Arbeitsleistung zu erhalten:

> „Man kriegt da für *Nixtun* kriegt man ja *Geld*. Andere arbeiten und .. kriegen .. ja ein bisschen mehr. Aber die gehen dann auch acht Stunden und das täglich und das .. also es ist schon ungerecht finde ich .. es gibt *so viel* Arbeit, zum Beispiel jetzt, wo das Schneechaos hier war, ne die Straßen, die waren .. die Fußwege nichts geräumt gar nichts, ne. Da sollen se doch sagen, mir haben soundso viele Arbeitslose .. können die nicht ma hier ne Stunde machen, oder was? Also, ich ich wär da schon dafür."

Im Interview wehrt sich Frau Lange gegen eine Kategorisierung als faule Arbeitslose und bekundet immer wieder offensiv ihre Arbeitsmotivation. Im Unterschied zu Frau Junge ergreift sie aber in der Praxis nicht selbst die Initiative, sondern nutzt Gelegenheiten, die sich durch das Arbeitsamt oder Bekannte ergeben. Das, worauf es ihr in der Arbeit ankommt, Gemeinschaft, kann sie mit einer größeren Sicherheit über ihre familiäre Einbettung erlangen. Frau Lange bezeichnet sich selbst als genügsam und sieht deshalb auch keinen Anlass, eigene Anstrengungen zu unternehmen, um wieder in Erwerbsarbeit zu gelangen. Beispielsweise behauptet sie, noch nie eine Bewerbung geschrieben zu haben:[24]

> „Ich strenge mich jetzt nicht an. [...] Ich lass das jetzt so laufen, wie's läuft."

Ihre gesamte Lebenseinstellung kennzeichnet, das Leben fatalistisch so zu nehmen, wie es kommt; sie hegt keinerlei Zukunftsaspirationen, weder in Bezug auf Partnerschaft noch auf andere Projekte.[25]

3.3 Helmut Zärner: Rebellion im Kampf für und gegen „das System"

Herr Zärner wurde 1950 geboren und ist, wie die beiden vorherigen Fälle auch, in einem proletarischen Milieu aufgewachsen. Er ist in Beruf wie auch im Sport erfolgs- und aufstiegsorientiert und bekommt durch sein Fachhochschulstudium eine leitende Position als Ingenieur. War er in der DDR noch erfolgreich, so auch in der Familiengründung, fangen die Berufskarriere als auch die private Stabilität nach dem Ende der DDR an zu bröckeln. Seine sichere Position geht verloren, als sich sein „Systemarbeitsverhältnis" auflöst und

---

24 Dass sie deshalb keine Probleme mit dem Amt bekommt, führt sie vor allem auf ihren Status als alleinerziehende Mutter zurück.
25 Auf Nachfrage der Interviewerin äußert sie weder den Wunsch, eine neue Partnerschaft einzugehen, noch andere Pläne oder Erwartungen an die Zukunft: „Da ist ja bei mir dann der Zug abgefahren. [...] Was soll denn noch kommen. Also.. ich denke, es kommt nicht mehr viel."

der Betrieb umstrukturiert wird.[26] Nach der Entlassung 1997 kommt er – trotz Ingenieursausbildung – nicht in den ersten Arbeitsmarkt zurück, während seine Ehefrau in einer großen Bank Karriere macht. 2005 trennt sie sich von ihm. Helmut Zärner versucht sowohl im Sport als auch insbesondere im Engagement für das Gemeinwohl Äquivalente für die entstandene Lücke der Arbeit zu finden, allerdings verfängt er sich in einer Dynamik, die ihn mehr und mehr zu einem einsamen Querulanten macht, der sich selbst fremd wird und seine eigene Identität verliert. Die Identitätskrise geht schlussendlich in selbstzerstörerische Tendenzen über, so dass ihm nur noch bleibt, die Bedeutung seines Lebens über das Reiben am und im „System" aufrechtzuerhalten.[27]

Für den erfolgs- und leistungsorientierten Zärner ist mit dem Wegfall der beruflichen Arbeit *die* zentrale Sinnstiftung verloren gegangen.[28] Mit den betrieblichen Veränderungen sieht er sein Werk durch den Westen zerstört und fängt an, um Gerechtigkeit zu kämpfen. Zunächst geht es um seine Abfindung, dann verlegt er sein Engagement auf andere Bereiche, die sich auf das Gemeinwohl beziehen. So setzt er sich in seiner Stadt für eine bessere Infrastruktur ein, nach seinen Worten „für Sauberkeit und Ordnung"[29]. Dabei greift er zu Mitteln (z. B. einer Straßenblockade), die dazu führen, dass er vor Gericht gestellt wird. Es kommt sogar so weit, dass einmal ein Sondereinsatzkommando „in einer Nacht-und-Nebel-Aktion" in seine Wohnung eingebrochen sei und ihn verhaftet habe. Gerade durch diese Verhaftung sieht Herr Zärner seine Rechte und sein zivilgesellschaftliches Engagement verhöhnt und verstrickt sich in der Folge immer stärker in die Rolle eines Staatsfeindes, die er jedoch – wie die Kleist'sche Figur des Kohlhaas – nie intendierte.

Trotz erfahrener Enttäuschungen und der Zurückweisung seines Engagements zeigt er weiterhin eine sehr kompetitive Haltung: Neben der Politik greift er auf seine sportlichen Fähigkeiten zurück und baut seine Kompetenz mit dem Erwerb verschiedener Trainerlizenzen aus. Der Versuch einer alternativen Sinnstiftung und des Erlangens sozialer Anerkennung durch sein sportliches Engagement scheitert jedoch regelmäßig.[30] Immer wieder wird er zum Querulanten abgestempelt:

> „Muss man sich mal vorstellen. Menschen, die Zivilcourage zeigen, die die sich engagieren für das System, [...] für ihre Gemeinde sind *Querulanten*."

Sein Problem im Streben nach sozialer Anerkennung spitzt sich zu, als ein weiterer wichtiger Einschnitt – das Scheitern der langjährigen Ehe – erfolgt. Sie bringt zum einen den Verlust des Hauses – das Ergebnis seiner Arbeits- bzw. Lebensleistung und Symbol seiner bisher

---

26 „Dann kam ich leider raus aus äh diesem äh sogenannten Systemarbeitsverhältnis und wurde in eine Projektgruppe gesteckt."
27 Vgl. ergänzend die Ausführungen zu diesem Fall im Beitrag von Kornelia Sammet in diesem Band.
28 Er räumt Arbeit einen zentralen Stellenwert ein und hat eine starke Arbeitspflicht verinnerlicht. So sagt er beispielsweise auf die Frage, welche Bedeutung Arbeit für ihn hat: „Ja, Arbeit äh Arbeit ist sehr wichtig" und erläutert dies im Folgenden am Beispiel seiner Tochter und anderen Jugendlichen. Diesen rät er für eine Arbeitsstelle gegebenenfalls ins Ausland zu gehen und in jedem Fall Arbeit vor das Private zu stellen: „du musst du musst arbeiten [...] du darfst keine Rücksicht nehmen"; „wir müssen der Arbeit hinterher gehen".
29 Beispielsweise engagiert er sich für bessere Fußwege und öffentliche Treppen in der Stadt.
30 So in Vereinen als ehrenamtlicher Trainer oder im Versuch des Aufbaus einer Mädchenmannschaft. Zu den Gründen dieses Scheiterns siehe ebenso die Ausführungen von Kornelia Sammet in diesem Sammelband.

erfolgreichen Biographie – mit sich, aber vor allem den Absturz in die existentielle Abhängigkeit vom Staat, dem gerade in Kraft gesetzten Hartz IV. Zu Hartz IV sagt er, es „versaut einem den ganzen Tag, es versaut das ganze Leben, weil man wird so unzufrieden, weil man merkt, äh [..] eins und eins ist nicht zwei, sondern irgendwo dazwischen". Das Rechenbeispiel Herrn Zärners verweist auf die Willkür, der er sich durch das Amt ausgesetzt sieht, wogegen er sich vehement wehrt. Gemäß seiner expliziten Selbstbezeichnung und Identifikation als „Staatsbürger" eignet er sich juristisches Spezialwissen an, das ihm trotz seiner gefühlten sinnlosen Existenz ein Stück weit Selbstbestätigung bringt:

> „dass ich gegenüber dem Arbeitsamt wieder mal einen Erfolg hatte .. in irgendwelcher Art und Weise. Äh da fühlt man sich wohl. Da j- da sagt man sich, es war nicht umsonst oder ich hab .. ich hab alles richtig gemacht. Da fühlt man sich wohl. .. Das 's nur n kleines Erfolgserlebnis, wissen Sie. Weil man hat ja man hat ja kein Erfolgserlebnis mehr, na. Es ist ganz schwer."

Seinem Engagement *für* das Gemeinwohl steht, insbesondere seit der Hartz-IV-Abhängigkeit, gleichzeitig der fortwährende Kampf *gegen* das System gegenüber – in concreto vor allem das Arbeitsamt, das ihn sowohl in seinen Rechten als auch seinem Engagement nicht anerkenne und von dem er sich „bestraft" fühlt. Das „System nieder(zu)machen" wird zu Herrn Zärners zentralem sinnstiftendem Lebensinhalt: „Das ist […] im Prinzip mein Leben geworden, der Kampf gegen das System." Dies wird besonders deutlich in seiner Entscheidung gegen einen Suizid in seiner schlimmsten biographischen Krise, die er infolge der Erfahrung einer gewaltsamen psychiatrischen Zwangseinweisung und anschließender sozialer Isolation erlebt:

> „Aber wie gesagt, nee nee also 's Leben nehm ich mir nicht. Ich sage nee nee das, ich sag mir ooch, das den Gefallen tu ich dieses System nicht, dass sie dass sie sagen Gott sei Dank, den Zärner sind wir los. .. Also das mach ich nicht."

Die stetige Auseinandersetzung mit dem „System" kann als eine der verzweifelten Bemühungen Herrn Zärners, die Bedeutung seines Lebens aufrechtzuerhalten, gedeutet werden. Der Kampf gegen die Sinnlosigkeit seiner Existenz geht mit einer Angst vor einem weiteren sozialen Abstieg und starken Abgrenzungen von Arbeitslosen einher, die ein – für die Gesellschaft und sich selbst – sinnloses Leben führen:

> „ich sag mir ooch langsam, du musst uffpassen, dass du ni langsam abgleitest. […] mit vielen Menschen möchte ich keinen Kontakt haben, weil sie sich gehen lassen .., äh weil sie .. ihr Leben . *sinnlos* .. verbringen, .. weil sie der Gesellschaft eigentlich *nur* eine Last sind, .. weil sie *nichts tun*, .. weil sie sich gehen lassen und so weiter. […] Die können kaputt gehen sag ich Ihnen ehrlich, .. die *sollen* kaputt gehen, .. weil sie sich nicht .. beherrschen, weil sie sich nicht aufraffen."

In seiner sich hier dokumentierenden sozialdarwinistisch-faschistoiden Orientierung,[31] nach der er gesellschaftlich wertes von unwertem Leben unterscheidet, zeichnet sich eine starke Verinnerlichung der Pflicht ab, durch eigene Aktivität und eigene Leistung etwas zur Gesellschaft beizutragen. Der Sinn des Lebens ist existentiell mit einer solchen Tätigkeit für die Gesellschaft verknüpft. Auch an der folgenden Stelle, in der er sein biographisches Scheitern thematisiert, kommt der Bezug zur Gesellschaft zum Ausdruck.

> „Meine Lebensbiographie ist leider irgendwo zerbrochen, .. ich hab mein Leben *selber zerstört*. .. Ich hab mein Leben selber zerstört, ne. . […] Aber .. ich bereu's trotzdem nicht, ich bereu's nicht ..,, weil ich der Meinung bin, ich diene einer (2) einem heheren Ziel .. und das Ziel hat eigentlich auch diese Gesellschaft, .. aber man kommt leider ni durch damit (lacht). Oder das System will's verhindern, dass man damit durchkommt. .. Und ich hab jetzt keine andere Aufgabe mehr. .. Ich lebe sozusagen in sozialer Abhängigkeit."

In einer Situation, in der Herr Zärner in allen wichtigen Bereichen seiner Biographie gescheitert ist, stellt er sich in den Dienst einer Idee, die über sein individuelles Leben hinausweist. Mit dem Verweis auf ein „hehere(s) Ziel" – das eine Verknüpfung von einem hehren und einem höheren Ziel darstellt – klingt an dieser Stelle sogar eine diesseitige Utopie an, auf die er hinarbeitet, die allerdings inhaltlich vage bleibt. Die Arbeit auf eine bessere Gesellschaft hin, die utopischen Charakter trägt, sowie seine Aufforderung an alle Gesellschaftsmitglieder, sich in den Dienst der Gemeinschaft zu stellen, erinnern hier an die sozialistische Ideologie der DDR. Entsprechend seiner internalisierten Arbeitspflicht und sozialdarwinistischen Orientierung versucht Herr Zärner, alle Möglichkeiten auszuschöpfen, um einen Beitrag zur Gesellschaft zu leisten und auf diesem Weg eine sinnlose und seiner Ansicht nach sogar „unwerte" Existenz zu vermeiden. Eine alternative wichtige Quelle von Sinnstiftung bietet lediglich der große Erfolg seiner Tochter, die in der Wissenschaft Karriere macht und die er als das Einzige bzw. Beste ansieht, das ihm im Leben gelungen ist.

4 Resümee: Arbeit als Pflicht

Gerade der letzte Fall Zärner steht in seiner extremen Ausprägung exemplarisch dafür, wie stark der Wegfall von Erwerbsarbeit die Frage nach dem Sinn des Lebens herausfordert und zu anomischen Orientierungen führen kann. Arbeit erweist sich über die präsentierten Fälle hinaus in unserer Studie für ostdeutsche Langzeitarbeitslose, mit Ausnahme des Falls Lange, als eine zentrale Quelle von Sinnstiftung, obwohl sie kaum erreichbar ist. Arbeit kann dabei verschiedene Sinnhorizonte eröffnen: Bedeutet sie, wie im Fall Zärner, vor allem Selbstverwirklichung und Erfolg, geht es anderen Langzeitarbeitslosen wie z.B. Frau Junge – die bisher kaum in den ersten Arbeitsmarkt integriert war – mittlerweile weniger um den Inhalt der Arbeitstätigkeit und die Selbstverwirklichung in einem bestimmten Beruf als vielmehr

---

31 Seine sozialdarwinistische Orientierung lässt sich an vielen weiteren Stellen wie seiner Interpretation des Lebens im jetzigen Gesellschaftssystem als einem Überlebenskampf festmachen, die an Hobbes Beschreibung des Naturzustandes – „der Mensch ist des Menschen Wolf" – erinnert.

darum, überhaupt Unabhängigkeit von staatlicher Hilfe zu erreichen. Die „reproduktive-arbeitskraftbezogene Integration" (Dörre 2009: 47) durch Erwerbsarbeit zeigt sich – für Männer und Frauen gleichermaßen – als relevanter im Vergleich zu einer Orientierung an Arbeitsinhalten. Erwerbsarbeit hat ihren Wert darüber hinaus nach Erfahrungen vieler Probanden in den positiven Rückwirkungen auf das Privatleben, insbesondere auf das Funktionieren von Familie oder Partnerschaft. Daran zeigt sich die enge Verflechtung verschiedener sinnstiftender Lebensbereiche, z. B. von Elternschaft und Arbeit.[32] So gewinnt Erwerbsarbeit für Frau Junge, gerade als die Partnerschaft scheitert, eine große Bedeutung, um ein erfülltes Familienleben zu führen. Jenseits der reproduktiven und sinnstiftend-subjektiven Dimensionen zeigt sich in unserer Untersuchung, dass Arbeit, auch als Ein-Euro-Job, zum Teil sogar primär die Funktion erhält, Konflikte mit dem Partner oder der Familie zu vermeiden. Dies deutet sich insbesondere bei jungen Menschen an, die keinen Bildungsabschluss haben und in Familien sozialisiert wurden, deren Mitglieder mehrheitlich von Arbeitslosigkeit betroffen sind. Außerdem sticht bei den Fällen Junge und Lange hervor, dass die sozialen Kontakte am Arbeitsplatz und die dort erlebte bzw. erhoffte Gemeinschaft eine sehr wichtige Rolle spielen.[33] Insofern lassen sich bei ostdeutschen Langzeitarbeitslosen auch zwanzig Jahre nach der Wende Idealisierungen von Arbeit und Gemeinschaft aufspüren, die an die DDR-Arbeitsgesellschaft erinnern. Ebenso können in einem zum Teil sehr weiten Arbeitsverständnis im Sinne von „gesellschaftlich nützlich" und dem damit oft verbundenen Wunsch einer gesellschaftlichen Zuteilung von Arbeit ein kulturelles Erbe der DDR vermutet werden. Die staatliche Zuteilung von Arbeit in der DDR ist auch bei jüngeren Ostdeutschen durch die familiäre Tradierung eine Referenz für die Deutung bzw. Erklärung ihrer heutigen sozialen Lage.[34]

Dass Arbeit in einem weiten Sinne – nicht nur bei ostdeutschen Arbeitslosen – begriffen wird, spiegelt die weiter oben beschriebene gesellschaftliche Entwicklung wider, dass angesichts von Workfare u. Ä. die Grenzen von bezahlter und unbezahlter Arbeit uneindeutiger werden (Bonß 2006) und gleichzeitig die Pflicht für Menschen ohne hinreichende ökonomische Absicherung, sich durch Arbeit zu integrieren, verstärkt wird. Jedoch zeigt sich im besonderen Maße bei ostdeutschen Langzeitarbeitslosen eine nicht nachlassende, stark verinnerlichte Pflicht zu arbeiten und ein Festhalten an dem Wert der Arbeit. Dies gilt auch im Fall Lange, die Elternschaft vor Arbeit stellt. Bei älteren ostdeutschen Männern, die den Großteil ihres Lebens in der DDR verbracht haben und deren private und berufliche Stabilität mit der Wende zerfiel, finden wir sogar Befürworter einer „Zwangsarbeit" für alle Arbeitslosen als Voraussetzung dafür, staatliche Hilfen zu erhalten. Die gesellschaftlichen Erwartungen einer Integration durch Erwerbsarbeit finden somit ihre Entsprechung in der stark verinnerlichten Arbeitsorientierung ostdeutscher Langzeitarbeitsloser, in der das kulturelle Erbe der DDR noch heute durchscheint.

---

32 Auf die zentrale Bedeutung von Kindern für die Erwerbsorientierung verweisen ebenso u. a. die Ergebnisse von W. Ludwig-Mayerhofer, O. Behrend und A. Sondermann (2009) sowie O. Callies (2006).
33 Auch bei einigen ostdeutschen Männern im Sample erweist sich dieser Aspekt als zentral, weshalb wir keine systematischen geschlechtsspezifischen Unterschiede vermuten.
34 Die 24-jährige Yvonne stellt beispielsweise, mit Verweis auf ihren (langzeitarbeitslosen) Vater, die Ausbildungsplatzsicherheit der DDR dem heutigen mangelnden „Kümmern" des Staates gegenüber: „[D]er Staat tut einfach.. […] überhaupt nichts mehr". Im Gegenteil schreibt sie – verschwörungstheoretisch anmutend – dem Staat das mögliche Scheitern an einem psychologischen Test zu: „[W]eil die wollen, dass wir durchfallen, weil wenn wir jetzt ne Lehre kriegen, dann muss ja wieder der Staat für die Lehre aufkommen".

5 Literatur

Aulenbacher, Brigitte/Funder, Maria/Jacobsen, Heike/Völker, Susanne (Hrsg.) (2007): Arbeit und Geschlecht im Umbruch der modernen Gesellschaft. Forschung im Dialog. Wiesbaden.
Becker, Roland/Franzmann, Andreas/Jansen, Axel/Liebermann, Sascha (Hrsg.) (2001): Eigeninteresse und Gemeinwohlbindung. Kulturspezifische Ausformungen in den USA und Deutschland. Konstanz.
Behrend, Olaf (2008): Aktivieren als Form sozialer Kontrolle. In: Bundeszentrale für politische Bildung: Aus Politik und Zeitgeschichte B40-41/2009: Arbeitsmarktpolitik. Bonn.
Böhmer, Robert (2005): Der Geist des Kapitalismus und der Aufbau Ost. Dresden.
Bonß, Wolfgang (2006): Beschäftigt – Arbeitslos. In: Lessenich/Nullmeier (Hrsg.): 53–72.
Bude, Heinz/Willisch, Andreas (Hrsg.) (2006): Das Problem der Exklusion. Ausgegrenzte, Entbehrliche, Überflüssige. Hamburg.
Bundesagentur für Arbeit (2010): Arbeitsmarkt 2009. http://www.pub.arbeitsagentur.de/hst/services/statistik/000100/html/jahr/rueckblick_2009.pdf; Stand 23.05.2010.
Callies, Oliver (2006): Konturen der Exklusion. In: Bude/Willisch (Hrsg.): 261–284.
Castel, Robert (2000): Die Metamorphosen der sozialen Frage. Eine Geschichte der Lohnarbeit. Konstanz.
Castel, Robert/Dörre, Klaus (Hrsg.) (2009): Prekarität, Abstieg, Ausgrenzung. Die soziale Frage am Beginn des 21. Jahrhunderts. Frankfurt/Main.
Decker, Oliver/Rothe, Katharina/Weißmann, Marliese/Geißler, Norman (2008): Ein Blick in die Mitte. Zur Entstehung rechtsextremer und demokratischer Einstellungen in Deutschland. Berlin.
Dörre, Klaus (2009): Prekarität im Finanzmarkt-Kapitalismus. In: Castel/Dörre (Hrsg.): 35–64.
Engler, Wolfgang (2000): Die Ostdeutschen. Kunde von einem verlorenen Land. Berlin.
Fischer, Ute Luise (2007): Krise der Arbeit, Krise der Sinnstiftung. Ein kulturtheoretisch-strukturaler Zugang zur Geschlechter- und Arbeitsforschung. In: Aulenbacher/Funder/Jacobsen/Völker (Hrsg.): 149–164.
Gärtner, Christel/Pollack, Detlef/Wohlrab-Sahr, Monika (Hrsg.) (2003): Atheismus und religiöse Indifferenz. Opladen.
Gärtner, Christel (2006): Generationenspezifische Bewährungsmythen und Habitusformationen. Ein Beitrag zur Validierung eines Modells der Formation historischer Generationen, durchgeführt an Fallbeispielen der Geburtsjahrgänge von 1918 bis 1935 in Deutschland. Unveröffentlichte Habilitationsschrift.
Geyer, Michael/Hölscher, Lucian/Lehmann, Hartmut (Hrsg.) (2006): Die Gegenwart Gottes in der modernen Gesellschaft. Göttingen.
Glatzer, Wolfgang/Ostner, Ilona (Hrsg.) (1999): Deutschland im Wandel. Sozialstrukturelle Analysen. Opladen.
Heitmeyer, Wilhelm (Hrsg.) (2007): Deutsche Zustände. Folge 6. Frankfurt/Main.
Heitmeyer, Wilhelm/Endrikat, Kirsten (2007): Die Ökonomisierung des Sozialen – Folgen für „Überflüssige" und „Nutzlose". In: Heitmeyer (Hrsg.): 55–72.
Holtgrewe, Ursula/Voswinkel, Stephan/Wagner, Gabriele (2000): Für eine Anerkennungssoziologie der Arbeit. Einleitende Überlegungen. In: Holtgrewe/Voswinkel/Wagner (Hrsg.): 9–26.
Holtgrewe, Ursula/Voswinkel, Stephan/Wagner, Gabriele (Hrsg.) (2000): Anerkennung und Arbeit. Konstanz.
Kaelble, Hartmut/Kocka, Jürgen/Zwahr, Hartmut (Hrsg.) (1994): Sozialgeschichte der DDR. Stuttgart.
Kasek, Leonhard (1990): Die Entwicklung arbeitsbezogener Werte zwischen 1986 und 1990 auf dem Gebiet der ehemaligen DDR. In: Informationen zur soziologischen Forschung 6: 50–59.
Kohli, Martin (1994): Die DDR als Arbeitsgesellschaft? Arbeit, Lebenslauf und soziale Differenzierung. In: Kaelble/Kocka/Zwahr (Hrsg.): 31–61.
Lessenich, Stephan/Nullmeier, Frank (Hrsg.) (2006): Deutschland. Eine gespaltene Gesellschaft. Bonn.
Lessenich, Stephan (2008): Die Neuerfindung des Sozialen. Der Sozialstaat im flexiblen Kapitalismus. Bielefeld.
Ludwig-Mayerhofer,/Wolfgang/Behrend, Olaf/Sondermann, Ariadne (2009): Auf der Suche nach der verlorenen Arbeit. Arbeitslose und Arbeitsvermittler im neuen Arbeitsmarktregime. Konstanz.
Lutz, Burkart (1995): Betriebe im realen Sozialismus als Lebensraum und Basisinstitution. Erste Hypothesen und offene Fragen zur Transformationsforschung. In: Schmidt (Hrsg.): 135–158.
Mayer, Karl Ulrich/Diewald, Martin (1996): Kollektiv oder Eigensinn? Die Geschichte der DDR und die Lebensverläufe ihrer Bürger. In: Aus Politik und Zeitgeschichte B46: 8–17.
Merton, Robert K. (1995): Soziologische Theorie und soziale Struktur. Herausgegeben und eingeleitet von Volker Meja und Nico Stehr. Berlin/New York.
Meulemann, Heiner (1996): Werte und Wertewandel. Zur Identität einer geteilten und wieder vereinten Nation. Weinheim.
Meulemann, Heiner (1999): Der Wert Leistung in Deutschland 1956 bis 1996. Über den Nutzen der Kohortenanalyse zur Erklärung von Wertewandlungen durch Bedeutungswandlungen. In: Glatzer/Ostner (Hrsg.): 115–130.

Nadai, Eva (2006): Auf Bewährung. Arbeit und Aktivierung in Sozialhilfe und Arbeitslosenversicherung. In: Sozialer Sinn 7/1: 61–77.
Oevermann, Ulrich (1995): Ein Modell der Struktur von Religiosität. Zugleich ein Strukturmodell von Lebenspraxis und von sozialer Zeit. In: Wohlrab-Sahr (Hrsg.): 27–102.
Oevermann, Ulrich (2001): Die Krise der Arbeitsgesellschaft und das Bewährungsproblem des modernen Subjekts. In: Becker u. a. (Hrsg.): 19–38.
Oevermann, Ulrich (2003): Strukturelle Religiosität und ihre Ausprägungen unter den Bedingungen der vollständigen Säkularisierung des Bewusstseins. In: Gärtner/Pollack/Wohlrab-Sahr (Hrsg.): 339–387.
Pollack, Detlef (1991): Sozialstruktur und Mentalität in Ostdeutschland. In: Archives Européennes de Sociologie. 2/32.
Postone, Moishe (1996): Time, labor and social domination. A reinterpretation of Marx's critical theory. Cambridge.
Rehberg, Karl-Siegbert (2006): Ost – West. In: Lessenich/Nullmeier (Hrsg.): 209–233.
Rifkin, Jeremy (1995): Das Ende der Arbeit und ihre Zukunft. Frankfurt/Main.
Schmidt, Rudi (Hrsg.) (1995): Chancen und Risiken der industriellen Restrukturierung in Ostdeutschland. Berlin.
Schmidt, Thomas (2003): Vom Bürger zum Werktätigen. Die arbeiterliche Zivilreligion in der DDR. In: Gärtner/Pollack/Wohlrab-Sahr (Hrsg.): 315–336.
Schmidt-Lux, Thomas (2006): Labor omnia vincit. Eine säkulare Gesellschaft als religiöse Gemeinschaft? In: Geyer/Hölscher/Lehmann (Hrsg.): 404–430.
Schröder, Gerhard (2000): Die zivile Bürgergesellschaft. Anregungen zu einer Neubestimmung der Aufgaben von Staat und Gesellschaft. In: Die neue Gesellschaft/Frankfurter Hefte 47/4: 200–207.
Statistisches Bundesamt (Hrsg.) in Zusammenarbeit mit dem Wissenschaftszentrum Berlin für Sozialforschung (WZB) und dem Zentrum für Umfragen, Methoden und Analysen, Mannheim (ZUMA) (2002): Datenreport 2002. Zahlen und Fakten über die Bundesrepublik Deutschland. Bonn.
Strauss, Anselm/Corbin, Juliet (1996): Grounded Theory. Grundlagen qualitativer Sozialforschung. Weinheim.
Ulbricht, Walter (1958): Der Kampf um den Frieden, für den Sieg des Sozialismus, für die nationale Wiedergeburt Deutschlands als friedliebender, demokratischer Staat. Referat und Schlusswort auf dem 5. Parteitag der Sozialistischen Einheitspartei Deutschlands. Berlin, 10. bis 16. Juli 1958. Berlin.
Vobruba, Georg (1998): Ende der Vollbeschäftigungsgesellschaft. In: Zeitschrift für Sozialreform 44/2.
Wohlrab-Sahr, Monika (Hrsg.) (1995): Biographie und Religion. Zwischen Ritual und Selbstsuche. Frankfurt/Main.
Wohlrab-Sahr, Monika (2003): Religiöse Indifferenz und die Entmythologisierung des Lebens. Eine Auseinandersetzung mit Ulrich Oevermanns „Strukturmodell von Religiosität". In: Gärtner/Pollack/Wohlrab-Sahr (Hrsg.): 389–399.
Wohlrab-Sahr, Monika/Karstein, Uta/Schmidt-Lux, Thomas (2009): Forcierte Säkularität. Religiöser Wandel und Generationendynamik im Osten Deutschlands. Frankfurt/Main.

Religion im Aufbau der Haftentlassenenhilfe in Ostdeutschland

Irene Becci

1   Einleitung und Fragestellung

Die Studien zum Thema Haftentlassenhilfe nehmen in der religionswissenschaftlichen Forschung kaum eine zentrale, sondern eher eine marginale Stellung ein. Diese Randstellung begründet sich einerseits quantitativ im dem Sinne, dass es nicht viele solcher Forschungen und daher auch nur eine kleine fachlich interessierte und kompetente wissenschaftliche Gemeinschaft gibt. Andererseits liegt die Ursache auch an der Forschungsperspektive, die oft stark an institutionelle und normative Interessen gebunden ist, wenn sie zum Beispiel das Ziel verfolgt, Richtlinien zu geben, um das derzeitige Model der Rehabilitation zu verbessern.

Die wenigen Sozialforschenden, die sich trotzdem auf dieses Feld begeben, können aber auch einige positive Aspekte dieser seltenen Perspektive nutzen. Die Erkundung des Universums in dem und um den Strafvollzug bringt politische und soziale Zusammenhänge auf vermutlich viel schärfere Weise zum Vorschein, als es anderswo der Fall ist, weil es ein streng geregeltes und kontrolliertes Feld ist. Auch betrifft der Strafvollzug einen zwar in nationaler Hinsicht vielfältigeren, aber sonst sehr beschränkten Anteil der Bevölkerung. Dieser ist aus über 90 % Männern zusammengesetzt, deren Altersdurchschnitt weit unter dem allgemeinen liegt und die größtenteils aus unterprivilegierten sozialen Schichten stammen.

Im Rahmen meiner wissenschaftlichen Tätigkeit als Postdoktorandin am Max-Planck-Institut für ethnologische Forschung in Halle/Saale bin ich von 2006 bis 2009 in Sachsen-Anhalt und Berlin dem Thema „Religion nach der Haft unter postsozialistischen Verhältnissen" näher nachgegangen. Die durch die ethnologische Forschung erhaltenen Befunde weisen darauf hin, dass es in der sich institutionell verändernden ostdeutschen Gesellschaft auch starke kulturelle Kontinuitäten gibt. In diesem Text geht es um diejenigen der Entstehung bestimmter Artikulationen von Säkularität und Religion. Der Bereich der Straffälligenhilfe bildet in der Tat ein interessantes Beobachtungsfeld, von dem aus eine Perspektive auf die unterschiedlichen Entwicklungen des Verhältnisses zwischen Religion und sozialer Solidarität, also von Religion und Säkularität, gewonnen werden kann. Wie T. Asad (2003) einleuchtend schreibt, sind diese beiden Konzepte (Religion und Säkularität) nämlich eng verbunden, so dass sie sich sogar gegenseitig definieren. Wie dieser Text zu zeigen versucht, ist am Fall Ostdeutschland interessant, dass sich auch konfessionelle Akteure die stark vom sozialistischen System vertretene Idee, dass sich alle Teile der Gesellschaft – also zum Beispiel Arbeitgeber, Familie und Bildungseinrichtungen – an der Wiedereingliederung von Haftentlassenen beteiligen sollen, angeeignet und dies an die Nachwendeakteure übergeben haben. Der Preis dafür war, dass sie dabei ihren eigenen, inneren Säkularisierungsprozess beschleunigt haben.

Die Frage der sozialen Solidarität stellt sich im Feld der Straffälligenhilfe auf besondere Weise. Während es in anderen gesellschaftlichen Bereichen hauptsächlich um soziale Gerechtigkeit geht, stehen bei der Straffälligenhilfe die Menschenwürde und die Menschenrechte, die Wiedergutmachung und die Bemühung um Chancengleichheit bei der Rehabilitation im Vordergrund (vgl. Reindl/Kawamura 2000).

Diese Anliegen sind aber nicht ahistorisch, sondern kristallisieren sich zeitlich, räumlich und sozial in unterschiedlichen Formen aus. Die Oppositionsbewegungen in der DDR mobilisierten für ein transparentes und menschenwürdiges Justizsystem. Gegen die DDR-Regierung haben sich Kirchen regelmäßig, öffentlich und stark zum Beispiel durch Mahnwachen, Demonstrationen oder Friedenswerkstätten für die Rechte der Inhaftierten eingesetzt (Neubert 2000: XV). Zu Wendezeiten stand auf den Transparenten vor den Kirchen während der Versammlungen oder der Mahnwachen der Oppositionsgruppen „Freiheit für die zu Unrecht inhaftierten". Tatsächlich gab es immer wieder auch politisch motivierte Inhaftierungen kirchlich engagierter oder kirchennaher Menschen. Offiziell gab es in der DDR keine spezifisch politischen Inhaftierten bzw. konnten alle Straftaten als politisch angesehen werden, da sie grundsätzlich gegen das allgemeine Wohl der sozialistischen Gesellschaft verstießen.

Während ihrer Haft sollten die Inhaftierten – offiziell – durch Arbeit, Disziplin und durch eine ideologische Erziehung zum Respekt der sozialistischen Werte erzogen werden (Arnold 1995: 85). Die Überzeugung dabei war, dass „political-ideologically trained prisoners would commit no new offences" (Arnold 1995: 85), dass also eine politisch ideologische Erziehung Rückfälle verhindern könnte. Das ab 1968 geltende Wiedereingliederungsgesetz beinhaltete breit angelegte Maßnahmen für die Resozialisierung Haftentlassener, die dadurch hauptsächlich wieder zu einer Wohnung und zu ihrer Arbeit fanden (Arnold 1995: 86). Dahinter steckte die Idee, dass alle gesellschaftlichen Bereiche einen Beitrag zur Wiedereingliederung leisten sollten. In der Praxis sah es aber viel komplizierter aus. Die Arbeitskollektive waren oft nicht einverstanden, Haftentlassene wiederaufzunehmen, und, wie Arnold (1995: 86) schreibt, „the flats offered were frequently below the standards of decent human accommodation", also die zur Verfügung stehenden Wohnungen keine dezente Unterkunft darstellten. Die prekäre und unwürdige Lage der Inhaftierten und der Haftentlassenen gerieten durch Zeugenberichte trotz vertuschender Propaganda ins Bewusstsein engagierter Gruppen in der DDR, für die sie die Unmenschlichkeit des politischen Systems symbolisierten. Aktiv dagegen zu wirken, war aber für die damaligen Akteure äußerst schwierig.

Ihr Handeln für Straffällige war im Strafvollzug, aber auch in der Gesellschaft nur in höchst beschränktem Maße möglich. Obwohl den Inhaftierten rechtlich die Religionsfreiheit garantiert wurde, war die Seelsorge sehr eng definiert und bestand eigentlich nur aus wenigen Möglichkeiten für Gespräche und aus seltenen Gottesdiensten. Von 1966 bis zur Wende war offiziell nur ein – evangelischer und sehr parteitreuer – Gefängnisseelsorger für alle Justizvollzugsanstalten der DDR zuständig.[1] Gegen Ende der DDR bauten die Oppositionsgruppen im und um den kirchlichen Raum ihre Möglichkeiten aus, für die Straffälligen einzugreifen. Immer mehr Pfarrern gelang es, in Justizvollzugsanstalten (JVA) einzudringen

---

1 Zu diesem Seelsorger Beckmann/Kusch (1994) und Giebeler (1992). In jedem der fünfzehn Bezirke der DDR wurden nach 1978 die Gefängnisse den dort zuständigen Pfarrern anvertraut. Sie konnten dann Gottesdienste in den Bezirksgefängnissen abhalten.

und Informationen zwischen Innen und Außen fließen zu lassen. Gleichzeitig gelang es der Caritas und der Diakonie[2] immer mehr, ihre Kompetenzen in der Straffälligenfürsorge offiziell anerkannt zu machen. Die Wende veränderte die Lage in diesem Bereich grundsätzlich. Zum Beispiel ist die Anstaltsseelsorge heute institutionell breit angelegt und ein wichtiger Bestandteil der Anstalt geworden.[3]

Die nach der Wende eingeführten Veränderungen wurden aber von Seiten ostdeutscher kirchlicher Akteure auch als eine Einengung wahrgenommen. Frieder Wendelin, Seelsorger in Bautzen, berichtete 1995: „Nach der Wende war es möglich, dass in den Vollzugsanstalten der damaligen DDR viele Gemeindeglieder mitgestalten und mittun durften und konnten (Gespräche, Besuche, Veranstaltungen, Runder Tisch usw.). Durch die Übernahme der bundesrepublikanischen Gesetze ist dieser Dienst immer mehr eingeschränkt worden. Aus der Weite ist leider wieder eine gesetzliche Engführung geworden! Es wäre sinnvoll gewesen, dass man nach der Wende gefragt hätte, welche Erfahrungen sind in der Wendezeit erstellt worden und wie sind sie in den Strafvollzug einzubringen? Leider ist dies nicht geschehen, und durch die enorme Zunahme von Straftaten und die Überfüllung der Vollzugsanstalten wird es wohl auch leider nicht zu weiteren Diskussionen und Veränderungen kommen (…) Die guten Ansätze, die einmal vorhanden waren, werden immer mehr zurückgedrängt, und der Resonanzboden sowohl in der Bevölkerung als auch bei den Verantwortlichen wird immer geringer." (Wendelin 1995: 50–51). Nach der antikirchlich-repressiven Politik der DDR-Regierung, die, wie es Karstein, Schmidt-Lux und Wohlrab-Sahr (2009) ausdrücken, den Säkularisierungsprozess in Ostdeutschland von 1946 bis 1989/90 „forciert" hat, ist nach der Wende ein Kooperationsmodell im Verhältnis von Staat und Kirchen eingeführt worden (vgl. Neumann 2001). Die verschiedenen Gesetze zum Strafvollzug, die ebenso auf diesem Modell basieren, wurden auf das Gebiet der neuen Länder ausgedehnt. Die Einführung dieses Kooperationsmodells hat, wie im Folgenden zu zeigen ist, nur in sehr beschränkter Weise die voranschreitende Säkularisierung kirchlicher Institutionen gebremst. Das während der DDR entwickelte Verständnis ihres Verhältnisses zu Säkularität bringen kirchliche Akteure in die neuen Strukturen und gestalten ihre eigenen Formen von religiös-säkularer Kooperation. Rechtlich gesehen, kann man heute für Ostdeutschland – wie schon zuvor in Westdeutsch-

---

2   Die *Diakonie* ist die evangelische Sozialhilfe, die *Caritas* die katholische, die Mitte bzw. Ende des 19. Jahrhunderts in Deutschland gegründet wurden. Heute sind sie zwei der sechs Spitzenverbände der Sozialhilfe bundesweit. Ihre Tätigkeit wurde zu DDR-Zeiten beschränkt, aber nicht verboten (vgl. Bäcker u. a. 2000: 369; Kösters 2001).

3   In jeder JVA sind heute mindestens zwei Seelsorgende angestellt. Es sind nicht immer ganze Stellen, aber die römisch-katholische und die evangelische Kirche sind vertreten. Wie im Westen ist nun auch in ostdeutschen JVA die Gefängnisseelsorge strukturell etabliert und anerkannt. Die positive und negative Religionsfreiheit der Inhaftierten ist im Strafvollzugsgesetz anerkannt. Solange die Ausübung religiöser Handlungen die Sicherheitsansprüche der Anstalt nicht gefährdet, muss die Anstalt sie so gut wie möglich zulassen und fördern. Religiöses Verhalten wird in der neuen Auffassung der Resozialisierung, im Unterschied zu Vor-Wendezeiten, als eine positive Entwicklung betrachtet (Hildemann 2004). Die regelmäßige Teilnahme am Anstaltsgottesdienst oder der gute Kontakt zum Anstaltsseelsorger werden bemerkt und geben Inhaftierten die Möglichkeit, sich als motivierte und verbesserungswillige Menschen darzustellen. In großen JVA oder auf Antrag können auch Vertreter der anerkannten Religionsgemeinschaften, vor allem der orthodoxen, der jüdischen und der muslimischen Gemeinschaften, Gottesdienste bzw. Gebete gestalten. Trotzdem ist es für nicht-christliche religiöse Inhaftierte und Seelsorgende etwas anders. Manche Bedienstete betrachten letztere skeptisch und assoziieren solche Anfragen mit zusätzlicher Arbeit. Die Genehmigung der Besuche von Seelsorgenden anderer Glaubensrichtungen ist oft das Resultat langer und mühsamer Aushandlungen.

land – von einer hinkenden Trennung von Staat und Kirche sprechen.[4] Dementsprechend hat sich auf politischer und institutioneller Ebene auch die Lage der Haftentlassenenhilfe für kirchliche Akteure nicht nur in den Vollzugsanstalten, sondern auch außerhalb sehr verändert. Wie die gesamte Sozialpolitik ist sie nun nach einem an der Bundesrepublik orientierten Modell organisiert (vgl. Schmidt 2005: 99–254). Die neue Auffassung, dass nun Religion zur Resozialisierung beitragen sollte, wird von diesen Akteuren getragen, aber sie stoßen bei der breiteren Bevölkerung damit scheinbar auf wenig Verständnis (vgl. Förster 1996). Die konfessionell geprägten Akteure im Bereich der Straffälligenhilfe sind zahlreich. Es geht nun im Folgenden zuerst darum, diese gegliedert vorzustellen und dann zu hinterfragen, ob und wie für sie die Institutionalisierung ihrer Arbeit nach der Wende zu „Einschränkungen und Zurückdrängung" geführt hat.

2 Konfessionelle Haftentlassenenhilfe in Ostdeutschland

Die nach der Wende vom Westen übernommenen politisch-juristischen Normen (Vögele 1994) haben die Rahmenbedingungen kirchlichen Handelns im Bereich der Haftentlassenenhilfe in Ostdeutschland umfassend stark verändert. Gleichwohl ist die ostdeutsche Wirklichkeit nicht assimiliert worden, sondern hat ihre eigenen kulturellen und konfessionellen Prägungen auch in unterschiedliche Formen religiöser Präsenz in der säkularen Sphäre umgesetzt. Wie im Westen wurde der Bereich der Straffälligenhilfe nach dem Subsidiaritätsprinzip[5] organisiert. Für die stark säkularisierte ostdeutsche Gesellschaft bedeutete die Einführung dieses in der christlichen Doktrin[6] verwurzelten Prinzips eine Umwälzung des Verständnisses der Sozialhilfe. Die hierarchische und zentralisierte staatliche Organisation wurde durch eine dezentralisierte, von unten nach oben gelenkte Sozialhilfe ersetzt, in der kirchliche Verbände und überhaupt Zivilgesellschaft einen privilegierten Status erhielten.[7] In einem allerersten Schritt wurden die Aufgaben der neuen Haftentlassenenhilfe von öffentlichen Trägern übernommen, in einem zweiten Schritt bewarben sich die freien und verbandlichen Träger dafür.[8] Die Einbeziehung aller gesellschaftlichen Bereiche in die Anstrengungen für die Wiedereingliederung Haftentlassener konnte nun nur noch schwieriger werden. Freie Vereinigungen der Straffälligen- und Bewährungshilfe im westlichen Sinne gab es in der DDR – im Gegensatz

---

4 Die Unterschiede von Bundesland zu Bundesland sollten nicht unterschätzt werden. Nach von Mangoldt (1997: 83) ist diese Kooperation in Brandenburg am wenigsten und in Sachsen am stärksten ausgeprägt. Da „bleiben die Kirchen und Religionsgemeinschaften bei der Erfüllung ihrer Aufgabe vom Staate getrennt und sind nun den für alle geltenden Gesetzen unterworfen (...). Andererseits ist manches Zusammenwirken von Kirche und Staat bei der Erledigung gemeinsamer Aufgaben vorgesehen (...). Der Freistaat geht damit auf die Kirche zu, um Gerechtigkeit nach den Verirrungen des atheistischen Staates wiederherzustellen und der bedeutenden Rolle Rechnung zu tragen, welche die Kirchen in der Friedlichen Revolution auch durch des Volkes Willen haben gewinnen können."
5 Zum Subsidiaritätsprinzip vgl. Pirson (1998: 70) und Metzler (2003: 196–197).
6 Der philosophische Hintergrund dieses Prinzips liegt in Thomas von Aquins Sozialtheorie des „bonum commune". Es wurde aber erst in der Enzyklika der katholischen Kirche 1931 explizit als eine Soziallehre verkündet (Pirson 1998: 70).
7 Vgl. Artikel 15 und 32 des Einigungsvertrags und §10 des Bundessozialhilfegesetzes.
8 Vgl. dazu M. Schiebels Fallstudie (2003), die zeigt, wie biographische und institutionelle Aspekte bei solchen Transformationen miteinander verbunden sind.

zur Bundesrepublik Deutschland – „weder auf örtlicher noch auf regionaler Ebene" (Kerner 1990: I). Dafür waren informelle Netzwerke umso wichtiger. Diese wurden aber nach der Wende durch die neue Mobilität und den instabilen Arbeitsmarkt gelockert (vgl. Grix 2000). Dieses Modell hat einerseits die Entstehung vieler neuer Initiativen gefördert, die oft von kleineren religiösen Gruppen, meistens aus dem freikirchlichen Bereich, getragen wurden. Andererseits gewannen auch die Gruppen und Bewegungen, die während der Wendezeit entstanden waren, an Bedeutung, ebenso die durch die neuen institutionellen Regelungen stark gewordenen kirchlichen Verbände wie die *Caritas*. Aber die blühende Entwicklung des dritten Sektors während der 1990er Jahre (vgl. Anheier/Priller 1991 wurde auch kritisch betrachtet. Für einige war die großzügige Unterstützung mit öffentlichen Mitteln der *Diakonie* und der *Caritas*, die anderen Verbänden kaum Möglichkeiten ließe, als Alternative aufzutreten, (als) eine friedliche christliche Kolonisierung des Ostens, „a peaceful colonization in an effort to re-Christianize a secular society" (Anheier/Priller/Zimmer 2001: 148). Die Machtverhältnisse zwischen religiösen und säkularen Gruppen der Straffälligenhilfe waren zu Anfangszeiten also durchaus unausgewogen. Die aus dem zivilen Widerstand entstandenen Verbände brachten als einschlägige Kompetenz ihre Nähe zur Perspektive vor allem ostdeutscher Inhaftierter mit, die bei ihrer Reintegration in die wiedervereinte deutsche Gesellschaft nach der Entlassung spezifische Schwierigkeiten antrafen. Die Kommunikation zwischen „Klienten" und „Helfenden" lief also hier mehr auf der Ebene der geteilten Erfahrung als auf einer der religiösen Inhalte. Heute gibt es im Bereich der Straffälligenhilfe eine Vielfalt an Verbänden. In den erforschten ostdeutschen Ländern sind die säkularen Verbände (z. B. *Humanistische Union*, *Freie Hilfe Berlin*, *Rückenwind*, *Universal-Stiftung*, *Humanitas*) drei bis vier Mal so zahlreich wie die religiösen (z. B. *Stadtmission*, *Schwarzes Kreuz*, *Caritas*),[9] wobei letztere alle christlich sind.[10] Meine Forschungen zu den Veränderungen konfessioneller Akteure der Straffälligenhilfe in Sachsen, Brandenburg, Sachsen-Anhalt und Berlin weisen auf zwei Typen der Entwicklung hin, die sich in ihrem Verhältnis zur Wende unterscheiden. Der erste Typ entwickelte sich intern. Die in Ostdeutschland schon vor der Wende tätigen kirchlichen Akteure haben die Veränderungen wahrgenommen. Die Akteure sind zum Teil von der religiösen zur säkularen Sphäre übergetreten oder haben sich innerhalb der religiösen Sphäre umorientiert. Deshalb betrachte ich sie unter der Überschrift „Transformationen in der Kontinuität". Beim zweiten Typ geht es um Entwicklungen, die von außen eingeführt wurden, also exogen sind und die sich der ostdeutschen Situation wenig angepasst haben. Durch diese Entwicklungen wurden kirchliche, vor allem evangelische Kräfte fragmentiert, und die öffentliche und soziale Wahrnehmung des kirchlichen Handelns hat sich stark verändert. Durch diese verschiedenen Entwicklungen sind eigenartige säkular-religiöse Konstellationen entstanden.

---

9 In Bayern sind im Vergleich zu Baden-Württemberg mehr religiöse Verbände vorhanden (Quellen: *Bundesarbeitsgemeinschaft für Straffälligenhilfe e. V., Caritas, Freie Hilfe Berlin e. V.* und http://socialnet.de).
10 Die Informationen der Bundesagentur für Straffälligenhilfe (vgl. http://www.bagstraffaelligenhilfe.de/bereich3_2) weisen auch auf den Zentralrat der Muslime in Deutschland hin.

3 Konfessionell-säkulare Transformationen in der Kontinuität

Als ersten Fall betrachten wir nun diejenigen kirchlichen Akteure, die eine Entwicklung von der religiösen zur säkularen Sphäre gemacht haben, das sind die Akteure des evangelischen kirchlichen Raumes. Diese hatten sich vor allem in den letzten Jahren vor dem Mauerfall und während der Wendezeit sehr explizit für die „zu Unrecht Inhaftierten" engagiert, ein Ausdruck, der durch den Systemwechsel an Bedeutung verlor. Die Frage der sozialen Solidarität in diesem Bereich stellt sich unter den heutigen Verhältnissen in Ostdeutschland etwas anders. Die durch die Wende entstandenen politischen und sozialen Veränderungen definieren nun neu, wer die „Verlierer" der Gesellschaft sind, wie es ein ostdeutscher evangelischer Gefängnisseelsorger ausdrückte, den ich im Juli 2003 in einer brandenburgischen Justizvollzugsanstalt interviewte,[11] als ich ihn gefragt habe, wie er zu seiner Stelle kam: „Ich habe vorher zehn Jahre als Gemeindepfarrer gearbeitet, dann sieben Jahre in der Jugendarbeit und in Jugendarbeit habe ich mit Leuten zusammengearbeitet, die zwar nach der Wende mit dem System auch gut zurecht kamen, für die Kirche wie eine schöne Zugabe war. Und da hab ich überlegt, nach dieser Tätigkeit, möchte ich mit denen arbeiten, die nicht zurecht kommen, welche die Wende nicht verkraftet haben, oder die Schwierigkeiten haben, anzukommen, die mit dem ganzen System nicht zurecht kommen. Und da bot man mir diese Stelle an, Gefängnisseelsorger."

Verändert hat sich für kirchliche Akteure – neben ihren nicht mehr von Repression bestimmten Handlungsbedingungen und ihrer institutionellen und politischen Rolle in der Gesellschaft (Thériault 2004), die sie als „Wendegewinner" erscheinen lässt – also auch ihre Wahrnehmung des inhaftierten Subjekts. Es handelt sich nicht mehr vorzugsweise um „zu Unrecht Inhaftierte", sondern um „Wendeverlierer". In ihrer Handlung zur Hilfe der Straffälligen wird indirekt nicht mehr das ungerechte Justizsystem angegriffen und kritisiert, sondern die negativen Folgen der sozialen, wirtschaftlichen und politischen Umbrüche. Um diesen Folgen entgegenzuwirken, sahen ostdeutsche evangelische Akteure in der Wendezeit „Aufbauhelfer" als notwendige Alliierte. Durch diese große Bereitschaft der religiösen Akteure, mit westlichen, auch säkularen Akteuren zu kooperieren, sind Konfigurationen entstanden, die anderswo unwahrscheinlich wären. Wo dort konfessionelle Akteure vermutlich eher versuchen, ihre Stellung zu stärken und die gewonnenen Privilegien in der religiösen Sphäre zu behalten, werden sie hier an die säkulare Gesellschaft abgegeben. Um meine These zu verdeutlichen, möchte ich nun als Beispiel eine Narration der Entstehung des *Landesverbandes für Straffälligen- und Bewährungshilfe Sachsen-Anhalt*[12] wiedergeben.

Dieser wichtige Verein arbeitet mit Trägern der öffentlichen und freien Wohlfahrtspflege, mit der Strafrechtspflege und dem Justizvollzug zusammen und sieht sich als religionsfern an. Die Leiterin des Verbands war, als ich sie 2006 zum ersten Mal traf, sehr überrascht über meine Frage, ob Religion in dem Verband eine Rolle spiele.[13] Sie meinte: „Auf keinen Fall! Bei uns geht es um Verantwortung in der Resozialisierung", als würde Religion dem diametral

---

11 Diese Interviews fanden im Rahmen der Feldarbeit für meine Dissertation statt, die ich 2006 erfolgreich am Europäischen Hochschulinstitut in Florenz verteidigt habe (vgl. Becci 2006).
12 Vgl. http://www.lvsb.homepage.t-online.de.
13 Dieses und die folgenden Zitate sind Teile der Feldforschungsarbeit, die ich im Rahmen meiner postdoktoralen Arbeit am Max-Planck-Institut von 2006 bis 2009 geführt habe.

entgegenstehen. Als sie mir aber von der Gründung des Vereins 1990 erzählte, kam sie von selbst auf den damaligen ökumenischen Haftarbeitskreis zu sprechen und stellte mir eine Verbindung mit einem inzwischen in den Ruhestand getretenen evangelischen Pfarrer her, der damals im Arbeitskreis eine tragende Funktion gespielt hatte. Daraufhin konnte ich ihn treffen und mich mit ihm, einem ehemaligen Justizvollzugsleiter, Bewährungshelfern und anderen Mitarbeitern des Vereins zum Thema Kirche, Wende und Straffälligenhilfe unterhalten. Der Pfarrer wurde von den anderen Teilnehmern am Tisch gebeten, als Einführung von seinen Erfahrungen zu erzählen. Die einführenden Worte sind für die hier besprochene Problematik aufschlussreich: „Kurz vor der Wiedervereinigung kam es zur Gründung des Magdeburger Ortsverbandes für Straffälligenhilfe und kurz danach die Gründung des Landesverbandes. Das ging alles sehr schnell. Die Kirche, als nicht in den sozialistischen Staat integrierte Funktionsgröße, war die erste Ansprechpartnerin für diese freien Initiativen. Als sich der Ortsverband gründete, waren das alles kirchliche Leute. Von der Stadtmission, von der Caritas. Der erste Vorstand bestand zu 90 % aus kirchlichen Mitarbeitern. Es gab ja auch eine kirchliche Sozialarbeit mit Haftentlassenen und Inhaftierten unter DDR Bedingungen. Es gab im Strafvollzugsgesetz auch einen Paragraphen, der Seelsorge im Strafvollzug möglich machte, aber es gab auch die nicht staatlich kontrollierte Sozialarbeit, die offiziell vom Staat aber nicht anerkannt war. Wir haben aber so unter der Hand die Kontakte mit den Inhaftierten und Haftentlassenen, die das wollten, dann auch gestaltet. Das war auch bekannt. Von daher waren dann auch die Aufbauhelfer, die da vom Westen kamen, haben sich gleich die Kirche als Ansprechpartner gesucht. So sind die beiden Vereine – Orts- und Landes- – vorwiegend von kirchlichen Leuten gegründet worden. Das hat sich dann aber gleich verändert, weil wir dachten, das muss nicht bei Kirche bleiben, sondern das sind freie – Kirche kann nur Geburtshilfe machen, für das, dass selbständige Vereine, Initiativen – und so hat sich der Ortsverband ganz schnell verwandelt. Die kirchlichen Mitarbeiter sind zu anderen Initiativen – die *Caritas*, *Diakonie* –, so dass auch engagierte Leute aus allen Bereichen auf diese Weise reinkamen, dass sich der Landesverband entwickelt hat."

Die Stadtmission ist zum Beispiel eine dieser „anderen Initiativen" So bietet ein Team als Teil der evangelischen Diakonie im Rahmen der Stadtmission in Berlin Haftentlassenen Unterstützung. Es handelt sich aber in diesem Fall um eine neuere Entwicklung, die von der Wendeproblematik entfernt liegt.[14] Für den Magdeburger Pfarrer war letztendlich das Hauptanliegen kirchlichen Handelns, die Bedingungen mitzugestalten, die es einer Gesellschaft erlauben, sich frei selbst bestimmen zu können, was vor allem nach Ende eines repressiven und autoritären Systems, das über 40 Jahre gedauert hatte, umso wichtiger war. Seines Erachtens war die Situation für die Straffälligenhilfe „ähnlich wie im politischen Raum. Wir waren ja eine ganze Menge engagierte Christen, die ja in diesen – in Parteigründungen, in den ersten Parlamentserfahrungen, wo die sich da ganz stark aufgrund der Unabhängigkeit da aktiv wurden und da den demokratischen Staat aufgrund ihrer Erfahrung begleitet haben. So war das auch mit dieser Arbeit und das ist im Sinne so, wie ich also Kirche verstehe, dass genau das entsteht… dass sie eine starke Hilfe gibt für eine freie Gesellschaft, die also nicht klerikal werden darf und auch nicht ideologisch einseitig mit Kommunismus oder wie auch immer die Ideologien dann heißen – sondern dass wir in einer freien Gesellschaft leben."

---

14 Vgl. http://www.stadtmission.net/1015.html

Als diese Worte ausgesprochen wurden, reagierte eine Bewährungshelferin, die kurz zuvor noch ganz deutlich ausgedrückt hatte, dass sie ein „DDR-Kind" sei und dementsprechend Religionszugehörigkeit „nie als etwas Wissenswertes betrachtet" hatte, mit Begeisterung: „Das finde ich eben so toll. Also wenn ich das höre, ist Kirche mir so nah." Der Pfarrer und die Bewährungshelfer stehen sich also bei der Wertschätzung der Unabhängigkeit besonders nah. Mit ihren Worten ausgedrückt: „Für mich ist es schon sehr, sehr wichtig, unabhängig von Kirche, unabhängig vom Justizministerium. Das ist ja auch das, was die Leute sofort wertschätzen, die Betroffenen ... Die fragen dann schon, gehören Sie zur Kirche, oder gehören Sie zur JVA, wo wir auch wirklich sagen können: He – frei, frei von dem, frei von dem."

Sicherlich ist der Magdeburger Verein nur ein Fall unter vielen in Ostdeutschland. Ein Einzelfall ist er aber bestimmt nicht. Ähnliche Formen der Selbstsäkularisierung können auch anderswo gefunden werden. Zusammenfassend lässt sich sagen, dass säkulare Verbände aus kirchlichen Initiativen entstanden sind und in der Einstellung und in der Organisation ihre Unabhängigkeit von den kirchlichen Akteuren übernommen haben. Eine Transformation kirchlicher Akteure aus der DDR ohne eine so starke Säkularisierung hat es auch gegeben, was wir hier als zweiten Fall betrachten: die Straffälligenhilfe der *Caritas*. Die Wende hat die *Caritas* in Ostdeutschland zwar verändert, eine Assimilation hat aber nicht stattgefunden, wie der Fall der Straffälligenhilfe der *Caritas* in Frankfurt an der Oder zeigt. Ein Verantwortlicher der Stelle in Frankfurt, ein über vierzigjähriger Katholik aus der Oberlausitz, betonte während eines Interviews 2007, dass seiner Ansicht nach die Caritas in Ostdeutschland kulturell noch weiterhin stark von den Erfahrungen der Vorwendezeit geprägt ist: „Nach der Wende hat sich dann die verbandliche Caritas, so wie sie im Westen schon durchgehend praktiziert wurde ... ist dann diese Struktur im Prinzip aus dem Westen hier herüber gewandert, aber ... das Verständnis, wie ich was mache ist noch sehr eingewurzelt im Osten sag ich mal (.) und des ist ne Sache, die merkt man (.) also die – das ist manchmal och schwierig also manchmal denk ich ooch das ist so um was Nostalgisches zu haben so wir sind die Guten (.) so (.)"

2006 feierte das Büro in Frankfurt Oder sein zehnjähriges Jubiläum, trotzdem wurde die Kontinuität von den 1970ern bis heute hervorgehoben. Damals entstanden die ersten Hilfsprogramme für Haftentlassene in der Stadt, aber durch die Wende konnten die Tätigkeiten vervielfacht werden: Wohnungshilfe, Ausbildung von Ehrenamtlichen, Schuldenberatung etc. Eine entscheidende Veränderung trat 1996 ein, als ein Büro mit drei Angestellten für Haftentlassene finanziert wurde, die sich nun im ganzen Land einsetzten. Wie beim evangelischen Seelsorger in Brandenburg besteht auch bei den ostdeutschen *Caritas* Mitarbeitern die Überzeugung, dass die Situation der Menschen, die sei betreuen – die in der wiederum aus dem Westen übernommenen Fachsprache nun „Klienten" genannt werden –,eine Folge der Wende ist: „Wir haben immer eben noch wirklich die Nachwendegeneration als Klienten so oder als heranwachsende Klienten (.) ne und also man ist immer wieder auf die Vorortgeschichte geworfen im Umgang mit dem Klientel (.) und ähm (6) und da is=es einfach auch gut sich wirklich in diesem Bereich denn auch austauschen zu können." Auch wenn die „Klienten", also die Straffälligen, die von der *Caritas* betreut werden, äußerst selten dieselbe Religionszugehörigkeit wie die Betreuer haben, finden sie also in der *Caritas* Verständnis für ihre spezifische Situation im Bezug auf das Wendeerlebnis.

Im Gegensatz zu den evangelischen Akteuren haben aber die katholischen ihre Präsenz als religiöse Gruppe in der Straffälligenhilfe verstärkt und werden dabei von den staatlichen

Instanzen deutlich unterstützt. Diese Verstärkung war auch dadurch möglich, dass die Angestellten selber alles ostdeutsche Katholiken sind, die sich meistens während ihrer Ausbildung in katholischen Schulen kennengelernt haben. Während der DDR gab es eine solche Ausbildungsstelle in Magdeburg, und gleich nach der Wende wurde eine katholische Fachhochschule für Sozialarbeit in Berlin[15] eröffnet. Sich zu dieser Zeit in dieser Schule, meistens auf dem zweiten Ausbildungsweg, ausbilden zu lassen, wurde für viele Caritas-Mitarbeiter identitätsstiftend, was sie „auch immer wieder selber merken". Die Fachhochschule bildet bis heute ein „Identifikationspunkt", davon ist der Verantwortliche der Frankfurter Stelle überzeugt. „Dann hat sich nach der Wende die Möglichkeit ergeben… nochmal …studieren zu können … das war für mich ähm also wirklich nochmal so richtig aha … schon auch genießen äh das kann ich nicht verhehlen, dass es also ne *katholische* Fachhochschule war (.) so (.). Das war auch nochmal ne ne Ausnanderszetzung mit den Werten die schon mir auch wichtig waren… Das war wirklich so ne Aufbruchzeit … das war wirklich toll, so ganz viel äh versucht unsre Hochschule zu gestalten … Wir haben einfach, weil wir wirklich so im Leben standen und Ahnung hatten und die Wende so sehr bewusst mitbekommen, man einfach vieles hinterfragt hat."

Es wurde der in der Resozialisierungslehre gelehrte Bezug zu Schulden und Arbeit, zu Gesellschaft und Politik hinterfragt. Die durch die Wende entstandene kulturelle Prägung orientiert also die konfessionellen Akteure weiterhin in der Arbeit mit Haftentlassenen.

4 Exogene beeinflusste konfessionelle Initiativen

Nach der Wende erhielten bekannterweise auch freikirchliche Akteure Zugang zum „religiösen Markt" Ostdeutschlands. Diese Akteure sind inzwischen in der Straffälligenhilfe zwar sehr gut eingebettet, können aber wegen ihrer Vielfalt kaum als einheitlich betrachtet werden. Eine wichtige überkonfessionelle Einrichtung der christlichen Straffälligenhilfe ist das *Schwarze Kreuz*, das in Deutschland zwar schon 1925 gegründet wurde, aber in der DDR nicht tätig sein durfte.[16] Nach der Wende wurde es im Osten nach dem westdeutschen Modell wieder aufgebaut. Die Wende wird in der Geschichte dieser Einrichtung als ein Moment der Befreiung und der Entstehung neuer Möglichkeiten gesehen. Die Basis besteht vorwiegend aus sehr engagierten christlichen Ehrenamtlichen aus dem freikirchlichen Raum, die jeden Kontakt hemmungslos mit christlichen Inhalten füllen: Bibelverse werden zitiert, gemeinsames Beten vorgeschlagen, christliche Lieder vorgesungen etc.

Da Straffälligenhilfe und Suchthilfe sich oft überschneiden, sind viele Haftentlassene in Suchthilfeprogrammen eingespannt. In Ostberlin sind zum Beispiel die *Evangelischen Beratungsstellen* sehr präsent, die 1991 vom Familienministerium stark gefördert wurden. Am südöstlichen Rande der Stadt hat 1992 ein baptistisches westdeutsches Ehepaar in einer ehemaligen Kaserne der Volksarmee eine christliche Einrichtung für alkoholabhängige Menschen eröffnet.[17] Inhaftierte, die ihre Straftat unter Alkoholeinfluss begangen haben, können

---

15 Vgl. http://www.khsb-berlin.de.
16 Vgl. http://www.schwarzes-kreuz.de.
17 Vgl. http://www.ichthys-mahlow.de.

vor ihrer Entlassung vorzeitig in die Einrichtung ziehen. Der offene und demonstrativ christliche Charakter des Angebots in dieser Einrichtung hat aber einige ostdeutsche Haftentlassene dermaßen abgeschreckt, dass sie nach wenigen Tagen geflohen sind – mit dem Risiko, dafür wieder mit Inhaftierung rechnen zu müssen.[18] Andere wiederum sind gerne geblieben, vor allem wenn sie sich während ihrer Inhaftierung zum Christentum bekehrt haben.

Auch die *Heilsarmee* hat nach der Wende ihre Tätigkeiten in Ostdeutschland verbreitet, und in ihren Tagesstätten finden viele Haftentlassene Nahrung, Unterhaltung und Kleidung. Majore der *Heilsarmee* begleiten und betreuen heute auch immer mehr Inhaftierte, bis sie in die Gesellschaft entlassen werden. Religiöse Bekehrungen und Erfolgsgeschichten werden laut und gerne bei jeder Gelegenheit erzählt. Vereine, wie z. B. das *Blaue Kreuz*, das sich spezifisch mit der Alkoholsucht befasst, haben ein ähnliches Profil und eine vergleichbar bedingte(?) Präsenz im Feld der Straffälligenhilfe wie das *Schwarze Kreuz*. Das *Blaue Kreuz* wurde in Deutschland 1885 als christliche Suchtkrankenhilfe gegründet und in der DDR verboten. Inzwischen ist es, ähnlich wie die *Heilsarmee,* auch in der Straffälligenhilfe in Ostdeutschland durchaus bekannt geworden. Die *Evangelische Arbeitsgemeinschaft zur Abwehr der Suchtgefahren* (AGAS), die 1960 in der DDR unter dem Dach der Inneren Mission entstand, schloss sich nach der Wende dem *Blauen Kreuz* an und übernahm dessen Namen. In Ostdeutschland sind unter den Ehrenamtlichen im *Blauen Kreuz* viele Baptisten zu finden. Insgesamt bleibt sein Einfluss in Ostdeutschland zwar beschränkt, wird aber in einigen Fällen als vorbildlich betrachtet.[19]

Selten, wie zum Beispiel bei der expliziten Konfrontation des Verhältnisses zwischen DDR und Rechtsextremismus bei betroffenen Inhaftierten, wird bei Betreuung von diesen evangelikal orientierten Akteuren das besondere Verhältnis der ostdeutschen Gefangenen zur Wende zum Thema gemacht. Es stehen immer deutlich christliche Inhalte und Formen der Betreuung im Vordergrund. In fast allen Fällen sind diese Vereine als konfessionelle Akteure auch erst nach der Wende und nicht während der Wende entstanden.

5   Schlusswort

Dieser Text zeigt auf impressionistische Weise, wie die verschiedenen Entwicklungen der konfessionellen Akteure im Bereich der Haftentlassenenhilfe nach der Wende auf zwei grundsätzliche Modelle zurückgeführt werden können. Das Hilfsangebot der Akteure der zwei großen Kirchen, der evangelischen und der katholischen, hat sich zwar jeweils verwandelt, aber während sich ein großer Teil der ostdeutschen evangelischen Hilfe quasi in der säkularen Sphäre aufgelöst hat, hat sich das konfessionelle Bewusstsein auf katholischer Seite verstärkt. Beide zeigen ein besonderes Verständnis der Lage ostdeutscher Haftentlassener auf, was bei der nach der Wende aufgrund westlicher Modelle im Osten aufgebauten christlichen Hilfe fehlt. Im ersten Fall wird auf der Basis geteilter Erfahrung kommuniziert, im letzten Fall wird versucht, religiöse Inhalte zu tradieren. In keiner Hinsicht werden aber die Befürchtungen

---

18   Das haben Haftentlassene berichtet, die ich im Februar 2007 in Ostberlin interviewt habe. Solche Fluchten kommen jedoch auch öfter in nichtkonfessionellen Einrichtungen vor.
19   Vgl. als Beispiel die suchtfreie Wohngruppe in der JVA Brandenburg an der Havel (Schauka 2009).

einer friedlichen Re-Christianisierung bestätigt, was eine Analyse des Umgangs mit diesen konfessionellen Akteuren von Seiten der ostdeutschen Haftentlassenen zeigt. Zum Schluss weise ich nur darauf hin, dass in dem Fall, den ich im Osten Berlin und in Brandenburg beobachtet habe, nur wenige ostdeutsche Haftentlassene, die während ihrer Inhaftierung religiös aktiv wurden, in der freien Gesellschaft den nötigen Raum fanden, um nach ihrer Freilassung eine religiöse Lebensweise weiterzuführen. Im Gegenteil, je integrierter sie zu leben anstrebten, desto religionsferner wurden sie, und desto wohler fühlten sie sich in nicht-religiösen Vereinen der Haftentlassenenhilfe. Es scheint also in Ostdeutschland trotz jeglicher mehr oder weniger institutionalisierter, religiöser Präsenz ein starker „säkularer Rahmen" weiterzubestehen.

6 Literaturverzeichnis

Anheier, Helmut K./Priller, Eckhard (1991): The non-profit sector in East Germany. Before and after unification. In:Voluntas. International Journal of Voluntary and Non-Profit Organizations 2/1: 78–94.
Anheier, Helmut K./Priller, Eckhard/Zimmer, Annette (2001): Civil Society in Transition. The East German Third Sector Ten Years After Unification. In: East European Politics & Societies 15/1: 139–156.
Arnold, Jörg (1995): Corrections in the German Democratic Republic. A Field for Research. In: British Journal of Criminology 35/1: 81–94.
Bäcker, Gerhard/Bispinck, Reinhard/Hofemann, Klaus/Naegele, Gerhard (2000): Sozialpolitik und soziale Lage in Deutschland. Wiesbaden.
Becci, Irene (2006): Religion and Prison in Modernity. Tensions between religious establishment and religious diversity – Italy and Germany. Florence.
Erler, Adalbert u. a. (Hrsg.) (1998): Handwörterbuch zur deutschen Rechtsgeschichte. Berlin.
Flockton, Christopher/Kolinsky, Eva/Pritchard, Rosalind M.O. (Hrsg.) (2000): The new Germany in the East. Policy agendas and social development since unification. London.
Förster, Thomas (1996): Beratung Straffälliger unter spezifischen Bedingungen in den neuen Bundesländern In: Hompesch/Kawamura (Hrsg.): 112–123.
Giebeler, Eckart (1992): Hinter verschlossenen Türen. Vierzig Jahre als Gefängnisseelsorger in der DDR. Wuppertal.
Grix, Jonathan (2000): Recasting Civil Society in Eastern Germany. In: Flockton/Kolinsky/Pritchard (Hrsg.): 266–282.
Hildemann, Klaus D. (Hrsg.) (2004): Die Freie Wohlfahrtspflege. Ihre Entwicklung zwischen Auftrag und Markt. Leipzig.
Hompesch, Raimund/Kawamura, Gabriele/Reindl, Richard (Hrsg.) (1996): Verarmung – Abweichung – Kriminalität. Straffälligenhilfe vor dem Hintergrund gesellschaftlicher Polarisierung. Bonn.
Kerner, Hans-Jürgen (Hrsg.) (1990): Straffälligenhilfe in Geschichte und Gegenwart. Beiträge und Dokumente zur Entwicklung von Gerichtshilfe, Strafaufsetzung, Bewährungshilfe, Strafvollzug und Strafentlassenenhilfe aus Anlass des 40. Jahrestages praktischer Bewährungshilfe in der Bundesrepublik Deutschland. Bonn.
Kösters, Christoph (Hrsg.) (2001): Caritas in der SBZ/DDR 1945–1989. Erinnerungen, Berichte, Forschungen. Paderborn.
Lösch, Manfred (Hrsg.) (1995): Reader Gefängnisseelsorge. Hannover.
Mangoldt, Hans von (1997): Die Verfassungen der neuen Bundesländer. Einführung und synoptische Darstellung. Sachsen, Brandenburg, Sachsen-Anhalt, Mecklenburg-Vorpommern, Thüringen. Berlin.
Metzler, Gabriele (2003): Der deutsche Sozialstaat. Vom bismarckschen Erfolgsmodell zum Pflegefall. Stuttgart/München.
Neubert, Ehrhart (2000): Geschichte der Opposition in der DDR 1949–1989. Berlin.
Neumann, Johannes (2001): Die Kirchen und ihr Charakter als Körperschaften des öffentlichen Rechts. In: Religion – Staat – Gesellschaft. Zusammenfassung. Heft 1: Churches and their Status as Corporations under Public Law: 1–2.
Pirson, Dietrich (1998): Subsidiaritätsprinzip. In: Erler u. a. (Hrsg.): 70–72.
Reindl, Richard/Kawamura, Gabriele (Hrsg.) (2000): Menschenwürde und Menschenrechte im Umgang mit Straffälligen. Freiburg.

Schiebel, Martina (2003): Wechselseitigkeiten. Lebensgeschichtliche Institutionalisierungen ostdeutscher Frauen in Führungspositionen der Wohlfahrtspflege. Bremen.
Schauka, Frank (2009): Abkehr von rechtsextremistisch motivierter Gewalt. Einsichten von Strafgefangenen. Potsdam.
Schmidt, Manfred G. (2005): Sozialpolitik in Deutschland. Historische Entwicklung und internationaler Vergleich. Wiesbaden.
Thériault, Barbara (2004): „Conservative Revolutionaries". Protestant and Catholic Churches in Germany after radical political change in the 1990s. New York.
Vögele, Wolfgang (1994): Zivilreligion in der Bundesrepublik Deutschland. Gütersloh.
Wendelin, Frieder (1995): Anfragen nach der Wende. In: Lösch (Hrsg.): 50–51.

IV. Religion und Politik

Konzeptionelle Überlegungen zur Gegenwartsgeschichte des Verhältnisses zwischen Christentum und Islam in Deutschland

Levent Tezcan

1 Einleitung

Zur Geschichte der Bundesrepublik Deutschland gehört spätestens ab der Mitte der 1980er Jahren zweifelsohne auch der Islam. Eine Gegenwartsgeschichte wird wohl nicht umhin können, diese Präsenz in ihre Konzeption mit einzubeziehen. Obwohl die muslimische Präsenz bereits mit dem Beginn der Arbeitsmigration gegeben war, ist es eigentlich eher diese Zeit ab den 1980er Jahren, wo der Islam als *public religion* mit Forderungen auftritt, die die Existenz der Muslime *als* Muslime in Deutschland wie im übrigen Europa betreffen. Die Formierung der Moscheevereine als Organe der religiösen Interessenvertretung und der Anspruch auf die sichtbare Präsenz im öffentlichen Raum, die sich vor allem in Gestalt von Moscheebauten mitsamt Minaretten und Gebetsruf darstellte (Hüttermann 2006), sind wichtigste Indikatoren dieser Präsenz. Denn weder ist der Moschee*verein* eine seit alters selbstverständliche Form, in der sich der Islam institutionell verkörpert, noch ergibt sich der sich auf die Religionsfreiheit berufende *Anspruch* der Muslime beispielsweise darauf, im Land der Christen Moscheen bauen zu dürfen, schlicht aus ihrem Muslimsein. Vielmehr handelt es sich um eine bedeutsame Transformation, zu deren Folgen sich inzwischen eine reichhaltige Forschungsliteratur entwickelt hat. Nur unzureichend werden allerdings konzeptionelle Schwierigkeiten eines Unternehmens wahrgenommen, die Gegenwartsgeschichte des Islam in Deutschland zu schreiben. Im vorliegenden Beitrag werde ich auf diese Schwierigkeiten eingehen und dabei die Beziehungen zwischen Christentum und Islam in einen differenzierteren Rahmen zu bringen versuchen.

Gleich zu Beginn möchte ich zwei Anmerkungen vorausschicken, die für den weiteren Verlauf meiner Darstellung von systematischer Bedeutung sind. Die erste Anmerkung rührt aus der Beobachtung, dass seit einiger Zeit – so vage auch diese Zeitbestimmung klingen mag – die Beziehungen zwischen den deutschen Einheimischen und den Einwanderern mit muslimischem Glauben etwas überhastet ausschließlich und selbstverständlich als Beziehungen zwischen Muslimen und den Einheimischen gedeutet werden. Die erste Eigentümlichkeit, die bei der Beobachtung der Debatte zum Islam in Deutschland – im Prinzip für andere europäische Länder überhaupt – auffällt, betrifft die Pauschalität der Adressierung. Man kann nun dieses Labeling von Migranten als Muslime bloß als Missverständnis oder unzureichende Reflexion nehmen und versuchen, es durch Aufklärung wettzumachen. Ohne absolut konträr zu dieser ersten Strategie sein zu müssen, bestünde jedoch ein alternatives Vorgehen darin, dieses Labeling als sozialen Tatbestand in die Analyse der Beziehungen aufzunehmen. Damit wäre weniger die Wahrheit dieser nicht alleine von den Wissenschaftlern vorgenommenen Beschreibung auf der Agenda, sondern vielmehr ihre sozialen Effekte.

Weiterhin gehört zu den Eigentümlichkeiten der Debatte, so meine zweite Bemerkung zu Beginn dieses Beitrages, dass die andere Seite der Unterscheidung nicht ebenso global als *Christen* bezeichnet, sondern eher im negativen Modus als *Nicht-Muslime* bestimmt wird. Auch dies werde ich hier nicht alleine als eine inadäquate Bezeichnung betrachten, die man durch genauere ersetzen sollte. Dass keine genauere, ebenfalls generalisierende Bezeichnung für den Gegenpart zu *Muslimen* kann gefunden werden, ist bereits ein bedeutsamer Hinweis, der ernst genommen werden sollte. Für meine Analyse bilden diese scheinbaren Irrtümer einen Teil der diskursiven Rahmung dessen, was als Beziehung zwischen Christentum und Islam kommuniziert wird – zwar nicht durchgehend, aber wohl hin und wieder.

2   Wann ist die Beziehung zwischen Muslimen und Christen eine religiöse?

Damit sind aber auch sogleich die konzeptionellen Schwierigkeiten angedeutet, die in der gegenwärtigen Debatte über Christen/Christentum und Muslime/Islam ohne eine explizite Problematisierung mitgeführt werden. Um es so schlicht wie möglich auf den Punkt zu bringen: Wann sind die Beziehungen zwischen Türken, Arabern, Persern etc. einerseits und Deutschen andererseits als Beziehungen zwischen Muslimen und Christen, noch abstrakter formuliert, zwischen Islam und Christentum zu beschreiben? Worin besteht die Islamität und Christlichkeit dieser Beziehungen?

1) Begegnen sich Christen und Muslime etwa in der Gestalt der Körper, die jeweils entweder mit Islam oder mit Christentum bezeichnet sind? Jedenfalls für die monotheistischen Religionen liegt dies nahe, da Judentum, Christentum und Islam die Religion nach dem Motto „one man/body, one religion" unmittelbar an die Körper gebunden haben (Beyer 2006: 117). Kann man also sagen, dass die Religion gewissermaßen eine demographische Funktion erfüllt? Wer gehört, und wer gehört nicht dazu? Religion scheint allerdings diese Aufgabe in einer Gesellschaft von Funktionssystemen nicht ohne Weiteres wahrnehmen zu können – jedenfalls nicht als System. Wird sie andererseits nicht gerade deswegen, weil die Systeme diese Identitätsgrenzen nicht ziehen können, erst recht attraktiv für Grenzziehungen, zumal mit dem Verhältnis von Christentum und Islam eine reichhaltige Geschichte von Konfrontationen zur Verfügung steht, aus der man mühelos schöpfen kann? Jedenfalls kommt dies eindeutig zur Sprache, wenn mit der nichteuropäischen Herkunft des Islam zugleich die Präsenz der muslimischen Migranten problematisiert wird. Umgekehrt lässt sich genauso gut formulieren: Um die Fremdheit der muslimischen Migranten zu unterstreichen, bietet sich die religiöse Differenz, die für die europäische Narration so konstitutive fremde Herkunft des Islam, besonders gut an. Zwischen Migranten mit Funktionsrollen in den Systemen und den Muslimen als religiöser Minderheit tut sich ein spannungsvolles Verhältnis auf. Eine Einschränkung sei hier dennoch angebracht: Auch die Geschichte von Konfrontationen (Islam vs. Christentum) verbürgt nicht automatisch, dass die Grenzziehungen automatisch entlang religiöser Differenz vorgenommen werden. In den 1970ern spielte jedenfalls die religiöse Unterscheidung kaum eine Rolle. Die Ausländerfeindlichkeit kam weitgehend ohne eine besondere Referenz auf den Islam aus.

2) Nach einer zweiten Antwortvariante besteht die Islamität bzw. Christlichkeit der Beziehungen darin, dass sie auch als solche kenntlich gemacht, *als* christlich-islamische Begegnung sowohl in thematischer – theologische Fragen oder religiös begründete Positionsbestimmung in nichttheologischen Fragen – als auch in personeller Hinsicht – Moscheeverbände und Kirchen miteinander – beschrieben werden.

3) Dieser Systematisierungsversuch belässt allerdings einen Aspekt unterbelichtet, der in kulturwissenschaftlicher Hinsicht äußerst spannend sein kann. Demnach begegnen sich diese Religionen nicht alleine in expliziter gegenseitiger Thematisierung *als* Religionen, sondern auch in diffuser, gewissermaßen unsichtbarer Form. Mit *unsichtbar*, das hier nicht im Sinne von Luckmann verwendet wird, meine ich, dass die – durchaus substantiell definierte – Religion in der Kommunikation nicht explizit benannt wird, aber wohl in die Kultur eingelassen effektiv sein kann. So gesehen tritt das Christentum gegenüber dem Islam nicht alleine in Gestalt einer spezifischen religiösen Organisation oder in Form organisierter Kommunikation des *interreligiösen Dialogs* auf, sondern auch ganz allgemein als Kultur, die in den bestehenden Institutionen und Praktiken verkörpert ist. Der *strukturelle* Druck auf die Muslime, der die soziale Form der religiösen Organisation als solche, also eine Art *Verkirchlichung* forciert, ist das deutlichste Beispiel für diese implizit wirksame christliche Kultur.[1] Auch wenn durch diesen Druck nicht sogleich eine unmittelbare Kopplung des Heils an die Organisation in den Islam hineingetragen wird, so muss sich nunmehr auch für den Islam in Europa der Glaube erst repräsentieren, um überhaupt als authentisch zu gelten.

4) Neben dieser impliziten Christlichkeit der Kultur kann es wiederum vorkommen, dass der kulturelle Bezug als *Grundierung der Kultur* in den öffentlichen Konflikten rekursiv in Anschlag gebracht wird, wie z. B. beim Konflikt um den muslimischen Gebetsaufruf. Dabei handelt es sich beispielsweise um die Begründung, dass, anders als der muslimische Gebetsaufruf, das christliche Glockengeläut zum kulturellen Bestand Deutschlands gehöre und somit die negative Religionsfreiheit der Bürger nicht beeinträchtige (Tezcan 2000; zu Moscheekonflikten detailliert vgl. Hüttermann 2006). Ähnlich musste Aygül Özkan, die türkischstämmige Sozialministerin in Niedersachsen, ihre Aussage, dass Kreuze und Kopftücher nicht in die öffentlichen Schulen gehörten, zurücknehmen. Migrationsbeauftragte der Bundesregierung, Maria Böhmer, lehnte den Vorstoß ihrer Parteikollegin mit der Begründung ab, für sie seien Kreuze „Ausdruck unserer Tradition und unseres Werteverständnisses".[2]

Diese Vielfalt von Beziehungsebenen, die sich nicht reibungslos unter eine einzige Formel (Muslime und Christen; Muslime und Nichtmuslime; Muslime und Deutsche etc.) bringen lässt, kann man mit der Konzeption von *public religion* (Casanova 1994) nur partiell abfangen. Denn diese entscheidet sich bereits im Vorfeld konzeptionell dafür, allein diejenigen Beziehungen zu beobachten, die Muslime als religiöse Organisationen zu den anderen, ebenfalls organisatorisch verfassten Akteuren wie der Kirche und dem Staat pflegen.

---

1   In seinem Integrationsmodell würde der Soziologe Hartmut Esser hier „die Leitkultur 3" am Werke sehen. Anders als die „Leitkultur 1" (inhaltlich spezifizierter Wert der bindenden und auch emotionalen Unterstützung der nationalen und kulturellen Grundlagen der Aufnahmegesellschaft, also „die deutsche Leitkultur") und die „Leitkultur 2" (Unterstützung der abstrakten Prinzipien von Individualismus, Liberalismus und ausgleichender Gerechtigkeit, auch die Leitkultur von Bassam Tibi) bedeutet die „Leitkultur 3" einfach „‚gewachsene' institutionelle und kulturelle Gegebenheiten" (Esser 2009: 97).
2   http://www.tagesschau.de/inland/kruzifixstreit102.html (Stand 06.05.2010).

Systemtheoretische Ansätze beziehen den Fokus auf die Organisationen ebenfalls von vornherein als eine Präferenz in ihre Reflexion ein, die bereits von den Systemen getroffen werde (Beyer 2007: 108 f.). Es ist das globale Funktionssystem Religion selbst, das die Proliferation von Organisation (und Bewegung) fördert.

Der diskurstheoretisch unterlegte Ansatz von Asad verschiebt hingegen die Fragestellung in eine zivilisationspolitische Debatte hin. Asad legt mit seiner Frage „Can Muslims be represented in Europe" (2003: 172) den Fingerzeig darauf, inwiefern denn die Muslime *als Muslime* repräsentiert werden können. Seine Antworten gehen über die konventionelle Debatte hinaus, die unvermittelt nach der Repräsentation der Muslime in europäischen Religionsregimen fragt (für einen Überblick vgl. Maussen 2007), ohne die Modalitäten des geltenden Repräsentationsmodells auf ihre zivilisationstheoretischen Implikationen hin hinreichend zu befragen. Im Folgenden diskutiere ich zunächst den Ansatz von Assad auf seine Erklärungspotenziale für muslimische Repräsentation hin. Danach skizziere ich die kurze Geschichte der islamischen Identitätspolitik in Deutschland. Schließlich komme ich auf den Dialog zu sprechen, der sich im Referenzrahmen des Diskurses *Kampf der Kulturen* als der Modus der Interaktion mit den Muslimen durchgesetzt hat. Dabei sind sowohl der christlich-islamische Dialog als auch der Regierungsdialog mit den Muslimen von Interesse.

3 „Can Muslims be represented in Europe?"

In seinem vielrezipierten Buch stellt Asad die Frage: „Can Muslims be represented in Europe?" (2003: 172). Er beantwortet diese Frage mithilfe einer Unterscheidung:

> „As members of states that form part of what Watson and other call European international society Muslims have, of course, long been represented (and regulated) in it. But representing Muslims in European liberal democraties is a different matter. It raises a question that does not apply to the international system" (Asad 2003: 172?).

Den Integrationsmodus *citizen*, den die liberale Demokratie bietet, betrachtet Asad als eine „statistical and abstract entity on the basis of abstract equality" (2003: 173). So wird zunächst einmal die Integration der Muslime in die Institutionen ermöglicht, aber sie erscheinen dadurch noch nicht *als Muslime* auf der Bühne. Mit ihrer religiösen Identität könnten Muslime, soweit würde sich Asad noch bewegen lassen, durchaus Möglichkeit für ihre Repräsentation finden. Aber – entschieden fällt sein Verdikt diesbezüglich – „Europe cannot integrate the Muslims *as they are*" (Hervorhebung L. T.). Was damit genau gemeint ist, verrät er nicht sogleich, man muss es durch mehrere Schritte rekonstruieren. In aller Kürze lässt sich gleichwohl sagen: Für Asad geht es bei der Religion nicht einfach um eine Identität, sondern um einen *way of life*. Eben diese islamische authentische Lebensform sei innerhalb des homogenen politischen Raums der säkularen Moderne nicht möglich: „Europe cannot integrate the Muslims as they are. It can them include only by transforming them into Europeans" (2003: 171). Das Gegenmodell zu dieser kritisierten säkularen Integration bezieht sich auf das mittelalterliche Christentum und den Islam, die anders als die nationalstaatliche

Homogenisierung von Raum und Zeit „a multiplicity of overlapping bonds and identities (2003: 179) anerkannten, so Asad.

Asad ist fest entschlossen, das liberaldemokratische Toleranzmodell einer strukturellen Heuchelei zu überführen. Dieses behauptet, alle Lebensformen gleich zu behandeln, kann aber letztlich die anderen nur anerkennen, sofern es die anderen an sich selbst angeglichen hat.[3] Was Asad mühsam zu enthüllen versucht, wird – eigentlich in der politischen Debatte, aber auch in der wissenschaftlichen Forschung – mit dem Konzept „Euro-Islam" als offenes Geheimnis ausgesprochen. Wir werden noch sehen, dass beim Regierungsdialog mit dem Islam – so geschehen bei der Deutschen Islam Konferenz – diese Absicht, eine bestimmte Form von Islamität zu fördern, nicht etwa eine geheime Agenda ist, sondern geradezu das deklarierte Programm ausmacht.

Europäische Gesellschaften bieten aber den Muslimen einen weiteren Weg, sich als Muslime zu integrieren: in Form einer religiöse Minderheit. Dieser Integrationsmodus lässt sich nicht aus dem liberaldemokratischen Modell ableiten, sondern ist, nach Asad, ein Ergebnis der „post-Reformation doctrin", die durch die Auflösung von „total union of church and state" entstand. *Als Bürger* sind demnach die Muslime den anderen gleich, *als Muslime* bilden sie eine Minderheit gegenüber der Mehrheit. Als religiöse Minderheit besitzen sie eine andere narrative Tradition, die allerdings in das zivilisationspolitische Programm Europas nicht ohne Weiteres integriert werden könne.

„Muslims in their own terms" zu integrieren, darin liegt genau das Problem. Der muslimische Weg, also ein Scharia-orientiertes Leben, wie Asad es formuliert, zeichnet sich vor allem durch die Kopplung des Gesetzes mit der Ethik aus (2003: 259 ff.), doch diese wird gerade in der säkularen Moderne aufgehoben. Autorität ist nicht mehr an die religiöse Ethik gebunden. Amt und Person, Autorität und Moralität, Gesetz und Gewissen sind auseinandergetreten. In jedem Fall scheint es für Asad der Säkularismus zu sein, der für diejenigen Muslime, die die Scharia ernstnehmen, eine Integration auf der Basis des authentischen Glaubens unmöglich macht.

> „It (secularism, L. T.) is an enactment by which a *political medium* (representation of citizenship) redefines and transcends particular and differentiating practices of the self that are articulated through class, gender, and religion. In contrast, the process of mediation enacted in ‚premodern' societies includes ways in which the state mediates local identities without aiming at transcendence" (Asad 2003: 5).

---

3   Asad ist mit dieser Kritik am liberalen Modell nicht allein. Für W. Brown (2006) kann der liberale Multikulturalismus die anderen Kulturen nur auf der Basis vom Individualismus-Konzept tolerieren. Während Brown sich bemüht, den versteckten Partikularismus eines vermeintlichen liberalen Universalismus zu enthüllen, ist nach S. Žižek (2008) der Liberalismus tatsächlich universalistisch; in ihm drückt sich das kapitalistische Prinzip als Realabstraktion aus, die in jeder Kultur mühelos operieren kann. Žižek zieht allerdings ganz andere Konsequenzen als Asad. Er urteilt nicht nach dem Maßstab einer authentischen Glaubensausübung, Er fragt, durchaus noch „altmodisch" nach den Möglichkeiten von emanzipatorischem Potenzial über die religiösen und ethnischen Grenzen hin, während man bei Asad eher den Eindruck bekommt, dass die Emanzipationsfrage mit der Anerkennung eines authentischen, Scharia-gerechten Lebens auf einer kommunalistischer Grundlage erledigt zu sein scheint.

Asads Idealzustand, in dem sich verschiedene Lebensformen auf *ihre* Art und Weise einbringen würden, wäre eine gesellschaftliche Assoziation, in der der Staat die Gemeinschaften weitgehend sich selbst überlassen würde. Muslime sollten, so kann man Asads Argumentation abschließen, die Möglichkeit für eine institutionelle Repräsentation in einem demokratischen Staat haben, „that consists only of minorities" (2003: 178). Ich will hier nicht darauf eingehen, dass dieser Lösungsvorschlag – also möglichst wenig Staat und zudem vollkommen neutral gegenüber den Gemeinschaften – sich als überaus *liberal* anhört. Außerdem gewinnt man den Eindruck, dass hier eine eigentümliche, etwas marxistisch angereicherte Mischung des amerikanischen Säkularismus und des osmanischen Millet-Systems vorgeschlagen wird.[4] Was mich interessiert, ist, dass genau das, was Asad in der theoretischen Debatte als die „integration of Muslims in their own terms" präferiert, in der politischen Praxis die Grundlage dafür bildet, was man den Muslimen oder zumindest den islamischen Organisationen in kritischer Absicht unterstellt zu verfolgen. Genau die Variante, welche Asad für den Weg eines authentischen Lebens für fromme Muslime hält, löst bei der Mehrheitsgesellschaft und in der Politik das Misstrauen gegenüber den Muslimen aus. Auch deshalb wird die Frage der Repräsentation der Muslime nicht alleine als eine rechtliche Angelegenheit verhandelt. Stattdessen wird ein politischer Prozess vorgeschaltet, in dem die Vertrauensfrage den Ausschlag bei den Auseinandersetzungen gibt. Damit bekommen wir einen wichtigen Hinweis auf die gegenwärtige Realität der muslimischen Präsenz in Deutschland.

Tatsächlich gehen die Regierungen in Europa respektive Deutschland in eine neue Politik über, den Islam stärker zu beachten und dabei religiöse Organisationen in das Regieren der Migrantenpopulation einzubinden. Dieser Trend fand seinen höchsten symbolischen Ausdruck in der *Deutschen Islam Konferenz*, die 2006 vom Innenministerium ins Leben gerufen wurde. Dieser Dialog wiederum schloss an den interreligiösen Dialog an, in dem bereits die Dialogkommunikation ausprobiert wurde. Für beide Formen von Dialog bedurfte es allerdings zunächst einmal überhaupt einer muslimischen Identitätspolitik, und die kam erst genau in dem für den vorliegenden Band relevanten Zeitabschnitt auf.

4 Seit wann sind die Muslime Muslime?

Eingangs problematisierte ich die pauschalisierende Rede von „Muslimen", mit der, bar einer geschichtlichen Sensibilität gegenüber politischen Paradigmen, plötzlich alle Migranten muslimischen Glaubens unter einer religiösen Zugehörigkeit adressiert werden. Und zwar, als wären die Muslime vom Glauben her immer dieses auch in politischer Hinsicht gewesen. Gleichwohl wies ich darauf hin, dass ich diese diskursive Wendung – *Muslime* statt *Türken* – nicht alleine als Irrtum betrachte, sondern als Teil eines eigentlich von S. Huntington (1996) umschriebenen und zugleich geförderten Paradigmenwechsels betrachte, in dem die nunmehr

---

4   Ähnliche Gedanken wurden von den Islamisten vertreten. Beispielsweise wurde in den 1990er Jahren unter den türkischen Islamisten die „Medina Konvention" als alternatives islamisches Gesellschaftsmodell debattiert, worin jede Gemeinschaft in einem multijuridischen System auf ihre eigene Art („in their own terms") existiere und der Staat nichts anderes sei als ein technischer Verwaltungsapparat, der zwischen diesen vermittelt (ausführlich zu diesem Gesellschaftsprojekt vgl. Tezcan 2003).

primär durch die Religion operationalisierte kulturelle Identität zur Leitwährung wurde. Diese Identitätspolitik hat eine Geschichte auch auf der Seite der Migranten.

Die Geschichte der Präsenz des Islam in Deutschland beginnt bekanntlich erst mit der Arbeitsmigration.[5] Hier kamen vornehmlich Türken und muslimische Jugoslawen. Die muslimische Präsenz ist jedoch noch mit keiner umgreifenden islamischen Repräsentation verbunden. Der Mangel kann allerdings kaum einer etwaigen Ignoranz oder den Diskriminierungsabsichten seitens der deutschen Politik zugeschrieben werden. Bestenfalls kann man es der türkischen Politik ankreiden – was auch unter den Türken immer wieder getan wurde –, dass sie sich, anders als z. B. die griechische Regierung, nicht um die religiösen Bedürfnisse der Gastarbeiter gekümmert hatte. Aber auch hier wäre lediglich von den religiösen Bedürfnisse die Rede, die abzudeckenbis zu einem gewissen Grade durchaus ohne eine Repräsentation seitens der Akteure möglich war.

Es gibt sicherlich mehrere Faktoren, die zu einer religiösen Wende unter den türkischen und arabischen Einwanderern beigetragen haben. W. Schiffauer (2004) unterstreicht neben den transnationalen Verbindungen vor allem die Veränderung in der Bevölkerungsstruktur im Einwanderermilieu. Mit dem Familiennachzug und der Etablierung von Familienleben drängte sich auch die Sorge um die Erziehung der jüngeren Generationen spürbar auf. Insbesondere für diejenigen, die Angst um den Traditionsverlust verspürten, fungierten religiöse Organisationen als Kulturzentren und garantierte Religion moralische Erziehung. In politischer Hinsicht handelte es sich zugleich um eine Phase, wo in der Türkei, aber auch in den arabischen Ländern die aufkommende religiöse Bewegung als gesellschaftliche Alternative die linke Opposition ablöste. Ihre Effekte schlugen sich umgehend auch unter den Migranten nieder.

Einer der deutlichsten Indikatoren für diesen neuen Akteur war meines Erachtens der Wahlerfolg der Moscheelisten bei den Ausländerbeitragswahlen in den 1990er Jahren (vgl. Hocker 1998; Tezcan 2000). Erst hier erproben muslimische Verbände eine Interessenvertretung. Bereits in den 1980er Jahren hatten sich muslimische Verbände formiert. Noch war jedoch das muslimische Selbstverständnis nicht darauf angelegt, dass den Muslimen im christlichen Europa (so die damalige Wahrnehmung) Ansprüche zustünden.

Europa ist nunmehr nicht mehr primär christlich, und die muslimischen Organisationen bekommen gerade dank des von Asad eher gering geachteten „abstrakten" Bürgerstatus überhaupt erst die Möglichkeit, *als Muslime* Forderungen zu stellen. Auch wenn dies nicht dazu ausreichte, ein vollauf Scharia-gerechtes Leben zu führen, zielten die Forderungen darauf, Raum für die religiöse Repräsentation in staatlichen Einrichtungen (Religionsunterricht, Kopftuch für Lehrerinnen) und im städtischen Raum (Moscheebauten mitsamt Minarett und Gebetsaufruf) zu schaffen.

In beiden Bereichen wurde die muslimische Identitätspolitik von Konflikten begleitet. Im schulischen Bereich sorgte das Kopftuch für Aufregung. Die Initiativen der Moscheeverbände, repräsentative Moscheen aufzubauen, die auch Minarette besitzen und womöglich, wenn auch sehr selten, öffentlich per Lautsprecher zum Gebet aufrufen, erregen weiterhin nahezu in jeder Stadt die Gemüter. Bei diesen Konflikten ist vor allem auffallend, dass der Protest kaum von den großen Kirchen kommt, die mit gewissem Vorbehalt letztlich doch

---

5   Von den kleinen Gruppen von Muslimen wie Studenten, Kriegsgefangenen, Gesandten etc. in den früheren Perioden sehe ich hier ab.

die Initiativen unterstützen, wie Kölner Moscheebauprojekt oder in Duisburg vor Kurzem. Es ist vielmehr ein diffuses, mit nationaler Identität verbundenes „Kulturchristentum", das sich im Sinne von kultureller Identität über die öffentliche Präsenz des Islam besorgt zeigt.

Zu diesen Konflikten hat sich seit 2001 ein weiterer Typus gesellt, der sich weder auf die staatlichen Einrichtungen richtet noch auf den lokalen öffentlichen Raum beschränkt bleibt. Er hatte sich bereits zuvor mit der Verbrennung der „Satanischen Versen" von Salman Rushdi angekündigt. Es handelt sich um die Ereignisse, die sich rasch zu globalen Konflikten ausbreiten. Der Mord an Theo van Gogh, die Terroranschläge in London, Madrid und eigentlich auch in Istanbul, der Konflikt um Mohammed-Karikaturen und die Würzburger Rede vom Papst Benedikt XVI sind Merkpunkte von gegenwärtiger Aufgereiztheit, worin die Muslime in Europa verwickelt waren.[6] Diese Konflikte haben auch die deutsche Öffentlichkeit überaus emotionalisiert.[7]

Ich möchte hier nicht weiter auf die konkrete Situation eingehen. Es ist mir an dieser Stelle vielmehr daran gelegen zu zeigen, dass die muslimische Repräsentation nicht einfach einem etwa lange unterdrückten oder ignorierten „wahren" Kern des authentischen Seins der muslimischen Migranten in Deutschland endlich den verdienten Ausdruck verliehen hätte. Vielmehr handelt es sich um eine Verschiebung in den Bedürfnissen und Kräfteverhältnissen im Migrantenmilieu. Diese Verschiebungen rühren nicht alleine aus den Verhältnissen in Deutschland her. Sie sind Teil globaler Entwicklungen und führen in der gegenwärtig herrschenden Kulturkampfstimmung oft zu heftigen Konflikten. Es ist u. a. diese konflikthafte Rahmung der muslimischen Präsenz, worin die Reaktion auf die Konflikte, nämlich der Dialog, ebenfalls zu verorten ist. So wie der Kulturkampf das neue Paradigma abgibt, so scheint der Dialog die paradigmatische Antwort auf diese Art von Konflikten zu sein. Der Dialog erklärt sich ebenfalls nicht von sich aus, sondern muss selber in seiner Geschichtlichkeit gedeutet werden.

5 Christlich-Islamischer Dialog als Integrationsforum

Analog zu der ihrer Geschichtlichkeit entkleideten Rede von *den Muslimen* scheint auch der Dialog eine unzweifelhafte Plausibilität zu genießen. Nahezu jeder ist um den Dialog besorgt. Dass der Dialog notwendig ist, versteht sich folglich für jeden von selbst. Nur findet man oft, dass nicht genug für den Dialog getan wird, dass noch kein echter Dialog stattfindet oder er nur blauäugig geführt wird.[8] Man argumentiert folglich so, als hätten wir schon immer etwas

---

6   Der Gegenpart dieser muslimischen Aufgeregtheiten artikuliert sich nicht als das Christentum, sosehr auch auf der muslimischen Seite oft vom Kreuzzug die Rede ist. J. Derrida spricht hier gleichwohl von Religionskriegen anderer Art, die der Westen im Namen der Demokratie führe (Derrida 2000: 44 ff., 86 f.) Es ist eine offene Frage, ob diese Konflikte die europäischen Öffentlichkeiten gleichermaßen emotionalisieren konnten wie die genannten Konflikte.
7   Die Angst vor muslimischem Beleidigtsein veranlasste manch einen gar zu pro-aktiven Maßnahmen, so dass z. B. die Deutsche Oper die Idomeneo-Aufführung aussetzte. Der Dialog mit der Deutschen Islam Konferenz sorgte dann für die Aufführung des Stückes.
8   Theoretische Reflexionen über den viel beschworenen Kulturdialog sind noch sehr rar. Einen anregenden Beitrag hat A. Nassehi (2006) vorgelegt. Ich habe ihn meinerseits im gleichen Themenheft von „Aus Politik und Zeitgeschichte" (Heft 28/29) am Beispiel des Christlich-Islamischen Dialogs diskutiert (Tezcan 2006).

mit dem Dialog zu tun gehabt. Dabei ist dem Dialog ebenfalls eine eigene Geschichte eigen. Und diese besagt, dass die Beziehungen zwischen Christen und Muslimen nicht immer im Modus des Dialogs verhandelt wurden.

Ein solcher Ansatz erzeugt in der Debatte oft falsche Assoziationen. Man denkt etwa, dass sich die Christen und Muslime früher – pauschal – weniger gut verstanden hätten, weil da von Dialog noch keine Rede war.[9] Ich richte mein Augenmerk stattdessen auf den Dialog als Kommunikationsformat, um das herum sich ein öffentlicher Diskurs aufbaut. Das ist durchaus ein neues historisches Phänomen.

Überhaupt taucht der interreligiöse Dialog auf der internationalen Bühne erst in der Nachkriegsphase auf (informativ vgl. Siddiqu 1997; Waardenburg 2003), gewissermaßen im Kontext des Kalten Krieges, wo das Christentum und der Islam im Kommunismus den gemeinsamen Feind erblickten. Erst in dieser zugleich als postkolonial bezeichneten Ära beginnen die Christen ihr Verhältnis zu den Nichtchristen neu zu bedenken. Die Verwicklungen mit der Kolonialpolitik werden kritisch reflektiert. Die Mission gilt bald nicht mehr als der alleinige Modus, worin die Beziehungen zu den Nichtchristen formuliert werden; zu ihr gesellt sich fortan, durchaus in gewisser konzeptioneller wie praktischer Spannung, der interreligiöse Dialog.

In dieser Zeit tauchen zugleich muslimische Gastarbeiter in Europa auf. So bilden sich recht früh Dialogkreise auch in Deutschland (Neuser 2005). So wie die Islamität der Gastarbeiter ein marginales Thema in der Öffentlichkeit war, so war auch der christlich-islamische Dialog lange Zeit ein am Rande der gesellschaftlichen Aufmerksamkeit stattfindendes Religionsgespräch.

Erst in den 1980ern Jahren, mit der Formierung muslimischer Organisationen, scheint die Grundlage gegeben zu sein, die für eine nachhaltige interreligiöse Dialogkommunikation notwendig ist. Die öffentlichen Konflikte, vor allem um die Moscheebauten, fungieren als Katalysatoren dafür, dass der christlich-islamische Dialog, der sich oft eben aus solchen praktischen Anlässen vor Ort ergab, immer mehr zur Lösung der Konflikte angerufen wird. Dialog ist nicht mehr eine spezifische Kommunikation zwischen den religiösen Virtuosen, die die Gesellschaft der anderen Frommen suchen, sondern ein Diskurs über gesellschaftliche Probleme, die dann auch stärker als Kulturprobleme gerahmt werden. Vor allem in den 2000er Jahren fällt auf, dass der christlich-islamische Dialog stark mit Integrationsthemen beladen wird. Ob die Dialogkreise zuvor diese Aufgaben weniger kannten und mehr auf theologischen Austausch angelegt waren, kann ich hier nicht beurteilen. Es fehlt noch an Studien, die den Dialog als geschichtliches Phänomen unter die Lupe nehmen. Wohl aber können wir mutmaßen, dass im Zusammenhang mit der zunehmenden Bedeutung der Religion als öffentliches Thema die öffentliche Relevanz dieser integrationspolitischen Zurichtung des Dialogs zugenommen hat.

Das Verhältnis zwischen Christentum und Islam gestaltet sich nämlich nicht einfach abstrakt, als ob die beiden Religionen ihre Glaubenskonzepte losgelöst aus dem historischen Kontext austauschten. Die religiöse Kommunikation über Gott erweist sich einmal mehr als überaus irdisch. In unserem Fall wird die Diesseitigkeit dieser Kommunikation durch

---

9   Sicher ist Dialog im basalen Sinne besser, als wenn man im Namen von Kultur oder Religion Krieg gegeneinander führt (vgl. auch Bhatti 2008: 8). Diese normative Erwartung sollte aber die Analyse nicht beherrschen.

das Faktum unterstrichen, dass Christen und Muslime sich nicht einfach in einer von anderen sozialen Bezügen losgelösten religiösen Identität gegenübertreten, sondern zugleich im Kontext eines Mehrheits-/Minderheitsverhältnis miteinander interagieren.[10] Darum wird es nicht verwundern, dass sich die gesellschaftliche Stimmung ebenfalls in der interreligiösen Begegnung niederschlägt bzw. darin gegebenenfalls gar zusätzliche Verstärkung erhält. Das gegenseitige Misstrauen ist, wie auch später im Regierungsdialog, nur zu deutlich. Vor allem hat in den letzten Jahren die Kritik am Dialog zu einer Veränderung in der Grundhaltung geführt. Die neue Handreichung der EKD „Klarheit und gute Nachbarschaft" (2006) reflektiert den in ihr selbst vollzogenen Stimmungswechsel als eine angepasste Antwort auf die neuen Belastungen (ausführlich dazu vgl. Göb 2008).

Das Thema Dialog ist aber noch in anderer Hinsicht äußerst interessant und wartet auf adäquate Studien. Beispielsweise ist die Frage, ob es Unterschiede im Dialoginteresse und Stil gibt, trotz der vielen Hinweise aus der Dialogpraxis bisher nicht gestellt worden. Dabei scheint der Dialog zunächst einmal eine christliche Initiative zu sein. Dieser Möglichkeit müsste frei von der normativen Aufladung, die der Dialog in der öffentlichen Debatte verständlicherweise erfährt, nachgegangen werden.

Bedenkt man die Aussage aus den Kirchenkreisen, dass die islamische Präsenz eine Chance für die Christen sei, damit sich diese ihres eigenen Glaubens versichern, dann stellt sich die Frage: Sind der christliche und der muslimische Glaube auf die gleiche Art und Weise angewiesen auf das Wissen vom Anderen, um sich seiner selbst bewusst zu werden? Ich neige zu der These, dass der Islam aus Gründen, die ich hier nicht ausführlich diskutieren kann, weniger Anreize an seine Anhänger sendet, den Glauben des Anderen erkenntnismäßig zu durchdringen.[11] Die scheinbare islamische Äquivalenz zur christlichen Mission, nämlich Daʻwah (Einladung), kommt weitgehend ohne die Erkenntnis des zu Bekehrenden aus, während die Mission die Wissensproduktion über die Anderen geradezu auf die Spitze trieb. Anzeichen von diesen historisch gewachsenen, sicherlich auch von der theologischen Veranlagung des jeweiligen Glaubens abhängigen Unterschieden lassen sich auch in der praktischen Dialogkommunikation beobachten. Während die Christen die Behandlung praktischer Themen als Übergang zu einer höher liegenden, theologischen Phase des Dialogs betrachten, scheint bei den Muslimen eher die Haltung vorzuherrschen, „Informationen über den Islam zu geben". Die islamische „Mission", die im Dialog zum Ausdruck kommt, drückt sich nicht durch die Erkenntnis der Anderen aus, sondern durch die Kundgabe der islamischen Glaubenslehre, um mit den Missverständnissen aufzuräumen, die dem Islam stets entgegengebracht würden. Der Islam sei durch die göttliche Fürsorge sichergestellt und

---

10 Dies kann man bestens in den Positionspapieren der beiden Kirchen beobachten (EKD 2000; Bischofskonferenz 2003).
11 Ich bin mir hier der möglichen Missverständnisse bewusst. Man könnte z. B. den Ausspruch von Mohammed „Suche Wissen, selbst wenn es in China ist" entgegenhalten. Es geht mir aber nicht darum, ob dem Wissen überhaupt Bedeutung zugemessen wird oder nicht, sondern ob das Verhältnis zu sich und dem Anderen vom analytischen Wissen darüber abhängig gemacht wird. Auch hier sollte man von der naheliegenden normativen Wertung – etwa: Wissen des Anderen ist gut! – absehen. Hiermit berühren wir eigentlich das Kernthema der Studien von M. Foucault zum Verhältnis von Macht und Wissen in der Moderne, wobei die christliche Pastoraltechnik, also die analytische Befragung seiner selbst, wesentlich zu dessen Genealogie gehört. In Anlehnung an diese Forschung hat A. Höfert (2005) das mittelalterliche christliche Erkenntnisinteresse am Leben und Glauben der Türken überzeugend dargelegt.

darum an sich stark genug, durch ihre pure Bekanntgabe die Anderen zu überzeugen.[12] Der innere Zweifel ist im Dialog keine Triebkraft für den Muslim.

Man kann diese nicht hinreichend belegten Behauptungen unterschiedlich deuten. Entweder führt man diese Differenzen a) restlos auf die unterschiedliche Essenz beider Religionen zurück, um sie in einem Kampf um die Selbstbehauptung gegeneinander in Stellung zu bringen. Oder man sieht sie b) als gänzlich praktisch bedingt an, um schließlich die essenzielle Gleichheit beider Religionen in ihrer Konzeption zu unterstreichen. Demnach rührt der unterschiedliche Stellenwert der Theologisierung des Dialogs aus dem Unterschied der sozialen Herkunft christlicher und muslimischer Akteure. Den studierten Theologen, gestützt auf die traditionsreiche Organisation der Kirche, begegnen ehrenamtliche Arbeiter oder Studenten der zweiten Generation in den Moscheevereinen. Ich präferiere hier allerdings c) eine dritte Variante, die einerseits die essentialistische Perspektive geschichtlich wendend übernehmen könnte: Die Entstehung des Islam als Kriegerreligion hat dessen kulturellen Mechanismen soweit bestimmt, dass wenig Interesse am Glauben der Unterworfenen aufzukommen brauchte.[13] Andererseits, da auch die scheinbare Essenz letztlich eine Genealogie hat, die die Gewordenheit eines Phänomens anzeigt, kann sich der religiöse Stil unter den völlig anderen Bedingungen infolge neuerer geschichtlicher Erfahrungen erheblich verändern. Der „aufgezwungene Dialog",[14] der den Muslimen durchaus zu Gute kommt, da sie nun im Land der Christen auf der gleichen Augenhöhe auftreten können, kann eine stärkere Theologisierung der islamischen Reaktionen zufolge haben. Dazu trägt ebenfalls der intensivierte transnationale Austausch bei, wie z.B. die stärkere Präsenz der türkischen Theologen bei der Initiative der türkischen Religionsbehörde Diyanet.[15] Diese Entwicklungen deuten ihrerseits auf den Prozess, den Peter Beyer als die Formierung eines globalen Religionssystems umschreibt. Religionen rekonstruieren sich als Religionen demnach zwar nicht alleine, aber im erheblichen Maße durch die Beobachtung der anderen Religionen als Religionen und reproduzieren dabei die religiöse Kommunikation. Der Dialog wäre ein spezifischer Modus dieser religiösen Kommunikation, der im Unterschied bzw. im Verhältnis zu den klassischen Kommunikationsmodi wie *Mission* und *Da'wah* sowie zu den mittelalterlichen *Religionsgesprächen* betrachtet werden sollte. Die wenigen Studien (wie z.B. Schmid 2008) enthalten hilfreiche Hinweise, die theoretisch vertieft werden müssten. Noch steckt auch die empirische Forschung zum Dialog in den Anfängen.

---

12 Dieser Mythos ist in der islamischen Narration operativ sehr wirksam. Die Bekehrungsgeschichten kommen Wundergeschehen gleich, und die Bekehrung wird oft durch das Hören einer faszinierenden Koranrezitation ausgelöst (vgl. Kermani 1999).

13 Dieser „mangelnde" Bekehrungstrieb wurde von Becker (1910a) vermerkt und spielte in Webers Reflexionen über den Islam eine wichtige Rolle (1972 [1922], Abschnitt ‚Weltangepasstheit des Islam').

14 Ausdruck eines muslimischen Dialogbeauftragten in einem von mir durchgeführten Interview (27.06.2006). Er merkte, dass man es missverstehen würde, und fügte darum hinzu, dass die Muslime es sich auch gerne haben aufzwingen lassen.

15 Zusammenkünfte für theologische Debatten vermehren sich indessen. Indizien finden sich beispielsweise in der Initiative der Hamburger Dialogakademie, die dem Dialog eine akademisch-institutionelle Grundlage verschaffen will. Der letzte Workshop am 14/15. Januar 2010 handelte von der „Islamische(n) Theologie im Dialog". Die Einrichtung einer Stiftungsprofessur durch die Diyanet an der Universität Frankfurt ist ebenfalls ein wichtiger Indikator für die neu entstehenden institutionellen Grundlagen für eine dauerhafte interreligiöse Kommunikation.

6 Regierungsdialog

Die islamische Präsenz in Europa ist in ihrer spezifischen historischen Gestalt unmittelbar mit der Präsenz von ethnischen Minderheiten verbunden. Insofern tritt sie als eine Angelegenheit auf, die mehr ist als die Inklusion einer weiteren Religion in das staatliche Religionsregime. Schon der interreligiöse Dialog reproduzierte sich im Wesentlichen über die Bearbeitung von Integrationsproblemen. Das Regierungsinteresse am Dialog mit dem Islam wird erst recht von der Motivation getragen sein, die Islampolitik als eine Bevölkerungspolitik zu konzipieren. Genau diese Begründung gaben die Organisatoren der Initiative *Deutsche Islam Konferenz* an: Es handele sich nämlich nicht einfach um eine rechtliche Angelegenheit. Sonst hätte man einen Staatsvertrag geschlossen.

Islampolitik war eigentlich bereits im Kaiserreich eine Bevölkerungspolitik. Es ging um die Zustände in den afrikanischen Kolonien, in denen eine beträchtliche Anzahl von Muslimen lebte. C. H. Becker, einer der führenden Köpfe der deutschen Islamwissenschaft und der erste Lehrstuhlinhaber für das 1908 neugeschaffene Fach *Geschichte und Kultur des Vorderen Orients* im damaligen Hamburger Kolonialinstitut, brachte es in seiner Kritik an den Missionaren zum Ausdruck, die zu einer Bekämpfung des Islam rieten. Es handelt sich um die Loyalität der Untertanen und damit um die Frage nach Regierbarkeit von Bevölkerung. Die Islampolitik ist, wie Becker es ausdrückt, „(auch) eine Frage der Eingeborenenpolitik, die eine eminent staatliche Aufgabe ist", da „(...) vielleicht mehrere Millionen Mohammedaner zu regieren sein" werden (Becker 1910b: 639 f). Wegen des dem Kolonialismus anhaftenden Ruchs ist es gegenwärtig nicht leicht, einen Bezug auf diese erste *Islampolitik* auch nur anzudeuten.

Beckers Voraussage trifft inzwischen gar auf das Vaterland zu. Es geht nicht mehr um die muslimische Präsenz in den Kolonien, sondern um die in Deutschland selbst. Andererseits beginnt diese Islampolitik, wie zuvor beschrieben, nicht sogleich mit der Arbeitsmigration. Sie lässt sich, sofern man überhaupt einen Schnitt setzen kann, auf die Zeit nach dem 11. September datieren.

Die islambezogenen Bedürfnisse wurden viel früher zum Gegenstand politischer Regulierung gemacht. Eine konzertierte Politik mit hoher symbolischer Bedeutung bestand bis zu dieser neuen Phase allerdings nicht. Parallel zur Umdefinition von Einwanderern muslimischen Glaubens in muslimische Subjekte gingen die Behörden ihrerseits dazu über, die Integrationspolitik partiell in Islampolitik zu überführen.

Das bedeutsamste Unternehmen in dieser Hinsicht ist die bereits erwähnte *Deutsche Islam Konferenz*.[16] Sie fand auf die Initiative des damaligen Innenministers Wolfgang Schäuble von 2006 bis 2009 statt. Die deutsche Regierungsinitiative gehört sowohl in zeitlicher Hinsicht als auch inhaltlich zu einer Reihe von ähnlichen Initiativen in anderen europäischen Ländern (vgl. Silvestri 2005; Jasch 2007; Peter 2008; Tezcan 2009). Die Initiative ist im Mai 2010 in die zweite Phase eingetreten. Die Tatsache, dass diese zweite Phase gleich zum Start auseinanderzufallen drohte, unterstreicht noch einmal, wie sehr die muslimische Präsenz in Europa mit Konflikten beladen ist.[17] Mit dem Thema Islamkonferenz kommen

---

16 www.deutsche-islam-konferenz.de (Stand 26.06.2010).
17 Der neue Innenminister Thomas De Maiziere hatte den von der Organisation Milli Görüs dominierten Islamrat aus der Teilnehmerliste gestrichen, da derzeit ein Gerichtsverfahren gegen Milli Görüs anhängig

wir zurück auf die Frage, der Asad nachging: „Can Muslims be represented in Europe?" Die Deutsche Islam Konferenz bildet ein konkretes Beispiel für die muslimische Repräsentation, sie ist daher hervorragend geeignet, um Asads Diskussion wieder aufzugreifen.

Um es kurz in Erinnerung zu rufen: In Europa können sich Muslime nicht so repräsentieren, wie sie sind. Europa kann nur einen angeglichenen, europäisierten Islam akzeptieren. Dies kommt daher, dass der säkulare Nationalstaat, auch in seiner liberalen Version, nicht einfach die Differenzen verwaltet, sondern bei der Verwaltung die Substanzen transformiert. Während Asad die von ihm als Assimilation bezeichnete „Europäisierung des Islam"[18] negativ beurteilt, ist der Euro-Islam tatsächlich längst ein normatives Konzept, das zunächst primär von der Wissenschaft in Umlauf gebracht und zügig von der Politik übernommen wurde. Die *Deutsche Islam Konferenz* ist so gesehen die programmatische Umsetzung dieser normativen Idee, die nicht wie bei Asad in kritischer Absicht, sondern durchgehend affirmativ gemeint ist. Sie ist mit dem Anspruch installiert worden, aus den Kindern der Gastarbeiter deutsche Muslime zu machen. So heißt denn auch das Motto der *Deutschen Islam Konferenz*: „Muslime in Deutschland – deutsche Muslime" (Deutsche Islam Konferenz 2009). Es geht dabei nicht alleine um die rechtliche Gleichstellung des Islam, wie dies auch gleich zu Beginn der Verhandlungen freimütig bekundet wurde. Nicht alleine das *Recht*, das nach dem Grundsatz der Gleichbehandlung den muslimischen Verbänden und den Muslimen die Religionsfreiheit verspricht, dient hier als der regulative Mechanismus, sondern es sind zugleich die Techniken des *Regierens*, die nicht im Recht aufgehen und eigenen Rationalitäten folgen. Während das Recht sich damit begnügt, die Verbotsübertretungen zu ahnden, will die Regierungstechnik eine bestimmte Form von Islamität aktiv fördern. Gegen den Einwand der Moscheeverbände, dass der Staat nicht seinen eigenen Islam zurechtzimmern sollte, so Köhler vom Zentralrat der Muslime, antwortete Schmid, der Diskussionsleiter und Leiter des Bundesamtes für Migration und Flüchtlinge, dass der Staat selbstverständlich dem Islam, mit dem er reden will, ein Stück Aufklärung beibringen möchte (Beobachtungsprotokoll zur Klausurtagung der AG 1 in Pommersfelden am 26./27.03.2009). Jeder dürfe natürlich, so Schmid, seinen Islam pflegen, wie er will, solange er nicht gegen die Gesetze verstoße. Demnach sei selbst ein fundamentalistischer Islam zulässig. Nur werde der Staat mit ihm nicht verhandeln. Diejenigen, die förderungswürdig sind, müssen erst nachweisen können, dass sie sich über eine „formale Treue" hinaus zur „vollständige(n) Akzeptanz der freiheitlich demokratischen Grundordnung" bekennen (Thesenpapier zu Ergebnissen zur 3. Sitzung der AG 1 am 07. März 2007).

Die Erwartung eines „vollständige(n)" Bekenntnisses zu der Gesellschafts- und Werteordnung der Bundesrepublik Deutschland ist ein zentraler Punkt. Es gab darüber heftigen Streit. Schließlich fand die Formulierung „die vollständige Beachtung der deutschen Rechtsordnung und der Werteordnung des Grundgesetzes", Eingang in die Ergebnisse der Konferenz (Deutsche Islam Konferenz 2009: 36; siehe im selben Buch auch Langenfeld 2009). Der Hintergrund dieser nahezu penibel anmutenden Verhandlungen ist der Verdacht, der den

---

ist. Gegen diese Entscheidung hat sich der Rest des Koordinierungsrates (KRM), der Zusammenschluss der muslimischen Dachverbände, mit der Drohung gewehrt, die Islamkonferenz zu verlassen. Inzwischen ist es nur der Zentralrat der Muslime, der seine Teilnahme abgesagt hat.

18 Das Konzept der „Europäisierung des Islam" ist eigentlich älter. Ursprünglich wurde es in der islamwissenschaftlichen Debatte um 1900 herum geprägt, vor allem in den Werken von dem Holländer S. Hurgronje (1915) und den deutschen Islamwissenschaftlern C. H. Becker (1910b) und M. Hartmann (1910).

muslimischen Gruppen anhaftet, dass sie Probleme mit einer nichtmuslimischen Autorität hätten. Die bewegende Frage ist hier, ob ihre Loyalität dem Staat bzw. der neuen Heimat oder der muslimischen Gemeinschaft gilt. Man mag diesen Verdacht für übertrieben oder gar unbegründet halten. Die islamische Bewegung, die sich seit der iranischen Revolution weltweit verbreitet hat, definierte sich weitgehend durch derartige Positionen. Daher ist der Gegenstandpunkt, in den muslimischen Gruppen lediglich Diskriminierungsopfer zu sehen, ebenso pauschalisierend wie der nie aufhebbare Verdacht selbst. Wie kann sich die Politik der Loyalität der Verbände versichern? Diese Frage spielte in den Verhandlungen eine zentrale Rolle, jedenfalls in der ersten Etappe der Deutschen Islam Konferenz war es der Fall. Ob die zweite Runde unter anderen Zeichen stehen wird, ist noch offen. Die operative Umsetzung des Verdachts findet aber auch über die Deutsche Islam Konferenz hinaus statt. Der „Polizeidialog mit den Muslimen" oder der Einbürgerungstest sind jedenfalls dafür gedacht, Transparenz und Verbindlichkeiten zu schaffen.

W. Schiffauer hat in diversen Artikeln (u. a. 2008) die These diskutiert, dass die gegenwärtige Islampolitik immer mehr der Logik einer Sicherheitspolitik folgt, die sich meist primär an den Gutachten und Empfehlungen der Verfassungsbehörden orientiert. Tatsächlich zielt diese über eine religionsrechtliche Regulation hinausgehende Islampolitik darauf ab, die Risiken und Potenziale innerhalb des muslimischen Migrantenmilieus zu ermitteln, um die Migrantenpopulation qua Religion regierbar zu machen. Im Kontext der Repräsentation des Islam sollten daher nicht alleine die sogenannten klassischen Religionsfragen (Friedhofplätze, Moscheebau, Religionsunterricht etc.) behandelt werden, sondern auch Wirtschafts-, Bildungs- und Sicherheitsfragen, die üblicherweise die gestandenen Themen der klassischen Integrationsdebatte sind. Islamische Verbände müssen sowohl Integrationsagentur als auch Frühwarnsysteme gegen Radikalisierungstendenzen in einem sein können. Erst durch diesen Dialog können muslimische Verbände ihre Verlässlichkeit unter Beweis stellen.

Das Problem mit diesem Modell der Zurechenbarkeit besteht nun darin, dass die Erwartung prinzipiell unerfüllt bleiben könnte. Woher soll man nämlich wissen, ob diejenigen, die sich bekennen, dies nicht bloß formell tun und im Geheimen doch anders denken? Schiffauer rät dabei zu einem Vertrauensvorschuss, der wiederum dadurch gerechtfertigt sei, dass die anvisierten Organisationen wie Milli Görüs – aber auch potenziell die anderen wie Verband des islamischen Kulturzentrums (VIKZ), die Türkisch-Islamische Union (DITIB), der Zentralrat der Muslime (ZRM) – bislang keineswegs die Gewaltpolitik befürworteten, ja eigentlich das konservative Milieu gegen Gewaltanfälligkeit immunisiert hätten. Zumindest, soweit relativiert Schiffauer seine Position, basiere ihre mögliche Rolle bei der Radikalisierung lediglich auf nichterwiesenen Annahmen. Er versucht die Debatte auf die Rechtsebene zu begrenzen. Die Sicherheitspolitik hingegen empfindet genau diese Beschränkung auf die rechtliche Fundierung der Debatte als offenes Tor zur Hintergehung der Rechtsordnung. Es geht demnach nicht alleine darum, ob sich die Gruppenmitglieder an die Gesetzen halten, sondern wie berechenbar sie eigentlich sind. Damit rückt die Berechenbarkeit des muslimischen Subjekts ins Zentrum der Verhandlungen.

Während nun nach Asad eine Integration bzw. Repräsentation der Muslime deshalb nicht möglich ist, weil Europa eine nichteuropäisierte Version des Islam nicht akzeptieren, ihr immer misstrauen wird, wird man mit Schiffauer sagen, dass Europa den Muslimen gerade die Chance, sich zu europäisieren, nicht gibt. Bei Asad geht es um eine grundsätzliche Disposition liberaler europäischer Kulturpolitik, die das Problem verschärft. Nach Schiffauer begeht hingegen die deutsche Politik geradezu Verrat an ihrer liberalen Orientierung. In beiden Versionen handelt es sich jedoch um Misstrauen bei der Perzeption der muslimischen Präsenz.

7   Schlussbemerkungen

Muslimische Präsenz wird allem Anschein nach noch lange mit der negativen Perzeption, die man sich in Europa von ihr macht, zu kämpfen haben. Das Misstrauen scheint sich aus verschiedenen Quellen zu schöpfen. Jedenfalls ist es nicht alleine das organisierte Christentum – ja dies eigentlich weniger – als vielmehr das diffuse, mit der nationalen Identität verknüpfte kulturchristliche Empfinden, das der islamischen Präsenz mit Sorge begegnet. Diese Sorge mag partiell den Mustern der üblichen Fremdenfeindlichkeit folgen. Gleichwohl kann sie sich genauso gut auf praktische Evidenzen aus der islamischen Bewegung bzw. den Ländern berufen. Der interreligiöse und der politische Dialog reagieren im Grunde auf diese wie auch immer motivierte negative Stimmung und zielen darauf ab, Normalität zu schaffen.

Inzwischen etabliert sich die Forschung um das Thema Islamophobie zunehmend als ein dauerhafter Forschungsbereich.[19] Bisweilen werden Vergleiche angestellt, die besagen, dass die Islamophobie inzwischen den Antisemitismus ersetzt habe oder zumindest eine neue Form davon sei. Ob Muslime tatsächlich die neuen Juden Europas sind, ist eine offene Frage, wofür sich sicher manches an Pro und Contra finden lässt. Hier sollte man sich vor voreiligen Schlüssen hüten. Zwischen Islamkritik und Islamfeindlichkeit zu unterscheiden, bleibt eine ernste Herausforderung. Noch scheint für mein Empfinden, dass mit dem Vergleich von Juden mit Muslimen die Situation überzeichnet wird.

In einer anderen Hinsicht sind aber die Muslime tatsächlich auf dem Wege, die Juden Europas zu werden. Paradoxerweise rührt diese Entwicklung nicht alleine, ja nicht einmal in erster Linie aus negativen Attitüden, wie sie einst die Juden trafen und jetzt den Muslimen gelten. Vielmehr trägt die religiöse Zuschreibung, mit der die Migranten unabhängig vom jeweiligen pragmatischen Kontext adressiert werden, zu der Vorstellung von einer homogenen Gruppe von Muslimen bei. Von da an verstärken selbst die scheinbar gegenteilig motivierten Beteuerungen wie „Es gibt nicht *die* Muslime", die etwa die Heterogenität der Muslime unterstreichen mögen, nur noch die Vorstellung eines muslimischen Kollektivkörpers.

„Muslim" wird damit zu einer neuen Rassenkategorie. Die Kritiker, die in der Islamfeindlichkeit einen neuen Rassismus entdecken, übersehen diese *wertneutrale* Rassifizierung der Migranten als Muslime jenseits aller pragmatischen Zusammenhänge. Der Mechanismus funktioniert eigentlich recht einfach: Je mehr die Lebensbezüge der Migranten auf ihre religiöse Zugehörigkeit hin verengt werden, umso stärker wird die religiöse Zugehörigkeit als eine Superethnie funktionieren, um nunmehr alle, die muslimische Glaubenszugehörigkeit haben, als Teile einer „natürlichen" Gruppe zu begreifen.

---

19   Das *Institut für Konflikt- und Gewaltforschung* der Universität Bielefeld erhebt in seiner Längsschnittstudie zu „Gruppenbezogener Menschenfeindlichkeit" auch die islamophoben Einstellungen. Die Ergebnisse erscheinen jährlich unter dem Titel „Deutsche Zustände" bei Suhrkamp.

Es sind nicht die Kirchen, wie man vielleicht erwarten würde, die am ehesten die Islamisierung der Einwanderer betreiben. Als religiöse Organisationen sind sie auf religiöse Kommunikation aus und suchen entsprechend nach religiösen Partnern, die in der Regel aus Organisationen kommen. Muslimische Organisationen hingegen könnten ein stärkeres Interesse daran zeigen, als Volksvertreter überhaupt angesprochen zu werden. In der Praxis bemühen sie aber selber oft, das spezifisch Religiöse in dem Sinne klar einzugrenzen, dass vieles von dem, was als Problem angezeigt wird – Gewalt in der Schule, „Ehrenmorde" etc. –, mit der Religion nichts zu tun habe. Viel unbefangener gehen die Medien mit dem Thema um. Nicht minder unbesorgt haben Wissenschaftler umgesattelt von der Ethnie auf die Religion, und bisweilen hat man den Eindruck, dass alles einfach mit dem Etikett Islam überklebt wird. Die Politik vermittelte wiederum gar den Eindruck, die Integrationspolitik religiös umdeuten zu wollen. Das war jedenfalls der Fall mit der *Deutschen Islam Konferenz*. Vielleicht wird sich die Phase zwei der *Deutschen Islam Konferenz* stärker bemühen, die Religionsthematik deutlicher einzugrenzen. Die Themenwahl scheint jedenfalls enger und religionsspezifischer gezogen zu sein als zuvor.

Um abschließend den Stand der Dinge festzuhalten: Die Islamisierung der Einwanderer kann erst recht das dem Islam entgegengebrachte Misstrauen fördern, da das Verhalten der Gruppen und Individuen nicht mehr an den vielfältigen Praktiken, sondern an deren Kollektive gemessen wird. Die Alternative wird daher weniger oder nicht in erster Linie darin zu finden sein, dass man der sicherheitspolitischen Wende in der Integrationspolitik eine „legalistische" Entspannungspolitik entgegenstellt, die sicher für sich genommen nicht falsch ist. Vielmehr müsste die Kritik entschieden an der Politik der Homogenisierung überhaupt ansetzen, indem man die Lebensbezüge diversifiziert und kontextualisiert. Es ist letzten Endes eine normative Frage, ob man von den *Muslimen* spricht, die sich nach sozialer, politischer, geschlechtlicher Lage unterscheiden („es gibt nicht *die* Muslime"), oder von den praktischen Handlungen,[20] die je nachdem soziale, politische, geschlechtliche und religiösee Dimensionen haben. Im ersten Fall trägt man, unabhängig davon, ob man dies mit guten oder bösen Vorsätzen tut, dazu bei, dass die Muslime zu den neuen Juden Europas werden, jedenfalls in dem Sinne, dass Glaube und Herkunft zusammenfallen. Im zweiten Fall schafft man mehr Raum für Multiplizität der Lebensbezüge, wozu auch die religiöse Differenz gehört, ohne hypostasiert zu werden. Das wäre mehr als die Diversität von Mehrheit und Minderheit bzw. Christen und Muslimen, auch mehr als innerislamische Differenzen wie Aleviten und Sunniten oder liberale, konservative und fundamentalistische Muslimen. Die dringliche Aufgabe wäre somit, überhaupt eine Sensibilität für die Mannigfaltigkeit der Praktiken zu entwickeln, anstatt gebannt auf Subjekte zu schauen. Das hieße auch, sich vom Repräsentationsdenken selbst zu distanzieren. Von einer solchen genaueren Bestimmung des Forschungsgegenstands könnte die religionssoziologische Forschung sicher profitieren.

---

20 Ich bin mir bewusst, dass die Kategorisierungen unvermeidlich sind. Darum darf man nicht vergessen: Auch die Migranten sind nicht alleine und nicht stets Migranten in ihren konkreten Lebenszusammenhängen. Also auch hier gebietet es sich, dass man der verstetigenden Kategorisierung, mit anderen Worten: der Hypostasierung, widersteht und die Kategorien verflüssigt.

8 Literatur

Asad, Talal (2003): Formations of the Secular. Christianity, Islam, Modernity. Stanford.
Becker, Carl Heinrich (1910a): Der Islam als Problem. In: Der Islam 1: 1–21.
Becker, Carl Heinrich (1910b): Staat und Mission in der *Islampolitik*. In: Verhandlungen des deutschen Kolonialkongresses 1910. Berlin: 638–651.
Beyer, Peter (2006): Religions in Global Society. New York.
Bhatti, Anil (2008): „...zwischen zwei Welten schweben". Zu Goethes Fremdheitsexperiment im West-östlichen Divan'". In: www.goethezeitportal.de.
Bielefeldt, Heiner/Heitmeyer, Wilhelm (1998): Politisierte Religion. Frankfurt/Main.
Bommes, Michael/Krüger-Portratz, Marianne (Hrsg.) (2008): Migrationsreport 2008. Frankfurt/Main.
Brown, Wendy (2006): Regulating Aversion. Tolerance in the Age of Identity and Empire. Princeton.
Derrida, Jacques (2000): Religion an den Grenzen der bloßen Vernunft. In: Derrida/Vattimo (Hrsg.): 9–106.
Derrida, Jacques/Vattimo, Gianni (2000) Religion. Frankfurt/Main.
Deutsche Bischofskonferenz (2003): Christen und Muslime in Deutschland. Arbeitshilfen 172. Bonn.
Deutsche Islam Konferenz (2009): Drei Jahre Deutsche Islam Konferenz (DIK) 2006–2009. Berlin.
Esser, Hartmut (2009): Wertekonsens und die Integration offener Gesellschaften. In: Deutsche Islam Konferenz (Hrsg.): 82–105.
Evangelische Kirche in Deutschland (2006): Klarheit und gute Nachbarschaft. Christen und Muslime in Deutschland. EKD Texte 86. Hannover.
Ezli, Özkan/Kimmich, Dorothea/Annette Werberger (Hrsg.) (2009): Wider den Kulturenzwang. Migration, Kulturalisierung und Weltliteratur. Bielefeld.
Göb, Barbara (2008): Eschatologisches Vertrauen – ein brauchbares Paradigma für den christlichen Dialog mit dem Islam? In: Heimbach-Steins/Wielandt (Hrsg.): 69–84.
Hartmann, Martin (1910): Deutschland und der Islam. In: Der Islam 1: 72–92.
Heitmeyer, Wilhelm/Anhut, Reimund (Hrsg.) (2000): Die bedrohte Stadtgesellschaft. Weinheim.
Heimbach-Steins, Marianne/Wielandt, Rotraud (Hrsg.) (2008): Was ist Humanität? Interdisziplinäre und interreligiöse Perspektiven. Würzburg.
Henke, Holger Wilhelm (Hrsg.) (2005): Crossing Over. Comparing Recent Migration in Europe and the United States. Lanham.
Hoecker, Reinhard (1998): Islamistische Einflüsse in den Ausländerbeiräten des Bundeslandes Nordrhein-Westfalen. In: Bielefeldt/Heitmeyer (Hrsg.): 395–417.
Höfert, Almut (2003): Den Feind beschreiben. „Türkengefahr" und europäisches Wissen über das Osmanische Reich 1450–1600. Frankfurt/Main.
Huntington, Samuel P. (1996): Der Kampf der Kulturen. Die Neugestaltung der Weltpolitik im 21. Jahrhundert. München.
Hünseler, Peter (2008): Im Dienst der Versöhnung. Für einen authentischen Dialog zwischen Christen und Muslimen. Regensburg.
Hüttermann, Jörg (2006): Das Minarett. Zur politischen Kultur des Konflikts um islamische Symbole. Weinheim.
Hurgronje, Snouck (1915): Heilige Oorlog made in Germany. In: De Gids 79/1: 1–33.
Jasch, Hans-Christian (2007): State-Dialogue with Muslim Communities in Italy and Germany. The Political Context and the Legal Frameworks for Dialogue with Islamic Faith Communities in Both Countries. In: German Law Journal 8/4: 341–380.
Kermani, Navid (1999): Gott ist schön. Das ästhetische Erleben des Korans. München.
Langenfeld, Christine (2009): Formale Treue zur Verfassung reicht nicht. In: Deutsche Islam Konferenz (2009): 194–203.
Maussen, Marcel (2007): The governance of Islam in Western Europe. A State of the Art Report. IMISCOE Working Paper No. 16.
Nassehi, Armin (2006): Dialog der Kulturen – wer spricht? In: Aus Politik und Zeitgeschichte: 33–38.
Neuser, Bernd (2005) (Hrsg.): Dialog im Wandel. Der christlich-islamische Dialog – Anfänge, Krisen, neue Wege. Neukirchen-Vluyn.
Peter, Frank (2008): Politische Rationalitäten, Terrorismusbekämpfung und Islampolitik im vereinigten Königreich und Frankreich. In: Orient II: 42–59.
Schiffauer, Werner (2004): Vom Exil- zum Diaspora-Islam. Muslimische Identitäten in Europa. In: Soziale Welt 55: 347–368.
Schiffauer, Werner (2008): Zur Konstruktion von Sicherheitspartnerschaften. In: Bommes/Krüger-Portratz (Hrsg.): 205–237.

Schmid, Hansjörg (2008): Anwälte, Vermittler oder Partner? Zur sozialen Rolle kirchlicher Akteure im christlich-islamischen Dialog. In: Hünseler (Hrsg.): 115–145.
Siddiqu, Ataullah (1997): Christian-Muslim Dialogue in the Twentieth Century. Houndmills.
Silvestri, Sara (2005): The Situation of Muslim Immigrants in Europe in the Twenthy-first Century. The Creation of National Muslim Councils. In: Henke (Hrsg.): 101–129.
Tezcan, Levent (2000): Politische und religiöse Organisationen der türkischen Migrantenbevölkerung. In: Heitmeyer/Anhut (Hrsg.): 401–448.
Tezcan, Levent (2003): Religiöse Strategien der „machbaren" Gesellschaft". Verwaltete Religion und islamistische Utopie in der Türkei. Bielefeld.
Tezcan, Levent (2006): Der interreligiöse Dialog und politische Religionen. In: Aus Politik und Zeitgeschichte: 26–32.
Tezcan, Levent (2009): Operative Kultur und die Subjektivierungsstrategien in der Integrationspolitik, in: Ezli/Kimmich/Werberger (Hrsg.): 47–80.
Waardenburg, Jacques (2003): Muslims and Others. Relations in Context. Berlin.
Weber, Max (1972 [1922]): Wirtschaft und Gesellschaft. Grundriss der verstehenden Soziologie, hrsg. von Johannes Winckelmann. Tübingen.
Wohlrab-Sahr, Monika/Tezcan, Levent (2007): Konfliktfeld Islam in Europa. Baden-Baden.
Žižek, Slavoy (2008): Tolerance as an Ideological Category. In: Critical Inquiry 34: 660–682.

Religiosität und Vorurteile gegenüber Muslimen in Ost- und Westdeutschland
Zwischen Dialogbereitschaft und Bedrohungsphantasien

Jürgen Leibold, Andrea Kummerer

1 Einführung und Fragestellung

Seit einigen Jahren werden in Deutschland regelmäßig repräsentative Umfragen durchgeführt, um die Vorurteile in der Bevölkerung gegenüber Muslimen zu untersuchen. Die Ergebnisse zeigen, dass es ein erhebliches Potential an Vorbehalten, Misstrauen und Vorurteilen in den neuen und alten Bundesländern gibt, das sich quer durch die Gesellschaft zieht (vgl. Leibold/Kühnel 2003, 2006; Kühnel/Leibold 2007; Leibold 2009). Für die rund vier Millionen zumeist gut integrierten Muslime und ihr Leben in einer eher christlich-säkular geprägten Mehrheitsgesellschaft ergeben sich daraus zahlreiche Probleme. Da die Muslime von vielen Mitgliedern der Mehrheitsgesellschaft nicht als selbstverständlicher Teil Deutschlands angesehen werden, der Integrationsprozess auch deshalb immer noch nicht abgeschlossen ist, kommt es häufig zu Konflikten, die sich um wechselseitige Anerkennungsforderungen drehen.[1] Beide Seiten haben dabei ein starkes Interesse, die jeweiligen Norm- und Wertvorstellungen zu erhalten, was bei Auseinandersetzungen um den Bau von Moscheen, um das Tragen von Kopftüchern sowie bei unterschiedlichen Vorstellungen über Schulsport oder Sexualkundeunterricht hin und wieder sichtbar wird. Oft kommt es dann in emotional aufgeladenen Kontroversen zu einer unsachlichen Vermischung von Argumenten und unzutreffenden Behauptungen. Islamophobie wird von J. Leibold und S. Kühnel (2003) definiert als „...generelle ablehnende Einstellungen gegenüber muslimischen Personen und allen Glaubensrichtungen, Symbolen und religiöse Praktiken des Islams." In Abgrenzung zu Kritik am Islam zeichnet sich Islamophobie auch nach H. Bielefeldt (2009) durch eine entindividualisierende und depersonalisierende Sichtweise aus, wie sie in den beschriebenen Kontroversen zum Teil geäußert wird.

Im Zuge der voranschreitenden Integration wird die offene und zum Teil kontroverse Auseinandersetzung um den verbindlichen Kern an Regeln in der Gesellschaft unvermeidlich sein. Das haben sowohl die Politik als auch tragende gesellschaftliche Gruppen erkannt, die daher auf Vermittlung und Dialog setzen. Insbesondere die christlichen Kirchen in Westdeutschland haben dabei eine bedeutende Funktion, und Initiativen wie die Christlich-Islamische Gesellschaft oder der Koordinierungsrat des christlich-islamischen Dialogs, in dem zahlreiche Arbeitsgemeinschaften zusammengeschlossen sind, haben in den alten Bundesländern Erhebliches für das Verständnis der verschiedenen Bevölkerungsgruppen untereinander geleistet.

---

1 Siehe auch den Beitrag von Tezcan in diesem Band.

In den letzten Jahren werden aber auch in offiziellen Stellungnahmen der christlichen Kirchen häufiger islamkritische Positionen betont (vgl. Bielefeldt 2009; Paul 2009; Just 2009). Im Sinne einer offenen und kritischen Auseinandersetzung um Norm- und Wertvorstellungen wäre eine zwanghafte Konfliktvermeidung zwar wenig hilfreich, allerdings muss in diesem Zusammenhang berücksichtigt werden, dass unter den Christen in Deutschland zum Teil starke Vorurteile gegenüber dem Islam und Muslimen gehegt werden. Nicht ohne Grund konnten christliche Splitterparteien auch mit latenter oder offener Islamfeindlichkeit bei ihrer Zielgruppe im Wahlkampf immer wieder punkten.[2]

Die ethnisch-religiöse Pluralisierung der westlichen Gesellschaft und die notwendigen Integrationsleistungen waren und sind vornehmlich ein Problem, das nur der ehemaligen deutsch-deutschen Grenze von Belang ist. Für die Lebenswelt der Bürger im Osten spielen die beschriebenen Prozesse eine eher untergeordnete Rolle. So leben von den ca. vier Millionen Muslimen in Deutschland etwa 98,4% im Westen. Der Bevölkerungsanteil von Personen ohne deutsche Staatsangehörigkeit liegt in den alten Bundesländern bei 9,8%, in den neuen Bundesländern bei nur 2,4%. Wird weniger die Staatsangehörigkeit, sondern die ethnisch-religiöse Herkunft berücksichtigt, so liegen die Werte noch weiter auseinander, da etwa 27% der Bürger in den westlichen Ländern einen Migrationshintergrund aufweisen, während es im Osten nur etwas mehr als 5% sind (vgl. Statistisches Jahrbuch 2009; Haug u. a. 2008). Im Hinblick auf Religiosität war die Entwicklung im Osten der Republik durch eine starke staatliche Tendenz zur Säkularisierung gekennzeichnet, die zu einer geringeren konfessionellen Bindung und Religiosität der Bevölkerung führte. Möglicherweise hatte der staatliche Druck aber auch zur Folge, dass religiöse Personen eine engere Beziehung zu ihrem Glauben aufbauten und mehr Wert auf eine religiöse Erziehung ihrer Kinder legten.

Insgesamt ergeben sich daraus Unterschiede zwischen Ost und West, die nicht unwesentlich für diesen Beitrag sind, insbesondere im Hinblick auf die Sichtbarkeit islamischer Religiosität und den Kontakt zu Muslimen. Für die Angehörigen der christlich-säkularen Mehrheitsgesellschaft der alten Bundesländer gehören Muslima mit Kopftuch oder repräsentative Moscheebauten zum Alltag, während in den neuen Ländern die religiöse Pluralisierung der Gesellschaft eher als medial vermittelte Charakteristik des Westens erscheinen muss. Gleichzeitig ist die stärkere Säkularisierung der Gesellschaft im Osten durch die sozialwissenschaftliche Forschung bestens dokumentiert. Bei Erhebungen zwischen 1991 und 2009 lag die konfessionelle Bindung im Westen zwischen 81,7% und 89%, in Ostdeutschland bewegten sich die Werte im gleichen Zeitraum zwischen 29% und 35%. H. Meulemann hat für diesen Zusammenhang den Begriff der Persistenz innerdeutscher Differenz geprägt (vgl. Meulemann 2006 und eigene Berechnungen auf Basis der GMF-Erhebungen 2006–2009).[3] Religiöse Sachverhalte nehmen im Leben der Bürger in den neuen Bundesländern einen weniger zentralen Platz ein als im Leben der westdeutschen Bevölkerung, und wenn es um nicht-christliche Religionsgemeinschaften geht, ist die Persistenz der innerdeutschen Differenz offenkundig noch sehr viel stärker ausgeprägt.[4]

---

2   Immerhin konnten die christliche Mitte und die Partei Bibeltreuer Christen bei der Bundestagswahl 2009 zusammen über 47 000 Wähler für sich gewinnen.
3   Siehe hierzu auch die Beiträge von Pollack/Müller und Pickel in diesem Band.
4   Beispielsweise listet der Informationsdienst www.moscheesuche.de für Hamburg 47 und für die fünf Flächenländer im Osten insgesamt nur 17 Moscheen auf.

Vor dem Hintergrund dieser doch sehr unterschiedlichen Rahmenbedingungen überrascht es vielleicht ein wenig, dass im Osten und im Westen etwa in gleichem Umfang Vorbehalte bzw. Vorurteile gegenüber Muslimen in Deutschland geäußert werden (vgl. Kühnel/ Leibold 2007). Ziel des vorliegenden Beitrags ist es daher, mit besonderem Augenmerk auf dem Aspekt der unterschiedlichen Gegebenheiten in Ost und West dem religiösen Potential an islamophoben Einstellungen nachzugehen. Hierbei ist speziell die Frage von Interesse, ob in Anbetracht von mehr als vierzig Jahren Teilung und zwanzig Jahren Wiedervereinigung nach wie vor Unterschiede zwischen Ost- und Westdeutschen bestehen. Inwieweit die erheblichen Differenzen in den Sozialisationsbedingungen zu religiösen Themen in den neuen und alten Bundesländern einen Einfluss besitzen, soll ebenfalls anhand der erhobenen Daten untersucht werden. Um diese Fragen zu beantworten, wollen wir uns zunächst allgemein mit den Zusammenhängen von Religiosität und Vorurteilen auseinandersetzen.

2   Religiosität und Vorurteile

Die sozialwissenschaftliche Vorurteilsforschung hat über Jahrzehnte hinweg Hinweise dafür gefunden, dass mit spezifischen religiösen Einstellungen eine höhere Tendenz zu Vorurteilen einhergeht und andere religiöse Positionen eine geringere Neigung zu Vorurteilen nach sich ziehen (Allport 1954; Allport/Ross 1967; Gorsuch/Aleshire 1974; Ponton/Gorsuch 1988; McFarland 1989; Ensinga u. a. 1990; Wulff 1991; Altemeyer/Hunsberger 1992; Kirkpatrick 1993; Herek/Capitanio 1996; Scheepers u. a. 2002; Schwarz/Lindley 2005; Leibold/Kühnel 2006; Brettfeld/Wetzels 2007). Gorden Allport kam 1954 in Zusammenhang mit derart widersprüchlichen Ergebnissen zu der Einschätzung: „The role of religion is paradoxical. It makes prejudice and it unmakes prejudice" (Allport 1954: 444).

Allport und Ross unterschieden zunächst bei der Interpretation ihrer Ergebnisse intrinsische und extrinsische Religiosität, wobei Personen extrinsischer Orientierung stärker zu Vorurteilen neigten (Allport/Ross 1967). Batson und Kollegen konnten zeigen, dass die Differenz von intrinsischer und extrinsischer Orientierung in Bezug auf Vorurteile im Zusammenhang mit prosozialen Einstellungen steht (Batson u. a. 1985). McFarland entwickelte 1989 eine Skala zur Messung von christlichem Fundamentalismus, die starke Korrelationen mit berichteter Diskriminierung gegenüber unterschiedlichen Gruppen ergab. Um generellen religiösen Fundamentalismus zu messen, entwickelten Altemeyer und Hunsberger eine Skala mit zwanzig Items ohne explizit christlichen Bezug. Die Autoren definierten religiösen Fundamentalismus als „… the belief that there is one set of religious teachings that clearly contains the fundamental, basic, intrinsic, essential, inerrant truth about humanity and deity; that this essential truth is fundamentally opposed by forces of evil which must be vigorously fought" (Altemeyer/Husberger 1992: 118).

Aus den Ergebnissen einer Studie unter kanadischen Personen christlichen Glaubens geht hervor, dass christlicher Fundamentalismus mit starker Neigung zu Autoritarismus und Vorurteilen gegenüber Juden einhergeht. Die Verbindung aus religiösem Fundamentalismus und autoritären Einstellungen erklärt B. Altemeyer auf Basis der Sozialisation in religiösen Familien, bei der darauf hingearbeitet werde, dass im Kontakt zu anderen Gruppen zwischen „Us and Them" zu unterscheiden sei (Altemeyer 2003). Die Unterscheidung in Eigen- und Fremdgruppe bleibt aber nicht auf die Betonung der Differenz beschränkt, sondern wird auch mit der Notwendigkeit verbunden gegen das „Böse" vorzugehen, wie es in den Items zur autoritären Aggression, einer Subdimension des Autoritarismus, formuliert ist (vgl. Altemeyer/Hunsberger 1992).

Als Motiv hinter diesem Konfrontationsstreben muss letztlich die ideologische Zielsetzung gesehen werden, im Verhältnis von Eigen- und Fremdgruppen die Dominanz der eigenen Gruppe durchzusetzen und damit auch den eigenen Wert- und Normvorstellungen in der Gesellschaft Vorrang zu verschaffen. Entsprechende Hegemonieorientierungen können anhand der Theorie Sozialer Dominanz von Sidanius und Pratto interpretiert werden, der zufolge Individuen auf die Überlegenheit der eigenen Referenzgruppe hinarbeiten. Insbesondere, wenn der Status der Ingroup als gefährdet wahrgenommen wird oder die Abgrenzung der Gruppen sich aufzulösen scheinen, versuchen Menschen demnach die Dominanz der eigenen Gruppe zu stabilisieren oder auszuweiten (vgl. Sidanius/Pratto 1999). Eine Reihe von Forschungsergebnissen zeigt, dass die soziale Dominanzorientierung (SDO) auch mit Vorurteilen gegenüber Personen anderer ethnischer bzw. kultureller Herkunft zusammenhängen (vgl. Leibold/Kühnel 2003; Ekehammar u. a. 2004; Sibely u. a. 2007). Eine hohe Neigung zu sozialer Dominanz scheint demnach Vorurteile zu aktivieren oder zu intensivieren, sobald Gruppen auftreten, die als Konkurrenz im Hinblick auf die gesellschaftlichen Machtkonstellationen wahrgenommen werden.

Abbildung 1   Kausalmodell zur Verbindung von religiösem Fundamentalismus und Islamophobie

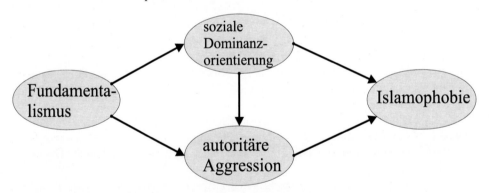

Quelle: Zusammenstellung der Autoren.

Aus den skizzieren theoretischen Ansätzen kann für den Zusammenhang von Religiosität und Vorurteil das in Abbildung 1 dargestellte Modell abgeleitet werden. Ausgehend von religiösem Fundamentalismus wird indirekt über soziale Dominanzorientierung und autoritäre Aggression das Auftreten von Vorurteilen erklärt. Religiöser Fundamentalismus muss in diesem Kontext als Glaube an die Überlegenheit der eigenen religiösen Überzeugungen verstanden werden und nicht als starke Beziehung einer gläubigen Person zu einer religiösen Entität. Auf der Basis von sozialer Dominanzorientierung und autoritärer Aggression kann in einem zweiten Schritt dann die Neigung zu Vorurteilen gegenüber Minderheiten hergeleitet werden, die zum einen eine Gefährdung der gesellschaftlichen Hierarchie darstellen und denen eine Abweichung von der zu verteidigenden essenziellen Wahrheit vorgeworfen werden kann. Je höher somit der religiöse Fundamentalismus ausfällt, umso höher sollten auch die soziale Dominanzorientierung, die autoritäre Aggression und letztlich die Islamophobie ausfallen.

Für Westdeutschland sollten die genannten Voraussetzungen ohne weiteres zutreffen, da es seit einigen Jahren immer wieder Auseinandersetzungen um die Sichtbarkeit islamischer Symbole im öffentlichen Raum und um den Vorrang staatlicher gegenüber religiöser Prinzipien kommt. Ob in den neuen Ländern mit einem muslimischen Bevölkerungsanteil von ca. 1,6 % dieselben Voraussetzungen gegeben sind, ist zumindest fraglich. Gleichzeitig muss berücksichtigt werden, dass Kirche und Religiosität über lange Zeit hinweg eine zum Teil andere Funktion für die Menschen besaß, denn neben der Glaubensvermittlung wurde auch ein oppositioneller Freiraum geboten, der explizit gegen die bestehende Ordnung gerichtet war. Da im Osten Deutschlands bis heute nur eine Minderheit konfessionell gebunden ist, bleibt es ungewiss, ob eine hinreichende Basis für soziale Dominanzorientierung der Gläubigen gegeben ist. Allerdings könnte durch den staatlichen Druck eine höhere Identifikation der Gläubigen mit der jeweiligen religiösen Gemeinschaft entstanden sein, die eine stärkere Neigung zu religiös motivierter Dominanzorientierung nach sich gezogen haben könnte.

3   Religiosität und Islamophobie in West- und Ostdeutschland

Die folgenden Ergebnisse basieren auf Umfragen zu gruppenbezogener Menschenfeindlichkeit (GMF), die seit 2002 in jährlichem Turnus als Querschnittbefragung der bundesdeutschen Bevölkerung vom Bielefelder Institut für Interdisziplinäre Konflikt- und Gewaltforschung (IKG) durchgeführt werden. In den GMF-Umfragen werden Einstellungen zu verschiedenen Gruppen in Deutschland erhoben. Die GMF-Erhebungen enthalten im Fragebogen zum Teil jedes Jahr Fragen in identischer Formulierung, zum Teil werden aber auch Erhebungsinstrumente getestet oder neue Problemstellungen erschlossen. Seit 2003 sind zwei Indikatoren für Islamophobie in jeder Umfrage enthalten und können daher einen Überblick geben über die Entwicklung in West- und Ostdeutschland.[5]

---

5   Islamophobie wurde über folgende Aussagen operationalisiert: „Durch die vielen Muslime hier fühle ich mich manchmal wie ein Fremder im eigenen Land." und „Muslimen sollte die Zuwanderung nach Deutschland untersagt werden." Die Befragten sollten ihre Zustimmung zu den Aussagen anhand einer vierstufigen Skala von „stimme voll und ganz zu" bis „stimme überhaupt nicht zu" angeben.

Tabelle 1 Islamophobie in Ost- und Westdeutschland zwischen 2003 und 2009, gemessen über die Zustimmung in Prozent (Fallzahl in Klammern, gewichtete Daten)[6]

	2003	2004	2005	2006	2007	2008	2009
Überfremdung durch Muslime							
West	31,51	35,05	32,87	41,11	38,72	33,94	33,09
	(2123)	(2083)	(1424)	(1333)	(1405)	(1373)	(1369)
Ost	29,11	35,40	37,01	31,36	40,36	38,94	28,53
	(505)	(483)	(335)	(338)	(332)	(339)	(319)
Keine Zuwanderung von Muslimen							
West	24,38	22,10	21,07	26,80	27,73	21,43	19,82
	(2088)	(2104)	(1414)	(1317)	(1392)	(1353)	(1357)
Ost	34,77	32,21	37,91	35,10	34,04	34,20	28,44
	(509)	(506)	(335)	(339)	(332)	(348)	(327)

Quelle: GMF 2003–2009, eigene Berechnungen

Wie aus Tabelle 1 ersichtlich wird, empfindet im Jahr 2003 fast ein Drittel der Befragten sowohl in West- wie auch in Ostdeutschland Überfremdung aufgrund der Muslime, wobei der Anteil in Ostdeutschland etwas geringer ausfällt als in Westdeutschland. Im Jahr 2009 zeigt sich ein ähnliches Bild, wobei die Differenz zwischen Ost- und Westdeutschland um etwas mehr als zwei Prozentpunkte zugenommen hat. Hinsichtlich der Ablehnung der Immigration von Muslimen liegen die Ostdeutschen zwischen 2003 und 2009 sogar deutlich über dem westdeutschen Niveau. Die Differenz beträgt maximal siebzehn Prozentpunkte 2005 und minimal sechs Prozentpunkte 2007. Die eingangs beschriebenen Differenzen in der Verteilung von Muslimen in der Bundesrepublik und die damit einhergehenden eher marginalen Berührungspunkte der ostdeutschen Bevölkerung mit den Problemen der Integration führen also ganz offensichtlich nicht dazu, dass in Ostdeutschland deutlich weniger islamophobe Einstellungen zu beobachten wären (vgl. Kühnel/Leibold 2003). Die Ausbildung von Vorurteilen ist nicht zwangsläufig mit der Betroffenheit durch Probleme verknüpft. Es scheint eher so zu sein, dass die fehlenden Berührungspunkte für islamophobe Einstellungen förderlich sind.

Aus Tabelle 1 geht des weiteren hervor, dass in Westdeutschland die empfundene Entfremdung durch Muslime zunächst bis 2004 stieg, um nach einer leichten Abnahme im Jahr 2005 den für den betrachteten Zeitraum maximalen Wert von 41,11 % im Jahr 2006 zu erreichen. Hinsichtlich der Ablehnung der Immigration von Muslimen zeigt sich nach einer leichten Abnahme bis 2005 im Jahr 2007 der höchste Stand der Ablehnung mit über 27 % der Befragten, die die Immigration von Muslimen nach Deutschland ablehnen. Die

---

6 Als Zustimmung wurden dabei die Antwortkategorien „stimme voll und ganz zu" und „stimme eher zu" zusammengefasst.

Steigerung der Äußerung islamophober Einstellungen zwischen 2003 und 2006 bzw. 2007 in Westdeutschland ist ein Phänomen, das bereits mehrfach hinsichtlich ihrer Determinanten untersucht worden ist (vgl. Kühnel/Leibold 2007; Leibold 2009).

Während das Überfremdungsempfinden in Westdeutschland bis 2009 fast wieder auf das Niveau von 2003 gesunken ist, sinkt die Zustimmung zur Verwehrung der Zuwanderung von Muslimen zwischen 2003 und 2009 um fast 5 % und beträgt über 19 % im Jahr 2009. Der Rückgang der Islamophobie steht möglicherweise im Zusammenhang mit den vielfältigen Bemühungen in Richtung Dialog. Nicht zuletzt sind hier die Deutsche Islamkonferenz[7] und die christliche Initiativen wie den – bereits erwähnten – Koordinierungsrat des christlich-islamischen Dialogs[8] zu nennen.

In Ostdeutschland ist die Entwicklung der Islamophobie wesentlich eindeutiger als in Westdeutschland. Die empfundene Überfremdung in Ostdeutschland steigt zunächst zwischen 2003 und 2005. Zwischen 2005 und 2006 sinkt sie um fast sechs Prozentpunkte und erreicht dann im Jahr 2007 den über den betrachteten Zeitraum höchsten Stand von knapp über 40 % um dann mit einem Wert von über 28 % im Jahr 2009 unter das Niveau von 2003 zu fallen. Das Jahr 2006 scheint hier einen Ausreißer zu markieren. Es wäre möglich, dass hier die öffentliche Diskussion hinsichtlich der Mohammed-Karikaturen[9,] die Anfang 2006 besonders heftig geführt wurde, Wirkung zeigt. Allerdings ist fraglich, warum dies nur in Ostdeutschland einen die Islamophobie abschwächenden Effekt haben sollte. Eine Erklärung könnte in der medialen Aufbereitung liegen, der im Osten kein funktionierendes Zusammenleben mit Muslimen entgegensteht. Anhand der vorliegenden Daten können die Ursachen dieser Schwankung aber leider nicht abschließend untersucht werden.[10] Die Ablehnung der Immigration von Muslimen erreicht bereits 2005 in Ostdeutschland ein Maximum von fast 38 % um dann bis 2009 um insgesamt fast zehn Prozentpunkte zu sinken.

Zur Untersuchung des Zusammenhangs zwischen verschiedenen Aspekten der Religiosität und Islamophobie weisen die GMF-Erhebungen sowohl Fragen zur Konfession und zur Einschätzung der eigenen Religiosität der Befragten als auch zwei Indikatoren einer christlich fundamentalistischen Weltanschauung auf.[11] Zum einen ist dies die Zustimmung der Befragten zu der Aussage „Mein Glaube ist anderen Religionen überlegen" und zum anderen zu „Meine Religion ist die einzig wahre".[12] Leider sind diese Items in keiner der Erhebungen gleichzeitig verwendet worden, so dass weder ihr Zusammenhang berichtet noch ihre Indikatorleistung für christlichen Fundamentalismus statistisch abgesichert werden kann. Darüber hinaus ist das Item zum religiösen Überlegenheitsglauben lediglich 2005 und 2007, dass Item zu partikularistischer Wertvorstellung nur 2006 im Fragebogen enthalten. Lediglich für diese Jahre ist daher die Untersuchung des Zusammenhangs zwischen verschiedenen Messungen religiöser Aspekte und Islamophobie möglich.

---

7 Die erste Zusammenkunft der Deutschen Islamkonferenz fand am 27. September 2006 statt.
8 Gegründet wurde der Koordinierungsrat des christlich-islamischen Dialogs e. V. (KCID) im Jahr 2003.
9 Diese erschienen am 30. September 2005 in einer dänischen Zeitung und lösten unter den Muslimen weltweit eine Welle der Entrüstung aus.
10 Fragebogeneffekte können höchst wahrscheinlich ausgeschlossen werden, da neben der Frageformulierung auch die Reihenfolge der Fragen zwischen 2005 und 2007 weitestgehend unverändert geblieben ist.
11 Als Antwortvorgaben lag eine 4-stufige Antwortskala von „sehr religiös" bis „überhaupt nicht religiös" vor.
12 Auch hier sollten die Befragten ihre Zustimmung zu den Aussagen anhand einer 4-stufigen Skala von stimme voll und ganz zu" bis „stimme überhaupt nicht zu" angeben.

Tabelle 2 Korrelationen[13] zwischen Islamophobie[14] und Konfession, Religiosität, Religiösem Überlegenheitsglauben und partikularistischer Wertvorstellung

	2005	2006	2007
Konfession			
West	.065*	.039	.008
Ost	.036	.021	−.061
Religiosität			
West	.034	.067*	.020
Ost	.020	.019	−.035
Religiöser Überlegenheitsglaube			
West	.259**	-	.233**
Ost	.121	-	.140*
Partikularistische Wertvorstellung			
West	-	.313**	-
Ost	-	.224**	-

* signifikant bei 5% Irrtumswahrscheinlichkeit; ** signifikant bei 1% Irrtumswahrscheinlichkeit

Quelle: GMF 2005–2007, eigene Berechnungen

Die Korrelationen, die in Tabelle 2 zu sehen sind, entsprechen unseren theoretischen Erwartungen. Weder die Zugehörigkeit zu einer Konfession noch die Einschätzung der eigenen Religiosität haben über die Zeit betrachtet einen signifikanten und deutlichen Zusammenhang mit Islamophobie. Die einzigen auf dem 5 % Niveau signifikanten Werte betreffen den Zusammenhang von Islamophobie und Konfession im Jahr 2005 sowie Islamophobie und Religiosität im Jahr 2006 in Westdeutschland und sind so gering, dass hier nicht von einem Zusammenhang auszugehen ist.[15]

Demgegenüber sind unsere Messungen des religiösen Fundamentalismus durchgängig von einem mittelstarken Zusammenhang mit Islamophobie gekennzeichnet, der in Westdeutschland deutlich stärker ausgeprägt ist als in Ostdeutschland. Die Korrelationen zwischen religiösem Überlegenheitsglauben und Islamophobie weisen in Westdeutschland einen hochsignifikanten mittelstarken Zusammenhang auf, während dieser Zusammenhang in Ost-

---

13 Berichtet wird die Produktmomentkorrelation, die sich als Quotient aus der Kovarianz zweier Variablen, dividiert durch das Produkt ihrer Standardabweichungen ergibt. Der Wertebereich der Produktmomentkorrelation liegt zwischen +/− 1 für einen perfekten linearen und 0 für gar keinen linearen Zusammenhang.
14 Für die Korrelationen werden die beiden Indikatoren der Islamophobie (Überfremdung durch Muslime und Ablehnung der Immigration von Muslimen) zu einem additiven Index zusammengefasst. Außerdem wurden die Angaben der Befragten zu ihrer Konfession dichotomisiert. Es wurde dabei zwischen Befragten mit und ohne Konfession unterschieden.
15 Darüber hinaus ist bei Kontrolle der partikularistischen Weltanschauung der Zusammenhang zwischen Islamophobie und Religiosität im Jahr 2006 in Westdeutschland nicht mehr signifikant.

deutschland weniger stark und nicht immer signifikant ausfällt.[16] Die geringere Signifikanz in Ostdeutschland ist dabei allerdings sicher auch auf die recht geringen Fallzahlen zurückzuführen, die hinsichtlich des religiösen Überlegenheitsglaubens im Jahr 2005 mit 147 Befragten sehr niedrig sind.[17] Äquivalent fällt der Zusammenhang mit Islamophobie im Hinblick auf die partikularistische Wertvorstellung in Ostdeutschland geringer aus als in Westdeutschland. Hier ist der Zusammenhang in West- und Ostdeutschland durchgängig signifikant.

Insgesamt lässt sich aus diesen Ergebnissen schlussfolgern, dass mit religiösem Fundamentalismus eine stärkere Tendenz zu Vorurteilen in Form der Islamophobie einhergeht und dass dieser Zusammenhang sowohl in West- wie auch in Ostdeutschland besteht. Hinsichtlich der Bedeutung der Religiosität in den alten und neuen Bundesländern können darüber hinaus auch Unterschiede festgestellt werden. Zwar besteht in West- und in Ostdeutschland ein hochsignifikanter Zusammenhang zwischen Religiosität und Konfession, dieser ist jedoch in Ostdeutschland wesentlich stärker ausgeprägt. Dies kann ein Hinweis auf die beschriebenen Unterschiede der Religiosität in West- und Ostdeutschland sein, nämlich eine stärkere Identifikation mit der eigenen Religionsgemeinschaft in Ostdeutschland.

4   Analyse der kausalen Zusammenhänge von religiösem Fundamentalismus und Islamophobie

Aufbauend auf den Forschungsergebnissen zu Religiosität, Autoritarismus und sozialer Dominanz haben wir ein Modell hergeleitet, das zur Erklärung von Vorurteilen gegenüber Muslimen dienen soll. Für den Modelltest verwenden wir die Daten der GMF-Surveys 2005, 2006 und 2007 und die bereits beschriebenen Indikatoren für religiösen Fundamentalismus. Für die Messungen der anderen Konstrukte stehen mit einer Ausnahme immer zwei Indikatoren zur Verfügung.[18] Der Modelltest erfolgte somit an drei verschiedenen Datensätzen, auf der Basis von zum Teil unterschiedlichen Indikatoren und getrennt nach neuen und alten Bundesländern.

---

16   Bei Kontrolle der Religiosität fallen hier in allen Fällen die Effekte und Signifikanzen sogar noch größer aus.
17   Diese geringe Fallzahl geht darauf zurück, dass die Fragen zu religiösem Fundamentalismus nur Befragten gestellt wurden, die sich zuvor zu einer Konfession bekannt hatten.
18   Für die Messung der autoritären Aggression wurden in den GMF-Erhebungen die Aussagen „Verbrechen sollten härter bestraft werden." und „Um Recht und Ordnung zu bewahren, sollte man härter gegen Außenseiter und Unruhestifter vorgehen." eingesetzt. Zur Messung der sozialen Dominanzorientierung waren in den GMF-Fragebögen die Items „Einige Bevölkerungsgruppen sind nützlicher als andere." und „Es gibt Gruppen in der Bevölkerung, die weniger wert sind als andere." vorhanden. Im Datensatz 2005 wurde den Befragten die Aussage „Einige Bevölkerungsgruppen sind nützlicher als andere." nicht vorgelegt, die wir bei Betrachtung der Zusammenhänge in den anderen Jahrgängen als einen der Indikatoren für die soziale Dominanzorientierung nutzen.

Abbildung 2 Einfluss des religiösen Fundamentalismus über soziale Dominanzorientierung und autoritäre Aggression auf Islamophobie

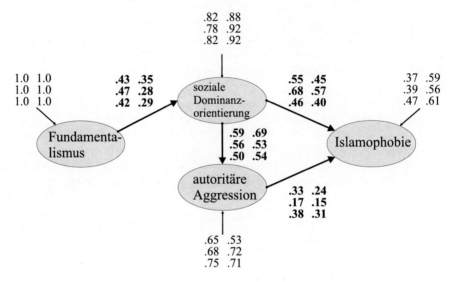

2005: chi-square = 28,88; df = 22; p-value=0.148; rmsea=0.025
2006: chi-square = 22.55; df = 32; p-value=0.892; rmsea=0.000
2007: chi-square = 38,79; df = 33; p-value=0.225; rmsea=0.017

Quelle: Eigene Berechnungen auf Basis des GMF-Survey 2005, 2006, 2007

Abbildung 2 gibt die standardisierten Koeffizienten des Kausalmodells wieder. Die Werte in den jeweiligen Zeilen stehen für die Jahrgänge (2005 ganz oben, dann 2006 und unten 2007), Die Spalten enthalten die beiden Substichproben. Die Ergebnisse für die Weststichprobe sind jeweils in der linken Spalte zu finden und die rechte Spalte beinhaltet die Koeffizienten für die ostdeutsche Substichprobe. Der auffallendste Unterschied zu unserem theoretischen Modell ist, dass der erwartete direkte Effekt des religiösen Fundamentalismus auf die autoritäre Aggression nicht bestätigt werden konnte. Indirekt über die soziale Dominanzorientierung bewegt sich der Einfluss der religiösen Komponente zwischen 0,15 und 0,26. Alle anderen erwarteten kausalen Zusammenhänge konnten über alle Jahrgänge hinweg und in beiden Substichproben bestätigt werden. Unabhängig von den zum Teil verschiedenen Messmodellen ist festzustellen, dass die modifizierte Modellstruktur die kausalen Beziehungen von religiösem Fundamentalismus und Islamophobie im Westen besser beschreibt, da die Effekte der latenten Variablen untereinander für die westdeutsche Subgruppe fast durchgehend etwas höher ausfallen. Die Ergebnisse zeigen eindrücklich, dass die soziale Dominanzorientierung sowohl im Westen als auch im Osten eine zentrale Rolle für die Vermittlung des Effekts von religiösem Fundamentalismus auf Islamophobie einnimmt. Wird die soziale Dominanzorientierung als allgemeinere und die autoritäre Aggression als die spezifischere Form interpretiert, auf die Überlegenheit der eigenen Referenzgruppe hinzuarbeiten, dann ist es sogar plausibel, wenn der Einfluss des religiösen Fundamentalismus auf die autoritäre Aggression durch die soziale Dominanzorientierung mediiert wird. Insgesamt sind die Ergebnisse eine beeindruckende Bestätigung des modifizierten Modells, denn das Erklärungsmodell zur Islamophobie kann bei dem vorliegenden Modellfit als durchaus angemessen für beide Substichproben bezeichnet werden.

5 Diskussion

Ausgangspunkt des vorliegenden Beitrags war die Frage, ob sich, bedingt durch die historischen Gegebenheiten und die unterschiedlichen Lebensbedingungen, Differenzen zwischen den Einstellungen von religiös geprägten Personen in den neuen und alten Bundesländern hinsichtlich der Vorurteile gegenüber Muslimen ergeben haben. Die deskriptiven Befunde sprechen bereits trotz erheblicher Unterschiede in den Ausgangsbedingungen für große Gemeinsamkeiten zwischen Ost und West im Verhältnis zu Muslimen. Die Neigung, islamophoben Aussagen zuzustimmen, ist nach einem Höhepunkt in den Jahren 2006 und 2007 tendenziell wieder zurückgegangen. Rund ein Drittel der bundesdeutschen Gesamtbevölkerung äußert im Jahr 2009 islamophobe Einstellungen.

Die Zusammenhänge zwischen Islamophobie und den unterschiedlichen Messungen zu religiösen Aspekten deckt sich mit den bisherigen Forschungsergebnissen zum Themenbereich Religiosität und Vorurteile. Weder die konfessionelle Bindung noch die subjektive Einschätzung der Religiosität weisen nennenswerte Zusammenhänge mit den Vorurteilen gegenüber Muslimen auf. Nur die Variablen des religiösen Überlegenheitsglaubens und der partikularistischen Wertvorstellung korrelieren signifikant mit der Islamophobie, was durchaus als nachträglich Bestätigung unserer Entscheidung gewertet werden kann, diese Variablen als adäquate Messung des religiösen Fundamentalismus zu interpretieren.

Hinsichtlich der kausalen Zusammenhänge gingen wir davon aus, dass das aus den Ergebnissen der Vorurteilsforschung abgeleitete Erklärungsmodell für die Einstellungen in den alten Bundesländern Gültigkeit besitzen sollte. Offenkundig kann das Modell aber auch zur Erklärung des Zusammenhangs von religiösem Fundamentalismus und Islamophobie im Osten Deutschlands verwendet werden. Obwohl Religiosität in den neuen Bundesländern eine nicht ganz so bedeutende Rolle spielt und der Bevölkerungsanteil von Muslimen sehr gering ist, scheinen die Einstellungsmuster unter religiösen Personen gegenüber Muslimen und dem Islam sehr ähnlich zu sein. Eine starke Zustimmung zum religiösen Überlegenheitsglauben bzw. zur partikularistischen Wertvorstellung zieht im Schnitt eine höhere Neigung zu sozialer Dominanzorientierung und autoritärer Aggression nach sich, die wiederum die Wahrscheinlichkeit für Vorurteile gegenüber Muslimen erhöhen. Die Ergebnisse decken sich mit der Wahrnehmung, dass die Einstellungen unter den gläubigen Christen in Deutschland zwischen Dialog und Vorurteil angesiedelt sind und diese offensichtlich im Zusammenhang mit der Neigung stehen, den eigenen Glauben als höherwertig oder als den einzig wahren anzusehen. Für die nachhaltige Integration der Muslime in Deutschland wäre es daher hilfreich, wenn christliche Würdenträger das Gemeinsame von christlichem Glauben und Islam betonten und die Gleichwertigkeit der Bekenntnisse hervorheben würden.

6 Literatur

Allport, Gordon (1954): The nature of prejudice. Massachusetts.
Allport, Gordon/Ross, J. Michael (1967): Personal religious orientations and prejudice. In: Journal of Personality and Social Psychology 5: 432–443.
Altemeyer, Bob (2003): Why do religious fundamentalists tend to be prejudiced. In: International Journal for the Psychology of Religion 13: 17–28.
Altemeyer, Bob/Hunsberger, Bruce (1992): Authoritarianism, religious fundamentalism, quest, and prejudice. In: The International Journal for the Study of Religion 2: 113–133.
Batson, C. Daniel/Schoenrade, Patricia A./Pych, Virginia (1985): Brotherly love or self-concern? Behavioral consequences of religion. In: Brown (Hrsg.): 185–208.
Bielefeldt, Heiner (2009): Das Islambild in Deutschland. Zum öffentlichen Umgang mit der Angst vor dem Islam. In: Schneiders (Hrsg.): 167–200.
Bollen Kenneth A./Long, J. Scott (Hrsg.) (1993): Testing structural equation models. Newbury Park.
Borhek, James T. (1970): Ethnic-Group Cohesion. In: American Journal of Sociology 76: 33–46.
Brown, Laurence B. (Hrsg.) (1985): Advances in the psychology of religion. New York.
Eisinga, Rob/Felling, Albert/Peters, Jan (1990): Religious Belief, Church Involvement, and Ethnocentrism in the Netherlands. In: Journal for the Scientific Study of Religion 29: 54–75.
Ekehammar, Bo/Akrami, Nazar/Gyleje, Magnus/Zakrisson, Ingrid (2004): What Matters Most to Prejudice: Big Five Personality, Social Dominance Orientation or Right-Wing Authoritarianism? In: European Journal of Personality 18: 463–482.
Gorsuch, Richard L./Aleshire, Daniel (1974): Christian Faith and Ethnic Prejudice. A Review and Interpretation of Research. In: Journal for the Scientific Study of Religion 13: 281–307.
Haug, Sonja/Müssig, Stephanie/Stichs, Anja (2009): Muslimisches Leben in Deutschland. Im Auftrag der Deutschen Islam Konferenz. Nürnberg.
Heitmeyer, Wilhelm (Hrsg.) (2003): Deutsche Zustände 2. Frankfurt.
Heitmeyer, Wilhelm (Hrsg.) (2006): Deutsche Zustände 4. Frankfurt.
Herek, Gregory M./Capitanio, John P. (1996): Some of My Best Friends: Intergroup Contact, Concealable Sstigma, and Heterosexuals' Attitudes Toward Gay Men and Lesbians. In: Personality and Social Psychology Bulletin 22: 412–424.
Jöreskog, Karl G. (1993): Testing structural equation models. In: Bollen/Long (Hrsg.): 294–317.
Just, Wolf-Dieter (2009): Der Islam und die Evangelische Kirche in Deutschland. „Klarheit und gute Nachbarschaft?" In: Schneiders (Hrsg.): 377–388.
Kirkpatrick, Lee A. (1993): Fundamentalism, Christian Orthodoxy, and Intrinsic Religious Orientation as Predictors of Discriminatory Attitudes. In: Journal for the Scientific Study of Religion 32: 256–268.
Kühnel, Steffen/Leibold, Jürgen (2007): Islamophobie in der deutschen Bevölkerung. Ein neues Phänomen oder nur ein neuer Name? In: Wohlrab-Sahr/Tezcan (Hrsg.): 135–154.
Leibold, Jürgen (2006): Immigranten zwischen Einbürgerung und Abwanderung. Eine empirische Studie zur bindenden Wirkung von Sozialintegration. Göttingen.
Leibold, Jürgen (2009): Fremdenfeindlichkeit und Islamophobie. Fakten zum gegenwärtigen Verhältnis genereller und spezifischer Vorurteile. In: Schneiders (Hrsg.): 145–154.
Leibold, Jürgen/Kühnel, Steffen (2003): Islamphobie. Sensible Aufmerksamkeit für spannungsreiche Anzeichen. In: Heitmeyer (Hrsg.): 100–119.
Leibold, Jürgen/Kühnel, Steffen (2006): Islamophobie. Differenzierung tut Not. In: Heitmeyer (Hrsg.): 135–155.
McFarland, Sam G. (1989): Religious Orientations and the Targets of Discrimination. In: Journal for the Scientific Study of Religion 28: 324–336.
Meulemann, Heiner (2004): Religiosität: Die Persistenz eines Sonderfalls. In: Van Deth (Hrsg.): 55–76.
Meulemann, Heiner (2006): Religiosität: Immer noch die Persistenz eines Sonderfalls. In: Aus Politik und Zeitgeschichte 30-31: 15–22.
Paul, Jobst (2009): Die katholische Kirche auf dem Weg zur „robusten Ökumene"? Vernunft und Glaube in Regensburg. In: Schneiders (Hrsg.): 389–404.
Ponton, Marcel O./Gorsuch, Richard L. (1988): Prejudice and Religion Revisited. A Cross-Cultural Investigation with a Venezuelan Sample. In: Journal for the Scientific Study of Religion 27: 260–271.
Reinecke, Jost (2005): Strukturgleichungsmodelle in den Sozialwissenschaften. München.
Scheepers, Peer/Gijsberts, Mèrove/Helo, Evelyn (2002): Religiosity and Prejudice Against Ethnic Minorities in Europe. Cross-National Tests on a Controversial Relationship. In: Review of Religious Research 43: 242–265.
Schirrmacher, Thomas (2003): Feindbild Islam. Am Beispiel der Partei „Christliche Mitte". Nürnberg.

Schneiders, Thorsten Gerald (Hrsg.) (2009): Islamfeindlichkeit. Wenn die Grenzen der Kritik verschwimmen. Wiesbaden.
Schwartz, Jonathan P./Lindley, Lori D. (2005): Religious Fundamentalism and Attachment. Prediction of Homophobia. In: International Journal for the Psychology of Religion 15/2: 145–157.
Sibley, Chris G./Wilson, Marc S./Duckitt, John (2007): Effects of Dangerous and Competitive Worldviews on Right-Wing Authoritarianism and Social Dominance Orientation over a Five-Month Period. In: Political Psychology 28: 357–371.
Sidanius, Jim/Pratto, Felicia (1999): Social dominance. An intergroup theory of social hierarchy and oppression. Cambridge.
Statistisches Bundesamt (Hrsg.) (2009): Statistisches Jahrbuch 2009. Für die Bundesrepublik Deutschland. Wiesbaden.
Van Deth, Jan W. (Hrsg.) (2004): Deutschland in Europa. Ergebnisse des European Social Survey 2002–2003. Wiesbaden.
Wohlrab-Sahr, Monika/Tezcan, Levent (2007): Konfliktfeld Islam in Europa. Baden-Baden.
Wulff, David M. (1991): Psychology of religion. Classic and contemporary views. New York.

„Kirche muss eine Probiergemeinschaft sein"
Typen des Verhältnisses von Religion und Politik in den Biographien von Friedensaktivisten[1]

Alexander Leistner

0   Vorbemerkungen

Das Jahr 2009 – nach erinnerungskultureller Zeitrechnung das Jahr zwanzig nach der Revolution – war vielerorts und teilweise sehr verschieden Anlass rückblickender Bilanzierungen. So fragten Dabeigewesene staunend-stolz: „Was haben wir geschafft?" (Höppner 2009) oder in selteneren Fällen „Was bleibt noch zu tun?" (Falcke 2009; Garstecki 2009). Es fragten die distanziert-wissenschaftlichen Beobachter: „Wie konnte das passieren?" (etwa Neubert 2008; Kowalczuk 2009). Es fragt ein größerer Teil der Spät- und Nachgeborenen achselzuckend: „Was geht's uns an?" (Deutz-Schroeder u. a. 2008). Es fragt schließlich dieser Band, den zurückliegenden Zeitraum und die religiöse Entwicklung im vereinigten Deutschland in den Blick nehmend: „Was ist geworden und warum?"

Der Aufsatz thematisiert die Frage „Wie ging es weiter?", und handelt vom Fortgang des christlich motivierten Engagements in der unabhängigen DDR-Friedensbewegung[2] nach den Umbrüchen von 1989/90. Das mag verwundern, da die *unabhängige* Friedensbewegung doch gewöhnlich als Kristallisationspunkt oppositioneller Gruppenbildung untersucht wird. Der Fokus liegt dann inhaltlich auf dem Beitrag zur friedlichen Revolution und zeitlich vor 1989 – was die hier aufgeworfene Frage nach der späteren Entwicklung nebensächlich erscheinen lässt. Nun war die Friedensbewegung unter dem Dach der Kirche aber nicht allein Vehikel oppositioneller Ziele. Sie war auch – so diffus die Übergänge teilweise auch innerhalb der einzelnen Gruppen gewesen sein mögen – Träger einer eigenständigen kirchlichen Friedensarbeit. Den Gegenstand so besehen – als christliche *Friedens*bewegung – lohnt der Rückblick auf die letzten zwanzig Jahre.[3]

Doch zunächst ein Blick auf bisherige Studien. „Was ist geworden"-Analysen, die sich ganz allgemein mit derartigem bewegungsförmigem Engagement beschäftigen, haben dabei

---

1   Mein Dank für hilfreiche Hinweise gilt Uta Karstein und Melanie Eulitz.
2   Zur Geschichte der DDR-Friedensbewegung vgl. die Überblickstudie von Neubert (1997), die vielen seither entstandenen regionalen Fallstudien etwa zu Berlin (Moritz 2000; Subklew-Jeutner 2004; Klein 2007), zu Brandenburg (Nooke 2008), zu Dresden (Schmid 1998), zu Jena (Pietzsch 2005), zu Königswalde (Kluge 2004), zu Leipzig (Dietrich u. a. 1994; Schwabe 1999), zu Mecklenburg (Probst 1997; Lietz 1999), sodann kirchenhistorische Arbeiten (Silomon 1999; Kunter 2006) und die sozialwissenschaftlich-theoretisierenden Studien von Miethe (1999) und Pollack (2000).
3   Der Begriff „Friedensbewegung" wird hier als Selbst- und Sammelbezeichnungen der im Umfeld der Evangelischen Kirche entstandenen Friedensgruppen verwendet. Damit geht keine theoretische Festlegung auf die Charakterisierung der Gruppen als Neue Soziale Bewegung einher. Zur Diskussion um die Anwendung dieses Ansatzes in der Erforschung der DDR-Opposition (vgl. Pollack/Rink 1997: 14 ff.).

zweierlei zum Gegenstand: die Entwicklung der Bewegung auf der einen sowie deren Erfolge und Wirkungen auf der anderen Seite. Wirkungsstudien setzen wiederum auf verschiedenen Analyseebenen an:

a) Die Veränderungsansprüche von sozialen Bewegungen ernst nehmend, fragen sie nach konkreten politischen Erfolgen oder langfristigen kulturellen Auswirkungen (Giugni u. a. 1999; Kolb 2007). Gemessen an den Veränderungsansprüchen der politisch alternativen Gruppen sowie der Aufmerksamkeit und Bedeutung im Umbruchsprozess, musste das Engagement der Bewegungsreste und der neu entstandenen Gruppen nach 1989/90 dabei als Ernüchterung und Marginalisierung erscheinen: eine Entwicklung – „von der Marginalität zur Marginalität" (Rucht 1995) –, die aber nicht mit politischer Passivität der einzelnen Akteure zu verwechseln ist. Eine issue-bezogene Analyse konkreter Wirkungen steht jedoch noch aus. Zu fragen wäre nach der Rolle von Akteuren und Konzepten der DDR-Friedensbewegung bei der Durchsetzung und Etablierung von Instrumenten „Ziviler Konfliktbearbeitung" wie dem „Zivilen Friedensdienst" (Quack 2009) oder nach dem erfolgreichen Engagement in Protestnetzwerken gegen Bundeswehrstandorte.

b) Die Intensität des Engagements aufgreifend, werden schließlich die persönlichen Langzeitauswirkungen intensiven Engagements etwa auf Berufsorientierung, auf Partnerwahl und Kinderwunsch untersucht (McAdam 1989; Guigni 2004). Zu denken wäre konkret an die Zumutungen eines high-risk-Engagements für Partner und Kinder[4] oder an die quälenden Verbitterungen aufgrund empfundener Anerkennungsverweigerung, aber eben auch an die neuen beruflichen und teilweise bewegungsnahen Verwirklichungsoptionen nach 1989.

Einen differenzierten Einblick in diese stürmischen Entwicklungen liefern dabei zwei sozialwissenschaftliche Studien aus den 1990er Jahren.[5] Fokussiert auf die Entwicklung der Gruppen untersuchten in zwei Befragungswellen zwischen 1991 und 1993 Bewegungsforscher um D. Rucht (1997) den Strukturwandel der ostdeutschen Gruppenszene, die Brüche und die darauf folgende Entstehung, Institutionalisierung und Professionalisierung neuer Gruppen und Initiativen (Schmitt-Beck 1997; Rink 1999).

Fokussiert auf die Innensicht der Gruppen, ermöglicht eine zwischen 1990 und 1992 von Wissenschaftlern um den Religionssoziologen D. Pollack durchgeführte Panelbefragung von führenden Gruppenvertretern einen intensiven Einblick in die Ohnmachtsgefühle und Orientierungslosigkeiten dieser Umbruchszeit, aber auch in die beruflichen Neuanfänge und vielfältigen Professionalisierungen des Engagements (Findeis u. a. 1994). Mit Blick auf derartige Umbrüche und Neuorientierungen des politischen Engagements unterscheidet die

---

4 „Ich bin geschieden, weil meine damalige Frau genau mit diesen Sachen nicht umgehen konnte. Ich habe damals (...) die politische Arbeit über alles andere gestellt." (Findeis u. a. 1994: 220)
„Ja ja klar ... also ich also ich manchmal frage ich die Kinder und die sind ja jetzt groß (1) Haben wir euch da nicht ein bisschen vernachlässigt? weil wir wirklich manchmal die Kinder nur hin und her geschmissen haben Oma du jetzt ich dann wieder Oma" (Interview Frau Max, Z. 682–685).

5 Mit der Dissertation von Moritz (2000) gibt es zudem eine Fallstudie, die beides untersucht, den Wandel der Gruppen und den der Gruppenmitglieder. Miethe (1999) hat wiederum in ihrer mikroskopischen Fallrekonstruktion Biographien von und eine Gruppendiskussionen mit Mitgliedern einer Frauenfriedensgruppe auf die lebensgeschichtlichen Politisierungskonstellationen sowie die kollektiven Handlungsrahmen der Friedensgruppen hin untersucht. Dabei wird auch auf die Entwicklung des Engagements nach 1989 verwiesen (261 f.), wenngleich dies für die Fragestellung der Arbeit nicht zentral ist. Miethes Studie stellt zugleich den Versuch dar, biographieanalytische Methoden in der deutschsprachigen, stärker politikwissenschaftlich dominierten Bewegungsforschung zu etablieren (vgl. Miethe u. a. 2005).

Bewegungsforschung drei Typen des Engagementverlaufs (Downton u. a. 1997). Die *persisters* halten an ihrem Friedensengagement auch nach 1989 fest: in alten oder neuentstandenen Friedensgruppen, als hauptamtliche Friedensfachkraft, in der Beratung von Kriegsdienstverweigerern. Die *shifters* verlassen die Friedensbewegung und engagieren sich fortan in anderen Initiativen zu anderen Themen oder arbeiten in thematisch nahen Berufen, etwa als Sozialpädagogen oder in der Erwachsenenbildung. Die sogenannten *dropouts* verlassen schließlich die Bewegung, um sich auf andere Lebensbereiche zu konzentrieren: die Familie oder die nachgeholte berufliche Verwirklichung, dem Aufbau alternativer Projekte.

Mit Blick auf diese Typen: das Festhalten, die Transformation, das allmähliche Hinausdriften und die Abkehr, resümieren die Autoren: „Die mit der Ausdehnung der gesellschaftlichen Verwirklichungsmöglichkeiten einhergehende Erweiterung der Horizonte hatte für viele Basisgruppenmitglieder zur Folge, daß das politische Engagement seinen absoluten Wert verlor und sich gegen andere Interessen zu behaupten hatte. Es wurde gleichsam entzaubert und zu einer Möglichkeit neben anderen. Gleichzeitig kam es bei vielen Basisgruppenmitgliedern zu einer Ablösung von ihrer DDR-Fixierung und zu einer Zurücknahme ihrer hochgesteckten politischen Ziele. Allerdings gelang dieser Prozess der Selbstrelativierung nicht allen befragten Gruppenmitgliedern" (Findeis u. a. 1994: 306).

Interessant ist dabei die Einschätzung der *persisters*. Deren Festhalten wird als mangelnde Einsicht, gar als Unvermögen gedeutet und bleibt somit erklärungsbedürftig. Diese Irritation hängt stark mit einer zugrundeliegenden *Drängeltheorie politischen Engagements* zusammen. Wo der politische Allmachtsanspruch der SED und damit verbundene gesellschaftliche Differenzierungsblockaden zu einer Existentialisierung des politischen Engagements führte, drängen die nachholenden Prozesse funktionaler Differenzierung den Aktivisten zur normalisierenden Entkopplung von Engagement und privater Existenz, zur Entflechtung von Religion und Politik (Pollack 2000: 259 f.). Ein solcher, stark theoriegesteuerter Blick ist aber ergänzungsbedürftig. Er droht, die subjektive Plausibilität eines Festhaltens gegen den Normalisierungstrend zu übersehen und damit die Wirkmacht biographischer Pfadabhängigkeiten sowie den spezifischen Einfluss von Religion zu verkennen.

Diese Erklärungsbedürftigkeit aufgreifend, wende ich mich im Folgenden der Gruppe der *persisters* zu. Am Beispiel der „Uneinsichtigen", jener glaubensbasierten Aktivisten der DDR-Friedensbewegung, die an der Notwendigkeit des Engagements wie an der Weite ihrer Veränderungsansprüche festgehalten haben,[6] möchte ich in einem ersten Schritt den Typ einer sich im Engagement ausdrückenden engen Verbindung von Religion und Politik exemplarisch entwickeln und von anderen Typen abgrenzen (1). In einem zweiten Schritt wird dann nach den biographischen Wurzeln dieser engen Verknüpfung (2) und schließlich nach dem Einfluss dieser spezifischen Positionierungssemantik auf das politische Engagement nach 1989 gefragt (3).

---

6   Im Rahmen meiner Promotion an der Universität Leipzig untersuche ich am Beispiel der Entwicklung des Friedensengagements vor und nach 1989 die Frage nach den Bedingungen für die Langlebigkeit gesellschaftsverändernden Engagements.

1 Das Friedensengagement im Spannungsfeld von gesellschaftlichen, kirchlichen und gruppenbezogenen Transformationsprozessen

Der erste Schritt beginnt als Rückschritt. Statt der bilanzierenden Frage des Forschers: „Was ist geworden?", hier zunächst die unsicher wägende Frage: „Was wird?" des Aktivisten mitten im Umbruchstrudel. Sie stammt nicht aus den biographisch-narrativen Interviews,[7] sondern aus einem Zeitungsartikel, geschrieben von einem der Befragten[8], Michael Rüstig,[9] im Sommer 1990 in einer überregionalen Kirchenzeitung. Der Zeitungsausschnitt soll helfen, sich zurück bzw. hineinzudenken mitten in die Umbruchsturbulenzen vor zwanzig Jahren und den Möglichkeitsraum für die weitere Entwicklung des politischen Engagements aufzuspannen.

> „In diesen Tagen werde ich oft gefragt, wie geht es bei euch weiter? Was wird aus euch? Wenn ich zurückfrage, wen meinst du mit euch? Meinst du die Friedensarbeit, die Gruppen, die Kirche?, dann kommt die Antwort, nein, die natürlich nicht. Der Betrieb ist gemeint, die Firma, der Arbeitsplatz. Oft, so denke ich, steckt die sehr viel bangere Frage dahinter: Was wird aus uns? Was wird aus mir? Wie geht es mit mir weiter? Gibt es Kurzarbeit? Werde auch ich arbeitslos? Wie kann ich damit leben? Wie, wenn ich Kredite abzahlen muß – mit höheren Zinsen? Das sind die Fragen, die uns heute bewegen. Was aus der Friedensarbeit wird, den Gruppen, der Kirche, danach fragt heute keiner, das interessiert nicht. So schnell kann das öffentliche Interesse nachlassen. So schnell kann man draußen sein. Und was mit der Kirche geschieht, das interessiert bestenfalls die, die drin sind in der Kirche."

Die im Text aufgegriffene Frage nach der Transformationsbewältigung wird zunächst adressiert an mögliche Orte von Rüstigs potentiellen Transformationserfahrungen. Folgende Unterscheidungen werden getroffen:

1.1 Der Umbruch in der Friedensarbeit

Er bestünde in der Marginalisierung der Friedensarbeit, wie sie sich faktisch und ganz massiv republikweit vollzog. Zwischen 1989 und 1993 verschwanden in Ostberlin, Dresden, Leipzig und Halle weit mehr als die Hälfte dieser Zusammenschlüsse (Rucht u. a. 1997: 75). Als Folgeprojekte, in Konkurrenz oder anlassbezogen entstanden seit 1989 eine sehr begrenzte Zahl heterogener und unterschiedlich stabiler Projektgruppen innerhalb der Friedensbewegung:

---

7   Für die Dissertation werden zwanzig bis fünfundzwanzig selbst erhobene biographisch-narrative Interviews sowie Gruppendiskussionen ausgewertet. Sie werden um die Sekundäranalyse von Zeitzeugeninterviews, die in den letzten Jahren in Bürgerbewegungsarchiven, wie sie in Jena oder Leipzig entstanden, ergänzt.
8   Im Folgenden wurden alle Namen anonymisiert.
9   Michael Rüstig wurde 1943 geboren. Über seine spätere Frau bekommt er Kontakt zur örtlichen „Jungen Gemeinde". Nach intensiver Auseinandersetzung vor allem mit dem Ortspfarrer tritt er aus FDJ und GST aus und verweigert 1965 den bewaffneten Wehrdienst. Aufgrund der Erfahrungen und Bekanntschaften als einer der ersten Bausoldaten engagiert er sich stark in der kirchlichen Jugendarbeit der Gemeinde, aus der dann Anfang der 70er Jahre das DDR-weit erste Friedensseminar entsteht.

a) Aktions- bzw. Protestgruppen, die sich (über Netzwerkmobilisierung) anlassbezogen bilden – etwa angesichts des zweiten Golfkrieges und aller folgenden protestauslösenden Kriege;
b) Aktionsgruppen die regelmäßig ritualisierte Protestaktionen organisieren und durchführen – den jährlichen Ostermarsch, das Friedensgebet zum Antikriegstag, die herbstliche Friedensdekade in den Kirchgemeinden;
c) problembezogene Protestgruppen, wo das Bezugsproblem dauerhaft vor der eigenen Haustür liegt – wie die Initiativen gegen die Truppenübungsplätze in der Colbitz-Letzlinger und in der Wittstocker Heide;
d) schließlich die Professionalisierung hin zur Friedensarbeit, die es erlaubt das Friedensengagement zum Beruf zu machen – wie der 1990 gegründete Friedenskreis Halle oder das 1990 aus der Ökumenischen Versammlung heraus entstandene Ökumenische Informationszentrum in Dresden.

Rüstigs Friedensgruppe hielt – auch wenn sich das Themenspektrum auf die Probleme der ostdeutschen Transformationsgesellschaft erweiterte – an Struktur und Arbeitsformen fest. Allerdings sank die Teilnehmerzahl massiv. Besuchten im Herbst 1989 noch 600 Teilnehmer das von Rüstig gegründete Seminar, so finden im Mai 1990 kaum mehr 150 Besucher den Weg in die Dorfkirche, um das Seminarthema „Ist ein geordnetes Zusammenwachsen Deutschlands möglich?" zu erwägen.

1.2 Der Umbruch innerhalb der Gruppenszene.

Wobei der Begriff „Gruppen" hier mehrdeutig ist. Zunächst ist er verbunden mit der Konfliktformel „die Kirche und ihre Gruppen". Hinter dieser Formel verbirgt sich ein lange gärender innerkirchlicher Konflikt zwischen Kirchleitungen, den Ortsgemeinden und den Friedens-, Frauen-, Umwelt- und Menschenrechtsgruppen um die beargwöhnte christliche Identität dieser Basisarbeit oder deren ekklesiologische Bedeutung für die Kirche als „antizipatorische Schalomgemeinschaften" sowie der Dauerzwist um amtskirchliches Zögern und Bremsen auf der einen und oppositionelles Voranstürmen auf der anderen Seite (vgl. Neubert 1997: 539 ff.).

Zum anderen steht „Gruppen" im Sinne einer ereignisabhängigen Funktionszuschreibung für die regionalpolitische Bedeutung des Friedensseminars als Bürgerrechtsgruppe, die moderierend den politischen Umbruchprozess begleitete, deren Mitglieder sich in den neu entstehenden lokalen Arbeitsgruppen zur Situation der Ausländer oder zu Reform des Bildungswesens und nicht zuletzt in den verschiedenen Parteien der Wendezeit engagierten und 1990 durch die Ergebnisse der Volkskammer- und Kommunalwahlen kräftig ernüchtert wurden. Der Umbruch bestünde hier in der erfahrenen Wirkungslosigkeit als politischer Akteur und dem damit einhergehenden Funktionsverlust.

Im soziologischen Sinn meint „Gruppe" schließlich die durch den Wegfall der DDR als ein Bezugsproblem des Engagements und durch interne Konflikte fragwürdig gewordenen Zugehörigkeiten innerhalb der Basisgruppen. Der Umbruch bestünde hier in der konflikthaften Veränderung der Gruppenbeziehungen, die letztlich zur Auflösung vieler Gruppen führte (vgl. Moritz 1997). Aus den Bedingungen „kasernierter Vergesellschaftung"

(Popitz 1992: 187) entlassen, erkannten sie einander in ihrer teilweise grundsätzlichen Verschiedenheit, fanden sie sich plötzlich in verschiedenen Parteien wieder, im misstrauischen Gegenüber von Basisarbeit und dem Gang in die „große Politik", wurden die Biographien durch drohende Arbeitslosigkeit oder die Möglichkeit, verwehrte Ausbildungswege nun nachträglich zu beschreiten, durcheinander gewirbelt und fehlte letztlich das einvernehmlich kritisierte Gegenüber.

1.3 Der Umbruch in der Kirche.

Auch dies kann – je nach Positionierung im spannungsreichen Akteursfeld zwischen den Basisgruppen, der Kirche und dem Staat – vielerlei bedeuten. Zunächst: Kirche galt als schützendes Dach und Nischenöffentlichkeit für die Basisgruppen oder als ängstlicher Bremsklotz der unter ihr Dach gezwungenen Initiativen. In diesen beiden Perspektiven bestünde der Umbruch dann in einer für beide Seiten als befreiend empfundenen Entflechtung von Politik und Religion (Findeis u. a. 1994: 281).

In den Interviews finden sich beide Positionen wieder. Der konkreten Verortung des Engagements als ein zeitweilig von der Kirche geduldetes Engagement entspricht eine in den Interviews zu findende semantische Verhältnisbestimmung von Religion und Politik, die ich idealtypisch als *funktionale Verflechtung von Kirche und Politik* bezeichnen würde. Gemeint ist damit die Vorstellung einer zeit- und kontextgebundenen Politisierung von Religion, die nach dem Ende der DDR ihre Funktion und mithin ihre lebenspraktische Plausibilität verliert. Dieser Typ lässt sich weiter differenzieren – abhängig von der Verortung des Engagements als vorwiegend kirchlich oder vorwiegend politisch orientiert. Zunächst ein Beispiel für die *kirchen-zentrierte Positionierung:* N. Francke (*1962) engagiert sich in den 80er Jahren in der missionarischen Jugendarbeit und zugleich in einer kirchlichen Friedensgruppe, wo er vor allem für die musikalische und geistliche Gestaltung verantwortlich ist. Er verlässt die Friedensgruppe, arbeitet nach 1989 als Reisesekretär eines Missionswerkes und eröffnet anschließend in seinem Heimatort eine christliche Buchhandlung.

> „Und damals war's aber erzwungener Maßen sehr getrennt. Und heute, denk ich, muss man drauf achten. Es gibt für die politischen Sachfragen, da gibt's nen Stadtrat, und nen Kreisrat und da gibt's das, und da könn wir uns alle dran beteiligen, was früher überhaupt nicht denkbar gewesen ist, ne. Es gibt da och so, so, zum Beispiel dieser Gebetskreis. Ich meen, das einzelne Christen sagen, ich, ich geh meinen Weg in die Politik oder in die Friedensarbeit oder so, ganz bewusst, denk ich, das ist ja völlig ok und das muss och so sein. Aber die Kirche als Ganzes, die sollte sich da eher, denk ich, zurückhalten" (Francke, Z. 565–572).

Aus dieser Perspektive erscheint das Engagement unter dem Dach der Kirchen als erzwungene Ausnahme. Die Regel ist die Konzentration auf das Eigentliche von Kirche – auf Gottesdienst und Mission, auf die permanente Arbeit an der eigenen und dem Anstoß für die Ausbildung von Mensch-Gott-Beziehungen anderer Leute. Der individualethischen Ausrichtung einer solchen pietistisch geprägten Frömmigkeit entspricht, das ein politisches Engagement der individuellen Entscheidung des Einzelnen obliegt und sich die Aufgabe von Kirche auf transzendente Über-Eck-Einflussnahmen beschränkt, d. h. auf das unterstützende Gebet für die „richtige Entscheidung" der Verantwortlichen im Lande.

Anders Berit Max (*1954), der als Pfarrerstocher weiterführende Bildungswege verbaut wurden und die daraufhin eine kirchliche Ausbildung als Katechetin absolviert. In den 80er Jahren ist sie in zahlreichen Friedensgruppen aktiv und hat eine regionale Schlüsselfunktion als „Vernetzerin". Nach 1989 kündigt sie ihren Beruf in der Kirche und arbeitet neben ihrem kommunalpolitischen Engagement als Sozialarbeiterin, später als Geschäftsführerin eines zivilgesellschaftlichen Vereins. Im Rückblick auf die Zusammenarbeit von Christen und Nichtchristen in den Basisgruppen sagt sie:

> „Und ich finde diese Art von Christentum bringt mehr Leute zusammen und bringt mehr als dieses ganze Pfarrergelaber auf gut Deutsch gesagt. Ja also insofern hat es mir, war, war ich gerade da sehr eigentlich christlich unterwegs, aber es hat mich gerade von der offiziellen Kirche eher entfernt ne /I:Hmhm/ Und das hat, das schleppe ich bis heute mit mir rum. /I:Hm/ Also ich, ich bin nicht aus der Kirche ausgetreten aber ich. habe keine Kontakte mehr und will auch keine. Ab und zu gehe ich mal in den Gottesdienst und dann ärgere ich mich sowas von über die Predigt" (Max, Z. 932–939).

Aus der Perspektive einer *engagement-zentrierter Positionierung* beinhaltete die politischen Aktivitäten unter dem Dach der Kirchen einen auch, aber nicht ausschließlich christlich motivierten Veränderungsanspruch, dem die Kirchen sowohl inhaltlich als auch organisatorisch hinterherhinkten. Diese zweifache Distanz hat sich seit 1989 noch verstärkt und führt zu einem Nebeneinander des sich professionalisierenden Engagements auf der einen Seite und einer enttäuscht-abgekühlten Beziehung zu einer Kirche („offizielle Kirche") auf der anderen Seite, die treffend als „Entfremdung *und* Emanzipation" bezeichnet wurde (Wohlrab-Sahr/ Karstein/Schmidt-Lux 2009: 322).

Doch zurück zum Verhältnis zwischen Kirche und Gruppen, im weiteren Sinne zwischen Religion und Politik. Neben diesen beiden Trennungspfaden, gibt es noch eine weitere Positionierung, die exemplarisch vom Autor des Zeitungsartikels, von Michael Rüstig, repräsentiert wird. Nicht zeitweilige Notunterkunft – wie aus kirchenzentrierter Perspektive – oder schwerfälliger Bremsklotz – wie aus engagementzentrierter Sicht –, mit innerkirchlichem Umbruch kann schließlich die Kirche selbst als Adressat einer durch die Basisgruppen mahnend vorgelebten und dezidiert religiös begründeten Gesellschaftsveränderungsprogrammatik gemeint sein. Dieser Positionierung entspricht – als zweiter Idealtyp – die Semantik einer *Identitären Verflechtung von Religion und Politik*. Gemeint ist damit der Auftrag, als Christen an der Verbesserung gesellschaftlicher Verhältnisse mitzuarbeiten. Ein Auftrag, der über politische Systemwechsel hinweg gilt und Auswirkungen auf die konkrete Sozialgestalt christlicher Religion hat. Oder um mit den Worten Bonhoeffers der damaligen theologischen Auseinandersetzungen zu sprechen: Kirche ist erst Kirche, wenn sie „Kirche für andere" ist. Für diesen Typ bestünde der Umbruch nach 1989 neben den inhaltlichen Neupositionierungen, neben den Marginalisierungserfahrungen des Engagements und neben dem Überflüssigwerden zudem noch in den innerkirchlichen Veränderungen. Zum Zeitpunkt des Artikels von Rüstig laufen die Zusammenschlussverhandlungen zwischen EKD und Kirchenbund und beginnen die Einbindungsprozesse in die großkirchlichen Strukturen der Bundesrepublik (vgl. Kunter 2006).

All diese möglichen engagementbezogenen Umbruchserfahrungen konfrontiert der Zeitungsartikel zuletzt mit der existentiellen Verunsicherung aufgrund der massiven wirtschaftlichen Veränderungen,als die maßgebliche Erfahrung der damaligen Transformationsgesellschaft und plausibilisiert damit die erlebten Aufmerksamkeitsverschiebungen und Nichtbeachtungen. Vor dem Hintergrund dieser, das Nebeneinander verschiedener Umbruchserfahrungen entfaltenden Textpassage sind im weiteren Textfortgang verschiedene Positionierungen denkbar, etwa die Betonung grundsätzlicher Unüberbrückbarkeiten zwischen den Zielen der Aktivisten und denen einer nicht zu aktivierenden Bevölkerung, das Nachsinnen über eigene strategische Fehler im politischen Umgestaltungsprozess oder die Klage über die Durchsetzungskraft mächtiger Interessenvertreter. Michael Rüstig fährt in besagtem Zeitungsartikel fort:

> „Nun, ich bin einer von drinnen. Ich habe lange genug an und mit meiner Kirche gelitten, um nicht jetzt auch in diesen Tagen die bange Frage zu stellen: Was wird aus dir? Wie geht es mit dir weiter? Und ich werde für die Antwort mitverantwortlich sein. Dafür z. B., dass die Kirche nicht nur nach sich selber fragt (…) Dafür bin ich mitverantwortlich, dass Kirche mindestens mit der gleichen inneren Beteiligung, mit der ich in diesen Tagen gefragt werde, die von draußen, die außerhalb und unter ihnen die Schwachen, die Hilflosen, die Gefährdeten fragt: Was wird aus dir? Wie geht es mit dir weiter? Und wenn dabei die bange Frage nach dem eigenen Weg mitschwingt, so ist das keine Schande, finde ich – noch dazu, wenn man nach einer gemeinsamen Antwort suchen will. Ich habe lange nach einem Bild für unsere Kirche in diesen Tagen gesucht und bin nur auf solche Worte wie klein, hell, bescheiden, aufmerksam, bunt, warm, frei gekommen. (…) Gelingt es der Kirche, ein offener Hafen zu sein? Für die Antwort bin ich mitverantwortlich."

Rüstig beginnt damit, sich – und sein Engagement – als Teil der Kirche zu verorten. Die damit verbundenen und im Zuge des politischen Engagements erlebten Spannungen werden benannt, führen aber nicht zur Aufkündigung der Kirchenbindung. Dies ist umso bemerkenswerter, als eine innerkirchliche Entwicklung kritisch benannt wird – den drohenden Verlust ihrer Sensibilität für die „anderen", für soziale Verwerfungen und mithin den Verlust ihrer gesellschaftskritischen Funktion.

Die identitäre Verflechtungssemantik ermöglicht einerseits die Bestätigung und Festigung einer kritisch-engagierten Kirchenbindung. Andererseits liefert sie die Kontrastfolie für die Kritik an einer transformationsbedingten Entpolitisierung der Kirche, einer Entwicklung, die aus Sicht dieses Typs einem Identitätsverlust gleichkommt, gleichsam einer Entkirchlichung der Kirche von der „Dienstgemeinschaft" hin zur Organisation. Dazu ein weiteres, diesem Verflechtungstyp zugehöriges Beispiel aus meinem Sample. Matthis Plambeck, 1943 geborener Pfarrersohn, verweigert während des Theologiestudiums den Wehrdienst total. Er gründet in den 80er Jahren mehrere Friedensgruppen und tritt in diesem Zusammenhang aus dem Pfarrdienst aus. Nach 1989 arbeitet er nach einem intensiven parteipolitischen Engagement als freischaffender Bewegungsunternehmer.

"Wenn wir von der Kirche reden, wird mir schlecht, ist einfach traurig, was da passiert ist. //I: Hm// So fixiert auf ihre Strukturen und auf ihre Finanzen, dass sie, dass sie ihren Auftrag faktisch verrät, sogar ihn nicht verrät, ihn einfach nicht nicht, ihm nicht gerecht wird" (Plambeck, Z. 1164–1166).

Diese Deutung erlaubt zweierlei. Sie ist die Kontrastfolie dafür, dass die Sozialgestalt der Kirchen vom religiösem, vom ursprünglichem Programm abweicht. Zugleich liefert sie eine engagementbezogene Theorie für die fortgesetzte Entkirchlichung Ostdeutschlands seit 1989 gleich mit. Dazu ein Auszug aus dem Interview mit Rüstig, das diese Phase und somit auch die Zeit der Abfassung des Artikels aus der Rückschau beobachtet.

"Das war damals (die Offenheit für gesellschaftskritische Positionen, A. L.) denk ich och äh (4) hatte wahrscheinlich och, die den Erfolg das de Leute in de Kirche einfach gekommen sind (hm) und jetzt sich wieder zurückgezogen ham weil de Kirch' sich jetzt nur noch um sich selber dreht" (Rüstig, Z. 1324–1326).

Im biographischen Interview folgen auf diese Institutionenkritik noch rückblickenden Abwägungen zum Thema Offenheit der DDR-Kirchen für politische Fragen. Daraufhin wiederholt er die Kritik an der Kirche, um sie dann aber auf die eigene Arbeit anzuwenden.

"Heute sind die (6) sind die Dinge um die sich's dreht entweder zu kirchenintern und ham keen ham keene Wirkung nach außen, oder, se sind, von, es sind solche Themen die, wir für gesellschaftlich relevant halten aber die offensichtlich net gesellschaftlich relevant sind (hm) also da müsste man noch ein bissel genauer drüber nachdenken (hm) das wär och ganz interessant och für's Friedensseminar" (Rüstig, Z. 1365–1369).

Hier dokumentiert sich ein Moment nachdenklichen Innehaltens, der erwägt, dass eine Ausrichtung der Kirche auf die (unterstellten) Problemlagen der Anderen von jenen „Anderen" weder wahr- noch in Anspruch genommen wird. Das reflektiert einerseits die fehlende Resonanz der eigenen Arbeit – seit 1989 haben sich die Besucherzahlen des Friedensseminars bei sechzig bis achtzig Teilnehmern eingepegelt –, zugleich wird diese Beobachtung als potentielles Thema eines nächsten Seminars ausgemacht und problematisiert. Und diese Aufgabenzuweisung verdeutlicht die Funktion der Friedensgruppe als Ort permanenter Selbstbefragung.

Rüstigs Selbstbefragung endet mit der spezifischen Verantwortungszurechnung, nicht nur Kritiker dieser Entwicklungen, sondern zugleich Umsetzer des Eingeforderten zu sein („Für die Antwort bin ich mitverantwortlich"). In diesem Motiv der *Mitverantwortung* scheinen typische Konfliktlagen eines zwischen Staat und Kirche eingeklemmten Engagements auf. Mit Bezug auf die kritisierte Verhältnisse in der DDR und gegen den Vorwurf des „doch bitte schön Bessermachens" ist es das Ergebnis eines in vielen Interviews sichtbaren Positionierungswandels von der Verweigerung hin zur Arbeit an der Verwirklichung der eingeforderten Alternativen.

"Als ich von de Bausoldaten wiederkam hätt ich da ganz anders gesagt, och noch sehr aus der Negation, aber doch schon mit ner Öffnung hin, das mor was für'n Frieden tut (hm) Frieden muß werden, das, und das is unnere Aufgabe da dran mit, mitzuwirken das liegt net nur in der Hand Gottes net nur" (Rüstig, Z. 920–923).

Diese Funktion: die legitimatimatorische Absicherung von Veränderungsansprüchen, bezieht sich aber nicht allein auf die „machs besser"-Kritik von offizieller Seite. Innerkirchlich gab es religiöse „Gott allein"-Einwände und eschatologische Vorbehalte gegenüber einem politischen Engagement von Kirche, die zweierlei Begründungen nötig machten: die Notwendigkeit christlicher Weltverantwortung bei gleichzeitiger Einschränkung des Verwirklichungsanspruches. Exemplarisch zu dieser Argumentationsfigur möchte ich aus der Gruppendiskussion von Rüstigs Friedensgruppe zitieren. Eine längere Kontroverse darüber, was denn eigentlich erreicht wurde und noch zu tun sei, bündelt sich in folgendem Statement eines Gruppenmitgliedes:

> „Und mir geht's eigentlich so, dass die Grundfragen unserer Arbeit eigentlich geblieben sind, mit denen man sich immer wieder auseinandersetzen muss. Das ist die, ist ist das Gefühl, erstens Mal, der Bruchstückhaftigkeit von dem, was man tut, der Schuldbeladenheit, von dem, was man tut. Dann die Grundfrage, tut man net Gott, was für ein Gottesbild hab ich und tut man net Gott vorgreifen. Macht man sich net, tut man sich net selbers überhöhen. […] und alles ist bruchstückhaft und und irgendwie, man kommt sich vor wie. Also wir ham das mal verglichen, wie äh, dass man seinem Vater hilft, einen riesen Haufen Latten da zu sammeln, aber dass man da einfach- man weeß net, wie das mal aussehen wird, aber man macht einfach, hilft einfach. Und das das vielleicht ein Stückel ist, wo man sich abfinden muss, dass es so ist" (Gruppendiskussion 1, Z: 380–396).

Diese theologischen wie innerkirchlichen Einwände aufgreifend, entfaltet die Passage sehr bildhaft die Legitimationsfigur der *Mitverantwortung* als einer spezifisch religiösen Form der Selbstverpflichtung zu politischem Handeln. Diese Legitimationsfigur ermöglicht es zugleich – und das ist für die Frage nach der Langlebigkeit des Engagements interessant –, sich vom ungewissen Erwartungshorizont abzukoppeln und die Last der Verwirklichung fremd zuzurechnen. Man weiß nicht, was wird, aber es wird Zeit. Aber auch: Man weiß nicht, was wird, aber es wird schon werden.

Dies in aller Kürze und Dichte zur Entfaltung und Charakterisierung des Typs einer identitären Verflechtung von Religion und Politik und zur Abgrenzung vom Typ der funktionalen Verflechtung. Zwei Fragen sind noch offen.

2 Religion und Politik – biographische Wurzeln der identitären Verflechtung

Für die Frage nach den biographischen Wurzeln einer solchen engagementbezogenen Identität lohnt ein Blick auf neuere religionssoziologische Forschungen zu Ostdeutschland. Sehr erhellend ist dabei die konflikttheoretische Sicht auf den ostdeutschen Säkularisierungsprozess, wie sie von Forschern um Wohlrab-Sahr vorgeschlagen wurde (vgl. Karstein u. a. 2006; Wohlrab-Sahr/Karstein/Schmidt-Lux 2009).[10] Im Kern geht es dabei darum, den Prozess

---

10 Siehe auch den Beitrag von Wohlrab-Sahr in diesem Band.

der Entkirchlichung nicht als erzwungene Anpassungsleistung bloß reagierender Akteure zu verstehen, sondern als eine aktive subjektive Auseinandersetzung in den vielfältigen Konstellationen des Sich-entscheiden-Müssens, die der Staat-Kirche-Konflikt in der DDR mit sich brachte.

Übersetzt man im Anschluss an diesen Vorschlag die Ereignisgeschichte der Bildung und Entwicklung der unabhängigen Friedensbewegung in eine solche konfliktsoziologische Perspektive, dann erscheint sie als eine Geschichte politisch-weltanschaulicher Konfliktkonstellationen. Dazu einige begriffliche Unterscheidungen: Charakteristisch für die Herrschaftsformation der DDR waren je nach historischer Phase unterschiedlich scharf ausgetragene *Mitgliedschafts-Konflikte* zwischen Staat und Kirche, die aus dem umfassenden Geltungsanspruch der SED-Führung herrührten und politisch-weltanschauliche Gegnerschaften produzierten. Dieser Konflikt hatte dabei immer mehrere Ebenen. In Bezug auf die Kirchenzugehörigkeit folgte er der Logik „sich wechselseitig ausschließender Mitgliedschaften in Partei und Kirche" (Wohlrab-Sahr/Karstein/Schmidt-Lux 2009: 143) und führte im Falle der Aufrechterhaltung der Kirchenbindung zu vielfältigen Ausgrenzungserfahrungen[11] und teilweise zu Prozessen der Selbstghettoisierung – viele Aktivisten der Bewegung rekrutierten sich denn auch aus Pfarrersfamilien und christlichen Haushalten.

Auf der Ebene der Weltdeutungen zeichneten sich neben anderen schon in den 1950er Jahren Konflikte in der Haltung zur Friedensfrage ab. Band sich der offizielle Friedensbegriff an Klassenkampfideologie und die identitäre Selbstbeschreibung der DDR als „Friedensstaat", so beharrte die Evangelischen Kirche auf der grundsätzlichen Fragwürdigkeit eines jeden Krieges und dem Recht auf Wehrdienstverweigerung als das „deutlichere christliche Friedenszeichen" (Neubert 1997: 74). Auf der Ebene von Weltdeutungen trat somit in den 1960er Jahren mit der Einführung der Wehrpflicht für pazifistisch gesinnte Kirchenmitglieder ein weiterer Konflikttyp, den ich *Mitmach-Konflikt* nennen möchte (vgl. Widera 2004). Vom Mitgliedschafts-Konflikt unterscheidet diesen Typ, das er keinem institutionalisierten Entweder-Oder-Automatismus folgt, sondern die Positionierung dem Einzelnen überlassen bleibt. Der Konflikt referiert nicht auf Zugehörigkeit, sondern auf Gewissen. So entstanden am Friedensthema seit den 1960er Jahren und ganz massiv dann wieder in der Zeit atomarer Hoch- und Nachrüstung zusätzliche und sich im Verlauf wandelnde Konfliktlagen und Positionierungskonstellationen, etwa mit der Einführung der Wehrpflicht bzw. später des Wehrpasses für Frauen, der eingeforderten Teilnahme an vormilitärischen Übungen in Schule und Ausbildung oder am obligatorischen Wehrkundeunterricht.

Vor diesem historischen Hintergrund lassen sich die engagementbezogenen Identitätsbildungsprozesse als Folge prozesshaft aufeinander aufbauender Positionierungen und der damit verbundenen Verdichtung verschiedener Positionierungssemantiken verstehen. Positionierung meint verschiedene Formen des Sich-dazu-Verhaltens, zunächst im Staat-Kirche-Konflikt und den damit verbundenen Ausgrenzungserfahrungen, dann im Konflikt um die Frage von Krieg und Frieden, schließlich im Konflikt zwischen drängelnden Gruppen und bremsender Kirche. Positionierungssemantik meint, das dieses Tun oder Unterlassen mit

---

11 Eine Entscheidung, die unter den Bedingungen von diktaturtypischen und sanktionsbewehrten Optionenasymmetrien sehr voraussetzungsreich ist (zu Bedingungen für die Aufrechterhaltung (Wohlrab-Sahr/Karstein/Schmidt-Lux 2009: 168 ff.).

diskursiven Legitimationsfiguren verbunden ist, in denen ausgedrückt wird, warum man sich so und nicht anders verhalten musste, konnte oder wollte (vgl. Widera 2004: 293 ff.). Diese Semantiken schließen an ältere Deutungsmuster, Bewegungs-Frames und zeitgenössische Diskurse an, etwa an die Debatten um Schuld und Verantwortung im Zweiten Weltkrieg, um den Weg der Kirchen in der DDR oder den christlich-marxistischen Dialog.

a) Die biographisch zumeist erste Positionierung ist das exklusive Bekenntnis zur in der Regel familiär stark tradierten Kirchenbindung mit den zugehörigen Benachteiligungen bzw. der daraus teilweise entstehenden Sogwirkung alternativer, kirchlicher Ausbildungswege (Theologiestudium, Diakonie, Gemeindehelfer). Mit dieser Positionierung sind *Abgrenzungssemantiken* verbunden, die eine zunächst grundsätzliche Distanz zum SED-Staat begründen („die Ablehnung des Kommunismus und so etwas das war natürlich für uns, irgendwo gehörte das zum kirchlichen Programm dazu"). Gegen eine einseitige Idealisierung kirchlicher Milieus als Opfer ist aber auf eine zweite Abgrenzungsrichtung hinzuweisen. Die Distanzierung und das Aufbegehren gegenüber den Eltern und deren zweifelhafter NS-Vergangenheit, deren Loyalität und Kompromissbereitschaft gegenüber dem DDR-Staat (vgl. Miethe 1999: 120 f., 150 ff.).

b) Darauf folgt eine an der Frage des Wehrdienstes bzw. der Thematisierung von Kriegserfahrungen entbrennende intensive Auseinandersetzung um die individuelle Verantwortung für die Entstehung und die Folgen der NS-Dikatur, eine Auseinandersetzung, die eng an die Erfahrungen der Herkunftsfamilie oder von signifikant anderen Bezugspersonen – in der Regel der kriegsgeprägte Jugend- oder Studentenpfarrer – gebunden ist (vgl. Miethe 1999: 236–242). Diese Auseinandersetzungen führen zur Ausbildung einer spezifisch christlichen *Verantwortlichkeitssemantik*, die einerseits auf die Situation des Kalten Krieges übertragen wird und andererseits die Abgrenzungs- und Verweigerungssemantik hin zu kritischer Mitverantwortung erweitert.

c) In den 60er Jahren entsteht schließlich unter dem Eindruck der weltumspannenden sozialen wie innerkirchlichen Aufbruchsbewegungen eine dezidiert religiös begründete *Gesellschaftsgestaltungssemantik*[12]. Das zeitliche Nebeneinander dieser Aufbrüche entzündete, wie unter einem Brennglas gebündelt, einen emotionalen Glutkern bei den in dieser Zeit politisch Sozialisierten. Ein Glutkern, der die Friedensbewegung viele Jahre später – wenigstens symbolisch – Schwerter zu Pflügen schmieden ließ und die Erwartung befeuerte, die erstarrte DDR-Gesellschaft sei ganz grundlegend neu und anders formbar. Sie findet ihren prägnanten Ausdruck etwa in J. Moltmanns auch in der DDR intensiv diskutieren Buches mit dem Titel „Theologie der Hoffnung" oder H. Falckes diffiziler Auftragsbestimmung, als Christen an einem „verbesserlichen Sozialismus" mitzuarbeiten (Falcke 1986: 12 ff.). Diese theologische, auf die *Abgrenzung* zu den diktatorischen Verhältnissen achtende Begründung einer *Mitverantwortung* für die *Veränderung* der Gesellschaft empfanden die Machthaber zu recht als Bedrohung. Sie fand ihre Sozialgestalt in einzelnen christlichen Basisgruppen und schließlich im Konziliaren Prozess für „Frieden, Gerechtigkeit und Bewahrung der Schöpfung" (vgl. Seifert 2000; Kunter 2006).

---

12 Dass dies immer auch im Hinblick auf die Auseinandersetzung mit der deutschen Vergangenheit und Schuld reflektiert wurde hat M.-D. Ohse gezeigt (2007: 138).

Die Rekonstruktion dieser Positionierungssemantiken ermöglicht einige grundsätzliche Einblicke: Sie unterstreicht die spezifische historische Konstellation der Bewegungsentstehung und Entwicklung. Sie sensibilisiert für die biographischen wie die gesellschaftlichen Positionierungsdynamiken, etwa für den individuellen Wandel vom unreflektierten Antikommunismus bzw. kritikloser Systemnähe hin zur hoffnungsgetriebenen Veränderungsbegehren, aber auch für den Wandel gesellschaftlichen Konfliktlagen über die Zeit hinweg und die damit einhergehenden Unterschiede zwischen den Politisierungskontexten.[13] Sie erweitert und differenziert schließlich die inhaltliche Charakterisierung eines Teils der Aktivisten: Vor dem Hintergrund dieser Semantiken sind die intensiv geführten innerkirchlichen Diskussionen um den Auftrag und Gestalt der Kirche in der DDR teilweise von grundsätzlicherer Natur. Es ging nicht nur um die konkrete Positionierung im weltanschaulich-religiösen Feld der DDR, sondern als innerkirchliche Reformströmung auch um die auftragsangemessene Sozialgestalt christlicher Religion. Das führt nahtlos zur letzten Frage:

3 Welchen Einfluss hat diese semantische Positionierung auf den Fortgang des Engagements nach 1989?

In ihrer gleich doppelten Stoßrichtung – auf die Reform der Kirche und die Veränderung der Gesellschaft hin ausgerichtet – ist die *religiöse Gesellschaftsgestaltungssemantik* zunächst hoch anschlussfähig für die Deutung und Kritik der innerkirchlichen und gesellschaftlichen Entwicklungen seit 1989. Auch wenn sich die gesellschaftliche Umwelt wandelt, leidet Rüstig weiterhin an und vor allem mit seiner Kirche. Auch wenn das Bezugsproblem wechselt – Kirche bleibt „Kirche für andere".

Diese semantische Anschlussfähigkeit führt aber nicht quasiautomatisch und in allen Fällen zur Fortdauer des Engagements. Ein nahtloses Weitermachen durch das Verschwinden oder die Transformation der Gruppenszene ist schwierig, dagegen ist der Umstieg oder Ausstieg aus der Bewegung durch beispielsweise berufsbiographische Alternativoptionen die sehr viel wahrscheinlichere Variante. Das Deutungsmuster kann – an die neuen Verhältnisse angepasst – somit verschieden, mithin ambivalent wirken.

---

13 In den 60er Jahren führten die Mitmachkonflikte – den zweiten Weltkrieg noch drastisch vor Augen – bei den vorwiegend christlichen Wehrpflichtigen zu einer *Nie-Wieder-Politisierung*. In den Interviews wird dies deutlich in der Kontextualisierung der Entscheidungsprozesse in eine intensive Auseinandersetzung mit dem Zweiten Weltkrieg.
Die atomare Vernichtung vor Augen, führte es in den 1980er Jahren bei den zu diesem Zeitpunkt noch nicht aktiven Anfang Dreißigjährigen zu einer – als Eltern – rollengebundenen Dramatisierung der Bedrohungswahrnehmung und vor dem Hintergrund angestauter Ausgrenzungserfahrungen (bis hin zum Arbeitsplatzverlust) zu einer *Jetzt-reichts-Politisierung*. In den Interviews wird dies deutlich in der vergleichsweise langen Latenzphase zwischen der Thematisierung von Kriegserlebnissen sowie ersten Ausgrenzungserfahrungen und der lebensgeschichtlich späten Politisierung.
Bei den ebenfalls in den 1980er Jahren politisierten Jugendlichen verband sich häufig die Bedrohungswahrnehmung mit der Suche nach kulturellen Freiräumen. Diese *Ohne-Mich-Politisierung* zielte einerseits gegen Militarisierung und Atomkrieg, anderseits als kultureller Aufbruch gegen die Verkrustungen der DDR-Gesellschaft. Nicht ohne Grund, entstand die Initiative zur Demonstration an der Dresdner Frauenkirche 1982 aus der Dresdner Hippieszene und gründete sich die „Jenaer Friedensgemeinschaft" aus der „Offenen Arbeit" mit unangepassten Jugendlichen.

Der Rückbezug auf die DDR-Kirchen als Orte von Authentizität und Gemeinschaft (vgl. Wohlrab-Sahr/Karstein/Schmidt-Lux 2009: 346 f.) sowie Weltverantwortung kann angesichts der wahrgenommenen Entwicklungen in Kirche und Gesellschaft seit 1989 resignierte Rückzüge plausibilisieren und Enttäuschungserfahrungen dramatisieren (Hunt/Benford 1994). Zugleich kann das Deutungsmuster die Fortdauer des Engagements auf zwei Ebenen stabilisieren.

Auf der Ebene der Gruppen (vgl. grundsätzlich Neidhardt 1979) erleichtert es die thematische und organisatorische Anpassung an die neuen Verhältnisse. So im Beispiel von Rüstigs Friedensgruppe, die als kirchliche Gruppe bleibt und, bestärkt durch die Resonanz der Besucher, ein Ort der Selbstbefragung wird, ein Ort der institutionalisierten Dauerreflexion der im Zeitungsartikel aufgeworfene Frage: „Was wird" aus Kirche, Friedensarbeit, Gesellschaft.[14] Ein Ort, der zugleich eingebunden bleibt in kirchliche Strukturen – mit den entsprechenden Kommunikationskanälen und Möglichkeiten kostenfreier Raumnutzung (zur Stabilisierungswirkung religiöser Organisationen vgl. Smith 1966: 13 ff.).

Auf der Ebene der individuellen Biographie (Wohlrab-Sahr 2006) ermöglicht das Deutungsmuster, dass sich biographische Handlungspfade (das Engagement in einer Bewegung) zu Pfadabhängigkeiten (das Leben und Bleiben in der Bewegung) verfestigen. Das Deutungsmuster stützt legitimatorisch einerseits das *Vergessen attraktiver Handlungsalternativen* und andererseits biographische Entscheidungen, die unter den veränderten Bedingungen eine *Neupositionierung und Verstärkung des Engagements* vollziehen. So etwa die Entscheidung der 1989 37jährigen Anne Hoffmann für hauptamtliche Friedensarbeit und ein entsprechendes berufsbegleitendes Studium oder die Entscheidung des Pfarrers Jakob Brückner für den radikalen Ausstieg aus dem Pfarrberuf und die interreligiöse Friedensarbeit in Kriegsgebieten – als radikalste Positionierung im religiösen wie im politischen Feld.

4 Zusammenfassung

Bezogen auf die im Sammelband auch anvisierte Verhältnisbestimmung von Politik und Religion hat der Aufsatz einen spezifischen Fokus: die Selbstbeschreibung von Christen, die vor und teilweise auch nach 1989 in der Friedensbewegung politisch aktiv waren. Am Beispiel von Teilen der unabhängigen DDR-Friedensbewegung lassen sich Prozesse einer kontextuellen Politisierung von Religion beobachten. Die Veränderung und das Verschwinden dieses politischen und gesellschaftlichen Politisierungskontextes mit den Ereignissen von 1989/90 – also die revolutionäre Erfüllung unverhoffter Veränderungen ebenso wie der Untergang einiger erhoffter Zukunftsperspektiven, all dies führt nicht quasi-automatisch zur Entflechtung von Religion und Politik. Stattdessen lassen sich zwei Typen von Aktivistenidentitäten unterscheiden. Der Typ der funktionalen Verflechtung von Politik und Religion

---

14 Wobei zu fragen wäre, ob die Friedensgruppen in dieser Funktion und im Blick auf das Rekrutierungsmilieu der Besucher nicht Ähnlichkeiten mit den Evangelischen Akademien aufweist und damit zugleich äquivalente Funktion übernimmt – Anschluss an eine sich im Wandel befindliche Gesellschaft zu halten (vgl. Schelsky 1967). Interessant ist in diesem Zusammenhang, dass ein nicht geringer Teil namhafter Akteure nach 1989 zeitweilig wichtige Funktionen in den Akademien der ostdeutschen Landeskirchen innehatte (z.B. Dorothea Höck, Ludwig Mehlhorn, Ulrike Poppe, Friedrich Schorlemmer und Christof Ziemer).

betont die mit dem politischen Engagement unter kirchlichem Dache verbundenen Konflikte und Unvereinbarkeiten. In diesem Sinn verliert die enge, aber von außen erzwungene Bindung nach 1989 an subjektiver Plausibilität. Man geht – auch berufsbiographisch – fortan getrennte Wege, so in der Konzentration und Rückbesinnung auf den eigentlichen Auftrag von Kirche oder im fortan zumindest von Kirchenseiten ungebremsten politischen Engagement.

Der Typ der identitären Verflechtung von Politik und Religion hält dagegen einerseits an generalisierten Gesellschaftsveränderungsansprüchen fest. In diesen Ansprüchen verwirklicht sich aber andererseits zugleich exemplarisch-vorwegnehmend ein Ideal vom Auftrag und der Gestalt christlicher Religion – oder in den Worten von Matthis Plambeck, der vor und nach 1989 in zahlreichen ökumenischen Basisgruppen aktiv war: „Kirche muss eine Probiergemeinschaft sein, nich sozusagen `ne Austestgemeinschaft" (Z. 1185–1186).

In einem zweiten Schritt wurde die Ausbildung solcher Aktivistenidentitäten als Prozess der semantischen Verdichtung in den gesellschaftlichen wie kirchlichen Konflikten der damaligen Zeit rekonstruiert. Diese Deutungsmuster, die mit der biographisch folgenreichen Entscheidung zur Kriegsdienstverweigerung und der Selbstverpflichtung zur Friedensarbeit verbunden sind, schließen dabei an ältere, größere Deutungsmuster an. Die Rigorosität und die Langlebigkeit des Engagements erklärt sich daher – neben subjektiven Motivlagen und kaum noch zu lösenden Verstrickungen in das Engagement (Becker 1960), also neben der Bindungskraft biographischer Pfadabhängigkeiten – auch aus dem Nachglimmen dieser großen Fragen: „Wie konnte das geschehen?" und „Was kann ich tun?"

5   Literatur

Becker, Howard S. (1960): Notes on the Concept of Commitment. In: The American Journal of Sociology 66/1: 32–40.
Deutz-Schroeder, Monika/Schroeder, Klaus (2008): Soziales Paradies oder Stasi-Staat? Das DDR-Bild von Schülern – ein Ost-West-Vergleich. Berlin.
Dietrich, Christian/Schwabe, Uwe (Hrsg.) (1994): Freunde und Feinde. Dokumente zu den Friedensgebeten in Leipzig zwischen 1981 und dem 9. Oktober 1989. Leipzig.
Downton, James, Jr./Wehr, Paul (1997): The Persistent Activist. How Peace Commitment Develops and Survives. Colorado.
Falcke, Heino (1986): Mit Gott Schritt halten. Reden und Aufsätze eines Theologen in der DDR aus zwanzig Jahren. Berlin.
Falcke, Heino (2009): Wo bleibt die Freiheit? Christ sein in Zeiten der Wende. Freiburg.
Findeis, Hagen/Pollack, Detlef/Schilling, Manuel (1994): Die Entzauberung des Politischen. Was ist aus den politisch alternativen Gruppen in der DDR geworden? Leipzig.
Gabriel, Oscar W. (Hrsg.) (1997): Politische Orientierungen und Verhaltensweisen im vereinigten Deutschland. Opladen.
Garstecki, Joachim (2009): Die Wende begann als christliche Friedensbewegung. In: Christ in der Gegenwart. 41. 457.
Guigni, Marco/McAdam, Doug/Tilly, Charles (Hrsg.) (1999): How social movements matter. Minnesota.
Heydemann, Günther/Mai, Gunther/Müller, Werner (Hrsg.) (1999): Revolution und Transformation in der DDR 1989/1990. Berlin.
Hermle, Siegfried (Hrsg.) (2007): Umbrüche. der deutsche Protestantismus und die sozialen Bewegungen in den 1960er und 70er Jahren. Göttingen.
Höppner, Reinhard (2009): Wunder muss man ausprobieren. Der Weg zur deutschen Einheit. Berlin.
Hunt, Scott A./Benford, Robert D. (1994): Identity Talk in the Peace and Justice Movement. In: Journal of Contemporary Ethnography 22/4: 488–517.

Karstein, Uta/Schmidt-Lux, Thomas/Wohlrab-Sahr, Monika/Punken, Mirko (2006): Säkularisierung als Konflikt? Zur subjektiven Plausibilität des ostdeutschen Säkularisierungsprozesses. In: Berliner Journal für Soziologie 16/4: 441–461.
Keupp, Heiner/Hohl, Joachim (Hrsg.) (2006): Subjektdiskurse im gesellschaftlichen Wandel. Zur Theorie des Subjekts in der Spätmoderne. Bielefeld.
Klein, Ansgar/Legrand, Hans-Josef/Leif, Thomas (Hrsg.) (1999): Neue Soziale Bewegungen. Impulse, Bilanzen und Perspektiven. Wiesbaden.
Klein, Thomas (2007): „Frieden und Gerechtigkeit!". Die Politisierung der Unabhängigen Friedensbewegung in Ost-Berlin während der 80er Jahre. Köln.
Kluge, Matthias (2004): Das Christliche Friedensseminar Königswalde bei Werdau. Ein Beitrag zu den Ursprüngen der ostdeutschen Friedensbewegung in Sachsen. Leipzig.
Kolb, Felix (2007): Protest and Opportunities. The Political Outcomes of Social Movements. Frankfurt/Main.
Kowalczuk, Ilko-Sascha (2009): Endspiel. Die Revolution von 1989 in der DDR. München.
Kunter, Katharina (2006): Erfüllte Hoffnungen und zerbrochene Träume. Evangelische Kirchen in Deutschland im Spannungsfeld von Demokratie und Sozialismus (1980–1993). Göttingen.
Lietz, Heiko (1999): Die Entwicklung der Opposition im Norden. In: Heydemann/Mai/Müller (Hrsg.): 277–285.
Matthes, Joachim (Hrsg.) (1967): Religion und Gesellschaft I. Reinbek.
McAdam (1989): The Biographical Consequences of Activism. In: American Sociological Review. 54/5: 744–760.
Miethe, Ingrid (1999): Frauen in der DDR-Opposition. Lebens- und kollektivgeschichtliche Verläufe in einer Frauenfriedensgruppe. Opladen.
Miethe, Ingrid/Roth, Silke (2005): Zum Verhältnis von Biographie- und Bewegungsforschung. In: Völter u. a. (Hrsg.): 103–118.
Moritz, Torsten (1997): Die Entwicklung von DDR-Oppositionsgruppen nach 1989 – Das Beispiel Umweltbibliothek Berlin. Die Tücken der Gruppendynamik. In: Pollack/Rink (Hrsg.): 208–234.
Moritz, Torsten (2000): Gruppen der DDR-Opposition in Ost-Berlin – gestern und heute. Berlin.
Neidhardt, Friedhelm (1979): Das innere System sozialer Gruppen. In: Kölner Zeitschrift für Soziologie und Sozialpsychologie 31: 639–660.
Neubert, Erhart (2008): Unsere Revolution. Die Geschichte der Jahre 1989/90. München.
Nooke, Maria (2008): Für Umweltverantwortung und Demokratisierung. Die Forster Oppositionsgruppe in der Auseinandersetzung mit Staat und Kirche. Berlin.
Ohse, Marc-Dietrich (2007): Ostdeutscher Protestantismus und Prager Frühling. In: Hermle (Hrsg.): 131–146.
Pietzsch, Henning (2005): Jugend zwischen Kirche und Staat. Geschichte der kirchlichen Jugendarbeit in Jena 1970–1989. Köln.
Probst, Lothar (1997): Opposition und Widerstand in der DDR. Beispiele aus einer regionalgeschichtlichen Untersuchung in Mecklenburg-Vorpommern. In: Pollack/Rink (Hrsg.): 188–208.
Pollack, Detlef/Rink, Dieter (Hrsg.) (1997): Zwischen Verweigerung und Opposition: Politischer Protest in der DDR 1970–1989. Frankfurt/Main.
Pollack, Detlef (2000): Politischer Protest: politisch alternative Gruppen in der DDR. Opladen.
Popitz, Heinrich (1992): Phänomene der Macht. Tübingen.
Quack, Martin (2009): Ziviler Friedensdienst. Exemplarische Wirkungsanalyse. Wiesbaden.
Rink, Dieter (1999): Mobilisierungsschwäche, Latenz, Transformation oder Auflösung? Bilanz und Perspektive der Entwicklung (neuer) sozialer Bewegungen in Ost-Deutschland. In: Klein/Legrand/Leif (Hrsg.): 180–195.
Rucht, Dieter (1995): Deutsche Vereinigung und Demokratisierung. Zum Scheitern der Bürgerbewegungen. In: Forschungsjournal Neue Soziale Bewegungen 8/4: 12–19.
Rucht, Dieter/Blattert, Barbara/Rink, Dieter (1997): Soziale Bewegungen auf dem Weg zur Institutionalisierung. Zum Strukturwandel „alternativer" Gruppen in beiden Teilen Deutschlands. Frankfurt/Main.
Schelsky, Helmut (1967): Ist die Dauerreflexion institutionalisierbar? Zum Thema einer modernen Religionssoziologie. In: Matthes (Hrsg.): 164–189.
Schmid, Josef (1998): Kirchen, Staat und die Politik in Dresden zwischen 1975 und 1989. Köln.
Schmitt-Beck, Rüdiger/Weins, Cornelia (1997): Gone with the wind (of change). Neue Soziale Bewegungen und politischer Protest im Osten Deutschlands. In: Gabriel (Hrsg.): 321–351.
Schwabe, Uwe (1999): Die Entwicklung der Leipziger Opposition in den achtziger Jahren am Beispiel der Friedensgebete. In: Heydemann/Mai/Müller (Hrsg.): 159–172.
Seifert, Katharina (2000): Glaube und Politik. Die Ökumenische Versammlung in der DDR 1988/89. Leipzig.
Smith, Christian (1996): Correcting a Courios Neglect, or Bringing Religion Back In: Smith (Hrsg.): 1–25.
Smith, Christian (Hrsg.) (1996): Disruptive Religion. The Force of Faith in Social Movement Activism. New York/London.

Silomon, Anke (1999): „Schwerter zu Pflugscharen" und die DDR. Die Friedensarbeit der evangelischen Kirchen in der DDR im Rahmen der Friedensdekaden 1980–1982. Göttingen.
Subklew-Jeutner, Marianne (2004): Der Pankower Friedenskreis. Geschichte einer Ost-Berliner Gruppe innerhalb der Evangelischen Kirchen in der DDR 1981–1989. Osnabrück.
Völter, Bettina/Dausien, Bettina/Lutz, Helma/Rosenthal, Gabriele (Hrsg.) (2005): Biographieforschung im Diskurs. Wiesbaden.
Widera, Thomas (2004): Pazifisten in Uniform. Die Bausoldaten im Spannungsfeld der SED-Politik 1964–1989. Göttingen.
Wohlrab-Sahr, Monika (2006): Die Realität des Subjekts: Überlegungen zu einer Theorie biographischer Identität. In: Keupp/Hohl (Hrsg.): 75–97.
Wohlrab-Sahr, Monika/Karstein, Uta/Schmidt-Lux, Thomas (2009): Forcierte Säkularität. Religiöser Wandel und Generationendynamik im Osten Deutschlands. Frankfurt/Main.

Kirchenkampf und Aulastreit
Die Debatten um den Wiederaufbau der Leipziger Universitätskirche

Thomas Schmidt-Lux

0   Vorbemerkungen

Für die einen ist es nur ein Gebäude, für die anderen die folgenschwerste Entscheidung seit Jahren. Seit Anfang der 1990er Jahre drehte sich eine langjährige und intensive Debatte um die Frage, ob die ehemalige Leipziger Universitätskirche wieder aufgebaut werden solle, und falls ja, in welcher Form. Verfolgte man die Diskussionen, konnte man den Eindruck gewinnen, Zeuge einer regelrecht historischen Weichenstellung zu sein. An dieser zeige sich nicht nur, so legte es die Heftigkeit vieler Auseinandersetzungen nahe, die Bewertung der Jahre zwischen 1945 und 1989, mithin „der DDR". Zugleich entscheide sich hier der Kampf zwischen Aufklärung und Klerus, zwischen Wissenschaft und Religion – und die Zukunft sowieso. Das alles sind natürlich weit überzogene Deutungen. Doch gänzlich unrelevant ist es nicht, was sich seit der Mitte der 1990er Jahre im Zentrum Leipzigs zutrug – und wie darüber gestritten wurde. Der Neubau der Leipziger Universität brachte nämlich ein Thema auf die politische, akademische und architektonische Tagesordnung, das sich nicht nur als brisant erwies, sondern zugleich dafür geeignet ist, die Rolle und Stellung von Religion in Ostdeutschland im Jahre 20 nach dem Ende der DDR zu erkunden.

Die Analyse dieser Debatten steht deshalb im Mittelpunkt der folgenden Überlegungen. Sie zeigen auf, welche Positionen zum Verhältnis von Religiösem und Säkularem im Leipziger Streit vertreten wurden und vor welchem argumentativen Hintergrund diese Positionen stehen. Zugleich lässt sich damit das spezifische Konfliktfeld rekonstruieren, in dem sich die Religion in Ostdeutschland derzeit befindet.

1   Einleitung

Die Benennung dessen, worum es im Folgenden gehen soll, stellt schon die erste Herausforderung dar. Denn der Name bzw. die Benennung des neuen Gebäudes nimmt ein *framing* vor, das selbst wiederum Gegenstand der Analyse ist. Versuchen wir trotzdem, das Objekt einzukreisen, ohne in die ausgelegten Fallstricke zu geraten. Es geht im Konkreten um einen Teil der Neubebauung des Leipziger innerstädtischen Campus-Geländes, nämlich jenen Teil, auf dem die Universitätskirche St. Pauli stand. Diese wurde 1968 gesprengt und ihr Areal im Zuge der Neugestaltung bis 1974 durch einen großen, riegelartigen Universitätskomplex überbaut. Dieser wiederum wurde in den 1990er Jahren erneut abgerissen, womit sich die Frage stellte, auf welche Weise das Gelände der ehemaligen Universitätskirche bebaut werden sollte. Entschieden ist der Streit insoweit, als Name, Funktion und bauliche Gestalt mittlerweile offiziell beschlossen sind. Unter dem neuen Titel „Paulinum" sollen Universitätsaula und Universitätskirche am gleichen Ort, eben dem der alten Universitätskirche, ihren Platz finden – integriert in das Gesamtensemble des innerstädtischen Campus. Auch der Bau selbst wird wohl bald endgültig fertig gestellt sein. Der seine Entstehung von Beginn an begleitende Streit ist damit jedoch nicht beendet. Zu grundsätzlich sind die mit ihm verbundenen Fragen. Sie werden sicherlich an gleicher und anderer Stelle fortgesetzt, und auch deshalb lohnt sich ihre genauere Analyse.

Für den Umgang mit Materialem ist die Soziologie bislang nicht sonderlich gewappnet (Eßbach 2001). Deshalb weiche ich einerseits auf für Soziologen vertrautere Medien aus, nämlich sprachlichen Äußerungen *über* Gebautes. Zugleich soll die Architektur als „schweres Kommunikationsmedium" (Fischer 2006) nicht gänzlich aus dem Blick geraten. Zentral werde ich aber der Frage nachgehen, mit welchen Konflikten der Bau des Paulinums verbunden war und welche Diskussionslinien dabei rekonstruierbar sind. Diese Konflikte waren heftig und langjährig, eine Vielzahl von Akteuren und Parteien war daran beteiligt, ein komplettes Rektoratskollegium trat in ihrem Verlauf zurück, und nicht zuletzt deshalb fanden die Debatten überregional und weit über akademische Kontexte hinaus Beachtung (vgl. auch Middell 2003; Kunze 2009). Religionssoziologisch relevant ist all dies nicht allein deshalb, weil es sich bei dem analysierten Gebäude (auch) um eine Kirche handelt – dies wäre gewissermaßen Kirchensoziologie im spezifischsten aller Sinne. Denn hinter der Frage, ob und wie die alte Universitätskirche wieder aufgebaut werden sollte, verbargen sich sehr grundsätzliche Debatten um – bauliche wie semantische – Grenzziehungen und Relevanzansprüche zwischen Religiösen und Säkularen. Allein schon der Umstand, dass diese Diskussionen nicht einmal im Osten Deutschlands, einem der „Epizentren der Säkularisierung" (Bruce), erledigt sind, sollte ihre generelle Relevanz verdeutlichen.

2 Kurze Geschichte der Universitätskirche

Die Universitätskirche St. Pauli wurde erstmals 1240 als Kirche des Dominikanerordens geweiht. 1545 erfolgte dann im Zuge ihrer Säkularisation und Übergabe an die Universität ihre Weihe als Universitätskirche durch Martin Luther. Ab dem achtzehnten Jahrhundert diente sie als Ort öffentlicher Gottesdienste und Promotionsfeiern sowie als Grabstätte bedeutender Professoren.

Im neunzehnten Jahrhundert erfolgten dann prägende Umbauten. Die Kirche erhielt ihren charakteristisch steilen Giebel und eine neogotische Fassade. Zudem wurde ihr das Augusteum zur Seite gestellt, das repräsentative Hauptgebäude der Universität, das fortan zusammen mit der Kirche den Augustusplatz prägte. 1943 wurde die Kirche bei Bombenangriffen beschädigt, allerdings ohne gravierende Beeinträchtigungen. Fassade und Inneneinrichtung waren weitestgehend intakt bzw. konnten für die weitere Nutzung wieder hergerichtet werden. Der nun von der SED geführten Staats- und Stadtregierung war jedoch die Kirche bei ihren Plänen im Wege, den Universitätskomplex am nunmehrigen „Karl-Marx-Platz" neu zu gestalten. Weder vertrug sich eine Kirche mit dem Idealbild einer sozialistischen Stadtmitte noch mit ihrer Vorstellung von Wissenschaft und universitärem Leben. So wurde die Kirche 1968 gesprengt (vgl. hierzu Winter 1998). Davor und – aufgrund der relativ kurzfristigen

Ankündigung der Sprengung – vor allem danach kam es zu Protestaktionen, gegen die seitens des Staates hart vorgegangen wurde. Nicht zuletzt in Folge dieser Geschehnisse blieb die Zerstörung der Kirche für viele eine prägende Erfahrung – und in Erinnerung.

Wie geplant wurde dann in den 1970er Jahren am Karl-Marx-Platz der neue Uni-Campus errichtet, der auch bis zum Ende der DDR unverändert in Benutzung war. Erst nach 1989 wurde an dem Gebäude, das am Ort der ehemaligen Kirche stand, eine Erinnerungsplatte angebracht, die an die Sprengung erinnerte. Dies war jedoch nur ein Mosaikstein in einer immer größere Ausmaße annehmenden Debatte um einen etwaigen Wiederaufbau der Kirche. Diese Debatte kam durch mehrere Umstände in Gang. Zum einen wurde in den frühen 1990er Jahren beschlossen, die aus den 1970er Jahren stammenden Universitätsbauten abzureißen und von Grund auf durch einen Neubau des Gesamtkomplexes zu ersetzen. Bereits 1992 hatte sich der „Paulinerverein" gegründet, der sich den Wiederaufbau der Kirche als zentrales Ziel setzte. Und schließlich sollte auch der seit 1990 wieder nach dem ersten sächsischen König heißende Augustusplatz neu gestaltet werden. All dies öffnete den Raum für heftige Debatten, die sich vordergründig um bauliche Entscheidungen, im Kern aber um Stadtbild, DDR-Vergangenheit und das Verhältnis von Staat, Wissenschaft und Religion drehten.

Nach zwei Architekturwettbewerben wurde schließlich im Jahr 2004 die endgültige Entscheidung über den Gesamtkomplex und insbesondere den Abschnitt am Augustusplatz gefällt. Im Hinblick auf die Nutzung sollte dabei an der Stelle der alten Kirche ein Gebäude entstehen, das sowohl als Aula als auch als Kirche dienen konnte. Architektonisch konnten sich dabei die Befürworter eines originalgetreuen Wiederaufbaus ebenso wenig durchsetzen wie jene, die auf jede bauliche Erinnerung an die alte Kirche verzichten wollten. Der Sieger-Entwurf von Erick van Egeraat sah einen Kirche-Aula-Bau vor, der die Fassade und den Giebel der Paulinerkirche aufnimmt und durch einen Glockenturm an das historische Original erinnert. Der Bau ist kein Solitär, sondern Bestandteil eines Gebäudeensembles, das mit einer plastisch geformten, sich über mehrere Gebäudeteile fortsetzenden Dachlinie die gesamte Südwestseite des Augustusplatzes einnimmt. Im Inneren sah van Egeraats Entwurf als Reminiszenz an die alte Universitätskirche ein Kreuzrippengewölbe und Säulenreihen vor. Auch über einen Namen konnte man sich schließlich einigen: „Paulinum" heißt nun der Gebäudeteil, der an der Stelle der früheren Kirche steht und dessen Untertitel „Aula – Universitätskirche St. Pauli" lautet (vgl. Harms 2008).

Doch auch nach diesen Entscheidungen gingen die Konflikte weiter und drehten sich nun um die Innengestaltung des Paulinums. Dabei sorgte vor allem die geplante Errichtung einer Glaswand für Ärger. Diese sei notwendig, so die bautechnische Begründung, um die im Chorraum wieder aufgestellten Epitaphien klimatisch zu schützen. Andere sahen darin einen weiteren Versuch der säkularen Seite, alle religiösen Funktionen im Paulinum zu reduzieren und zu separieren.[1] So wie das Gebäude derzeit noch auf seine endgültige Fertigstellung warten muss, sind auch die Diskussionen um seine Bestimmung und sein Aussehen bis heute nicht gänzlich verstummt. Zugleich bringen diese keine grundsätzlich neuen Konflikte oder Themen hervor, so dass es nicht verfrüht erscheint, die Debatten um den Neubau rückblickend zu analysieren – was im Folgenden geschieht.

---

1 Auch die Glaswand ist inzwischen beschlossen und wird errichtet. Sie kann aber, je nach Anlass und benötigter Platzzahl, geöffnet oder geschlossen werden.

3 Die Konfliktlinien der Debatte: Politik, Ästhetik, Religion

Die Diskussionen um den Wiederaufbau der Kirche verliefen entlang von drei grundsätzlichen Konfliktlinien, die in ihrer Gesamtheit und Verbundenheit die Konfliktstruktur ausmachten. Ihre hier vorgenommene Trennung ist vorrangig analytisch motiviert, in der Praxis überlagerten und verschränkten sich die Positionen natürlich häufig. Der Schwerpunkt der folgenden Darstellungen liegt auf der religiös/säkularen Konfliktlinie. Zuvor seien jedoch auch die beiden anderen kurz umrissen (vgl. hierzu auch Richter/Schmidt-Lux 2010).

Zu Beginn der Debatte um die Rekonstruktion dominierte eine *politische* Konfliktlinie. Dabei ging es zentral um Fragen politischer Erinnerungskultur und speziell darum, auf welche Weise angemessen mit der DDR-Vergangenheit umzugehen sei. Die gesprengte Universitätskirche galt dabei als architektonischer Gradmesser.

Weitestgehend Konsens war die Ansicht, dass der Abriss der Universitätskirche im Jahr 1968 einen politisch motivierten und aus heutiger Sicht nicht zu rechtfertigenden Akt darstellte. Ab diesem Punkt gingen aber die Meinungen auseinander. Denn für Akteure wie den Paulinerverein war klar, dass „1968" nur durch den originalgetreuen Wiederaufbau der Kirche als wirkliches Unrecht anerkannt würde und zugleich (halbwegs) wieder gutgemacht werden könne. Jede Abweichung von dieser Position bedeutete aus Sicht des Vereines die Hinnahme oder gar nachträgliche Zustimmung zur Sprengung der Kirche: „Die Kirche nicht wieder aufzubauen, wäre ein später Sieg der SED" (Koch 2002).

Dem standen jene gegenüber, die zwar den „Akt kultureller Barbarei" (Senat 2008) der Sprengung zugestanden, zu dessen Anerkennung aber für Elemente baulicher Erinnerung an einem sonst neu zu bauenden Universitätsgebäude plädierten: Gedenktafeln, noch erhaltene originale Bauteile, vor der Zerstörung gerettete Kunstschätze. Architekten, Stadtverwaltung und weite Teile der Universität unternahmen hierbei zahlreiche Schritte, wiesen aber stets die ‚unbedingte' Position des Paulinervereins zurück. Die Erinnerung an politisches Unrecht in der DDR dürfe nicht im Mittelpunkt stehen – der Neubau der Universität, so der Leipziger Kunsthistoriker Frank Zöllner, sei kein „Sühnebau" (Zöllner 2007).

In einer zweiten Konfliktlinie standen Fragen des kulturhistorischen Wertes und der baulichen Ästhetik im Mittelpunkt. Hier gibt es die augenfälligsten Parallelen zu Rekonstruktionsdebatten in anderen Städten (vgl. dazu dérive 2010). Die Befürworter eines „originalgetreuen Wiederaufbaus" betonten dabei die ästhetische und identitätsstiftende Bedeutung einer rekonstruierten Universitätskirche. „Der tägliche Umgang mit wertvoller Baukunst ist für die Bürger einer Stadt ein Gewinn an Lebensqualität (...) Es ist leider so, dass moderne Bauten in der Regel nicht das Maß an Geborgenheit vermitteln können, das die unverwechselbare Atmosphäre einer Stadt prägt" (vgl. Busse 1993: 4, in Topfstedt 2000). Gegenüber zu erwartenden „modernen Zweckbauten" sei ein echtes architektonisches „Kleinod" wie die alte Universitätskirche allemal zu favorisieren (Koch 2002).

Dem stand eine Position gegenüber, die zwar nicht radikal für einen architektonischen Neuanfang, doch zumindest für eine Vermittlung von Historie und Moderne plädierte. Gefordert wurde eine „moderne Formensprache" (Harms 2008), die ggf. mit Orientierungen an der vormaligen Bebauung verknüpft werden sollte. Die Forderung nach einem expliziten architektonischen Neubeginn blieb dagegen eine marginale Position. llenfalls funktionale Anforderungen an das neue Gebäude wurden von Seiten der Universität geltend gemacht.

Hinzu trat schließlich eine dritte Konfliktlinie. Entlang dieser Dimension wurde um das Verhältnis von Religiösem und Säkularem gestritten. Dabei trat zumeist die Wissenschaft als Agentin der säkularen Sphäre auf oder wurde dafür in Anspruch genommen. Gegenstand der Debatte waren sowohl *bauliche, soziale wie semantische* Grenzziehungen und daraus resultierende Räume. Berührt waren damit Platz und Raum, der jeder Sphäre zusteht, zugleich ihre gesellschaftliche Stellung und die soziale Macht beider Bereiche, die über ihre Kommunikation im Medium Architektur umso eindrucksvoller erscheinen musste.

Dieser Konflikt dokumentierte sich in einer ganzen Reihe konkreter Punkte: grundsätzlich bei der Entscheidung über den Wiederaufbau der Kirche, aber auch bei der primären Funktionszuschreibung an das entstehende Gebäude und Fragen der baulichen Innengestaltung. Die dabei identifizierbaren Grundpositionen und ihre Argumentation werden im Folgenden genauer analysiert.

4 Die religiös-säkulare Konfliktlinie

Entlang der religiös-säkularen Konfliktlinie lassen sich *drei Grundpositionen* identifizieren. Diese Grundpositionen unterscheiden sich in erster Linie dadurch voneinander, dass sie das neu entstehende Gebäude unterschiedlich definierten. Damit verbinden sich jeweils spezifische Grenzziehungen zwischen Religion und säkularer Sphäre. Die drei grundsätzlichen Definitionen des Neubaus sind für sich genommen noch nicht sonderlich originell oder aussagekräftig. Analytisch interessant wird es aber (spätestens) bei den *Begründungen* dieser Positionen, weshalb auf diesen Begründungen ein Schwerpunkt der folgenden Ausführungen liegen wird.

4.1 Das Paulinum als säkulares Gebäude

Die erste Position versteht das neue Gebäude am Augustusplatz primär oder gar ausschließlich als säkularen Bau. Exemplarisch kann hierfür das Diktum des Kanzlers der Universität stehen, der noch im Januar 2007 erklärte: „Die Universität baut eine Aula und keine Kirche" (LVZ, 22.1.2007). Selbst wenn die Nutzungsordnung für das Paulinum religiöse Veranstaltungen vorsieht, wird dies gewissermaßen als temporäre und fallweise ‚Umnutzung' verstanden. Im Kern bleibt das Gebäude aus Sicht dieser Position, selbst bei der Feier von Universitätsgottesdiensten, ein nicht-religiöser Bau. Räumlich betrachtet, verläuft in dieser Position die Grenze von Säkularem und Religiösem *außerhalb* der Mauern des Paulinums. Zwei wichtige Begründungen lassen sich hierbei identifizieren.

In der ersten Begründungsvariante wird auf der Eigenständigkeit und gewissermaßen *säkularen Identität* der Universität beharrt. Der Neubau sei primär (bzw. allein) Sache der Universität, diese ein säkularer Akteur und damit der Neubau keine religiöse Angelegenheit. So heißt es in einer Erklärung von Vertretern des Senats: „Wir teilen die Meinung des akademischen Senats und des Rektorats (…), dass der Neubau des Paulinums am Augustusplatz die Aula der Universität und keine Kirche sein wird. Deshalb bestärken wir den Rektor in seiner Entschlossenheit, Versuche zurückzuweisen, die Autonomie der Universität durch Intervention von außen in Frage zu stellen" (Senat 2008). Allein die Universität und damit eine – aus Sicht dieser Akteure – säkulare Instanz entscheidet über den Charakter des Gebäudes und damit auch über die Frage, wie weit sie der Religion in ihren universitär-säkularen Räumen Platz gewährt. Dementsprechend charakterisiert der Rektor das Gebäude als „festliche Aula mit einem integrierten, für Gottesdienste nutzbaren Chorraum" (LVZ, 24.1.2007). Die Position plädiert damit für eine Trennung von Säkularem und Religiösem bei gleichzeitigem – wenigstens an diesem Ort geltendem – *Primat des Säkularen.*

Mitunter verweist diese Position zusätzlich auf finanzielle Aspekte. So müsse „auch gesagt werden, dass in Leipzig mit beträchtlichen Hochschulbaufördermitteln und nicht etwa mit Kirchenbaufördermitteln eine neue Universität entsteht. Ein Drittel des neuen Festraumes wird dabei geistlich genutzt, weil eben die Universität eine Theologische Fakultät besitzt" (Rektor Häuser, LVZ, 17.10.2008). Wiederholt findet hier die Trennung von Säkularem und Religiösem statt. Das Primat des Säkularen wird dabei auch über die Finanzierung des Neubaus unterstrichen. Dieser wird zudem auch semantisch säkularisiert („Festraum"). Und auch wenn eine Nutzung für religiöse Zwecke zugestanden wird, bleibt unklar, ob das aus Sicht des Sprechers eher zu begrüßen oder eher zu bedauern ist. Die Theologie erscheint eher wie die religiöse Ausnahme von einer säkularen Regel.

Mitunter wird eine solch säkulare Identität nicht nur der Universität, sondern auch der Stadt Leipzig zugeschrieben und gegen Kirchbaupläne ins Feld geführt. So meinte der ehemalige Rektor Cornelius Weiss nach einer zwischenzeitlichen Intervention aus Dresden, einen Wiederaufbau der Kirche doch noch zu überdenken: „Mit Hilfe der Staatsregierung soll die Handelsmetropole Leipzig ihren Charakter ändern und auf kaltem Weg christianisiert werden" (LVZ, 30.1.2003). Zwar spielen hier sicherlich auch zwei andere Konflikte, nämlich die Städtekonkurrenz von Leipzig und Dresden und ein parteipolitischer Kampf zwischen SPD und CDU eine Rolle. Im Kern jedoch ist die Angst erkennbar, dass über den Wiederaufbau einer Universitätskirche an einem Grundpfeiler ostdeutscher Identität gerüttelt wird, nämlich ihrer säkularen und mehrheitlich kirchen-fernen Haltung. Nicht selten werden in Ostdeutschland solche Befürchtungen angesichts einer wahrgenommenen ‚Rückkehr der Religion' geäußert und als Rückfall in die Vormoderne beschrieben (vgl. hierzu auch Wohlrab-Sahr/Karstein/Schmidt-Lux 2009).

Ein zweiter Begründungsstrang für die Errichtung eines prinzipiell säkularen Aula-Gebäudes argumentiert stärker vor dem Hintergrund der in Ostdeutschland rasant und massiv vonstatten gegangenen Säkularisierung. Religion spiele heute, gerade in Ostdeutschland, eine eher marginale Rolle und könne deshalb keine herausragende Geltung an so zentraler Stelle und zudem bei Bedarf anderer Institutionen erwarten. Kritik daran sei „kleinbürgerliches Denken" (LVZ, 8.11.2008), denn schließlich fehle es in Leipzig nicht an Kirchen: „Warum eine Kirche für eine säkulare Universität in einem Bundesland mit einer mehrheitlich nichtchristlichen Bevölkerung?" (Zöllner 2007).

Hinzu tritt hier mitunter das erweiterte Argument einer keinesfalls homogenen religiösen Landschaft, vor deren Hintergrund das Christentum erst recht keine Sonderbehandlung erwarten könne. „Der von einer lauten, aber durch nichts legitimierten Minderheit in Frage gestellten Forderung, das zentrale Bauwerk der Universität als Kirche zu weihen, darf die Universität nicht nachkommen. Damit würde die Bindung der Wissenschaft an eine Konfession

symbolisiert. Die Forderung verkennt den privaten Charakter jedes religiösen Bekenntnisses in einer religiös und weltanschaulich pluralen Gesellschaft" (Senat 2008).
Auch hier wird eine unbedingte Position bezogen. Denn selbst eine Doppelnutzung als Aula *und* Kirche, so diese Position, müsse als „Bindung" und „Bekenntnis" der säkularen Wissenschaften – und ihrer Repräsentanten – zugunsten der christlichen Religion verstanden werden. Dieses Argument ist insofern problematisch, als es ein institutionelles Nebeneinander (von Wissenschaft und Religion) mit religiösen Praktiken auf individueller Ebene in eins setzt. Daraus folgt dann, dass Religion in der Moderne nicht nur von Wissenschaft getrennt zu denken, sondern vor allem als Privatsache anzusehen wäre. Dies mag schon allein aus religionssoziologischer Sicht mit Blick auf die vielfach betonte öffentliche Rolle von Religion unbefriedigend sein (vgl. Casanova 1994). Seine Sprengkraft bezog dieses Argument in der Debatte aber vor allem aus dem Umstand, dass diese Position eines Verweises der Religion ins Private bzw. Innerkirchliche der offiziellen Position der SED nahe kam (vgl. Pollack 1994) und somit Widerspruch provozieren musste (vgl. lizzy-online, 16.10.2008).

4.2 Das Paulinum als religiöses Gebäude

Dem gegenüber formierte sich eine in ähnlicher Weise ‚unbedingt' argumentierende Position, die auf dem genuin religiösen Charakter des Paulinums beharrte – die also den Bau bzw. die Funktionszuschreibung *als Kirche* einforderte. Analog zur eben dargestellten Position wurde auch hier die Nutzung dieser Kirche durchaus verschiedenartig konzipiert – also auch für säkulare Veranstaltungen und universitäre, nicht-religiöse Zwecke – doch stets unter dem *Primat des Religiösen*. Zur Begründung dieser Forderung fanden sich zwei Varianten:

(1) Das historisch-politische Argument berief sich vor allem auf die bis 1968 existierende alte Universitätskirche St. Pauli. Deren aus heutiger Sicht nicht zu billigende Sprengung sei nur durch einen Wiederaufbau der Kirche ‚wiedergutzumachen'. Selbst wenn dieser Wiederaufbau in neuen architektonischen Formen erfolge, dürfe am Charakter des Gebäudes als Kirche kein Zweifel bestehen. Alles andere wäre eine Anerkennung der „Schandtaten des SED-Regimes" und nicht hinnehmbar. Diese Position machte sich vor allem der Paulinerverein zu eigen: „Wenn der Uni-Kanzler sage, man wolle keine Kirche, werde damit heute genau das vollendet, was 1968 die Kommunisten wollten. (…) Auch Ulbricht wollte keine Kirche" (LVZ, 23.1.2007). Diese Haltung blieb auch nach der offiziellen Entscheidung gegen einen originalgetreuen Wiederaufbau im Spiel. Sie wiederholte sich etwa bei dem Streit um den Namen des Gebäudes und die Innenausstattung in der Position des Nikolaipfarrers Christoph Führer: „Der alte Name muss bleiben. An diesem Ort war nie das Paulinum. Und wer die geretteten Kunstgegenstände nicht wieder im Inneren anbringt, der gibt im Nachhinein dem barbarischen Akt der Kirchensprengung von 1968 recht" (LVZ, 22.5.2008). Zuletzt gewann die Diskussion erneut an Schärfe, als es um die bauliche Abtrennung des Chorraumes im Kircheninneren ging. Die Universitätsleitung begründete die von ihr geforderte Glaswand mit klimatischen Sonderbedingungen für die alten, noch originalgetreuen Epitaphien, die im Chorraum einen Platz finden sollten. Aus Sicht der Protagonisten einer ‚reinen' Kirche stand die

Glaswand jedoch für die Aufspaltung und Zerteilung eines einheitlich religiösen Raumes, noch dazu mit drastischen ‚Gebietsverlusten' für die Kirche. Die Einrichtung eines Andachtsraumes inmitten einer dann primär säkularen Aula war in ihren Augen ein Affront; die ZEIT nannte diese Lösung ein „Terrarium für Christen" (Finger 2008).

(2) Ein zweites Argument für die (Wieder-)Errichtung einer Kirche kann als deutliche Entsprechung zur obigen Konstruktion einer säkularen Identität der Leipziger Universität gelesen werden. Hierbei nämlich wurde die Kirche gewissermaßen als expliziter Gegenspieler und Kontrapunkt inmitten einer sich religiös desinteressiert gebenden Landschaft angesehen. Stärker noch: Pfarrer Christian Wolff von der ebenfalls innerstädtischen Thomaskirche entwarf in einer Motettenansprache im Jahr 2008 eine Art ‚säkularistische Identität' der Universität Leipzig. Er spannte einen Bogen von der willfährigen deutschen Bildungselite im Nationalsozialismus über die Leipziger Universität in der DDR, die dort „eine der rötesten" gewesen sei, dem Abriss der Unikirche zugestimmt habe und sich selbst noch im Herbst 1989 dem Umbruch verweigerte. „Darf man sich da wundern, dass heute die Debatte (...) von wesentlichen Teilen der Universität nach dem Motto geführt wird: Wir bedauern zwar die Sprengung der Universitätskirche, aber eine Kirche wollen wir heute nicht haben – und begründen dies mit der sogenannten weltanschaulichen Neutralität? Was würden denn diese Leute machen, wenn die Unikirche noch stehen würde ..." Vor dem Hintergrund einer solchen Zeit- und Problemdiagnose stellte Wolff dementsprechend fest, dass „auch ein Wissenschaftsbetrieb des einundzwanzigsten Jahrhunderts ein geistliches Zentrum benötigt, damit er nicht der Hybris erliegt: alles komme nur auf das Wissen des Menschen an, und darum muss sich dieses auch vom störenden Schöpfergott emanzipieren" (Wolff 2008).

Die Universität, speziell die Leipziger, erschien in diesen Darstellungen als im Kern antireligiös und kirchenfeindlich. Der Neubau *als Kirche* sei somit nicht nur historische Schuldigkeit, sondern auch grundsätzlich vorbeugend gegenüber den Allmachtsansprüchen einer Institution, die gerade aufgrund ihrer Berufung auf eine säkulare Identität als gefährlich eingeschätzt werden muss. Die von Wolff zitierte „weltanschauliche Neutralität", auf die sich die Universität berief, fungiere so als Feigenblatt und Ablenkungsmanöver, um den gewissermaßen wahren, säkularistischen Charakter der Wissenschaft zu verschleiern.

Gerade vor dem Hintergrund der Frontstellung gegenüber der Position einer ‚säkularen Identität' (vgl. 4.1) sind die Schärfen auch in diesem Debattenstrang zu verstehen. So sprach Friedrich Schorlemmer von „Panzerglas", das die Kirche teilen würde, wohingegen „wir Ostdeutschen genug haben von Absperrwänden, auch wenn es vom Beton zum Glas schon ein Fortschritt" sei (Schorlemmer 2008). Und Wolff inszenierte seine Proteste gegen die Glaswand und den generellen Verlauf des Baus im Mai 2008 als nichts weniger als einen „Thesenanschlag".

4.3 Das Paulinum als Aula und Kirche

Die dritte Position plädierte schließlich für eine *Aufhebung der strikten Trennung* von Religiösem und Säkularem *am Ort des Paulinums*. Abgelehnt wird die Trennung von spezifisch religiösen oder säkularen Funktionsbereichen und damit auch die primäre Bestimmung des

Charakters des Paulinums – als Kirche oder als Aula. Diese Position kann sich nicht zuletzt auf den Ausschreibungstext für den Campus-Neubau berufen, der an der Stelle der früheren Universitätskirche einen Bau forderte, dessen „Nutzung als Aula und Kirche" wesentlich sei (Aufgabenstellung 2003).

Eine Begründung für die Nutzung des gesamten Raumes als Kirche *und* Aula plädiert dafür, den in der Diskussion von verschiedenen Seiten betonten Gegensatz von Religion und Wissenschaft nicht überzubewerten. Zur Erinnerung: Sowohl die Befürworter des Gebäudes als säkulare Aula als auch die Unterstützer des Wiederaufbaus als Kirche hatten auf unterschiedliche Weise die *Differenzen* beider Sphären betont. In der ersten Position geschah dies durch den Verweis auf die säkulare Universität, die der Religion lediglich einen gewissen Raum zugestehe, und in der zweiten Position durch die Apostrophierung der Religion als moralisch-ethischer Kontrollinstanz gegenüber einer – überspitzt gesagt – potentiell gewissenlosen Wissenschaft.

Dem gegenüber wird hier nun die Glaswand im Innenraum als Trennung nicht notwendig gegensätzlicher Sphären interpretiert. Die „Zehn offenen Worte" der Theologischen Fakultät etwa betonen, dass nicht die Trennung von Staat und Kirche rückgängig gemacht werden solle. Bei dem Streit um die Glaswand gehe es vielmehr „um die Trennung von ‚Glaube und Wissenschaft' bzw. ‚von Glaube und Vernunft'. (…) Die Trennung von Glaube und Vernunft halten wir für eine wissenschaftstheoretische Position, die dem gegenwärtigen Diskurs über Wissenschaft und Religion nicht mehr gerecht wird" (Theologische Fakultät 2008). So auch Pfarrer Führer: „Christlicher Glaube und Wissenschaft sind keine Gegensätze und sollten auch nicht symbolisch getrennt werden" (LVZ, 22.5.2008). Insofern sei ein gemeinsam genutzter Raum innerhalb der Universität durchaus zu rechtfertigen und untergrabe keineswegs die institutionelle Autonomie der Universität. Die auch im offiziellen Gebrauch der Universität übliche Rede vom „geistig-geistlichen Zentrum" wird hier aufgegriffen. Dabei ist aber stets die *christliche* Spielart von Religion gemeint. So spricht sich auch das Papier der „Zehn offenen Worte" eher für Überkonfessionalität statt für Interreligiosität aus. Interreligiöser Dialog solle zwar auch in der Universitätskirche „unbedingt einen Ort haben (…). In diesem Dialog kommt es aber gerade darauf an, die eigene Tradition aktiv und offen einzubringen und nicht zu verstecken und zu verleugnen" (Theologische Fakultät 2008).

Während die eben genannte Position Überschneidungen und wechselseitige Abhängigkeiten von Wissenschaft und Religion postulierte, wird in einer zweiten Position auf anderem Wege versucht, Gemeinsamkeiten beider Sphären herzustellen. Das Paulinum wird hier als gemeinsamer *Ort der Freiheit* interpretiert. So stellte der sächsische Finanzminister Unland auf dem Richtfest von 2008 fest: „Diese Universität repräsentiert die Glaubens- und Wissenschaftsfreiheit und vor allem auch die 1989 in Leipzig errungene politische Freiheit. Ich würde es mir also wünschen, wenn diese drei Freiheiten gemeinsam und nicht getrennt ihre Widerspiegelung in der Gestaltung des Innenraumes finden würden" (LVZ, 22.10.2008).

Die „Freiheit" bzw. Autonomie dreier Sphären – Politik, Wissenschaft und Religion – wird hier als Errungenschaft begriffen und deren Repräsentation durch die Universität eingefordert. Diese Begründung versucht das Ringen um das Paulinum zu entschärfen, indem es einen gemeinsamen Bezugspunkt, eben die Freiheit, jenseits aller Gebietsansprüche entwirft. Auch hier sollen Differenzen aufgehoben werden oder in den Hintergrund treten. Zusätzlich wird dies durch die Hinzunahme der Politik bzw. der politischen Freiheit angestrebt. Die bisher dyadisch-konfrontative Auseinandersetzung von Wissenschaft und Religion bzw. religiösen und säkularen Ansprüchen soll so erweitert und damit entschärft werden.

Eine letzte Position schließlich plädiert für den Doppelcharakter des Gebäudes, indem es gewissermaßen die Argumentationskette umdreht. Zum einen übergebe sich durch den Ausschreibungstext die Notwendigkeit der Mehrfachnutzung des Paulinums. Zum anderen sehe die Innengestaltung sowohl sakrale wie nicht-sakrale Elemente vor. Im Ergebnis sei keine eindeutige Definition des Raumes möglich und auch nicht nötig: „Die Aula ist demnach Kirche, die Kirche aber auch Aula" (LVZ, 23.1.2007). In dieser Begründung werden ‚pragmatisch' die konkurrierenden Ansprüche abgewogen und ein ‚Kompromiss' präferiert. Auch dieser aber argumentiert interessanterweise in Richtung einer Entdifferenzierung von Religion und Säkularem. Das Paulinum ist auch hier wieder beides, Aula und Kirche, und zwar beides gewissermaßen zugleich.

5   Schlussfolgerungen

Ausgangspunkt der Analysen war die Identifizierung von drei Konfliktlinien, die die Debatten um den Leipziger Universitätsneubau bestimmten: eine politische, eine ästhetische und eine religiös/säkulare. Im Zusammenspiel dieser Konfliktlinien ergibt sich die Konfliktstruktur der Auseinandersetzungen um den etwaigen Wiederaufbau der Universitätskirche. Im Debattenverlauf dominierten dabei die Fragen von politischer Erinnerung und religiös/säkularer Einflussbestimmung deutlich. Diese Argumente spielen weitaus häufiger als andere eine Rolle, und zu ihnen hat sich auch jeder Akteur der Debatte zu positionieren. Demgegenüber blieb die ästhetische Dimension nicht unwichtig, insgesamt aber doch nachrangig.

Auffällig war zudem, wie sehr die politische und die religiös/säkulare Dimension der Konflikte miteinander verbunden waren bzw. verbunden wurden. Dies verdeutlicht, wie sehr die aktuellen Auseinandersetzungen mit früheren Konflikten – insbesondere in den Jahren der DDR – zwischen Religion, Wissenschaft und Politik in Verbindung stehen (vgl. dazu Schmidt-Lux 2008). Manche Argumente aus dem Lager der Befürworter eines „Paulinums als säkulares Gebäude" ähneln säkularistischen Positionen, die in Deutschland eine lange Tradition haben, insbesondere in den kommunistischen und sozialistischen Teilen der Arbeiterbewegung starken Rückhalt fanden und nicht zuletzt durch die SED vertreten wurden. Dies betrifft sowohl den Versuch, Religion von Wissenschaft nicht nur zu trennen, sondern dem Säkularen eine Vorrangstellung gegenüber dem Religiösen einzuräumen (selbst wenn es nur am Ort des Paulinums ist), als auch den Verweis religiöser Praktiken ins allein Private.

Seine Entsprechung findet dies in der ebenfalls unbedingten Forderung nach einem rein religiösen Paulinum bzw. dem Wiederaufbau der Kirche. Durch die vor allem durch den Paulinerverein oft genug pauschal erhobenen Vorwürfe gegen die Universität, säkularistische Maximalpositionen einzunehmen, wird sowohl die Grundstruktur als auch die Semantik vieler Auseinandersetzungen zwischen Staat und Kirche in der DDR wieder aufgegriffen. Natürlich haben sich seit 1989 das Akteursfeld und die gesellschaftlichen Rahmenbedingungen verändert. Dennoch: Die Dauerhaftigkeit der Positionen ist frappierend. Dass diese nun auch leicht von westdeutschen Akteuren übernommen werden können, belegt den grundlegenden Charakter der Konflikte. Dieser ist nicht allein ostdeutsch, findet hier aber vor dem historischen Hintergrund mit besonderer Vehemenz statt.

Dies kann als weiterer Hinweis darauf gelten, wie wichtig die Beachtung von Konflikten solcher und anderer Art im Zuge des religiösen Wandels und insbesondere des Säkularisierungsprozesses ist. Lange war dies eher in Vergessenheit geraten, und stattdessen waren Theorien *en vogue*, die eher selbstläufige und von anonymen Faktoren bestimmte Entwicklungen im religiösen Feld konstatierten (Wilson 1976; Bruce 2002). Historisch-soziologisch genaue Untersuchungen vermögen dem gegenüber aber ungleich genauer die Ursachen, Akteure, Rahmenbedingungen und jeweilige Besonderheiten von religiös-säkularen Konflikten zu Tage zu fördern. Und sie haben den Vorteil, ohne theoretisch-teleologische Annahmen wie etwa die orthodoxe Säkularisierungstheorie vorzugehen, die den Blick auf die empirische Wirklichkeit eher verstellten (vgl. hierzu Wohlrab-Sahr/Karstein/Schmidt-Lux 2009).

Betrachtet man die entlang der religiös-säkularen Konfliktlinie vertretenen Positionen und ihre Begründungen, wird eine Leerstelle deutlich. Keine nachweisbare Vertretung fand eine Position, die einerseits die Differenzen zwischen Wissenschaft und Religion betont, dabei aber zugleich von einer Hierarchisierung beider Sphären abgesehen hätte. Zwar kann der im Dezember 2008 geschlossene Kompromiss in diese Richtung gedeutet werden, doch kam er erst durch die Vermittlung durch bis dahin Unbeteiligte zustande und entsprach keiner bis dato vernehmbaren Position. Entweder bestand man auf *eindeutigen Definitionen* des Gebäudes als säkular oder religiös, oder ein Doppelcharakter wurde unter Verweis auf *Gemeinsamkeiten* von Wissenschaft und Religion eingefordert.

Beide Argumente zeigten zugleich deutliche Schwächen. Der Forderung nach der Trennung von Wissenschaft und Religion war einerseits zwar eine legitime Position. Zugleich jedoch ist eben auch die Theologie Teil der Universität und damit des Wissenschaftssystems. Wie auch immer man dies beurteilt – unscharfe Trennlinien zwischen Glaube und Wissenschaft ziehen sich damit de facto durch die gegenwärtigen (deutschen) Universitäten, und die Forderung ist nicht gänzlich von der Hand zu weisen, dem auch Rechnung zu tragen. Zugleich überzeugt es nicht, auf prinzipielle Gemeinsamkeiten von Wissenschaft und Glauben zu verweisen, wie dies seitens der Befürworter des Kirchenbaus bzw. der kirchlichen Nutzung geschah. Völlig unklar blieb dabei, worauf diese Gemeinsamkeiten beruhen bzw. weshalb die Trennung von Wissenschaft und Religion nicht mehr „dem heutigen Niveau der wissenschaftstheoretischen Debatte" entsprechen sollte (vgl. zu dieser Position auch Ratzmann 2009). Denn selbst wenn man zugesteht, dass zwischen beiden Sphären, etwa aufgrund ihres unterschiedlichen Erkenntnisinteresses, keine prinzipielle Konkurrenz besteht, konstituiert dies noch längst keine Gemeinsamkeit, aus der sich auch ein gemeinsam genutzter Aula/Kirchen-Bau ableiten ließe.

Vielleicht war aber auch eine solche, auf *Differenzierung ohne Konkurrenz* setzende Position in der spezifischen Konstellation schwer möglich. Denn angesichts dessen, dass bis 1968 am Augustusplatz die Paulinerkirche stand und danach von einem gänzlich säkularen Bau abgelöst wurde, verlief die Auseinandersetzung um die Neubebauung vor dem historischen Hintergrund sich wechselseitig ausschließender Ansprüche – und konnte sich davon nicht freimachen. Dass die Kirche gerade von einem Gebäude der Wissenschaft ‚verdrängt' wurde, verschärfte die Debatte angesichts jahrhundertelanger und auch in Deutschland vehement ausgefochtener Konflikte zwischen Wissenschaft und Religion natürlich zusätzlich.

Der Konflikt verlief auch deshalb so heftig und andauernd, weil er zudem nicht ausweichen konnte, an einen konkreten und begrenzten Ort gebunden war, über dessen Charakter, Bestimmung und Nutzung es zu entscheiden galt. Dies verdeutlicht der Umstand, dass im Jahr 2009 der Bau einer neuen katholischen Kirche in Leipzig beschlossen wurde – ebenfalls im Zentrum der Stadt und nur einen knappen Kilometer vom umkämpften Paulinum entfernt. Dass diese Entscheidung jedoch unwidersprochen blieb und keinerlei öffentliche Debatte auslöste, hat zu großen Teilen mit dem künftigen Standort der Kirche zu tun. Dieser befindet sich auf einer schon seit Jahrzehnten brachliegenden Fläche, die auch keine symbolträchtige Vorbebauung vorweisen kann – die katholische Kirche ist hier gewissermaßen konkurrenzlos.

Aus architektursoziologischer Perspektive wird in diesem Zusammenhang deutlich, dass dies alles kein alleiniges Reden *über* Architektur war und ist. So wie die Sprengung der Kirche 1968 und der Neubau der sozialistischen Universität auch ein Kommunizieren *durch* Architektur war, so ist auch das heutige Ringen um den zu bauenden Entwurf und schließlich dessen Realisierung ein sozialer Konflikt im Medium der Architektur. Alle Positionen finden ihre Verankerung und ihren Ausdruck in architektonischen Mitteln, und zugleich wird versucht, über Architektur die eigene Stellung im sozialen Raum zu behaupten. Architektur erweist sich hier als „Medium des Sozialen" (Delitz 2009), was im Kern darauf verweist, dass Gebautes nicht allein Ideen oder soziale Tatsachen ausdrückt oder spiegelt, sondern diese mit schafft und auf Dauer stellt.

So haben die abgerissene Kirche und die an ihre Stelle gesetzte Universität tiefe Spuren hinterlassen. Dies betrifft vor allem die Relevanz und Präsenz der Religion, die in der DDR natürlich mit weitaus mehr Maßnahmen, aber eben *auch* mit baulichen Mitteln verdrängt und marginalisiert wurde. Von der vormaligen Existenz der Universitätskirche wussten zum Ende der DDR keineswegs alle Leipziger. Ebenso wird auch der neue Bau soziale Wirkungen entfalten, über die aber derzeit nur spekuliert werden kann.

Was lässt sich angesichts all dessen nun zur Eingangsfrage nach der Situation der Religion in Ostdeutschland sagen? Offenkundig wirken die Säkularisierungsprozesse des zwanzigsten Jahrhunderts bis heute. Dies gilt nicht nur im Hinblick auf das geringe Niveau religiöser Mitgliedschaft und Praktiken. Vielmehr ist die dominante und für die ostdeutsche Säkularisierung maßgebliche Konfliktstruktur aus der Zeit der DDR auch prägend für aktuelle Auseinandersetzungen: Religiöses und Säkulares werden weiterhin schnell *in Konkurrenz* gedacht und gebracht. Dies verschränkt sich mit einem Verständnis der Moderne als post-religiösem Zeitalter, bei dem schnell und wie selbstverständlich der Verweis auf „die Aufklärung" zu erwarten ist, wenn es darum geht, die Religion in die ihr zugedachten Schranken zu weisen (vgl. hierzu die zitierten Leserbriefe bei Ratzmann 2009). In der Summe erscheint dann der Anspruch religiöser Akteure auf eine Kirche im Stadtzentrum und integriert in die Universität als Ausdruck vormoderner Verhältnisse und als keinesfalls hinnehmbar.[2]

Zugleich wurde im Laufe der Debatten deutlich, dass sich die institutionellen Kräfteverhältnisse seit dem Ende der DDR deutlich verschoben haben. Religiöse Akteure, bis 1989 nicht zuletzt im medialen Bereich marginalisiert, treten nun als prinzipiell gleichberechtigte

---

2 Laut den (wenigen) verfügbaren Daten war die Rekonstruktion der Kirche in der Leipziger Bevölkerung nie mehrheitsfähig. 2003 sprach sich nur noch ein knappes Drittel dafür aus (vgl. zu den Umfragedaten Richter/ Schmidt-Lux 2010).

Akteure und mit beachtlicher Präsenz in öffentlichen Debatten auf. Angesichts eines in religiösen Fragen zu weiten Teilen mindestens desinteressierten gesellschaftlichen Umfelds beharren die kirchlichen Vertreter umso heftiger auf ihrer Existenz. Nicht wenige von ihnen haben in der DDR eigene, bittere Erfahrungen aufgrund ihrer Religiosität gemacht – ein Umstand, der (auch) die Vehemenz aktueller Auseinandersetzungen erklärt.

Bei aller Spezifik der Situation darf jedoch keinesfalls übersehen werden, dass es in den analysierten Debatten um Konflikte geht, die keineswegs auf Leipzig oder Ostdeutschland beschränkt sind. Grenzen zwischen religiöser und säkularer Sphäre sind überall und immer wieder zu ziehen – in rechtlicher, baulicher oder politischer Hinsicht. Die jeweiligen Lösungen sind dabei keineswegs identisch oder gar endgültig. Insofern bleibt auch abzuwarten, was mit dem Paulinum während seiner Nutzung geschieht. Denn trotz aller Feierlichkeiten zum sechshundertjährigen Bestehen der Leipziger Universität im Jahr 2009 und entgegen allen Planungen war es zu diesem Zeitpunkt noch immer nicht fertig gestellt.

6 Literatur

Aufgabenstellung zum Qualifizierungsverfahren zum Bereich ehemaliger Standort Paulinerkirche für die Neubebauung mit einer Aula/Kirche, Entwurf vom 13.8.2003, online unter geschichtscampus.de.
Bruce, Steve (2002): God is Dead. Secularization in the West. Oxford
Busse, Joachim (1993): Historische Architektur ist wiederherstellbar. Plädoyer für den Wiederaufbau der 1968 vernichteten Leipziger Universitätsgebäude. Broschüre des Leipziger Paulinervereins e. V.
Casanova, Jose (1994): Public Religions in the Modern World. Chicago.
Delitz, Heike (2009): Architektursoziologie. Bielefeld.
Dérive. Zeitschrift für Stadtforschung (2010): Schwerpunkt: Rekonstruktion und Dekonstruktion. Wien.
Eßbach, Wolfgang (2001): Antitechnische und antiästhetische Haltungen in der soziologischen Theorie. In: Lösch u. a. (Hrsg.): 123–136.
Finger, Evelyn (2008): Die Angst vor der Kirche. In: DIE ZEIT, 30.5.2008.
Fischer, Joachim (2006): Die Bedeutung der Philosophischen Anthropologie für die Architektursoziologie. In: Rehberg (Hrsg.): 3417–3429.
Harms, Monika (2008): Erklärung vom 15. Dezember 2008, online unter paulinerkirche.de.
Koch, Dietrich (2002): Zur Erinnerung an die Universitätskirche St. Pauli, Rede am 30.5.2002, online unter paulinerkirche.de.
Kunze, Alexis (2009): Die Universitätskirche St. Pauli als Erinnerungsort. Universität Leipzig, Institut für Kulturwissenschaften, BA-Arbeit.
Lösch, Andreas u. a. (Hrsg.) (2001): Technologien als Diskurse. Heidelberg.
Middell, Matthias (Hrsg.) (2003): Erinnerungsort Leipziger Universitätskirche. Eine Debatte. Leipzig.
Pollack, Detlef (1994): Kirche in der Organisationsgesellschaft. Stuttgart.
Ratzmann, Wolfgang (2009): Universitätsaula und Universitätskirche. Stationen und Positionen in einem spektakulären Leipziger Bauprojekt. In: Pastoraltheologie. Monatsschrift für Wissenschaft und Praxis in Kirche und Gesellschaft 7: 282–298.
Rehberg, Karl-Siegbert (Hrsg.) (2006): Soziale Ungleichheit – Kulturelle Unterschiede. Verhandlungen des 32. Kongresses der Deutschen Gesellschaft für Soziologie 2004. Frankfurt/Main.
Richter, Ralph/Schmidt-Lux, Thomas (2010): Nach der sozialistischen Moderne? Der Streit um die Rekonstruktion der Leipziger Universitätskirche St. Pauli. In: dérive. Zeitschrift für Stadtforschung 38: 13–17.
Schmidt-Lux, Thomas (2008): Wissenschaft als Religion. Szientismus im ostdeutschen Säkularisierungsprozess. Würzburg.
Schorlemmer, Christoph (2008): „Von Abgötterei, Lügen und Krämerei ganz loskommen". Plädoyer für eine erneuerte Universitätskirche St. Pauli. Rede vom 30.5.2008, online unter lutheriden.de.
Senat der Universität Leipzig (2008): Resolution zur Nutzung und Innengestaltung des Paulinums vom 14.10.2008, LVZ, 16.10.2008.
Theologische Fakultät (2008): Zehn offene Worte. Stellungnahme der Theologischen Fakultät zum Neubau auf dem Augustusplatz. 17.10.2008.

Topfstedt, Thomas (2000): Streitfall Paulinerkirche. In: Bau+Kunst. Festschrift zum 65. Geburtstag von Jürgen Paul. Dresden: 329–340.
Wilson, Bryan (1976): Contemporary Transformations of Religion. Oxford.
Winter, Christian (1998): Gewalt gegen Geschichte. Der Weg zur Sprengung der Universitätskirche Leipzig. Leipzig.
Wohlrab-Sahr, Monika/Karstein, Uta/Schmidt-Lux, Thomas (2009): Forcierte Säkularität. Religiöser Wandel und Generationendynamik im Osten Deutschlands. Frankfurt/Main.
Wolff, Christoph (2008): Zur Erinnerung an die Sprengung der Leipziger Universitätskirche. Motettenansprache vom 31.5.2008, online unter Thomaskirche.de.
Zöllner, Frank (2007): Der Sühnebau. LVZ, 7.6.2007.

Autoren

Becci, Irene, Dr.
Wissenschaftliche Mitarbeiterin am Max-Plank-Institut für Sozialanthropologie in Halle/Saale, Abteilung II – Sozialistisches und postsozialistisches Eurasien.

Bergelt, Daniel,
Studentischer Mitarbeiter am DFG-Projekt „Religiöse und nicht-religiöse Weltsichten in prekären Lebenslagen" an der Universität Leipzig, Fakultät für Sozialwissenschaften und Philosophie, Institut für Kulturwissenschaften.

Gladkich, Anja, Dipl.-Kult.,
Wissenschaftliche Mitarbeiterin an der Professur für Kirchen- und Religionssoziologie an Theologischen Fakultät der Universität Leipzig, Institut für Praktische Theologie, Abteilung Religionssoziologie.

Hero, Markus, Dipl.-Soz.,
Wissenschaftlicher Mitarbeiter in der DFG-Forschergruppe „Transformation der Religion in der Moderne" an der Ruhr-Universität Bochum.

Höhmann, Peter, Dr.,
Oberkirchenrat der Evangelischen Kirche-Hessen-Nassau.

Karstein, Uta, Dipl.-Soz.,
Wissenschaftliche Mitarbeiterin an der Universität Leipzig, Fakultät für Sozialwissenschaften und Philosophie, Institut für Kulturwissenschaften.

Krech, Volkhard, Prof. Dr.,
Professor für Religionswissenschaften, Leiter des Centrums für Religionswissenschaftliche Studien (CERES) und der DFG-Forschergruppe „Transformation der Religion in der Moderne" an der Ruhr-Universität Bochum.

Krüger, Timmo,
Studentischer Mitarbeiter am DFG-Projekts „Religiöse und nicht-religiöse Weltsichten in prekären Lebenslagen" an der Universität Leipzig, Fakultät für Sozialwissenschaften und Philosophie, Institut für Kulturwissenschaften.

Kummerer, Andrea, M.A.,
Wissenschaftliche Mitarbeiterin am Methodenzentrum Sozialwissenschaften der Georg-August-Universität Göttingen.

Leibold, Andreas, Dr.,
Wissenschaftlicher Mitarbeiter am Methodenzentrum Sozialwissenschaften der Georg-August-Universität Göttingen.

Leistner, Alexander, M. A.,
Doktorand am Graduiertenkolleg „Bruchzonen der Globalisierung" der Universität Leipzig.

Müller, Olaf, Dipl.-Soz.,
Wissenschaftlicher Mitarbeiter am Lehrstuhl für Religionssoziologie und am Exzellenzcluster „Religion und Politik" der Westfälischen-Wilhelms-Universität Münster.

Pickel, Gert, Prof. Dr.,
Professor für Kirchen- und Religionssoziologie an der Theologischen Fakultät der Universität Leipzig, Institut für Praktische Theologie, Abteilung Religionssoziologie.

Pollack, Detlef, Prof. Dr.,
Professor für Religionssoziologie an der Westfälischen-Wilhelms-Universität Münster.

Sammet, Kornelia, Dr.,
Leiterin des DFG-Projekts „Religiöse und nicht-religiöse Weltsichten in prekären Lebenslagen" an der Universität Leipzig, Fakultät für Sozialwissenschaften und Philosophie, Institut für Kulturwissenschaften.

Schmidt-Lux, Thomas, Dr.,
Wissenschaftlicher Mitarbeiter an der Professur für Kultursoziologie an der Universität Leipzig, Fakultät für Sozialwissenschaften und Philosophie, Institut für Kulturwissenschaften.

Tezcan, Levent, Dr.,
Universitätsdozent an der Faculty of Humanities der Universität Tilburg in den Niederlanden.

Tiefensee, Eberhard, Prof. Dr.,
Professor für Philosophie an der Katholisch-Theologischen Fakultät der Universität Erfurt

Weißmann, Marliese,
Wissenschaftliche Mitarbeiterin am DFG-Projekts „Religiöse und nicht-religiöse Weltsichten in prekären Lebenslagen" an der Universität Leipzig, Fakultät für Sozialwissenschaften und Philosophie, Institut für Kulturwissenschaften.

Widl, Maria, Prof. Dr.,
Professorin für Pastoraltheologie und Religionspädagogik an der Katholisch-Theologischen Fakultät der Universität Erfurt.

Wohlrab-Sahr, Monika, Prof. Dr.,
Professorin für Kultursoziologie an der Universität Leipzig, Fakultät für Sozialwissenschaften und Philosophie, Institut für Kulturwissenschaften.

Über das sprachliche Kapital der Länder in Europa

> Zur Fremdsprachenkompetenz der Bürger Europas

Jürgen Gerhards
Mehrsprachigkeit im vereinten Europa
Transnationales sprachliches Kapital als Ressource in einer globalisierten Welt

2010. 244 S. (Neue Bibliothek der Sozialwissenschaften) Br.
EUR 24,95
ISBN 978-3-531-17441-9

Globalisierung und die fortschreitende Verflechtung der Mitgliedsländer der Europäischen Union führen zu neuen Anforderungen an und Chancen für die Bürger in Europa. Wollen diese am Europäisierungsprozess partizipieren, indem sie z. B. im Ausland studieren oder arbeiten, dann müssen sie die Sprache des jeweiligen Landes sprechen. Transnationales sprachliches Kapital wird damit zu einer zentralen Ressource der Teilhabe am Europäisierungsprozess.

Jürgen Gerhards rekonstruiert die Rahmenbedingungen, unter denen Mehrsprachigkeit zu einer zentralen Ressource geworden ist. Auf der Grundlage einer Umfrage in 27 Ländern der EU analysiert er die Fremdsprachenkompetenz der Bürger Europas; dabei gelingt es ihm, die enormen Unterschiede, die sich in der Ausstattung mit transnationalem sprachlichen Kapital zwischen und innerhalb der Länder zeigen, systematisch zu erklären. Gerhards plädiert für eine radikale Umkehr in der Sprachenpolitik der EU, indem er sich für die verbindliche Einführung des Englischen als ‚lingua franca' in Europa ausspricht.

Erhältlich im Buchhandel oder beim Verlag.
Änderungen vorbehalten.
Stand: Juli 2010.

www.vs-verlag.de

VS VERLAG

Abraham-Lincoln-Straße 46
65189 Wiesbaden
Tel. 0611.7878-722
Fax 0611.7878-400

Das Grundlagenwerk für alle Soziologie-Interessierten

> in überarbeiteter Neuauflage

Werner Fuchs-Heinritz / Daniela Klimke / Rüdiger Lautmann / Otthein Rammstedt / Urs Stäheli / Christoph Weischer /Hanns Wienold (Hrsg.)

Lexikon zur Soziologie

5., grundl. überarb. Aufl.
2010. ca. 800 S. Geb.
ca. EUR 39,95
ISBN 978-3-531-16602-5

Das *Lexikon zur Soziologie* ist das umfassendste Nachschlagewerk für die sozialwissenschaftliche Fachsprache. Für die 5. Auflage wurde das Werk neu bearbeitet und durch Aufnahme neuer Stichwortartikel erweitert.

Das *Lexikon zur Soziologie* bietet aktuelle, zuverlässige Erklärungen von Begriffen aus der Soziologie sowie aus Sozialphilosophie, Politikwissenschaft und Politischer Ökonomie, Sozialpsychologie, Psychoanalyse und allgemeiner Psychologie, Anthropologie und Verhaltensforschung, Wissenschaftstheorie und Statistik.

„[...] *das schnelle Nachschlagen prägnanter Fachbegriffe hilft dem erfahrenen Sozialwissenschaftler ebenso weiter wie dem Neuling, der hier eine Kurzbeschreibung eines Begriffs findet, für den er sich sonst mühsam in Primär- und Sekundärliteratur einlesen müsste.*"

www.radioq.de, 13.12.2007

Erhältlich im Buchhandel oder beim Verlag.
Änderungen vorbehalten.
Stand: Juli 2010.

www.vs-verlag.de

Abraham-Lincoln-Straße 46
65189 Wiesbaden
Tel. 0611.7878-722
Fax 0611.7878-400